向百年协和致敬

1921-2021

特 别 感 谢

洛克菲勒档案馆

美国中华医学基金会

感谢筑医台对本书的支持与协助

感谢北京协和医学院蒋育红教授对本书协和史料的校对工作

1921-2021

百年协和老建筑

上卷

格伦 著

中国建筑工业出版社

序一

协和医学院在中国现代医学史上，协和医学院首批建筑在中国近代建筑史上，皆居于显赫地位。世界和中国医学史、生命科学史上的多项里程碑性事件就在这里发生：奏响中国科学医学和现代生命科学之声的协和医学院落成启用典礼、步达生先生的"北京人"研究、吴宪先生的蛋白质变性研究、林可胜先生的阿司匹林镇痛机理研究、陈克恢先生的单体麻黄碱提取及其药理学研究、宋鸿钊先生的绒毛膜上皮癌药物根治研究等。这里还是中国近现代史上众多文化与社会事件的发生地：泰戈尔先生访华时生日庆典活动、孙中山先生逝后遗体停放与追思仪式、诸多引领思想的学术演讲等。无数医界人士在这里工作、奋斗过，无数患者在这里重焕新生。这组建筑是协和医学院"尊科学济人道，助众生求福祉"的物质承载地，是中国医学界、生命科学界、文化界的重要精神依附地。

建筑已历百年风雨春秋。为了承担历史的责任，目前，我们正在对其进行全面修缮：A楼——协和医学院壹号礼堂已经完成；B、C、D楼正在进行。修缮中，当我们拆除过去年间额外搭建的部分，展露出百年前初始绘就的雕梁彩绘时，其依稀可见的文化深意与极致精美令人震撼，使人陡增崇仰心、珍惜心和维护心。

格伦教授的著作《百年协和老建筑 1921–2021》从一个建筑师的视角描述了这组经典建筑，增加了我们对其从建筑学角度的理解。感谢格伦建筑师的倾情专业表达。

此建筑静矗，此书籍陈案，抚卷阅之，期有所得。

谨颂岁月安

王辰　中国工程院副院长　中国工程院院士
中国医学科学院　北京协和医学院院校长
2022 年 2 月

序 二

百年协和，一切为民。自 1921—2021 年，协和迎来了百年华诞。

一代代的协和人把青春献给了医疗事业，医者心系苍生，肩负国家使命。健康所系，性命相托，我们要始终坚持文化强院，让协和精神焕发新时代光芒，把协和优良传统世代相传并发扬光大，这是百年来协和坚守的文化内核。

时代变迁，协和在一步步地发展壮大，但协和老楼一直作为协和的象征沿用至今，然而对于协和老建筑的研究却很少，非常难得的是格伦教授以一名医疗建筑师的角度，深入浅出地向读者传递了协和建筑的故事、协和人文精神，也为协和的青年人补上了"百年协和老建筑"这一课。全书图文并茂，洋洋洒洒，立意新颖，情感真挚让人手不释卷。书中史料丰富，百余张插图以及大量协和建设过程中的来往信件弥足珍贵。本书的字里行间可以看出，著者做了大量的资料收集与研究工作，作为一个非协和人及非历史相关学者非常难得，这本著作也将成为协和宝贵的财富。读完整部著作，掩卷深思，内心始终无法平静，为百年前协和初建者的艰辛而动容，为建筑背后点点滴滴的故事而感动。

协和老楼历经百年风雨，每一方空间都承载着协和的历史，记录着协和的故事，守望着协和的发展，孕育着协和的精神。我们更要珍惜百年建筑历史遗产并重视对这栋建筑的保护，让协和老建筑永远见证协和的辉煌。

张抒扬　中国医学科学院 北京协和医院院长
中国医学科学院 北京协和医学院副院校长
2021 年 11 月

序 三

"协和"二字可以被称为中国医学宫殿里的璀璨明珠。它最初是由美国石油大王洛克菲勒投资建立的，经过百年的发展与沉淀，"协和"走出了多位享誉海内外的医学大家，这里是全国人民最信任的医学殿堂。不仅如此，"协和"传统样式的建筑群上颇具特色的绿色琉璃瓦，也体现出了它在中国近代建筑史里的文化价值。

"协和"的百年历史和成就注定了撰写"协和"的著作会有很多，但是很多都是关于协和医学大家的介绍或是医学学术方面的专著，对协和建筑造型评论方面的文章也有很多，因为协和老建筑是中国传统复兴风格的典型代表，但是详细撰写协和老建筑的专著这还是第一部。

百年协和老建筑具有三重意义和属性：一是具有长达一百年的历史，二是典型的医疗建筑类型，三是中国传统复兴建筑风格的代表。格伦教授作为从事多年医疗建筑研究和实践的专家学者和建筑师，两次去美国洛克菲勒档案馆获取第一手文献资料，对协和医学院建筑进行全面系统研究，以其专业的视角对百年前设计图纸、老照片及建设者来往书信进行解读，将这座百年前建造的高标准医疗建筑的规划设计、工艺设计、室内设计、建筑风格等进行了系统的剖析，对百年协和老建筑的建设历程进行了全面的梳理，展示了百年协和老建筑的"前世今生"。这也是本书的核心内容，具有很高的专业水准。

当今，中国医院建设达到了空前的建设高潮。医疗建筑是最复杂并涉及国计民生的建筑类型，那么该如何建设高质量的美好医院，《百年协和老建筑 1921–2021》这本书的面世，将带给我们的不仅仅是思考和启迪，同时更多的是学习和借鉴。

孟建民　中国工程院院士　深圳大学本原设计研究中心主任
深圳市建筑设计研究总院总建筑师
2021 年 11 月

自 序

我的祖籍是内蒙古科尔沁大草原,据说是元朝灭亡时在元大都(现北京)的王爷家眷被赶走的最近的草原,这也是成吉思汗弟弟哈萨尔的领地。我太爷的名字是巴图敖其尔(1860–1953),在科尔沁左翼后旗志上有记录:他为人谦虚谨慎,对汉族风土人情很是了解,能说一口流利的汉语。他经常为印君出谋献策,公正地解决旗内和开放地区的各种纠纷。1895 年,他被旗札萨克提升为哈拉图德努图克的参领(扎兰),1907 年被提升为副管旗章京(梅林)。我太爷为官公正廉洁,虽然为富一方,但他为富当仁,仗义疏财,同情贫苦百姓。在民国年间,他在自家延师办私塾,除自己的子女亲属外,旗里的学童也可去读书,学费可多可少。

1946 年 8 月,国民党军队向解放军大举进攻,解放军党政军机关人员战略北退,这时辽西省地委康平县郭县长亲自到我太爷家,说明城关区副区长李生久因脚部受伤感染不能随机关北撤,请求将伤员及其妻子留在太爷家疗养,并请他保证伤员的安全。我太爷慨然允诺,并表示以个人名誉担保。之后国民党军队及还乡团听到风声后来家里搜查,我太爷站在院子里怒吼:我家里什么都没有,但我有七个儿子,你们可以随便带走吧!看这架势,搜查的人灰溜溜地走了。解放军夫妇养伤期间,太爷全家在生活上给予无微不至的照顾,家里有什么好吃的饭菜,必须送到李生久夫妇那里。

1947 年 7 月,康平县解放后,李生久夫妇回到县里工作,他曾数次带着礼物拜谢他的救命恩人巴图敖其尔老人。也因此缘故,我太爷在 1947–1948 年的土地改革运动中虽被划为地主,但旗里干部和群众没有一人指责他,同时他又将两千亩土地及成群牛羊分给群众,因此并未受到太大冲击。太爷一生为人公正廉洁,九十三岁终老,深得当地群众爱戴。

说起这段家世,也是由于在写《百年协和老建筑 1921–2021》时,查找有关豫王府的资料,有记载道:豫王是努尔哈赤的第十五子后被封为铁帽子王,并且豫王的后世大多娶科尔沁姑娘为福晋,大概是由于科尔沁草原的姑娘博尔济吉特·布木布泰(孝庄文皇后)嫁给了努尔哈赤的第八子皇太极的缘故,大家纷纷效仿。据老人们说,科尔沁草原上的人都会沾亲带故,蒙古人在一起聊天,不出半天时间,最终都会是同气连枝的。为什么是我来写豫王府"前世今生的故事",说不定我们家族与豫王也有渊源呢……

我父亲名字是色旺扎布，1921 年出生，在家里排行老大，十几岁时我奶奶为了让父亲多读书，送进了内蒙古葛根庙日本军官学校读书，由于是个好学生，毕业后留校任教官。1945 年，我父亲作为王海山（中华人民共和国成立后内蒙古军区司令员）的副官，带领学员起义，这已成为内蒙古高度认可和称赞的"811 葛根庙武装抗日起义"事件。我父亲之后加入内蒙古骑兵团第一师并任团长，再后来转业到地方工作，是为了将我爷爷奶奶和叔叔姑姑从老家接到地方。我二叔说，我们家族有今天，一定是你父亲的功劳！今年，恰逢是父亲诞辰一百周年，在此表达深深的怀念之情。

　　1965 年，我出生在呼伦贝尔大草原海拉尔，从小与奶奶生活在一起，奶奶不会说汉语，但能够听懂汉话，导致我只能听懂蒙语，但不会说，这也成为人生的遗憾。但我是蒙古高原的孩子，祖祖辈辈流淌着蒙古族的血液……

　　高中就读海拉尔第二中学，有很多名人出自这个学校，家喻户晓的应该是白岩松了。我的发小韩晓晖，也是蒙古族，当年内蒙古的高考状元，高考成绩在全国也是数得着的，当时有三所全国知名高校任她选择，她选择了清华大学建筑系，我们同届一直因她而自豪。这是我人生的第一个阶段：虽然有冬季零下 40 度的高寒天气，但是回到家里等待我的是妈妈煮的热气腾腾的奶茶，还有爸爸宽厚温暖的大手捂暖我冰冷冻红的小手……

　　哈尔滨是我的第二个故乡，在哈尔滨建筑工程学院（现哈尔滨工业大学建筑学院）本科、硕士、留校任教，还有结婚生子。非常幸运的是，当时选择智益春教授为导师，从此选择了医疗建筑的方向。这是我人生的第二个阶段：迷茫和混沌。

　　20 世纪 90 年代末在比利时鲁汶大学专攻医疗建筑研究方向，并获得硕士学位，非常荣幸师从欧洲著名的医疗建筑大师扬·德路，他创造了医疗建筑"Meditex"以不变应万变的设计理论和方法，他也是全国医疗建筑大师黄锡璆的导师。这是游学欧洲，放眼世界的两年。

2001 年回国，从哈尔滨工业大学调转至北京建筑大学任教，并成立格伦医疗建筑研究工作室，专注医疗建筑、医养建筑研究 20 余年，期间完成国家自然科学基金项目和北京自然科学基金重点项目等多项重大科研项目，研究成果弥补了国家在这个领域的空白，提出原创"三驾马车"理论，即医疗建筑前策划有机理论和方法体系（2002 年）、医疗建筑的 DNA：建筑设计与工艺设计的双链耦合理论和方法体系（2010 年）、医院建筑使用后 SHAPE$^+$评价体系（2013）。医院建设的"三驾马车"理论具有先进性、科学性和创新性，揭示了医院建设的本质内涵，在理论指导下的实践方法具有落地性和可操作性，获得国内专家学者和医院建设方的高度认可，同时在国际学术机构享有很高的赞誉。医院建设需要以"三驾马车"理论为基础，开启闭环工作方式并形成良性循环，这是高质量医院建设的基本保证。2015 年，出版专著《中国医院建筑思考—格伦访谈录》，此书访谈了国内 45 名医院建设不同领域的专家。为医院建设提供了非常好的教科书。

这是我人生的第三个阶段：虽然取得了一定成绩，但依旧走在求索的道路上。

为中国建设高质量的美好医院，是医疗建设战线上许多人的初心和梦想。在《百年协和老建筑 1921–2021》撰写过程中，在解读协和医学院及协和医院这座百年的精品医疗建筑的建设过程和建造细节的同时，让人感动的是有大量的医疗需求方面的讨论，有大量的详细医疗工艺系统图纸的展示，以及具有人文关怀的疗愈环境设计，这些内容无疑会提高医疗建设同行们的认知，无疑会加深对医疗功能的进一步理解，以及对医院人性化环境设计的重视。在中国大地上百年前的医疗建筑精品到底是如何打造的，希望能够从这本书中找到答案。

格伦　北京建筑大学教授
深圳大学本原设计研究中心医养所名誉所长
国家卫健委及北京医管中心医院建设顾问
国际本原大健康协会亚太区主席
2023 年 3 月

蒙古族著名诗人席慕蓉曾说：

无论遇到什么困难，苏力德（成吉思汗征战所向披靡的标志，也是蒙古民族象征着精神力量的吉祥物）都在我们心里，就让我们去做那个心中有火，眼中有光的蒙古人吧。

『总目录』

为了人类福祉

第一部分

　　1860 年，英法八国联军火烧圆明园，闭关锁国、自负傲慢、极度蔑视国外一切事物的古老辽阔的大清帝国彻底打开了国门，西方的传教士涌入，教会医院开始兴起。

　　19 世纪末，作为世界首富的洛克菲勒家族，开始将其巨额财富投入公益事业，作为洛克菲勒基金会第一届董事会主席的洛克菲勒二世，为体现人类的一种理想，提出其创办基金会的使命为"促进人类福祉"。自此，洛克菲勒基金会的投入将目光转向系统性医学教育的慈善事业。基金会坚信科学与慈善是社会变革的原动力，二者结合起来可以化腐朽为神奇，可以改造和感化贫穷落后的中国，所有这些因素使中国成为洛克菲勒基金会大展宏图的最好试验场。

教会医院兴起

1793 年造访圆明园的第一任英国使节乔治·马戛尔尼（George Macartney）对当时中国现状有这样的描述：

中华帝国是一艘破烂离奇的巨型战舰，仅仅由于一批机警的世袭官员的支撑，才使之在过去的一百五十年不至于沉没。她令邻国望而生畏，只是外强中干的躯体和外表，一旦由无能之辈掌舵的话，战舰就会土崩瓦解。她可能不会立刻倾覆，其残骸会漂流一段时间，最终会在海岸上撞得粉碎，但中华帝国绝不可能在因循守旧的基础上复兴[1]。

当时的中国医学水平非常之低，没有公立的医学院或教师，没有相关的科学教育系统，全国没有正规的医师联合团体或协会。《马戛尔尼使团使华观感》一书中，随马戛尔尼一同出使中国的基朗医生这样写道：

在中国从未做过人体解剖，完全不知道人体解剖学和生理学，他们也没有丝毫概念在治疗疾病中利用这种知识。他们的病理知识和治疗法必然极端缺乏而且大多是错误的。

18 世纪，医学在中国确实很难说已成一门科学。年轻人想当医生学医术，只能去给某个医生当学徒，学习期间年轻人才有机会随师傅行医治病并了解医学知识和处方。基朗医生还写道：

在他们的医疗中外科确实仍是落后的，而且外科手术（如果能称为手术的话）在中国十分简单，次数很少。在各个时代和各个国家，外科的发展始终要依靠解剖学，没有这方面精确的知识，任何人都成不了一名优秀的外科医生。但在中国完全没有解剖学的实践，

乔治·马戛尔尼
（George Macartney, 1737−1806）
https://www.chinasage.info/imgs/EarlMacartney.jpg

乔治·马戛尔尼出生在北爱尔兰安特合郡的大地主家庭，1759 年毕业于都柏林三一学院，之后进入伦敦坦普尔大学进修。他是英国近代著名政治家，率领使团以给乾隆皇帝祝寿为名，于 1793 年抵达中国，这是中西外交史上的一件大事。

解剖学不为人所知，特别明显的是他们对各种外科手术一窍不通[2]。

自 1840 年鸦片战争以来，帝国主义列强长期存在瓜分中国的野心。在此期间，清政府被迫签订了一系列丧权辱国的不平等条约，中国沦为半殖民地半封建社会。当时的中国不仅贫穷落后，而且人口庞大、患者众多、疾病肆虐，随着众多传教士和医生涌入中国，教会医院也在全国各地开始纷纷建立，当时的西医主要来自西方传教士，而传统中医应接不暇，还有许多庸医鱼目混珠。

1860 年 10 月，英法等八国联军火烧圆明园，虚骄自大、故步自封的大清帝国已病入膏肓，药石罔效，内忧外患一时俱来，看来这也是必然的结果。当时外国传教士有这样的描述：

这个闭关锁国、自负傲慢、几度蔑视国外一切事物的古老辽阔的帝国，已经首次被迫打开了她迄今不能渗入的地区……就这样，大清帝国出人意料地对传教士、商人和学者开放了……古老帝国需要和平与秩序以便发展她那么渴望发展的一切：学校、医院、铁路、商店、工厂[3]……

可以说，当时清政府的政策转变对传教士在中国发展有极大的促进作用，同时双方呈现出相互依赖而又相互冲突的关系。在洋务运动中，清政府接受了改革派的所谓"西学为用"主张，希望通过西方的科学技术来振兴大清王朝。当清政府开办第一批官办西学堂时，基本都是聘请传教士来主持学校并担任教师。清末的一系列改革举措，特别是戊戌变法，推动了中国新式教育学制的建立，而 1905 年废除科举制度更是铲除了推行新式教育的最大障碍。据不完全统计：

1881 年，共有 19 名外国传教士医生在中国工作。

1889 年，教会医院达到 61 所、诊所 44 个，接治病人 348 439 位[4]。

19 世纪初期，传教士在中国

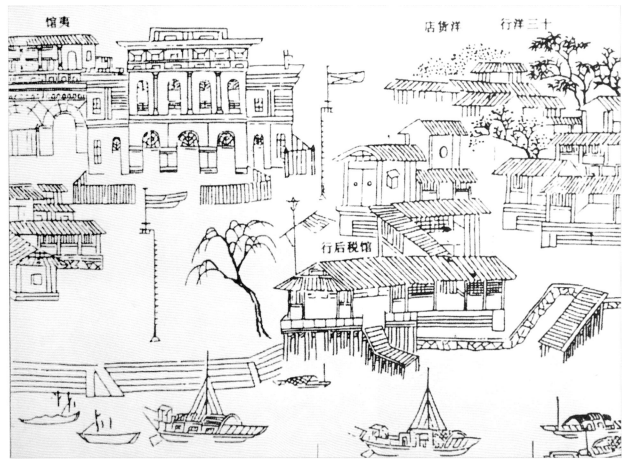

粤海关志所绘广州十三行及外国商馆的位置图

随着葡萄牙人东来并于澳门租地建屋，外商与中国的关系由此进入新时期。

自 1685-1757 年的半个多世纪中，清政府松弛海禁，开海贸易，并设粤、闽、浙、江四海关，管理外贸活动。广州因其地理位置和贸易传统，成为当时中国最重要的贸易口岸，并设"十三行"为外商贸易与居住提供场所。

伯驾
（Peter Parker, 1804–1888）
http://www.internationalbulletin.org/issues/parker.jpg

1834 年，伯驾（Peter Parker）来到中国，他是中国基督教史上第一位，也是美国第一位到中国的传教士医生，声称"要用手术刀为福音书打开中国的大门"。

1899 年秋，义和团运动开始之后，传教运动在中国出现了一个大发展时期。

1910 年，根据《世纪基督教教会世界大全》统计：新教教会在中国一共有 207 家医院、292 家诊所；251 名男医生和 114 名女医生；58 757 位住院病人、1 123 807 位门诊病人和 34 999 位出诊病人，总计 1 217 563 位病人。随着美国医学教育改革的经验传入中国，促使教会组织为医学使命建立了新的原则，即更加注重培养中国医生。同年年终统计：当时共有 8 所男子医学院、3 所女子医学院[5]。

1925 年，外国传教士在华传教活动达到最高峰，一共有 5 000 余名新教传教士在中国工作，并开办了 301 家教会医院、500 家诊所、300 所中学和 16 所大学。20 世纪初，传教士已经在中国办学 80 余年，尽管中国本土的教育机构发展得很快，但是教会开办的教育机构仍占优势[6]。

事实上，西方医学输入中国的历史，最早可以上溯到 13 世纪。1263 年元世祖忽必烈汗曾聘请爱赛雅（Isail）为御医，开创了引进西医之先河，但西医大规模进入中国却是 1840 年鸦片战争之后的事。西方列强以不平等条约为据，派大批传教士涌入中国进行传教活动，同时传播"西方文明"以"拯救"东方这个庞大的"异教徒"国家。在传教的同时，"办学"和"施医"成为进行文化渗透的辅助手段[7]，特别是在世界医学由经验医学走向实验医学的总趋势影响下，新的建筑类型即医院建筑在中国出现。

根据文献记载：

1747 年，中国领土上出现了第一家西医医院，即澳门白马行医院[8]。

1805 年，来自广东的东印度公司的外科医生陆续开始给中国患者治病，其中皮尔逊（Alex Pearson）是第一位教中国人接种天花疫苗的医生。

1827 年，英国医生郭雷枢（Thomas R.Colledge）在澳门开办中国第一所西医诊所，即澳门眼科诊所，免费给穷人看病，第二年他又在广州开了另一家西医诊所。一个访问者曾这样描述：

每天清晨都可以看到病人、盲人和跛子，什么年龄的都有，男女老幼围在诊所门前。无助的孩子被抱着或背着送到这里……来求助的人数量很大，被治愈的人也不少[9]。

1834 年，伯驾（Peter Parker）来到中国，他是中国基督教史上第一位，也是美国第一位到中国的传教士医生，声称"要用手术刀为福音书打开中国的大门"[10]。1835 年元旦，伯驾在新加坡为华侨开设了一家诊所。1835 年 11 月，伯驾在广州十三行新豆栏街丰泰行 3 号创办眼科医局，即广州博济医院的前身，被认为是外国传教士在近代中国开设的真正意义的第一所西医医院。眼科医局设有候诊厅、诊室、配药室、手术室、留观室等。眼科医局首日开业时，虽然诊治免费，但面对如此新鲜而又陌生的事物没有人敢跨进医院的大门。第二天，一位深受眼疾病痛的妇女"冒险"来此就诊，之后便扩大了医院的影响，第三日已有六位患者慕名而来，随后就诊人次显著增多，第一季度共收治女病人270人、男病人925人。

当时伯驾除了应付白天的工作外，晚上还要常常通宵达旦地给患者看病，他曾在日记中写道：

今天早晨到医院的时候，我发现那里已经挤满了人，我甚至担心楼板会被压塌酿成惨剧。在我到之前，已经发了150张候诊票，其中有一百多名是第一次来就诊的病人，加上再次来这里看病的病人，

我今天足足接待了200人。在我完成白天的工作之前，天已经全黑了[11]。

至此，已有6 000多名病人得到了治疗……大量的眼疾患者从失明或半失明中重见光明。我们的诊所在治疗和手术上的成功始终如一，由此自然增长了中国人的信心，使他们对外国人通过技术和慈善而施予的恩惠充满感激之情，这一切对于我们继续坚持这些高尚的目标是无比有力的鼓舞……这使我们感到有信心在不远的将来为中国优秀青年提供良好的医学教育[12]。

之后在短短的三四年里，眼科医局创造了中国西医史上多个"第一"：第一例眼科手术，治愈了一位睑内翻患者；第一例耳廓再造术，为一位没有外耳而听觉功能正常的男患者成功完成了人工开耳；第一例体外肿瘤切除术；第一例膀胱取石术；第一例截肢手术……

1837年，伯驾和郭雷枢同在广州行医，共同建立了当时中国第

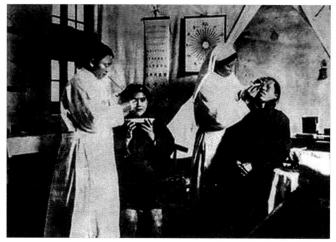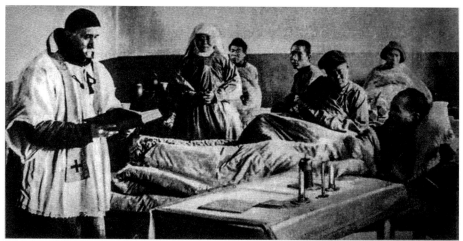

1840年鸦片战争之后，西医大规模进入中国，大批传教士涌入中国进行传教活动的同时在全国各地陆续开办医院，向中国居民施医传教

一个传教士的医学培训学校，并招收了 5 名全日制的中国学生。当时他们相信：中国人在恰当的指导下，有无限的信心来运用外国人的智慧和善意。

1838 年，广州成立"中国医药会"，伯驾当选为会长，此后不久他在澳门为该医药会开设了一家医院，服务数月后又回到广州。

关于伯驾还有这么一段有趣的插曲：伯驾一直以来反对鸦片贸易，并由衷地敬佩林则徐抵粤禁烟的行动，认为这是"慈悲的上帝给予他的国家一位拯救者，来消除如此令人忧虑的罪恶"。林则徐在广州禁烟期间与伯驾有过交往。伯驾曾送给林则徐一本地图集、一部地理书和一架地球仪。尤其是了解到西医的魅力后，林则徐还让伯驾医生为自己治疗疝痛。在林则徐当时的病案中伯驾曾记录：

林则徐，疝病，钦差大臣及前湖广总督，即今湖北、湖南两大省。从医学上看，这个病案没有值得可以引起兴趣的地方……

林则徐第一次申请是在七月间，不是为了看病，而是要我翻译华达尔著的《各国律例》一书中的若干段落，是由高级行商送来的。摘译的段落包括战事及其附带的敌对措施，如封锁、禁运等是用毛笔写的，他还要我对有关鸦片的情况提出事实的陈述，并开列出鸦片受害者的一般性药方……

林则徐通过南海县知事和高级行商向我索取"治疗疝病的药品"，大约是在他第一次派人来找我的时候……要求送他一副疝带用来减轻他的疼痛，可重要的是第一次必须由外科医生亲自代病人托绑，这就遇到了困难，他害怕同一个外国人有任何私自的接触。之后他赴虎门公干，一直拖到秋天才再来求医，这次是通过一位在北京的老同僚，这位官员早已使用疝带治好了病并请求我替钦差大臣带一副……

据报告，疝带送去给钦差大臣之后，健康状况良好，只有当他咳嗽时肚子上的东西才会滑落。从他所说的症状看来，他似乎还有气喘，我即给送去了一些药，为了向我道谢他送来了水果等礼物。还要附带提一下，钦差大臣特别垂询了有关眼科医局的情况，感觉他被正确地告知了这所医局的情况，说明这所医局是同在别国的医局相似的，他听了之后表示赞许……

1916 年，北京中央医院

1879 年，天津麦克肯兹伦敦会医院

1909 年，上海仁济医院

图片来源：环球社《图画日报》上海 1909 第 36 号第 2 页

1919 年，苏州博习医院

1909 年，中华圣公会山东平阴圣·阿加莎医院

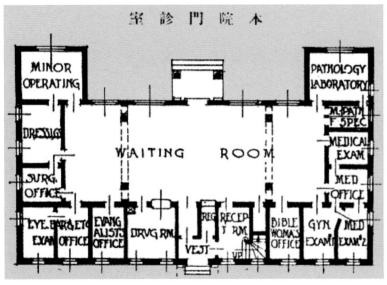

1919 年，苏州博习医院平面图

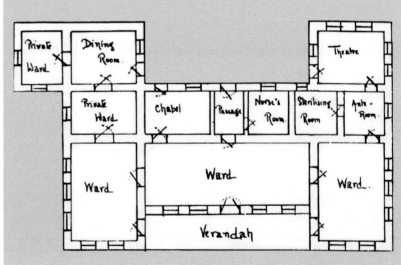

1909 年，中华圣公会山东平阴圣·阿加莎医院平面图

《伯驾与中国的开放》（Peter Parker and the Opening of China）一书的作者，美国学者吉利克（Gulick）认为：在医学史上伯驾并不是最早开展医学传教的传教士，但他是一位关键性人物，因为后来传教士在中国的医学、诊所和医科学校大都源于他的努力。在伯驾之前，西医入华是偶然的、零星的，自伯驾的眼科医局创建之后，西医的影响便势不可挡了，各地教会医院迅速发展壮大。

1843年，英国传教士医生雒魏林（William Lockhart）抵达上海，他是最早进入上海并生活在那里的外国人。第二年在上海开办了一家西式医院，由开始的雒氏诊所，到中国医院（the Chinese Hospital），到仁济医馆，后改名为仁济医院。

1861年，雒魏林来北京，以伦敦布道会的名义在英国使馆附近（东交民巷中御河桥西）设立北京第一家西式医院，即伦敦会北京施医院（Peking Hospital of the London Missionary Society），这也成为创立北京协和医学院的源头，这是雒魏林在中国创办的第四所医院。

1864年雒魏林回国后，由伦敦会传教士医生约翰·德贞（John H. Dudgeon）继之主持北京施医院（双旗杆医院）[13]。德贞主持北京施医院长达20年之久，曾经形容北京施医院，即北京最早的教会医院：

北京的这家医院与欧洲人"医院"一词表达的并不是一回事。这家医院有20间屋子，或者叫病房，每间屋子有一个炕，用大砖头码的土台，上边盖着席子，病人就睡在上面。冬天用煤渣和泥巴做的煤球取暖，炕有炕道，很暖和。一个炕上有12到14个病人，这要看炕的大小了[14]。

1866年，英国圣公会在福州创办塔亭医院，伦敦会在汉口创办仁济医院。同时，伯驾和郭蕾枢在广州博济医院的基础上创办了中国第一所医学校，该学校培训了中国第一批医生助手，这也是华人学习西医之始[15]。

1867年，美国圣公会在上海创办同仁医院。

1868年，伦敦会在天津创办基督教伦敦会医院。

1869年，爱尔兰长老会的宏德到达牛庄开始医学传教，这是进入东北的第一个传教士医生[16]。

1885年，美国基督教长老会，在北京安定门二条胡同设立女子医院，1901年扩建并在头条胡同设立安定医院，1917年两院合并为道济医院。

1886年，美国美以美会在北京崇文门内孝顺胡同设立同仁医院，1902年迁东交民巷东口。

1901年，《辛丑条约》签订后，各国亦在使馆区设立医院，如法国医院、德国医院（现北京医院）等，各医院都以"师傅带徒弟"的方式各自培养医助，在此期间北京没有一所西医学校。

1902年，法国天主教仁爱会在北京西什库大街设立医局，即万桑医院，后改为万生医院。

由于各地教会医院发展很快，中国医助明显不够用。1901年，英国伦敦医学会派科龄（Thomas Cochrane）来中国，并联合英、美六个教会团体[17]在北京筹办"协和医学堂"（Union Medical College，UMC），即北京最早最正规的高等医学校。1904年购地建校舍，1906年定为协和医学堂创办年，并开始招收第一批学生，协和医学堂即协和医学院的前身。当时北京教会医院的医疗环境很差，设施设备也极其落后。在题为《在华教会医院科学效率调查》的报告中曾记载：

到1918年为止，80%的北京教会医院只有一名外国医生或者

---

17 伦敦会（London Missionary Society）、伦敦医学教会联盟（London Medical Missionary Association）、美国长老会（American Presbyterian Missionary Society）、卫理公会（Methodist Missionary Society）、美国公理会（American Board of Missions）、福音传播会（Society for the Propagation of the Gospel）

https://zh.wikipedia.org/wiki

黄宽（1829–1878）　　　　伍连德（1879–1960）　　　　石美玉（1873–1954）

外国培训的医生，34% 的医院没有护士，无论是中国护士还是外国的，不到 50% 的医院有能够提供有效医疗的门诊部，92% 的医院没有干净的供水，只有 6% 的医院在整个系统中有自来水，87% 的医院没有 X 光设备[18]。

约翰·齐默尔曼·鲍尔斯在《中国宫殿里的西方医学》中写道：

教会医院没有统一的洗手间，很多手术就在老旧的民居房屋中进行。这些房间狭小、黑暗、通风很差，只有最简单的洗浴和如厕设施，没有集中供暖，也没有水龙头。在北方的旧医院里，病人为了取暖而躺在"炕"（一种砖砌的，下面有火炉的平台）上。专家推断：污秽的寝具和病人的衣服使很多外国医生染上了伤寒，一些医院员工不敢给新入院的病人洗浴，担心他们可能会因此拒绝治疗。同样的担心也使他们对病人的亲戚朋友探视听之任之，病房因此污染严重。同时，又因为医疗压力太大，医生几乎没有精力做临床实验室诊断，仅有几所大城市可以做这些检查。同样地，在许多医院，医生没有时间花在病例分析上，医生最缺的东西之一就是时间，常常仓促一瞥作出判断，希望自己没下错处方。

当时一种普遍的现象是，传教士医生开办诊所的同时，也培养了一批中国徒弟，但这种培养模式基本上都是非正规的"师傅带徒弟"的方式。中国第一批受过正规医学教育的中国人都是在海外完成学业的，如黄宽、伍连德和石美玉等。石美玉是中国最早的留美女医生，1896 年毕业于美国密歇根大学医学院，也是著名的华人女布道家，后来创办了九江但福德医院。

除了上述文献记载的教会医院开办情况外，中国的西医教育可以分为三个时期：

1840–1900 年，医学教育的萌芽时期：

虽然这个时期是以教会医院为主体，但是也有一些医学校陆续开办，这期间创建的学校有：广东博济医学校，香港医学校，奉天（沈阳）盛京医学校，南京医学校，上海圣约翰大学医科等。

这些医学校基本上是依靠教会医院兼收少数学徒，传授一些医学知识，并未形成系统的医学教育体系。

19 世纪末，清末福州传教士医生雅丹金（Dr.Kinnear）正在进行手术

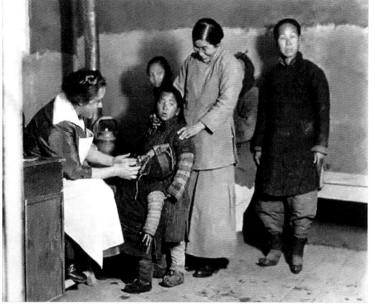

20 世纪初，传教士医生为中国儿童治病

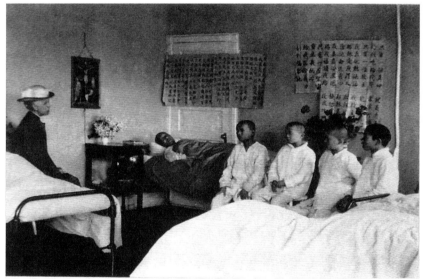

1917 年，传教士医生以"师傅带徒弟"的方式培养了一批中国徒弟

图中是著名的传教士明恩溥的夫人和美国公理会直隶登州教会医院的徒弟

20 世纪初，教会医院中小患者与传教士医生相互敬礼鞠躬

我亲眼看到传教士医生所做的大量治病救人的工作之后，没人不对他们感到骄傲。毫无疑问，是他们把西医介绍到了中国，他们减轻患者的病痛和预防疾病的作用是巨大的。

洛克菲勒研究所所长　西蒙·弗莱克斯纳

1901—1913 年，医学教育的形成时期：

这期间法国在上海震旦大学增办医科，广慈医院为实习医院；德国在上海开办同济医学校；日本在奉天设"南满医学堂"；英国传教士医生科龄创办了北京协和医学堂，这是当时中国最好的医学校之一。

1913 年中华民国教育部颁布医学专门学校规程，可以说这个时期正规的中国医学教育开始逐渐成形。

20 世纪初期，中国人自己开办的医学校寥寥无几，仅有 3 所自办医学校，其中 2 所是军医学校，且设施完备管理良好，分别位于广州和天津开办的北洋医学堂（1893 年），这也是清政府为了防范外来军事侵略的不得已所为[19]。据不完全统计，当时中国医学院的学生尚不满 200 名，医生不到 400 名，占人口比例仅为百万分之一，这一数字着实令人沮丧。一个有 4 亿人口的泱泱大国，人民遭受各种疾病折磨、传染病盛行、普遍患有营养不良的状况，而医疗卫生体系仍完全依赖中国传统医学。

自 19 世纪到新中国成立，历经一个半世纪，传教士在中国盖教堂、办学校、开医院等，同时传播西方宗教、文化和科学；开展反对缠足、戒鸦片、办女学、讲卫生等新思潮社会运动，为中国从封建社会走向现代化的社会起到了巨大的推动作用。

下面展示当时两个不同类型医院的就医场景：

画面一：上海虹口同仁医院，1884 年

有一个女医生从西方国家来到中国上海，中文名为李英，专业是妇科，同时她也可以进行手术。据说，李英在位于上海郊区的虹口同仁医院行医时，遇到一个漂亮的上海女人，腹部有一个很大的肿瘤，李英医生检查后说这个肿瘤是可以治愈的，之后她用一把锋利的刀把肿瘤切掉，割下来的肿瘤非常大，大约占人体的四分之一，然后在刀口上面敷些药，一个月后该患者完全康复。可以想象，如果这个上海女人没有遇到这个来自西方国家具

有高超医术的医生会是怎样呢？也许是命运让她们走到了一起。

画面二：北京民政部医院，1906 年

北京民政部医院是中国最早的政府医院，也是唯一的政府医院模式，当时在中国几个大城市都设有一定数量类似的医院。由于受教会的影响，这类医院外面看起来就像传教士在老家的乡村医院。

这类医院最引人瞩目的是，病房围绕内庭院布置一人或两人间，同时病房区域的划分还要考虑到男患者和女患者的分隔。门诊区域也要考虑到西医和中医不同治疗功能区域的划分。西医在西边，中医在东边。曾有这样描述：

在建筑布局上，东西两组建筑自然地将西医和中医分开，门诊管理办公室夹在东西建筑之间。患者从南门进入后，首先要告知看中医还是西医，然后患者自然到不同的区域就诊。在这里，患者根据自己的需求选择，患者很自然接受两种不同的就医方式，同时也遵循了"适者生存"的法则。中西医都配有各自的药房，中药房设有各种中草药，如树叶、树皮等放置在橱柜中；而西药房是各种量杯、瓶子和随身用品等。如果患者选择了西医，西医等候厅将男和女分开，并设有头等候诊厅，装修为西式风格[20]。

当时，有一位当地的建筑师曾评论说：这就是他所期望的医院设计模式。19—20 世纪期间，这个医院设计模式几乎遍布全国各地，看起来这样的模式适合当时中国国情。

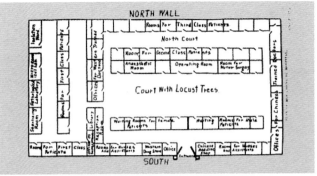

1　1884 年，外国女医生李英在虹口同仁医院工作

2　1912 年，北京民政部医院平面图

3　1912 年，北京民政部医院入口

4　1912 年，北京民政部医院工作人员合影

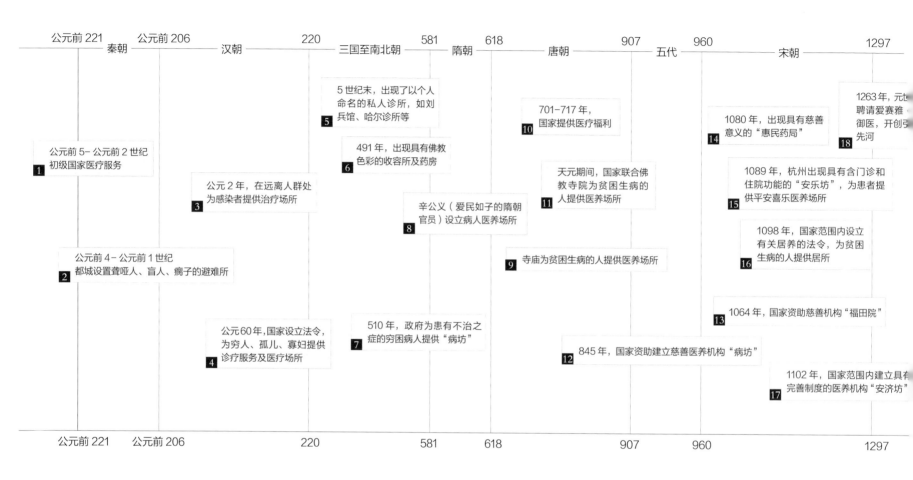

公元前 221 秦朝 公元前 206 汉朝 220 三国至南北朝 581 隋朝 618 唐朝 907 五代 960 宋朝 1297

公元前 5– 公元前 2 世纪
初级国家医疗服务
1

公元前 4– 公元前 1 世纪
都城设置聋哑人、盲人、瘸子的避难所
2

公元 2 年，在远离人群处
为感染者提供治疗场所
3

公元 60 年，国家设立法令，
为穷人、孤儿、寡妇提供
诊疗服务及医疗场所
4

5 世纪末，出现了以个人
命名的私人诊所，如刘
兵馆、哈尔诊所等
5

491 年，出现具有佛教
色彩的收容所及药房
6

510 年，政府为患有不治之
症的穷困病人提供"病坊"
7

辛公义（爱民如子的隋朝
官员）设立病人医养场所
8

寺庙为贫困生病的人提供医养场所
9

701–717 年，
国家提供医疗福利
10

天元期间，国家联合佛
教寺院为贫困生病的
人提供医养场所
11

845 年，国家资助建立慈善医养机构"病坊"
12

1080 年，出现具有慈善
意义的"惠民药局"
14

1089 年，杭州出现具有含门诊和
住院功能的"安乐坊"，为患者提
供平安喜乐医养场所
15

1098 年，国家范围内设立
有关居养的法令，为贫困
生病的人提供居所
16

1064 年，国家资助慈善机构"福田院"
13

1102 年，国家范围内建立具有
完善制度的医养机构"安济坊"
17

1263 年，元世
聘请爱赛雅
御医，开创引
先河
18

公元前 221 公元前 206 220 581 618 907 960 1297

公元前 221– 公元 1949 年典型医院创办年代表
《Accommodating the Chinese: the American Hospital in China, 1880–1920》

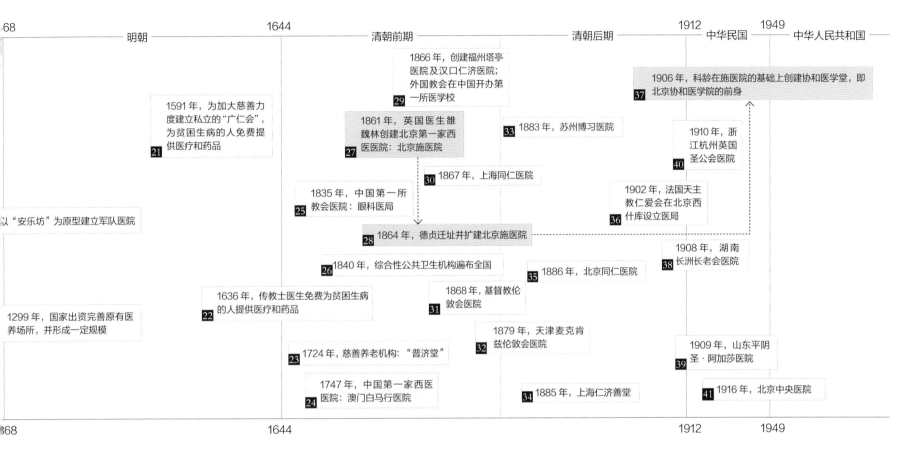

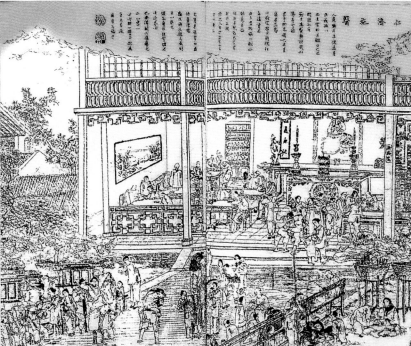

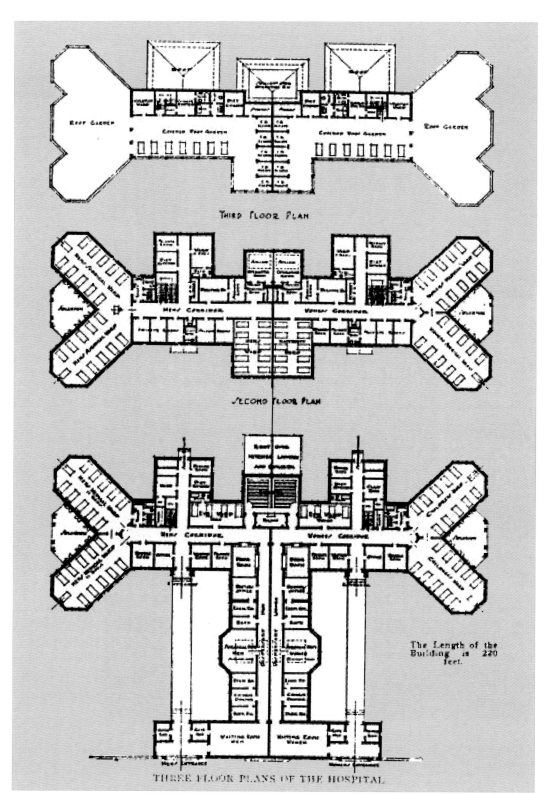

1　1905年，中华圣公会山东平阴圣·阿加莎医院（广仁医院）

2　1835年，广州博济医院

3　1885年，中国传统医院上海仁济善堂

4　19世纪末期，福州传教士医生雅丹金（Dr.Kinnear）接受官方赠匾

5　1916年，武汉武昌教会综合医院平面图

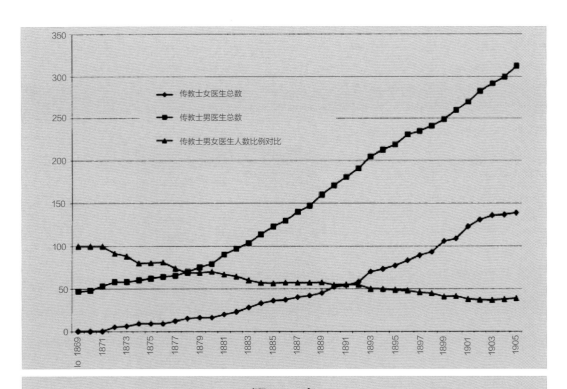

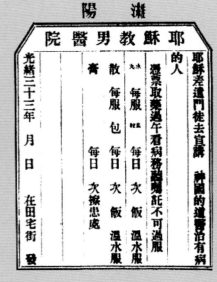

1　1908 年，湖南长洲美国长老会医院

2　1910 年，浙江杭州英国圣公会医院

3　1909 年，山东平阴的第一个教会药局

4　1908 年，美国长老会北京安定医院男子病房

5　1905 年，山东临清州医院传教士医生 Susan Tallmon

6　1905 年，山东临清州医院传教士向等待取药的病人传教

7　1860–1905 年，传教士男女医生到达中国人数比例的对比表

8　19 世纪末，出现在竹签上记录处方单及病人信息

（文献中湖南衡州府及山东黄县等地已有记载）

促进人类福祉

1870 年，洛克菲勒（John D. Rockefeller）由一个因家境清贫而未能完成学业的年轻人，以其经济韬略和精明远见控制了美国石油业，创建了美国标准石油公司，一举成为 19 世纪末世界上最富有的人。

洛克菲勒从 16 岁便开始每个月拿出一部分钱做慈善，做慈善和宗教信仰交织在一起。洛克菲勒本人是浸礼会教徒，早年曾捐建芝加哥大学校舍。20 世纪最初的十年，在洛克菲勒所钦佩的卓有远见的一位好友弗里德里克·盖茨（Frederick T. Gates）牧师极富感染力的影响下，开始将其巨额财富投入到公益事业中。1901 年，洛克菲勒医学研究所（Rockefeller Institute for Medical Research）成立，这是美国第一所医学研究中心，并成为美国医学划时代的标志。美的第一个诺贝尔医学奖诞生在这里，之后从这里走出至少有 20 位诺贝尔医学奖获得者，被誉为"培养诺贝尔奖获得者的摇篮"[21]。

在创建洛克菲勒医学研究所的过程中，盖茨与美国医学界建立了密切联系，并由此对现代医学的发展有了充分了解。盖茨认为医学具有普世性，对世界上每一个国家的每一个人而言都具有重要的意义。盖茨预见：20 世纪医学不仅会迅速地发展，而且也将给人类带来更大的福祉；支持医学发展、促进健康可以成为慈善基金彰显最大作用的舞台。作为洛克菲勒慈善事业的掌舵人，盖茨的思想深刻影响了洛克菲勒父子，这样洛克菲勒将慈善基金的投入转向系统性的医学教育慈善事业，这就是洛克菲勒基金会的由来。

1913 年 5 月 14 日，洛克菲勒基金会（The Rockefeller Foundation）

约翰·戴维森·洛克菲勒
（John D. Rockefeller Sr., 1839−1937）
https://www.rockefellerfoundation.org

洛克菲勒先生，一位从未治疗过一例病人的医生；一位从未上过一堂课的医学教育家；一位从未作过任何研究的医学研究者。

在美国纽约州注册，创办资金是一亿美元。洛克菲勒二世（John D. Rockefeller Jr.）担任基金会第一届董事会主席，提出其创办使命为"促进人类福祉"。

在相当长的历史时期中，在美国人乃至一般西方人眼里，中国是一个神秘而浪漫的具有悠久历史的国家，是一个令人感兴趣的奇异而又遥远的世界。从马可波罗到伏尔泰，西方对中国的看法充满

洛克菲勒父子

洛克菲勒先生和他的顾问长期以来对中国深感兴趣。中国不仅有辉煌的过去，也将有辉煌的未来。外界些许的帮助就可激发它的内在动力去创造巨大的成效；这不仅惠及中国，也将惠及整个世界。

罗氏驻华医社驻华代表 顾临

了理想主义的美化。然而当鸦片战争打开了中国的大门，美国社会通过传教士的眼睛开始来了解中国，美国人对中国有了更为真实的看法，盖茨曾这样表达：

> 对于我，中国一直是一个很有意思的国家，在一些方面很可爱，一个有着四千年历史的国家。她的人民热爱和平、勤劳、守秩序并且顺从。然而他们却死抱着一个停滞的半文明，不熟悉西方科学，对其富饶的地下资源全无开发，对于世界唤其觉醒和进步的呼喊麻木不仁，被祖宗崇拜的观念缚住手脚，频发的饥荒几乎是对其过剩人口的唯一缓解。他们对于现代医学一无所知，在无休止的疾病与半饥饿中颠沛流离。

通过上面文字可以看出盖茨对中国有浓厚的兴趣，同时一直希望找到合适的项目帮助中国改变现状。老洛克菲勒对中国的兴趣始于美孚石油进入中国市场之前，他不但被中国悠久的历史所吸引，而且也十分支持传教士在中国各地的传教工作。

1914 年 11 月，针对中国慈善项目，洛克菲勒基金会又成立了下属机构，即中华医学基金会（China Medical Board of the Rockefeller Foundation，CMB），之后在中国注册名为罗氏驻华医社（现称美国中华医学基金会），由洛克菲勒二世出任首届董事会主席，鲍垂克（Wallace Buttrick）为第一任主任，罗杰·顾临（Roger S. Greene）任驻华代表。其他理事都是当时美国教育界和医学界赫赫有名的权威人物[22]。洛克菲勒父子和盖茨的"医学十字军东征"由此拉开序幕。

从广义来说，洛克菲勒基金会与教会具有共同的价值取向，即负起"把光明散播到黑暗的大陆上去"的责任；真诚地相信自己是新文明的代表，同时坚信基督教精神是一种道德力量；而理性与科学则是社会变革的原动力，二者结合起来可以化腐朽为神奇，可以教化和改造贫穷落后的中国[23]。

此外，洛克菲勒基金会与教会对中国的贫穷、苦难抱着悲天悯人的情怀，从中国令人眼花缭乱的动荡局势中看到希望，既是中国新生的希望，又是美国人可以施加影响的希望；既持有居高临下的态度，同时又感受到中国人的民族自尊心和强烈的独立愿望。不论是在教还是在俗，他们都热切地希望要以基督精神来改造中国，塑造一代新人。来自上帝选民们的历史使命感、自豪感和责任感促使他们的目光转向中国，当时海外传教人士曾这样表达：

> 世界是我们的活动场地，中国则是中心点和目标、是指路星辰、是吸引我们所有人的巨大磁铁。

这一时期美国基督教会在华进行了大规模的传教活动，洛克菲勒基金会和早期来华纯粹传教的教会的不同点是：洛克菲勒基金会联合的不是无知百姓而是受过高等教育的优秀青年，正因为有这样的一个文化阶层，才能成为传播西方文化的载体；同时，洛克菲勒基金会认为诸多条件已经具备，可以一显身手来体现人类的一种理想，所有这些因素使中国具备成为洛克菲勒基金会大展宏图的最好试验场。

当时在北京协和医学堂任教的美国人约翰·斯通（Ernest Johnstone）写给纽约差会负责人的信中生动地说明了这一点：

---

22 鲍垂克（Wallace Buttrick）；弗莱克斯纳（Simon Flexner）；盖茨（Frederick T. Gates）；古德诺（Frank T. Goodnow）；毕宝德（Francis W. Peabody）；洛克菲勒二世（John D. Rockefeller Jr.）；顾临（Jerome D.Greene）；贾德森（Harry Pratt Judson）；马特（John R.Mott）；莫菲（Starr J. Murphy）；罗时（Wickliffe Rose）；韦尔奇（William H.Welch）

现在我们帮助中国的时机已到，因为她已认识到她的需要，她的青年渴望学习西医。当前我们可做的决不仅仅是为这个伟大的国家奠定医学基础，机会远比这要大得多：我们可以塑造未来中国医生的品性，我们要他们成为为基督理想所感召的人……

这里一切都在迅速变化中。几年以前，我们是在一个满族皇朝统治之下，忽然发现我们是在孙中山领导的共和国。然后，没过多久，孙中山悄悄地"没有啦"……袁世凯是大总统了。过不久又有了代议制国会和表面的民主机构。然后，几乎一瞬间议会"没有啦"……接着又听说制定了新宪法，一部适合独裁者的宪法，那么那部民主宪法又"没有啦"……这几天我们随时等待听到袁世凯加冕称帝的消息……那么共和国也"没有啦"……中国需要和平与秩序以便发展她那么渴望发展的一切：学校、医院、铁路、商店、工厂。让我们希望并争取真正的上帝、基督和教会连同这一切一起来到，假如教会还是真的维护正义的工具的话[24]。

基于这样的社会背景，洛克菲勒基金会开始计划用西方大学所体现的科学理性精神，来解中国现代化成功之谜。开始计划办一所像芝加哥大学那样的综合大学，由于种种条件限制很难行通，于是转向医学。医学正好是科学与教育共同改造社会与思想的结合点，特别是在政局动荡不安的中国，医学最没有争议并又是人民迫切需要的。洛克菲勒基金会成立伊始，在东方考察团之后又派出两次医学考察团，在考察团全面深入的考察报告基础上最终选定在北京办学，创建一所"中国的约翰·霍普金斯医学院"，即协和医学院。这所医学院不仅深刻影响了中国的医学教育和医疗事业，同时也充分体现了上述以科学改造中国的意图，希望在中国建立与教会医院截然不同的医学教育模式，以科学为基础改变人的思维模式。

20 世纪初，正值生物医学研究迅速发展，重大传染病控制始见成效之时，无疑医学和公共卫生事业能够直接解救因疾病给民众造成的巨大苦难。可以说，洛克菲勒基金会将医学和公共卫生作为优先慈善项目，实乃深谋及明智之举。

1934 年，哈佛大学经济学教授、美国著名经济学家爱德华·哈斯丁·张伯伦（E.H.Chamberlin）曾向盖茨作过一个最直白的解释：

对于中国人来说，一个确定不变和毫不隐瞒的决心就是要抛弃一切形式的外国主导，越快越好，无论是文化的还是其他方面的。他们目前只是因为自己的弱点和对这些弱点的觉察才仍旧表现得很谦恭。外国人的努力越不流于表面，中国人就能越快地取走自认的精华而摒弃糟粕。这样的项目越深刻，其性质越不可或缺，中国人保留它们的时间也就越长。可能影响中国人传统的思维方式和精神的，只是那些最久远、最深刻而又最基本的努力[25]。

据相关文献记载，整个 20 世纪洛克菲勒在中国科学、医学及高等教育上的投资接近 8 亿美元[26]。据 1937 年的统计：中国 13 个省的 60 个机构得到了洛克菲勒基金会的资助。大多数是在中国东部的重要城市中心，也有许多在中国内地的教会机构，这就扩大了洛克菲勒基金会的地理范围。洛克菲勒基金会在中国知识领域的投入，其综合性及规模与同期在欧洲、拉丁美洲和南亚的项目形成反差。除美国外的其他任何一个国家，洛克菲勒基金会都未给予如此慷慨的捐赠。到 1950 年为止，与赠予中国的 5 400 万美元相比，赠予第二大受惠国英国的资助还不到 1 000 万美元，而赠予亚洲第二大受惠国日本的资助只有 200 万美元。

1921 年，洛克菲勒基金会除了资助建设协和医学院项目外，在中国同时还经济援助了 30 家教会办的医院和一个中国人办的医院。包括上海圣约翰大学、福建协和大学、岭南大学、长沙雅礼大学、山东齐鲁大学医学院、北京医科专门学校等。

1929 年，洛克菲勒基金会帮助清华学堂建立生物系，所建造生物馆的一半经费 41 250 美元来自洛克菲勒基金会。

1935 年，洛克菲勒基金会给予中国 11 所综合大学以经济援助，其中最大的资助对象是燕京大学 77 325 美元，主要是为了加强物理、化学、生物方面的教学，起初是为协和及其他医学校输送更高质量的学生，后来发展为协和医学院的预科，同时帮助燕京大学创建了社会学系以及协和医学院的社会服务部，从此建立了中国社会学科体系；此外，还有中国的英语学系、语言学系的建立，以及北平国立图书馆（现国家图书馆）的建设项目等，洛克菲勒基金会都给予了关键帮助。

北京协和医学院的创建是洛克菲勒基金会在中国最大、最有影响力的一项事业。20 世纪 20 年代，曾资助在周口店开展古生物学研究工作，1932 年资助发现"北京人"的协和教授步达生及中国霍乱的防治工作；20 世纪 30 年代，基金会资助 150 万美元用于乡村建设以及协和在定县的实验，并在协和设立奖学金，培训从事农村公共卫生的护士；基金会资助中国其他院校的师生到协和进修，并给予上述学校师生到美国进修的机会[27]。

20 世纪上半叶，中国在艰难地走向现代化的进程中，洛克菲勒基金会起到了当时历史条件下所能起到的积极作用。从洛克菲勒基金会所投入的全部项目，可以看到由于这些资助而获得的成果是对"促进人类福祉"这一宗旨的最好诠释。

洛克菲勒后来回忆，从小母亲就向他灌输这样的人生哲理：工作、攒钱、散财。洛克菲勒的确将基督教、资本主义、慈善事业有机地联系在一起。就像洛克菲勒认为通过市场竞争和商业运作赚钱是天经地义一样，他也认为把自己的钱回馈社会和人民是责无旁贷的事业。虽然洛克菲勒的石油事业被进步时代的公共舆论所不容，但是他却一直在思考他的人生对社会和人类的价值。盖茨在洛克菲勒基金会成立后不久，曾这样描述洛克菲勒的慈善理想：

洛克菲勒先生的理想是为人类的进步贡献他所能给予的全部，不论多么微不足道……他希望能感到世上会少一点儿痛苦，哪怕只是一点

1913–1951 年，洛克菲勒基金会在中国的慈善事业及经济资助

类　　　别	金　　额（美元）	所占百分比（%）
罗氏驻华医社（CMB）	27 079 015.34	48.84
北京协和医学院	17 970 527.31	32.41
教会学院	4 257 385.28	7.68
进修资助	2 139 753.11	3.86
中国医院、大学、研究所	2 024 320.34	3.65
教会医院及普通教会	1 024 880.90	1.85
管理及调查	951 004.13	1.71
总计	55 446 886.41	100

资料来源：洛克菲勒基金会档案《1914–1951 年间洛克菲利基金会所支付的中国工作费用》

点，少一点儿折磨，少一点儿欲望，少一点儿无知，少一点儿不公；多一点儿快乐，多一点儿舒适，多一点光明与幸福，只是一点点，只因他在世上存在过[28]。

或许这样的赞誉对洛克菲勒先生的终极评价更恰如其分：

一位从未治疗过一例病人的医生；一位从未上过一堂课的医学教育家；一位从未作过任何研究的医学研究者。然而，他所完成的医学研究、医学教育和医疗工作远非是任何一位在这三个领域里的杰出人物所能完成的任务[29]。

洛克菲勒家族对中国慈善事业的付出，映照出一个世纪美国与中国的文化联系。洛克菲勒家族不仅拥有受人尊敬的社会和政治地位，更是拥有在普世的价值观下所创建的至今影响深远的机构。西方学者无一不对洛克菲勒基金会及其在华机构的工作给予高度评价：

没有哪个机构对（中国的）医学教育作出了如此巨大的贡献，对（中国）现代医学产生了如此深远的影响[30]。北京协和医学院的创建使我们显得比我们实际上做得更聪明。现代医学的观念从这里源源不断地进入中国，这里没有理念上的冲突，因为健康是所有人渴求之事，并不受限是何者提供健康的保障。现代医学是无须考虑观念差异和国界，而是考虑能否成为将人类联系在一起的纽带，成为构建社会和谐的基石[31]。

1913-2021 年，洛克菲勒基金会已成立一百多年，在基金会成立之初即来到中国。1915 年，洛克菲勒基金会创建了世界一流的北京协和医学院，并将协和作为"造福中国人"的最佳场所，对中国医学的发展具有深远意义。北京协和医学院作为"洛克菲勒基金会王冠上闪光的宝石"，代表了基金会在华事业最辉煌的一页。洛克菲勒基金会打造了"协和"，洛克菲勒人与协和人共同谱写了一个跌宕起伏、激动人心的故事。

抚今追昔，洛克菲勒人在中国的脚步已经走进了百年。在西方列强与日本帝国主义的侵略与压迫下，中国人民经历了种种屈辱和挫败后仍自强不息、前赴后继，终于使自己的国家重新屹立于世界。毫无疑问，这是中西方在政治、经济、军事上冲突与博弈的百年，同时也是中西文化多方位交流、融合与相互影响的百年。

而今迈步从头越，面向未来，协和的故事还在继续……

奉天

★ 北京协和医院

保定　沧州

晓张　　　黄县　烟台
　　德州
顺德　　　莱州

▲ 齐鲁大学

郑州

怀远　　扬州
　　　　南京　　　南通
泸州　　金陵女子大学
　　芜湖　　　　▲ 圣约翰大学
　　　　　湖州　苏州
　　　　　　　　　宁波
九江　　安庆　　绍兴

长沙
▲ 湘雅医学院

福建协和大学

厦门

　　　　　　　　　　　　　　　　★ 受全额资助的医学院
　　　　　　　　　　　　　　　　▲ 受部分资助的医学院
广州　　　　　　　　　　　　　　■ 受部分资助的医学预科学校
　　　　　　　　　　　　　　　　● 受部分资助的教会医院
广东基督教大学

1914-1919 年，罗氏驻华医社全额资助及部分资助的医学院、医预科和教会医院

对于我，中国一直是一个很有意思的国家，在一些方面很可爱，一个有着四千年历史的国家。她的人民热爱和平、勤劳、守秩序并且顺从。然而他们却死抱着一个停滞的半文明，不熟悉西方科学，对其富饶的地下资源全无开发，对于世界唤其觉醒和进步的呼喊麻木不仁，被祖宗崇拜缚住手脚，频发的饥荒几乎是对其过剩人口的唯一缓解。他们对于现代医学一无所知，在无休止的疾病与半饥饿中颠沛流离。

洛克菲勒基金会顾问　盖茨

https://zh.wikipedia.org/wiki/

1	4
2	5
3	6

1 山东齐鲁大学医学院

2 岭南大学

3 长沙大学

4 燕京大学

5 福建协和大学

6 上海圣约翰大学

注 释

1、3.　　胡传揆. 北京协和医学校的创办概况 [J]. 中国科技史杂志，1983（3）.

2.　　乔治·马戛尔尼，约翰·巴罗著. 马戛尔尼使团使华观感 [M]. 何高济，何毓宁译. 北京：商务印书馆出版社，2019.

4、5、6、9、10、11、12、14、18、24、27.　　马秋莎. 改变中国——洛克菲勒基金会在华百年 [M]. 桂林：广西师范大学出版社，2013.

7.　　约翰·齐默尔曼·鲍尔斯. 中国宫殿里的西方医学 [M]. 蒋育红，张麟，吴东译. 北京：中国协和医科大学出版社，2014.

8.　　李鹏翥. 澳门古今 [M]. 三联书店（香港）有限公司，澳门星光出版社，1988.

15、16.　　汤清. 中国基督教百年史 [M]. 香港：道声出版社，2001.

13.　　顾长声. 从马礼逊到司徒雷登 [M]. 上海：上海人民出版社，1985.

19.　　Accommodating the Chinese: the American Hospital in China, 1880−1920 Michelle Renshaw, Edited by Edward Beauchamp University of Hawaii, A Routledge Series, 2005 New York.

20、21、28.　　蠡之. 协和医脉 1861−1951 [M]. 北京：中国协和医科大学出版社，2014.

23、25.　　资中筠. 洛克菲勒基金会与中国 [J]. 美国研究，1996（1）.

29、31.　　Ferguson M. E. China Medical Board and Peking Union Medical College[M]. New York: China Medical Board of New York, Inc, 1970.5.

30.　　Balme H. China and Modern Medicine: A study in medical missionary development[M] .London: United Council for Missionary Education, 1921.118.

26.　　玛丽·布朗·布洛克. 油王：洛克菲勒在中国 [M]. 韩邦凯，魏柯玲译. 北京：商务印书馆，2014.

注：本章节所有没有特殊说明的照片引自：Michelle Renshaw, Accommodating the Chinese: the American Hospital in China, 1880−1920, Routlodge, New York, 2005.

第二部分
三次考察后的决策

　　20世纪初，中国现代医学的发展与西方相比，整整落后一个世纪。因此，洛克菲勒基金会在美国日渐浓厚的科学气氛影响下，开始了在中国的新医学征途。洛克菲勒基金会为选择中国项目进行了三次考察：

　　1909年东方教育考察，这是一个摸底或探路的考察，同时链接其与传教士和中国政府的关系。

　　1914年第一次中国医学考察，包括两部分工作：一是了解中国医疗保健的一般状况，二是实地参观医学院和医院，并将考察结果整理成为报告《中国医学》。

　　1915年第二次中国医学考察，考察团的两位成员，美国顶级医疗专家韦尔奇和弗莱克斯纳建议在北京和上海各设一所医学校，并提出高瞻远瞩的设想：创造一个世界一流水平的"中国约翰·霍普金斯医学院"，即北京协和医学院。

在 20 世纪初的美国人看来，中国有 4 万万的"天朝之人"，这么大的数字，意味着"4 亿个灵魂需要拯救，4 亿盏灯需要点亮"。因此，洛克菲勒基金会在美国日渐浓厚的科学气氛影响下，开始了在中国的新医学征途。

洛克菲勒基金会为选择中国项目组织了三次考察，分别是 1909 年、1914 年和 1915 年，三次考察堪称全面而深入。

考察期间不仅与在华传教士、教育界、医疗界频繁交流和接触，同时由美国顶级专家进行科学、精细、全面的实地调查并提交系统的考察报告《中国医学》，此报告不但为基金会提供了决策所需要的第一手资料和依据，而且为基金会今后在选择项目上建立了一个科学的决策模式，考察报告《中国医学》从以下几个方面影响了洛克菲勒基金会的最终决定：

第一，考察报告指明，辛亥革命之后是对中国施加影响的最好时机，应该即刻采取行动。洛克菲勒二世在"中国会议"上开宗明义地表示：基金会看到了中国的巨大变化，并希望了解这个变化将给基金会带来什么样的机会。

第二，辛亥革命之后，两次医学考察团的深刻印象是：中国政府和社会精英对西方的态度发生了明显的变化。代表团不但得到总统袁世凯、副总统黎元洪的接见，还在各省市受到地方官员和士绅的慷慨款待。"中国官员的头脑已经开放，时机就是现在"。

第三，考察报告显示中国在医疗方面"需求比我们估计得要大得多"，这些调查内容使得洛克菲勒基金会更加坚定地确立自己的责任和目标，同时也更坚定了将西方思想、医学和科学方法移植到远东的决心。

第四，基金会决定创造一个世界一流水平的"中国约翰·霍普金斯医学院"，并将致力于培养优秀的医学人才，集临床家、教育家、科学家和卫生行政四位一体，可推动中国医学卫生事业的发展，它将代表最高的理想和最广博的内涵。

简言之，全面深入的三次考察是洛克菲勒基金会选择中国项目的关键环节。洛克菲勒基金会及其顾问们对中国教育、医疗状况等进行了全面考察和专业性的客观评估，其中对传教士办医的某些具体细节进行尖锐批判，对中国现代教育提出建议并指明科学取向。这些内容完全独立于传教士和中国官方观点，同时这些内容在基金会的最后决策中起到了至关重要的作用。

东方教育考察

The Oriental Education Commission, 1908–1909

1908 年，弗里德里克·盖茨（Frederick T. Gates）提出了资助中国教育事业的设想：计划投入约 1 000 万美元在中国建立一所如同西方那样名副其实的大学，可为中国政府提供一个模式，并且为中国的新教育体制培养师资，因此，盖茨建议洛克菲勒成立一个东方教育委员会。为获取研究远东地区教育问题的第一手资料，时任芝加哥大学校长的哈里·贾德森（Harry P. Judson）建议盖茨：需要广泛研究中国情况，不仅要听取传教士的意见，而且也要听取中国经济学家、教育家和政府官员的意见。同年，洛克菲勒派遣的第一个考察团，即"东方教育考察团"，哈佛大学校长查尔斯·艾略特（Charles Eliot）、芝加哥大学的神学教授伯尔顿（Ernest D. Burton）和地理学教授钱柏林（Thomas C. Chamberlin）等进行实地考察。考察团先后访问了日本、印度、朝鲜和中国。由于中国是考察的主要目标，考察团用了 6 个月的时间对中国各地进行了考察，内容包括：社会状况、教育、卫生、医学校和医院等。事实上，这次考察相当广泛和深入，远远超出了教育和医疗的范围。数百页的日记、笔记和大量照片，包括收集了中国各主要地区和城市的政治、经济、社会、语言、宗教和文学的大量信息，最后形成六卷本的报告。报告中突出提到了当时中国在医学教育方面的迫切需要，明确提出希望建立一所既无教派归属，同时又能得到中国政府注册、批准和支持的高质量的世俗大学（近现代世界大变革背景下由西方社会提出的大学理念）。考察团报告成为洛克菲勒基金会之后二十年在中国开展慈善事业的指南。

东方教育考察团的目的是通过受过训练和极有头脑的专家调查远东区的教育、社会和宗教情况，并获得真实信息，特别是帮助洛克菲勒基金会确定应该选择怎样一个项目才能对中国产生重大影响。从这个意义上说，东方考察团只是一个摸底或探路的考察，同时洛克菲勒基金会希望专家在考察的同时能够链接与传教士和中国政府的关系，这也是此次考察的最重要的一个环节。当时，哈佛大学校长查尔斯·艾略特作为东方教育考察团的成员之一，在东方之行的报告中写道：

在教育领域里，西方可以给东方一个特别的礼物，那就是，使东方人的头脑逐步发生重大变化。东方人很久以来学的都是抽象知识，他们一直在运用直觉审思，主要从权威那里接受哲学与宗教。他们从来没有运用过归纳原理，而且至今对此知之甚少……要将东方人的头脑从文学想象和哲学猜想中拉出来，给予他们在事实和真理中独立发展的手段，最好的办法就是像西方在过去 50 年流行的那样，在所有的东方学校中用实验性的实验方法来讲授科学、农业、商业和经济[1]。

中国政治方面已出现了民主的曙光。教育方面，旧的教育体系即科举制度被废除，新的类似于西方的大学、学院以及学校的教育体系已经出现；经济方面，中国工业有了迅速的发展，特别是在一些重要城市；医疗方面，虽然落后，但人们越来越信赖西医并希望得到西医的治疗，关于让大量的中国医生接受现代医学科学培训的呼声越来越高，中国将不再是一个愚昧、落后的国家。

哈佛大学校长查尔斯·艾略特还特别提到：

中国人本性的友善、诚实，都表明中国是一个值得去帮助的朋友。只有在一个人最需要的时候成为他的朋友才算是真正的朋友，正是这种

1909 年 4 月 12 日，东方教育考察团在四川考察时受到当地政府官员的接见（前排左二、左四、左六分别为：查尔斯·艾略特、伯尔顿、钱柏林）

图片来源：《世纪协和》。

想法使我转向了中国医疗的需求[2]。

因此，考察团坚信建立一所综合性大学将会给中国带来革命性的变化。因为对于一个拥有4亿人口，且饱受流行病、地方病和营养缺乏性疾病侵袭的国家，医疗保健却主要依靠传统医学，正在学习西方医学的学生不足400名。盖茨也曾提到：如果目前中国还不适宜办大学教育，那么能不能通过医学教育来实现我们的目标。洛克菲勒基金会"在中国建立一所世界一流医学院校"的想法由此萌生。

1914年1月19日，洛克菲勒基金会在纽约百老汇大街26号召开了为期两天的"中国会议"，这是专门为选择中国项目的有关决策而召开的第一次重要会议。这次会议以东方考察团的报告为依据，帮助洛克菲勒基金会"找到"援助中国的"最佳"途径。

"中国会议"邀请了当时的哈佛大学校长查尔斯·艾略特（Charles Eliot）、芝加哥大学校长哈里·贾德森（Harry P. Judson）、约翰·霍普金斯医学院校长韦尔奇（William H. Welch）、美国医学教育改革的倡导者亚伯拉罕·弗莱克斯纳（Abraham Flexner）、洛克菲勒研究所的西蒙·弗莱克斯纳（Simon Flexner）、芝加哥大学的神学教授伯尔顿（Ernest D. Burton）和地理学教授钱柏林（Thomas C. Chamberlin）、哥伦比亚大学教授孟禄（Paul Monroe）、国际基督教青年会代表约翰·穆德（John R. Mott）、北洋大学堂校长丁家立（Taney Charles Daniel）等重量级人物。洛克菲勒的开幕词阐述了会议的目的：

基金会初建，像一个没有经验的孩子……整个世界都是它的试验场。多年来我们对中国的问题深感兴趣，中国正在发生巨大的变化……由此产生的机遇千载难逢，值得我们考虑[3]。

查尔斯·艾略特
（Charles Eliot, 1834-1926）

伯尔顿
（Ernest De Witt Burton, 1856-1925）

钱柏林
（Thomas Chrowder Chamberlin, 1843-1928）

会议讨论了洛克菲勒基金会秘书、董事顾临（Roger S. Greene）提出的两个议题：医学教育和公共卫生。强调会议目前不以"决定任何行动"为目的；而是通过讨论，厘清洛克菲勒基金会面临的问题。接下来几天，与会者开展了积极而富有成效的讨论，会议的备忘录可以看出洛克菲勒基金会与专家们，特别是对洛克菲勒基金会是否应该建立一个独立机构的意见有明显分歧，同时也真实地表现出这群杰出人士对摆在面前的困难接受挑战的强烈愿望。

洛克菲勒二世是个很懂主持技巧的人，每次都邀请不同的专家并为每个主题的讨论做开场发言，然后让大家各抒己见、集思广益、献计献策。

第二天会议结束时，洛克菲勒二世做了总结性发言：对大家开诚布公的建设性讨论表示由衷的感激，并表示这些讨论内容为洛克菲勒基金会在筹划项目时提供了所需的依据和启发。会议结束两天后，董事会在以下方面作出决定：

1. 在中国开展的任何工作都应该是医学方面的。
2. 无论做什么，都应该在现有机构的基础上开展，不管是教会机构还是政府机构。

一周后，盖茨将"中国会议"讨论的反馈意见整理成文并提交报告《渐进有序地在中国发展一个完善的、有效的医学系统》[4]（The Gradual and Orderly Development of A Comprehensive and Efficient System of Medicine in China），报告指出支持中国医学科学的发展是最优选择，主要内容如下：

1. 挑选合格人才并派遣中国，调查中国目前的医学工作和教育现状；
2. 建立一所规模宏大、设备精良、管理良好和效率一流的医学院校，并且设有相匹配的附属医院；

3. 确保附属医院有充足的医生、护士和设备。制定外籍客座教授计划，建立护士培训学校；
4. 若这套制度行之有效，将之扩展到其他类似医学院校[5]。

盖茨和专家们相信：医学教育、科学方法和技术可以使中国产生可持续的、与传统思维方式和生活方式完全不同的新文化。董事会将上述内容作为当前和未来的行动基础，决定成立一个专门研究中国公共卫生和医学现状的委员会；组建中国医学考察团前往中国进行实地医学考察，并提供一份详细的调查报告供基金会最终决策所用。

第一次中国医学考察
The First China Medical Commission 1914.4-1914.8

1914 年 3 月 21 日，芝加哥大学校长哈里·贾德森（Harry P. Judson）、哈佛医学院教授皮博迪[6]（Francis W. Peabody）夫妇、秘书麦肯宾（George B. McKibbin）一行四人，乘坐当时世界上最大、最豪华的邮轮"皇帝号"离开纽约，经法国的瑟堡抵达莫斯科，稍作停留后于 4 月 8 日乘火车从莫斯科出发，经西伯利亚于 18 日抵达北京。4 月 19 日考察团的另一名成员顾临（Roger S. Greene），时任美国驻汉口总领事也从汉口来到北京与大家会合，

可以说顾临是考察团了解中国国情的最佳人选。

考察团出发之前，受到了美国总统威尔逊（Thomas W. Wilson）的接见，出行时带有洛克菲勒基金会、美国国务卿威廉·布莱恩（William J. Bryan）及中华民国驻华盛顿公使夏偕复的介绍信。1914 年 4 月的北平阳光灿烂，当时的中华民国总统袁世凯、副总统黎元洪亲自接见了大西洋彼岸的客人。教育总长、各级官员、北京学界、著名学者和时任北洋政府改革属的负责人梁启超等对考察团的愿景

哈里·贾德森	皮博迪	顾临	麦肯宾
（Harry P. Judson, 1849-1927）	（Francis W. Peabody, 1881-1927）	（Roger S. Greene, 1881-1947）	（George B. Mckibbin）

---

6 皮博迪在美国哈佛医学院任内科教授，对医学教育很有研究又有丰富经验。他不但参加了协和建校前洛克菲勒基金会第一次中国医学考察团工作，而且建校后及时将协和的情况介绍到国外，为聘请到更多的一流教授来协和任教做出了贡献。

和工作纷纷表达谢意和支持。各大报纸都报道了考察团的行程与多项活动，其中《湖南公报》上刊文：

我国忽视医学教育的情况久已举世皆知，对于如何医治这个"东亚病夫"没有给予什么重视……政府现在财政困难，自然不会对医学发展给予任何资助，也没有热心的慈善家鼓励大家投入这个事业。现在，这个富有的大亨，美国的洛克菲勒先生给中国一份惊人的捐款，目的在于大力帮助中国的医学工作。他对中国苦难世界的帮助我们深表感谢……我们对他的考察团的贵宾们表示衷心的欢迎[7]。

1914 年 4 月 20 日，考察团在中国举行第一次正式会议，提出了医学调查的总体计划纲要。调查包括两部分工作：一部分是将有关"研究中国公共卫生和医学状况"内容的调查表分发到各个医学院和医院，以便了解中国医疗保健的一般状况；另一部分是实地参观医学院和医院。

考察团大约用了 4 个月时间访问了中国 11 个省的 17 所医学院，以及当时全中国 244 所医院中的 88 家医院，包括教会和政府开办的大学和医院。有资料记载此次考察活动伍连德也参与了陪同和翻译工作，考察团在北京及各省市与政府官员、知名人士、各教会负责人以及教会医院、医学校的医务人员进行了广泛的接触，了解情况

并征求意见。考察内容整理成为报告《中国医学》（Medicine in China），报告涉及的范围很广且内容丰富，对各种情况都作了详细的分析，在这个基础上提出有关建立新校的方针政策性的建议。这份报告至今仍是研究中国 20 世纪初西医发展和医学教育的宝贵史料。

根据《中国医学》报告的相关内容：

有关医学校的情况：1906 年创建的北京协和医学堂，1908 年正式开学，1911 年第一班学生毕业，至 1914 年共毕业 38 名学生，有外国教员 14 人；房屋地产投资 131 900 美元，1913 年学校和医院开支为 46 988 71 美元，设有男病床 60 张和女病床 30 张。1914 年济南府（即齐鲁大学医学院）第一班毕业 7 人，房屋地产投资 207 215 美元。1914 年上海哈佛医学院第一班毕业 5 人，外国教员 10 名。1911 年南京医学校开办，投资 69 302 美元，维护费 25 210 美元，外国教员 8 名。1912 年奉天"南满医学堂"开办，外国教员 7 名。其他医学校的投资都在五万美元以下。汉口协和毕业生共 20 名，广州共毕业 45 名，学费很低，皆在一百银圆或以下，学制多为五年或四年。女医师需求量大，苏州女医学校创办于 1891 年，用英语教学五年制，持有美国田纳西州的执照。1901 年创办的位于广州的广东女子医学

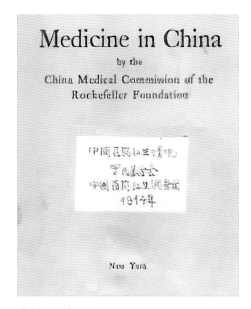

《中国医学》

图片来源：《中国现代医院史话——北京协和医院》

校，1902 年末改称为夏葛女子医学校（Hackett Medical College for Women），四年制用广东话教学。1908 年创办的北京协和女子医学校，为五年制用北京话教学[8]。

在医学教育方面，报告指出：当时中国有 500 名传教士医生，传教士作为教师和医生几乎都不是专业的，很难找到传教与行医两者兼优的人。传教士医生不但不具备西方最新的科学和医学知识，也完全不了解 19 世纪末以来美国医学教育的发展变化。当时中国的教会医学校大都是 1900 年前后创建的，现有医学校的经费、设备条件（包括医院、实验室和仪器等）和教员人数都很匮乏，学生的预科教育欠缺，用中文教学有很大局限性。

在医院方面，考察团对 88 家医院进行实地调研，并分析比较他们所在地区的社会和政治上的差异，以及房舍布局、人员配备、设备、经济、内部设计、清洁、化验室、多发疾病（结核、梅毒、钩虫、麻风等）治疗计划、护士和医生培养等方面的情况。报告除了指出经济、房屋、设备、人员等方面的不足而外，还特别强调了设置实验室的需求和重要性。考察团对其他相关内容也给予了进一步建议：如中外医师的薪金补助，聘请外国护士和总务长，增添医用设备、诊断化验室和图书室，进修住院医师的薪金，聘请专家讲座以及派遣教会医务人员到国外进修等方面内容。

在生活待遇方面，考察团建议教会的外国教员和医师的工资最高不超过年俸 1 500 美元，并提供宿舍；同时教会也有许诺：如这些人员遇到死亡或残废时，家庭将受到照顾。一般情况下，所有人员都是专职，唯来自哈佛医学院的 4 人准许用部分时间进行私人行医。虽然在过去 15 年中生活指标上升 50% 至 75%，但中国的生活费用比美国低得多，1 500 美元年收入足够维持全家一年舒适的生活。

在房屋建筑费用方面，中国比在美国要便宜得多，因为中国的物价和劳动工资都较低。例如建筑砖结构每立方尺在纽约需三毛，而在长沙则仅需一毛二分，但在上海则要多些[9]。

中国医学考察团称赞协和医学堂是中国"最高效"的医学校，并建议洛克菲勒基金会的第一项工作应该在协和医学堂展开，报告同时建议：

第一个医学教育项目应该在北京开展……如果能合理地做好安排，与协和医学堂联合起来一起开展，如不能，希望在北京开展"独立工作"。北京应是首选地点，如有可能，将在上海建立第二所医学院。

《中国医学》报告的总体框架内容清晰地体现在各章节的标题中，吸引了当时所有对中国感兴趣的读者，其中第八章和第九章直接关系到洛克菲勒基金会和未来协和医学院的定位和创建计划。

1914年11月5日，洛克菲勒基金会研讨了《中国医学》报告并最终接纳了考察团关于资助中国医疗卫生教育事业的提案。仅过20多天，董事会即投票通过成立下属机构中华医学基金会（China Medical Board of the Rockefeller Foundation，CMB），中国注册名为罗氏驻华医社（现称美国中华医学基金会），并由洛克菲勒二世出任首届董事会主席，鲍垂克（Wallace Buttrick）任第一任主任，罗杰·顾临（Roger S. Greene）任驻华代表。

罗氏驻华医社成立后，董事会马上开始落实第二次医学考察团的计划，同时包括以下资助工作：先是为中国的医学毕业生提供资助，同时也为中国女性提供资助，即到美国接受培训成为护理教师和护理部骨干。

在罗氏驻华医社的第一次会议上，获批在北京购置的第一块地产，称之为"英氏园"（Ying Compound），这是一座美丽古老的中式庭院，后来成为协和校长的住所。（关于英氏园的描述及照片详见上卷216—219页）

《中国医学》报告

第一章	中国的卫生状况	贾德森
第二章	中国本土医学与外科	贾德森
第三章	西医在中国	
	1. 西方（医学）技术的践行者	贾德森
	2. 中国政府与私立医学院校	顾临
	3. 教会医学院校	贾德森
	4. 女医生的教育	毕宝德
	5. 外国人控制下的非教会医学院校	毕宝德
	6. 医学院校的选址	顾临
	7. 关于中国医院的报告	毕宝德
第四章	教会开办机构的医学教育水平 用汉语或英语教学	贾德森
第五章	肢解与解剖	毕宝德
第六章	中国政府对西医的态度	贾德森
第七章	中国人对西医的态度	贾德森
第八章	针对中国现状对考察团做出的建议	贾德森
第九章	考察团的建议	顾临和毕宝德
第十章	资金估算（总额和明细）	顾临和毕宝德

资料来源：《美国中华医学基金会和北京协和医学院》

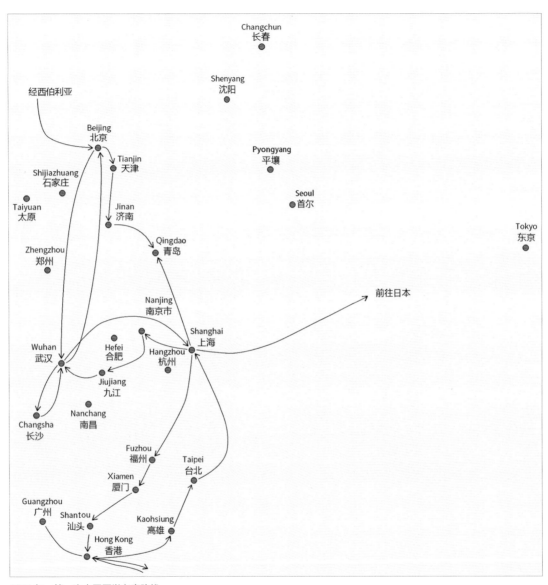

经西伯利亚

Changchun
长春

Shenyang
沈阳

Beijing
北京

Pyongyang
平壤

Tianjin
天津

Shijiazhuang
石家庄

Seoul
首尔

Taiyuan
太原

Jinan
济南

Tokyo
东京

Zhengzhou
郑州

Qingdao
青岛

Nanjing
南京市

前往日本

Shanghai
上海

Wuhan
武汉

Hefei
合肥

Hangzhou
杭州

Jiujiang
九江

Nanchang
南昌

Changsha
长沙

Fuzhou
福州

Taipei
台北

Xiamen
厦门

Guangzhou
广州

Shantou
汕头

Kaohsiung
高雄

Hong Kong
香港

1914 年，第一次中国医学考察路线

第二次中国医学考察
The Second China Medical Commission 1915.8-1915.12

1915 年夏，洛克菲勒基金会计划派遣第二次医学考察团，刚刚任罗氏驻华医社主任的鲍垂克（Wallace Buttrick）面临的挑战相当严峻。鲍垂克很清楚，自己作为一名浸礼会牧师并不具备相应资质，要完成中国医学教育这一庞大项目既需要智慧也需要美国医学界领袖们的支持。他随即向韦尔奇（William H. Welch）和西蒙·弗莱克斯纳（Simon Flexner）这两位医疗界领袖求助。韦尔奇是美国医学界公认的领军人物，担任洛克菲勒医学研究所董事会主席长达十三年，深受洛克菲勒二世和盖茨的尊敬。

韦尔奇和西蒙都是繁忙的领导者，不仅承担分内的重要职责，还要参与多个国家的研究项目，要求这两位专家长途跋涉去中国简直是不可能的，但是鲍垂克不愧为高瞻远瞩的战略家，在他的多次劝说下，韦尔奇和西蒙最终同意加入第二次中国医学考察团。

1915 年 8 月 7 日，洛克菲勒基金会中国医学考察团对中国进行第二次考察访问。陪同鲍垂克的有韦尔奇和西蒙，此外，还有洛克菲勒医学研究所的秘书小盖茨（Frederick L. Gates，盖茨的儿子）。考察团一行乘日本邮轮"天洋丸"从旧金山出发，经夏威夷于 8 月 23 日抵达日本横滨，在日本短暂停留后于 9 月 13 日抵达韩国汉城（今首尔）并进行短期访问，9 月 16 日抵达奉天（今沈阳）。

考察团在中国各地受到热情款待，当他们到达雅礼大学所在地长沙时，一条巨大横幅挂在大厅尽头：

您的慈善事业是世界的典范，中华民国握手欢迎您[10]。

1915 年，第二次中国医学考察团（从左至右：鲍垂克、小盖茨、西蒙、顾临、韦尔奇）

1915 年 10 月，考察团访问清华学堂与时任校长的周诒春夫妇合影（后排左四依次起：韦尔奇、周诒春、西蒙、顾临、小盖茨）

图片来源：《协和医脉 1861—1951》

考察团在北京及各省市与政府官员、知名人士、各教会负责人、教会医院以及学校的医务人员进行了广泛的交流，深入了解情况并征求意见。要完成这项考察任务不是件易事，这些繁忙的大人物大约用了4个月时间在中国进行实地全面深入考察，回国后他们更加坚定了在北京建立一所一流医学院的信念。

如果说第一次医学考察描绘了可能的愿景，那么第二次医学考察就要具体地落实这个愿景，更重要的意义在于中国之行的几个月对韦尔奇和西蒙·弗莱克斯纳的影响。

韦尔奇考察后在日记中写道：

协和医学堂，其病理课的教学设备不足，四个学生共用一台显微镜，没有活检，学生只是观察标本切片，没有机会动手制作切片，只有一些做最粗糙的病理解剖的手术材料……

考察结束后，韦尔奇和西蒙建议在北京和上海各设一所医学校，并提出高瞻远瞩的设想：

我们必须创造一个"中国的约翰·霍普金斯医学院"，它将致力于培养优秀的医学人才，集临床家、教育家、科学家和卫生行政四家一体，可推动中国医学卫生事业的发展。

目的是创建一所与欧洲或美国的医学院一样优秀的学校……拥有一流的教师、配备良好的实验室和一所好的教学医院……以及一所既培养男护士又培养女护士的学校[11]。

建造一个"中国的约翰·霍普金斯医学院"，那么当时美国的约翰·霍普金斯医学院到底是什么样的呢？

约翰·霍普金斯医学院是美国第一所仿效德国的大学模式，是在教学之外注重科学研究的大学，是美国研究型大学的鼻祖。约翰·霍普金斯医学院是率先建立起作为医学院附属教学医院的研究和实践相结合的医学教育模式，最早建立总住院医师和实习医师制度，开创了现代医学教育的新时代，开院之初即提出：医学院是重新塑造你头脑的地方！

从一开始，约翰·霍普金斯医学院的理想就与众不同：它把医学教育设计在研究院的水平上；它不是建立在商业，而是建立在科学与慈善的精神基础上；它的主导精神源自韦尔奇，而他深受德国医学的影响，强调利用实验室训练和科学方法，一开始就以"科学医学"为教育宗旨。它不但以一所综合大学为依托，而且还有一所规模可观的医院作为附属教学医院。它是美国第一个要求接受过四年大学本科教育才能入学的医学院，医学院本身的学制是四年，而不是两年。它带来了欧洲先进的医学教育：进入医学院前先接受综

约翰·霍普金斯医学院巴尔的摩校区

约翰·霍普金斯医学院是美国第一所仿效德国的大学模式，是在教学之外注重科学研究的大学，是美国研究型大学的鼻祖。约翰·霍普金斯医学院是率先建立起作为医学院附属教学医院的研究和实践相结合的医学教育模式，最早建立总住院医师和实习医师制度，开创了现代医学教育的新时代，开院之初即提出：医学院是重新塑造你头脑的地方！

合大学的预科教育，让医学生尽早接触病人，学习病理时和临床紧密结合，实行住院医生制度和住院总医生制度，临床医疗、教学、科研三位一体……约翰·霍普金斯医学院提高了入学标准，课程设置中将临床、基础实验结合，学院和医院整合为一体，让学生身处实境、亲自感受来获取疾病知识[12]。

当时在洛克菲勒等财团的巨额资金支持下，约翰·霍普金斯医学院完成了"标准化、专门化、科学化和职业化"的转型。作为约翰·霍普金斯医学院校长的韦尔奇，这位美国现代医学教育的推动者，他和一些从事内科、外科、解剖学等专家先后赴欧洲一些国家考察，把欧洲经验引入美国，其中一个很重要的内容，就是从德国柏林大学兰根伯克教授那里学到了医院住院医师制度，这些经验被约翰·霍普金斯医院采纳和实施后取得良好效果，被医务界推举为美国医学教育的模范和样板。韦尔奇被公认为科学研究、临床治疗、医学教育以及大学为一体的"约翰·霍普金斯模式"的代表人物，后被誉为"美国医学的院长"。可以这样说，住院医师制度是医学教育和临床医生培养工作的一个里程碑。

这样，美国这几位富有远见卓识的人物在规划中国的项目时与传教士相比，在洛克菲勒基金会的大力支持下，他们可以调动比教会更多的人才和财力，并推动日后西医在中国的发展达到顶峰，其深远的影响远远超越了简单的传教士的意识形态。在什么是现代教育与科学，什么是影响中国最有效的途径这些问题上，他们有着更多的思考，区别在于：一个是科学，一个是神学。

自此，西医在中国的新纪元开始露出曙光……

韦尔奇
（William H. Welch, 1850—1934）
https://zh.wikipedia.org/wiki/William_Henry_Welch

美国一位传记作者唐纳德·弗莱明（Donald Fleming）曾恰如其分地描述了韦尔奇给现代医学留下的业绩：

韦尔奇博士，让约翰·霍普斯金医学院成为美国历史上一种新型的医学院，不是慈善之地，而是科学之家，他比其他任何人的作用都大。这位约翰·霍普金斯医学院的院长对美国医学教育如此重要，以致人们后来称他为"美国医学的院长"[13]。

漫画：韦尔奇和他的兔子　　　　　　　图片来源：《协和医脉 1861-1951》

韦尔奇作为当时约翰·霍普金斯医学院院长，在参与中国医学第二次考察之行后，强调科学方法对中国的意义，并提出对下一步在北京创建医学院的定位，即将约翰·霍普金斯医学院的经验作为未来协和医学院学习的样板，包括"总住院医师和实习医师制度"，自然是顺理成章的事情了。

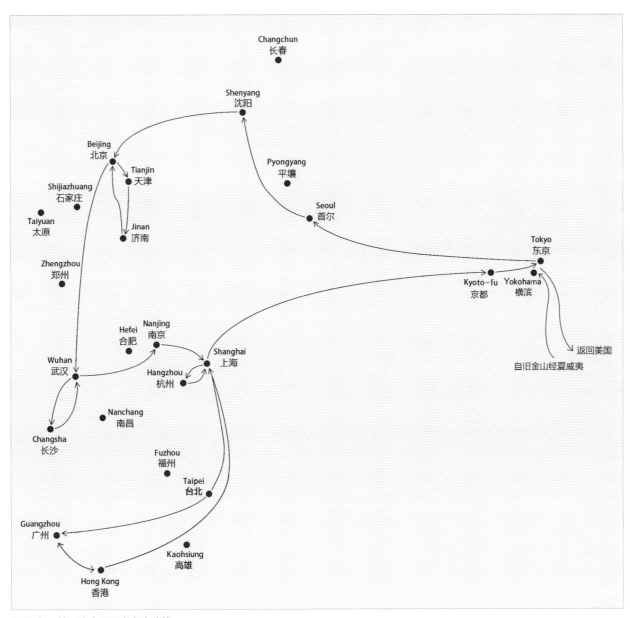

Changchun
长春

Shenyang
沈阳

Beijing
北京

Tianjin
天津

Shijiazhuang
石家庄

Taiyuan
太原

Jinan
济南

Zhengzhou
郑州

Pyongyang
平壤

Seoul
首尔

Tokyo
东京

Kyoto-fu
京都

Yokohama
横滨

返回美国

自旧金山经夏威夷

Hefei
合肥

Nanjing
南京

Shanghai
上海

Hangzhou
杭州

Wuhan
武汉

Nanchang
南昌

Changsha
长沙

Fuzhou
福州

Taipei
台北

Guangzhou
广州

Kaohsiung
高雄

Hong Kong
香港

1915 年，第二次中国医学考察路线

注 释

1、2.　　常青. 协和医事 [M]. 北京：北京联合出版公司，2017.

3 、5、13.　　矗之. 协和医脉 1861-1951 [M]. 北京：中国协和医科大学出版社，2014.

4、12.　　福梅龄. 美国中华医学基金会和北京协和医学院 [M]. 闫海英，蒋育红译. 北京：中国协和医科大学出版社，2014.

7.　　马秋莎. 改变中国 —— 洛克菲勒基金会在华百年 [M]. 桂林：广西师范大学出版社，2013.

8 、9.　　胡传揆. 北京协和医学校的创办概况 [J]. 中国科技史杂志，1983（3）.

10.　　约翰·齐默尔曼·鲍尔斯. 中国宫殿里的西方医学 [M]. 蒋育红，张麟，吴东译. 北京：中国协和医科大学出版社，2014.

11.　　玛丽·布朗·布洛克. 洛克菲勒基金会与协和模式 [M]. 张力军，魏柯玲译. 北京：中国协和医科大学出版社，2014.

注：本章节所有没有特殊说明的照片引自《世纪协和》

第三部分
协和建筑之缘起

1914 年，北京协和医学堂（原双旗杆医院）门前两根 20 英尺的旗杆被大风吹倒了，在中国人的传统观念中，这是要"改朝换代"的征兆。一年后，罗氏驻华医社用 20 万美元买下北京协和医学堂的全部资产，从此洛克菲勒基金会成了协和医学堂土地的主人。当时协和医学堂占地面积和建筑规模显然太小，不能适应一所"世界一流医学院"的发展要求，之后罗氏驻华医社又以 12.5 万美元购买协和医学堂相邻的豫王府房产，因此总用地面积扩大至 22.6 英亩。

1915 年罗氏驻华医社正式接管协和医学堂，1917 年在"豫王府"原址启动新校园项目建设计划，北京协和医学堂更名为北京协和医学院，英文名是 Peking Union Medical College，简写 PUMC。

1915 年，罗氏驻华医社用 20 万美元买下协和医学堂全部资产，并正式接管协和医学堂，本来新学校命名时准备冠以洛克菲勒的名字，但具有"东方头脑"的罗氏驻华医社驻华代表顾临（Roger S. Greene）指出：洛克菲勒这个名字对中国人来说冗长而拗口，建议保留"协和"两个字，于是更名为北京协和医学校，英文名是 Peking Union Medical College，简写 PUMC。

　　协和医学堂占地面积（12.6 英亩）及建筑规模显然太小，不能适应一所世界一流医学院的建设和发展要求。因此，罗氏驻华医社决定进一步购买地产。从各种条件衡量，与协和医学堂相邻近的豫王府将是理想首选之地。当顾临于 1916 年 1 月初发电报建议以 12.5 万美元购买豫王府的房产时，洛克菲勒基金会马上果断行动 [1]，批准罗氏驻华医社购买中国传统宫殿豫王府的地产，占地约 10 英亩，这样总用地面积扩大至 22.6 英亩。

　　豫王府处于京城繁华的地带，这里环境幽雅、设施齐全并特色鲜明。更重要的是，豫王府地块与协和医学堂地块紧邻，便于拟建的协和医学院新校园进行整体规划，充分利用协和医学堂原有设施为新的需求所用，同时在豫王府基地上建设新的校园以满足教学和临床的功能需求。这样的规划设想可以做到教学区与附属医院相对独立又能与生活区保持适当距离，同时三者之间又有便捷的联系。

　　如此规划考虑使拟建新校园项目既可以继续发挥原来协和医学堂建筑设施的价值，同时亦可以延续协和医学堂在北京的影响力，而不是以"空降"的方式突然来到北京，在中国百姓当中能够容易获得接受与认可。

　　由于北京协和医学院新的校园建筑坐落在豫王府原址上，对于当时很多中国人来讲，捐款建造北京协和医学院的美国石油大王洛克菲勒，与用来点煤油灯的标准石油公司（美孚石油）联系起来，因此协和医学院被中国人打趣称为"油王府"，这样的称呼亲切自然，具有一语双关的寓意，体现了中国老百姓的幽默。

　　无论如何，在这片土地上建造的协和医学新殿堂，为整个 20 世纪的中国医学带来了巨大变革。

协和医学堂的初创

1861–1906

1861 年，英国传教士医生雒魏林（William Lockhart）来到北京，他是以英国伦敦会（London Missionary Society）的名义在英国公使馆附近（东交民巷中御河桥西）开设了北京第一家西式医院，这家医院名为"伦敦会北京施医院"（Peking Hospital of the London Missionary Society）。（位置详见下卷 398 页）

1864 年，由于英国公使馆扩建的原因，德贞不得已将伦敦会北京施医院迁址到哈德门大街的火神庙处，这所医院的中文名字改为"北京京施医院"（也称"京施医院"或"施医院"），因德贞保留了寺庙门口原有两根 20 英尺高的旗杆，又俗称"双旗杆医院"。

1907 年哲公楼落成，中外官员在哲公楼前合影（据分析：那桐未能出席，为了强调清政府对协和医学堂的重视，后人将那桐像替换至原照片正中位置）

图片来源：《世纪协和》

1901 年，伦敦会派遣科龄（Thomas Cochrane）只身返华，重建北京施医院，并寻机创建医学院。

1902 年，北京施医院随着患者的增多，医疗成本不断增加，资金不足的问题日趋严重。在北京传教会会议上，科龄倡议所有在华教会共同建立联合委员会（a Committee on Union），这是"协和"（Union）理念的首次提出。

1904 年 7 月 8 日（光绪三十年五月二十五日），在科龄进一步提议及清政府大力的支持下，决定由 6 个英美教会团体联合开办一所医学校，并命名为"协和医学堂"（Union Medical College，Peking），这是北京最早的正规高等医学校 2。在中国医学传教历史上，协和医学堂成为一所与众不同的医学校。在这 6 个教会机构中，英美两国各占一半，在所有中国的医学校中，这是第一个由英美传教士医生共同合办的医学校 3。

由于科龄为光绪、慈禧等人看病并成为清朝皇帝的御医。通过行医的关系，科龄博得慈禧太后及亲信太监李莲英的信任。慈禧太后特别批准赏给英国医士科龄建医学堂 10 000 两，一些王公大臣也纷纷解囊相助，共募集到社会各界捐款 1 200 两。

1906 年初，科龄用所筹款项在北京东单牌楼北，克林德牌坊西南建造了一座引人注目的西式教学大楼，为纪念先驱雒魏林（William Lockhart）的首创之功，并将大楼命名为"娄公楼"（LockHart Hall）。

由于北京协和医学堂的创建顺应了当时的社会需求，成为当时中国政府唯一认可并颁发学位证书的教会学校和非官办医学院校。

1906 年 2 月 12 日至 13 日（光绪三十二年正月二十日），协和医学堂为庆祝新建大楼举行了盛大系列活动。2 月 12 日下午，举行了隆重的宗教仪式活动，伦敦会的宓治文牧师（Rev. S. E. Meech）主持了仪式，并在开场发言中解释了医学堂在教育联盟项目中的地位，同时强调这个强大联盟行动的意义。美国长老会的惠志德（Wherry）在发言中提及：

为了强调传播福音，基督利用医治身体作为有效宣讲的手段。鉴于此，传教士们来到这个陌生的国度，面临的问题是必须能够实用地展现教义，以便最简单的头脑也能听懂。基督号召训练有素、技能高超的医生帮助其工作，以通过这些具有奉献精神之人的榜样影响人们。这样，基督教教义就容易被理解，高尚的理想将激励中国的年轻人，这将在中华帝国的最高统治者中开花结果并传播到最远的地方。45 年前自雒魏林作为医疗传教士开始工作以来，时代已经发生变化，这个变化很大程度上应归功于医疗传教士们，是他们的忠诚和信仰，并以主的名义克服困难而获得成果。这种奉献精神将医学与传教捆绑到一起，相信这座医学堂就像一涌喷泉，不仅有医疗技能，还有爱与善意，将在整个中华帝国播散开来。

---

2 协和医学堂是华北教育联盟（华北协和文学会 North China Education Union）以协和（union）命名的三个教会学校之一，主要是以英国的伦敦会为主（London Missionary Society）。

2月13日举行了盛大的落成典礼活动，在中国基督教会历史上，还从来没有见证过如此多的杰出并具有影响力的人物齐聚一堂，共同参加这样一个教会医学校的活动。清政府钦差大员、各国驻华公使前来庆贺，盛况空前。

据《协和医学堂征信录》一书描述：

举行开学典礼时，蒙钦派大臣那相国临堂祝颂，代表盛意。各部贵显及各国钦使，均同日毕至，颇极一时之盛。嗣则西商惠助巨款者有之，自备资斧愿充义务教员者有之，各慈善会以巨金延聘精通医术之士，以供本堂教授生徒者又有之，是以声震全球名播通国[4]。

出席典礼的有清政府外务部会办大臣那桐大学士、英国驻华公使萨道义（Ernest Swatow）、美国驻华公使柔克义（Hon W. W. Rockhill），还有一位在中国最具影响力的西方人罗伯特·赫德（Robert Hart）[5]。作为执掌大清海关总税务司四十年的外国人，赫德盛赞科龄在北京筚路蓝缕的开拓作用，并展望了协和医学堂未来的发展前景：

作为开拓者，科龄先生已有一群勇于奉献的追随者。他的这所医学堂也必将硕果累累，日后即使没能成为中国的皇家医学院，也会为成为类似机构的诞生铺平道路。（在此基础上）建立的医学院及其衍生的机构，必会成为真知的殿堂，并将在这个不朽国度里的每一个角落传播最广博的文化[6]。

各国媒体针对协和医学堂的开办进行大力宣传报道，极大地提高了协和医学堂在世界的知名度。科龄院长为此倍感荣耀，雄心勃勃地想将协和医学堂办成"天下第一医学堂"。

叶赫那拉·那桐（1856-1925）
图片来源：《协和医学堂》

那桐，字琴轩，姓叶赫那拉，满洲镶黄旗人，晚清"旗下三才子"之一，是中国近代史上的一位重要人物。

罗伯特·赫德
（Robert Hart，1835-1911）
图片来源：《旧中国掠影》

赫德，英国人，28岁担任大清海关总税务司，掌权长达45年，被清廷视为客卿，赫德不仅在海关建立了总税务司的绝对统治，并且在衰朽的旧帝国制度中创造出唯一廉洁不贪腐的高效衙门。

---

5 萨道义及赫德均是曾获圣米迦勒即圣乔治大十字勋章的爵士（GCMG）。

学生考试场景

高年级学生上课场景

学生在组织学课上使用显微镜做实验

杨怀德[7]（左三）指导学生在细菌学实验室做实验

图片来源：《世纪协和》

7　杨怀德（C.W.Young）曾担任协和医学院首任病理系主任，在感染性疾病的防治方面作出了重要贡献。

协和医学堂的运营

1906-1915

1906 年 3 月，医学堂的主体建筑竣工并投入使用，为了纪念杰出的先行者雒魏林，医学堂主体建筑在面向哈德门大街正门最高处的位置上刻着"雒魏林学院（Lockhart Medical College）"。雒魏林（William Lockhart）是作为伦敦会来北京传教的先行者，其名字应该以这样的方式流传百世。

当时，伦敦会除了负责购买和配置医学堂的设备之外，同时管理医学堂的运行。协和医学堂原计划招收学生数百名，但开办之初学生不满百人，各科教师仅数十名。开学之初，除聘任中国教师外，还高薪聘请到洋教师 20 余名。

协和医学堂的生源没有地域之分和学历要求，但入学之前要经过国文、西文、动物、植物、物理、化学、算术等学科严格考试，择优录取，宁缺毋滥。学生若从获得认证的学堂或大学获得了毕业证书，也可以不参加入学考试。

协和医学堂开办期间是中国最好的医学院之一。与当时多数官办和教会医学院校不同，医学堂开办之初就是五年制，尽最大可能向欧洲医学院看齐。前两年进行医学基础教学，包括生理学、生物学、解剖学、组织学和药物学等科目，同时教授英语；后三年进行临床各学科教学，包括外科解剖、门诊手术及包扎、内科、外科、妇产科、五官科、儿科、卫生学及其他科目。

协和医学堂考试极为严格，分有月考、季考、岁考、大考，以观察学生之勤惰。最后一年可根据自己的志愿进行专科选择[8]。毕业时要经过英、法、美、德、奥、意、日本等各国医官共同校阅考核，合格者予以文凭[9]。学生若考试列下等者，院长必予惩罚；有不及格者，必令其温习，使之洞悉无遗而后已；必至卒业后，由学部给予充当医生之执照，始许其悬壶以拯人之疾病[10]。

协和医学堂为了提高教学质量，普及推广西医知识，使中国学生深入理解西医学精髓，对教员提出了严格的要求。科龄要求各国教员将教材全部翻译成中西文对照版本，以便学员对所学知识融会贯通，并翻印各种医学书籍公开出售，让更多的中国学生可以系统地学习西医理论和医疗技术。科龄同时为协和医学堂购置了当时世界上较先进的医疗设备。

由于协和医学堂的医生医术精湛、治学严谨，很快博取了各国驻京人士以及清政府的信任。1906 年 4 月 4 日，清外务部将协和医学堂列入专为驻京外国人看病的指定医院，并每月送银 100 两，作为协和医学堂医生随时为外国人看病出诊费的津贴[11]。

协和医学堂自开办后，名声日噪，慕名报考者年年见增。学生在这里学习，既可以掌握先进的西方医学知识又不用远涉重洋，省却了出国的不便。协和医学堂更多地招收中国学生并教授西方医理，希望其学有所成之后传播到中华大地并能够自立门户，造福于民，使广大百姓免受庸医之害。

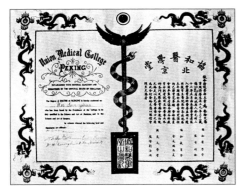

协和医学堂学生吴三元 [13] 毕业文凭

协和医学堂毕业文凭在正中下端印有"协和医学堂之图记"印章。

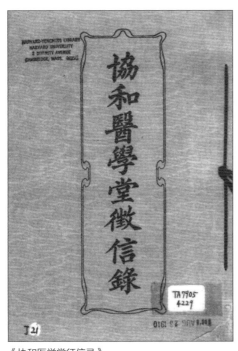

《协和医学堂征信录》

图片来源：《老蠹鱼读书随笔》

西方医士在华设医馆以及办学校的原始史料不多，第一手文献的获得更是不易。《协和医学堂征信录》是现存最早的记录有关协和医学堂的文献，由上海美华书馆排印。美华书馆是西方传教士在中国办的规模最大、设备最为齐全的活字排版、机械化印刷的出版单位。其前身为道光二十四年（1844）美国长老会在澳门建立的花华圣经书房。

1910 年出版的《协和医学堂征信录》，实为协和医学堂的宣传册，目的在招募学生，寻觅捐纳。目前存放在哈佛燕京图书馆 [12] 的善本书库，仅此一册。《协和医学堂征信录》当年只是宣传品、募捐书，所印必不能多，也不易保存，流传至今则是难得一见的了。针对协和医学堂的概况，《征信录》中有描述：

学堂自开办以来，已有 4 载。学堂堂舍宏敞，仪器精备，就学者亦日益多。各科教习 20 余员，按程授课，讲解详明。附近处复有原设之施，医院每日开诊，临症甚多，足为堂内学生实验之地。如若学生卒业后，经学部考试给予文凭，许以行医问世。并云，学堂教育与实践，均与西方著名医院无异。有志斯道者，固无须远涉风涛，求学海外也。

中国早期西医医院的设置，很少有专书详细介绍，在《协和医学堂征信录》里则对学堂各科披露至尽，协和医学堂除讲堂、实验室外，还设有宿舍楼分三层，也有操场供学生运动。医疗空

---

12 哈佛燕京图书馆（Harvard Yenching Library）是哈佛大学图书馆专门用于收藏与东亚相关文献的场馆，坐落于哈佛大学剑桥校区神学街2号。该馆始建于1928年，初为哈佛燕京学社之中日图书馆，后于1965年改为现名，藏书扩展到其他东亚语言文献范围。1976年，图书馆的管理权由哈佛燕京学社移交哈佛大学图书馆。

13 吴三元，亦名吴肇春，故城县吴梧茂村人。1911年获医学博士学位后，回到资助其学医的枣强县肖张镇由英国人办的基督教会医院，成为该院第一位中国籍医生。

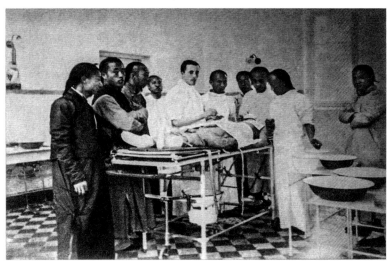

文海医生在手术台旁进行教学示范

科龄校长和学生们在门诊部

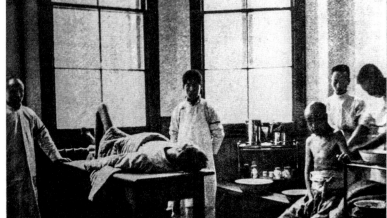

外科门诊治疗室场景

外科病房场景

图片来源:《协和医学堂》

间设有割病房、养病房、内科室、外科室、配药室等，又设有腑[14]学室、稑（yè）学室。

内科室，夫内科各症，非仅在望闻问切即能探其病原，虽其痰血便溺等类，亦当用各种药料以化学理法查验，以显微镜窥测其形状，可以推求病之所由来。凡一切为医师者，莫不详为剖解，令学生亲为考验，务期胸中了激，毫无遗漏，以期尽善尽美，不致令人生疑。

外科室，凡遇外科各症，即入此室，另有专师主理一切，学生均可轮流至此，专以察究各种外科病症。有医师详为指示讲解，并令生徒亲行考察，拟其治法，而匡其不逮，俾能日日研究以期深造而自得。虽轻小之症，割治时必先施止痛药，然后用刀剖之，以昭慎重。

割病房者，实为手术室，按西方最善规模构造，据介绍：房中十分整洁，苟有污秽，即以药水刷洗干净，令无半点飞尘。四壁及地，皆以光洁瓷砖砌成。周围玻璃窗，皆系双层，以阻外寒，以御外声。房顶有玻璃天窗，以为透光之用。室中所用灌洗器具、桌椅割台，皆有活动之机，可随意运转。滚水炉筒（tǒng），温度合宜。每遇重要及寻常外科诸症，均按妥善法则，将病体洗浴洁净，令主理迷蒙药者，以合宜药熏之，务令熟睡，毫不知痛痒时，始行施割。学生旁立，医师逐件口讲指点，如遇同类者，即令学生亲手割治，日日仿此而熟成。

---

14 腑：组织（英语：Tissue），旧称腑，是生物学中介于细胞和器官之间，由属同一器官的形态相似的细胞以及细胞外基质组成，并且具有一定功能。

1908 年施医院年度报告

我们的治疗惠及所有阶层，上到高官及皇宫太监，下及最底层的民众和最穷的乞丐。病人中有信儒家思想、伊斯兰教、藏传佛教及佛教的，我们都做到了一视同仁。

男子医院有 60 张病床，其中 30 张在医学堂，另外 30 张在文海楼。妇婴医院有 30 张病床。大部分病例是外科手术，内科很多病人是来医院治疗的鸦片成瘾者。我们的首席助手李医生技能娴熟的医治了这些病人，而且很少失败。相对外科来说，其他科室的医疗病例很少，除医学堂有一间好的手术室之外，妇婴医院也有一个小型手术室。在麻醉下的手术（包括小手术）每月约有 50 例，手术的性质差别很大，从最复杂的到最简单的都有。

1909 年，医学堂与附属医院当时来看前景还是非常光明的，然而只是我们没有一个好医院，因此，医院与医学堂的工作就会受到很多限制并会令人感到沮丧。没有一个设备完善而先进医院的医学堂是不正常的，故我们诚恳地希望满足这个需求，并尽快得以解决。我们已经获得了部分所需资金，并正协商获得合适的土地。不过，我们在这块土地上修建房舍还需要更多的捐赠。

1909 年施医院年度报告

我们很需要更先进的设备、精良的医院设施，既为了那些来这里治疗的病人，也为了更好地培养我们的学生。我们已经得到必要的场地，并有很大可能获得新医院首座楼房所需的资金。在新建医院治疗空间有限的情况下，我们还是考虑了一定的行政办公空间。由于每修建一座新楼需要花费 3 000 英镑，我们请求各方面的朋友给予一定资助。

1912年京施医院年度报告

劳森－秦特型床架已经运到，蒸汽消毒机还在路上。这是与很多病人衣物上滋生的"微小生物"作战时的必要武器。为了防止这个不受欢迎的来访者进入病房，我们规定病人需在入院时洗浴，并换上医院的衣服，并要求他们把自己的衣服放在消毒机器里，在那里"消毒"（如果不清洁的话），直到病人出院前都会存放在那里。

不过，我们还是更需要护士长监管医院内部事务，"我们要永远警惕防止为中国的不卫生而付出的代价"，忙忙碌碌的医生，很难抽空来做这个工作。找到护士长已成为一项必要条件，如果没有找到，我们宁愿一直关闭现有清洁良好的医院，也不愿在没有适当管理的情况下接收病人而使医院环境逐渐恶化。

我们希望在新年伊始，能够解决所需护士长、设备及大笔的运行费用的问题，届时医院可以开业并开始治疗病人。

1913年施医院年度报告

我们既诊治了非常贫穷的人，也诊治了富有的人。外科诊治的病例既包括很轻的疾病，也包括最重的。

住院病人的数量众多，高达1 206人，比1912年多出400人。门诊量也比上一年增加2万人次。我们已经在门诊部作了一些改变，将门诊进行分科从而提高效率和秩序。然而，建筑功能空间还是远远达不到我们的需求，除非全部重建，任何措施都不能使我们有效地开展工作。如果重建我们仍需要筹集大笔资金，谁在这方面能帮助我们？看看印好的资产负债表吧，这个报告显示除医生工资外，为了维持医院正常运营，除了我们已从英国国内得到2 000多墨西哥鹰洋的资助外，其余的都要在中国国内筹集。从本土筹措资金虽是最理想的，但没有美国、英国朋友的慷慨帮助，急需的门诊大楼就无法建造。但这个过程非常漫长，极大阻碍了医院的发展，也影响到对病人的有效治疗及给学生更好授课。

养病房，在学堂左面，为学生察病之所。其房皆本卫生，理按西国成法，布置妥协，设有西洋柔软自行铁床，被褥轻暖，衣帽光洁，电灯电扇，无烟之暖水炉，四季花卉，屋宇宽敞，构造精良，几令有病者入而心旷神怡，忘其为病。举凡重要各证，皆留养于内，每日有专师率领各生至房内查病，逐条训示。每遇相同之证，即令学生亲为诊察，然后就师以正之。故每遇一病，必将其原委现象终局，并次第所用之药品，以及一切法则，无不体会于心。

腴学室，腴学者，考究人身各质如何构造之学，如一发之细，以目观之，仅见色黑而已，及以显微镜查之，则构造之形式颇奇。又如目前居中透明之膜，以目观之，毫无所见，以镜彰之，则层次秩然，依序排列，层层各异，有如禾穗者，有如球形者。如花笋者，虽一肉丝之微具，有条不紊，轻薄如皮肤，精微如脑部，以及肝胆脾胃肾筋骨血肉，莫不详为剖解考窍，以为医学之一臂助焉。

稢（miǎo）学室，稢学，乃医科至要至精之学，现正在穷究时代。古医未审此学，每谓病为感冒，或伤损所致，今则格致日深，试验愈确。考之各种病症，殆多病有稢者，如瘭（lìn）疬、时疫、霍乱等症，皆各因稢为

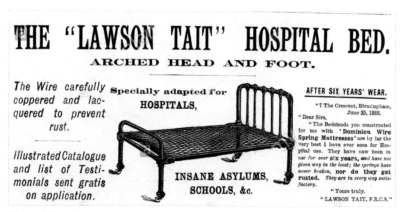

劳森－秦特型床架

患，苟将程灭尽，自无疾病之累矣。程体至微，目不能见，以极大力之显微镜观之，则形体毕呈，状态各别，奇异之形，难以意拟。顾体虽微，而毒则极烈，轻则经年累月，渐生诸病；重则顷之间，即能殒人生命。今西医士以法育之，察其性质，取物之力相敌以灭之，今已制有多种，颇著奇效。世间有最烈数症，如天花、白皮嗓子等症，近将绝迹矣。堂中延专门程学家教授，此科实于致病之原因多所发明焉。

配药室，此室有专门药师主理一切，每遇一方，需用数味药料配合而成。为药师者，必使其性不相反，调剂合宜。即为学生者，亦可轮流至药师面前亲聆训诲，更宜自行试验，以期心领神会，有着手回春之妙术焉 15。

随着医学堂知名度提高，各地病人争相接踵并慕名而来，加大了医院的各项开支。1906 年，协和医学堂开办初期，每年投入不到 6 万两，1911 年直线攀升到 10 万两，而清政府对协和医学堂的捐助仍停留在每年 1 万两，协和医学堂再度陷入经费拮据的困难处境。1911 年 9 月，科龄院长不得不再次向清政府申请补助，此时的大清王朝已奄奄一息，国库亏空，但外务部和税务处还是各挤出 1 000 两银元捐助协和医学堂。虽然杯水车薪解决不了根本问题，但是足以证明清政府对协和医学堂的重视程度。

学生在实验室用显微镜做实验场景

男子医院临床实验室工作场景

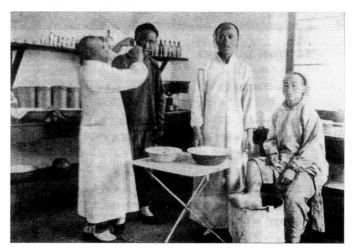

外科门诊包扎室治疗场景

图片来源：《协和医学堂》

协和医学堂变卖所有权

1915

随着"一战"爆发，西方国家自顾不暇，而此时的清政府也已灭亡，协和医学堂逐渐入不敷出，经费严重紧缺并跌入难以维持的地步，被迫变卖所有权。正在此时洛克菲勒基金会策划在中国建立一所世界最高标准的医学院，专家在中国考察时即建议在协和医学堂的基础上创建。那段时期，伦敦和纽约之间开展了无数次的磋商，最终罗氏驻华医社决定与伦敦会合作，双方达成了历史性的协议，有如下内容：

第一，将邻近街道的门诊建筑等，均可自由用作其基督教传教工作空间。在改建这类房屋时，保证至少不次于现在的条件，学生则有信教自由。

第二，协和医学堂及其在中国内地的资产产权全部归于罗氏驻华医社名下。

第三，伦敦教会以 20 万美元的受益立契，将现在的医学堂的全部家当转让给罗氏驻华医社。契约将简单说明产权归属。

第四，罗氏驻华医社将尽可能迅速、完全、切合实际地实现建立新的协和医学校的承诺。

1915 年 6 月，协议达成，财产移交工作正式启动，罗氏驻华医社负责把协议的详细规定付诸实施。

1915 年 7 月，罗氏驻华医社正式全面接管北京协和医学堂并沿用"协和"二字，收购后实际上是接办和大改组。

1915 年 12 月，金修真作为英国伦敦教会总会全权代表签订买卖契约，罗氏驻华医社以 20 万美元收购了北京协和医学堂的全部资产，主要包括购置五处房产总支出 158 170. 37 美元[16]。五处房产，包括娄公楼、哲公楼、文海楼、施医院、男孩和女孩学校[17]。罗氏驻华医社接管协和医堂后，原有传教士教师仍继续留任，并

设立宗教系及社会工作系。1914 年，协和医学堂共有毕业生 100 余名，外国教师 14 余人，男病床 60 张和女病床 30 张。

1916 年 1 月 24 日，根据当时购买协和医学堂的协议，开始组建协和医学院董事会。董事会包括 13 名成员，其中 7 名来自罗氏驻华医社（包括 2 位中国人胡适和施肇基），另外 6 名分别来自伦敦会等相关的 6 个教会。新组建的董事会将接管协和医学堂的一切事务。

随着 6 个教会联合办学协议的终止，接管后的协和医学堂像更换了发动机的列车，快速驶上了全新的轨道。当时协和医学院董事会的工作计划是：一边改组旧的教学模式，一边准备招收新的学生，实施新的教学计划，并担负新机构的一切运营费用。虽说名义上协和医学堂已经由罗氏驻华医社接管，但从医学堂向医学院的过渡整整用了两年时间。

1916 年 2 月 24 日，纽约大学管理部同意签发协和医学院医学教育的凭证，即毕业生将拿到纽约大学的毕业证书。同年秋季，为了按新计划教学和招收新的学生，协和医学堂低年级的三个班学生转入山东齐鲁大学医学院，高年级的两个班学生留本校实习，并于 1918 年全部毕业。这一年，由洛克菲勒医学研究中心调来了麦克林任北京协和医学院首任校长兼内科主任教授。

1917 年 9 月，协和医学院开始招收预科生，也就是说，协和医学院招生的历史是从 1917 年开始的[18]。1919 年 10 月协和医学院医本科正式开学，第一班收学生 9 人，其中 5 人是从预科班转来的。

尽管协和医学堂在当时办学的愿景是成为"天下第一医学堂"，办学质量高并富有特色，但是从 1915 年洛克菲勒基金会的第二次中

国医学考察团的报告中可以看到，韦尔奇的评价却是乏善可陈，这也说明当时中国医学的最高水平与国际先进水平还是有很大差距的。

至此，协和医学堂完成了历史使命，洛克菲勒基金会所选择的科学慈善的宏图伟业开始在中国落地生根。当时中国的医学界，英美派与德日派势均力敌，但自协和医学院创办后，英美派的势力与日俱增，德日派的势力则江河日下。

1915 年，矗立在哈德门大街（现东单北大街）的协和医学堂

参加毕业典礼教职工成员

金修真、穆勒文尼、伊博思、孔美格、恩施浩、齐德义、狄丽、惠义饹、郝裴睿、贺庆、科龄、潘尔靘、杨怀德

1911 年，协和医学堂第一届毕业生合影

注：拍摄地点为娄公楼北侧入口（东帅府胡同），下卷 414 页

1911 年教员新增人丁及他们的"供养者"

图片来源:《协和医学堂》

立置。

注释

1.   福梅龄. 美国中华医学基金会和北京协和医学院 [M]. 闫海英，蒋育红译. 北京：中国协和医科大学出版社，2014.

10、11.   中国第一历史档案馆外务部全宗 938 卷.

3、6、9、18.   约翰·齐默尔曼·鲍尔斯. 中国宫殿里的西方医学 [M]. 蒋育红，张麟，吴东译. 北京：中国协和医科大学出版社，2014.

8.   王玲. 北京协和医学堂的创建 [J]. 历史档案. 2004（03）.

4、15.   沈津. 老蠹鱼 —— 读书随笔 [M]. 桂林：广西师范大学出版社，2009.

16.   蒋育红. 近代不凡的医学传教士科龄 [J]. 中华医史杂志，2018，48（1）. 40.

17.   矗之. 协和医脉 1861–1951 [M]. 北京：中国协和医科大学出版社，2014.

第四部分

百年协和老建筑营造

北京协和医学院的创建是洛克菲勒基金会除本土外，单项所投入的最大一笔资金，也是送给中国的一个大礼！1915年基金会启动这项新校园建设计划，1917年奠基，1921年正式落成。协和不仅仅是一所医学院，更象征着西方"科学医学"成功地进入中国，象征着"世界一流医学院"终于在中国全面落地。

本书首次全面系统地剖析百年协和老建筑的总体规划设计理念及建筑平面功能布局，包括：功能分区、交通组织、设计特点和亮点、细部和细节设计、园林营造等内容；首次全面系统地展示百年前的设计图纸和老照片，并附专业解读。

时光飞逝，日月如梭，坐落在北京东单三条的街道上，与繁华热闹的王府井大街只有一街之隔的协和老建筑群，历经百年风风雨雨，虽然东单三条的路早已拓宽加长已不再是原来的胡同；街道上嘈杂密集的现代车流，已不同于当年的车水马龙；但协和的建筑性能、空间形态、设计理念和建筑风格依然那么让人念念不忘、依然具有强大的生命力和丰富的内涵、依然矗立在东单三条的这块土地上、依然散发着她那独特的魅力……

遗憾的是，20 世纪初期被形容为"绿城"的这组医学建筑群，今天虽然已成为国家文物保护单位，但老式协和建筑群的周围却环绕着高大的现代化购物中心和豪华大酒店。极具讽刺意义的是：当时协和医学院建筑群为达到与周边传统风格的民居形式相融合，与不远处紫禁城宫殿形式相协调，让老百姓有宾至如归的感受，"不惜工本"地打造中国传统建筑风格。但是百年后的今天，路过的人们更多习惯的是周边的高楼大厦，对这个仿佛成为一个孤岛的建筑群，却充满陌生和好奇……可以看到，目前的协和老建筑群深埋在高大密集的地产王国东方新天地的阴影中。百年前洛克菲勒基金会和建筑师所营造的"中西合璧"建筑形式为了体现中国传统建筑文化，为了更好地融入周边的环境所做的种种努力，百年前巨大的投入和美好的愿景，似乎在周边的高楼大厦所不屑中被击碎……

协和老式建筑群建设年代是在第一次世界大战的动乱时代，尽管历经种种意想不到的困难，但洛克菲勒基金会建立一流医学院的初心和决心从没有改变：不惜工本、打造一流。

如今，东方新天地地产展现给城市的是超高的容积率、达到最大高限的密集楼群，平乏粗壮的建筑形式与北京的整体风貌格格不入，与周边的建筑文脉大相径庭。很明显，开发者的意图是力争每一寸土地都能带来最大的回报，提高再提高建筑面积的出租率，获得最大最高的利润。针对东方新天地大开发项目，来自协和内部有两种说法：一种是当时开发商欲买断协和礼堂作为高端俱乐部；还有一种是为了多占地，要将协和礼堂拆掉，幸好现在协和礼堂留存了下来，但却在东方新天地所包围的逼仄的凹状地块中喘息……

李嘉诚是 20 世纪 90 年代的华人首富，洛克菲勒是 20 世纪美国乃至世界首富。相毗邻的这两组建筑群，是完全不同的建筑类型、完全不同的设计理念、完全不同的建筑风格，折射出两个不同时代，两个不同商业帝国、两个截然不同的价值观和胸怀。历史是人民的历史，终将会作出公正的评判。每每徘徊在老协和的院墙外，看到东方新天地楼群如此彪悍地矗立眼前，便感到痛心……百年前洛克菲勒二世（John D. Rockefeller Jr.）在开幕式上的话语好像还在耳边回荡：

这个医院是为中国人建的医院，总有一天交给中国来管理，这是美国人对中国人的贡献……力争寻求室内功能性与中国建筑外貌之美丽线条及装饰相结合，特别是其高度、屋顶和装饰相结合。我们之所以如此做是想让来到这里的老百姓得以一种宾至如归之感觉……并且也是我们对中国传统建筑之美好部分欣赏之最诚挚表现。

格伦 摄

前期策划

　　罗氏驻华医社并购协和医学堂的资产和收购豫王府的房产后，在原有协和医学堂建筑设施的基础上根据新的需求进行改扩建，同时在豫王府的用地上进行新校园的规划设计，这种具有全球视野的战略定位和魄力，是建立在洛克菲勒基金会通过组织美国顶级医学大家漂洋过海，对中国进行两次医学实地考察，获取了大量信息和决策依据的基础上，历经近十年且全面周密细致的考察、策划和筹办的过程。精细的调查研究是洛克菲勒基金会每次作出重要决策之前必不可少的步骤。

　　在协和医学院的筹备和规划设计过程中，从百年前留存的北京和纽约之间的大量往来书信中，可以看到项目管理者及技术负责人对建设过程中的主要环节及图纸设计内容进行了大量的事无巨细的讨论；可以看到建设管理者和建筑设计顾问所投入的时间精力和所花费的心血跃然在字里行间，交流最多的当属医疗工艺设计内容及预算等相关内容。大量心血的付出，实现了建成"世界一流医学院"的目标。

　　北京协和医学院是洛克菲勒基金会除本土外，单项所投入的最大一笔资金，也是送给中国的一个大礼！它体现了洛克菲勒基金会对于促进科学特别是"科学医学"的发展承诺。1915年基金会开始启动新校园建设计划，1917年奠基，1921年正式落成。协和不仅仅是一所医学院，更象征着西方"科学医学"成功地进入中国，象征着基金会十年策划、四年营建的世界一流医学院终于在中国全面落地，象征着西方文明的光辉即将在中国深入人心，甚至协和的象征意义比可以表达的语言更深远……

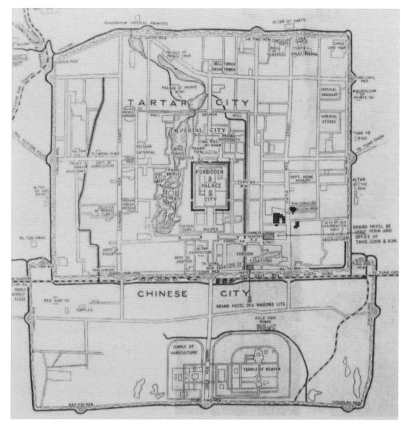

20世纪初，在北京城区的协和医学院

图片来源：《消逝在东交民巷的那些日子》

建设地点及用地面积

　　1914 年 11 月，洛克菲勒基金会决定在北京新建一所与美国约翰·霍普金斯同等标准的医学院。1915 年，基金会以约 20 万美元并购协和医学堂全部资产，用地约 12.6 英亩；又以 12.5 万美元收购东单三条胡同原豫王府房产，用地约 10 英亩，与协和医学堂旧校舍毗邻，新旧校舍和附属设施的建筑总占地面积 22.6 英亩[1]。

　　协和的选址和建筑风格是具有象征意义的，它体现了洛克菲勒基金会和洛克菲勒二世的雄心：不惜工本营造精致的中国宫殿式建筑，与故宫遥遥相对，其用意是要向中国人表明：这所建筑所象征的医学院的宗旨与中国的最高理想和愿望并非相左，而是一种可以融入正在发展中的中国文明的机体。一方面是对中国古老文化的尊重，另一方面下决心要按美国方式改造它。

　　选择北京是因为：历经三个朝代北京仍是中国的首都；交通方便又是文化教育中心，易于吸收全国各地的学生；当时的教育部正努力统管全国的教育政策；另外认为旧协和有一定的基础，而且是被中国政府承认的学校，这是最重要的优势[2]。

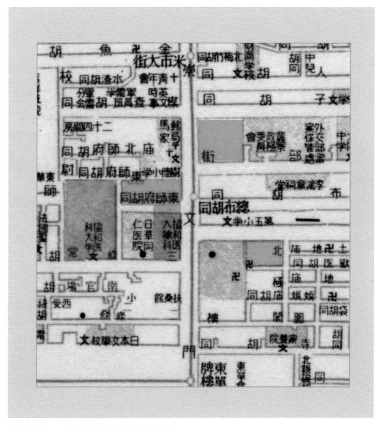

20 世纪初，协和医学院区位及周边环境

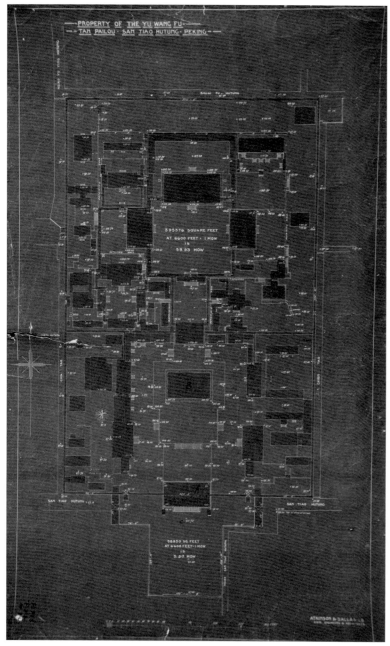

17 世纪中期，豫王府基地原图，占地 10 英亩

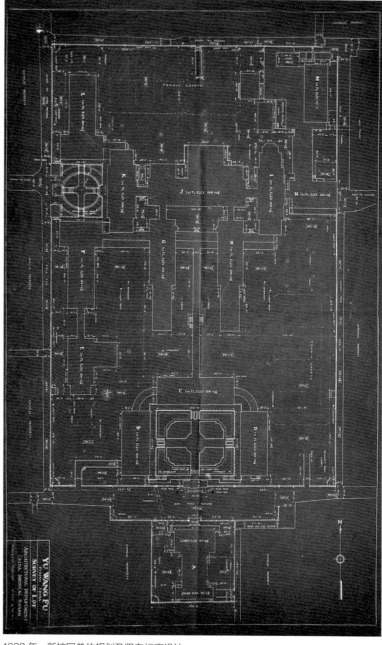

1923 年，新校园总体规划及竖向标高设计

红色与绿色标识处为新建校园保留的豫王府古树及入口卧狮。

教育方针

协和的教育方针主要来自美国约翰·霍普金斯大学的教学模式，主要内容有[3]：

1. 八年学制

八年制包括三年医预科，其课程重点为物理、化学、生物学和数学，还有中文、英文及第二外国语、选修课。

2. 开办高级护士学校

高级医学教育必须有培养高级的护理人才和师资的内容，因此高级护士学校与医本科同时开办。

3. 实行"淘汰制"

为了培养高水平医学人才，强调重质量而不是重数量，每年招收医学生和护士学生均不超过 30 人。

4. 用英文教学

明确要用英文教学，掌握英文可以直接获取世界医学知识，也是进行国际交流的必要工具。学校提供所有的教材及参考书均为英文，图书馆中绝大部分书籍和杂志均为外文（主要是英文）。课堂和实验室教学中一律要用英文，写病案、病房巡诊和学术讨论会亦用英文，师生间日常交流也需要用英文。

5. 进修教育

除培养本科学生之外，进修教育（医生和护士）也是协和一个重要的教育任务。

6. 启发式教学

强调启发式而不是灌输式的教学方法。教师不仅向学生传授知识，更重要的是培养学生的独立思考和独立工作能力。课堂讲授的时间较少，着重在实验室和临床实践。

7. 实习医师和住院医师制度

医本科的最后一年（第五年），学生分别到临床主要科室做实习医师，并要在上级医师指导下直接负责住院病人的诊疗工作。同时要执行对病人每天"24 小时负责"制。学生毕业留校后还设有临床住院医师制度，每一年聘任一次，三年或四年后可任总住院医师。

8. 派遣优秀者出国进修

为了培养专才，协和每年有计划地派遣一些已有数年（三至五年）工作经验的优秀青年医师、教师和护士到欧美各国进修深造，一切费用均由学校负担，一般为期一年或二年，期满返校后继续任职。这种制度为青年医师和教师提供了提高业务水平和更新知识的良好机会。

9. 聘请客座教授

每年从欧美各国聘请国际上有威望的权威学者来校担任客座教授，一般为期一年。

10. 科学研究

要求本国和欧美各国的学者、专家除教学、医疗工作之外，还要求具有科学研究的能力，主要结合教学、医疗和中国当时常见和严重危害人民健康的疾病等实际问题开展科学研究。

办学标准与学科配置

　　洛克菲勒基金会针对新建医学院的办学方向，一直处于两难的选择：是针对中国严重缺乏西医人才的现状，短时间内培养大量合格的医学人才；还是立足于未来，建立高标准的医学院，培养少而精的医学领袖，通过所培养出来的医学领袖再培养中国自己的人才。在不断的探索和酝酿中，协和医学院确立了明确的定位，并由三部分组成：医学院、护校、附属医院及卫生实验站。行政机构设校长、副校长、教务长、总务长、司库（财务长）、医院院长、护校教务长、宗教事务部长、秘书、记录员。协和医学院设有 10 个系：解剖学系（包括组织学）、生化学系、生理系、药理系、微生物及免疫学系、病理系（包括寄生虫学）、内科系（包括小儿科、皮肤科、神经科、传染病、内分泌代谢病、精神心理科及放射科）、外科系（包括骨科、泌尿科、眼科、耳鼻喉科及口腔科）、妇产科系及公共卫生系，实行系主任负责制。

　　1921 年统计，当时分别从美国、英国、加拿大等国的医学专家中，及在中国工作的外国传教士和中国人中，共聘请医预科教员 15 人，医本科教员 57 人，护士教员 31 人，行政及技术人员 48 人，共 151 人，其中有外国教员 123 人，受过外国教育的中国教员 23 人。

　　最终确立办学目标是：

　　第一，创建精良、管理出色、有效率的一所医学院；拥有一流的教师、配备良好的实验室并设有一个高水平的附属医院。

　　第二，培养优秀的医学人才：集临床医学家、教育家、科学家和卫生行政四家一体，可推动中国医学卫生事业的发展。

　　第三，在建筑、设备和人员配备上都要有引人瞩目的规模与高品质，不仅要对华北和全中国有影响力，还要成为整个远东地区的医学培训和研究中心；更高的目标是在全球的医学教育和研究领域占有一席之地。

1916 年　医本科（五年）课程设置

一年级

生理学	生物及动物学
解剖学	化学
组织学	英语

二年级

解剖学	制药化学
生理学	诊断学
生理化学	身体诊断
组织学	英语

三年级

外科学	小手术及包扎
内科实践	临床医学、外科
治疗学	配药
胚胎学	英语
细菌学及病理学	

四年级

外科学	儿童疾病
内科实践	麻醉学
病理学与血清治疗学	临床内科与外科学
产科学	英语
眼部疾病	

五年级

屈光	神经与精神疾病
耳、鼻、喉疾病	外科解剖
皮肤病	妇科学
血液病	法医学、病毒学
热带病	毒理学
卫生与公共健康	临床医学及外科
牙科外科	英语

资料来源：《协和医学堂》

建设标准

20 世纪初，美国建筑师在大量实践的基础上，制定了一整套行之有效、领先世界的设计标准和规范。协和总体规划和医疗工艺设计完全遵照当时美国医院建设的最新标准。

高标准的培养基地要求高标准的建筑设施相匹配，医学院对学校规模、学校的设备投资、病床与学生的配比以及教学计划等方面，都有其相应的标准。医院建筑完全遵从满足教学和临床需求的功能流线及空间组织，并对开窗形式、室内陈设、室内装修等方面均提出很高要求。从一开始洛克菲勒基金会就决定协和医学院建筑风格为"中西合璧"，而协和的内部设施和设备，力求最大限度达到当时最先进的标准。考虑到现代医学教育、医疗和科研的需要，从病房、教室到实验室等功能空间均配置最好的西式设备。

同时，整个院区设有独立完整的动力系统，如发电机房、冷热水系统、锅炉房、自来水净化系统、压缩空气系统等一应俱全；还设有全面完整的设备后勤用房，如制冷厂、氧气厂、煤气厂、修理厂、电工厂、电话房、洗衣房、过磅房、花房、汽车房等。

协和医学院的附属教学医院，是临床教学的基地。当时协和医学院的规模预计每年招收学生 30 人，也考虑到将来招收 50 人的需求，实验室和教室均按照此规模配置。1921 年 9 月 16 日，北京协和医学院新建筑落成，总建筑面积 53 006 平方米，附属医院初始设床位 250 张，后逐步扩为 350 张病床。同年，护士楼（哲公楼拆除后原址建设）建成，建筑面积为 7 000 平方米。

350 张病床，除去特殊病房楼的 60 张病床外，约 300 张病床可供 100 个学生教学使用，每个学生可有 3 张病床供实习之用。从病床数与学生人数配比来看，教师多、病床多、学生少，可以说协和医学院建筑规模和教学条件极为优越，当时在中国是绝无仅有的。

1921 年 9 月，洛克菲勒二世在参加新校园落成典礼后，在给其父亲的一封信中表达了他对协和医学院建筑和设备的高度认可：

我们对北京协和医学院的喜爱无法言说，完美的建筑各尽其用，这不只是对科学而且也是对建筑的贡献[4]。

首任校长

罗氏驻华医社物色第一位协和校长的标准是：

年轻有为的学者，他的教育经验可能不丰富，但只要素质好、思想新、能力强、敢于负责、敢为人先，就可能在这种新环境、新条件下闯出一条新路来。热衷于医学教育，而非已功成名就者，从美国学校中优先选择[5]。

在洛克菲勒研究所所长西蒙·弗莱克斯纳的推荐下，年仅28岁的麦克林（Franklin C. Mclean）被聘为协和医学院首任校长兼内科主任。麦克林出身于医学世家，祖父两代皆为医生。1910年，麦克林获美国拉什医学院（Rush Medical College）医学博士学位，1915年获美国芝加哥大学哲学博士学位。他毕业后即被美国俄勒冈大学医学院聘为药理学教授，从事教学和科学研究，是当时全美医学界最年轻的教授之一。麦克林是一位科学天才，痴迷于科学研究，被誉为"神童"，他发明了第一种血糖临床检测方法。为了扩展自身的研究背景，麦克林放弃教授职位，转至洛克菲勒医学研究中心担任助理住院医师，并由此改变了他的人生轨迹[6]。

1916年，怀着极大创业热情的年轻校长麦克林到达中国后，6个星期内拜访了中国北方及中原若干城市的一些在医学上的知名人士，以及中国大部分的中医、西医领导者。麦克林和罗氏驻华医社驻华代表顾临、上海哈佛医学院校长胡恒德（Henry S.Houghton）由于工

首任校长麦克林（Franklin C. Mclean, 1888–1968）

作关系联系密切，当时这三个人的年龄分别是 28 岁、32 岁、36 岁，共同打造世界一流水准医学院的热情使他们走在一起，日后他们一个接一个地参与了协和医学院的管理工作。

1917 年 12 月中旬，麦克林回国参军，但仍保留校长名义。1920 年 4 月返校，辞去校长职务仍担任内科教授。1922 年，麦克林辞职回芝加哥大学医学院任校长兼内科主任。理查德·皮尔斯（Richard M.Pearce）在麦克林离职期间代理校长职务，他是美国宾夕法尼亚大学姆瑟尔医学研究中心教授，深谙世界学术之道，仅一年时间就为协和建立了牢不可破的学术根基，使协和成为著名的医学学术中心。

1920 年胡恒德正式接任校长。胡恒德与协和同事相处友好，大家对他的感情和尊重非同寻常，有人称他为"微笑的圣人"。

1958 年入职协和的董炳琨，曾参加抗日战争、解放战争和抗美援朝战争，并担任中国医学科学院、中国协和医科大学副院校长等职务。2016 年董炳琨获中华医学会医学教育分会"终身成就奖"。作为老协和人，董老对协和的故事如数家珍，在《老协和》书中写道：

1917—1918 年协和自办医预科时期，协和医学院首任校长麦克林以他的知识和智慧、人格魅力和全力以赴的工作精神，唤起了一大批有才华学者的热情，在很短的时间内，一个高素质的教师队伍就形成了。

顾临（Roger S. Greene, 1881—1947）
https://www.rockefellerfoundation.org/

皮尔斯（Richard M.Pearce, 1874—1930）
https://www.rockefellerfoundation.org/

胡恒德（Henry S.Houghton, 1880—1975）
图片来源：《世纪协和》

确定建筑师及规划方案

协和医学堂与豫王府的地产买入后，随着北京协和医学院项目的逐步落实，对建设用地进行评估和建筑规划设计工作也纳入日程。

罗氏驻华医社对建筑师的遴选也同样精挑细选。19世纪末在美国波士顿执业的建筑师柯立芝（Charles A. Coolidge），是当时美国建筑业的领军人物之一，大学校园规划的专家，同时在医疗建筑规划设计方面造诣颇深。

当时，柯立芝针对北京协和医学院的校园规划设计提交了两版方案，第一版是基于符合西方建筑思潮的现代主义风格；第二版是为了符合罗氏驻华医社董事会的意愿而采用的中式风格（柯立芝两版方案设计图详见下卷477-478页）。由于柯立芝规划方案的预算远远超出了董事会提出的100万美元的标准，在协和医学院首届董事会主席约翰·穆德（John R. Mott）的积极推荐下董事会只好采用建筑师哈里·赫西（Harry H. Hussey）的规划设计方案。

19世纪末美国建筑师哈里·赫西于芝加哥艺术学院完成学业，之后成为基督教青年协会[7]（Young Men's Christian Association YMCA）的职业建筑师，通过招募获得参与亚洲设计（YMCA）项目的资格，并派往中国工作。

赫西在柯立芝第二版规划设计方案的基础上进行一定的修改，向罗氏驻华医社提供了一系列颇具吸引力的完整规划设计及建筑整体鸟瞰图，规划设计的一期为16栋中国传统建筑风格的建筑群：

优雅的琉璃瓦屋顶，宽敞的庭院给人宏伟大气之感，被冠以"中国式宫殿里的西方医学学府"之称。

赫西的校园规划设计在所有的建筑上都采用了中国式的大屋顶。并向罗氏驻华医社保证了100万美元的工程预算，充满中国意境的建筑规划设计图与100万美元的预算打动了罗氏驻华医社的心，因此，赫西最终被聘为北京协和医学院项目的总建筑师。

毋庸置疑，从赫西的校园规划设计图上，可以看出建筑群布局和室内空间划分依循了柯立芝所提交的第二版规划设计理念，并在此基础上进行了一定的调整和优化。从图上可以看出，当时柯立芝在豫王府地段上的规划理念在赫西日后的设计中基本得到了实现。（赫西与柯立芝的方案设计图详见下卷486-487页）

---

7 基督教青年会于1844年建立于英国，是一个面向国际的普世基督徒团体。

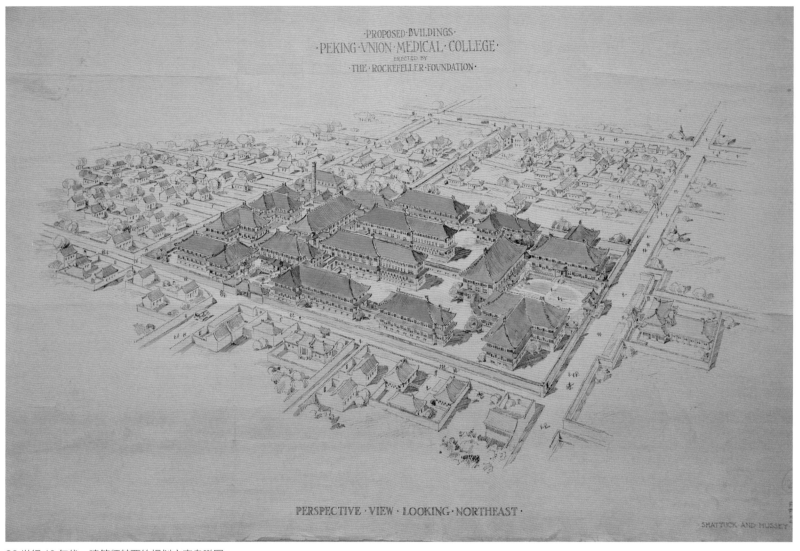

20 世纪 10 年代，建筑师赫西的规划方案鸟瞰图

高大优美的绿色琉璃瓦楼顶的建筑群，远远望去一片闪烁的碧绿，甚至协和还没竣工，就已经获得了"绿城"（the Green City）这个雅号。

协和医学院校董事会秘书 福梅龄

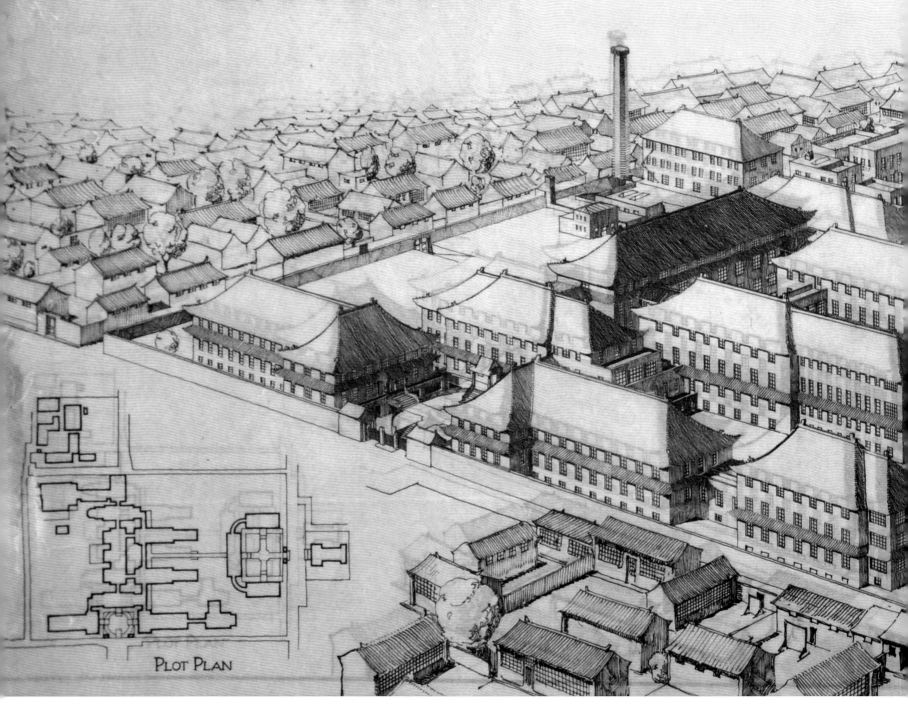

PEKING UNION MEDICAL COLLEGE

校學醫和協京北

PLOT PLAN

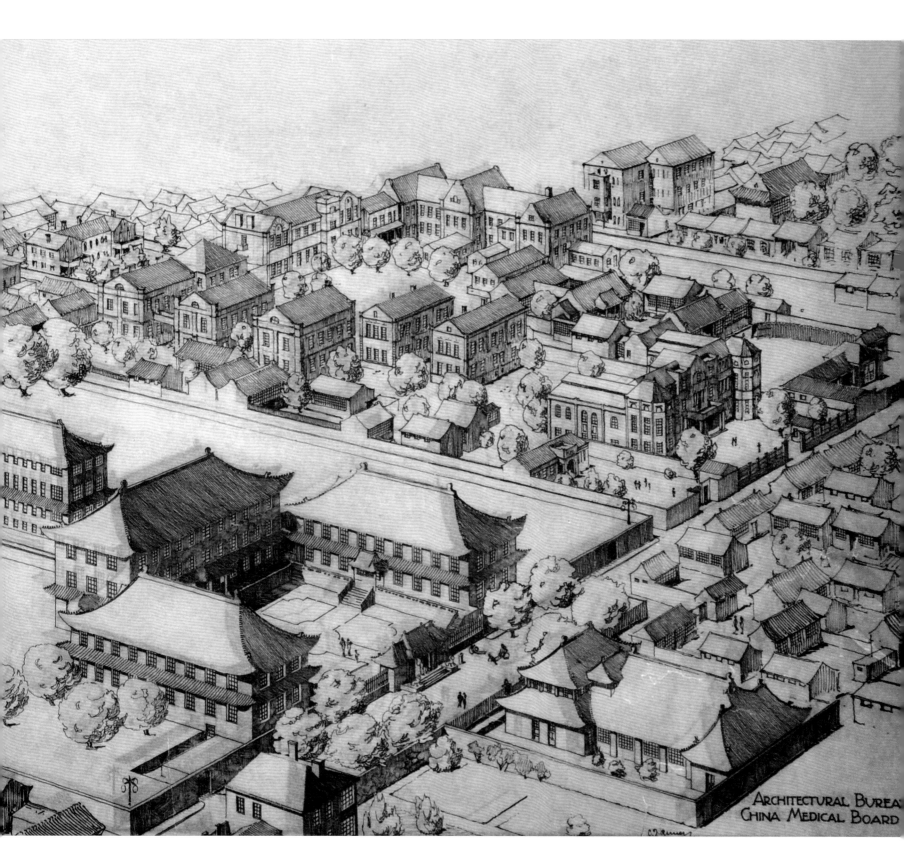

ARCHITECTURAL BUREAU
CHINA MEDICAL BOARD

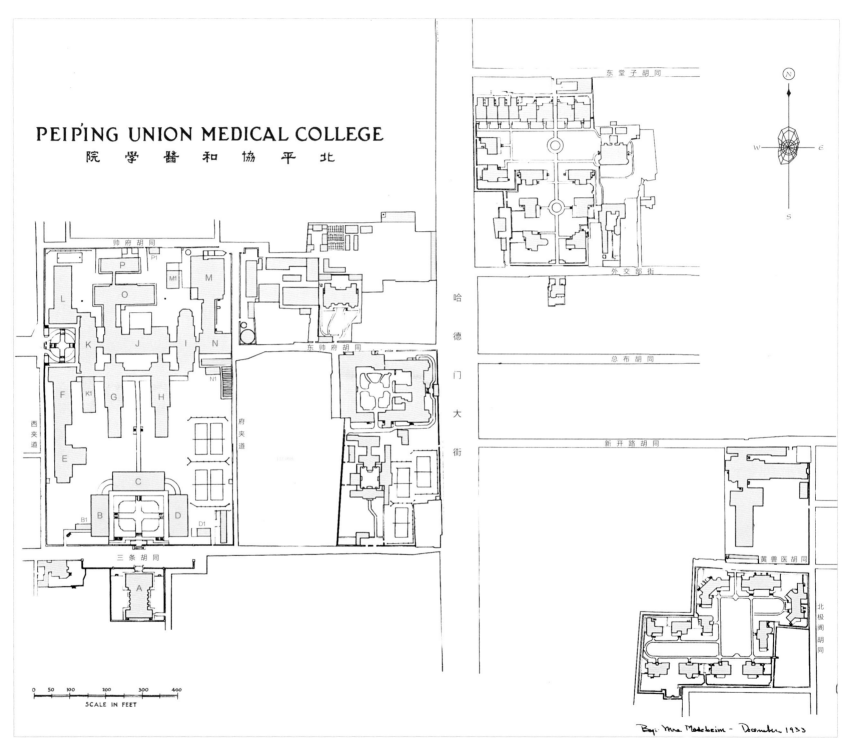

PEIPING UNION MEDICAL COLLEGE
北 平 协 和 医 学 院

1933 年，协和校园及住宅区总体规划图（Madeheim 女士绘制）

总体规划

北京协和医学院的核心建筑群，拟建在东单三条胡同的豫王府原址，即呈南北长、东西短的矩形地段。加上原来协和医学堂用地，占地总面积共 22.6 英亩。

1917—1921 年，北京协和医学院建筑工程进行了四年之久，包括新校园 14 栋楼、在协和医学堂原址建设了 36 栋员工住宅（包括东帅府胡同北侧宿舍 2 栋、北院住宅 20 栋、南院住宅 14 栋）。

新校园总体规划布局为沿十字轴的对称布置，在用地西、南两侧各形成传统三合院的布局形式。汉白玉栏杆将回廊连接，围成半封闭的院落布局，建筑质量达到当时的最高标准。建筑外部造型为宫殿式，雕梁画栋，琉璃瓦顶均为高级建筑材料。而内部则为现代化装备，病房、教室、实验室等均符合现代化医学的功能需要。1925 年在原有一期设施基础上向北增建二期两栋西式建筑，至此完整的协和医学院建筑群由 16 栋建筑单体组成。

在中华民国总统黎元洪题名的《协医校刊》中，写到协和初办的情形：

收买豫王府旧址，计面积六十多亩，建筑新屋十四座，外则画栋雕梁，玉栏碧瓦，集中华建筑术之大观；内则设备周密，器械精良，收集西医医学之精粹；聘请英、美、德、奥、加拿大、俄国、荷兰等国名医任教，施诊给药。

除新校园建筑群建设之外，一期工程还包括建设教职员宿舍，主要设在两个区，北区：拆除了哈德门大街施医院（双旗杆医院），建设住宅 20 栋（含联排）；南区：在新开路北极阁三条胡同，新建西式独立住宅 14 栋；之后并接建文海楼为男生宿舍楼。除此之外，原有娄公楼（Lockhart Hall）成为预科楼，设有所需的教室、实验室及图书馆等，东帅府胡同北侧又设有女生宿舍 2 栋。这些设施都与新建校园相邻近，联系非常方便。

由于协和医学院的教学体系引进了美国的约翰·霍普金斯医学教育模式，其规划的核心理念也是效仿约翰·霍普金斯的医学院及附属医院的一体化设计。尽管建筑外观模仿中国传统宫殿建筑形式，但其建筑通过长廊和院落式组合构成了附属医院、教学和研究建筑之间的功能空间联系。学生和教职员工的宿舍毗邻医学院的校园区，构成了一个居住性的医学科学社区。

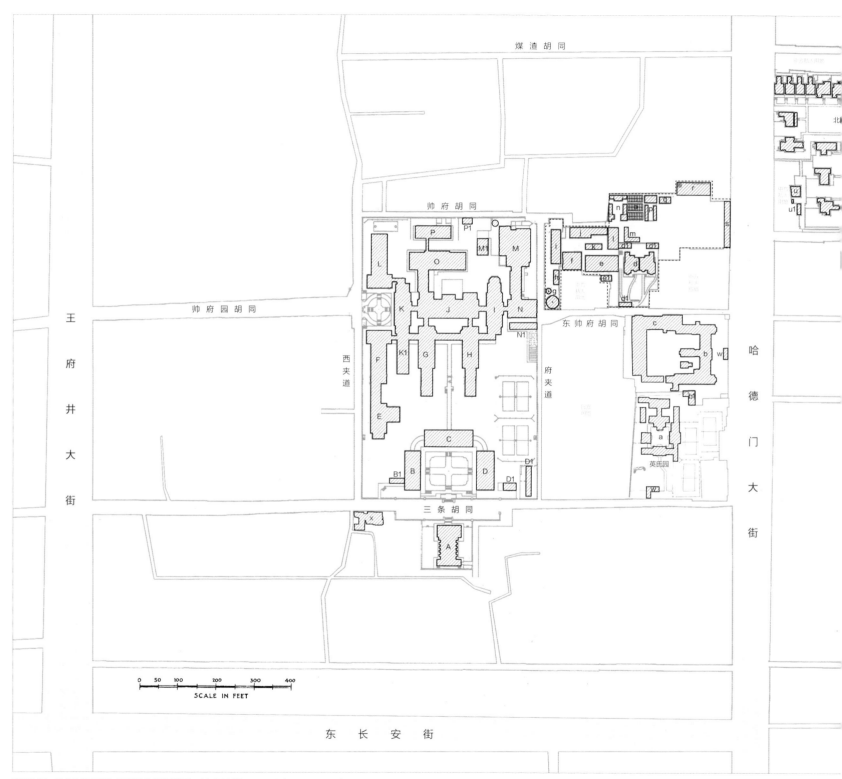

1933年，协和校园及住宅区总体规划详图 （每栋楼详细图纸见上卷 296-377 页）

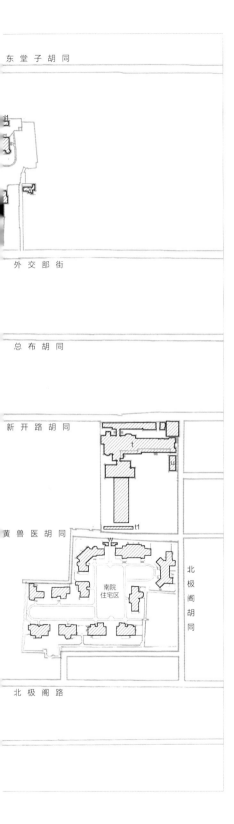

东 堂 子 胡 同

外 交 部 街

总 布 胡 同

新 开 路 胡 同

黄 兽 医 胡 同

南院
住宅区

北
极
阁
胡
同

北 极 阁 路

A	礼堂	a	英氏园（校长及高层管理者住处）
B	解剖教学楼	b	娄公楼
B1	动物房	b1	X 光学校
C	生物化学教学楼	c	哲公楼
D	生理药理教学楼	d	女生宿舍
D1	动物房	d1	工人宿舍
E	特殊病房楼	e	制冷厂
F	行政楼	e1	油工室
G	外科病房楼	f	车库及工程师办公室
H	内科病房楼	g	煤气罐
I	病理学楼	h	氧气站
J	门诊医技楼	i	煤气站
K	综合楼	j	机房及过磅处
K1	产科门诊	k	印字室及制图室
L	护士楼	l	木工房
M	设备用房	m	泥瓦匠工具房
M1	软化水厂	n	斋务处办公室
N	动物房等	o	花房
N1	狗舍	p	动物房
O	门诊部和实验室	q	化学试剂储藏室
P	传染病楼	r	狗舍
P1	胶片储存室	s	车库及储藏室
		t	文海楼
		t1	黄包车停放处
		u	水泵站
		u1	储藏室
		v	民居（施医院时期房产）
		w	门房（南北住宅区门房）
		x	男生宿舍

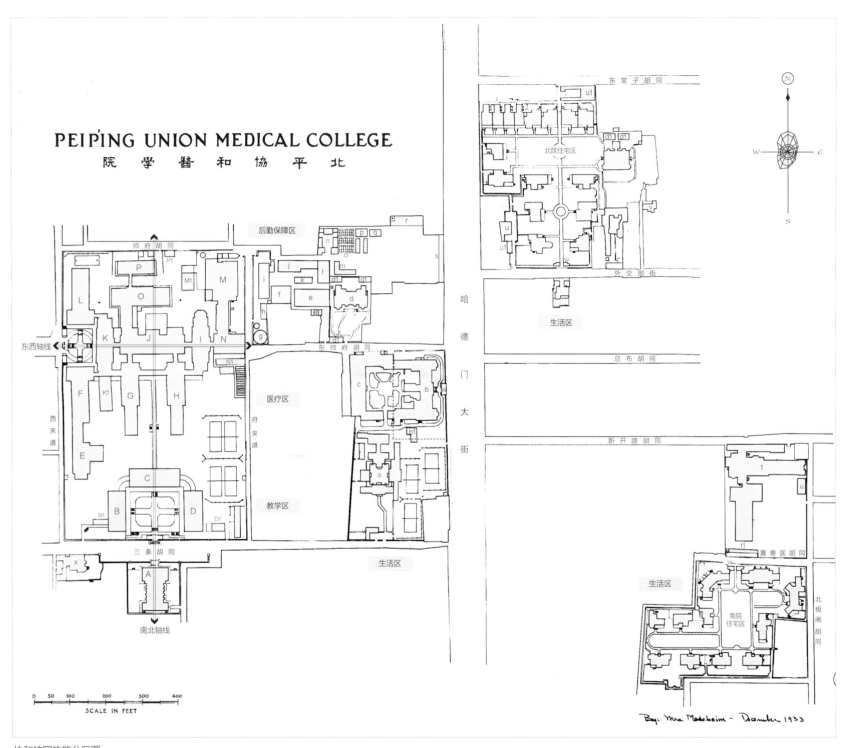

PEI'PING UNION MEDICAL COLLEGE

院 学 醫 和 協 平 北

协和校园功能分区图

功能分区

协和医学院总体规划设计主要划分为四大功能区：北部医疗区、南部教学区、东北部的后勤保障区、东部与南北院的生活区。医疗区与后勤区在规划上的联系较为密切，有利于两区的功能联系。教学区和医疗区为主要核心区。

特别重要的是，总体规划利用南北和东西两个不同方向的轴线将各个功能有序安排、合理分区，同时又将各个不同功能区域的不同功能建筑串联起来。

南部教学区沿一条南北中轴线对称布置，同时南北轴线将教学区与医疗区通过长长的甬道贯穿起来，轴线的北端是预留发展用地，南端是精神圣地礼堂。医学院的主入口正对东单三条胡同。

北部医疗区沿东西向形成另一条横轴，将门诊住院入口处的接待大厅、门诊、医技等功能的不同楼群串联起来，医院的主入口正对校尉胡同。

从总体规划所体现的科学、合理和明确的功能分区上，可以看出建筑师对基地条件和周边环境的认知度很高。在全面理解基地环境的基础上，总体规划对医疗建筑的功能给予了充分的考虑，对周边环境给予了充分的尊重，如设置合理的西和南出入口，有意将教学区与医疗区相对隔离，并将患者和教师学生两部分不同性质人流进行有序自然的分开，形成动区和静区，营造安静的教学科研环境。

同时，总体规划又进一步区分了洁净区与污染区。从风向角度来说，门诊、病房、医技、医护人员宿舍、教学等洁净区域布置在上风向，而传染病房、太平间、动物房、洗衣房等污染部门布置于下风向，某种程度上可以避免交叉感染，符合医院感控要求。

老协和甬道

这座庭院的特点在于中轴线上建造了一座将北部的医院区与南部教学区相连的位于二层的甬道，让人不禁想起天坛的丹陛桥。百年来，这条甬道也逐渐成为协和的打卡拍照景点。中国医学科学院北京协和医学院院长王辰称之为"医学转化之道"。

交通组织

出入口设置

协和医学院校园规划所采用的传统院落式布局方式，有利于不同功能之间的交通流线组织。在规划不同功能区域的同时，形成了教学、医疗、后勤、物资供应四个出入口。

1. 南侧医学院出入口：协和医学院的主要出入口，位于东单三条胡同。

2. 西侧附属医院出入口：最热闹的当属西出入口，位于校尉胡同，正对帅府园胡同，大约步行3分钟就是王府井大街，门诊患者、住院患者和行政人员都要从这一个口进出。

3. 北侧生活区出入口：主要为医生、护士设置的出入口，通往护士楼、教授宿舍等生活区域，位于东帅府胡同。

4. 北侧后勤出入口：通往设备、厨房等后勤用房，位于设备用房M楼与东北角后勤保障功能区域之间，两个区域共用这个出入口，直通帅府胡同便于医院物资供应，并减少人流、物流的交叉。

建筑师将医院出入口与教学出入口布置在两个不同的方向，非常巧妙地利用了地形和道路的优势，同时又保证了教学功能区与医疗功能区的相对独立。二期增建综合楼和传染病楼，在院区北侧紧邻传染病楼增加传染病出入口，紧邻传染病楼便于传染病人直接就诊，避免与其他病人交叉感染。剖析百年前的医疗建筑规划设计竟然有如此到位的功能分区、口部位置及交通组织，真是令人赞叹不已。

南部教学区出入口（三条胡同）

西部医疗区出入口（校尉胡同）

印度门卫

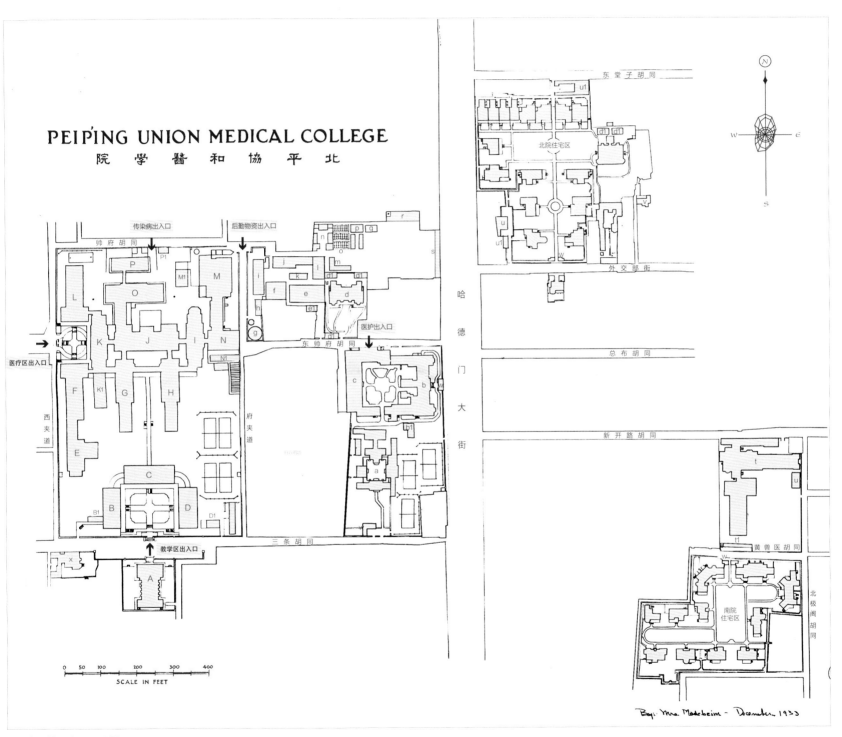

PEIPING UNION MEDICAL COLLEGE
北 平 协 和 医 学 院

传染病出入口

后勤物资出入口

帅府胡同

医疗区出入口

东帅府胡同

医护出入口

西夹道

府夹道

三条胡同

教学区出入口

哈德门大街

东堂子胡同

北院住宅区

外交部街

总布胡同

新开路胡同

南院住宅区

黄兽医胡同

北极阁胡同

By: Mrs. Modeheim - December 1933

SCALE IN FEET
0 50 100 200 300 400

协和校园出入口设置

医疗区 四方面人流动线

　　进入位于校尉胡同的医疗区主入口，是略显拥挤的环形坡道广场，但这个环形坡道起到了将四方面人流进行有序分流的作用：环形坡道下的急诊动线；环形坡道上的门诊、医技和住院动线；南侧环形坡道上的特殊病房和行政动线；北侧环形坡道上的护士宿舍（L楼）动线。四方面人流进入医院后，又细分为六类功能流线：急诊流线、门诊流线、医技流线、住院流线、特殊病房流线、行政流线。

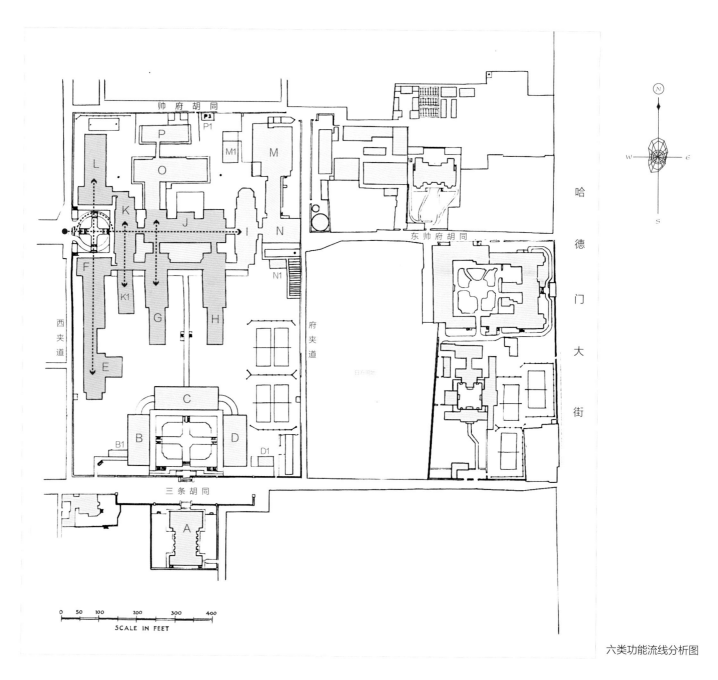

六类功能流线分析图

门诊流线（环形坡道下）

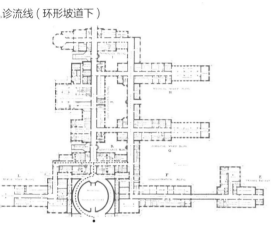

西入口广场环形坡道下行，进入 K 楼地下一层即为急诊功能区。

门诊流线（环形坡道上）

沿西入口广场环形坡道直行，进入 K 楼一层大厅接待引导至 J 楼，再由垂直交通与水平交通至各个科室。

医技流线

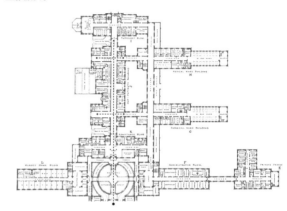

沿西入口广场环形坡道直行，进入 K 楼一层大厅接待引导至 J 楼二层（医技）；作为临床研究性质的病理学 I 楼，需通过 J 楼的公共通道方可到达。

院流线

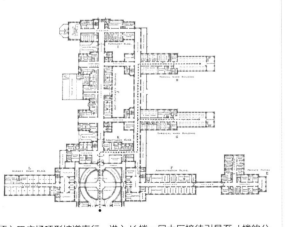

西入口广场环形坡道直行，进入 K 楼一层大厅接待引导至 J 楼的公共通道，即可到达内外科病房楼 G 楼和 H 楼。

特殊病房流线

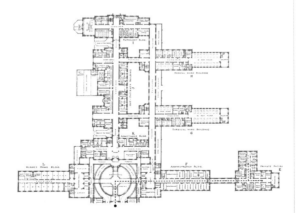

沿西入口广场环形坡道右行，进入 F 楼一层大厅引导方可到达 E 楼，特殊病房流线与行政楼流线有一定交叉。

行政流线

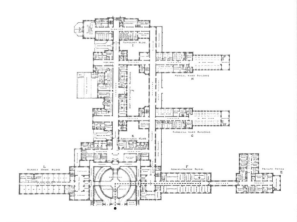

沿西入口广场环形坡道右行，进入 F 楼。

预留发展规划

在协和新校园的规划设计中，考虑未来预留发展是十分重要的一项内容。1917年北京协和医学院的总体规划设计中，针对医疗功能区已经考虑到预留两栋建筑的位置。1925年，按原规划位置增建两栋西式风格的建筑：O楼综合楼与P楼传染病楼，由美国建筑师安内尔（C.W. Anner）设计，建筑风格与建筑师赫西最初预想的建筑风格并不一致，不再是传统中国建筑风格而改为简单的西式平屋顶建筑，这也反映基金会汲取了一期工程的教训，不再强调艺术形象，而要求建筑师将注意力集中解决实用和经济性问题。

虽然预留区的建筑布局与最初考虑的并非完全相同，但预留区域为北京协和医学院十几年后的发展创造了条件。

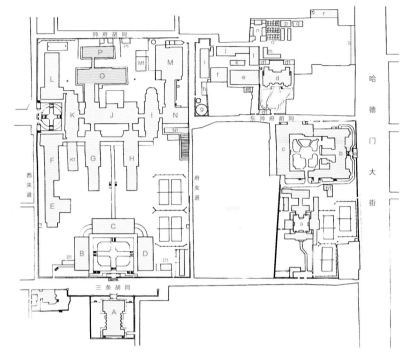

预留发展区域

1933年，从鸟瞰图上可以看到，为了遮挡炎炎夏日西入口庭院设置了遮阳顶棚

综合楼（K楼）用草帘减弱西晒的炎热不堪

小结

总而言之，协和医学院新校园总体规划设计，建筑师赫西在柯立芝第二版规划设计的基础上又进一步采用了中国传统空间多重院落的组合方式，同时又力争达到如下建设目标：

1. 传统组合院落手法与医疗建筑功能需求之间取得完美的平衡；
2. 中国的建筑形式与西方建造材料和技术之间取得完美的融合。

协和建筑群无论从建筑形象还是总体规划上都体现了中国传统建筑风格和空间院落组合的场所精神。同时，建筑师更高妙之处是将中国传统的建筑精神与西方医院建筑的功能需求有机结合起来。当今任何有经验的医疗建筑师看到百年前的这个规划，一定会赞不绝口。针对协和医学院的规划曾有这样的描述：

协和医学院及实验室的建筑均由走廊连接，组成一个紧密的整体。因此，从一科到另一科的距离都很近，这样就把教学与研究相互关联起来。与此同时，因为所有医生都是全职的教学、研究人员，各类人员之间的频繁交流得以实现。美国任何一个医学院都无法与这样的设计相媲美。这里的医生没有因私人出诊赚钱而分心，这一优势又是美国任何一家一流的医学院都不具备的[8]。

协和医学院新校园总体规划也有一些遗憾和不足之处，从总图上可以看到，医院的教学及医疗用房除 C 楼、J 楼、O 楼、P 楼之外，其余楼栋皆为东西朝向，包括医院的两栋病房，这显然不符合北京的气候状况。中国庭院的建筑布局基本以坐北朝南为最佳，并符合北方的气候与文化。当时北方流行俗语：有钱不住东西向，冬不暖来夏不凉。由于北京为温带季风性气候，夏季高温多雨，冬季寒冷干燥。东西向的病房布局不符合作为医院建筑疗愈环境的设计原则，不仅冬天无法保证充足的阳光照射，同时夏日会西晒严重，导致炎热不堪。东西朝向的设计在欧美国家司空见惯，但这与中国人的习惯相悖。协和建成使用后，也意识到了这个问题的严重性，夏日时只好以草席遮挡，并成为永久的遗憾。

医疗区庭院

就在这占地 70 公顷、有 50 余栋建筑的北京协和医学院，生动的中式色调：碧绿的屋顶，朱红的立柱，红蓝绿金各色雕饰屋檐，强烈地衬托出无菌防尘实验室，整齐划一的病床，白大褂和挺括的护士帽。耀眼的科学之白与中式色调交相呼应，如同学院、医院及其政策、项目与人员在那段共和时期交织呈现出一个中美机构的独特拼图。

《洛克菲勒基金会与协和模式》作者　玛丽·布朗·布洛克

建筑功能及平面布局

A-P 楼功能及平面布局

协和医学院新校园总体规划将礼堂设为独立区域；教学区设有解剖教学楼、生理药理教学楼、生物化学教学楼；附属医院内设有门急诊区、医技区、225 床普通病房和 30 床特殊病房，除此之外，还设有护士学校、多处住院医生和实习医生休息及管理用房、学生和教师宿舍区、动物房、设备后勤保障用房等。

第一期工程按英文字母编号从"A"到"N"共 14 栋楼，第二期工程为 2 栋西式建筑字母编号"O"和"P"，一、二期共 16 栋楼，功能设置依次为：

A 礼堂，平面呈"工"字形布置，容纳 350 人，主要用于大型集体活动。地下一层与校园区其他建筑地下层相连，地上局部二层。

B、B1 解剖教学实验室，共二层：地下 1 层，地上 2 层。

C 生物化学教学楼，共三层：一层为校长办公室及图书室，二层为实验室，三层为学生宿舍。

D、D1 生理和药理教学楼，共二层：地下 1 层设实验室，地上 2 层为实验教学用房。（下卷 542-545 页往来书信中对关于 B、C、D 楼建设过程中的细节有详细讨论）

E 特殊病房楼，共三层：地下层为营养室、办公室及西餐厅；地上 3 层为病房。

F 行政楼，共二层：地下层为水疗室等；一层为办公用房，包括总务处、电话房、入院处、募用处、会计处等；二层为住院医师宿舍。

G 外科病房楼，共三层：地下 1 层为库房，地上 3 层为病房，每层 25 床，共 75 床，包含部分妇科病房。

H 内科病房楼，共三层：地下 1 层为库房，地上 3 层为病房，每层 25 床，共 75 床。

I 病理学楼，共三层：地下层为解剖室、尸检室；一层为病理实验室、寄生虫实验室；二层为微生物实验室；三层为传染病实验室。

J 门诊医技楼，共四层：地下层为营养室、冷藏室、餐厅；一层为门诊部；二层为放射科、临床诊断室及教室；三层为研究室和各科办公室；四层为手术室。（J 楼建成后房间清单详见上卷 378-381 页；下卷 538 页、548 页往来书信对 J 楼建设过程中的细节及移动设备、家具和零部件的花费有详细讨论）

K、K1 综合楼，共三层：地下层设有住院处、急诊室、药房；一层为妇儿门诊、社会服务部、病案室；二、三层为妇产科和小儿科病房。K 楼南边的突出部分为 K1 楼，用作妇儿门诊空间。

L 护士楼，共二层：地下 1 层，地上 2 层，原拟作护士学校和宿舍，但后来改造为图书馆专用楼（拆除豫王府时"金銮"就在此楼挖出）。

M 设备用房，共三层：地下层为发电机、蒸汽机等设备用房；地上 3 层为洗衣房及工人宿舍（有关 M 楼机电设备和燃气系统的讨论，详见下卷 610 页建筑和设备方面的会议报告）。

N 动物房等，共一层：地上 1 层为动物房、总务部办公室和仓库等用房。除 N 楼外，校园中还设有多处动物房，供研究实验用，有的研究成果还须做临床实验。

O 综合楼，共四层：地下层为门诊单元，眼科与耳鼻喉科；一层为门诊单元，神经科与皮肤科；二层为放射科与外科实验室；三、四层为男住院医生、实习医生宿舍。

P 传染楼，共二层：地下室为传染病门诊；地面一、二层为传染病房。

（关于 A、B、C 楼 1918 年购买风扇的信息详见下卷 560 页）

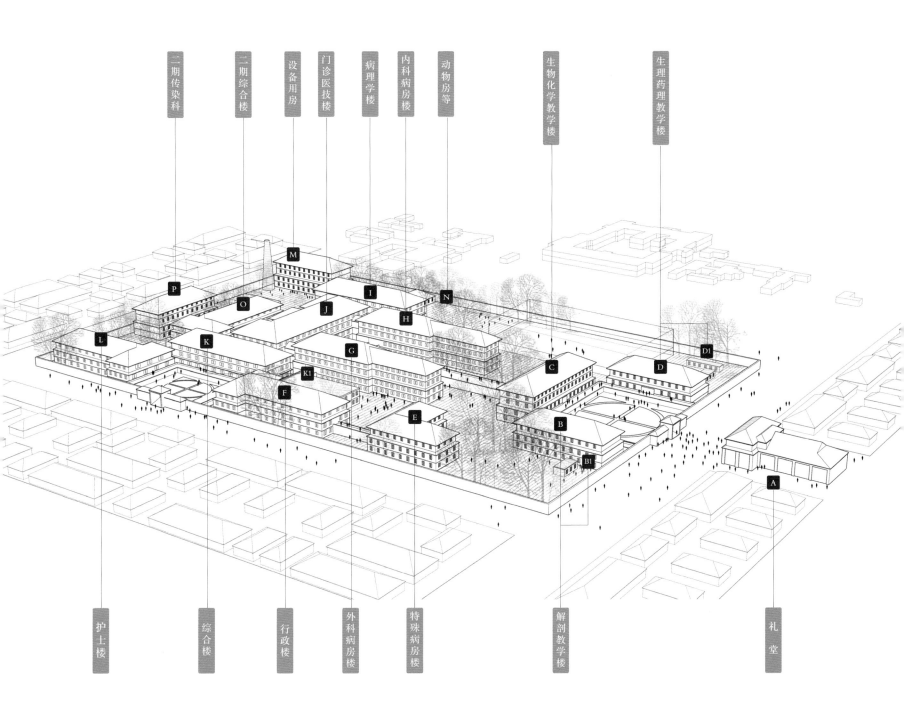

二期传染科

二期综合楼

设备用房

门诊医技楼

病理学楼

内科病房楼

动物房等

生物化学教学楼

生理药理教学楼

M

P

O

J

I

H

N

L

K

G

C

D

D1

K1

F

E

B

B1

A

护士楼

综合楼

行政楼

外科病房楼

特殊病房楼

解剖教学楼

礼堂

医疗区主要由三大部分组成：

门诊部：门诊功能主要分布在 J 楼的一层，二、三层主要为医技，兼具部分教学功能。

医技部：布置在 J 楼二层，位置较为合理，考虑其是平台科室，可直接通往住院、门诊、急诊区域，并联系便捷。医技的主要科室有药房、诊断、放射科、检验科等。病理学科占一座 I 楼，可见当时对病理学科非常重视。病理学 I 楼与 J 楼直接相连，使两个部门之间联系紧密。

住院部：分为内科病房 G 楼、外科病房 H 楼。两栋楼对称布置，除地下 1 层为储藏功能外，地上 3 层均为病房区。

在这里需要说明的是，上述建筑的布局从落成使用后即有些调整，后来也还有些变动，但变动不大。另外，由于医疗教学实践性较强的特点，医疗区各楼均有部分教学空间，设有教室、示教讨论室、标本室或学生实验室，以满足教学的需要。还应该补充的是，神经科、皮肤科病床是设在内科病房，而骨科和泌尿科病人则归为外科病房，因此科别是比较齐全的。但从行政角度上看，科室的管理是按大系统模式管理，如内科包括小儿、神经和皮肤等科室；外科包括普通外科、骨科、泌尿等科室；病理包括微生物、寄生虫等科室，这样也有一定的好处，办起事来比较简便灵活。后来学校发展时，科室也还作过一些调整，如病理与微生物后来就分开了。

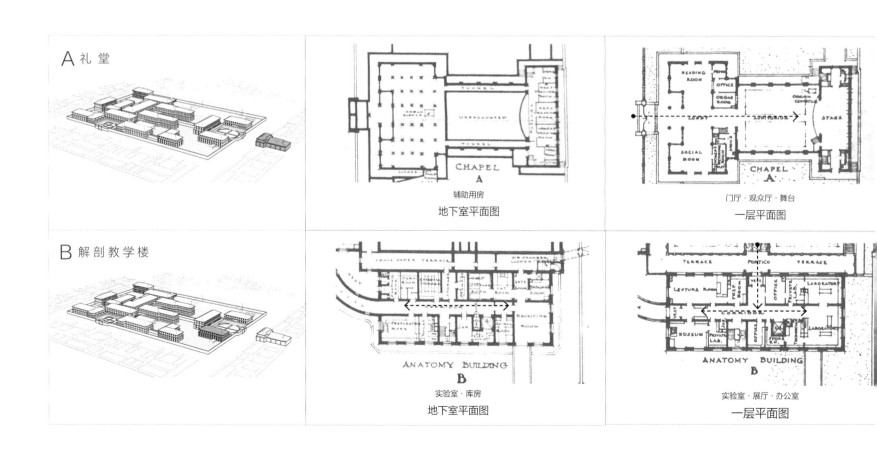

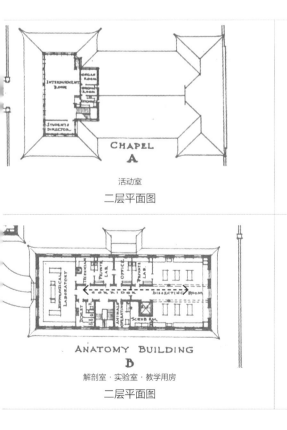

活动室
二层平面图

解剖室·实验室·教学用房
二层平面图

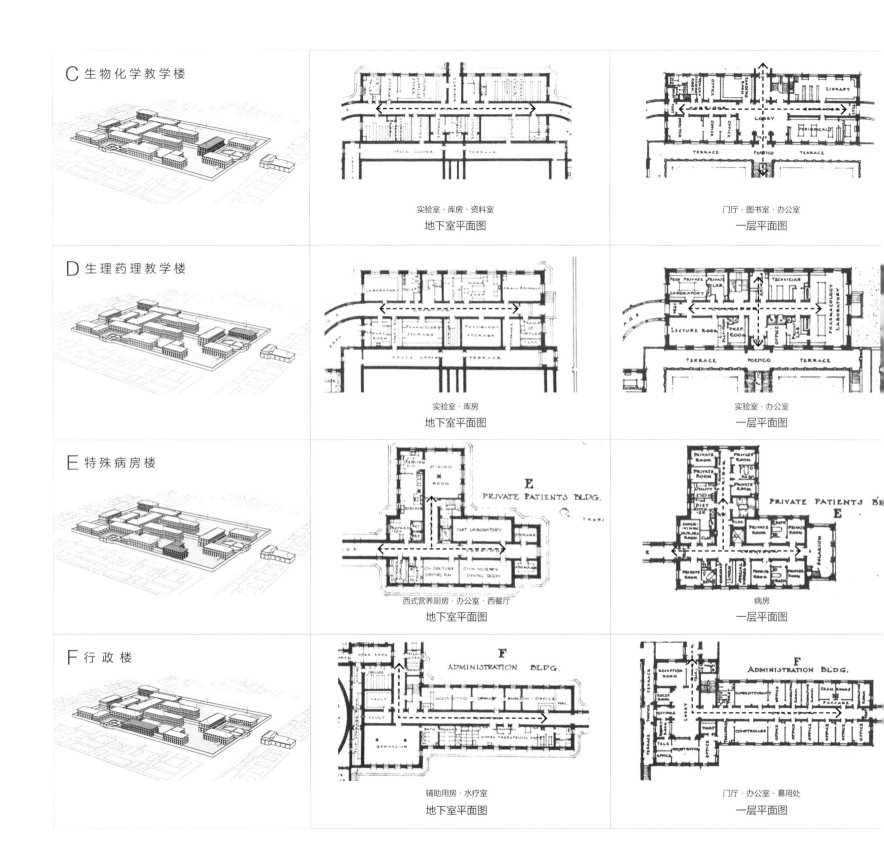

C 生物化学教学楼

实验室·库房·资料室
地下室平面图

门厅·图书室·办公室
一层平面图

D 生理药理教学楼

实验室·库房
地下室平面图

实验室·办公室
一层平面图

E 特殊病房楼

西式营养厨房·办公室·西餐厅
地下室平面图

病房
一层平面图

F 行 政 楼

辅助用房·水疗室
地下室平面图

门厅·办公室·募用处
一层平面图

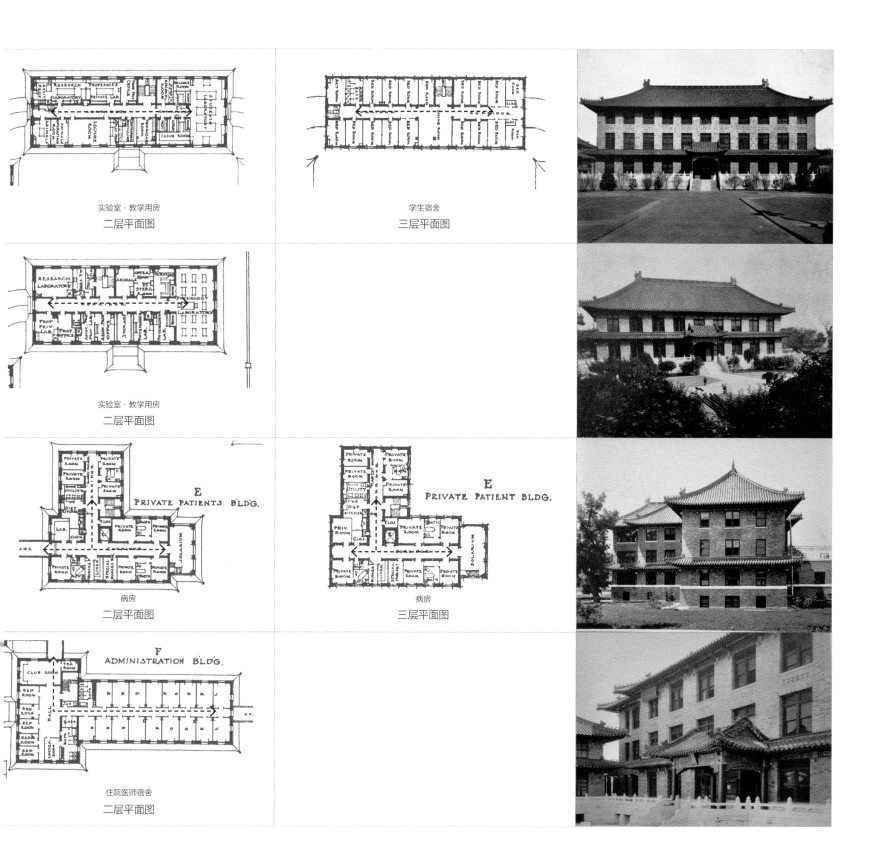

实验室·教学用房
二层平面图

学生宿舍
三层平面图

实验室·教学用房
二层平面图

病房
二层平面图

病房
三层平面图

住院医师宿舍
二层平面图

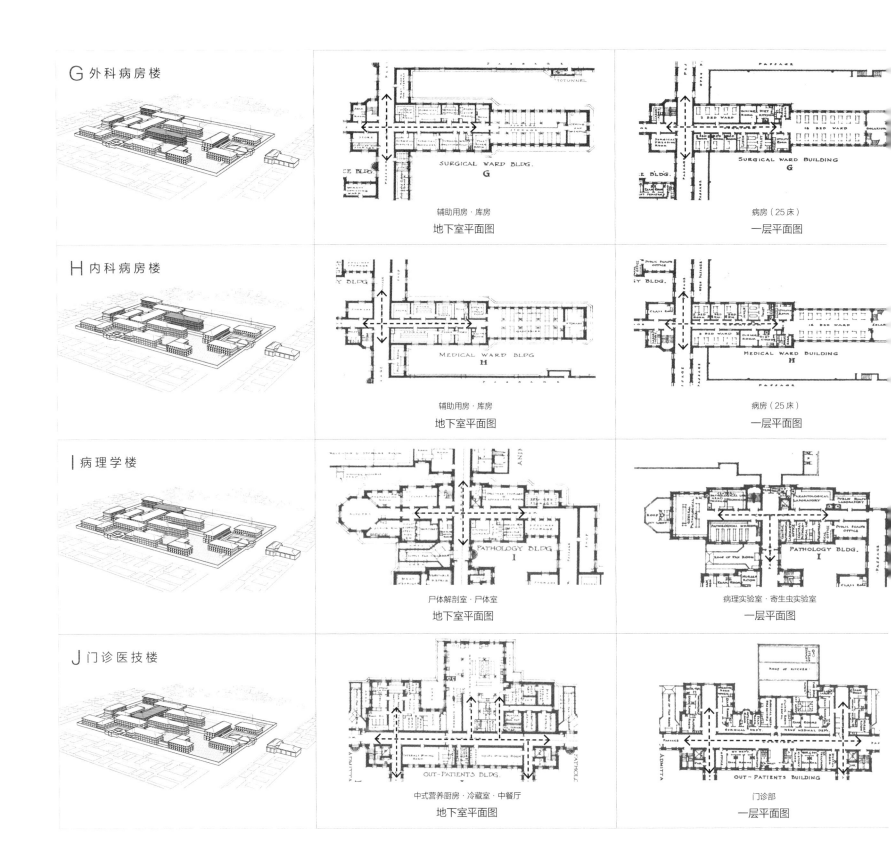

G 外科病房楼

辅助用房·库房
地下室平面图

病房（25床）
一层平面图

H 内科病房楼

辅助用房·库房
地下室平面图

病房（25床）
一层平面图

I 病理学楼

尸体解剖室·尸体室
地下室平面图

病理实验室·寄生虫实验室
一层平面图

J 门诊医技楼

中式营养厨房·冷藏室·中餐厅
地下室平面图

门诊部
一层平面图

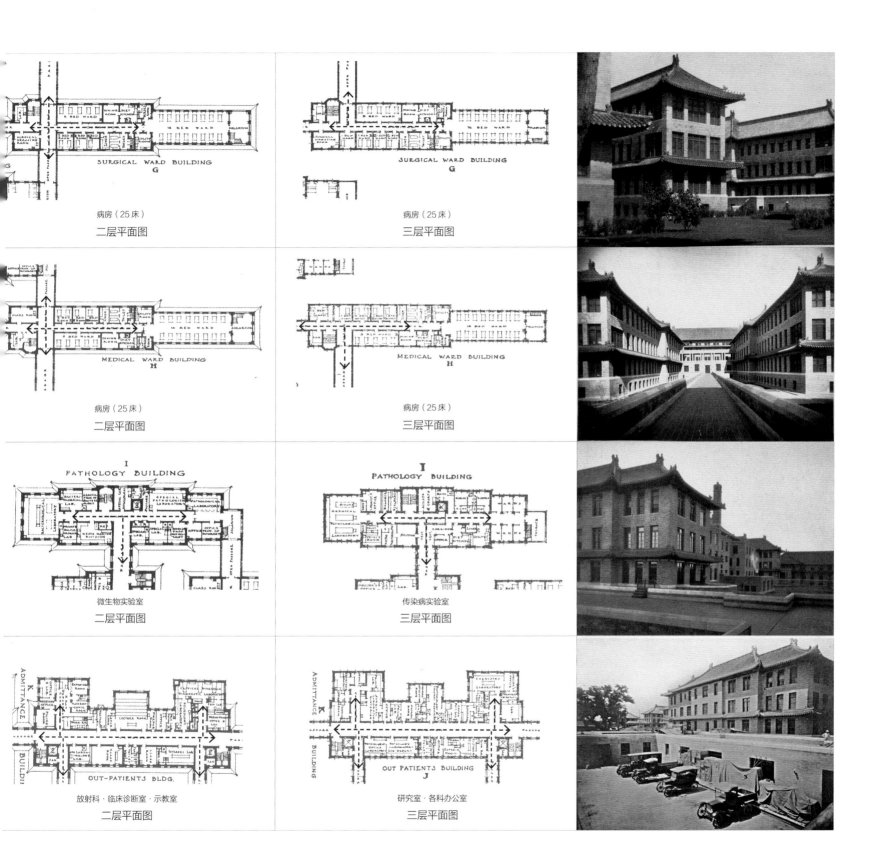

病房（25床）
二层平面图

病房（25床）
三层平面图

病房（25床）
二层平面图

病房（25床）
三层平面图

微生物实验室
二层平面图

传染病实验室
三层平面图

放射科·临床诊断室·示教室
二层平面图

研究室·各科办公室
三层平面图

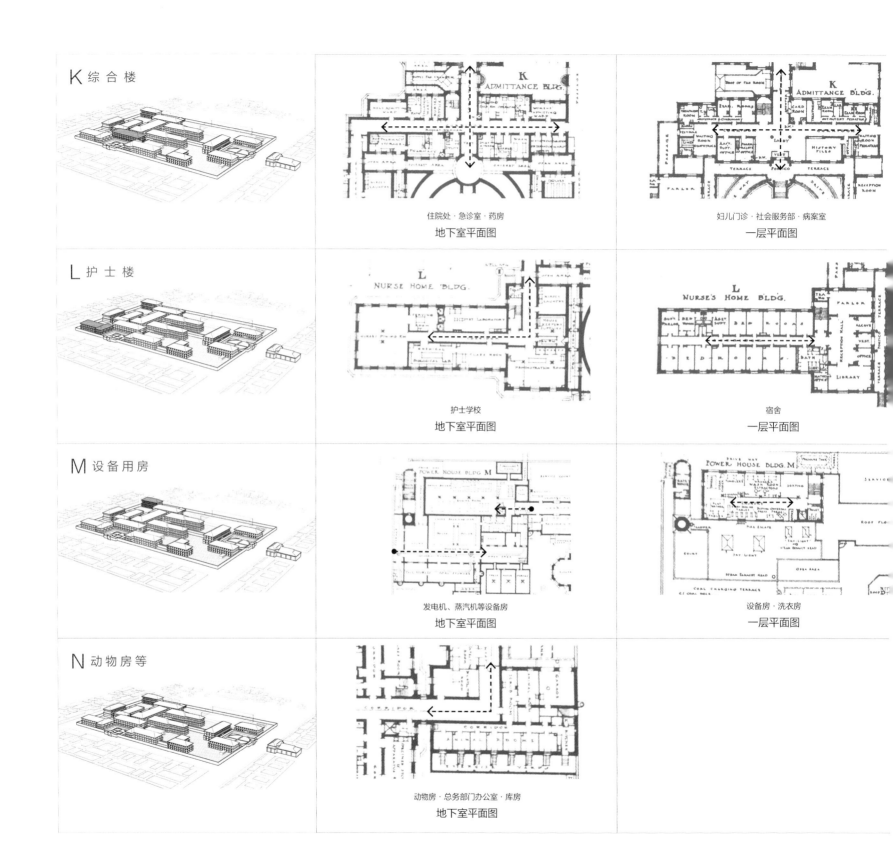

K 综合楼

住院处·急诊室·药房
地下室平面图

妇儿门诊·社会服务部·病案室
一层平面图

L 护士楼

护士学校
地下室平面图

宿舍
一层平面图

M 设备用房

发电机、蒸汽机等设备房
地下室平面图

设备房·洗衣房
一层平面图

N 动物房等

动物房·总务部门办公室·库房
地下室平面图

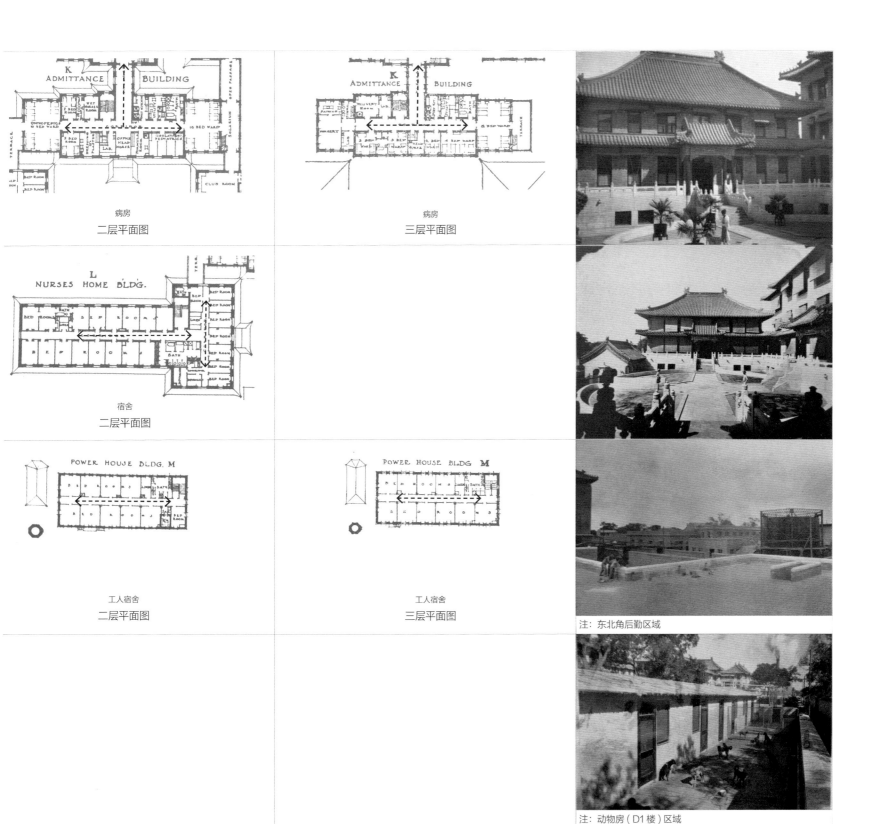

病房
二层平面图

病房
三层平面图

宿舍
二层平面图

工人宿舍
二层平面图

工人宿舍
三层平面图

注：东北角后勤区域

注：动物房（D1楼）区域

协和老建筑设计图纸及照片解读（一）
建筑功能空间及室内场景

    非常珍贵的是协和医学院百年前的设计图纸被完整地保留了下来，室内场景与建筑平面一一对应并进行专业解读，如同行走于协和老楼，沉浸在百年前的场景中，在感动的同时并回味无穷。

1 解剖教学楼（B楼）准备室　　　　　　　　　　**2** 生理药理教学楼

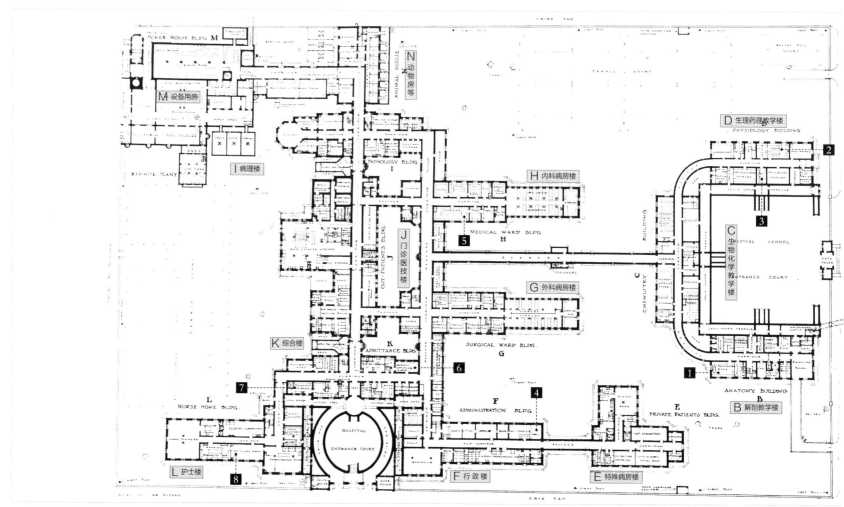

协和老建筑地下一层平面及内部空间场景　（每栋楼详细图纸见上卷296-377页）

…间

3 生理药理教学楼（D楼）化学试剂库房

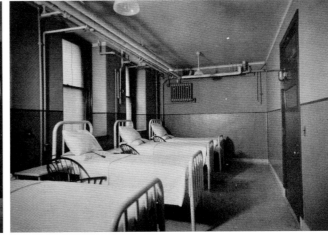

4 行政楼（F楼）邮政代办所及人力资源办公室

5 内科病房楼（H楼）实验仪器库房

6 综合楼（k楼）妇产科留观病房

7 综合楼（K楼）三等病人储物柜及晾衣架

8 护士楼（L楼）示教室

1 解剖教学楼（B楼）教授专用实验室（1919年摄）　　　　**2** 解剖教学楼（B楼）步达生（Dr. Davidson Black）教授办公室　　　　**3** 生物化学教学楼（

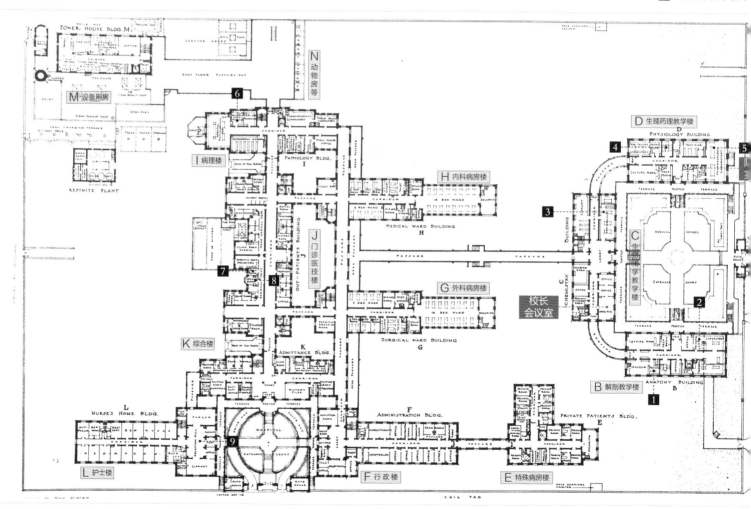

协和老建筑一层平面及内部空间场景（详细建筑平面图纸见本章节附录）

览室

4 生理药理教学楼（D楼）伊博恩教授（Bernard Emms Read）专用实验室

5 生理药理教学楼（D楼）学生药理实验室

6 病理楼（I楼）学生寄生虫学实验室

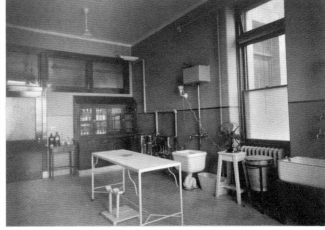

7 门诊医技楼（J楼）门诊手术室敷料间

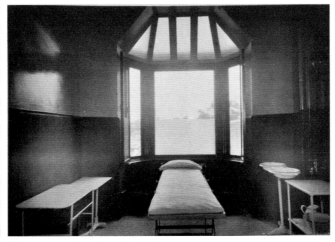

8 门诊医技楼（J楼）门诊手术室

9 护士楼（L楼）门厅

1 解剖教学楼（B楼）解剖实验室

2 解剖教学楼（B楼）组织学实验室

3 生物化学教学楼

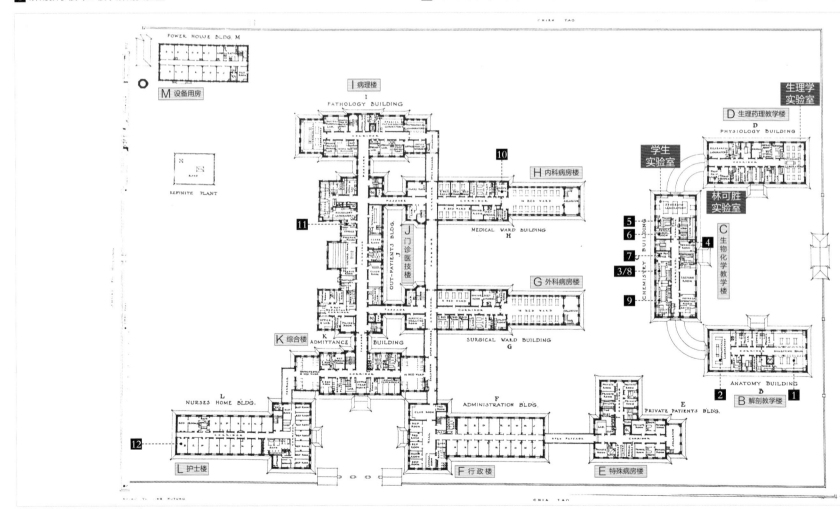

协和老建筑二层平面及内部空间场景 （每栋楼详细图纸见上卷296-377页）

教授专用实验室 C-214

4 技工室 C-206

5 平衡室 C-211

6 实验室（凯氏定氮测量）C-212

7 教授专用办公室 C-213

8 教授专用实验室 C-214

9 研究实验室 C-215

10 内科病房楼（H楼）污洗间

11 门诊医技楼（J楼）内科医生实验室

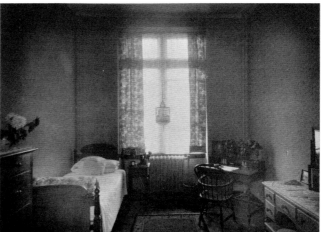

12 护士楼（L楼）宿舍

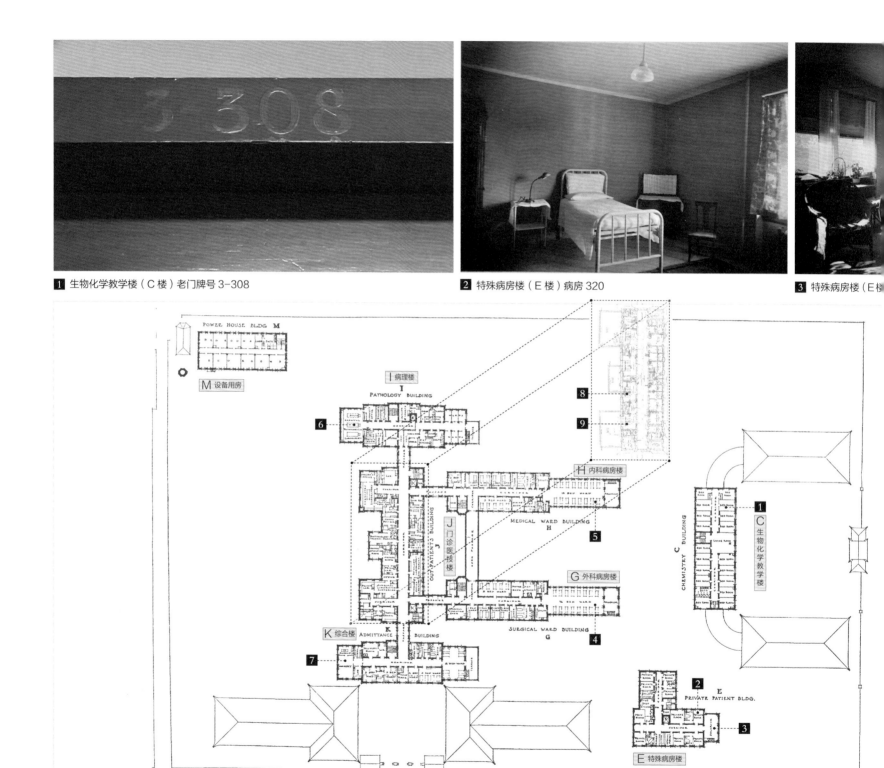

1 生物化学教学楼（C 楼）老门牌号 3-308　　　　**2** 特殊病房楼（E 楼）病房 320　　　　**3** 特殊病房楼（E 楼

协和老建筑三、四层平面及内部空间场景 （每栋楼详细图纸见上卷 296-377 页）

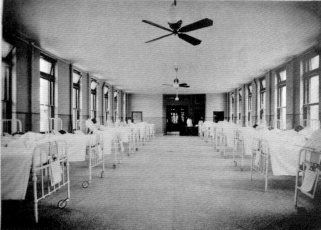

4 外科病房楼（G楼）十六人病房

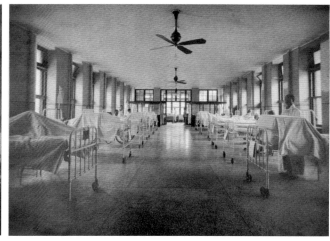

5 内科病房楼（H楼）十六人病房

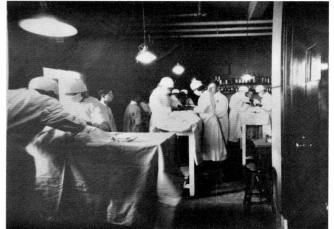

6 病理楼（I楼）生理解剖实验室

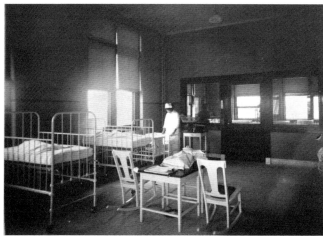

7 综合楼（K楼）儿科病房

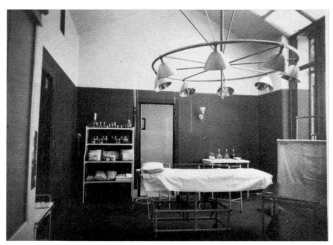

8 门诊医技楼（J楼）手术室1

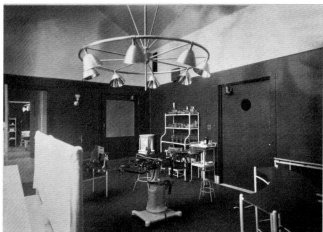

9 门诊医技楼（J楼）手术室2

建筑设计特点及亮点
五大功能组团

第一 精神圣地

　　礼堂位于中轴线最南端，自成一组为独立院落，东单三条胡同将礼堂与教学区隔开。由于礼堂是精神圣地，也是学校举行大型集会的场所，功能特殊且存在疏散问题，所以相对独立布置。礼堂布置在东单三条胡同南侧与主体建筑沿南北向轴线相对而望，类似中国传统建筑照壁的做法，增强了礼堂对整个建筑群的场所控制力和对路人的视觉感染力。

第二 教学科研功能组团

　　教学区包括 B、C、D 三座教学楼。生物化学教学楼（C 楼）坐北朝南，解剖教学楼（B 楼）在西，生理药理教学楼（D 楼）

在东。三栋楼由两侧弧形的连廊相连形成一体，每栋楼既有各自的独立性，同时又可以通过弧形廊进行联系。教学区位于基地南侧相对安静独立的环境，学生因实际需要可能会经常去医院实习，教学区可以通过地面长甬道与医院区相连接。

第三 门急诊、医技功能组团

　　门急诊、医技是附属医院的主要功能区域，包括 K、K1、J、I 楼，K 楼除了布置一些门诊用房外，更多的是接待和引导作用。由于 J 楼是人流最大和频繁流动的区域，非常巧妙的是在 J 楼中间设置一条公共通道（相当于医院主街），从 K 楼贯穿到 I 楼，医技科室主要设有药房、诊断、放射科等，作为平台科室设置在 J 楼的二层和三层，极大方便门急诊患者到达各个医技功能单元，极大方便住院患

教学区出入口

医疗区入口庭院

者使用（J楼详细图纸见上卷351-359页）。I楼为病理和检验功能单元，由于具有相对独立性和较强专业性的特点，相对远离患者。门急诊患者就医流程便捷、快捷，没有绕行或迷路的现象。

治疗与休养的良好环境，使其能够在一个比较自然放松的心态下接受治疗。住院部采用标准的柱网结构，利于不同科室之间的位置互换，具有充分的灵活性，充分考虑到了医院未来发展的不确定性。

第四 住院功能组团

住院功能区与公共主通道垂直相连，布置外科 G 和内科 H 两个护理单元。位置上既相对独立又远离门诊嘈杂区，有良好的自然通风和采光，保证环境宜人安静的同时，方便在教学科研战线上的学生和教授进行临床会诊。

这两个矩形东西向排列的病房楼，体现了当时比较流行的南丁格尔护理理念，而园林式的布局刚好能满足医院对于卫生隔离、避免患者就医流线交叉干扰的需求，同时提升了医院的空间环境品质，创造了患者

第五 后勤保障功能组团

与校园仅一街之隔还有一组房屋，即后勤保障部门，设置于院区东北角相对独立的区域，与全院设备用房 M 楼相邻，共用临东帅府胡同的单独出入口。院内的后勤设备如煤气（供给实验室和营养厨房等）、水暖、电力、制冷、自来水，压缩空气等俱全。同时还设有仪器修理、油漆、车库、大仓库等方面的设施，另外设有供各科室及实验室之用的动物房。此种规划是出于感控、消毒、节能等方面的考虑，尽量避免人流与物流之间的交叉。

教学楼入口门廊

教学区室外连廊

协和老建筑设计图纸及照片解读（二）

五大功能组团

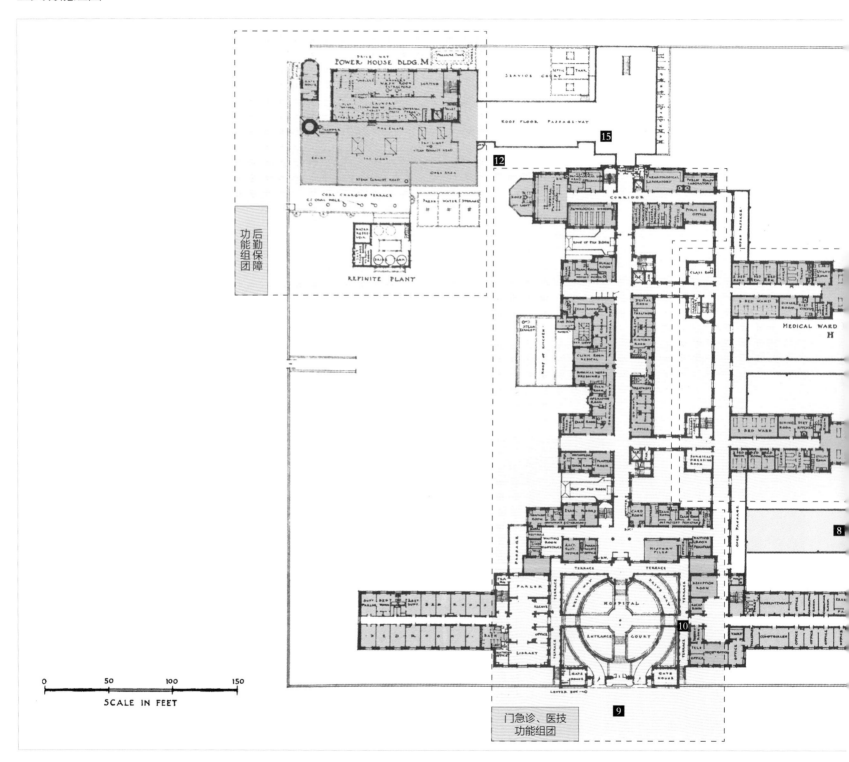

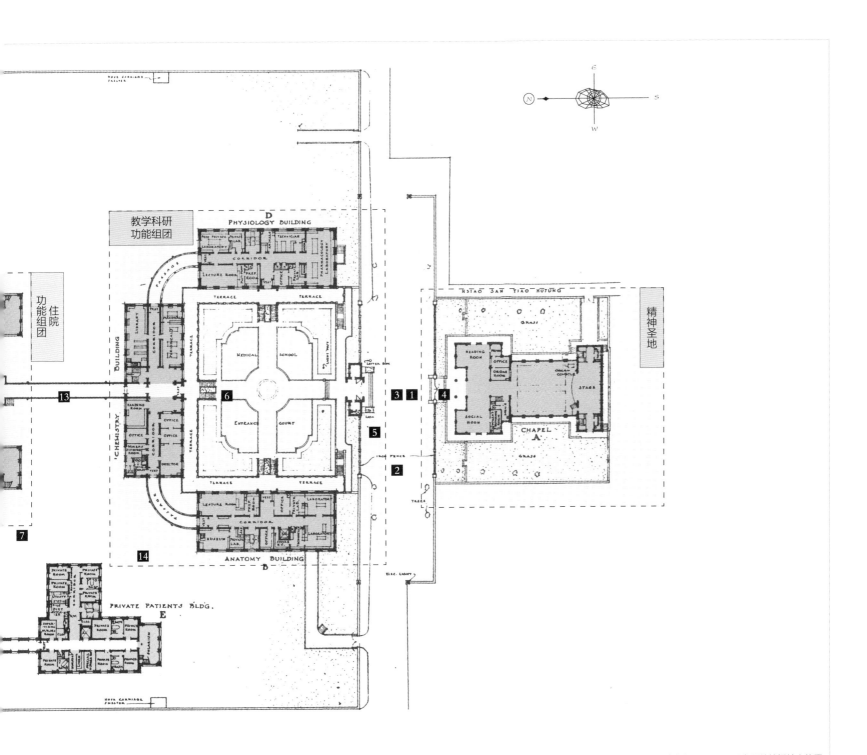

教学科研
功能组团

住院
功能
组团

精神圣地

PHYSIOLOGY BUILDING D

HSIAO SAN TIAO HUTUNG

CHAPEL A

PRIVATE PATIENTS BLDG. E

ANATOMY BUILDING D

13

7

14

6

3 1 4

5

2

注：图中数字为 126–129 页老照片拍摄站点位置

第一 精神圣地

1 礼堂（A楼）北侧

2 礼堂（A楼）西北侧

第二 教学科研功能组团

3 教学区南侧俯视

4 教学区入口南侧（1962年摄）

5 解剖教学楼（B 楼）东南侧

7 B、C 楼间弧形连廊西北侧

6 生物化学楼（C 楼）南侧

8 特殊病房楼（E 楼）东侧庭院

第三 门急诊、医技功能组团

9 医疗区出入口

11 综合楼（K1楼）东南侧

10 护士楼（L楼）南侧（后改为图书馆）

解剖楼（I楼）东北侧

12 解剖楼（I楼）东北侧

第四 住院功能组团

第五 后勤保障功能组团

13 教学区与医疗区之间的甬道

14 外科住院楼（G楼）西南侧

15 后勤保障（M楼）西南侧

五大设计亮点

作为在国外专攻医疗建筑研究，并从业近三十年的医疗建筑理论研究和设计者看来，百年前建造的协和医学院建筑设计在世界医疗建筑史上都是一个非常难得的杰作和精品。从当初看到图纸到目前对设计的深度剖析和解读过程中，一直处于激动和感动的状态，因为设计亮点太多了，但主要的设计亮点有以下五个方面：

亮点一：立体交通

协和医学院医疗区的西出入口所围合的广场，上为人行通道，下为车行通道，设计方法非常巧妙合理。主要人车流汇集到门诊楼前的圆形广场，在圆形广场不算宽敞空间的条件下，通过立体式交通组织方式，实现了门、急诊人流分离，人、车流线分离。通过圆形广场的汉白玉石桥将人流引导到不同的功能区域。

由于西侧三合院的围合性并具有宜人尺度的特点，进入到院子会给人宾至如归、亲切宜人的感受。

今天的医疗建筑师常常为门诊前的人车流安排所纠结，没有想到百年前的建筑师就已经找到了恰当合理的解决方案。看到这个立体交通的设计，肯定很多建筑师会为此而感慨。以当今的眼光看来，不足之处有：医疗区主出入口正对校尉胡同，胡同较窄，不利于大量门诊及住院人流集散；另外，门诊与住院的出入口没有进行细分，容易导致住院病人与门诊病人交叉混杂。当然，这只是以现在的眼光评价，百年前门诊量及住院量都比较小的情况下，这些都不应该是问题。

医疗区立体交通，图中为行政楼（F楼）入口

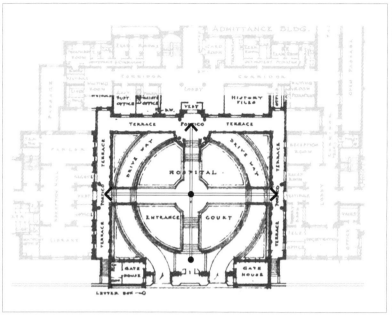

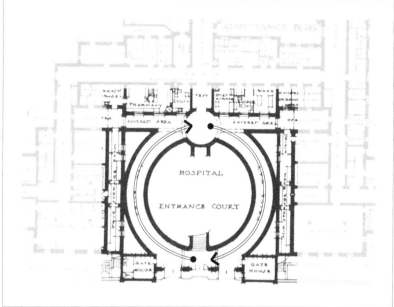

医疗区入口庭院人行流线（环形坡道上）　　　　　　　　　　　　医疗区入口庭院车行流线（环形坡道下）

医疗区入口庭院环形坡道一层建筑设计图

亮点二：三级交通网络

从协和医学院建筑图纸的一层平面可以看到设有纵横三条公共通道，其中一条为室外甬道，这三条公共通道将所有的功能部门串联起来，做到每个功能部门既相对独立，又与其他相关部门联系便捷。所有建筑地下层设有通道相连，即使独立在院外的礼堂也不例外。三级交通网络使医院的相互联系做到四通八达。

一级交通：东西向主次公共交通双通道

协和医学院规划设计中最大的亮点，是在门急诊、医技及住院等主要功能区域沿东西方向设置主次公共双通道。这两个主次公共通道基本上将各个医疗功能单元有序相连。主公共通道是门急诊病人通向医技区域的主要人流的通道（图中标为 corridor 意为走廊，为封闭形式）；南侧的次公共通道是住院患者通向其他各个功能区的通道（图中标为 passage 意为通道，为开敞形式或两侧开窗通透形式），不同需求的患者到达医院各个功能部门可以做到流线便捷而互不交叉干扰。另外，还设有一条教学区与医疗区相连的室外甬道。

医院由于功能的多样性和流线的复杂性，公共交通的规划设计至关重要。可以看出百年前的建筑师非常谙熟医院建筑功能的设计手法。

协和医学院内部交通设计别具匠心的是：设置主次公共双通道，实际上是疏导主要人流的干道，相当于我们现在设计医院时的"主次医疗街"，区别是通道只设一层。我们当今设计医院时特别重视的门诊、医技和住院之间的患者就医流线，没想到在百年协和建筑设计中得到了明确的答案。主次公共通道的设置带来如下优势：

第一，门急诊患者与住院患者相对分开，住院患者可以有相对安静的环境。

第二，方便门急诊患者到达住院单元；方便住院患者到达医技各单元。方便教学行政人员到达住院单元、医技单元和门急诊功能单元。由于设置主次公共通道，使所有的人流可以顺畅地到达各个功能单元而做到流线不交叉干扰。双通道的设计可以使住院和门诊患者的日常活动与医技的医疗活动联系相对分开，避免交叉感染。

第三，主次公共通道的设置可以使建筑单体相对分开并形成不同的院落，一方面有利于自然通风和采光，更精彩的是窗外的景观自然引入到室内，很好地体现出中国传统园林布局借景的手法，让患者在室内可以体验到每个窗外的景色都是不同的。从另一个方面可以说是"西医医疗功能"与"中国传统平面布局模式"相得益彰的完美典范。主次公共通道的设置获得了一举两得的好处，这也是该规划设计最精彩和核心之处。

二级交通：若干个南北向交通次通道

在分析图可以看到，协和医学院建筑设计内部交通除了设置东西向主次公共通道之外，还设有若干个南北方向的次干道以及三合院围合形成的外部连廊，做到横竖通道和内外连廊相连，形成通达方便的交通网络，既保证了每个功能单元的独立，又保证了必要的联系，所有的联系都可以在室内完成，不受风雨恶劣天气所影响。这些功能流线上的考量都是当今我们在医院设计时需要借鉴的。

三级交通：每个功能科室内部的通道

由于设有清晰明确的公共双干道，还设有若干个南北方向的次干道，这样作为每个功能科室内部的三级通道的设置顺理成章，驾轻就熟。

以上三级通道的设置，使原本复杂的医院功能和来自不同方向的人流安排得井井有条，符合医院功能流线设计的本质规律。还有值得一提的是，百年前的医疗建筑设有地下室实在是明智之举，尽管地下建筑需要投入地上建筑的一倍资金，但设置地下室大大提高了土地利用率。并且医疗建筑诸多功能空间适宜设置地下室，地下室除了安排必要的库房外，还设有后勤保障功能：厨房、餐厅、动力机房；行政办公用房；门急诊、实验及病理等用房。厨房位置居中，并设有专门的餐梯与地上的配餐准备间有直接的联系，保证餐食按时并恒温地送到每一个病人的身边。有了地下空间，才能更合理安排不同功能空间的位置、流线和相互联系。

需要强调的是，上文中提到医疗区西入口的环形坡道，还有教学区与医疗区相联系的高于地面的甬道，就是为了地下室的楼板标高于地面之上，即所谓的半地下室的处理手法使得所有沿外墙设置的功能房间都可以做到自然采光和通风，完全避免了地下室成为密不透风的建筑体，因此，在地下室设置不同类型的功能房间也是在情理之中，可以看出当时建筑师设计的匠心所在。

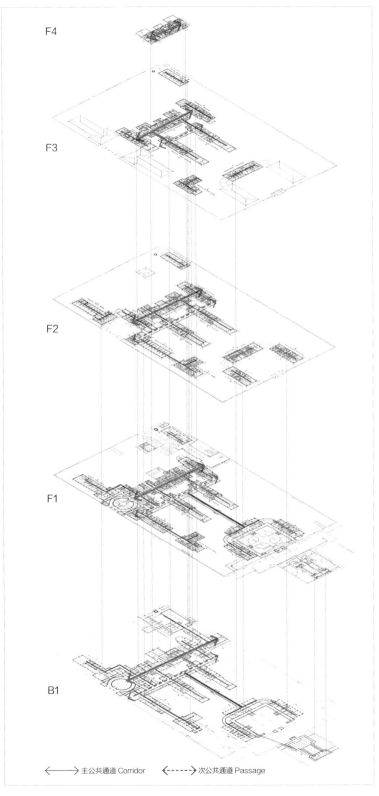

三级水平和垂直交通网络

⟵⟶ 主公共通道 Corridor　　⟵----⟶ 次公共通道 Passage

亮点三：三合院

协和医学院的总体规划是遵循中国传统的院落式设计手法，更令人赞叹的是总体规划平面中设置三个富有特色的三合院。

三合院之一：南侧教学区

教学区设有B、C、D三栋建筑，围合成面积最大也是最重要的三合院，其中主楼C楼坐北朝南，B、D为东西两栋配楼，中心是圆角方形广场。这个三合院与礼堂仅一条路相隔，敞开的三合院犹如环抱礼堂，两组建筑相互呼应并轴线对应。礼堂A楼虽然在整个区域外，但并不感觉孤单，反倒衬托出礼堂的重要性。

三合院之二：中间病房区

沿C楼（教学区主楼）中轴线向北有G、J、H三楼围合成南向三合院，J楼坐北朝南是三合院主楼，H、G楼东西对称布置，次公共通道将两楼相连，既可以使两个住院楼相互联系，又可以让患者通过这个次公共通道达到其他所有的部门。

1 南侧教学区三合院

2 病房区三合院

三合院之三：西侧医疗区

由 F、K、L 楼围合而成朝向西的三合院，规模仅次于南侧的三合院，由于这个院子会有大量的患者集散，所以采用富有人情味的圆形汉白玉栏杆廊道自然地引导人流，同时在环形的坡道之下展开的是车行通道，车行通道呈环形做急诊通道，可以在此接送病人。

3 西侧医疗区三合院

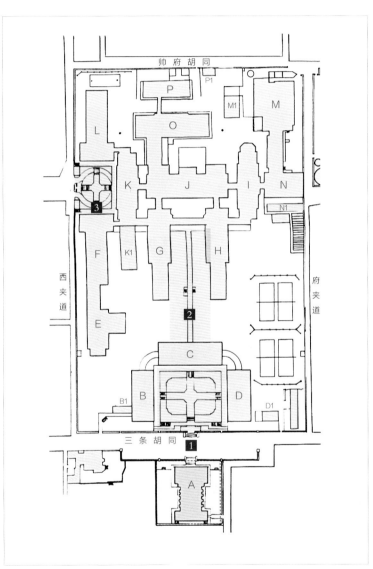

注：图中数字为老照片拍摄站点位置

亮点四：二次候诊

　　百年前的协和门诊区域，即采用了二次候诊设计。患者先集中于 J 楼公共交通主通道进行一次候诊，然后根据就诊科室的位置，再疏散至各科室门前进行二次候诊。二次候诊可以将候诊大厅的等候病人疏散至各个诊区，同时各诊室前的候诊人数也可以得到有效控制，不会形成诊室前的吵闹拥挤现象，大大提高了就诊效率。

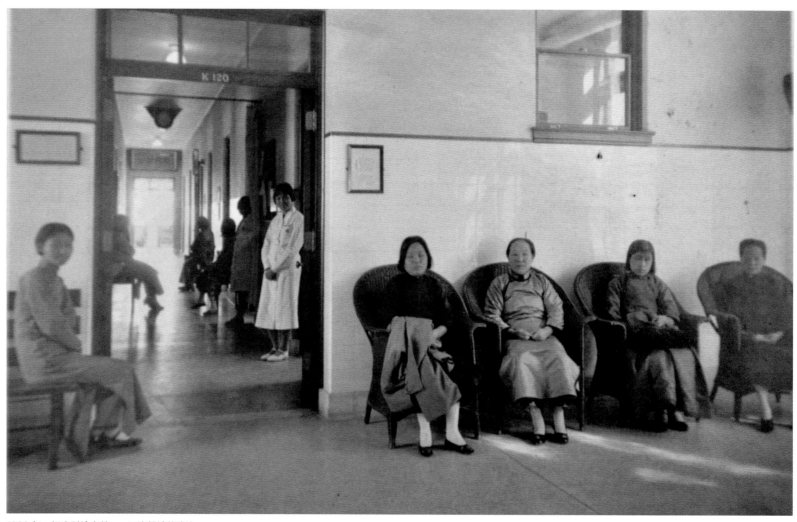

1933 年，妇产科诊室前一、二次候诊的病人

亮点五：人性化

百年协和老建筑不仅特殊病房 E 楼设有休闲阳光室，包括 H 楼和 G 楼每层的南侧尽端都设有阳光室，以供住院患者休闲和交流。更值得称赞的是，住院 G 和 H 两楼之间在次公共通道的南侧，设有开敞的室外露台，是提供患者从病房出来晒太阳透气的有利于康复的半室外空间，只可惜的是，后来将阳台封起来，成为室内空间挪作他用了。教学区的 B、C、D 楼之间也设有开敞式的弧形连廊相连，也是为了繁忙的教学和科研人员，辛苦劳作出来透气和欣赏室外景色，只可惜后来也封上了。

协和医学院的人性化设计除了体现对病人的关怀外，对医护人员的关怀也无处不在。医院为值班医生和护士专门设计睡眠室，隔声隔光，以便值夜班的医护人员休息；为员工业余活动设有室内健身房和室外运动场等。（本书第六部分对此有详细描述，见下卷 575 页）

另外，全院各处楼道的墙壁上都镶嵌有小巧玲珑的直饮水装置，此水由深水井抽出，每天化验水质并将化验报告公布于众。如今在中国直饮水装置仍未普及，只在少数大型公共项目中采用，没想到百年前的老协和就设有直饮水装置了，只可惜后来全部拆除了。（上卷 210 页巴克斯特和埃弗斯的往来信件中对直饮水的设置进行了探讨）

1924 年，员工健身房，位于行政楼（F 楼）地下一层

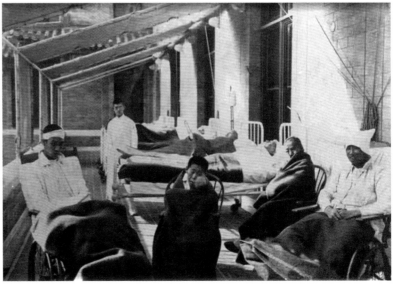

康复患者接受日光治疗

1927 年颌面外科住院病人接受日光治疗（Heliotherapy），这一治疗当时主要用于口腔颌面部感染、外伤、结核、肿瘤及术后康复病人

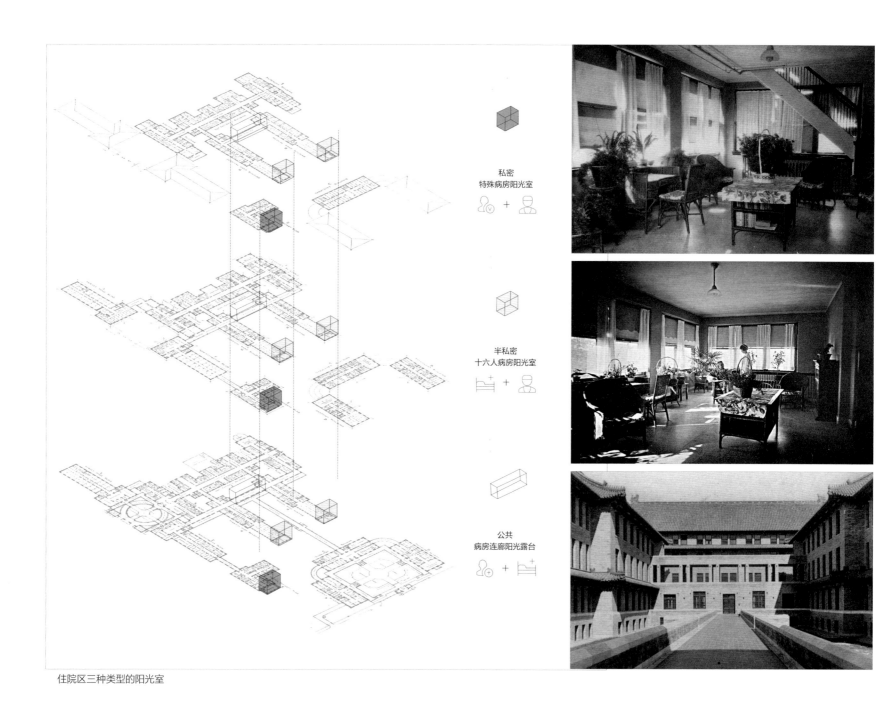

私密
特殊病房阳光室

半私密
十六人病房阳光室

公共
病房连廊阳光露台

住院区三种类型的阳光室

被封上的教学区的弧形连廊

被封上的住院楼间阳光露台

20世纪中后期，由于种种原因将住院G和H两楼之间开敞的连廊封起来成为室内空间挪作他用，非常可惜，同时封闭起来的还有教学区的弧形连廊。值得庆幸的是，目前正在进行的协和医学院修缮工程计划将原来封闭起来的教学区弧形连廊恢复原样，重现百年前的风采。

重要功能空间及室内外场景

协和建筑富有特色的内部空间有如下几类：门厅、门诊、礼堂、病房、医疗诊断与治疗空间、图书馆与病案室、实验与教学、行政办公、营养厨房配置与管理、住宅与宿舍等。

门厅

当人们从建筑外进入室内的第一个印象就是门厅的设计风格，门厅是代表整体建筑的门面。协和建筑室内装修非常考究，投入最大的就是这几个重点建筑的门厅设计。

生物化学教学楼（C楼）入口处与行政楼（F楼）入口处大厅的天花板装饰华丽，完全是仿照故宫太和殿天花板的图案，用照相法复制（即将太和殿天花图案拍摄成影像，依图重新绘制），团龙贴金，富丽堂皇。绘制天花板时，本想邀请以前会做宫活的老手艺人或其后辈来做，但未办到。护士楼（L楼）的门厅设计得富有特色，古色古香，给人一种庄重而又高雅的视觉体验。

由于协和医学院的建筑面积大、房屋多、机构门类复杂，初次就诊患者不易找到要去的科室，所以在综合楼（K楼）的门厅还设置有一个门诊接待台，由一位社工人员专门耐心解答病人的问题。

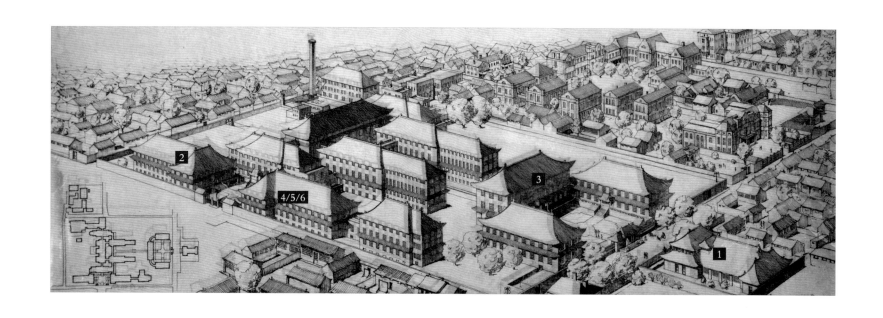

1 礼堂（A楼）门厅

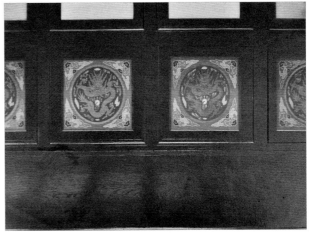

2 1923年，护士楼（L楼）门厅

3 生物化学教学楼（C楼）门厅

4 附属医院行政楼（F楼）门厅藻井彩画

5 1924年，附属医院行政楼（F楼）门厅问询处

6 1924年，附属医院行政楼（F楼）门厅

1 礼堂大厅东侧男宾俱乐部

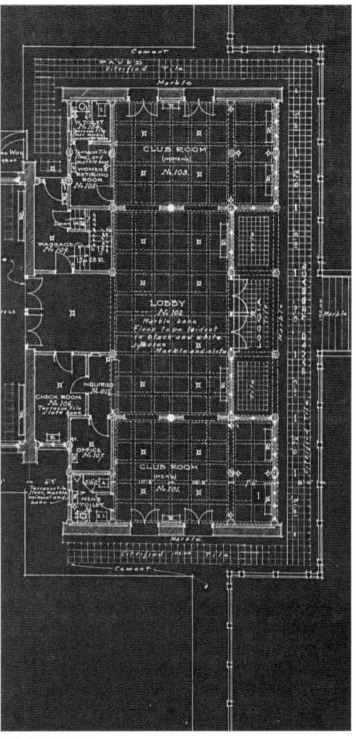

礼堂一层门厅平面图

礼堂

A 楼原是教会的礼拜堂，平面呈"工"字形布置，礼堂总体能容纳 350 人。位于南北向中轴线最南端，坐南朝北，与北部主体建筑群隔东单三条胡同相望，独成院落。

协和医学院礼堂的建筑造型模仿故宫的太和殿，远远望去，给人以端庄、稳重和大气的印象。推开礼堂厚重的大门，门厅迎面设木质影壁，转过影壁即礼堂会场，会场内两侧各设条椅 16 排，中间为过道，两侧布置条椅。两侧墙上设有仿中国古典式花格窗，阳光通过花格窗折射出富有感染力的光影，散落在两边整齐排列的木质长椅上，强烈的光影让人感受到肃穆庄严的教堂氛围。礼堂的地板用的是软木材质，有很好的吸声功能，即使有很多人走动也不会有很大的声音。（礼堂建设过程中的往来信件详见上卷 148-151 页）

礼堂除了用于大型集体活动之外，每当周末各国驻华使节也常常偕夫人来此做礼拜。同时，时尚的年轻人也将这里作为终身大事的纪念之地，在协和礼堂举办庄重的西式婚礼。1929 年李振翩[9]与汤汉志（协和 1928 届）结婚时就是在协和礼堂举办的婚礼，张孝骞为伴郎。1939 年，《城南旧事》的作者林海音与夏承楹的婚礼也在此举行，成就了一生的美满姻缘。在这场被誉为"北平文化界盛世"的婚礼上，三位音乐家朋友应邀伴奏：老志诚弹管风琴，关紫翔拉小提琴，雷振邦拉大提琴。其中，老志诚演奏的协和礼堂管风琴是当时北京最早的七台管风琴之一，且是唯一一台没有设置在教堂的管风琴。

有关协和礼堂管风琴的记录如下：

协和礼堂管风琴的确与众不同。不是一台普通的管风琴，而是一台近乎消失的剧院管风琴。它除了拥有常规的音栓、音管之外，还有类似于打击乐的零部件和各种大鼓、小鼓、军鼓、铃鼓。协和这台剧院管风琴的打击乐不仅有鼓、镲、铃，还有一个用钢片琴原理发声的打击乐音栓，这证明这台琴还可以模拟竖琴般空灵的声音。剧院管风琴的魅力当然不止于此，它还能用物理方式发出快速、持续的梦幻般震音，将管风琴音管发出的音色作出巨大改变。更加神奇的是，剧院管风琴能拥有两个层次的键盘触键方式，可以引动两个层次的声响：第一层轻触键是音管发声，而当触键到底则会发出打击乐的声音，这都是普通管风琴、钢琴和其他键盘乐器所不具备的。礼堂管风琴据说是当时中国唯一具有如此品质的管风琴、功能先进，设有演奏管风琴的相关装置，可由专人操作演奏管风琴，也可放入"曲谱"自动演奏。

据史料记载，我国大部分的管风琴都是在战争时期被毁掉，如法国制琴名匠卡巴耶科尔在北京西什库教堂北堂设计的两台管风琴。虽然协和医学院这台管风琴的演奏台和鼓风机的部分已经遗失，但是琴的主体部分（音管、音栓、风箱等）都神奇地在战争与动荡中存留。据 1921 年一期波士顿医学与外科杂志（The Boston Medical and Surgical Journal）上关于北京协和医学院的文章显示，一位曾来协和医学院访问的美国医生莫里斯·桑德斯（Morris Sanders）提到：

礼堂拥有一台电影放映机和一台剧院管风琴，并且都是洛克菲勒的私人捐赠。洛克菲勒希望医生在为病人治疗生理疾病的同时，也能让病人得到心理上的慰藉。

9　1925年，李振翩毕业于湘雅医学院，就读期间与毛主席相识，1922年曾为杨开慧接生长子毛岸英。1925-1930年，李振翩任协和微生物学讲师，1925年完成细菌变异研究，离开协和后任职于美国国立卫生研究所研究员。

·SECTION ON LINE 'A-A'·   SECTION ON LINE 'B-B'
·SCALE ⅜ INCH = ONE FOOT·

礼堂南北向剖面组合图

左侧为从南向北看 A–A 剖面（红色虚线部分），右侧为从北向南看 B–B 剖面（黄色虚线部分），图纸是两个方向的剖面拼合而成。

礼堂不仅仅是重要聚会的场所，还有许多动人的故事都发生在这里。有文献记载：

1924年，印度大诗人泰戈尔访华是一件轰动全国的大事。4月23日，泰戈尔乘火车抵达北京前门火车站，梁启超、蔡元培、胡适、梁漱溟、辜鸿铭等学界名人前往迎接。在京期间，泰戈尔先后在法源寺观赏丁香，参加诗会并游览故宫，会见末代皇帝溥仪；在北大、清华、北师大等高等学府作演讲。5月7日，恰逢泰戈尔63岁生日，祝寿会由胡适主持，梁启超致贺词。

5月10日晚，在协和医学院礼堂，以徐志摩为首的新月社精心策划，用英文演出泰戈尔的名剧《齐德拉》庆祝大诗人的寿诞。剧中，林徽因饰公主齐德拉、徐志摩饰爱神玛达那、刘歆海饰男主角阿顺那、林长民（林徽因的父亲）饰春神伐森塔、梁思成担任舞台布景设计。当天，协和礼堂内群贤毕至，盛况空前。对于自己的名剧被搬上中国舞台，泰戈尔欣喜地表示：在中国能看到自己写的戏，我太高兴了。坐在泰戈尔身边的是梅兰芳先生。

泰戈尔离开中国前，赠给林徽因一首诗，却道破徐志摩的结局。

天空的蔚蓝，爱上了大地的碧绿。他们之间的微风叹了声，唉！

1931年11月19日，建筑学家林徽因计划在协和礼堂为外国使者举办一场中国建筑艺术的演讲会。身在异地的徐志摩，便搭乘中国航空公司的"济南号"邮政飞机由南京前来参会。当飞机抵达济南南部党家庄一带时，忽然前方大雾弥漫无法辨别航向，两位机师与徐志摩全部遇难。一代才华横溢的诗人就这样走了，就像他诗句中所写"挥一挥衣袖，不带走一片云彩"。

这座礼堂还曾经送别了辛亥革命领袖孙中山先生。

李振翩与汤汉志在协和礼堂举办婚礼，张孝骞（前排左一）为伴郎
图片来源：《张孝骞传》

1924年，泰戈尔访华时与林徽因和徐志摩合影
http://img.mp.itc.cn/upload/20170118

1925年3月12日，孙中山先生在协和医院病逝。3月19日上午，在协和礼堂为孙中山先生举行了基督教家祷仪式。在轰鸣的管风琴伴奏下，协和医学院男生合唱团演唱了孙中山生前最喜爱的圣歌"禾捆收回家（Bring in the Sheaves）"。（有关孙中山先生在协和的就诊过程详见下卷622-624页）

可以说，百年前的协和礼堂是当时北京市硬件设施最好的文化演出和活动场所，也因此年轻人在这里举办婚礼，林徽因、徐志摩来这里为泰戈尔的生日演出英语剧《齐德拉》，甚至孙中山的追思仪式也曾在这里举办。

关于1924年5月8日泰戈尔访华时，在协和礼堂庆祝64岁寿诞的活动场景，学术界公认的建筑学家、园林学家和文史学家曹汛先生刚刚出版的《林徽音先生年谱》（林徽音，即林徽因，此处遵从原书名）一书中写道：

……文艺节目开始之前，由林徽因饰一古装少女，服装奇美夺目，又有黄子美的六岁小公子饰一幼童，两人恋望新月，宛如画图，全场鼓掌叹未曾见。随后演出泰戈尔的著名诗剧《齐德拉》。林徽因饰公主齐德拉，张歆海饰王子阿朱那，徐志摩饰爱神玛达那，林长民饰寿神伐森塔。张彭春担任导演，梁思成担任布景，剧本未翻译，演出全用英语。晨报记者报道演出盛况，有"父女合演，空前美谈""林女士态度音吐，并极佳妙"等评语。林徽因"一代才女"的美称就是在这时传扬起来。她热心戏剧，每有高论，据说梅兰芳发现有林徽因在场，自己都不敢坐下。

百年来，礼堂一直作为重大历史事件和重要聚会的场所，历次修缮并力争复原，但均未如愿。（详见下卷432-451页第六部分百年协和"灵魂"修缮章节）

前排与泰戈尔同坐为颜惠庆（1877-1950）北洋军阀政府总理
后排最高者为庄士敦（1874-1938）英国苏格兰人，清末皇帝溥仪的外籍老师

泰戈尔与各界名流在庄士敦家（位于景山）门前合影

柯立芝事务所工程师埃弗斯写给柯立芝的信

著者感言：

　　这封信埃弗斯与柯立芝讨论的内容比较广，也比较细。庭院的铺装、礼堂的柱础、校园楼群轴线与礼堂的关系、礼堂内部的设计安排，包括卫生间及设备配置、更衣间和交流活动室、地面选材、二楼管风琴空间、休息空间、木窗的设计细节等。非常感慨当时讨论内容居然如此详细，非常敬佩作为顾问建筑师柯立芝的专业综合能力和敬业精神，如果不是看到这样的内容，以为这些都是作为总建筑师赫西的想法呢，赫西作为建筑师到底承担了哪些工作？可以肯定的是，柯立芝绝对是幕后英雄。

1919 年 6 月 30 日

　　根据我上周六的记录，我全面回复你 6 月 20 日的信，内容是有关 A 楼的草图设计。在与巴克斯特博士和柯克先生一起研究这些设计后，我请求向你报告以下情况，以便你考虑：

A. 三条胡同的医学院组团与 A 楼之间的铺装庭院设计已获巴克斯特博士认可。

　　关于这个设计，A 楼较重的柱础或架线塔已经确定使用花岗石代替中国瓷砖，我建议需要进行一项特别研究。我不相信瓷砖离地面这么近还会有持续的耐久性，因为墙的对应材料可能是花岗石。我亦建议将路边 A 楼铁栅栏尽端的大柱子移出，但需进行一定研究后再确定两侧对称柱子的效果。

B. 关于 A 楼本身的设计，我请求汇报柯克先生的想法，新的设计是否可以进一步将报告厅的中殿与校园建筑群的主轴成直角关系。同时与交流活动空间保持平衡，并且将这个空间置于空间比例适宜的门厅对面。

　　我在此附上一个粗糙的蜡笔草图供你考虑，但我个人认为，由于地段太窄，很难实现这样的设计，同时附上 1/8" 比例蓝图上的概念设计，我们根据此图进行讨论将会得出一定的结论。

　　确切地说，我发现红色蜡笔草图上显示的设计需要大约 200 英尺，而根据我们的比例似乎在 150 英尺左右。

C. 在研究草图时有如下建议：门厅和交流活动室的地面材料选用水磨石或红土瓷砖。红土瓷砖如果与地毯一起搭配，效果看起来会相当令人满意，而且颜色与建筑的中国装饰完美融合。

D. 有关处理楼梯栏杆的方法，对我来说似乎不太合理，为引起你的注意我已经在图上圈出来了。

E. 关于男厕所，在交流活动室外设置，可以设在远处用幕布隔开，这样，在此之上可以设置舞台，进行跳舞或表演等。楼梯会使入口处于相当显眼的位置，这也许完全是错误的想法，但我还是提一下，仅供参考。由于 Meyer-Sniffen 公司货物的海运问题，最好减少一个厕所的 3-C 型洗手池。

June 30, 1919.

Mr. Charles A. Coolidge
122 Ames Building
Boston, Mass.

My dear Mr. Coolidge:

In accordance with my personal note of last Saturday, I am replying in full to your letter of June 20th regarding the sketch plans for Building A. After going over these plans with Dr. Baxter and Mr. Kirk, I beg to report the following to you for your consideration.

A. The section and plan of the paved court in San Tiao Hutung between the school group and A Building, have been approved by Dr. Baxter as shown. In connection with this plan, I would suggest that a special study be made of the heavy piers or pylons which would indicate clearly a granite cap in place of a Chinese tile cap, as I do not believe that the tile would last long so close to the ground, and as the coping for the wall will probably be granite. I would also suggest that the heavy pier at the end of the iron fence at the A Building side of the road be moved out and a study be made to complete the illusion of symmetry for the two side.

B. With regard to the plan of A Building itself, I beg to report that Mr. Kirk was of the opinion that a new plan might be evolved showing the auditorium nave at right angles to the main axis of the group, with the social room to balance it upon the opposite side of a good sized lobby. I am enclosing herewith a rough crayon sketch for your consideration, but I am of the personal opinion that the lot is too narrow to admit of such a plan, and that the scheme as outlined in the enclosed 1/8" scale blue prints is the best that we can do under the narrow to admit of such a plan, and that the scheme as outlined in the enclosed 1/8" scale blue prints is the best that we can do under the circumstances. To be exact, I find that the scheme as shown on the red crayon thumb nail sketch would require approximately 200 feet, while our seems to scale at about 150.

C. In going over the sketches as shown, the following suggestions are made. First, that the floor in the lobby and social rooms be made of terazzo or red quarry tile. Red quarry tile would seem to be quite satisfactory if used with rugs, and the color would blend well with any Chinese decoration which is done in that part of the building.

D. The method of handling the railing at the stairways does not seem quite correct to me, and I have called your attention to this by encircling this feature.

E. With regard to the men's toilet, would it not be better to open this room off the social room, where it could be screened off in the far corner, as in the event of a dance or entertainment on the upper floor, the stairway would render the doorway as shown in a rather conspicuous position. This may be entirely wrong, but I am mentioning it as a suggestion for your consideration. On account of the shipments made by Meyer-Sniffen, it is desirable to reduce the lavatories in this toilet to one 3-C type.

F. It would seem possible to reduce the size of the janitor's room and increase the size of the check room, as indicated in red crayon on the plan.

G. Dr. Baxter is very much in favor of the center aisle; also of the method of reaching the stage.

H. In regard to the toilet room arrangements off the stage, the only change suggested is in the women's toilet of changing the 1-C type lavatories to the 3-C type, in order to adjust shipments which

F. 有没有可能缩小传达室房间的大小，并增加检查室的大小，如图纸中的红色蜡笔所示。

G. 巴克斯特博士非常赞成报告厅中间通道可以通达舞台的想法。

H. 关于舞台外的厕所安排，建议唯一一改变的是在女厕所中将 1-C 型洗手池改为 3-C 型，以便调整。

确认 Meyer-Sniffen 公司的装运量，并将标有 1-B 型的洁具改为 4-B 型洁具。男厕所的洗手盆应保持 1-C 型洗手池。这个厕所可以省略 1-A 型小便池，1-B 抽水马桶应改为 2-B 型。

I. 为了满足这栋楼的需求，巴克斯特博士认为，较大的更衣室比草图上显示的小更衣室更实用，我在图上已经表示要改为三间大型更衣室，而不是六间小更衣室。我也在图上表示了去除在通道尽端两侧的推拉门。

J. 关于二楼，管风琴的空间似乎太小了，已用蜡笔标记出来了，可以设置更大的空间。在聚会期间，可以在报告厅外形成一个小的"凹室"，提供平时休息空间或放置可移动的座椅，成为学生听取报告时的附加使用空间。

K. 希望在这个楼层设置一个采用木地板的大房间，供一般用途使用。厨房可以减小，去除储藏室，妇女交流活动室可以改变形状，以便形成一个矩形房间方便利用，只保留在建筑前面的一个曲线部分。

L. 由于上述相同的原因，最好限制卫生间的洗手盆，只设一个 3-C 型。

M. 需要引起重视的想法，在礼堂吊顶处设置一些通风设备，可以从放映室通过绳索和滑轮掉下来进行安装。

N. 有关前部侧厅单元的窗台放置花盆的设计，在我离开前这是一个困难点，目前的解决办法很好。当然，我意识到实现这个想法很困难，但我认为，用 3/4" 的比例绘制这个窗口，我们将会看到木制的窗棂和窗框的厚重感和美感将大大超出你的预期。柯克先生建议在这种困难条件下，使用双挂窗，将中心窗框固定，上下两个分支相对保持平衡，将链条固定在顶部滑轮上。这个系统通常用在钢窗框上，我总是担心这个用法在木窗框中会有问题。为了保证安全性，建议与混凝土结构连一起，我建议锚定并浇铸一根扁钢，保证这些木制窗框安全地锚定与安装并保持稳定。

以上所有内容只是建议，我希望对你具有参考价值。

have been made by Meyer-Sniffen and to change the toilet marked 1-B to a 4-B type. The lavatories in the men's toilet should remain as marked - 1-C. The 1-A urinal can be omitted from this toilet room, and the 1-B type water closet should be changed to a 2-B type.

I. For the needs of this building, Dr. Baxter feels that larger dressing rooms would be preferable to the small ones shown on the sketch, and I have indicated on the drawing to change to three large dressing rooms instead of the six small ones. I have also indicated the elimination of the double acting doors at either end of the passage.

J. With regard to the second floor, the space allowed for the organ room seems too small and it is suffested that a larger room be allowed for this, as indicated by the crayon marks, and a small alcove could be formed off the large lecture room for seating room during a party, or for desk space for lecturing. The seating would of course be done by movable chairs.

K. It is desired to make on this floor one large room for general purposes with a wood floor. The size of the kitchen can be reduced, eliminating the pantry, and the women's retiring room can be altered in shape, so that a rectangular room would be formed, taking in all but one bay of the front of the building.

L. Due to the same causes mentioned above, it will be better to limit the lavatories in this toilet room to one 3-C type.

M. It is considered desirable to have some ceiling ventilation in the auditorium, which could perhaps be controlled from the motion picture operator's room by means of ropes and pulleys.

N. With regard to the detail of the window boxes for the units in the front pavilion, this seems a very good solution of the difficulty which we discussed before I left. It would seem an advantage if these could be reduced in size and allow more space for sash and show a smaller amount of wooden frame around them. Of course I realize the difficulty attending this, but I feel that on drawing up one of these openings to 3/4" scale, we will see that the amount of woodwork and mullions and frame would be greater than you would like to have. Mr. Kirk has suggested in connection with this difficulty a double hung window, which has the center sash fixed and the upper and lower divisions counter balanced, with the chain over an overhead pulley. This system is generally used with a steel sash, and I have always had fears about using it with a wooden sash and frame for fear of too much friction. In order to make the joint with the concrete secure, I would suggest anchoring and casting in place a flat bar about which the woodwork could be placed and securely bolted. This would provide a sure wind break and a secure anchorage for the frame.

All of the above are merely suggestions and I hope they will prove to be of some service to you.

Very truly yours,

(Signed) A. J. Evers.

AJE:BB E

门诊

门诊设有不同类型的诊室。以性别划分：男性诊室、女性诊室；以科室划分：内科、外科、眼科、妇产科、神经科、皮肤科等。门诊药房位于综合楼（K楼）地下一层，供应中西药品（自制一部分），有严格的管理制度。各病室每日按医嘱凭一定手续领取所需药物。各病室设药橱，备有常用救急药品，有专人负责管理，每日清点。

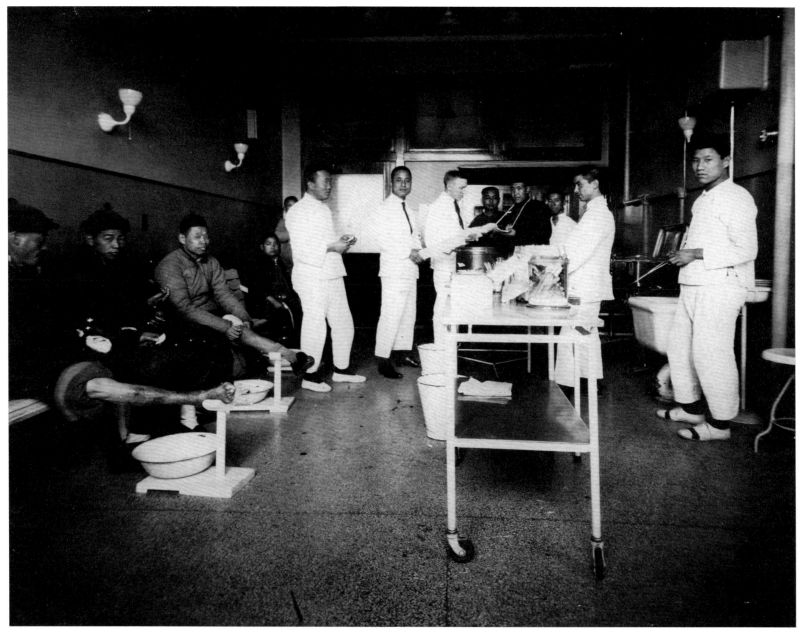

外科诊室（男患者）

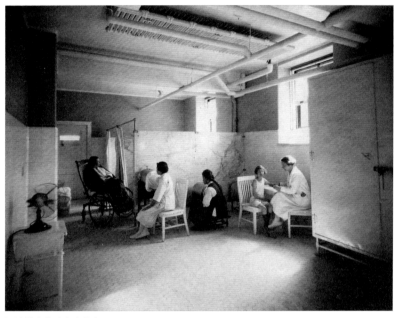

门诊检查室（女患者）

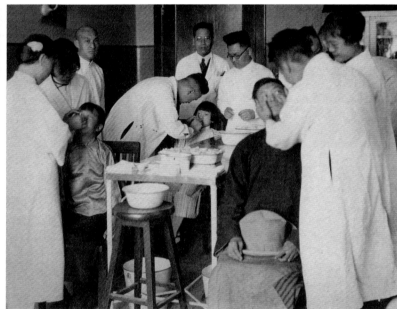

眼科诊室一

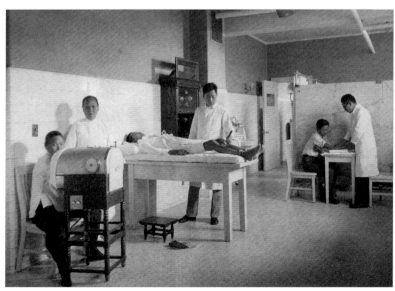

1931年，门诊检查室

眼科诊室二

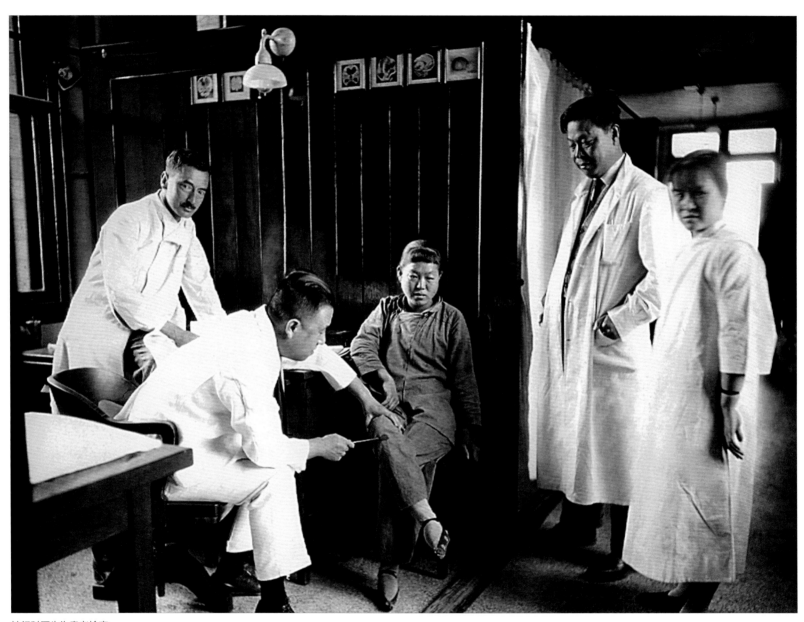

神经科医生为患者检查

外科门诊部前等候治疗的病人

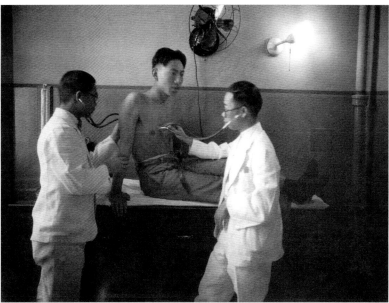

门诊诊室

脑科医生为患者检查

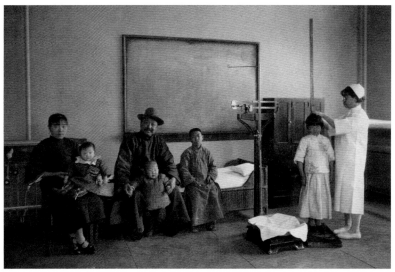

儿科诊室

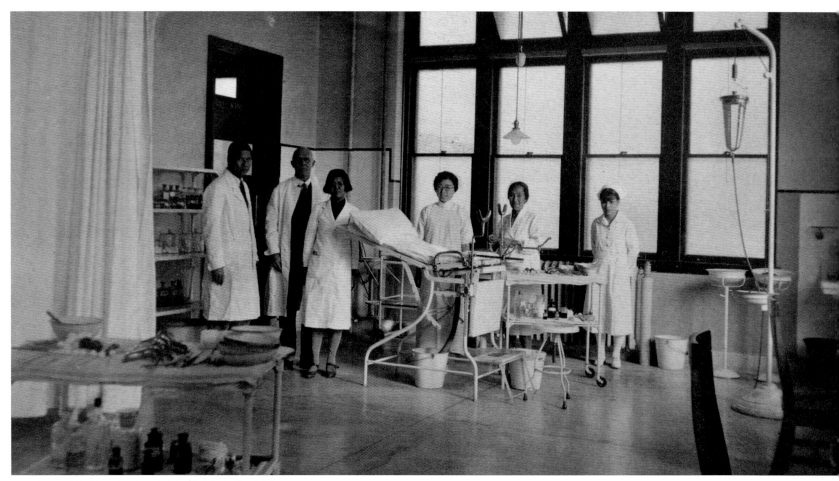

1933 年，马士敦（左二）、林巧稚（左五）在妇产科门诊检查室

妇产科与内、外科同列为三大科，医学生的临床教学任务、毕业实习以及住院医师培养也都是主要依赖这三大科。妇产科第一任主任是个英国人马士敦教授，他是妇产科创始者也是在老协和任职最长的一位主任，在华 41 年。1937 年马士敦回国，接任的第二任主任伊斯门（马士敦的第一助手），在美国产科方面是数一数二的人物。林巧稚在我国抗战胜利复校后任妇产科主任，也是这个职务的第一位中国人，她的才华和能力得到妇产科权威的认可。

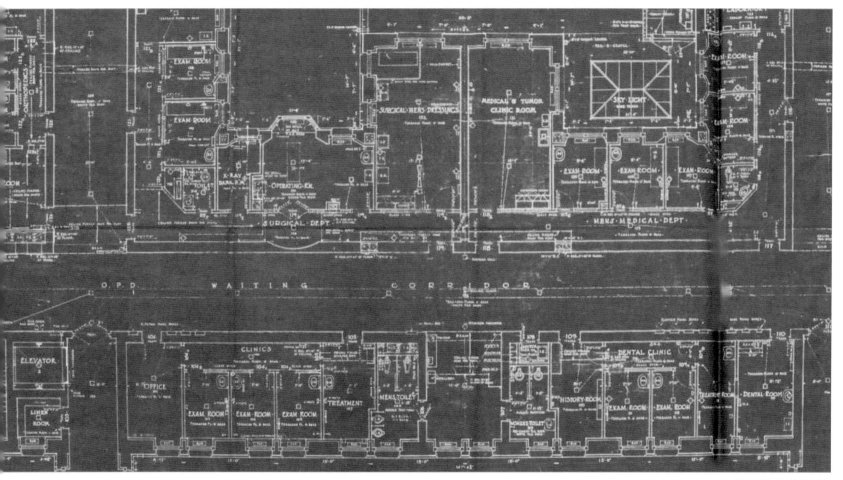

门诊区医疗工艺设计图

病房

病房分一、二、三等。全院共有 17 个病房，分布在 6 栋建筑中。内科约有 180 张床位（其中特别病房约 20 个床位），外科、妇产科等亦有类似情况。

特殊病房楼（E 楼）一至三层均为病房区域。一层为二等女病房，混合科（即包括内、外、骨、皮、泌尿、眼、耳鼻咽喉）；二层为二等男病房，混合科；三层为男女头等病房，混合科。

行政楼（F 楼）二层为三等男女病房，内分泌科，专收有研究价值的病人。

内科病房楼（G 楼）一至三层均为病房区域。一层为三等男病房，混合科；二层为三等男外科病房（床位约 40 张）；三层为三等女病房，混合科。

外科病房楼（H 楼）地下一至三层均为病房区域。地下室为三等男女精神病病房；一层为三等男内科病房；二层为三等男内科病房；三层为三等小儿科病房。

综合楼（K 楼）地下一层、二层及三层为病房区域。地下室为急诊室及部分病房，这里是最忙和最急的区域，要随时接收本地或从外省转来的急症和疑难大症病人。还有本市送来的吃安眠药、喝 DDV（敌敌畏）或以其他方式自杀的、吃错药的、被人砍伤的、蛇咬的、出车祸的、中风的等各种急诊病人。机动护士多半时间在急

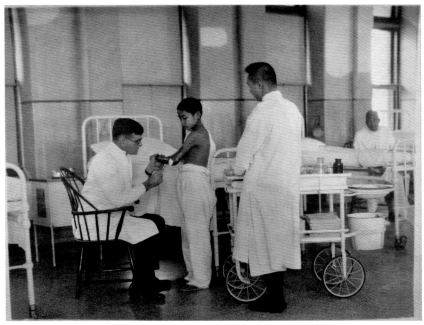

泰勒[10]（Taylor）医生在外科病房楼（G 楼）为烧伤患者换药

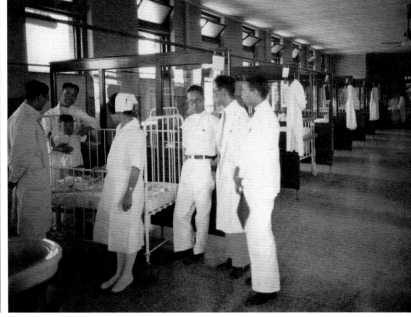

1929 年，医生在儿科病房查房

10　1905 年，泰勒医生毕业于美国弗吉尼亚大学医学院，1915 年洛克菲勒基金会资助泰勒赴美国哈佛大学进修，后又到约翰·霍普金斯医学院接受住院医师培训，之后泰勒医生来到协和并建立了协和外科住院医师制度。麦克林称泰勒为"中国最好的外科医生"。

诊室帮忙，督导员也要多次来这里协助大夫抢救。K 楼二层为一、二、三等妇产科病房，设有产房和手术室；三层为一、二、三等产科病房，产房设备齐全。通常夜间分娩的比较多，有时二三位孕妇同时临产，除了两名护士外，还有一位长期夜班护士长帮助大夫接生。

传染病楼（P 楼）地下一至二层为传染病房区域。地下室接收急性传染病人，并安排他们住院，办理一切住院手续。一层为儿童传染病房；二层为成人传染病房。

G、H 楼采用的是南丁格尔病房模式。协和医学院建设时期，在南丁格尔理念的影响下，西方医疗界对患者越来越关注，从而也影响着医院建筑设计理念。由于协和建筑采用园林式布局可以很好满足卫生隔离需求，非常重视室内的自然采光和通风，提高了病人的疗愈空间品质，有利于患者的治疗与护理，使其在放松的心态下接受治疗，有利于患者的病情恢复。

E 楼为特殊病房楼，专供特殊病人使用。所谓特殊病人，是指当时社会上的知名人士，如孙中山、蒋介石、溥仪、溥杰、梁启超、冯玉祥、宋美龄、埃德加·斯诺等，他们都在 E 楼住过。

虽然协和是高标准的医疗场所，但同时协和也因对穷人的照顾而闻名，住在普通病房的大多数患者是乞丐、无家可归的人或车间学徒工等社会最底层的老百姓。由浦爱德（Ida Pruitt）[11] 领导的协和社会服务部为中国培养了第一批医院社工，为患者及其家庭提供社会和经济支持。

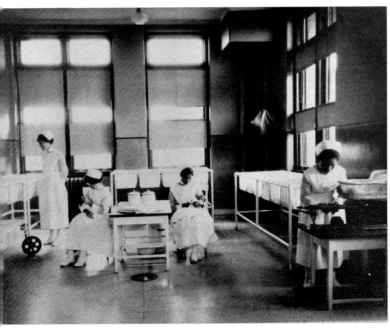

新生儿病房

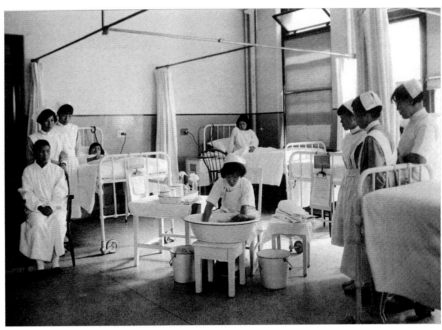

教师为护校学生进行婴儿护理示教（K1 楼）

11 出生在山东的美国人浦爱德，毕业于哥伦比亚大学，并在麻省医学院附属医院的社会服务部学习，成绩优异。她热爱中国人民，曾供养 2 个贫穷的中国女孩至大学毕业，被誉为最有爱心的西方人，称之为“中国女儿”。1921 年，她在协和创立了中国第一个社会服务部，并成为医院与社会之间的桥梁。

为了和病人能够更好地互动，病房内只设有简单的桌椅提供主班护士写医嘱、报告和作记录时使用，护士长、护士和护生都无坐处，护士上班时总要走来走去，站着的时候也为了工作根本无暇休息。如果某个人突然站住不动，护士长一定要问她"为什么发呆"。这就锻炼了护士长时间走路的能力，也养成走路快的习惯，但不能跑，更不能跌倒把器械和物品摔坏。

十六人病房（南丁格尔式），抗美援朝时期作为受伤战士病房

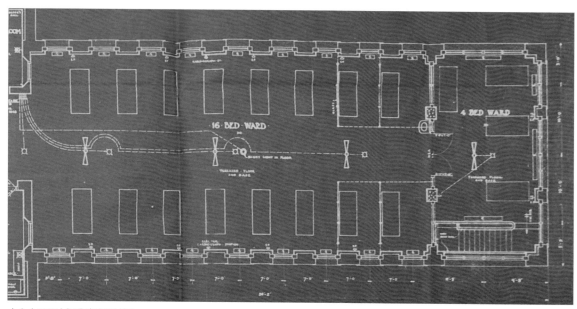

十六人及四人标准病房设计图

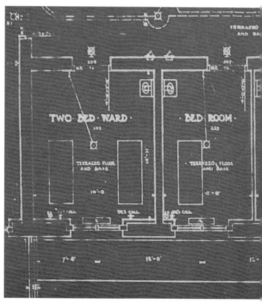

单人及双人间病房设计图

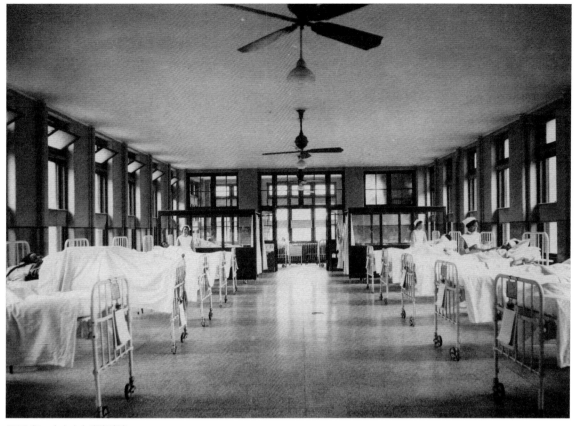

1925 年，十六人女患者病房

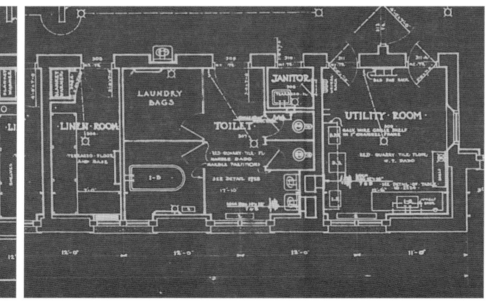

病房区辅助房间设计图

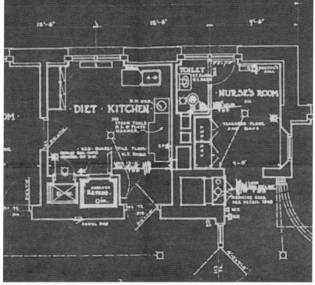

病房区辅助房间设计图

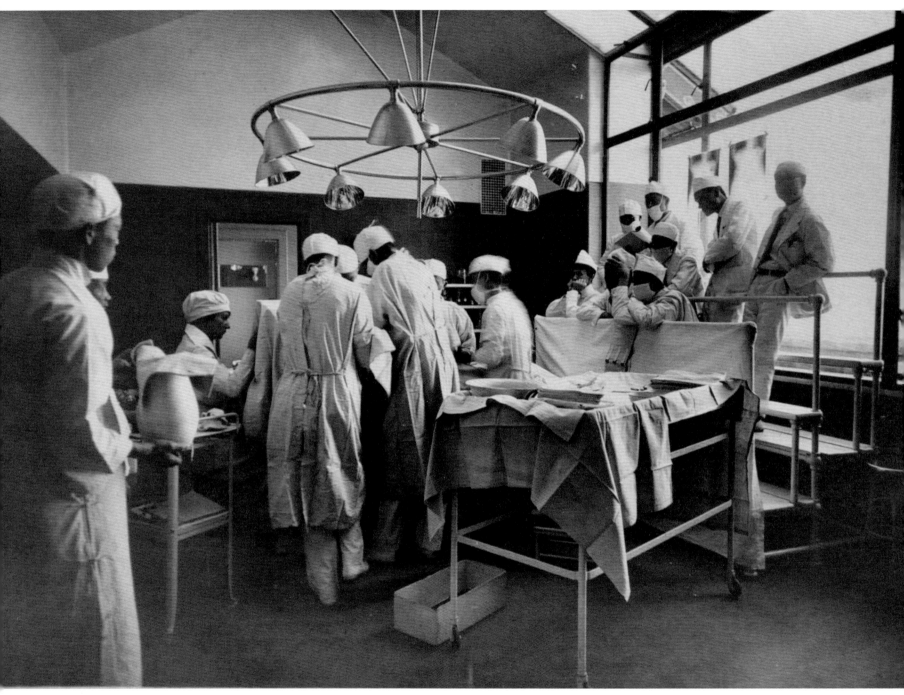

学生在门诊楼（J楼）顶层手术室观摩学习

洁净无菌的北京协和医学院外科手术室，成为名副其实的"舞台"，每逢重要手术总有不少观摩者。护士在手术室实习时，也会按照护士长的安排画出某项手术的手术台和器械台上器械和物品位置的平面图，以锻炼他们的观察和记忆能力。在手术过程中，室内鸦雀无声，只能听到医疗器械轻微的碰撞声。手术需用的刀、剪、钳等器械早已由助手准备齐全，术者一举一动及创面等情况，助手必须时刻目不转睛地观察着，以便随时递上所需的器械。医生需要器械时，只做手势不用说话，秩序井然。术毕由负责麻醉的实习医生伴随病人回到病房。

医疗诊断与治疗空间

所谓医疗诊断与治疗空间，就是我们目前医院设计时所指的医技部，通常包括影像、手术、检验等功能单元。当时协和医学院临床各功能单元的实验研究室都设有最先进的设备。

手术室

由于协和建筑平面的单廊布局使得功能用房的采光面加大，这就保证了手术室充足的自然采光，除了手术区域使用无影灯外，其他辅助工作也完全可以在自然光的条件下工作，为医护人员提供良好的工作环境。同时，位于顶层的手术室采用天窗采光的方式，加大了自然光的利用效率，在天气晴朗的时候采用自然光，节约了电力资源。手术室的空气质量对于裸露伤口及暴露的仪器至关重要，在没有空调的年代，自然通风方式在当时的条件下不失为最好的选择。

在手术过程中，室内鸦雀无声，只能听到医疗器械轻微的碰撞声。手术时需用的刀、剪、钳等器械早已由助手准备齐全，手术医生的一举一动以及术中创面的所有情况，助手必须时刻目不转睛地观察着，以便随时递上手术医生所需的器械。主刀医生需要器械时，只做手势，不用口说，秩序井然。术毕由负责麻醉的实习医生伴随病人到病房。

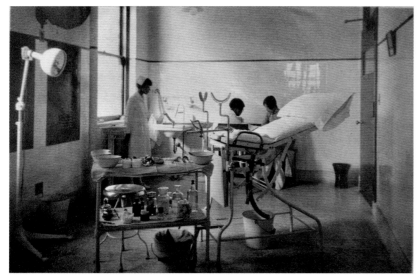

1933年，综合楼（K楼）妇产科手术室

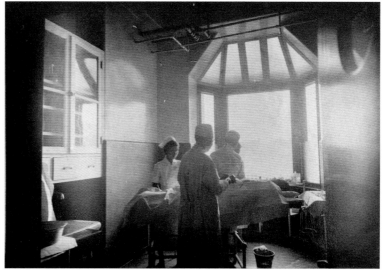

医生正在门诊医技楼（K楼）一层进行门诊手术

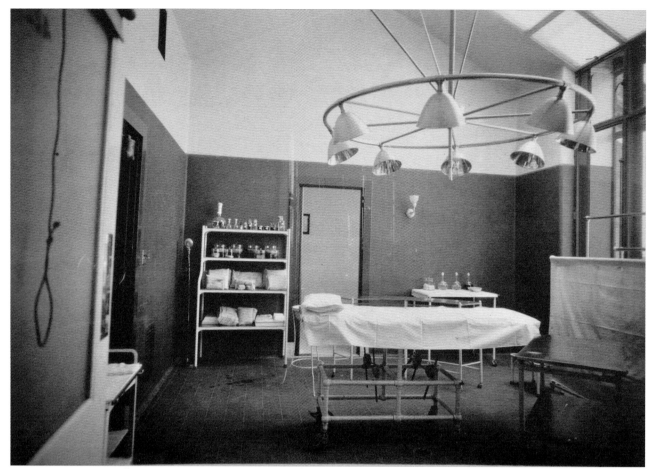

门诊医技楼（乙楼）顶层手术室

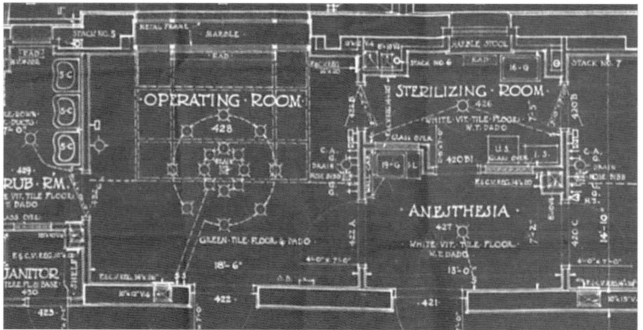

医疗工艺设计图

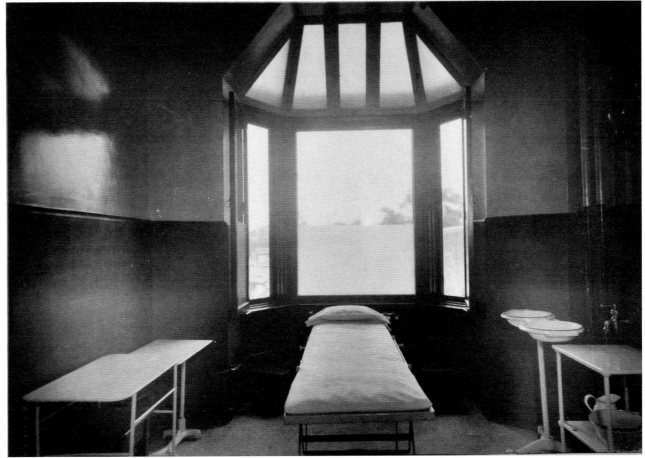

门诊医技楼（C楼）一层门诊手术室

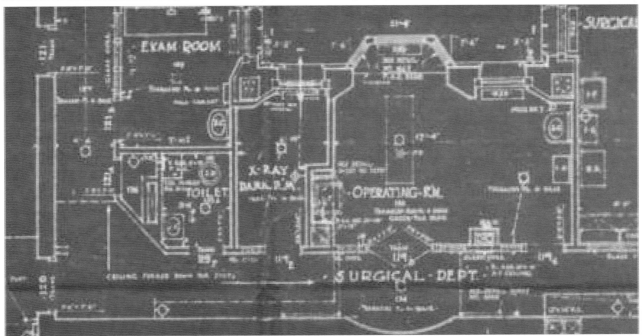

医疗工艺设计图

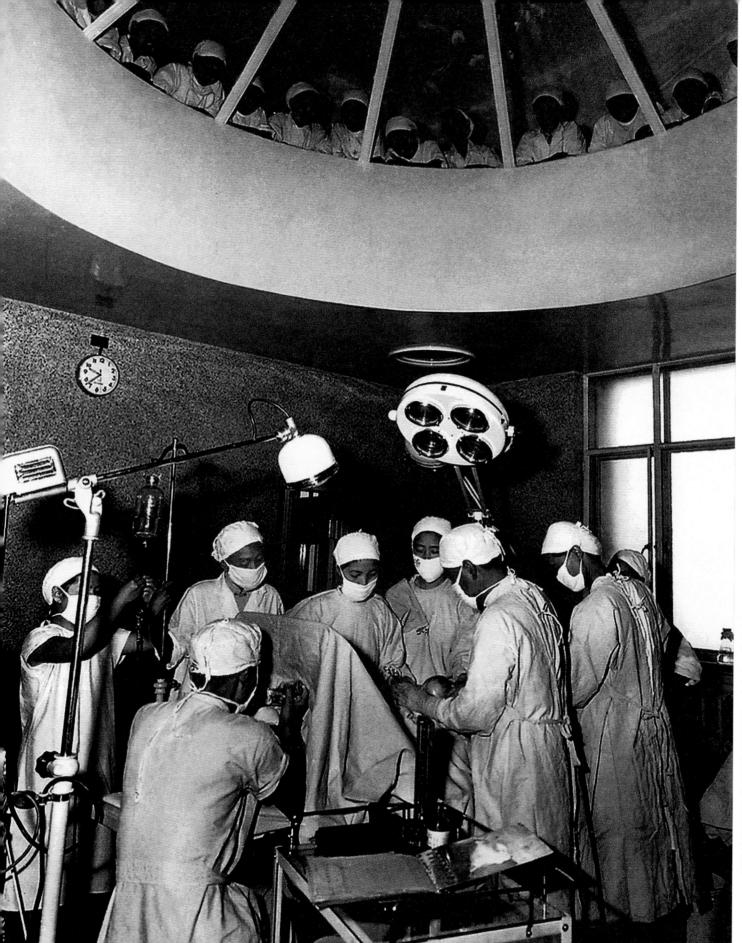

二十世纪四十年代，林巧稚在做妇科肿瘤切除技术示范

X 光、心电图和铁肺

在 20 世纪 30 年代，协和的医技检查设备全部从美国进口，非常先进。放射科除诊断用的 X 光机及深部 X 光机外，还有镭及生产氡气针（X 光所需物质）的设备，由物理学家掌管，这在当时中国也是前所未有的。

协和内科心电图室的心电图仪，有线路直通全院各病室，在当时是国内独一无二的（此仪器在日寇占领后已废弃，为新式手提式心电图所代替）。每个病床边的墙上装有许多电钮，其中有一种心电图专用插孔，当病人需要做心电图时，只需连好电极，把引线连到专用插孔中，墙里的专线就将心电信号传到心电图机上。有了这种设备，就不必将心电图机搬到病人床前。当然，那时的心电图机体积较大且移动不便，才会这样设置的。目前心电图机已小型化，移动方便，墙中专线已无必要[12]。

轰动世界的美国富豪之子在中国患病后使用的协和"铁肺"，也是中国当时唯一的一部"铁肺"即人工肺。当时的高精设备一律由物理专家掌管，这在当时的中国也是独一无二。

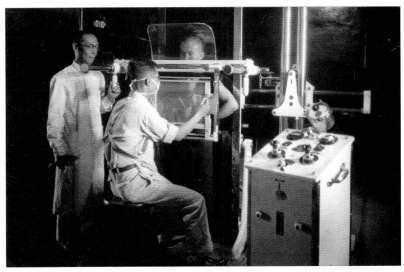

1940 年，X 光检查室

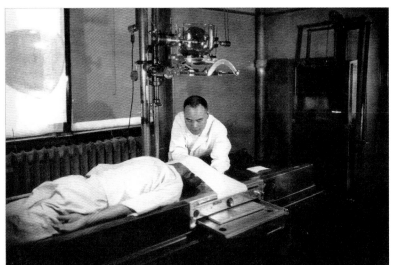

医生为患者诊断

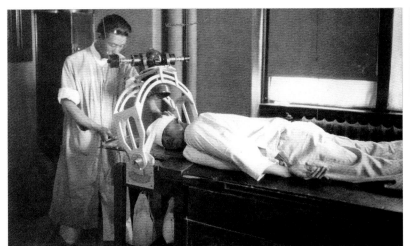

医生为患者诊断

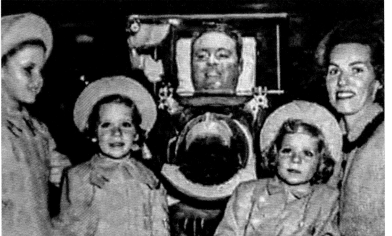

"铁肺"人全家合影

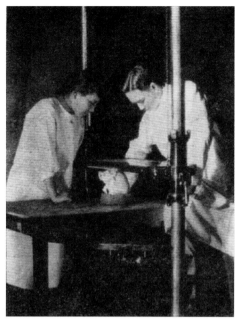

1930 级学生陈美珍和卞万年操作 X 光机

X 光检查室工作场景

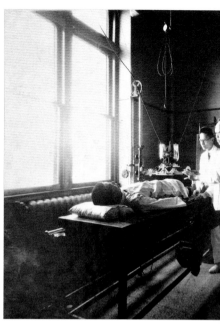

蒋医生（Tsiang）在 X 光检查室工作场景

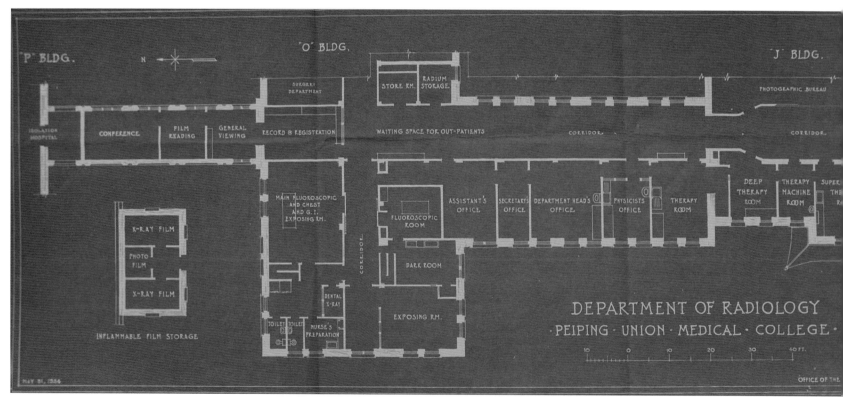

放射科主要区域平面图

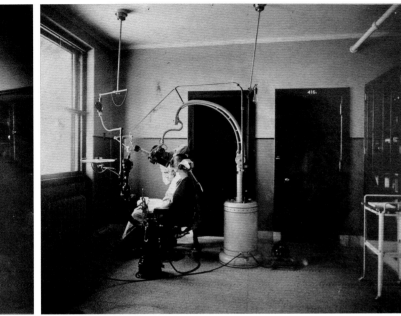

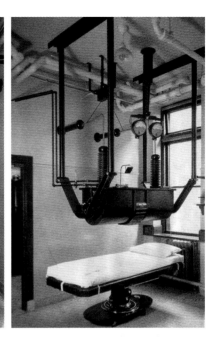

牙科 X 光室工作场景　　　　　　　　　　　深度治疗设备，容量 200 千伏和 15 毫安

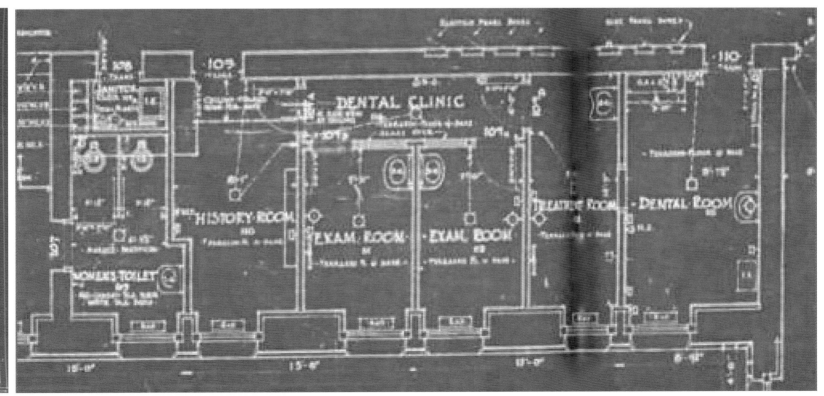

牙科功能区医疗工艺设计图

水疗室

　　百年前协和就设置了为患者康复的水疗室，位于行政楼（F楼）地下一层，也是国内最早设置康复科的医院。从图中可以看到水疗设施为两种类型：盆浴与立式按摩浴，目前来看也不落后。

　　除此之外，在特殊病房楼（E楼）与F楼连接处还设有物理治疗室及作业疗法室，与水疗室紧邻，共同形成了完善的康复治疗体系，方便患者康复治疗，这在百年前是非常超前的。

　　（具体平面设计详见上卷328页）

水疗室

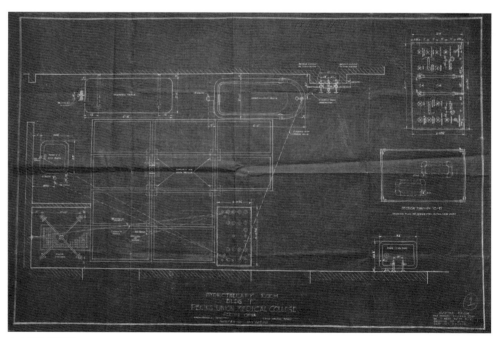

水疗区设计详图

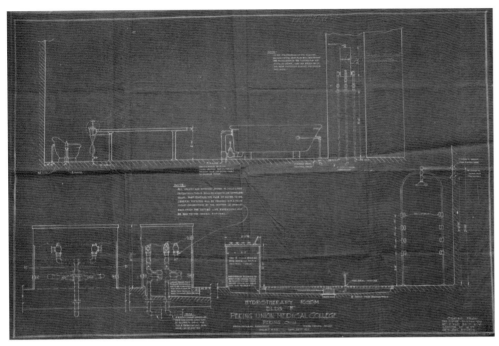

水疗区设计详图

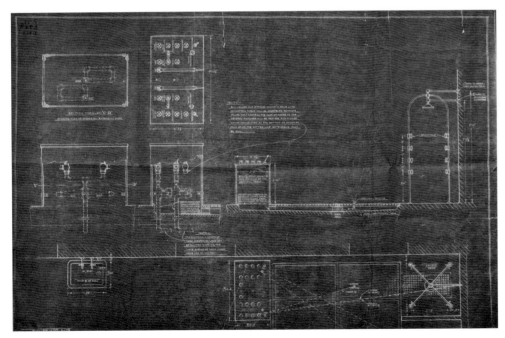

阀门和连接件设计大样图

水疗仪器控制台设有阀门和连接件（图中实线绘制部分），控制流向几个固定装置水流的阀门在底部设置一个联合出口连接处，图中虚线所示的管道延伸部分需要从联合出口处开始连接。

图书馆与病案室

解剖系的考德里（Edmund V. Cowdry）教授是协和图书馆的创立者。考德里 1909 年毕业于多伦多大学生物系，1912 年获华盛顿大学哲学博士学位。1913 年担任约翰·霍普金斯大学解剖系助教。1916 年，考德里接到麦克林的聘书，两年后到达中国。麦克林回国服兵役时，考德里成为协和当时唯一的教授。当时，考德里不仅负责筹建解剖系，继续进行细胞学的研究，也参与整个协和医学院的管理工作。

建立图书馆后，考德里首先聘用了一位称职的图书管理员，原波士顿医学图书馆助理馆员步兰德（James F. Ballard），并不断游说院方为图书馆争取一笔独立的预算。考德里的游说相当成功，最终罗氏驻华医社捐给协和图书馆的资金是预算的四倍。1919 年罗氏驻华医社拨款 65 000 美元，派步兰德到欧洲购买医学书籍。考德里为其列出长长的书目，不断写信督促步兰德加快速度购买。当时正值第一次世界大战，医学书籍期刊的购买颇为困难，考德里不得不远赴东京，自费购买所需的书籍。1920 年秋季，洛克菲勒基金会委托美国波士顿医学图书馆订购了大量的医学过刊，多达 70 箱，占满了两间书库。

在 20 世纪 20 至 40 年代协和鼎盛时期，凡是英文重要生物科学资料，协和图书馆几乎应有尽有，曾堪称亚洲第一。1935 年，赵庭范赴美国哥伦比亚大学图书馆系学习，1936 年回国接任馆长，成为第一任中国籍馆长。1939 年，图书馆受洛克菲勒基金会委员会之命，将所有中医书籍照相，制成缩微胶片后运送美国。

1925 年，图书馆藏书 33 700 册，1941 年达到 75 000 册，期刊 450 种，除了中文外，还有英、法、意、瑞典、日本、荷兰等语种的藏书。有一批善本、珍本书，具有书史长、期刊全的特点。如在西文书中有 1665 年创刊的《英国皇家学会哲学会刊》、1824 年创刊的《柳叶刀》、1827 年创刊的《英国医学杂志》、1883 年创刊的《美国医学会杂志》、1887 年创刊的《中华医学杂志》等，这些期刊从第一期起即有收藏。在日本侵华学校停办期间，罗氏驻华医社也未停止给协和图书馆订杂志，并帮助续订补齐。

协和图书馆有西洋医学史专著和外国著名医学家传记 900 多种，各种疾病史料 400 多册。在中文书中，有不少难得的传统医学书籍版本，比如 1268 年重刊本《补注释文黄帝内经素问》、明初时楼英著的《医学纲目》等。有人对协和医学院的医学藏书做过估价，总价值 200 万美元。比金钱更重要的是，协和图书馆成了"最重要的知识财富"[13]。

图书馆采用开架式，因此阅览室和书库结合在一起。阅览室四周均排列书架，图书按分类次序摆在书架上，读者不但可以自行查找并很快拿到自己所需要的书，还能在短时间内了解同类书的内容。

1 娄公楼图书阅览室

2 生化楼（C 楼）半地下室图书阅览室

3 护士楼（L 楼）图书阅览室

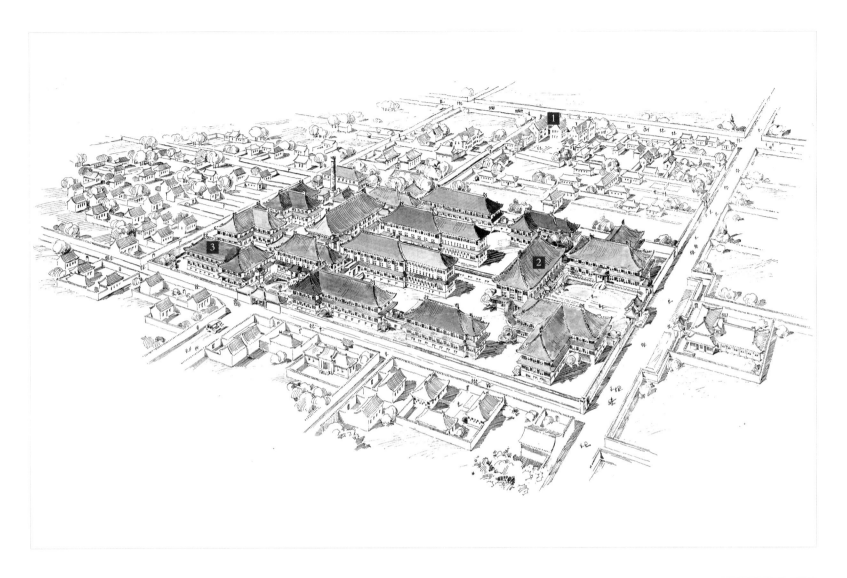

期刊阅览室

病案室

因此很少有读者再到目录柜查卡片，这比闭架式的图书馆要节省许多时间。它的缺点是还书时容易把书放错位置，为防止出现这样的情况，馆里要求读者把书放回原处或放在阅览桌上，由工作人员清理桌面时放回原处。另外，工作人员每周还要检查一次书架，发现放错位置的书随时纠正。

关于图书馆改扩建，当时还有这么一段有趣插曲：

1920 年，协和医学院未完全竣工，只有教学区交付使用为 B、C、D 楼。图书馆设在 C 楼东边，占用一层三间和地下室一间，一层门厅西侧一间为阅览室，门厅东侧尽端北边为小型图书馆，南边为期刊阅览室；期刊阅览室西半部有许多期刊架，上面陈列着近 10 年出版的期刊，东半部为期刊阅览室，西南角是职员、实习生办公空间；地下室为书库，存放旧期刊。阅览室采用软木地板，为的是走路声音小，保持室内安静。（上卷 116 页图纸上可以看到具体房间分布）

除总馆外，在东单东帅府园胡同东口处的娄公楼（又称公卫楼）设一分馆。分馆在该楼楼梯南侧的一大间房子内，房子的南半间为阅览室，北半间分上下两层均放有书架。书架上有文学、自然科学书籍，还有翻译成中文的医学书。当时这个分馆的服务对象主要是预科生和本院职工、护士，由于总馆陈列外文原版书刊，读者大多是医生和医本科学生、预科生。

随着学校的发展，原图书馆无法满足新的使用需求，大家请求考虑专门为图书馆建幢足够大的新楼，但这一计划落空了，原因是当时洛克菲勒基金会已明确表示，不会再给协和增加资金投入。由于当时刚刚建成一幢在原哲公楼基础上改造扩建的新楼，作为护士的宿舍。这样，最初作为护士宿舍的 L 楼腾出来，建议用做图书馆。

当时一些教授认为，尽管洛克菲勒基金会有规定，但需要并且也应该建一幢图书馆楼的理由是充分的，L 楼可以先留着用于将来医院的扩展。时任副校长的顾临本人当然希望既有新的图书馆大楼又有可发展余地的空间，但是他提醒大家注意：增加医院床位就意味着运营成本的增加，有限的预算满足不了这样的需求。最终，教授们接受了这一决定，1930 年图书馆迁出 C 楼，搬至护士楼（L 楼），并将其作为"临时举措"。结果，护士楼改造得非常好，位置和空间用作图书馆都非常适合。

北京协和医院的病案管理在国内外都享有盛名，这不仅因为它有着与这个医院同龄发展的历史，更重要的是在百年的发展中，协和病案室创立了一套比较完善的病案管理方法，为医疗、教学、科学研究工作积累了丰富的病案资料，促进了医、教、研工作的开展。病案室保管着自开院以来上百万份完整的全部病例，需要时可随时检出任何一份病历。不仅有利于病人就诊，而且便于医师进行临床医学研究，并作回顾性病例调查。因而，病案室与"专家教授""图书资料"一起，被并誉为协和"三宝"。

有证可查，现存最早的病案记录文档建立于 1861 年（清咸丰十一年），这应该是协和病案管理的源头。北京施医院与后来的北京协和医学院虽然已不是一回事了，但协和病案室所保存的最早的病案记录，是 1914 年旧协和医学堂时期的病案，那时用的病案记录文档抬头处仍印有"北京施医院咸丰辛酉年立"的字样。

协和医学院就医患者无论是达官显贵还是黎民百姓，不管得过几次病，看过几个科，都有记录保存。名人如孙中山、梁启超、张学良、冯玉祥、蒋介石、宋氏三姐妹等的病历，至今有案可查。各科病人出院后，所有病案均集中到病案室，定期在各科主任主持下分别召开病案讨论会，由全科医师参加，对每个病人住院期间的检查、诊断过程及治疗处理中的经验教训都要进行认真讨论，作出最后的诊断（出院或死亡），并提出下一步处理意见。然后由病案室将所有病案均按国际和国内制定标准的疾病分类和病人的姓名、性别、年龄和病案号（门诊、住院）分别编订索引，以便病人来院复诊时使用，并为统计分析和研究提供方便。协和医学院迄今仍是世界保存病历档案最多的医院，其记载的疑难重症及罕见疾病，不少是中国首例乃至世界首例，都已成为珍贵的实例教科书。病案室之所以成为"三宝"之一，是因为具有病历全，管理办法科学，查找方便，为临床医疗、教育、科研提供方便周到的服务特点[14]。

我离开母校后，常怀念不忘的是母校的图书馆和病案室。图书馆有许多外国医学杂志和书籍，为同学提供学习和参考。我逐步学会使用"医学索引"，查阅所需要的文献。图书馆管理井井有条，各种书刊编号标准化。病案室病历保管也非常完整，封面索引正规，医师提出要分析某一疾病，数天内工作人员即可以将有关病历全部找出，以备参阅。我深切感到母校的图书馆和病案室，对各级医师（特别是住院医师）的成长和深造，提供了珍贵的学习资料和研究条件[15]。

1936 级协和毕业生　熊汝成

实验与教学

西蒙·弗莱克斯纳和韦尔奇在设计北京协和医学院全套课程时，引进了美国的约翰·霍普金斯医学教育模式，强调科学方法在医学和医学教育领域的地位，此模式是打破旧体系，创建一个医学教育的新体系。概括起来有五条：

1. 德国的病理、临床联合讨论法；
2. 法国的尽早让学生接触病人的做法；
3. 英国的住院医生制度及住院总医师制度；
4. 医学前的教育（采取医预科）制度；
5. 临床、教学和科研三位一体。

协和医学院的学习分为临床前期和临床期两个阶段。前一个阶段为两年，主要学习生理学、解剖学、物理学、生化学、病理学、药理学等基础理论，由著名的教授亲自执教。临床期为三年，学生要一面上临床医学课，一面在医院接触病人。当时协和医学院建设项目定位时，就强调一定建最好的实验室，并设有不同类型的实验室，如病理学实验室、寄生虫学实验室、微生物学实验室、传染病学实验室等。（上卷 206 页信件中，对实验室通风柜设置有详细描述）

协和医学院创办之初即强调实验方法和临床实践在教学中的重要性。实验内容和课堂授课内容的进度要紧密配合并明确教学目标。学生要通过实验来验证、充实和深化授课时涉及的某些概念或现象。有些学科如生理、药理须做大动物实验，这种实验具有涉及的指标多及观察时间长的特点，事先的准备工作需要更为细致严格。实验的设计，既要参考国外一些大学的教材，更要配合当时讲课所涉及的内容。教授和辅导人员需要具有多年实践经验，并清楚实验中可能会发生的问题。同学须签单凭借条才能使用有关实验所用的动物标本及器材，有时还须查阅文献，附上一段简要的讨论。如果实验仪器或器材有所损坏，学期终了时须按价赔偿。这些规章看起来比较琐碎但很重要，不但使学生通过实验充实了学习内容，更养成了珍惜药品试剂、爱护仪器、工作认真和珍惜时间的好品德、好习惯。由于授课、提问、实习报告均采用英文，因此，在学习的过程中同时也锻炼了专业英语的运用，比较自然地过渡到日后接受临床英语授课及临床大查房时英语会话和问答的要求。

生理药理教学楼（D楼）二层学生生理学实验室

（上卷118页可见具体位置）

二年级学微生物学时，要用培养基作细菌培养。培养基都是无菌的，把一个培养基的盖子打开，让它暴露在医学院后门的路边10分钟，另一个培养基则用手在上面划两下，然后把两个培养基都放到温箱里进行24小时的培养。24小时后，第一个培养基(敞放在路边的)上分散地长满了菌落，第二个培养基(用手指划过两下的)上，用手划过的地方也长满了菌落，这时学生才知道，原以为很干净的手上，还有无数的细菌。从此，对做手术前的洗手和手术时保持无菌操作的各种严格要求，有了更深刻的认识。

协和对基本功的训练要求非常严格，其中以生理实习课的要求最严格。生理课大多安排在第二、三学期，总课时约 270 学时，其中课堂讲授与实验操作的比例约为 1：3，教学语言为英文。实验为两人一组，为了增加动手的机会，每个实验完成后必须按时上交报告，包括实验目的、方法及步骤、实验结果等各项基本内容。对一些急性病实验、慢性病实验或对狗的大型循环呼吸实验，则将两三个小组合在一起，定期由各大组推出代表在全班汇报实验结果。

一些以大组为单位进行的内分泌实验，如用蝌蚪观察甲状腺的功能，还要求学生自己在实验室饲养蝌蚪，每日测量并记录其生长情况。再如狗摘除甲状腺后，观察缺钙性痉挛的实验，不仅须观察、记录和饲养动物，还要做定量测量以及在注入钙后观察其缓解情况等，最后写出实验报告向全班汇报，这些都是通过教学实验来进行的一些基本训练。

又如肌肉生理实验所用材料，如青蛙大腿的两头肌，常常不听使唤难以做出像样的曲线。但不管用多少时间，一定要做出来，经助教签字认可才行，有时弄到半夜，有时第三天还要抽时间做，只有这样才能培养学生孜孜不倦进行科学探索的毅力。要求学生自己制作切片，辨认具体的组织或病变，如果学生当初学习不扎实或不细心就可能发生遗漏。每次实验均须教师签字认可，否则要求学生利用课余时间补做直到通过。每次实验就能一次通过的学生为数不多，多数学生每周都要利用晚自习时间补做 1 至 2 个实验，这已成了一个不成文的规定。北平国民党政府实行宵禁期间，一些学生也力争补做实验直到宵禁开始前才返回宿舍[16]。

北京协和医学院的学生所受的教育与传统中国教育完全不同，采用的是苏格拉底式的教学方法加上与教员密切的良师益友关系。一百年后，弗莱克斯纳报告和约翰·霍普金斯模式在中国教育机构史上均得到颂扬。

1930 年，国际联盟卫生组织以中国政府的名义邀请哥本哈根大学内科教授法泊尔对中国的医学教育情况进行评估，这成为洛克菲勒基金会医学考察团之后的第一份中国医学教育状况的评估。法泊尔在报告中对协和医学院高度赞赏，他这样评论：

这是一所出色的医学院，拥有 250 张床位，设施极为完善，包括所有临床前及临床教学和研究所必需的设备，它对中国现代医学发展的影响无论怎样评价都不过分[17]。

20 世纪 30 年代，一年级学生在上解剖课时，除课堂及实习之外，全班学生每二人为一组，每组做一个较简单的动物（狗）试验，如胰切除、副甲状腺切除，脊髓一侧截断，等等，并要求对手术结果进行系统的、细致的观察。

解剖教学楼（B 楼）二层学生解剖实验室

（上卷 118 页可见标号 1 为具体位置）

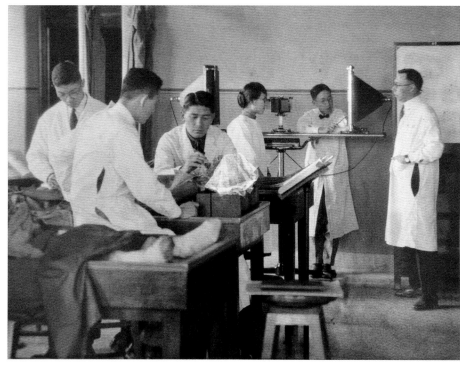

解剖学是现代医学的基石，协和医学院对解剖系的建设极为重视，所建的第一座大楼就是解剖楼，当时的民国教育部长范源濂铺放的第一块奠基石至今还置于解剖楼东南侧的墙角上。首任校长麦克林聘请的第一位系主任就是解剖系主任考德里（Edmund V. Cowdry）。

许文生（Paul H. Stevenson）教授指导学生做解剖实验

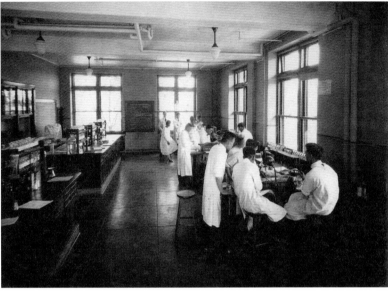

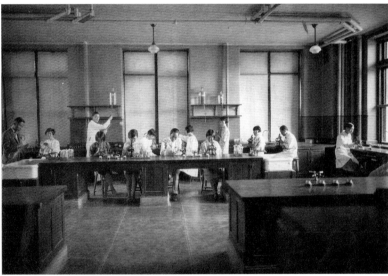

20 世纪 20 年代，各类学生实验室

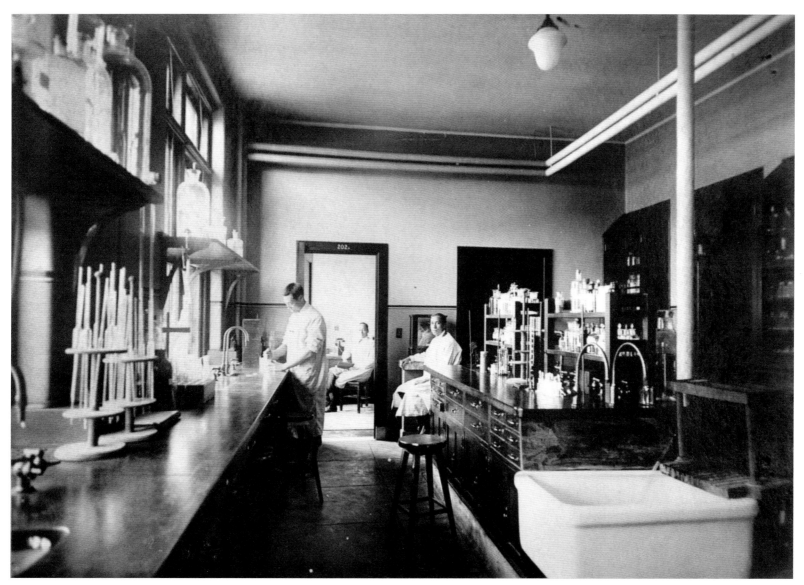

生物化学教学楼（C楼）二层，吴宪教授专用实验室 C-214

（上卷 118 页可见具体位置）

协和实验室的科学仪器都是当时世界上最先进的，洛克菲勒二世在给其父亲的一封信中表达了他对建筑和设备的高度认可：我们对北京协和医学院建筑的喜爱无法言说，完美的建筑各尽其用，这不只是对科学而且也是对建筑的贡献。

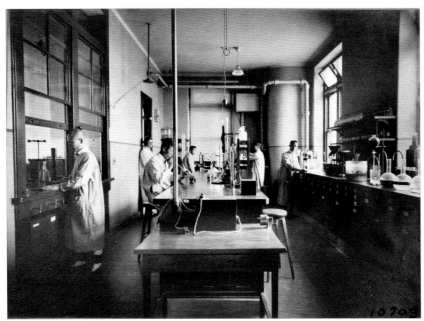

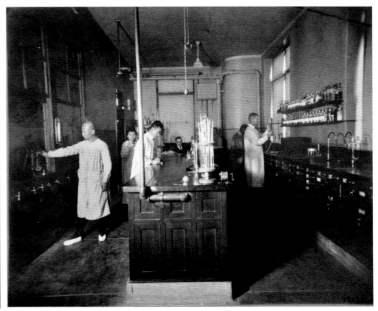

内科教授 Dr. Harrop, Horrath, Hu 三人专用实验室

神经解剖学之父荷兰人卡佩斯（Ariens Kapper）教授、康登（Congdon）教授（右二）、马文昭博士为学生上解剖课

病理楼（I楼）二层，细菌学实验室

二年级学生上细菌学课时，各小组还分别做一些简单的实验研究，如测出肺炎球菌培养基（Avery氏培养基）的最佳pH值（在抗生素问世前，需要快速培养、定型，并为抗血清治疗作准备），白喉抗毒素剂量的滴定等。

1920年，田百禄（Carl Ten Broeck）医生专用细菌实验室

田百禄教授当时兼任病理学、寄生虫学和细菌学三科主任。1927年田百禄归国，担任洛克菲勒医学研究中心动物病理系主任。

病理楼（I楼）一层，学生寄生虫学实验室

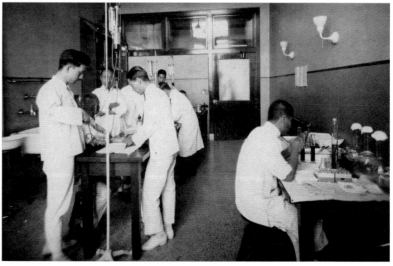

1924年，梅毒实验室

作为病原生物学重要组成部分，人体寄生虫学是临床医学和预防医学一门基础课程，同时也是联系基础与临床的桥梁课程。二年级学生在学习寄生虫学时，分为理论课和实验课。学生需要在理论课上理解一切、牢记一切，同时在实验课上加深理解、巩固理论。

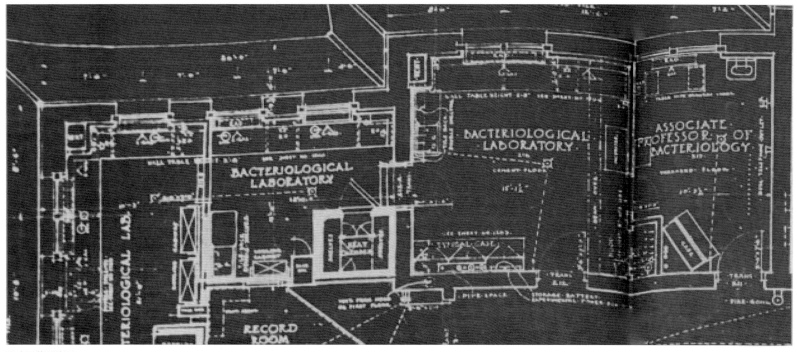

医疗工艺设计图

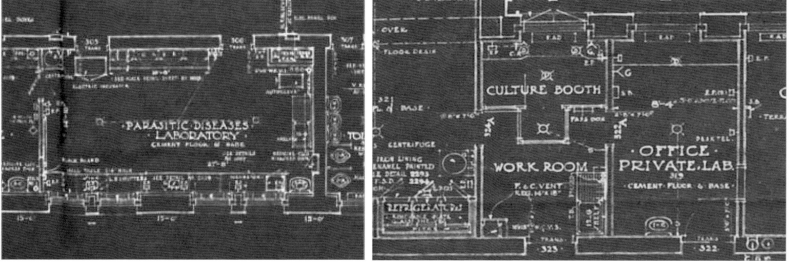

医疗工艺设计图

医疗工艺设计图

1924 年，内科主任骆勃生专用细菌研究实验室

骆勃生（Oswald Hope Robertson）出生于英国，2 岁时随父母移居美国，1911 年入哈佛医学院读书；1919 年来到协和，成立感染性疾病研究室；1923 年 2 月 7 日，接任内科主任。在国际上，骆勃生首次揭示：来自于链球菌天然耐受动物的血清和白细胞混合物，对肺炎链球菌具有抑菌和杀菌作用，并证实了获得性免疫对于控制疾病发展的重要作用。

教授专用实验室

协和的教授在帮助学生掌握基本概念和基本原理的基础上，对解决问题、实验和操作能力的培养上，都是从难从严要求的。实验室和示教室设备齐全，无论是示教还是辅导，教授都十分认真。教授本人的示教操作十分熟练，有条不紊，也要求学生动作利落、灵敏、迅速，尤其对技术操作，要求学生练到满意为止。学生操作中有任何困难或失误时，教授都会及时发现并给予帮助。

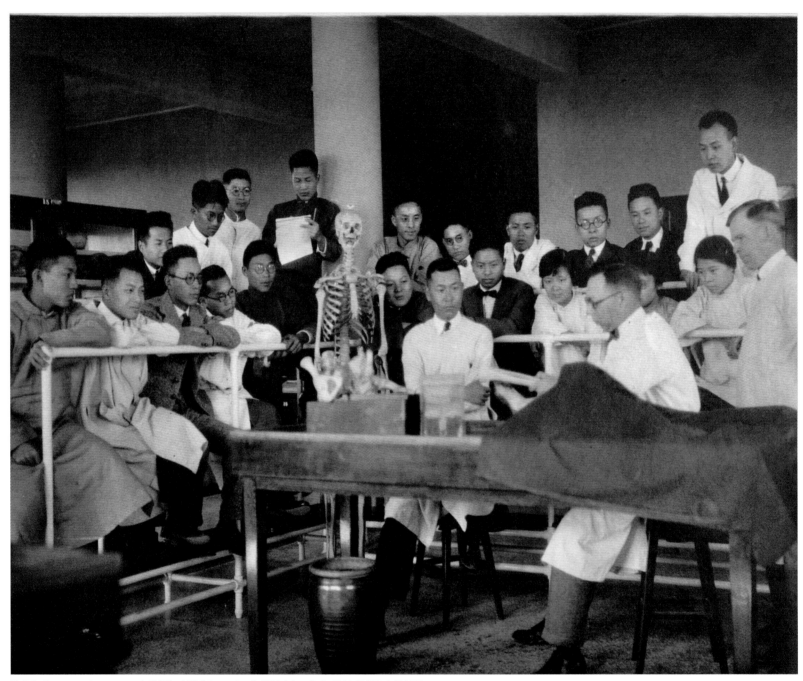

许文生（Paul H. Stevenson）教授与康登（Congdon）教授（右一）给1929级学生上解剖课

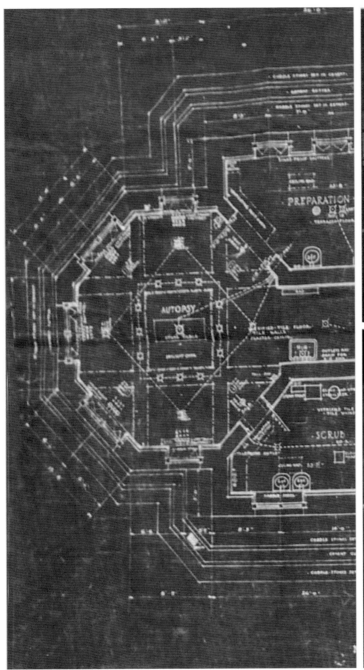

医疗工艺设计图

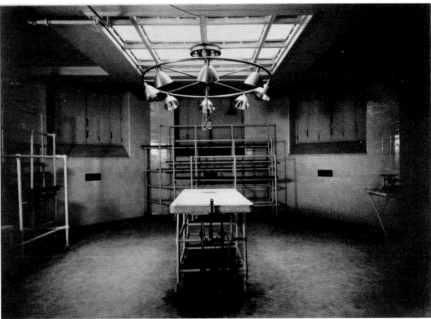

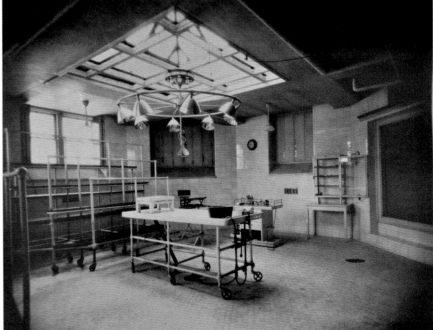

病理楼（I楼）地下一层，解剖室

医院的尸检很多，有时一天就有两三例。一有尸检全院各处的叫号灯都打"444"，
大家看到后就都前往病理楼（I楼）地下一层的解剖室进行观摩学习。

行政办公

F 楼是行政楼，包括总务处、电话总机、入院处、咨询处、收费处、院长室、护士办公室、募用处、会计处、住院大夫宿舍、水疗室、餐厅、厨房等。

协和医学院和附属医院各部门之间的公文往来，由募用处派专人（称信差）若干人，每隔 1 小时连同邮局送来的信件一起传递一次，保证 1 小时之内对方可以收到。这是采用了邮政局的工作方法，从不误事。邮政代办处有数十人规模，为职工投寄信件、包裹；银行代办处办理发放职工工资及汇兑等事宜。

办公室里的办公桌上设有一活动木板，打字机固定在此木板上，用时将木板一拉，打字机即随之而出，用毕推进桌内非常方便。办公室配置转椅，百年前算是很高级的家具了，这些西式家具科学适用并舒适。从不同的角度来看，当时的协和犹如一个西方文化的橱窗，对当时闭关自守的中国社会，起到了一定的借鉴和促进作用[18]。

生物化学楼（C 楼）一层，校长会议室（居中为胡恒德）

（上卷 116 页可见具体位置）

行政楼（F 楼）一层，会计师办公室

内科病房楼（H楼）地下一层，邮政代办所及人力资源办公室

厨房配置与管理

营养部

协和医学院附属医院设有营养部，营养部的两大任务是供应病人和职工的膳食。有专门的营养专家在此工作，并培养营养学人才。

协和医学院附属医院培训营养师是按照美国综合大学医学院培训营养师的标准，相当规范严格。实习营养师的来源，主要是燕京大学家政系营养专业的毕业生，他们已经学过理学院的基础课程，也学过食物学、营养学、饮食治疗等一系列课程，到协和后结合临床，还要学习内科学、生理学、生化学、细菌学和寄生虫学，并要深入学习营养治疗、医院膳食管理等，同时要深入到厨房等处进行实践。

1936 年以前，协和医院培训过几届营养师，但每届人数很少，一共不足 10 人。到 1942 年日军占领协和前，前后也只有 20 人左右。

著名的协和医院营养学家周旋（1936–1942 年在协和医院营养部任营养师，1948–1978 年任营养部主任）在回忆录中写道：

在学习中，有一种较好的实习方法叫做"个案观察"，即给你几个需要饮食治疗的在院病人病历，一个个进行观察和分析。记得曾让我做过伤寒病、糖尿病、肾脏病、外科胃切除等个案观察。每观察一例时，需要先读病例，看望病人并了解病情，然后读一些有关的参考书，按照膳食医嘱设计适当的治疗膳食，计算其营养价值；开出食谱后经营养师审查，自己在厨房制备。开饭时到病人床前观察进餐情况，记录用餐量，算出实际所摄入的营养值，并根据情况及时调整膳食品种。对每个病人观察数星期后要求写出观察总结[19]。

临床医生需要开出新来病人膳食医嘱单和经更改的原有病人的膳食医嘱单，病房都能很快地送往营养部，由营养部及时供应适合于病人病情的膳食。临床医生也常要求了解某些病人的营养摄入量，所以，护士需比较详细地记录这些病人的饮食摄入量，并把记录及时送到营养部，营养师马上报告计算出来的结果。例如每星期一上午外科负责肿瘤科的医生查房时，要求营养师带着肿瘤病人一星期的营养摄入量报告跟随查房，随时向医生提供病人营养摄入量情况。

协和医院当时在全国算是个很先进的大医院，营养部在医院中也是非常重视的一个部门，它负担着各种膳食的供应及教学工作。

病理楼（I楼）三层，恩布里女士（Miss Embree）专用营养学实验室

上营养课时，学生可以在营养实验室计算治疗膳食的营养价值，而且亲自操作练习烹调技术。

膳食供应

1. 供应住院病人的饮食，包括头、二等病房的中、西餐

病人的饮食被视为是整个治疗过程的一部分，各科专家教授都给予重视，病人的膳食需由营养专家设计。营养部有一套配合治疗的膳食种类和膳食制度，使每个病人能得到适合于病情及治疗要求的膳食。每个病房的办公室里，都配备一本营养部编写的《病人膳食概要》，它是医院里多种"绿皮书"如《内科手册》《外科手册》等中的一种。这本书里列有膳食常规和膳食制度，医院的基本膳食和各种特别治疗膳食的原则及举例等，可供医务人员了解本院病人的膳食。此书由谢弗女士主持编写，1927 年出版第一版；1933 年米切尔女士主持修订并出版了第二版；1937 年倪斯比女士主持修订并出版了第三版。遗憾的是修订第四版时，由于太平洋战争爆发，协和被日军占领，第四版未能完成。1948 年协和复院后，译成中文的《医院膳食》出版[20]。

2. 供应住院医生的膳食

住院医生的工作紧张繁重。自从发现个别医生患结核病之后，营养部又承担了住院医生的饮食管理，由营养师设计食谱，大厨房制备供应，每餐 5 个菜外，还配有黄油和水果，下午 4 时供应茶点。后来，护士楼及学生宿舍文海楼也由营养部各派一名营养师去管理伙食，病房卫生员的伙食也由营养部大厨房供应。

营养部不设采购员。各厨房每天所需食品，除米面等项外，均由管理员统计数量，填写打印好的购货单，货单上需要填写品名、数量、单价、总数等，并一式二份。各商店每天派人取购货单，次日早晨便携带购货单及食品按时送到医院。管理员按货单一个个过磅秤、验收，符合质量和数量才在单上签字。临时要的食品可电话要货，商店会立即派人送来。

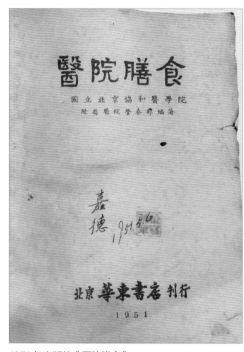

1951 年出版的《医院膳食》

厨房

当时营养部下设三个厨房：

1. 大厨房：制备全院病人中餐普通饭和软饭，包括头、二等病房的中餐，还有医生的伙食、病房卫生员的伙食等。

2. 特殊膳食厨房：专门制备各种特别营养膳食，如限盐膳食、低脂肪膳食、心脏病膳食、糖尿病膳食及其他类膳食；各种流质膳食、半流质膳食、管喂膳食和胃病膳食等。凡是不能食用普通饭、软饭的病人膳食均在此厨房制备，病人的膳食则由营养专家管理。

3. 西餐厨房：制备头、二等病房的西餐，包括一切西餐普通饭、软饭、半流质饭、流质饭及特别治疗膳食等，并供应下午 4 时医生所用的茶点。

西餐厨房的设备，有个值得一提的优点，即通往病房送饭的小电梯是安装在厨房里的，就在炉灶的附近，直接与 E 楼上三层病房的配餐室相通。到开饭时，一按电钮，刚刚做好的饭菜就立即被送往各层配餐室，各种食品能够保持原有的温度和很好的外观，不致因周转而损坏食物的质量。（上卷 201 页分析图中标明了每层配餐室的位置）

每个厨房都有足够的冷藏室，尤其是大厨房有三大间冷藏室。烹调用的是煤气和硬气（即蒸汽）。当时特别重视食品的保温设备，每个病区的配餐室均设有煤气、硬气和冷藏设备。每餐在营养部的食品送到后，就立即将桶和其他器具置于热水槽中保温，并从暖箱中取出很热的餐具来盛食品；病人用过的餐具，在各配餐室里洗涤后用硬气消毒，再放置暖箱中待下一餐时取出来用。

以上三个厨房，每个厨房各有厨房管理员，负责监督厨房的食物制备和食品卫生。每餐开饭前要检查和监督食物的分发。在特殊膳食厨房，为了防止开饭时出差错，有些膳食如糖尿病膳食、限盐膳食及其他称重膳食，都是装在特制的小碗里，一份份地放在不锈钢带盖的盒子中，管理员就按营养师开的食谱单一一核对盒中餐后，将单子插在盒盖上一并发出。西餐厨房发餐时，管理员也是按照营养师所开食谱，一份份检查后发出的。

厨房的卫生标准要求较高，校医处每年至少两次给营养部职工检查身体，查得非常仔细。炊事员如检查出是带菌者，就有被解雇之忧。营养部食品的卫生标准要求很严，厨房里有洗碗专用设备，将使用过的碗、盘等按顺序插入洗碗的抽屉中，用高压热水喷嘴冲洗盘碗。洗毕取出，表面残留的水很快蒸发无须再擦。水果是这样消毒的：将鲜水果洗净后浸于炉灶上正在沸腾的开水中，消毒 10-30 秒钟，取出后立即放入冷藏室。这种办法有时会影响某些水果表皮的颜色，即使这样也要严格执行。

厨房的环境卫生如顶、地、墙、窗等，是由家政科的清洁工打扫的；厨师、炊事员只负责炊具和设备的清洁工作。家政科由美国人海丝典女士管理，负责全院的清洁卫生，并有一套非常科学而严格的清洁制度。海丝典随时抽查某处的卫生，不存在要查卫生才突击打扫的现象。因此，医院内总是干干净净，厨房各处也总是明亮清洁。（建设过程中有关厨房的信件讨论详见上卷 202-213 页）

董炳琨在《老协和》书中有这样的回忆：

营养部负责住院医师和住院病人的伙食。病人的伙食根据不同的病情配膳，对于重病人给予流质或半流质膳食，注意膳食中的营养成分。另外，对于特殊疾病患者给予特殊膳食，如糖尿病膳食或肾病少盐膳食等。医院复院初期，对于普通病人或产科病人的膳食，似乎只注意营养方面而忽略了膳食的调配可口。记得有一次妇产科主任林巧稚大夫来找院长说：他们给产妇吃南瓜有什么好吃，病人很有意见。后来通过营养部工作人员的努力，一般病人的膳食有了很大改进[21]。

餐厅

协和有一大餐厅，设数十张饭桌，可容纳数百人同时就餐。厨师、包役（即"差役"，英文 boy 音译）一律穿白色工作服，戴白帽。早餐为馒头稀饭，每人 2 个鸡蛋，1 个水果，鸡蛋或煎或煮，做法遵循就餐者吩咐；午、晚餐每桌 6 至 8 人，也为米饭馒头及四菜一汤。每逢月底改善伙食，吃几顿鸡、鸭、鱼、肉等高档菜。每人每月伙食费 15 元，由医院直接拨给饭厅，职工个人可在饭厅宴请客人。包办伙食的人获利甚厚，据说干了几年后，家中就盖起楼房了[22]。

门诊医技楼（J楼）地下一层，中餐厨房

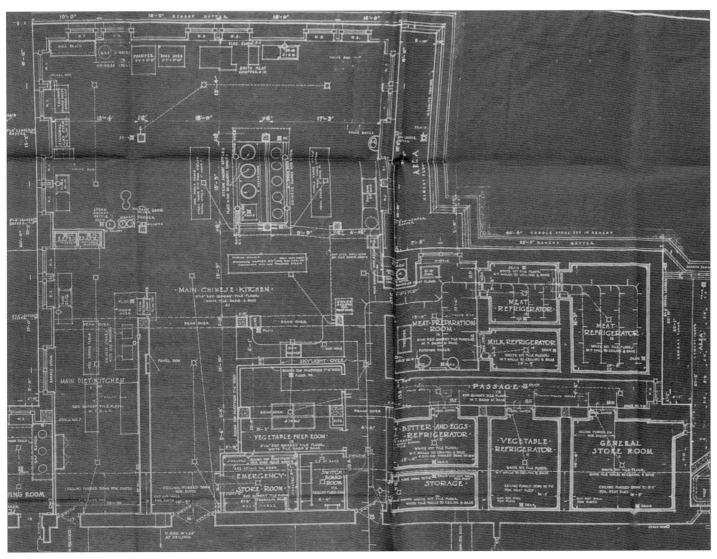

工艺设计图

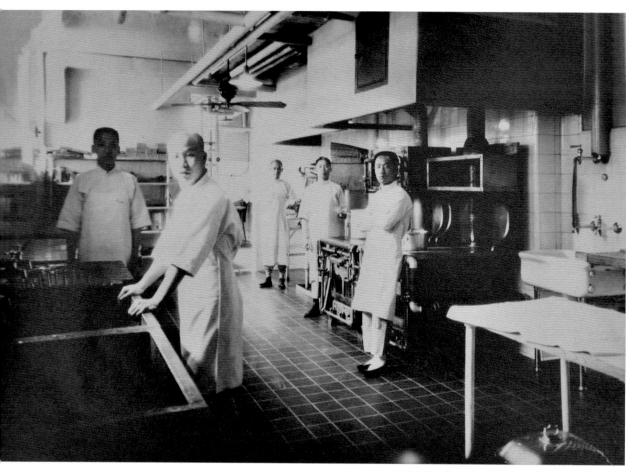
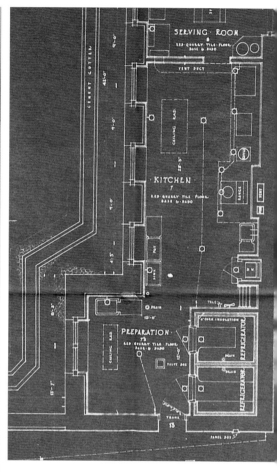

特殊病房楼（E楼）地下一层，西餐厨房及工艺设计图

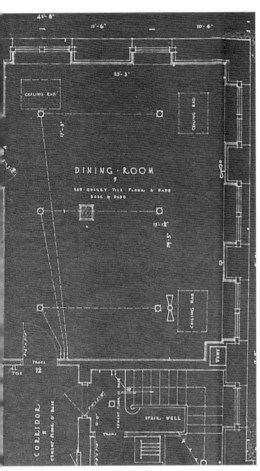

特殊病房楼（E楼）地下一层，西餐厅及工艺设计图

1 特殊病房楼（E 楼）地下一层，西餐厨房

3 门诊医技楼（J 楼）地下一层，中餐厨房

2 特殊病房楼（E 楼）三层，备餐间

4 外科病房楼（G 楼）二层，备餐间

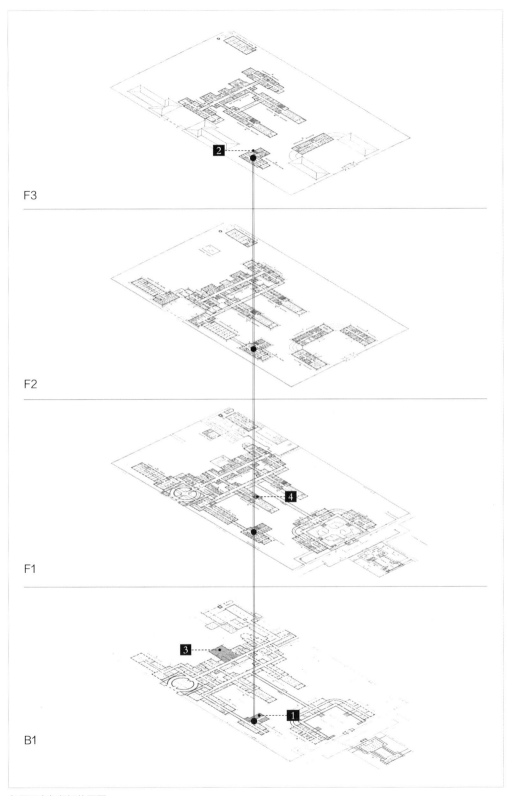

F3

F2

F1

B1

各层厨房备餐间位置图

设备工程师埃弗斯写给工程总指挥巴克斯特的信及回复

著者感言：

　　本想大概翻译一下这部分内容，但是翻译的过程中，就被书信中的交流和内容所感动，还是全部翻译出来吧，因为我想让读者看到的不仅仅是烦琐的内容和数据，而是看到协和医学院建造过程中，仅仅就厨房的内容居然有这么多的讨论，居然有这么多详细的内容，有这么多翔实的数据。我亲爱的医院建设战线的同仁们，当你们看到了百年前的这份计划清单，你们有何感想呢？

1919 年 3 月 31 日

埃弗斯给巴克斯特的信

随信附图是 J 楼的最终平面布置图。如果没有问题我就发给亚当先生了。你会注意到在合同中唯一提到需要购买的那两张桌子，从需要摆放的厨具水壶的大小来看，都属于比较大的桌子。所有的内容我和麦卡洛女士都一一审查过了，我想这些都符合她的要求。

我想最好的方法是，等到其他两个厨房的图纸出来后，像这次一样，我发给你确认，这样这方面的预算可以一次完成。同时亚当先生准备最终完整的设计图纸和设计说明，然后提交给不同的厨房厂商，这样可以有统一的安排和预算等。

目前，如果这个平面布置图能够得到你和麦卡洛女士的认可，我们就将这个设计融入 J 楼整体设计图中。

你能够发给我四月份的费用支出文件吗？我将我这部分的花销结账，包括细节的支出，过几天一并转发给他们。如果你认为可以，将这个文件发给我妻子埃弗斯女士，她有来这儿的差旅费支出。我们将在三四天内将最终 J 楼的用于审查的图打印出来。

（J 楼最终平面图在上卷 289-293 页有展示）

COOLIDGE & SHATTUCK
ARCHITECTS.
Ames Building, Boston

Boston, Mar. 31,1919.

Dr. D.E.Baxter,

61 Broadway N.Y.

My dear Dr. Baxter;

Enclosed herewith is the final layout of the J building kitchen. If it is all right please let me know so that I can send a print to Mr. Adams. You will note that the only two tables called for "in the contract" are the large ones by the range and cooking kettles. This has been very carefully checked over by Miss McCullough and me and I think it is about what she wants.

The best way to handle it as I see it would be to wait untill I can get the other two kitchens worked up in the same way for your approval and then let the bids be made on all the equipment at one time. Mr. Adams in the meantime preparing complete plans and specifications to submit to the different kitchen supply people so that all bid on an absolutely uniform plant. For the present if this layout is satisfactory to you as well as to Miss McCullough we will incorporate it in the finished plans of J building.

Will you please send me an expense book for April, I will make up my accounts and forward them in a few days with detail. If you think best you might also send a book for Mrs. Evers to use on her trip here.

We should have the first prints for the final criticism of J bldg. in three or four days.

Very truly yours,

(Signed) Albert J. Evers.

1919 年 4 月 2 日

埃弗斯给巴克斯特的信

我收到了你的 3 月 31 日的信。我相信麦卡洛女士已经将计划清单给过你,我这里是更详细的内容。

有关 J 楼厨房的事宜,我在这里将有关内容作一个汇报:

Morandi-Proctor Co. 公司将生产的厨房设备的详细目录和清单以及产品的照片已经发给我们了,我会向你详细解释这些内容,有关中国设备类型的清单目前都有货。之前的样品是烧煤的烟道,但是现在已经安装煤气的装置了。

1. 烧水壶有自动摇摆的壶嘴,并有刻度;

2. 双层压力锅,80 加仑;

3. 半层压力锅,60 加仑;一个带压力自动可调节的烤箱,与公司提供的相似;

4. 蔬菜蒸锅,每个 3 层,与公司提供的相似;

5. 在蔬菜准备间设有蔬菜洗涤池,这个池子紧邻切菜板,重型锅炉板同 1.7" 平卷边;

6. 厨房操作台,11'10"×3'1",不锈钢和金属桌腿,还有桌上面搁置器皿的架子;

7. 烹饪蔬菜的台面是 11'10"×2'6",不锈钢材料,金属腿,架子在地面上;

8. 操作台不在合同内;操作台面可以在中国生产,是木制的,金属腿上配有的橡胶轮子,

恰好在这里可以买到;

9. 剁肉的刀,是 John E. Smith & Sons, Buffalo, N.Y. 公司生产的;

10. 主厨房的器皿架子和营养厨房的器皿架子,还有设在烤箱边上的架子,可以在中国生产;

11. 所看到的水池是由白色搪瓷铸铁水槽和木制滴水板组成;

12. 搅拌机,280B 型号,在目录清单中列出;

13. 土豆削皮刀,在目录清单中列出;

14. 带马达的面包破碎机,在目录清单中列出;

15. 需要平板卡车 20"×30"×10",四个橡胶轮子;我认为 Fairbanks 公司可以生产这样的产品;

16. 关于烤面包的电烤箱,样式简单,容纳 150 片面包,照片和说明都在清单中;

17. 用煤气的蛋糕烤箱,这是一个 6 个炉灶眼儿的煤气炉台,下面是烤箱,可以烤火腿等;

18. 中国本土的中国馒头蒸锅,这个可以在中国买;

19. 做米饭的锅,15 加仑,在目录清单中列出;

20. 一桶量的和面机,在目录清单中列出;

21. 一个大理石桌面,24"×62"×1.5",镀锌管桌腿、铁架、铜螺帽;这些在中国很容易生产,没有列入合同中;

22. 做面包的操作台用木制作,在中国制作;

23. 铁制面包架,25"×60"×60",可以活动的隔板,每个隔板间距 9";

24. 在面包房的水池也是白色搪瓷铸铁水池,大约 24"×36"×6",也是木制滴水板;

25. 麦卡洛女士决定冰激凌冷冻及冷藏可以全部在 E 楼的厨房中完成。

营养厨房设备中灶台的大小、电打火与烧煤的普通炉灶类似,8 个灶眼。这个大小应该是包括烤箱在内,否则还要单独安装烘烤用具和烤箱。

操作台、蔬菜蒸锅、白色烤瓷铁水池具体尺寸等。

以上是所有厨房的用具。除了在准备间和实习生餐厅的茶水壶之外,我没有找到茶水壶在清单中。麦卡洛女士对于大小没有任何倾向性。

厨房用金属饰面的部分是厚规格镀锌铁,与麻省总医院和伯明翰医院的厨房一样,质量上乘。大多数机器的运行都有各自的发动机并需要变阻器。在中国条件不具备的情况下,非常需要自动控制设备,所有其他的设备有卡特勒锤作为自动控制按钮,可在厨房内稳定使用,安装这个设置是非常明智的。

COOLIDGE & SHATTUCK
ARCHITECTS
Ames Building, Boston

April 2, 1919

Dr. Donald E. Baxter
61 Broadway
New York City.

My dear Dr. Baxter:-

I have your letter of March 31.

The plan of J building kitchen was forwarded to you March 31.
I believe that most of the information that Miss McCullough has been
able to give is contained in the notes on that plan and in the description
which I will give in this letter.

I am sending to you under separate cover the catalog of the
Morandi-Proctor Co. which contains plates of most of the cooking appar-
atus called for on the plan.   It will be best to take the apparatus up
in detail, and I will describe it to you from the information given me
by Miss McCullough.   She has gone to Saratoga, or there abouts, to be
gone for a week, so we cannot call upon her until the end of that time.

The range is to be Chinese type which is regularly in stock,
and of which the Morandi-Proctor Co. will send us a photograph or plate
as soon as possible.   It is to be furnished with flue for coal burning,
but the present installation is to be with gas burners.

The kettle will have an automatic swing water cook above it
as indicated by the dotted lines on the drawing.

One double jacketed kettle - 80 gal. - similar to that shown
on p. 44 of M.-P. Co. catalog.

One half jacketed kettle - 60 gal. - similar to that shown on
p. 45 M.-P. Co.'s catalog.

One pressure roaster with self-adjustable lid, similar to
that shown on p. 46 M.-P. Co's. catalog.

Two vegetable steamers, 3 tiers each, similar to that on
p. 40 of M.-P. Co.'s catalog.

One dish washer.   The only specification I have been able
to get on this is that Miss McCullough does not want a Blakesley.

The compartment sink for vegetable cleaning in the vegetable
preparation room, and the sink next to the vegetable peeler are to be
of heavy boiler plate with 1¼" flat rolled rim.

The cook's table is to be 11' 10" x 3' 1", steel, and with
metal legs with utensil rack overhead.   Utensil rack is shown on
p. 69 of M.-P. Co.'s catalog.   Shelf 11" above the floor.

The vegetable cook's table to be 11' 10" x 2' 6", steel top,
metal legs.   Shelf 11" above floor.

The working tables have most of them been excluded from the
contract, as noted on the plans, to allow for the tables which you
were planning on obtaining from the Rockefeller Hospital.

The shifting tables can be made in China as they are wooden
tables.   It is necessary, however, that the metal ends and rubber
tired wheels which fit on the ends of the legs be purchased here.
There are 4 of these tables required.

One Smith meat chopper #15.   This is manufactured by the
John E. Smith & Sons, Buffalo, N.Y.

Three utensil racks in the main kitchen and one utensil
rack in the main diet kitchen can be made in China, also one in the
bakery equipment.

The sinks which are shown are white enamel cast iron sinks
with wooden drain boards.

One Hobart mixer, style 280 B, as shown in the Hobart catalog
inserted in the Morandi-Proctor catalog.

One potato parer, #3, concrete, as shown in the Morandi-Proctor
catalog p. 83.

One bread crumbler with motor, as shown on p. 146 M.-P.
Co.'s catalog.

There should be one small platform truck 20" x 30" x 10"
high, with four rubber tired wheels.   I believe the Fairbanks Com-
pany makes a truck of this nature.

For bakery equipment we have listed one bread oven, #1,
Navy simplex, electric, 150 loaves capacity.   Photograph and des-
cription of this oven is inserted in the front of the M.-P. catalog.

One cake and pastry oven with gas burners on the top.
This is in the nature of a 6-hole kitchen gas range with baking
ovens below, and the open gas burners on top for making sauces,
etc.

One native steam Chinese bread cooker.   This fixture
should be made in China.

One cereal cooker - 15 gal. capacity - as shown on p. 48
of M.-P. catalog.

One primer or proofer the same capacity as the electric
oven.

One triumph dough mixer, one barrel capacity, as shown
on p. 179 of M.-P. catalog.

One marble slab table 24" x 62" with 1½", galvanized pipe
legs, with brass acorn feet and iron frame.   This could very easily
be made in China, and is marked "not in the contract" on plan.

The working tables for the bakery are wooden top ones,
and can be made in China, so also marked in in contract.

One metal bread rack with movable shelves of heavy gal-
vanized wire mesh, to be mounted on wheels, with 5 shelves about
9" apart, total size 25" by 60" by about 60" in heighth.   This
bread rack is all metal construction.

The sink in the bakery equipment is also white enameled
cast iron about   24" x 36" x 6"   with wooden drain board.
Miss McCullough decided that the ice cream freezing and storage
could very will be done entirely in E building kitchen.

Diet Kitchen Equipment.

One oven range, electric, with cast iron top, similar
to the ordinary coal range top, with 8 holes.   This range should
have broiler-toaster included in the oven equipment, otherwise
there must be a separate installation of the broiler and toaster.

The working tables for the Diet Kitchen can be made in
China, as can also the overhead utensil rack.

One vegetable steamer, 2 tiers, as shown p. 40 M.-P.
catalog.

White enamel cast iron sink, about 24" x 36" x 6" with
wooden drain board.

This is about all the kitchen equipment, except for
the two urns in the serving rooms of the Interns' Dining Room,
and the urn in the Help's Dining Room.   I do not find any urns
shown in the list or plan of the main kitchen.   Miss McCullough
stated no preference as to make or size.

The finish of the metal covered parts of the kitchen

如果允许，我愿意给个建议，正好我与柯立芝先生的意见一致，这个设备最好让亚当先生布置和详细说明，然后再让相关公司进行核实。这样不会给你买设备时造成不必要的麻烦。所有这些厨房的设备公司都会有制造商保护机制，这样我们很难获得好的价位。

随信附上你们上次所要求的有关J楼电气系统设计的两份图纸，还有3月27日会议上有关J楼各层功能空间布局的最终决定。

柯立芝先生要求我与你一起落实J楼所有实验室化学通风橱的问题。设计洛克菲勒医学院研究所之后，这个做法也成了一个模式。在A、B、C楼中的通风柜有一个不同之处，所有电灯在通风柜之外，通过玻璃顶照射下来，排风口设置在通风柜的边上，而不是排列在后边，这样可以使操作者更方便操作。

Jamieson 冷藏柜门公司已经告知我们，唯一符合要求的冷藏柜门的锁装置是一个普通的挂锁，需要立刻与 Yale & Towne Co. 公司一起落实是否可以生产，我建议他们生产可以适应总钥匙计划的挂锁。我认为值得调研的是材料和冰柜事宜，已经购买的这种材料是瓶塞材料的替代品。不敢完全肯定这个板材是否可以用在主冰柜上，相信你可以做得非常好，可以确保有非常好的绝缘性。

我们还没有得到亚当先生的设计图纸，但是希望将J楼定下来的事宜尽快发给他。这样在没有得到最终的设计图纸前，最好不要交给各个部门的领导，这样做是为了节省精力和时间。

波士顿的 L.E.Knott 公司已经提供了吸气器的样品并附有软管接头。它能够产生真空环境，适合所有实验室的实验，特别是最普通的吸气用于过滤的过程。最大直径 0.5" 的铜管与阀门相连接，这些都是 Kott 公司所建议的为一般性的实验室所用，但是电力真空泵是非常必要的产生真空吸引的装置，这正好回答了你上次在波士顿时有关软管水龙头配件的问题。

在 J 楼目前没有设自动饮水器，其他自动饮水器的类型需要一个盖子。看起来需要设置一些饮水装置，因为会有很多患者等候在走廊，我想到的是最好是 2 个涌泉饮水类型的装置，很小的水流出来，避免触碰到嘴唇。在 J 楼的一层是否需要 2 个饮水器，希望能够告知。

equipment could be heavy gauge galvanized iron, as that seems
to be quite good enough for the Massachusetts General and the
Peter Bent Brigham Hospital kitchens.

Most of the machines are run by individual motor and
require a rheostat. It would seem absolutely necessary to
have automatic control on account of the unreliability of the
Chinese help. All other electrical equipment has Cutler Ham-
mer automatic push button control, and where things are in
such constant use as these kitchen machines it would seem most
advisable to install it.

If you will permit me I would suggest, and I have Mr.
Coolidge's concurrence of opinion, that it would be best to
have this equipment laid out and specified by Mr. Adams, and
to have these plans and specifications figured on by Morandi-
Proctor, Duparquet, and Bramhall-Deane, or any others who may
occur to you I mention this merely so as not to have you
go into the trouble of trying to buy from the manufacturers, as
all these kitchen equipment firms are protected by the manufac-
turers, and in all probability no better prices will result.

I am enclosing herewith two prints of the electro-car-
diographic department in J building, as requested in your recent
letter.

I also enclose a copy of the list of floor finishes
as made out in conference with you on March 27.

Mr. Coolidge has asked me to take up with you the mat-
ter of the chemical hoods in all laboratories in J building,
and would like very much to pattern these hoods after those in
the Rockefeller Institute. One of the differences between
these hoods and the one to be used in A, B and C buildings is
that the electric light is entirely outside of the hood, shin-
ing down through a glass top, and that the outlet fittings are
arranged along the sides of the hood instead of in row along
the back, which makes them handier for attachment and use by
the operator, and does not necessitate such long extensions on
the valves.

The Jamieson Cold Storage Door Company have notified
us that "the only satisfactory locking device for cold storage
doors is an ordinary hasp and staple with padlock. No ordi-
nary mortise lock is suitable for cold storage doors." I
will take this up immediately with the Yale & Towne Co. and see
if they have any comment to make. I suppose they can make a
padlock which will fit into the general master keying scheme.

A matter which seems to me worthy of investigation is
that of the insulating material on refrigerators. Lithboard
has been purchased for this purpose and seems to be regarded
as an inferior substitute for cork. While not entirely sure
that this Lithboard is to be used for the main refrigerators, I
believe you would do well to assure yourself that it is going
to be completely satisfactory as an insulation.

We have not yet received any plans from Mr. Adams,
but hope to have J building ready to send to him in a short
time. It seems as if it would be a saving in time and energy
to submit the plans of the departments to the various heads
before the final drawings are completed so as to be sure that
everything is correct.

The L. E. Knott Company of Boston have furnished me
with a sample of aspirator which is attachable to ordinary
hose bibb, and is capable of producing a vacuum suitable for
general laboratory experiments, expecially the most usual vac-
uum which is applied to the filtering process. The appliance
is a smooth piece of brass tubing with valves and nipple, on-
ly about $\frac{1}{2}$" in largest diameter, and about 5" long, weighing
about $\frac{1}{2}$ lb. These are recommended by the Knott Company for gen-
eral laboratory use, but an electric vacuum pump is necessary for
producing an absolute vacuum. This seems to answer the question
regarding the hose bibb fittings which I brought up during your
last visit to Boston.

if present plans are followed
There will be no drinking fountain/on the first floor of
J building. The other drinking fountains are of the type which
require a cup. It would seem necessary to have some drinking fac-
ilities where so many Chinese will be waiting in the corridor wait-
ing rooms. The best thing to my mind would be two fountains of the
bubbling type, provided with the lily type mouthpiece which prevents
the user from touching any part with his lips. If you wish to have
two drinking fountains in convenient locations on the first floor of
J building, kindly advise me.

Very sincerely yours,

(Signed) Albert J. Evers.

ncs.

P.S. There are dish washers shown in the serving rooms for the Help's
Dining Room and the Interns' Dining Room: they have not been mentioned
in any of our conversations, but I suppose that they are still desired.
You will probably know best about this.

(Signed) Albert J. Evers.

1919 年 4 月 3 日

巴克斯特回复埃弗斯的信

4 月 2 日你的来信已经收到，但是我还没有时间考虑这个问题，我近日找时间一定会回复你。有一点我需要强调，最近洛克菲勒医学研究所已经将他们在纽约 A 大街 65 号街区的战争示范医院移交给北京协和医学院了，并且已成为事实。这个医院的大多数设备很新并质量上乘，北京协和医学院都可以使用，同时没有增加任何花费，只是花些包装和海运费而已。这些也不会影响你的预算，对协和医学院有需要并适合的部分还是会有很大帮助的。

1919 年 4 月 3 日

巴克斯特回复埃弗斯的信

你 4 月 2 日的信已收到，还有心电图科室的设计蓝图。布朗医生今天利用一天时间与你一起浏览图纸的所有细节。我注意到你发给我的有关 Morandi-Proctor 公司的所有厨房设备，我认为这个公司的产品用材非常好。其中有 3~4 类产品在中国也可以买到，同时质量也还可以。下个星期，我会深入了解细节然后进行选择。

1. 蒸汽锅

我不敢保证图上的虚线指出的那种可以摇摆的水龙头是否好用，同时我也不完全肯定 50 加仑的铜壶是否好用，正如我在之前 J 楼厨房设计的审核中指出的那样。

2. 压力焙烧炉

这个之后会考虑，目前有小的烤肉炉子已经够用了，这个目前可以不必考虑。

3. 洗碗机

我们在洛克菲勒医院有非常好的洗碗机，不管是 Blakesley 造的还是其他厂家，我不知道，但是我推测这个符合预算。

4. 器皿架子

你能否画一些有关麻省总医院使用的相关架子的草图，包括尺寸等信息，这样我们可以购置管子及橡胶脚轮的相关配件。

5. 面包破碎机

这类设备只有在 E 楼安装，中国人的饮食中不需要这个设备。

6. 蛋糕烤箱

请参考我昨天信件中对这部分的意见。

7. 中国本土蒸馒头设备

到目前为止，我不太满意对蒸馒头方法的建议。胡恒德医生和我一直认为利用蔬菜蒸锅是可行的，很快我会有实际可行的操作结果出来。我期望让几个中国厨师用这个蒸锅做一批中国馒头做一下实验，我会让你知道这个结果。

8. 冰激凌机和储藏

我非常同意麦卡洛女士的建议，E 楼有足够的空间来做冰激凌。我想知道你是否给波士顿综合技术学校的厨房部门打电话，询问他们正在使用的冰激凌机的名称和数量，不管怎样，这符合我的认可度。

9. 最终的厨房金属板的厨房设备

我个人倾向在各个方面使用铜的材料，但是塑型时有些费事，需确保表面容易清洁卫生性好，同时可以应用在厨房的所有面上。

April 3, 1919

Dear Mr. Evers:

Your letter of April 2 has been received and while
I have not had time to give it careful consideration, I shall do
so sometime during the day when I will write more definitely. One
point I wish to emphasize is the fact that recently the Rockefeller
Institute turned over to the Peking Union Medical College their war
demonstration hospital located at 65th Street and Avenue A., New
York City. Much of this equipment will be utilized in Peking
inasmuch as it is as good as new and costs us nothing except the
cost of packing and shipping. However, this will not affect your
calculations, but might serve to moderate some radical ideas.

Yours respectfully,

(Signed)   Donald E. Baxter

Superintendent.

Mr. Albert J. Evers
C/o Mr. C. A. Coolidge
120 Ames Building
Boston, Mass.

DEB:EM

April 3, 1919.

Dear Mr. Evers:

Your letter of April 2nd has been received, also the blue
prints of the Cardiograph Department. Dr. Brown is, in all probabilities,
with you today and can go over the matter in detail. I note that you
are sending me a catalogue of the Morandi-Proctor Co, which contains
most of the cooking apparatus called for in the plans. While I feel
that this firm turns out good material, I do not care to be bound to them
inasmuch as there are some three or four types of Chinese ranges which
apparently do good work. During the next week or so, I shall go into the
details of all and shall make a selection.

1.   Steam Kettles. I hardly approve of the swing water cock
as indicated by the dotted lines on the drawing. Also I am partial to
the copper kettle of the 50 gallon type such as described in my previous
criticism of the J Building kitchen.

2.   Pressure Roaster. While this may be necessary at a later
date, at the present time little roast meat is served to Chinese, hence
I think it advisable to leave this out of the requisition.

3.   Dish Washer. We have a splendid dish washer out in the
Rockefeller base hospital. Whether this is a Blakesley or some other
make, I do not know. However, I presume it will fill the bill.

4.   Utensil Racks. In regard to these racks, I think it
would be a splendid idea were you to make a rough sketch of those used
in the Massachusetts General Hospital, showing the size tubing used, so
that we may obtain an adequate supply of fittings and tubing, also
casters with rubber tire wheels.

5.   Bread Crumbler. We shall require this piece of apparatus
however, only in E. Building, as white bread is out of the Chinese line
of diet.

6.   Pastry Ovens. Please refer to my letter of yesterday
in which I make specific recommendation for sectional oven.

7.   Native Steam Chinese Bread Cooker. Up until the present

10. 购买厨房的用具

这一项内容，在亚当先生提交布置图和设计说明的同时，我想这项内容需要好好研究研究，下一步在提交给厂家之前我会做深入的调研工作。

11. J楼中所有实验室的通风柜

如果柯立芝先生对纽约洛克菲勒医学研究院所用的通风柜感到满意，我的建议就是采用一样的产品就行。

12. 冷藏柜门的锁具问题

我对这项内容不是很了解，只要采用这个锁具日后使用没有问题就行。

13. 冷藏柜的利斯板

提到利斯板，我还真不清楚这是可以代替瓶塞的材料，我也不能提供准确的性能指标。这个问题，要么你自己找资料研究研究，要么你找奥克斯先生，考虑成熟后，如果这个利斯板不是很满意，我建议订购和安装高质量的带内层的利斯板。不管怎样，这个决定应该由机械师或设备工程师来决定，而不是我本人。

14. 接收最终的图纸

我非常同意你的观点，先将图纸给亚当评审之后，再移交给各个部门的领导，这样会节省时间和精力，我会尽力做好协调工作。

15. J楼一层的饮用水

我的意见是，如果你已经与柯立芝先生讨论过此事，你们认为应该设置并安装饮水器，我建议你先将改变的位置通知亚当先生。你信中描绘的饮水器类型，我完全同意。（下卷601页对净化水、饮用水相关问题有详细描述）

16. 厨房准备间的洗碗机

我不认为应该在这两个部门安装洗碗机，名义上是提供给员工的餐厅和实习生的餐厅所用，但是的确浪费有用的空间。这个洗碗机可以安装到主厨房中，并且可以与洗衣机一起组合起来，应该没有问题。

非常感谢你提供的有关J楼最终的材料设备等清单，今天下午我已经将你的信及账号交给了柯克。

time I am not entirely satisfied with our proposed method of steaming bread. Dr. Houghton and I thought that it was entirely possible and feasible to utilize a vegetable steamer carrying pressure of two or three pounds for this work. However, I am having a practical demonstration in the near future. I expect to line up some Chinamen who will make a batch of Chinese bread trying it out in the pressure steamer. I will let you know the results.

8. Ice Cream Freezer and Storage. I quite agree with Miss McCullough that this can be done in the kitchen in E Building provided we have sufficient room, and I think we will have. I wonder if you will not call by 'phone the Boston Polytechnical School kitchen and find out the name and number of the ice cream freezer which they are using there. That met with my approval in every way.

9. Finish of Metal Covered Parts of Kitchen Equipment. I am inclined to favor copper in many ways. While it takes a bit more work to keep it up in shape, it presents a much more sanitary appearance and adds to the general appearance of the kitche.

10. Purchase of Kitchen Supplies. In reference to the purchase of kitchen supplies, I shall want to go into this subject very thoroughly and while Mr. Adams may lay out and specify what he desires, I shall want to make numerous investigations before the specifications are given to dealers.

11. Hoods in all Laboratories in J. Building. If Mr. Coolidge is entirely satisfied with the type of hood used in the Rockefeller Institute, I would suggest that you follow the details worked out in that Institution. This will be entirely satisfactory to me.

12. Locking Device for Cold Storage Doors. I am not at all particular about the locks on these doors just so they will work smoothly and give satisfaction.

13. Insulating material on Refrigerators. In so far as the Lithboard is concerned, I know nothing of this substitute for cork and am not in a position to secure accurate data. This, I believe, should be gone into be either yourself or Mr. Oaks and if, after mature considera-

tion, you feel that Lithboard will not be satisfactory, I would advise that a satisfactory lining be ordered and installed and if necessary the lining already shipped be jumped. However, that decision should be made by the mechanical or the consulting engineer, and not by myself.

14. Acceptance of Final Drawings. I quite agree with you that it will be saving in time and energy if these drawings were submitted prior to sending them to Mr. Adams. I shall do everything to assist and in case we cannot reach the department heads, I will place the final O.K. on them myself.

15. Drinking Fountains on the First Floor J. Building. If, in your opinion, after you have talked the matter over with Mr. Coolidge, you deem it wise to place drinking fountains on this floor, I would advise that you make the various locations and notify Mr. Adams. The type fountain you have described is entirely satisfactory.

16. Dish Washers in Serving Rooms. I do not feel that it is necessary to place dish washers in these two departments, namely help's dining room and the Interns' dining room, and would consider it a waste of valuable space. These dishes can be taken into the main kitchen and put through the washing machine there without any trouble.

Thank you very kindly for the list of floor finish in J Building. I have your letter and expense account which I shall place in Mr. Kirk's hands this afternoon.

Yours respectfully,
(Signed) Donald E. Baxter
Superintendent.

Mr. Albert J. Evers
C/o Mr. C. A. Coolidge
120 Ames Building
Boston, Mass.

DEB:FM

巴克斯特写给埃弗斯的信

著者感言：

　　有关炉子和煤的事宜，当时的管理者没少费心思，因为中餐和西餐的做法有很大区别，中餐的炉子烧煤球与西式炉子和烤箱使用燃气也有很大区别。这个矛盾足以花费很多周折和大量的考察讨论才会有相对好的解决方案。

1919 年 4 月 5 日

主要内容：

　　在我的建议下，中国国产的蒸锅换成了固定在墙上的面包烘箱。因为我发现使用当地做菜的锅对我们而言不可能有任何的满意度。昨天，我去了一家中国餐馆考察，为了确保是否符合我们的需求，同时我设想了一个设备装置图，参考中国用煤球的理念来使用煤气，而且这个设备可以在中国生产。

　　这样，我们可以不买常规的煤气炉，而是买中国国产的煤气灶及配件等，然后建成一个常规中国炉子，炉子的背墙用白色釉质瓷砖或红色的也可以，其他部位可以使用抛光电镀板，这里可以找到，这样，煤气和水的问题可以解决了。

　　在中国餐馆，我发现他们在用这样的方式做饭，2 英寸的煤气管道与炉子相连。我感到非常满意的是，使用三个环的炉灶与煤球的火力一样强。

　　你是否可以安排一下你的工作，我的建议是如果可能在纽约时间 4 月 9 日前提供你对这个想法的草图设计，到时我们各个部门的负责人一起开会讨论，如果可能，那是对我们的最大支持。

April 5, 1919

Dear Mr. Evers:

In reference to the Chinese native steamers for making bread and which I suggested should be placed between the proofing oven and the wall, I find that it will be impossible to use the vegetable cookers for this with any degree of satisfaction. Yesterday I visited a Chinese Restaurant in order to secure more complete data. I think it will be best to follow out the ideas as adherred to by the Chinese but with the exception of using coal balls we shall use gas. I am drawing a rough sketch of the apparatus which I have in mind and which can be built in China.

Instead of buying a regular gas stove for this purpose, I believe it would be best probably to buy the native gas burners, fittings, etc., then construct a regular Chinese stove, facing it with either white enamel tile or the red tile which is in use in the kitchen, using for the cover the polished iron plate which we can secure here in the city. With this in view, gas and water should be supplied to this particular point.

I noticed at the Chinese restaurant, where they are doing cooking of this sort, that they were using a two inch main pipe to these stoves. I was entirely satisfied with the amount of heat that they were able to use with the three ring gas burner and I believe it is just as hot as the coal ball flame.

If you can possibly arrange your work, I think it would be advisable for you to be in New York on April the 9th inasmuch as most of the heads of the various departments will be here at that time. If you could bring the sketches of the plans down then, it would be of considerable assistance to us.

Sincerely yours,

(Signed) Donald E. Baxter.

Superintendent.

Mr. Albert G. Evers
C/o Mr. C. A. Coolidge
120 Ames Building
Boston, Mass.

DEB:EM

英氏园会客厅

住宅与宿舍

协和医学院占地大约 22.6 英亩，包括员工住宅及学生宿舍。员工住宅分为 3 处：东单三条胡同东口处为英氏园（俗称"红楼"），是外国女职员的宿舍，后改为校长住宅；外交部街西口处为北院住宅（原施医院或双旗杆医院旧址）；新开路及北极阁三条胡同交口处为南院住宅，南北两院建有 30 余座别墅式小楼房为高级职员住宅。英氏园是洛克菲勒基金会第一次会议上获批在北京购置的第一块地产，南北两院原来是伦敦教会地产。

南北院区的房子饰面为青砖或红砖，院子里树木茂盛，走道的两旁栽种着冬青，在楼与楼之间的空地上铺满草坪。虽然地处闹市区，可走进院内却给人一种祥和、温馨的氛围，远远看去，只有在草坪上戏耍的洋娃娃才感觉到有不同之处。走进任何一家室内，都会感受到一种"现代"的气氛。地面是用水泥抹过的，厨房里装有热水器，起居室中有壁炉，明显裸露在墙壁上的电线和灯泡给人一种工业文明的深刻印象。总之，当时的协和员工宿舍环境典雅、建筑古朴，与国外的生活方式和生活质量差异不大，使得国外来的客座教授大多延长聘期。

在南北院区员工住宅建成之前，需要为教职员工在外大量承租房屋，有文献记录如下：

在协和医学堂用房的基础上，1916 年 7 月和 12 月，罗氏驻华医社为员工租下北极阁私人房屋 25 间，共付租费 3000 银元。1919 年 1 月 6 日，承租了怡亲王毓麒[23] 在北极阁 15 号的 32 间房屋，租价是 22 500 银元。1924 年 2 月 8 日，在东单三条 32 号承租私人宋自长的房屋 1154 平方米，租费是 21 000 银元；1917-1921 年间先后承租了东帅府胡同 7 号、崇文门大街 312 号和东帅府胡同甲 7 号，总共 20 968 平方米，租金共 67 180 银元。1917-1933 年先后承租东帅府胡同 7 号、崇内大街 326 号、公卫楼南部东面之空地、外交部街 36 号、外交部街 35 号、东帅府胡同 24 号等地方的私人房屋，总计租金是 27 407.2 银元[24]。

从上面的记载可以看出，租房花销是很大的一笔开支，这就是为什么在建设新校园的同时，开始规划和建设学生和员工宿舍的缘由。学生宿舍建设地点分为 3 处：1907 年建哲公楼作为学生宿舍，1925 年哲公楼遭遇火灾遂拆除重建改为女生宿舍，即护士楼[25]。1912 年在新开路南建协和医学堂附属男子医院，1925 年扩建改名为文海楼作为男生宿舍，文海（Herbert V. Wenham）是外籍教会医生，为创建协和医学堂作出了很大贡献，曾住此楼。哲公楼北侧毗邻后勤保障区的是 20 世纪初期建设的女生宿舍，坐北朝南，主入口临东帅府胡同，为 2 层双户型独立式住宅。

---

23 怡亲王毓麒是载敦二子溥耀长子。光绪二十八年（1902 年）袭怡亲王，不远处的北极阁三条 71 号就是怡王府.（下卷 402 页标出了怡王府所在地）

24 董炳坤，杜慧群，张新庆. 老协和 [M]. 保定：河北大学出版社，2004.

25 护士楼又称斯贝尔曼楼（Laura Spelman House）。1913 年创立洛克菲勒基金会后，1918 年创立劳拉·斯贝尔曼·洛克菲勒纪念基金（Laura Spelman Rockefeller Memorial），这个基金主要以资助社会科学为主，Laura Spelman 是老洛克菲勒妻子的本家姓。

东 帅 府 胡 同

哈 德 门 大 街

三 条 胡 同

英氏园平面规划图

英氏园是一座美丽古老的中式庭院，1925 年改建后成为协和校长及部分外籍员工住所，顾临、胡恒德都住在这个院内，这也是洛克菲勒基金会在北京购置的第一块地产。

入口

自然园林景观

中心庭院

凉亭西南侧

凉亭东南侧

洋教授夫人在英氏园庭院放风筝

英氏园外国护士长起居室

海丝典（Halsey）女士在英氏园寓所

海丝典与巴顿（Barton）女士在英氏园起居室

1920 年英氏园庭院，校董事会董事瓦特（Watt）博士给预科班毕业生传达校理事会的指示

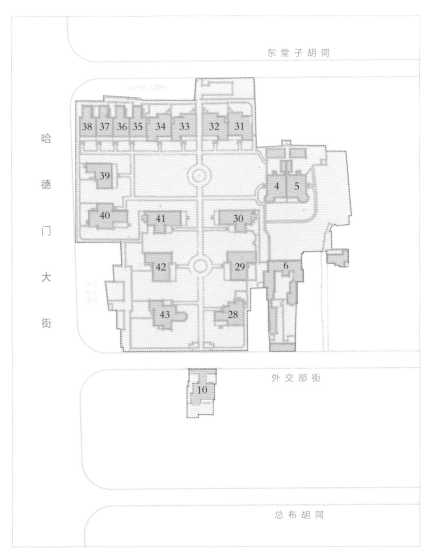

北院住宅平面规划图

南向主入口

29 及 30 号楼（29 号楼入口门廊建设在下卷 546 页书信中有所提及）

北院住宅外交部街北侧，南北长约 127 米，东西长约 140 米。中轴线南端为入口大门，北端为两层半的连排式住宅，其余均为独栋建筑。院内建筑为砖木结构，灰砖清水墙，美式别墅风格清雅别致。2003 年被列为北京市文物保护单位。

家庭事务是非常烦琐的，许多收入可观的洋教授宁愿花些钱来雇人做，最多的雇用了 3 个仆人。主人每月平均要给每个佣人 55 美元，这些佣人可以照顾小孩、整理房间和做饭等。虽然当时中国贫穷落后，外国人在中国的生活环境并不像他们来之前想象得那么可怕[26]。

10 号楼北侧

中心庭院

从北入口进入为 32 和 33 号楼

31-38 号楼为联排，39 号楼为独栋洋房

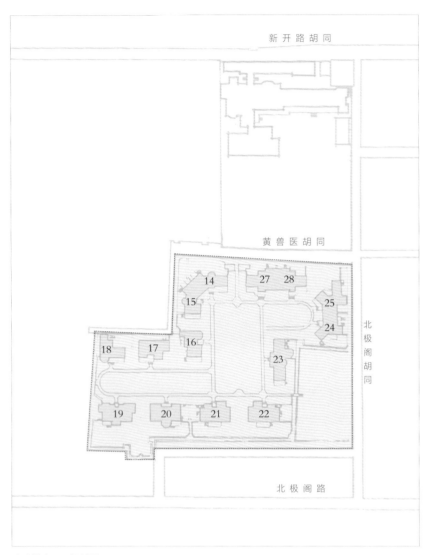

南院住宅平面规划图

从左到右为 16、23、22、21 及 20 号楼

22 号楼（22 号楼入口门廊的建设在下卷 546 页书信中有所提及）

南院住宅位于北极阁胡同西侧，院门朝北。院内由十余栋典型的美国折中主义风格的建筑组成，有的是古堡式尖顶，也有的是乡村别墅式坡顶，形式多样，工艺考究。

春天别墅区内的樱花盛开，玉兰花含苞待放，花坛中零星开着玫红色的小花，一栋栋建筑掩映在绿树之下，显得清幽美好、宁静安详。

中心庭院

北向入口

哲公楼平面规划图

公共起居室

公共活动区域

当时多数的外籍员工都选择了住协和的宿舍，协和的住宿条件与宾馆不相上下，在一套典型的单元中包括餐厅、客厅和起居室，桌子、椅子、床、书柜、梳妆台、衣柜等样样齐全，哲公楼是协和宿舍之一。

哲公楼北侧毗邻后勤保障区的是 20 世纪初期建设的女生宿舍，坐北朝南，主入口临东帅府胡同，为 2 层双户型独立式住宅。

国护士长起居室

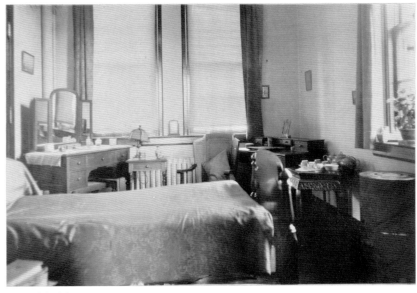

外籍护士会客厅

国护士长餐厅

中国护士长卧室

细部设计及西式构件

协和医学院建筑群的每一个单体的细部装饰都是由工匠们通过双手完成的，许多工匠还曾在宫廷为皇家服务过，掌握着最传统的工匠手艺。建筑师设计的这些细节需要的正是工匠的这种个人的艺术创造与技艺，而并非是西方现代建造方式所能创造的，协和医学院单体建筑的这些细部设计及工艺是中国传统文化的最正宗体现。

精美彩画

中国特色的建筑装饰风格，内外檐和走廊采用"屋不呈材，墙不露形"，而屋檐下边以及所有室外连廊和建筑入口处都由本地老匠人按传统工艺描画上了红、蓝、绿、金色的油饰彩画，采用雍容华贵金碧辉煌的旋子彩画和苏氏彩画，其造价为每平方尺5银元，所有绘画工匠均为前清宫艺人。

各屋檐下置两层椽，上层为方椽，绘金色万字纹，下层为圆椽，绘金色圆寿纹，檩三件绘制旋子彩画。建筑入口抱厦与礼堂的红柱、彩画、雀替等都由给清宫做过工的高级技工打造，摹仿得惟妙惟肖。

B 楼与 C 楼之间，C 楼与 D 楼之间在首层通过弧形廊道相连，通道饰绿琉璃瓦屋面，檩三件绘苏式彩画，砖柱间饰雕花雀替。这部分彩画只能从廊道内部天花看到，非常精美独特，并将苏式彩画内容与西式彩画内容相融合。这是整个协和建筑中最独特精美之处，只可惜新中国成立后将连廊封起来，目前正在拆除修缮，希望恢复昔日的真面目让更多人欣赏。就像王辰院校长所说：当我们拆除过去额外搭建的部分，展露出百年前初始绘就的雕梁彩画时，其依稀可见的文化深意与极致精美令人震撼，使人徒增崇仰心、珍惜心和维护心。

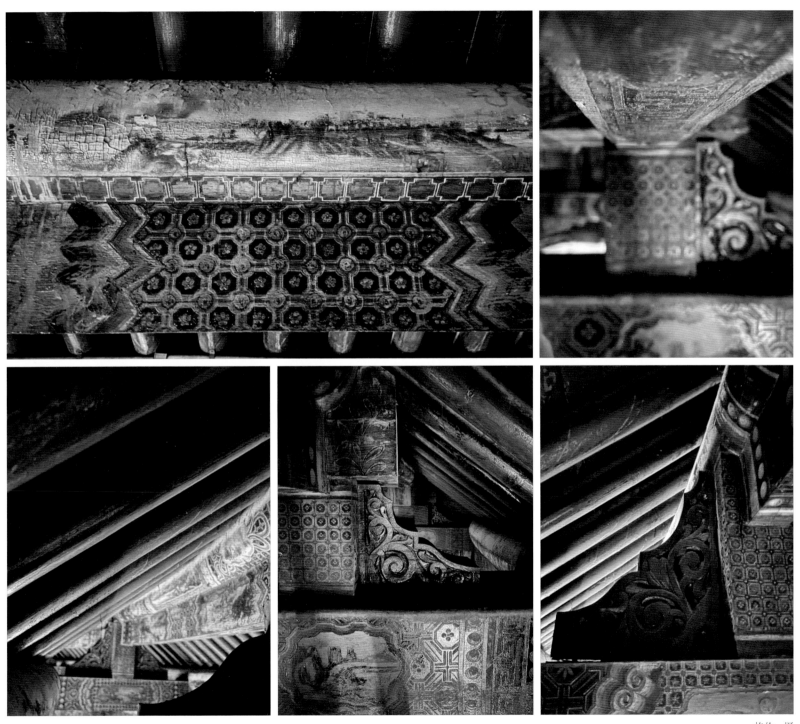

格伦 摄

修缮中，当我们拆除过去年间额外搭建的部分，展露出百年前初始绘就的雕梁彩画时，其依稀可见的文化深意与极致精美令人震撼，使人陡增崇仰心、珍惜心和维护心。

中国医学科学院 北京协和医学院院校长　王辰

仙人走兽

建筑上各种瓦饰仿造的相当标准，屋檐上的仙人走兽也惟妙惟肖。

檐角最前端装饰以脊兽"骑凤仙人"领头，其后坐姿排列着3–7个小动物，具有消灾灭祸、逢凶化吉、剪除邪恶、主持公道之意。

檐上各脊均以脊兽装饰，屋顶装饰设仙人引七跑兽，一层屋檐设仙人引五跑兽，建筑入口歇山顶抱厦，设仙人引三跑兽。很有意思的是在赫西的回忆录中，将"骑凤仙人"用英语描绘为"The king ride on the hen"，直译为"骑在母鸡上的国王"，可见外国人很难理解中国文化的深层含义。

格伦 摄

琉璃瓦

　　赫西在传统工匠与朱启钤的帮助下,将中国传统装饰细部设计得比较地道,其中最主要的一点就是琉璃瓦的选择,协和建筑群所有屋顶采用庑殿顶,并铺设传统工艺烧制的绿色琉璃筒瓦,瓦当与筒瓦滴水均绘制精美图案,并力争能够做到接近故宫的品质。(老协和的琉璃瓦均由前清宫艺人开窑重新烧制而成,下卷493页对此有所描述)

 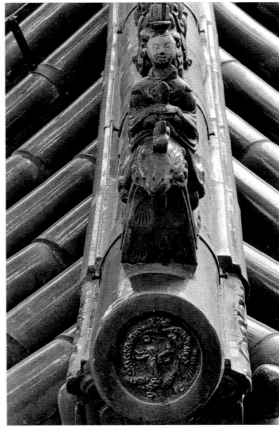

郑强 摄

李伯天　摄

李伯天 摄

石栏杆 御路 柱础 抱鼓石

协和建筑群的教学区与医院区入口庭院的汉白玉台基均与须弥座石栏杆相匹配，教学区每栋建筑入口前布置十三级御路踏跺，御路上雕刻有五龙戏珠图。当时作为建筑顾问的柯立芝对这样的做法提出不同看法，主要是考虑造价问题。（建筑入口庭院栏杆及铺装的选择往来书信详见上卷 254 页）

中国传统建筑柱子的柱础有防止雨天水汽渗透进木柱底端，以及防止进水而腐烂柱子的功能。但协和礼堂大红柱是由混凝土建造的，原有的功效就无从谈起了。

抱鼓石是中国传统民居，一般位于传统四合院大门底部宅门的入口，形似圆鼓，属于门枕石的一种。因为它有一个犹如抱鼓的形态承托于石座之上，故此得名。

子母钟和叫号灯

协和建筑有很多细节设计得非常独到，百年后的今天协和人仍念念不忘并赞叹不已，比如院内所有的时钟可以通过母钟控制，不管到协和哪个地方，都可以方便地看到楼道里的壁钟。全院的壁钟是子钟，与会议室（F楼）挂的母钟相连，通过母钟可调节全院各个子钟的快慢，所以在协和的每个角落，时间都是一致的。

协和有一种找人用的叫号灯为长条形，安装在医院各个楼道里，来往的人可一目了然。灯上共有5个数字，即1、2、3、4、5。行政人员为"1"字排头，其他各科室都有相应规定。根据数学排列组合公式，可排出几百个数字来。这种叫号灯由总电话机房值班人员掌管，找人时可打电话通知电话室，值班人员一按电钮，全院各处的找人灯就同时发出信号，被找的人可在附近找电话通话。又如，医院的尸检很多，有时一天就有两三例。一有尸检全院各处的叫号灯都打"444"，大家看到就知道要去尸检了。百年前在没有现代通信设备的情况下，这种找人的方法比起用广播找人要安静得多，很适于医院的特点。

教学楼的通道、教室、实验室、图书馆，病案室、餐厅等均有统一的叫号灯系统，由总电话机房控制。从住院医生到实习生每人一个灯号，在医院各处都能看到信号灯，这是医生护士24小时负责制的主要通知办法。

1936级的毕业生熊汝成，1936-1938年任协和外科助理住院医师（相当于现在的住院医师），1938年起任肿瘤外科主治医师，1941年7月离开协和母校。熊汝成对协和的叫号灯系统印象极为深刻，曾回忆道：

在协和医院的主要地方和各角落里，都设有叫号灯显示数字的装置。每一位医师有一个编号，我的编号是324。当我看到叫号灯显示324时，就向电话总机问明情况，立即前往找我的地方。夜间宿舍里有人值班听电话，我们随叫随到。24小时负责制，规定住院医师必须住在医院里，所以也可以说是24小时住院负责制。这一制度的优越性，在于培养住院医师专心致志地从事临床工作，系统全面地观察病情和随病情变化而进行相应的及时处理[27]。

1933年吴英恺毕业后来到协和，是协和外科第一位中国籍主任，1955年当选中国科学院院士。1956年吴英恺离开协和，相继创建了中国最好的两所心血管病医院，即阜外医院及安贞医院，为中国心胸外科培养大批栋梁之材。1960年吴英恺院士在中国成功地完成了第一例肾移植手术。

关于协和的记忆，吴英恺回忆说：

这里绿瓦顶白栏杆，找人打灯号，见面说英语，行路带小跑，办事死规矩；职员个个白衣笔挺，皮鞋光亮，尤其是那些专家教授和外国护理督导员，个个威风凛凛，令人望而生畏[28]。

窗、门和楼梯

除了礼堂，其他多数建筑的墙身开窗置石板作窗台，配置简约的木质方格窗，中间镶嵌玻璃，以取得比中国传统窗户更为优良的采光。

协和所有窗户都设双层玻璃，纱窗只用半扇，放在四个半扇玻璃窗之间。窗户为重锤式无级滑动升降窗，窗框上设有滑轮，窗扇用细绳吊住，开关时上下滑动非常灵活。每层玻璃窗分为上下各半，四个半窗形成一个全窗。双层玻璃窗可防尘、防寒，对多风尘的北京来说，确实很有必要[29]。

窗台的设置也有区别，有些窗户同时具有运货通道的功能，这种窗台材料铺装铁皮，确保货物通过时不至于磨损。

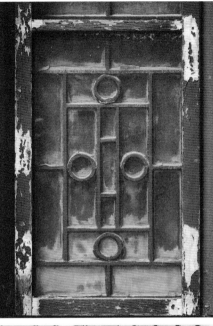

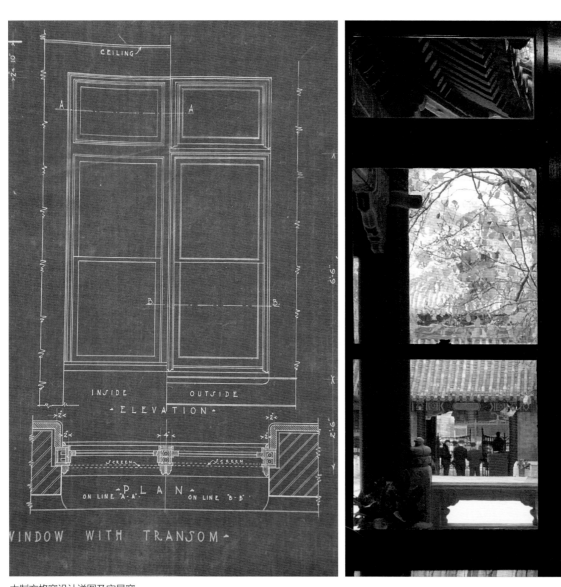

木制方格窗设计详图及实景窗

协和的门根据使用功能及需求不同，种类可多达数十种，主要建筑入口均配置仿中国传统式双扇槅扇门。

门窗所用的木材一律是由菲律宾买来的麻栗树木材，这种木材质地好，除用来制作门、窗、地板、楼梯等外，也用来制作各种家具。制作槅扇门所用的木材除了用料讲究，还需要经过多次水浸、干燥后才能使用，因此不会变形。若使用一般的木材，一到夏天天气潮湿木头膨胀就拉不动了。历经百年，协和的各种木器、门窗等仍未变形。

这种木材除了用做门窗外，还是楼梯扶手的主要制作材料。令人惊喜的是当时的楼梯踏步边缘就设有金属防滑压条，这在百年前的建筑着实不多见。

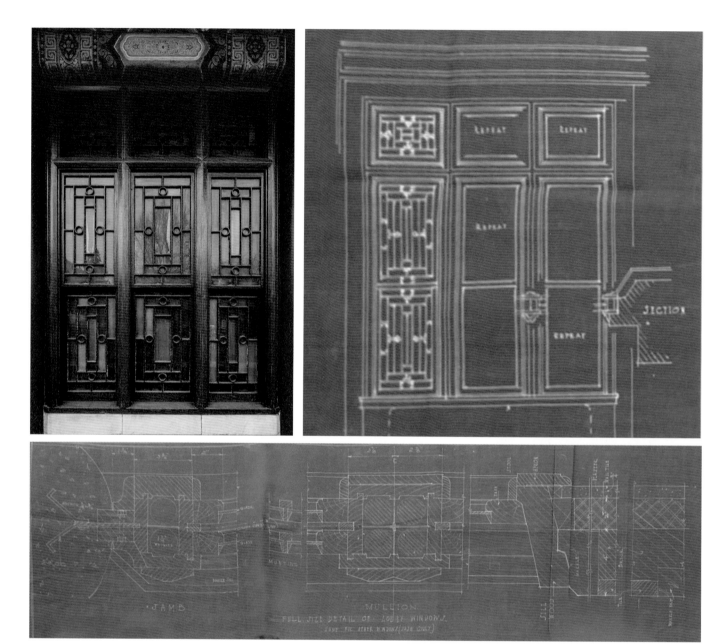

礼堂木制方格窗设计详图及实景窗

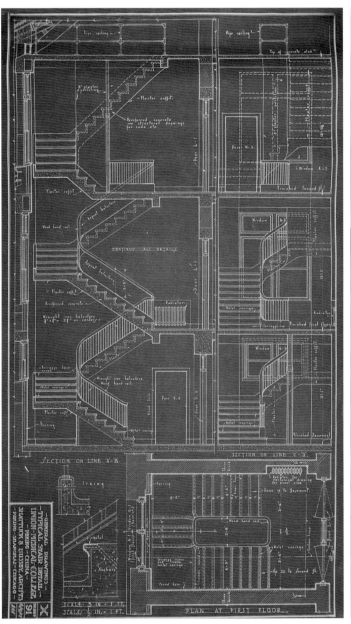

楼梯设计详图与实景楼梯

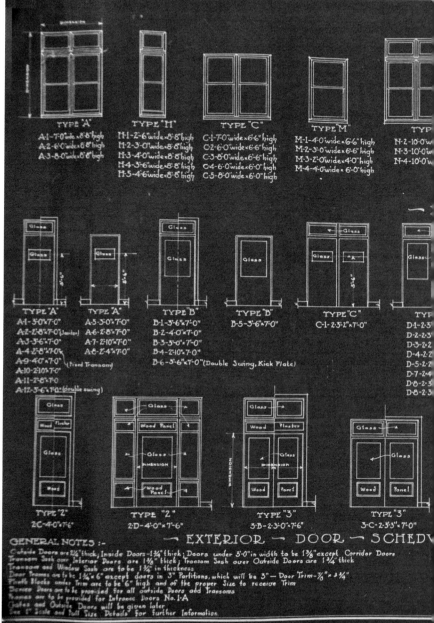

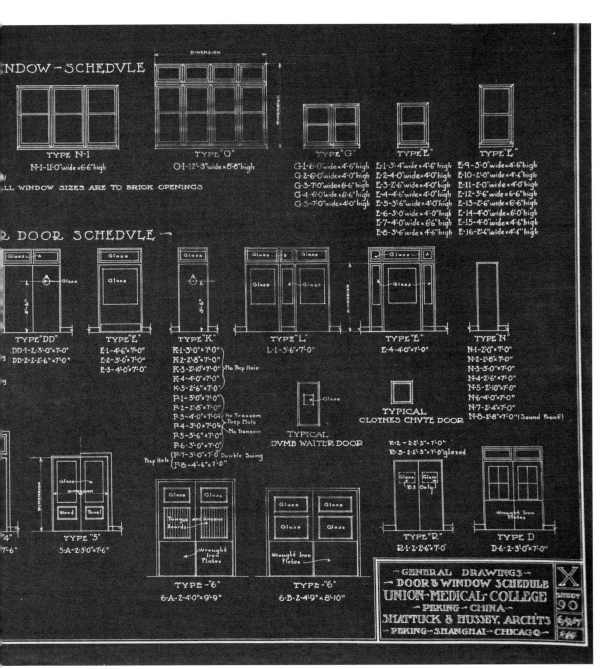

门窗设计详图

建筑编号：X

图纸编号：90

绘制日期：1917 年 6 月 9 日

出图部门：

沙特克赫西（Shattuck & Hussey）建筑师事务所

西式构件

老协和建筑配有当时中国最考究的设备和最先进的设施。内部设施力求达到当时最高标准，其中门把手、水龙头、门锁、抽水马桶、水汀管、浴缸、吊扇、暖气、滑动升降窗户和电梯等都是从美国海运数月至中国的。

协和的每扇门上都装有缓冲性能的弹簧，关门时开始很快，等快要碰上门框时忽然变慢，然后轻轻关上，可以做到一不振二无声。门的碰锁都采用美国"耶鲁"牌。锁本身并不特别，特别之处是在钥匙上。每一幢楼有一把"总钥匙"，它可以打开这幢楼里的任意一把门锁，但在其他楼则不能用。全院 16 幢楼又有一把"总总钥匙"，它可以打开全院每一个房间。医院引进的医疗设备和器械也都从美国进口，当时不仅在世界领先，许多在中国乃至亚洲也绝无仅有。

开关面板／电源插座

门锁

历史通过一扇门上不同的四把锁，留下了岁月的痕迹。

实验室水槽

实验台设置多个气体开关，根据实验需要进行使用，既方便又安全。

门把手

地锁

门插

减震器

消防栓／水龙头

合页／闭门器

总钥匙／警报器

焚烧炉／铁皮柜

井盖

铸铁井盖和消防水龙头等居然也是从美国进口的，井盖有精心设计的几种图案形式，为了体现本土化，井盖的字特别铸上汉字"污水"。有名言说：成败在于细节。可以看到协和建设工程的每个细节都尽可能做到位，连最容易被人忽略的井盖都做到了让人过目不忘。百年后的今天看到这些细节设计，令人动容。

从北京协和医学院的建筑传统形制设计上，可以看出建筑师赫西确实是在非常认真地捕捉中国古代宫殿式建筑的外部特征，以此看到美国建筑师对保护和遵循北京城市建筑文脉所做的努力。从建筑上的种种细节又进一步体现了建筑师对中国传统文化的尊重与理解，并且尽力满足医院的功能需求，尽显了建设者的人文关怀，这是一个具有温度和内涵的建筑。

建筑历史学家、教育家梁思成先生曾经说过：

一幢建筑应该表达出生活、表达出传统、表达出民族精神及建造它的那个时代最显著的理想。

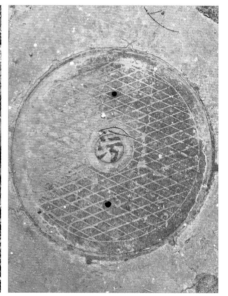

三种不同的井盖

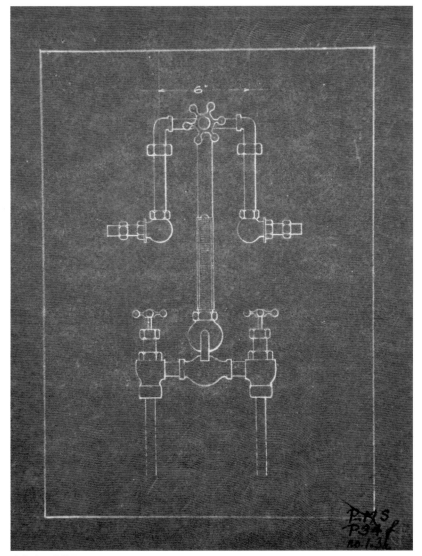

水龙头设计详图

柯立芝写给工程总指挥巴克斯特的信

著者感言：

柯立芝作为顾问建筑师，巴克斯特作为项目总指挥，自然他们之间的交流会很多。柯立芝作为理性和成熟的建筑师，他总是会考虑和寻求既能够达到预期效果，同时又能够省钱的做法。

1919 年 6 月 13 日

我一直在非常仔细地考虑，有关医学院和医院入口庭院所设置的白色大理石栏杆和大理石铺装的费用问题，在我看来，如果一定使用大理石，台阶和栏杆可以保持大理石，但护栏周围和其余的露台可以用砖块，这将是一笔相当大的节省。

关于入口庭院材料选用的做法，埃弗斯先生和我都不知道，但毫无疑问在他到达中国之后，才会有最终的决定。如果这部分内容还没开始做，这项内容可以重新考虑。我建议用红色瓷砖，与白色大理石连接，代替原来露台全部用白色大理石铺装的计划。

上述白色大理石栏杆虽然增加了建筑的美感，但比我在纽约洛克菲勒资助兴建的类似性质的建筑都贵得多，除了哈佛医学院，因为那里的工作是机械而不是用手工完成的。

COOLIDGE & SHATTUCK
ARCHITECTS
Ames Building, Boston

June 13, 1919.

Dr. D. E. Baxter
61 Broadway
New York.

Dear Dr. Baxter:-

I have been considering very carefully the expense of the carved white marble rail and the marble pavement which runs around the terraces in the Medical School group and the Hospital group courts, and it seems to me that if the steps and the rail running up to them should be kept in marble and the parapet around the rest of the terrace made in some design of brick there might be a considerable saving. Exactly what has been done in regard to this neither Mr. Evers nor I know, but undoubtedly they will not be complete until after he reaches China, in which case if nothing has been done the matter could be considered and finally acted upon. I would suggest substituting red quarry tile with white joints instead of white marble in the floor of the terrace. The above mentioned white marble rail although adding to the beauty of the building, is much more expensive than anything I have used in the Rockefeller buildings in New York or, in fact, any of the buildings of a similar character, except the Medical School at Harvard where the work was done by machinery and not by hand.

Very truly yours,

(Signed) Charles A. Coolidge.

园林营造

无论从内行还是外行人的角度，中西方造园理念的确有很大差异。

中国传统园林艺术追求一种自然化的园林状态，主张从自然中汲取元素加以重新组织，塑造一种"源于自然，高于自然"的意境，在空间营造上擅长用遮挡等手法去营造"步移景异"的空间效果，让人有一种期待感与神秘感。中国传统园林非常注重对庭院空间的营造与人在园中步移景异的游览体验，大多设置平层建筑与围墙作为边界围合形成主体庭院，尺度怡人。

西方园林更注重对自然景观的修整和改造，并且用园林去衬托建筑，空间营造上更注重开放性与公共性。

协和建筑群采用了中国传统园林式布局，期间也经过了一系列的营造活动，最终呈现如今面貌，针对协和医学院的园林营造，有如下几种评论：

第一，协和医学院因为其医疗功能需求及用地限制等因素，庭院周边围合的建筑也多为三四层，尺度与传统园林建筑比例不符（庭院空间 D/H 的比值接近 1），庭院空间稍显局促导致并不能使人以放松的心态去游园。

第二，教学区入口与医院区入口庭院设计更接近西方几何构成的二维平面设计，缺少中国传统园林多层次的三维空间体验设计。尤其是教学区与医院区之间的庭院空间，因其空间较大并通过一个又长又直的甬道相联系，虽然注重使用和效率，但缺少曲曲弯弯的廊道、园林小品、矮墙等进行空间围合与划分，缺乏空间趣味性和围合体验感。

医院是功能性较强的建筑类型之一，设计时应更多强调的是实用和效率，导致协和建筑环境不可能完全按中式园林的方式设计营造。当时由于预算的限制，又是在战乱期间，更多的花费是用在建筑材料和设备上，中国式地道的园林设计需要投入更多的人力和财力去营造，同时也会增加后期维护费用。这些都是当时需要考虑的各方面因素，而不能如此简单不加分析地评论"针对园林方面的设计却并未给予重视，其园林构建与造景手法没有体现出中国园林的造园，可以说并非一次成功的造园设计"等。

特别值得强调的是，协和医学院校园总体规划利用南北和东西两个不同方向的轴线将不同功能区域的不同建筑串联起来，形成一个错落有致、疏密相间、气势恢宏的富有中国传统园林建筑布局特色的建筑群体。

在两条不同方向轴线相互串联的建筑之间，形成了中国传统园林建筑布局所体现的不同围合方式和不同尺度的院落，如医院区入口与教学区入口处的围合院落，以及住院楼与门诊楼之间围合而形成的院落，既做到各部分功能楼之间的合理布局，又通过连廊保证了各部分功能之间的必然联系，又可较好地满足单体建筑自然采光和通风的需求。

协和建筑利用中国传统的组合方式形成若干院落，可较好地满足建筑单体采光和通风的需求。从协和建筑的园林分布图中可以看出，整体院落层次感分明，体现了不同功能连廊组合的丰富性和层次性。

第一，教学区和医疗区之间以庭院间隔，这个区域庭院设置长又笔直的高于地面的甬道，虽不同传统园林曲曲弯弯的体验，在甬道行走的过程中，另有一番不同的感受，让人联想起天坛的丹陛桥。

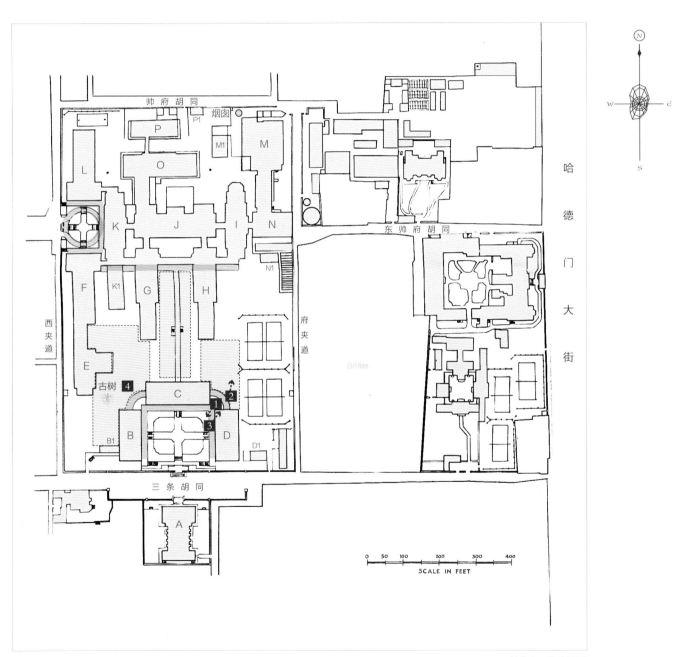

园林分布及连廊设置

甬道与二三层中西合璧式教学楼所围合的庭院有机结合，这样的处理手法，既避免外来就医人员对教学区产生干扰，同时又方便两个不同区域的联系和独立使用。甬道四周遍植花木，营造了非常幽静和私密的室外空间环境。甬道的下面空间为可以采光的后勤用房。

庭院从落成典礼到如今，一个世纪以来这里一直是协和建筑的打卡拍照景点。

第二，教学区 C 楼与 B 楼之间、C 楼与 D 楼之间设置敞开式的弧形连廊，B、C、D 三楼所围合的内庭院又设有环形廊相连，不同部位设置不同形式的廊既有各自的功能意图，又有不同的意趣。让我们来试图解读一下当时建筑师的设计意图。

C 楼两侧的弧形连廊，除了相互联系的功能之外，无论使行走在或停留在连廊的人获得了非常丰富有趣的不同空间感受。

人行走弧形连廊中，环顾四周，西侧可以欣赏到 E 楼处豫王府留下的千年古树；东侧可以欣赏到运动场生龙活虎的竞技，还有远处冒着烟儿的高耸烟囱。从环廊处往院内看，可以看到三个丰富的景观层次：教学区两楼屋檐的勾心斗角、三合院的门房、对面的礼堂。可以说建筑师真正领会到了中国庭院景观的"借景"和"步移景异"的美妙体验。

1 从东侧弧形廊往南看，可以看到三个丰富的景观层次：教学区两楼屋檐的勾心斗角、三合院的门房，以及对面的礼堂

2 从东侧弧形廊往北看，可以欣赏到运动场生龙活虎的竞技，还有远处冒着烟的高耸烟囱

更有趣的是，如果在弧形连廊驻足歇息，可以欣赏连廊内檐顶部的苏式彩画。与协和其他部位彩画完全不同的是，这里是中国传统苏式彩画与西洋具有透视的壁画相组合，色彩丰富而又典雅、图案多样、做工细腻，非常让人震撼。只可惜的是目前没有找到有关描述这个内容的相关文献。

协和医学院的校园景观环境设计，除了三个不同位置和功能的"三合院"外，一个笔直的长长的甬道，两个弧形连廊，无论驻足还是行走其中，让人获得非常丰富的景观体验和空间感受，非常赞赏百年前建筑师设计的高妙之处，这是在理解中国传统园林精髓基础上的创新和升华。

新中国成立后，在实用主义思潮影响下，两侧连廊全部封上。当年的建筑师如果看到自己设计得意之处，被处理成这样的结果，一定是欲哭无泪！百年后的今天，可以告慰当年的建筑师，在王辰院校长主持下，教学区目前正做全面修缮，尤其是弧形连廊部分正在讨论如何恢复历史的真面目，可以让更多的人欣赏和驻足思考……（上卷 226-229 页彩画有所展示）

最后还值得一提的是：由于采用中国传统园林布局形式，从室内可以看到每一扇窗户的外面景色都不同。在室内行走的过程中，丰富的视觉体验，让人们忘却了自己是身在医院的患者，这所医院与其他同时代的美国现代医院还是中国的教会医院，完全是不同的体验。

3 从东侧弧形廊往北看可以看到网球场

4 从西侧弧形廊往北看到行政楼（F 楼）和门诊楼（K 楼）的侧面所围合的庭院

豫王府古树（编号：110101A00749）

从解剖楼（B楼）可以体验庭院的春色，并看到不远处的礼堂

注 释

1、12、16.　　胡传揆. 北京协和医学校的创办概况 [J]. 中国科技史杂志，1983（3）.

2.　　约翰·齐默尔曼·鲍尔斯. 中国宫殿里的西方医学 [M]. 蒋育红，张麟，吴东，译. 北京：中国协和医科大学出版社，2014.

3、14、19、20、28.　　政协北京市委员会文史资料研究委员会. 话说老协和 [M]. 北京：中国文史出版社，1987.

5、6.　　晶之. 协和医脉 1861-1951 [M]. 北京：中国协和医科大学出版社，2014.

4、17.　　玛丽·布朗·布洛克. 洛克菲勒基金会与协和模式 [M]. 张力军，魏柯玲，译. 北京：中国协和医科大学出版社，2014.

8.　　马秋莎. 改变中国 —— 洛克菲勒基金会在华百年 [M]. 桂林：广西师范大学出版社，2013.

13、21、26.　　董炳坤，杜慧群，张新庆. 老协和 [M]. 保定：河北大学出版社，2004.

15、27.　　熊汝成. 我对住院医师制的片段回忆. 文史资料选编. 第三十四辑 [M]. 北京：北京出版社，1988.

18、29.　　陶世杰. 协和医学院的建筑及其他. 文史资料选编. 第三十四辑 [M]. 北京：北京出版社，1988.

22.　　吴志端. 四年护理工作忆往. 文史资料选编. 第三十四辑 [M]. 北京：北京出版社，1988.

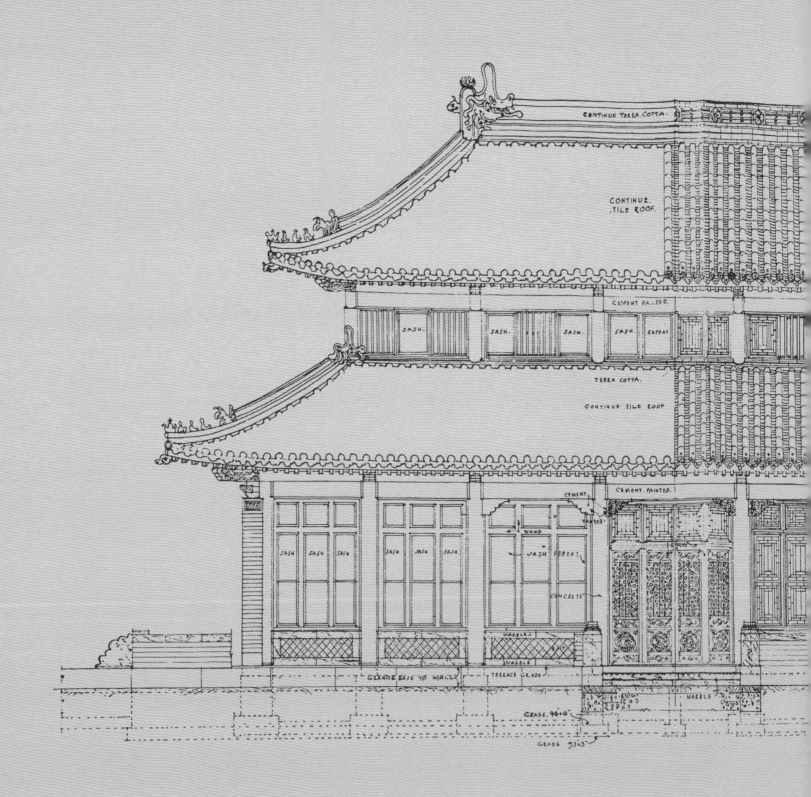

第五部分

中国传统复兴式建筑

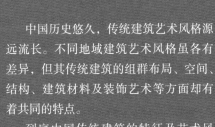

　　中国历史悠久，传统建筑艺术风格源远流长。不同地域建筑艺术风格虽各有差异，但其传统建筑的组群布局、空间、结构、建筑材料及装饰艺术等方面却有着共同的特点。

　　到底中国传统建筑的特征及艺术风格是什么？中国传统复兴式建筑又是什么？作为教会大学建筑出现中国传统复兴倾向的早期实例，北京协和医学院的"建筑造型"是如何设计的？不同阶层人士是如何针对协和建筑风格进行解读的？你将会在这里找到答案。

中国传统建筑

梁思成在《图像中国建筑史》中对中国传统建筑有非常权威的解读：

中国的建筑是一种高度有机的结构。它完全是中国土生土长的东西；孕育并发祥于遥远的史前时期；发育于汉代（约在公元开始的时候）；成熟并逞其豪劲于唐代（7—8 世纪）；臻于完美醇和于宋代（11—12 世纪）；然后于明代初叶（15 世纪）开始显出衰老翼百之象。虽然很难说它的生命力还能保持多久，但至少在本书所述及的 30 个世纪之中，这种结构始终保持着自己的机能，而这正是从这种条理清楚的木构架的巧妙构造中产生出来的；其中每个部件的规格、形状和位置都取决于结构上的需要。所以，研究中国的建筑物首先就应剖析它的构造。正因为如此，其断面图就比其立面图更为重要[1]。

尽管中国过去一个世纪以来曾不断地遭受外来的军事、文化和精神侵犯，这种体系竟能在如此广袤的地域和长达四千余年的时间中常存不败，且至今还在应用而不易其基本特征，并且依然具有强大的生命力，因为中国建筑本来就是中华文明的一个不可分离的组成部分。

中国传统建筑木结构体系的特征包括：一个高起的台基，作为以木构梁柱为骨架的建筑物的基座，再支承一个外檐伸出的坡形屋顶。这种骨架式的构造使人们可以完全不受约束地筑墙和开窗。从热带的中南半岛到亚寒带的东北三省，人们只需简单地调整一下墙壁和门窗间的比例就可以在各种不同的气候下使房屋都舒适且实用。正是由于这种高度的灵活性和适应性，使这种构造方法能够适用于任何华夏文明所之处，无论所在地的气候有多少差异，其居住者都能有效地躲避风雨。直到 20 世纪中期，西方现代的钢筋混凝土构架或钢骨架的结构才开始应用这种框架结构的原理，而中国传统建筑在三千多年前就发现和开始应用这个原理了，并具有得天独厚的优越性和先进性。

中国传统建筑的构造，从建筑剖面图上可以看到，对屋顶的支承方式根本上不同于通常的西方三角形屋顶桁架，而正是由于后者，西方建筑的直线形的坡屋顶才会有那样僵硬的外表。与此相反，中国的框架则有明显的灵活性。木构架由柱和梁组成，梁的长度由下而上逐层递减。平榑檩条，即支承椽的水平构件，被置于层层收缩的构架的肩部。椽都比较短，其长度只有榑与榑之间距。工匠可通过对构架高度与跨度的调整，按其所需而造出各种大小及不同弧度的屋顶。屋顶的下凹曲面可使半筒形屋瓦严密接合，从而防止雨水渗漏。除此之外，中国传统建筑还包括如下特点：

1. 中国传统建筑平面布置：建筑内部设计由于很容易在任何两根柱子之间用槅扇或屏风分割，所以内部平面设计非常灵活。各个独立的单体建筑组合原则一般是，将若干建筑物安排在一个院的四周，更确切地说，是若干独立建筑单体沿着同一条中轴线的一系列庭院围合而成，各建筑物之间以连廊相接。在所围合的庭院或天井里种植树木花草，形成宜人的"户外起居室"。

2. 中国传统建筑最具特色构件—斗栱：设置斗栱的作用是用以减少立柱和横梁交接处的剪力，以减小梁折断的可能性，同时还具有装饰性。正如梁思成先生指出的：

是斗栱（托架装置）起了主导作用。其作用是如此重要，以致如果不彻底了解它，就根本无法研究中国建筑。它构成了中国建筑柱式中的决定性特征。

3. 中国传统建筑屋顶一般做法 —— 举架、举折：梁架上的梁是多层的，上一层总比下一层短，两层之间的矮柱（或柁墩）总是逐渐加高的，这叫作"举架"。屋顶的坡度就随着这举架，由下段的檐部缓和的坡度逐步增高为近屋脊处的陡斜，成了缓和的弯曲面。与"举架"不同，举折是先定脊椽的高度，再自上而下用"折"的办法，依次降低各缝椽的位置，从而定出屋顶曲线。

中国殿堂建筑最引人注目的外形，就是外檐伸出的曲面屋顶。屋顶由立在高起的阶基上的木构架支承。屋顶横断面的曲线是由举（脊槫的升高）和折（椽线的下降）所造成的，其坡度决定于屋脊的升高程度。当屋顶是四面坡的时候，屋顶的四角也就是翘起的。

然而，屋檐上翘的直接功能还在于使房屋虽然出檐很远，但室内仍能有充足的光线。这就需要使支承出挑屋檐的结构一方面须从内部构架向外大大延伸，另一方面又必须向上抬高以造成屋檐的翘度。这些又是怎样做到的呢？全都是"斗栱"的功劳。

4. 中国传统建筑的屋顶：中国传统大屋顶和飞腾的挑檐是中国古代建筑最具特色的外观特征。自汉代以来，中国古代工匠设计了庑殿、歇山、攒尖、悬山、硬山、卷棚等多种屋顶形式和重檐屋顶结构，并利用各种屋顶形式的组合创作出了丰富的形象。协和医学院所有建筑均采用了庑殿屋顶，主要建筑入口处设置歇山顶小门廊。

在中国，古代智慧的匠师们很早就发挥了屋顶部分的巨大的装饰性。在《诗经》里就有"如鸟斯革，如翚斯飞"的句子来歌颂像鸟的翼舒展的屋顶和出檐。自《诗经》开始，两汉以来许多诗词歌赋中就有更多叙述传统屋顶以及其各种装饰的词句。屋顶的发展成为中国建筑中最主要的特征之一。

1 中国传统建筑平面布局

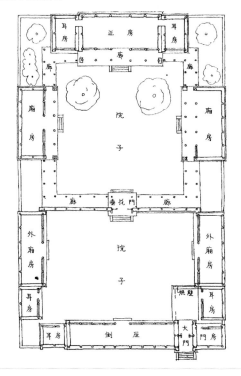

中国传统建筑多以众多的单体建筑组合而成为一组建筑群体，大到宫殿，小到宅院，莫不如此，都按照轴线、庭院分布的布局模式。

西方的建筑通常是院子包围房子，中国传统建筑则相反，院在内而房在外，即房屋包围院子。若干独立建筑单体通过一些联系性的建筑物，如回廊、抱厦、厢、耳、过厅等进行连接，并围合出庭院或天井。

5. 中国传统建筑的色彩：朱红为主要颜色用在柱、门窗和墙壁上，并且用彩色绘画图案来装饰木构架的上部结构，如额枋、梁架、柱头和斗栱，无论外部内部都是一样对待。

不同等级的房屋所对应的彩画分为三种类型：和玺、旋子和苏式彩画。彩画中用色规则，包括冷暖色对比的原则；色彩的明暗是以不同深浅的同一色并列叠晕还是以单色的加深来表现，都有很深的说法。主要的用色是蓝、红和绿，缀以墨、白；有时也用黄色。用色的这种传统自唐代（618-907 年）一直延续至今。中国传统建筑是世界各建筑色彩体系中最大胆也是最丰富的用色典范。（上卷 226-229 页对协和的精美彩画有详细解读）

6. 中国传统建筑的装饰性：作为组成建筑的构件常常会在交接处裸露和突出，将裸露和突出的形状稍稍加工，就取得了高度装饰的效果。例如：梁头做成"挑尖梁头"或"蚂蚱头"；额枋出头做成"霸王拳"；昂的下端做成"昂嘴"，上端做成"六分头"或"菊花头"；将几层昂的上段固定在一起的横木做成"三福云"等等；或如整组的斗栱和门窗上的刻花图案、门环、角叶，乃至如屋脊、脊吻、瓦当等都属于这一类。

中国传统建筑的材料大量使用有色琉璃砖瓦；木上刻花、石面上做装饰浮雕，砖墙上也加雕刻。看似普通的材料但如果有了雕刻、有了色彩，具有丰富的装饰性特征自然显露出来。（上卷 234-237 页对协和的琉璃瓦有详细解读）

2 中国传统建筑最具特色构件：斗栱

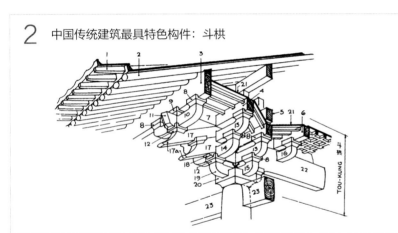

在立柱和横梁交接处，在柱头上设有层层向外挑出的构件称作"栱"；两层栱之间的托架装置称作"斗"。

1	飛 椽 FEI-CH'UAN, FLYING-RAFTERS	13	慢 栱 MAN-KUNG
2	檐 椽 YEN-CH'UAN, EAVE-RAFTERS	14	瓜子栱 KUA-TZŭ-KUNG
3	撩檐枋 LIAO-YEN-FANG, EAVE-PURLIN	15	泥道栱 NI-TAO-KUNG
4	罗漢枋 LO-HAN-FANG, TIE	16	骑栿栱 CH'I-FU-KUNG
5	柱頭枋 CHU-T'OU-FANG, TIE	17	昂 ANG
6	井口枋 CHING-K'OU-FANG, TIE	17a	昂 嘴 BEAK OF THE ANG
7	襯枋頭 CH'EN-FANG-T'OU	18	華頭子 HUA-T'OU-TZŭ
8	散 斗 SHAN-TOU	19	華 栱 HUA-KUNG, 抄 CH'AO
9	齊心斗 CH'I-SIN-TOU	20	櫨 斗 LU-TOU
10	令 栱 LING-KUNG	21	遮椽版 CHÊ-CH'UAN-PAN
11	耍頭 SHUA-T'OU	22	檁 栿 BEAM
12	交互斗 CHIAO-HU-TOU	23	闌 額 LINTEL OR ARCHITRAVE

3 中国传统建筑屋顶一般做法：举架、举折

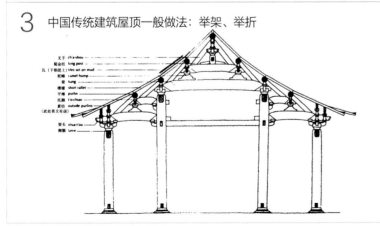

举架和举折是中国古代建筑确定屋顶曲面曲度的构件。建筑在梁架逐层加高时，用举架或举折使屋顶的坡度越往上越陡，从而呈曲面，既形成中国古代建筑独有的风貌，又利于屋面排水和檐下采光。

4 中国传统建筑的屋顶

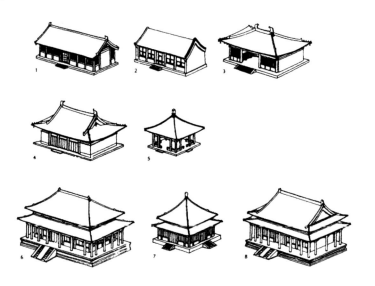

1. 悬山顶：屋顶为两面坡，坡到了山墙（端头墙）悬出。

2. 硬山顶：屋顶为两坡顶，坡到了山墙并不悬出。

3. 庑殿顶：屋顶为四面坡，前后及左右都是两面坡。

4. 歇山顶：屋顶前后两坡为整坡，左右两坡为半坡，半坡以上的三角形区域为山花。

5. 攒尖顶：几个屋脊汇到一个尖上面，分为四角攒尖、六角攒尖和八角攒尖，当然还有极个别的情况，圆形攒尖。

6-8 为庑殿、攒尖及歇山顶的重檐形式。协和礼堂为重檐庑殿屋顶与歇山屋顶相结合的形式。

5 中国传统建筑的色彩

彩画中用色规则，包括冷暖色对比的原则；色彩的明暗是以不同深浅的同一色并列叠晕还是以单色的加深来表现，都有很深的说法。主要的用色是蓝、红和绿，缀以墨、白；有时也用黄色。用色的这种传统自唐代（618-907年）一直延续至今。中国传统建筑是世界各建筑色彩体系中最大胆也是最丰富的用色典范。

6 中国传统建筑的装饰性

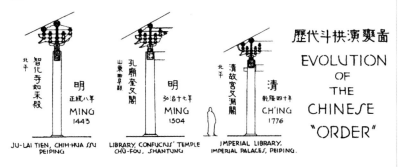

中国传统建筑的构件常常会在交接处裸露和突出，将裸露和突出的形状稍稍加工，就取得了高度装饰的效果。

中国传统建筑的材料大量使用有色琉璃砖瓦；木上刻花、石面上做装饰浮雕，砖墙上也加雕刻。看似普通的材料但如果有了雕刻、有了色彩，具有丰富的装饰性特征自然显露出来。

中国传统建筑的构件与构件之间的关系，也可以加工成为具有装饰性的特征，建筑物与建筑物之间组合关系，都有一定的处理方法和说法，可以比喻为建筑上的"文法"。如梁、柱、枋、檩、门、窗、斗栱、正脊、垂脊、正吻、饯兽等等，可以比喻为建筑上的"词汇"，这些都是构成一座或一组建筑的不可少的"文法"和"词汇"。建筑和语言文字一样，为了解决同样的问题、为了表达同样的情感；不同的民族、在不同的时代各自用自己的"词汇"和"文法"创作不同体裁的多样性"文章"。

正如在"谁是最后的建筑师"章节中，赫西提到，当时朱启钤先生告诉了他很多中国传统建筑的奥秘。

中国建筑怎样砍割并组织木材成为梁架，成为斗栱，成为一"间"，成为独立建筑物的框架；怎样用举架的公式求得屋顶的曲面和曲线轮廓；怎样结束瓦顶；怎样求得台基、台阶、栏杆的比例；怎样切削生硬的结构部分，使同时成为柔和的、曲面的、图案型的装饰物；怎样布置并联系各种不同的单体建筑，组成庭院；"材"的高度如何减少；柱径与柱高之间的规定比例；建筑的面阔及进深取决于斗棋的数目；建筑物立面如何做到所有柱高都相等（即角柱不生起）；梁的宽度如何增加等等。可以想象，当时赫西听到这些内容一定是懵圈了。

对中国传统建筑感兴趣的读者可以阅读《营造法式》或《图像中国建筑史》。

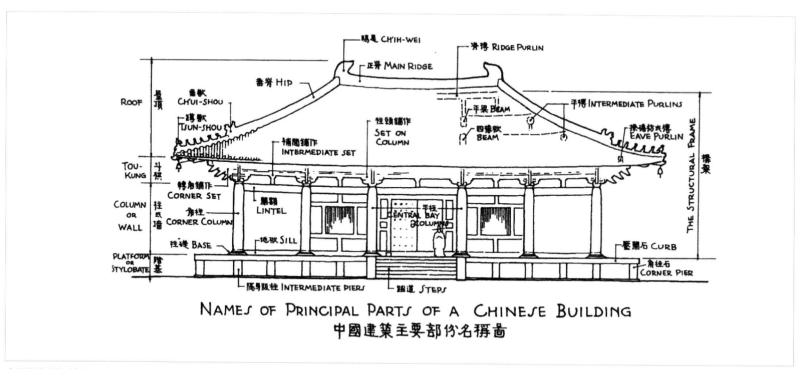

中国传统木构建筑主要部分名称图

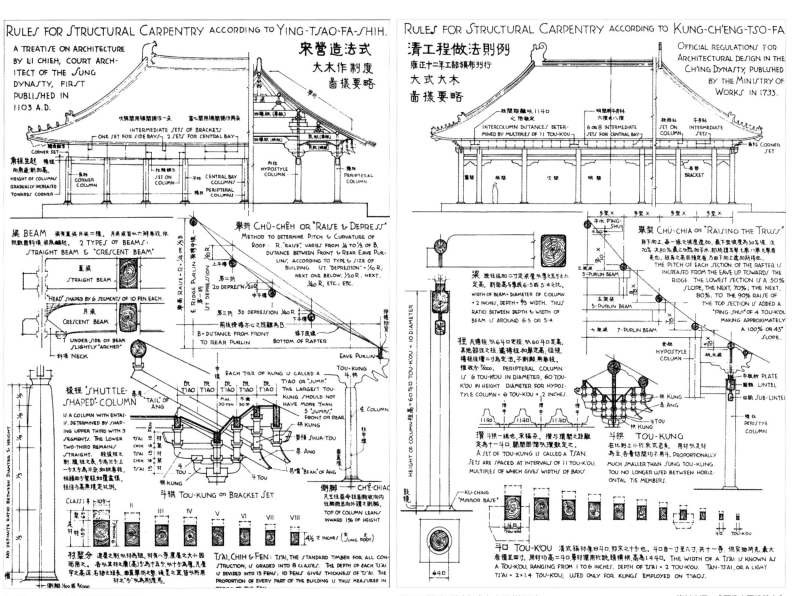

宋营造法式大木作制度图样要略　　　　清工程做法则例大式大木图样要略　　　　资料来源:《图像中国建筑史》

"二律背反"现象

中国传统复兴式建筑，是指 20 世纪 20 年代前后由中国教会大学起始，采用当时西方建筑的工程技术和材料，平面设计符合西方建筑的功能主义设计原则，外部造型摹仿中国宫殿或寺庙建筑造型的设计元素，并与西方建筑风格及功能相糅合的新建筑式样，一般也简称为大屋顶建筑。

中国传统复兴式建筑之说，反映的是人们对建筑活动及其结果与相关因素总的看法，也是一定社会阶层的价值观在建筑领域的具体化，包含这样一些命题：什么是建筑？什么是建筑学？建筑的本质属性与意义何在？建筑与人类社会究竟是一种什么样的关系等等。

来自比利时的传教士艺术家格里森（Dom Adebert Gresnigt）评论道：

一个不容置疑的事实是：中国建筑是中国人思想感情的具体表现方式，寄托了他们的愿望，包含着他们民族的历史和传统。与其他民族的文化一样，中国人也在他们的艺术中表现出本民族的特征和理想，中国建筑在反映中国民族精神的特征和创造力方面并不亚于他们的文学成就，这是显示中国民族精神的一种无声语言[2]。

显然，不同的社会阶层，即便是同一社会阶层但在建筑活动中处于不同的位置，其建筑观都会有所不同，甚至发生矛盾和冲突。20 世纪初期，所谓的中国传统复兴式建筑是中国传统建筑的现代转型中价值取向的体现。近代中外建筑文化的碰撞，也就是传统旧体系建筑文化与近代新体系建筑文化的碰撞。

从文明冲突与文化传播的角度而言，1840-1949 年期间是中国社会无可争议的巨大转折期，此前与之后的中国建筑活动亦因此受到深刻影响，建筑技术及其相关制度与观念也呈现出一种看似断裂式的发展变化。

近代中国建筑技术是在大量引入、学习西方建筑科技基础上的发展过程，而后促进中国建筑业产生新的社会分工、新的分支行业、运作机制应运而生；并进而促使政府建立专门建筑管理机构，制订与实施相关建筑管理法规。从而在生产关系层面，特别是建筑业各分支行业等引发建筑制度体系的变化与革新；而技术和制度层面的变化必然进一步影响到社会公众建筑观念的转变，现代建筑理论亦由此产生。因此中国建筑从传统到现代转型的发展规律可以被描述为建筑技术、制度、观念的逐层推进与互动的过程。

客观地说，由于建筑师背景不同、目的不同而采取不尽相同的建筑策略，西方建筑技术在最初传入时即呈现复杂多样的情形；而中国官方也因看待外来技术和文化，持有猎奇、防备等兼而有之的心态和态度。这些隐藏在表象背后观念的冲突和博弈，预示中国建筑从传统到现代转型，从一开始就不可避免地踏上一条曲折、富有戏剧性的漫长道路。

正如著名的建筑史学家侯幼斌先生精辟地指出：

中国近代建筑文化碰撞的这个复杂背景，给大批集聚在租界地城市的外来建筑带来了一系列"二律背反"的现象：

外来建筑文化内涵的先进性、科学性，与其传播背景、传播方式的野蛮性相悖；外来建筑文化所体现的近代化建筑先进的科学价值，与其当时为侵略活动服务的不光彩的社会价值相悖；外来建筑文化促进中国建筑近代化的长远潜在作用，与其当时损害中国民族利益的现行作用相悖；外来建筑文化凝聚的新鲜风貌和艺术价值，与其当时所造成的触目的"十里洋场"的现实效果相悖；外来建筑文化所代表的建筑发展新潮，与当时中国社会的文化接受心态相悖[3]。

这一系列"二律背反"的现象，反映出西方科技的引入与爱国主义、情感民族主义相悖，这对近代中国"中西交融"建筑思潮产生了重要的影响。西方的物质文明、科学技术可以吸取，而中国的几千年流传的精神文明、道德文明却是最高尚、最贵重的财富，应该坚守而不应该丢失。近代中国建筑师的"中西交融"思想很大程度上就是这种国粹主义和中西调和论的文化观所衍生的。

侯幼斌先生又指出：

这集中表现在只看建筑的"硬"传统，而不看建筑的"软"传统，眼睛只盯住建筑传统的具体形态和形式特征，只看到传统的表层结构和"硬件"遗产，而看不见隐藏在建筑传统形式背后的文化心理内涵，看不到价值观念、思维方式、审美情感、建筑观念、建筑思想、创作方法、设计手法等一列建筑传统的深层结构和"软件"遗产。其结果自然导致食古不化，背上沉重的"硬"传统包袱，也会不自觉地承套着消极"软"传统的枷锁，而没有真正取得积极"软"传统的滋养[4]。

梁思成先生在《图像中国建筑史》也提出所担忧的方面：

如今，随着钢筋混凝土和钢架结构的出现，中国建筑正面临着一个严峻的局面，诚然，在中国古代建筑和最现代化的建筑之间有着某种基本的相似之处，但是，这两者能够结合起来吗？中国传统的建筑结构体系能够使用这些新材料并找到一种新的表现形式吗？可能性是有的。但这决不应是盲目地仿古，而必须有所创新。否则，中国式的建筑今后将不复存在[5]。

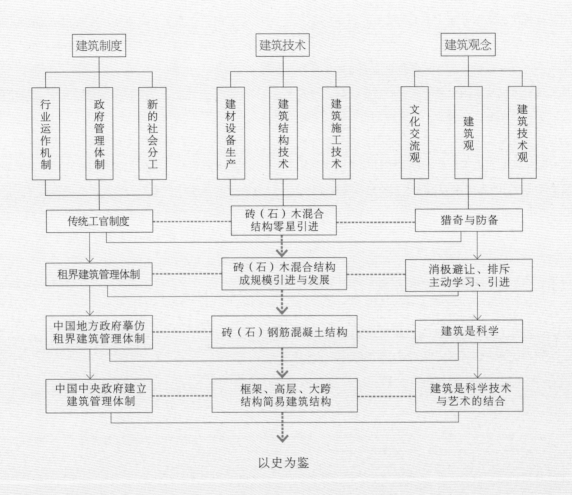

建筑制度	建筑技术	建筑观念

行业运作机制	政府管理体制	新的社会分工	建材设备生产	建筑结构技术	建筑施工技术	文化交流观	建筑观	建筑技术观

传统工官制度	砖（石）木混合结构零星引进	猎奇与防备
租界建筑管理体制	砖（石）木混合结构成规模引进与发展	消极避让、排斥主动学习、引进
中国地方政府摹仿租界建筑管理体制	砖（石）钢筋混凝土结构	建筑是科学
中国中央政府建立建筑管理体制	框架、高层、大跨结构简易建筑结构	建筑是科学技术与艺术的结合

以史为鉴

中国建筑现代转型历史脉络示意图

资料来源：《中国建筑现代转型》

南京金陵大学北大楼
图片来源：《中国古典式样的新建筑》

上海圣约翰大学怀施堂
图片来源：《中国近代建筑图集》

燕京大学穆楼
图片来源：《中国古典式样的新建筑》

南京金陵女子文理学院 100 号楼
图片来源：中国第二历史档案馆

协和建筑造型

在中国近代建筑史上，最先在大学建筑尝试将中国传统风格与西方现代技术相结合的是外国建筑师，其中，毕业于耶鲁大学的墨菲（Henry K. Murphy）无疑是其中的佼佼者。建筑师墨菲悉心研究并力争准确把握中国传统建筑的造型特点，最早总结中国建筑的五个基本特征：

反曲的屋面、布局的有序、构造的真率、华丽的彩饰和建筑各构件间的完美比例。

墨菲将这五大基本特征应用于工程实践。南京金陵大学和燕京大学（今北京大学）是墨菲最得意也是其最成功的作品。中国第一代建筑师中的吕彦直、李锦沛、范文照、董大酉、庄俊、赵深等都曾在墨菲的事务所工作过或与其共事过。墨菲通过自己的实践和指导，坚持不懈地倡导"中国建筑的文艺复兴"。

20世纪20年代初期，随着外国建筑师对中国传统文化的认识，开始进行"传统复兴"建筑的探索。北京协和医学院、燕京大学等都是那一时期的典型建筑。

20世纪20年代中后期，在南京国民政府《首都计划》的影响下，"传统复兴"建筑潮流在各地兴盛一时且影响深远。这期间，中国教会大学在特殊的历史环境中，首先倡导了"中西合璧式"建筑新式样，并拉开了"中国传统建筑复兴"的序幕。

1921年建成的北京协和医学院是教会大学建筑出现中国传统复兴倾向的早期实例，也是传教士的建筑理念与建筑师的审美意识达到默契配合的典范。协和医学院建筑群规模宏大，历史悠久，其旧址基本保持了1925年的布局和规模，至今仍在使用中。

协和建筑具有设计水平高、施工质量高、建筑材料及设备质量高、建筑后勤管理水平高等特点，将西方医疗功能建筑空间融入中国传统建筑风格，较典型地反映了20世纪初到20年代北京折中主义和传统复兴式建筑的特征，在我国近代建筑发展史上具有重要地位。

洛克菲勒基金会在全球其他国家有很多项目，但在其他任何国家，都从未如此认真地将一个机构的外在环境与其内在文化相结合。协和医学院如此耗资巨大、费时费工的建设都是为了一个目的。1936~1948年间曾担任洛克菲勒基金会主席的雷蒙德·福斯迪克（Raymond B. Fosdick）如是说：

让协和自然而和谐地融入一个正在演变的中国文化，而不是让人感到它是来自一个异己的文化。

协和建筑群的造型设计，美国人将之称作"中国式宫殿里的西方医学学府"，文献里有这样的描述：

就在这包含50余座建筑的北京协和医学院里，生动的中式色调，碧绿的屋顶，朱红的立柱。红蓝绿金各色雕饰屋檐，强烈地衬托出无菌防尘实验室、整齐划一的病床、白大褂和挺括的护士帽。古典的中式色调与耀眼的科学之白相互交织呼应，如同协和医学院与协和医院，在其发展的黄金时期，呈现出一幅中美合作机构的独特拼图。人们观摩这幅拼图，既有整幅图画经年之后凝结出来的一种高度和辉煌，也有其肌理纹路之中处处存在着匠心与张力。

高大优美的绿色琉璃瓦屋顶的建筑群，远远望去一片闪烁的碧绿，甚至协和还没竣工，就已经获得了"绿城"（the Green City）这个雅号[6]。

礼堂（A楼）

　　编号为"A"，位于南北向中轴线最南端，坐南朝北，与北部建筑群由东单三条隔开，自成一组独立院落。平面为"工"字形，包括能容纳350人的礼堂及其附属建筑。

　　礼堂整体造型摹仿中国传统宫殿式建筑，为重檐庑殿顶与歇山顶结合形式，绿琉璃筒瓦屋面，灰砖墙体，红漆柱子，梁枋施以彩画，角脊及戗脊均设仙人引五跑兽，正脊设正吻，檐下为两层椽，上层方椽，下层圆椽，檩三件均绘精美彩画。

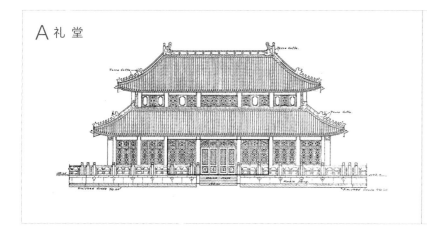

　　一层面阔七间，明次间（红框内）吞廊（向内凹进）；二层面阔五间，柱间装饰雕花雀替，各间设玻璃窗，当心间（蓝框内）四扇，次间（黄框内）各两扇且均靠两侧柱，梢间（绿框内）窗居中。山墙面清水砖墙，靠近中间有两扇窄窗；侧墙上设有仿中国古典式花格窗，内嵌玻璃。

协和礼堂以故宫太和殿为摹仿原型，屋顶采用重檐庑殿顶与歇山顶相结合的形式，同时还采用中国传统木结构的梁架体系，包括斗栱、檐口折返，优美舒展的屋顶曲线、天际相交的柔和轮廓线体现了中国文化和缓中庸和追求天人合一的理念。

医学院建筑群（B、C、D三栋教学楼）

医学院建筑群，包括 B、C、D 三座教学楼，围合成向南的三合院。生物化学教学楼（C楼）坐北朝南，解剖教学楼（B楼）在西，生理药理教学楼（D楼）在东。

三栋楼全部用绿琉璃瓦庑殿顶，建筑外墙均用灰砖。柱子刷红漆，梁枋施彩画。各楼入口处采用了一开间的卷棚歇山顶抱厦，强调了入口的位置和重要性，同时增加了建筑的层次感和过渡作用。一层带琉璃瓦小坡檐，檐口的彩画和其他装饰细部与简洁的砖砌墙体形成对比，丰富了人们对建筑的感受。

三栋楼均建在汉白玉台基之上，台基相互连接。庭院铺十字甬路，四隅种植花木，与周围的二、三层中西合璧式教学楼共同形成较为宜人的尺度。

B、C、D 楼前均设有御路踏跺 13 级，御路雕刻五龙戏珠图案，同时在B、D 两楼台基南侧设踏跺 16 级，亦装饰汉白玉栏杆。此外B楼与C楼之间，C楼与D楼之间在首层通过弧形廊道相连，通道饰绿琉璃筒瓦屋面，檩三件绘苏式彩画。

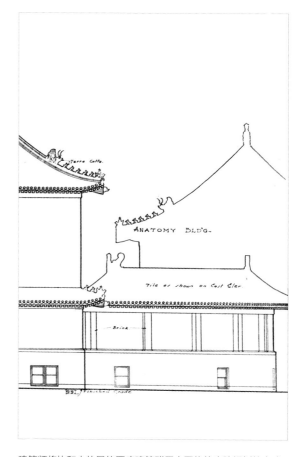

建筑师将协和大体量的医疗建筑群用中国传统庭院规划的方式化整为零，形成若干小体量建筑围合的形式，建筑之间用连廊相连，既保证了医院建筑的功能，又使协和建筑与北京胡同和谐相接，形成自然的城市肌理。

B 解剖教学楼

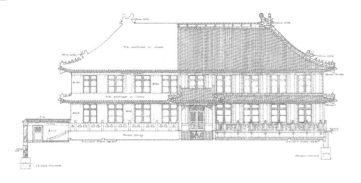

B 楼为解剖教学楼，坐西朝东，地上 2 层，屋顶为中国传统庑殿顶造型，屋脊饰仙人引五跑兽，正脊饰吻兽；各檐下设两层椽，上层方椽饰金色万字纹，下层圆椽设金色圆寿纹，檩三件绘墨线旋子彩画，柱间饰雕花雀替；建筑一层与二层间设披檐，覆绿琉璃筒瓦，披檐各脊设仙人引三跑兽；建筑采用灰砖干摆及丝缝墙面；面阔 9 间，各间设玻璃方窗。

C 生物化学教学楼

C 楼为生物化学教学楼，坐北朝南，地上 3 层，屋顶为中国传统庑殿顶造型，屋脊饰仙人引七跑兽，正脊饰吻兽；各檐下设两层椽，上层方椽饰金色万字纹，下层圆椽设金色圆寿纹，檩三件绘墨线旋子彩画，柱间饰雕花雀替；建筑一层与二层间设披檐，覆绿琉璃筒瓦，披檐各脊设仙人引五跑兽；建筑采用灰砖干摆及丝缝墙面；正立面面阔 11 间，各间设玻璃方窗，一层入口大门为仿中国传统槅扇门两扇。

D 生理药理教学楼

D 楼为生理药理教学楼，坐东朝西，地上 2 层，建筑形制同B 楼。

医疗区建筑群（E、F、K、L四栋楼）

西侧医疗区由 F、K、L 三栋建筑依东西向轴线对称布置并围合成三合院，其中综合楼（K 楼）坐东朝西位于轴线正中，护士楼（L 楼）居北，行政楼（F 楼）居南。

三座建筑中间朝西的一座比另外两座高一层，以明主次，三座建筑的入口处都有卷棚歇山的抱厦，有效地解决了三座建筑的体量比例问题。屋顶也因此分为三段，起到了减小建筑尺度的效果。与教学区三座建筑处理相同，医院建筑也采用了一层二层之间的披檐，从水平方向将建筑的尺度减小和使其更近人。这种处理手法不仅与建筑和建筑群自身有关，更重要的是对这组建筑如何与北京的城市肌理相联系作出的交代。

三栋建筑前有台基相连，并设有装饰图案的汉白玉栏杆相围合。院内中心为一圆形广场，自圆心铺设甬路与汉白玉石桥相联系，由石桥通往各楼入口，石桥之下为地下一层下沉庭院，形式较为新颖。广场风格及形态设计如同教学区主楼前广场，但规模尺度只有其一半大小。

特殊病房楼（E 楼）位于三合院南端，与行政楼通过连廊相连。连廊地上 2 层，地下 1 层，亦饰绿琉璃筒瓦屋面。

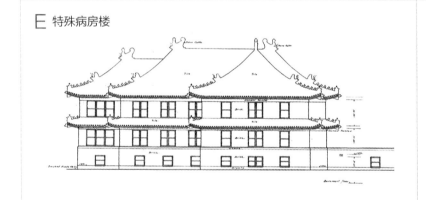

E 特殊病房楼

E 楼为特殊病房楼，平面为 L 型，西侧与行政楼相连。地上 3 层，屋顶为中国传统庑殿顶造型，屋脊饰仙人引五跑兽，正脊饰吻兽；建筑二层与三层间设披檐，覆绿琉璃筒瓦，披檐各脊设仙人引三跑兽；各间设玻璃方窗。

F 行政楼

F 楼为行政楼，平面为 T 型，主入口朝北。地上 2 层，屋顶为中国传统庑殿顶造型，屋脊饰仙人引五跑兽，正脊饰吻兽；檐下设两层椽，上层方椽饰金色万字，下层圆椽设金色圆寿纹，檩三件绘墨线旋子彩画，柱间饰雕花雀替；建筑一层与二层间设披檐，覆绿琉璃筒瓦，披檐各脊设仙人引三跑兽；面阔 7 间，各间设玻璃方窗。

K 综合楼

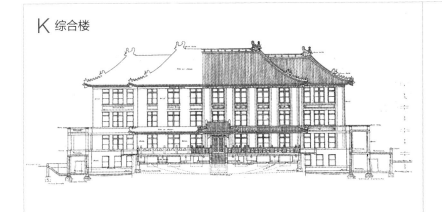

K 楼为综合楼，坐东朝西，地上 3 层，屋顶为中国传统庑殿顶造型，屋脊饰仙人引五跑兽，正脊饰吻兽；檐下设两层椽，上层方椽饰金色万字，下层圆椽设金色圆寿纹，檩三件绘墨线旋子彩画，柱间饰雕花雀替；建筑一层与二层间设披檐，覆绿琉璃筒瓦，披檐各脊设仙人引三跑兽；面阔 9 间，各间设玻璃方窗；一层入口大门为仿中国传统槅扇门两扇。

K 楼入口为一座歇山顶小门廊，绿琉璃筒瓦屋面，门廊内为精美天花吊顶。

L 护士楼

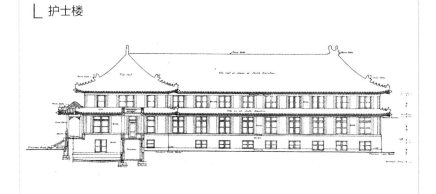

L 楼为护士楼，平面为 T 型，主要入口朝南，建筑形制同 F 楼。

病房区建筑群组（G、H、I、J四栋楼）

　　J、G、H三栋建筑围合成一个坐北朝南的狭长三合院，与南部医学院建筑群遥遥相对。其中门诊医技楼（J楼）坐北朝南，外科病房楼（G楼）在东，内科病房楼（H楼）在西。这座庭院的特点在于中轴线上建造了一座将北部的医院区与南部教学区相连的位于二层的甬道——让人不禁想起天坛的丹陛桥。（上卷094-095页展示了甬道的场景）

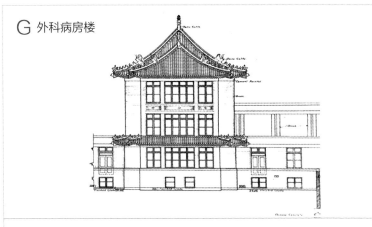

G 外科病房楼

　　G楼为外科病房楼，平面为东西向"一"字形，地上3层，屋顶为中国传统庑殿顶造型，屋脊饰仙人引五跑兽，正脊饰吻兽；檐下设两层椽，上层方椽饰金色万字，下层圆椽设金色圆寿纹，檩三件绘墨线旋子彩画，柱间饰雕花雀替；建筑一层与二层间设披檐，覆绿琉璃筒瓦，披檐各脊设仙人引三跑兽；各间设玻璃方窗。

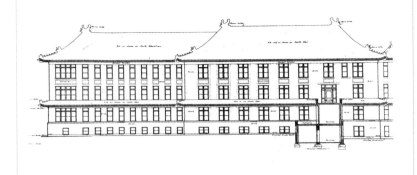

H 内科病房楼

　　H楼为内科病房楼，平面为东西向"一"字形，与G楼通过室外连廊相接，并延南北轴线对称布置。

　　H楼地上3层，其余建筑形制同G楼。

　　为了打破住院楼过长的形态，H楼与G楼采用了分段式造型手法，在楼体中间收进并屋顶降低，形成了丰富的错落关系。

如果采用中国传统建筑的常规单层建筑形式会导致占地面积过大，医疗功能流线也会过长，因此医疗区及病房区建筑群大多为三或四层。为了使西式立面形式与中式屋顶形式之间和谐统一，建筑师采用多重屋檐的形式，各栋建筑多为庑殿顶，建筑师创造性的在层间加设披檐，既起到装饰作用，又能缩小建筑的高度感。

病理楼

I 楼为病理楼，坐东朝西，地上 3 层。屋顶为中国传统庑殿顶造型，并向两侧延伸，屋脊饰仙人引五跑兽，正脊饰吻兽；檐下设两层椽，上层方椽饰金色万字，下层圆椽设金色圆寿纹，檩三件绘墨线旋子彩画，柱间饰雕花雀替；建筑一层与二层间设披檐，覆绿琉璃筒瓦，披檐各脊设仙人引三跑兽；各间设玻璃方窗。

J 门诊医技楼

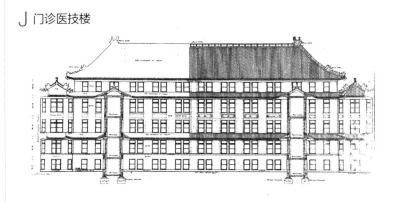

J 楼为门诊医技楼，坐北朝南，与内外科病房楼通过连廊相连接。地上 4 层，各间设玻璃方窗。一、二层间及三、四层间分别设琉璃披檐一道，覆绿琉璃筒瓦，屋顶饰仙人引五跑兽，正脊饰吻兽。其余建筑形制同 G 楼。

后勤区建筑群组（M、N楼）

后勤建筑位于建筑群东北角，共有两栋标志性建筑，分别为设备用房（M楼）及动物房（N楼）。

二期建筑（O、P楼）

20世纪30年代新加建二期综合楼（O楼）、二期传染楼（P楼）两栋建筑，位于J楼北侧，地上分别为4层和2层，平顶砖混结构，屋顶设有西洋线脚装饰，上为灰砖砌筑的女儿墙，外形为西式风格。

M 设备用房

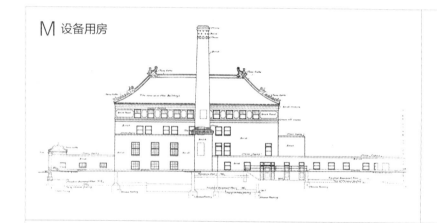

M楼为设备用房，局部3层，屋顶为中国传统庑殿顶造型，屋脊饰仙人引五跑兽，正脊饰吻兽；檐下设两层椽，上层方椽饰金色万字，下层圆椽设金色圆寿纹，檩三件绘墨线旋子彩画，柱间饰雕花雀替；建筑一层与二层间设披檐，覆绿琉璃筒瓦，披檐各脊设仙人引三跑兽；各间设玻璃方窗，该建筑北侧还有一个六角砖砌烟囱。

N 动物房等

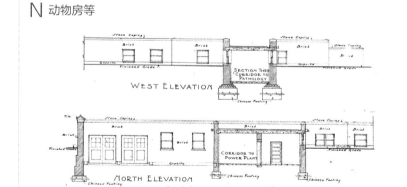

N楼为平屋面，仅地下一层，并与M楼通过连廊相连。

两个主要入口及庭院风格

在建筑造型上，两个主要入口都采用了传统的庭院式布局模式，虚而不实，使主体建筑退离街道，同时为主要建筑入口前的流线组织形成缓冲空间。

医学院入口是一个采用中国传统建筑式样的三开间门房，中间设大门向前后突出，两边是门房向内退让，立面上屋脊随之升高，将屋顶分为三段。这一处理强调和突出了大门的重要性，并且这样的宜人的建筑尺度对于东单三条的周边环境来说是恰当的，同时表现了一种尊重老北京城市肌理的一种态度。门房两侧设为铁栅栏，门外的行人可以通过栅栏的空隙清楚地看到庭院里的建筑和活动，表达了医学院对社会开放的属性，这与胡同中通常见到的强调私密性的宅院高墙显然不同。

附属医院入口与医学院的入口从形制上十分相似，也是用三座建筑围合成庭院式空间。大门采用分开的三组铁栅栏门，中间走入，两边进出车辆。与医学院的大门相比，这三组大门较宽，给人一种十分开敞的感觉，充分体现了医院为大众服务向社会开放的宗旨。为解决人车分流的问题，庭院的中心是一个标高略低于室内一层的圆形露台，露台周围是环形坡道，下为车行通道。行人进入大门后拾级而上登上露台，再通过跨越坡道的台阶到达三座建筑的入口，圆形露台上都设有中国传统样式的汉白玉栏杆，使人联想到天坛的圜丘。

教学区入口

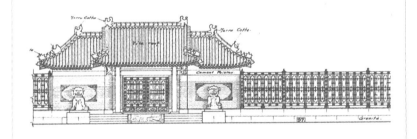

教学区入口摹仿牌坊设计为三开间，两侧布置门房，当心间为入口，看面墙中心四岔雕花，明间顶上配置歇山顶覆绿琉璃筒瓦并向门房两侧延伸；各脊均饰脊兽檐下两层椽，上层方椽饰金色万字纹，下层圆椽设金色圆寿纹，檩三件绘墨线旋子彩画，柱间装饰雕花雀替。

大门外侧两边放置卧狮一对，为清豫王府遗物，风化严重，设置有汉白玉围栏（目前已移出）。

医疗区入口

医院区主入口设计将主体建筑退后，在两侧各设门房一间，硬山顶、绿琉璃筒瓦挑大脊屋面，饰正吻、垂兽、仙人及三跑兽，山墙面装饰铃铛排山、戗檐及博风头雕花。门房面向西门侧墙开券门，墙体灰砖砌筑。（实际并没有按原设计进行，已大大简化）

小结

由于协和建筑的高标准要求使其历经百年风雨，直至今日依旧能够良好运营。作为一位西方建筑师，在短时间内并不能对中国传统建筑文化有比较深入的了解，只是将中国传统建筑的元素和风格进行摹仿至新建筑之中，如琉璃瓦庑殿顶，汉白玉栏杆基座等，单从局部设计及施工准确度来看确实达到了中国传统建筑的品质，但其整体构架无法呈现中国传统建筑内在的逻辑关系，这也是当时的局限性所致。

然而不可否认的是建筑师在当时的环境下，对中国传统建筑细节的绘制和立面尺度比例把握精准，整体效果富有冲击力，显示出了建筑自身强大的艺术魅力和建筑师卓尔不群的设计功底。例如设计多层建筑的披檐，可以削弱建筑的高度感，如此设计手法降低了建筑尺度，使建筑群显得亲切近人。可以说建筑师将"中西合璧"建筑的分寸把握得恰当而又得体。在材料的运用上，

灰色清水墙面融入北京胡同的青灰色砖墙之中，绿色的琉璃瓦大屋顶与故宫的黄色琉璃瓦遥相呼应，显得既庄严又谦虚。

从上面所展示的各个单体建筑立面造型设计中可以看出，建筑师赫西设计功底可见一斑。

总之，协和医学院的建筑造型设计力求在符合西方医疗复杂功能空间的基础上融入中国传统建筑文化特色。可以看到赫西设计的建筑形式在柯立芝规划设计理念的基础上，在朱启钤等高人的指点下发扬光大。中国伟大的建筑家梁思成先生曾经这样给建筑下定义：

建筑是历史的载体，建筑文化是历史文化的重要组成部分，它寄托着人类对自身历史的追忆和感情。

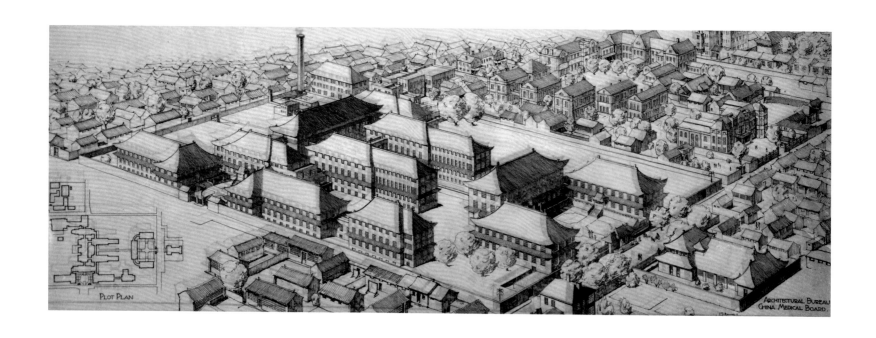

协和建筑的"褒和贬"

协和医学院因功能较特殊，在整体功能布局及建材选择上首先要遵循西方设计原则，即满足坚固、实用的原则，然后才是装饰艺术的融合并适合整体功能使用。在洛克菲勒资金投入相对充足的前提下，建筑师的设计创意从形态上尽量学习中国传统建筑，客观而言比较地道传承了中国传统艺术，但只具有装饰性，缺失了其结构上的作用。这也是由于建筑师对中国传统建筑理解的深度、当时的建造条件、建筑语境在中西方文化交流下的改变和预算等诸多因素而导致的。

由于协和医学院建筑师赫西的设计太过于注重中国传统建筑外表风格的摹仿，反而把人们的注意力引入了像或者不像这类最直观问题的争论中，因此招致了建筑同行的批评，同时还有更多外行的赞扬。

反面意见

梁思成曾对中国建筑概括说道：

中国的单个建筑物从古发展至今始终保留着三个基本要素，台基部分，柱梁或木造部分，以及屋顶部分。在外形上，三者之中，最庄严美丽者，迥然殊异于他系建筑，为中国建筑博得最大荣耀的，自是屋顶部分。但在技艺上，经过最艰巨的努力，最繁复的演变登峰造极，在科学美学两层条件下最成功的，却是支承那屋顶的柱梁部分，也就是全部木造的骨架[7]。

梁思成先生，在《建筑设计参考图集序》中，针对当时的燕京大学、协和医学院等建筑设计风格发表了自己的看法：

他们的通病则全在对于中国建筑权衡结构缺乏基本认识这一点上。他们均注重外形摹仿，而不顾中外结构之异同处，所采用的四角翘起的中国式屋顶，勉强生硬地加在一座洋楼上；其上下结构截然不同旨趣，除却琉璃瓦本身显然代表中国艺术的特征外，其他可以说仍为西洋建筑。

由于对中国传统建筑的形制和结构缺乏了解，一方面把几乎所有建筑都冠以形制最高的庑殿顶；另一方面将作为中国木结构建筑精华的构架（包括柱网、梁架乃至斗栱）予以抛弃[8]。

在中国传统建筑中，额枋、桁架是建筑结构的其中一部分，协和医学院虽从造型上进行摹仿，并且绘制了精美的彩画，但缺失了结构上的功能。协和医学院营造时的建筑语境也是在中西方文化交流下不断改变不断磨合中而形成的，导致许多相同形态的传承却也在不知不觉中丧失了其原有的结构作用，如同斗栱从唐代至清代结构性的弱化，但其中也有不少设计只是原来美学、文化的意味，却也缺失了其结构上的作用。

当时美国 Fellows & Hamilton 建筑事务所的建筑同行们评论说：

他们都错误地认为中国建筑的特性似乎就唯独表现在屋顶。其他美国建筑师如柯立芝也同样错误地认为，屋顶的形状乃是中国建筑区别于其他传统的唯一所在。因为并没有一个外国学者对中国古代建筑的本质进行过广泛的调查研究，同时也没有一个中国学者曾系统地从事过这方面的研究和论述。外国人要摹仿中国的建筑，只能从他们最美慕和钦佩的铺满琉璃瓦的宽阔的大屋顶入手，正如他们在北京故宫所见的那样。他们无法去仔细关注那些同样独特的木结构部分，比如说斗栱结构，它是支撑巨大屋顶重量的主要结构[9]。

建筑师赫西在协和建筑立面处理上采用了比较西式的处理手法，墙面采取了干净简洁的现代主义窗来划分，而中国传统建筑的"步架""开间"概念已被弱化、模糊化，原来传统的屋架传力至斗栱、柱梁系统，再至柱础到地基。一个完整的传力结构构架系统，现如今只剩墙身比较生硬地与屋顶交接组合在一起，原传统建筑中作为结构交接转换的斗栱铺作层已被大大简化，现只剩下用混凝土仿制的桁架、额枋、栱垫板，斗栱则已完全不见踪影，结构关系已被模糊化，只剩表面性的视觉装饰效果。

美国建筑师最初接触的中国传统建筑主要是北方清式官式建筑，不太可能接触到如山西佛光寺大殿的唐代建筑，自然不太可能了解斗栱在中国建筑结构中的地位，但其"开间""步架"以及柱梁传力关系的概念全给模糊化了，由此判断可以说美国建筑师对中国传统建筑的学习是比较片面的，更多只是局部构件的摘取，而并没有从其建筑构造体系去深入了解学习。

有关协和医学院教学区入口与医院区入口处，美国设计师只是简单地将主建筑层数多于两侧建筑，以此来强调其主体地位，跟传统手法也是相去甚远。协和医学院的礼堂正面从造型上是比较"纯正"地摹仿故宫太和殿，但原来只是一层空间的重檐庑殿顶却设为两层，而二层功能因空间与采光需要，重檐之间原来额枋的尺度不得不加大并进行开窗，整个形体比例发生变化致使其失去了传统地道的韵味。设计师对中国传统建筑的学习相对还停留在建筑意象的捕捉与传统建筑元素片段的运用上，对传统建筑的组织、构造体系的概念的理解还处于比较模糊的阶段。

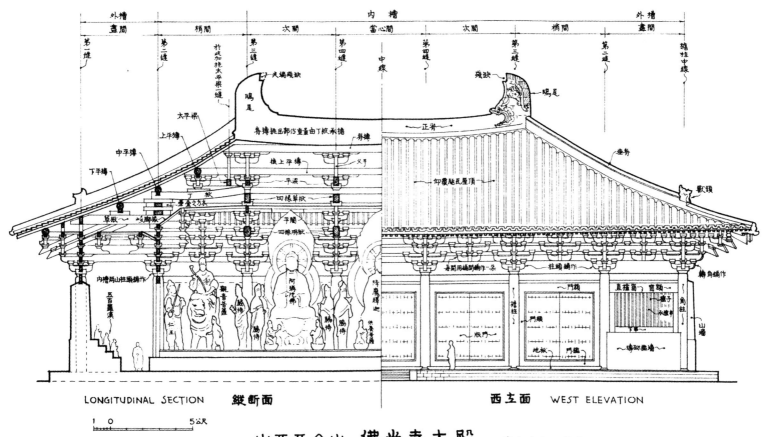

外檐
壹間

內檐

外檐
壹間

第一縫　第二縫　梢間　第三縫　次間　第四縫　當心間　中線　第四縫　次間　第三縫　梢間　第二縫　撩柱中線

LONGITUDINAL SECTION　縱斷面

WEST ELEVATION　西立面

山西五台山 佛光寺大殿　唐大中十一年建　857 A.D.

MAIN HALL OF FO-KUANG SSU · WU-T'AI SHAN · SHANSI

佛光寺大殿建筑剖立面图（斗栱结构是承重结构）

资料来源：《图像中国建筑史》

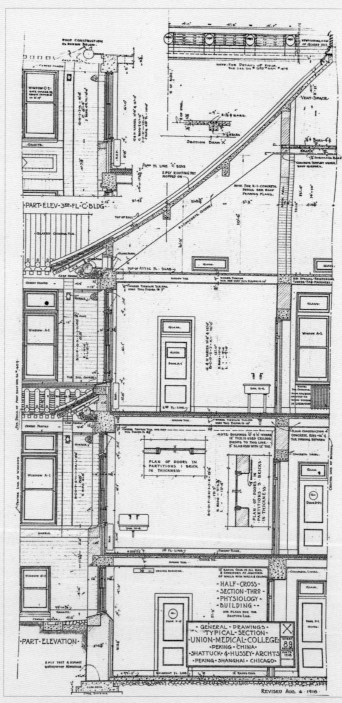

协和老建筑墙身详图（斗栱结构只是装饰）

正面评论

非常难得的是，协和建筑的风格在非建筑界的人士中却获得了一致好评。

在北京协和医学院建筑即将竣工的时候，当时中国政府的内务部派代表视察了北京协和医学院工地，并向总统徐世昌作了汇报。之后徐世昌致电老洛克菲勒，对洛克菲勒基金会在中国的工作表示感谢。在电文中，徐世昌特别肯定了协和建筑采用中国传统风格，称之为"有尊严和美丽"。这种尊严是指中国文化传统的尊严，这种尊严在当时处于殖民地的中国来说是非常需要的。徐世昌在开幕仪式上说道：

北京协和医学院建筑结构坚固，装修精美，结合了中西方建筑的最佳特点，配备了最现代化的设备。这些建筑的竣工超过了过去中国所有类似项目的成绩，这是博爱和利他主义原则鲜活的例证。北京协和医学院的落成将极大地造福我们的社会，在人民心中唤起大爱，深切的共情，从而大力仿效眼前树立的崇高榜样，由此而来的益处让我们心怀感激[10]。

美国驻华大使瑞恩施（Paul S. Reinsch）当时向美国国务卿汇报协和医学院的信中指出：

采用中国建筑风格是对中国艺术的表彰，对此中国人极为赞赏。这可以鼓励他们坚持自己宝贵的艺术传统，而非通过采用西方形式来得到认可。摹仿西方只会产生不伦不类的结果。

这些言语现在听起来还是非常中肯的。毋庸置疑，北京协和医学院的建筑设计的确可以作为外国建筑师设计作品适应中国建筑文化与当地文脉的典范。

1924年，发现"北京人"的协和解剖系主任步达生（Davidson Black）在关于解剖系建筑的报告中如此描述：

努力让建筑外观尽可能接近中式，以使其与北京伟大的古迹浑然和谐……这一尝试中最惊人的特征就是弯曲的绿色琉璃屋顶，加上传统的屋檐颜色装饰，以及按照传统殿堂设计的入口庭院。

因此设计师只能在首先满足功能使用要求的基础上，尽可能地摹仿中国古代官式建筑，对所有建筑都冠之"宫殿式"大屋顶，优美的屋面上并且覆之墨绿色琉璃瓦，配之精美仿制的瓦饰构件，单从屋顶造型方面评价可以说是仿制得很纯粹。

英国哲学家罗素曾如此评论，白种人去中国的动机有三：打仗、赚钱和传教。他曾断言洛克菲勒人只是美国精神的传教士代表，"用整洁取代艺术，用洁癖取代美，用说教取代哲学……再加上一种普遍忙忙碌碌的氛围，这就是美国精神"。

罗素一直严厉地批判美国在中国的动机，但在访问北京期间他染上了肺炎，数年后他写道："北京的洛克菲勒医院，可以说是我的救命恩人，它的抗血清帮助我杀死了肺炎链球菌。在这一点上，我要向他们表达深深的感激之情，因为在这之前，我始终在政治上强烈地反对他们。"罗素还如此描写协和建筑：

洛克菲勒医院是一栋巨大而显眼的建筑，代表了一种有趣的尝试，试图调和中国的东方之美与欧洲的功能主义。绿色屋顶非常的中国，但墙壁和窗户却是欧洲式的。尽管难言完全成功，但这样的探索值得赞赏。医院拥有几乎所有最现代的科学设备，但是它就像标准石油公司一样具有垄断性，他们不允许任何与医院无关的人使用这些设备……北京协和医学院除了教授医学外，还教授许多别的东西，例如英语文学，而且显然教得很好。为了培养中国内科和外科医生达到西方水准，这些都是必需的。为了学习医学和其他欧洲文化，掌握一门欧洲语言也是必要的[11]。

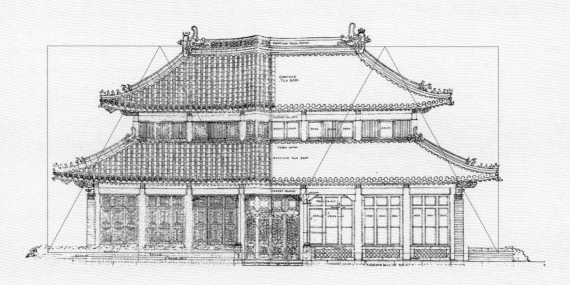

礼堂立面比例关系

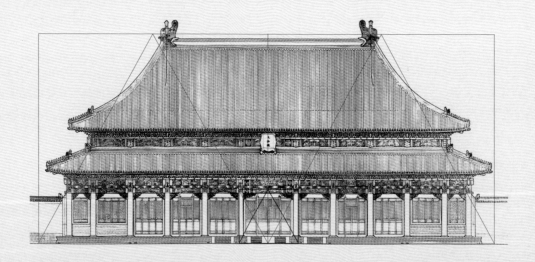

太和殿立面比例关系

小结

20 世纪中期，中国正处于中西文化交流和碰撞的初期，西方文明如科技、文化等陆续涌入中国。医院、学校作为一种西方社会组织方式而产生的公共建筑在中国没有出现过，自然不能完全用原来中国传统建造方式解决问题，尤其不能采用中国传统木材及营造方法建造。因为医院建筑有其极强的专业性，而且有非常高的采光、通风和防火等要求。如果采用木结构的建造方式，其防火要求自然是一个无法解决的问题，而且中国传统木构方式建造跨度十分有限，室内空间还会有柱子落下，无法适合近现代医院所需的功能空间布置。这也是当时建筑师柯立芝反对采用中国传统形式的主要原因。

针对近代中国建筑师设计的传统复兴式建筑，作为土生土长的中国建筑师设计作品哪个是传承得非常到位呢？这个问题确实是摆在建筑师面前的难题：按照梁先生的说法，完全复古？造价的问题、功能的问题……有必要吗？如果是传统复兴式，到底如何组合并获得平衡：将传统建筑的各种元素与现代建筑材料、技术及功能放到一个盆里进行和面，然后看谁揉面揉得最好？即使对最熟练的外国建筑师来说，还有一个更基本的问题：如何去定义中国的建筑传统？换句话说，怎样去理解中国建筑？协和医学院将这两方面的需求已经达到了高水平的平衡点，尽管是中国大屋顶与西式墙体的组合，但没有任何忸怩做作的痕迹，同时将美学的视觉构图及建筑最需要讲究的比例关系做到了比较完美的境地。

需要强调的是所有研究学者或评论家都应该跳出唯本专业独尊的狭隘视野，将建筑活动置于纷繁复杂的生活世界中深入观察和分析后再加以评论，设身处地理解特定历史文化背景中的诸多问题，少一些抱怨与责备，多一些思考与尝试，力图在学术理想与社会现实之间搭起相互沟通的桥梁。这样我们就会看到"建筑"的真正意义在于其活动的全过程，而不仅仅是作为"结果"的建筑物，不要忘了建筑的本意是人类建构栖居场所的活动，建筑的本意是营造"空"，而不是"实"。

比利时的传教士艺术家格里森（Dom Adebert Gresnigt）写道：

所有建筑形式都无一例外地存在着互相适应问题，但决不能提倡机械摹仿现有的庙宇和塔的形式。在华教会采用糅合中国建筑形式的最终目的，是想以这种与众不同的建筑形态来反映真正的中国精神，充分表现出中国建筑美学观念，为创造性地解决这一问题提供更广阔的前景[12]。

在华传教士们寻求中西合璧建筑形式的设想，在时机上恰逢西方建筑界盛行折中主义思潮之际，摹仿或糅合各种不同时代的历史风格，甚至于不同国家或地区的建筑形式，都是时髦的设计手法。很难说建筑师在教会大学建筑形态的起因方面有过什么促进作用，不难推断，西方建筑师了解到传教士的设想之后，他们首先想到的就是中国古典建筑那造型丰富而又奇特的屋顶。

有关屋顶，比利时传教士格里森还以浪漫的笔调形容道：

屋顶是中国建筑艺术的最高境界，优美曲线的屋面就像精心编织的巨大华盖……柔和曲线是中国式屋顶最独特的表现方式之一，许多重要建筑的屋顶构成就如同专业音乐家演奏的动听乐章一样……柔和的曲线，宏伟的尺度，和谐的比例，都足以使人们领受到那种庄重和高贵的屋顶造型所具有的极强的艺术感染力。

日本著名建筑师伊东忠太曾评论说：

屋顶为中国建筑最重要之部分，故中国人对于屋顶之处理方法非常在意，第一欲使有大面积大容积之屋顶不陷于平板单调，宜极力装饰……中国人对屋顶之装饰，煞费苦心，全世界殆无伦比。

然而，西方建筑师对中国古典建筑外部形象的捕捉，仅仅是力求达到一种总体艺术效果的相似性目的而已，他们无法也无意去探求中国古典建筑的内涵。

对中国近代建筑历史研究很有见地的董黎教授曾这样评论：

西方建筑师面临的问题是：中国古典建筑和西方建筑分属于完全不同的两种文化范畴，从建筑手法、建筑材料到审美情趣都差之千里，要运用建筑学的方式将其糅合起来绝非易事，还得取决于建筑师对两种异质文化的理解深度和自身建筑素养的水准。

中国传统复兴式建筑的文化意义和社会影响，远远超出建筑自身的使用价值，因此，褒时被誉为民族精神之体现，必全国效之方罢休，贬时被斥为历史倒退之逆流，必全国讨之而后快。但无可否认的是，这类建筑新式样在本质上属于中西文化交汇的历史产物，其生硬也罢，成熟也罢，失败也罢，成功也罢，这类建筑新式样毕竟将两种完全不同的建筑文化混合成了一个有形的实体，并进而演变成绵延至今的一种建筑风格，无疑值得建筑学家和历史学家共同加以探讨[13]。

总之，20 世纪 20 年代的教会大学建筑形态几乎都是将当时先进的工业技术和中国传统建筑式样相结合的产物，以此作为传播古老文化观念的手段，其建筑构思的着眼点是意欲展现中国悠久的传统文化和西方现代科学的融合，因此，教会大学建筑形态必然会呈现出中西文化双向流动的特征。北京协和医学院建筑群建成至今，收到的评论虽褒贬不一，但不可否认，北京协和医学院是中西方建筑文化融合的一次重要尝试。

新中国成立后，对于协和计划新建的项目，协和医院领导也非常谨慎，在是否沿袭协和老建筑的风格还是完全采用现代建筑风格的问题上，特意请教了著名建筑大师吴良镛先生。吴老针对新楼建筑风格的定位问题明确提出：

北京协和老建筑群在中国现代建筑史上已达到登峰造极的境界，无与伦比，所以我们用现在的眼光、现代的手法来演绎老协和的设计风格，已经不太可能。

吴老主张采用完全现代化建筑风格，最终院方采纳了这一建议。的确如此，如果今天继续延续这种"中西合璧"的建筑风格，只会增加造价，其他意义并不明显。因为时代变了，周边环境变了，人们的审美倾向和认知水平也发生变化了。

最后，将建筑评论大家冯晋先生、建筑史学家郭伟杰先生（Jeffrey W. Cody）的评语，以及 1921 年洛克菲勒二世在协和开幕式上的讲话作为本章节的结论实在是恰当不过。

1983 年于清华大学建筑学院毕业的冯晋先生，曾对北京协和医学院的设计给予高度认可：

北京协和医学院的设计与建造是中国近代建筑史上的重要事件。作为中西结合建筑的早期尝试，北京协和医学院的建筑群体证明了中国传统建筑形式可以用于具有复杂功能的大型公共建筑（医院建筑）[14]。

郭伟杰先生曾任职于香港中文大学建筑系，于 1989 年在美国康奈尔大学完成了博士学位论文《亨利·墨菲，一位美国建筑师在中国 1914-1935》，首次对特定历史时期在华活动的外国建筑师进行系统研究，揭示了他们在中国发挥的独特作用。关于协和医学院建筑群，郭伟杰先生评论如下：

北京协和医学院在中国近代建筑史中的重要性，在于它是外国人第一次在中国古都北京设计建造的，以中国传统建筑形式为基础的现代建筑，因此它对中国近代建筑发展的影响是巨大的[15]。

在 1921 年的北京协和医学院落成典礼上，洛克菲勒二世代表洛克菲勒基金会诚挚致辞，他阐述了协和医学院采用这种传统复兴式建筑形式的缘由：

在设计医学院诸建筑时，由于室内是必须要遵循西方设计和安排以满足现代科学医学执业之要求，然而在这同时，我们也尽可能在不增加花费情况下，审慎地寻求室内功能性与中国建筑外貌之美丽线条及装饰相结合，特别是其高度、屋顶和装饰相结合，我们之所以如此做是想让使用如此设计建造之建筑的老百姓得以一种宾至如归之感觉……并且也是我们对中国建筑之美好部分欣赏的最诚挚表达[16]。

北京近代建筑历史源流图

资料来源:《北京的洋市民》

样式类型 / 年代分期		传统式 → 洋风 → 传统复兴式	折中主义			现代主义
		基督教堂	西洋楼式	洋风	传统复兴式	传统主义新建筑
17世纪前	1305 (初始期)	·第一教堂				
17世纪	1605	·宣武门南堂				
	1652	·南堂第一代				
	1655	⊢·东堂第一代				
	1662	⊢·东堂第二代				
	1703	⊢·救世堂第一代				
18世纪	1712 (发展期)	·南堂第二代				
	1721	·南堂第三代				
	1723	⊢·东堂第三代				
		⊢·西堂第一代				
	1730	·南堂第四代				
	1736		·圆明园西洋楼			
	1776	·南堂第五代				
19世纪	1795 (延续期)					
	1865	⊢·救世堂第二代				
	1867	⊢·西堂第二代				
	1884	⊢·东堂第四代				
	1888	⊢·北堂				
	1893		皇室:·颐和园清晏舫			
20世纪 前20年	1901		市井:门面建筑	·东交民巷使馆区		
	1904	·南堂第六代				
	1905	·东堂第五代	·中海海晏堂	·电灯公司		
	1906		·农事试验场门			
	1907	·南堂沿教主堂	·陆军部衙署	·北京饭店		
	1911			·官厅		
	1912 (后期)	·西堂第三代		·清华学校		
	1914			·国会		
	1917			·监狱		
				·新世界商场		
20年代	1921	·救世君中央堂		·电车公司	·协和医学院	
	1922					
	1924					
	1926			·大陆银行	·燕京大学	
	1929				·辅仁大学北平图书馆	
30年代	1931					·交通银行
	1932					·仁立公司
	1937					

协和老建筑设计图纸

A 礼堂

SECTION THRU STAGE LOOKING SOUTH
SCALE ½ INCH = 1 FOOT

SECTION THRU MEZZANINE FLOOR LOOKING SOUTH
SCALE ½ INCH = 1 FOOT

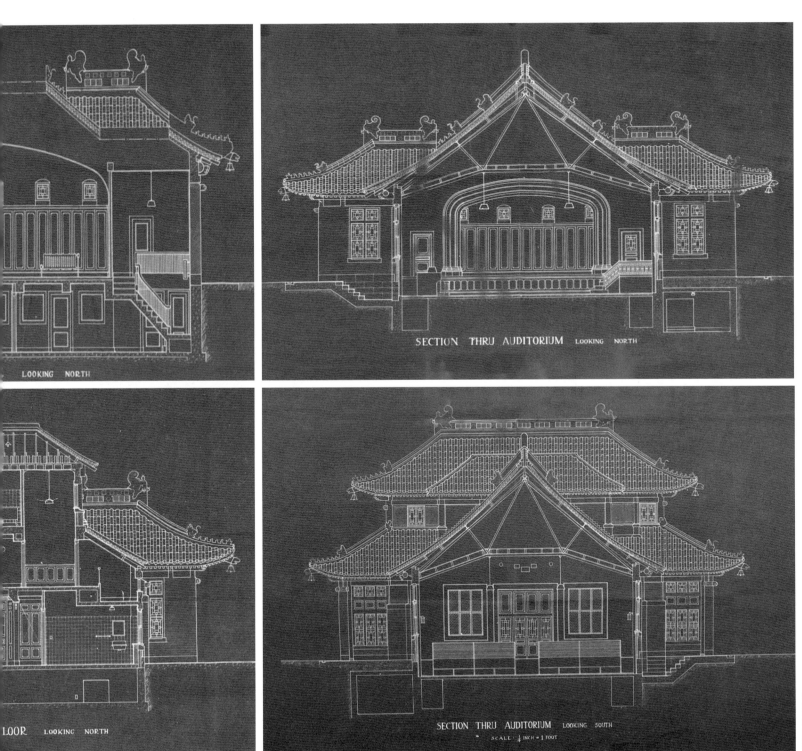

LOOKING NORTH

SECTION THRU AUDITORIUM LOOKING NORTH

LOOR LOOKING NORTH

SECTION THRU AUDITORIUM LOOKING SOUTH

SCALE ⅛ INCH = 1 FOOT

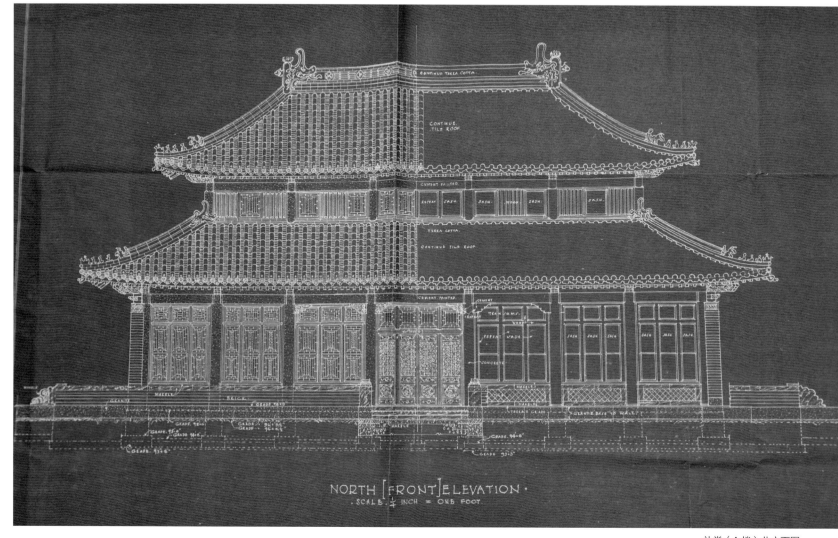

NORTH [FRONT] ELEVATION.
SCALE. ¼ INCH = ONE FOOT.

礼堂（A楼）北立面图

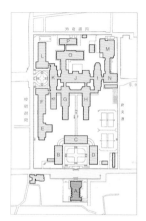

建筑编号：A

绘制日期：1919 年 8 月 14 日

出图部门：沙特克赫西（Shattuck & Hussey）建筑师事务所

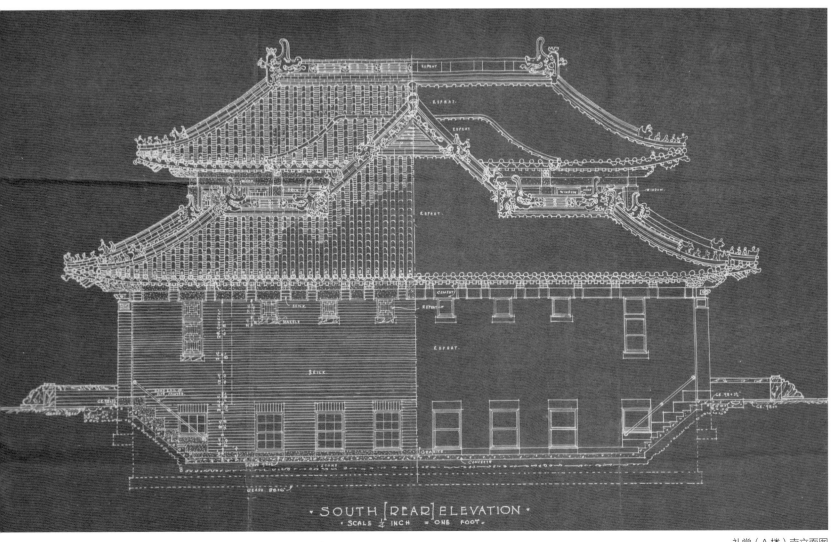

·SOUTH [REAR] ELEVATION·
· SCALE ½ INCH = ONE FOOT ·

礼堂（A楼）南立面图

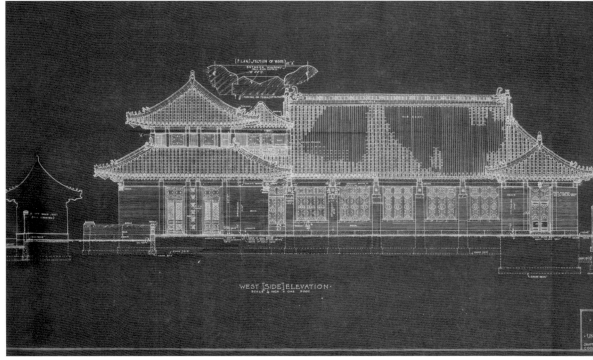

礼堂（A楼）西立面图

礼堂（A楼）东立面图

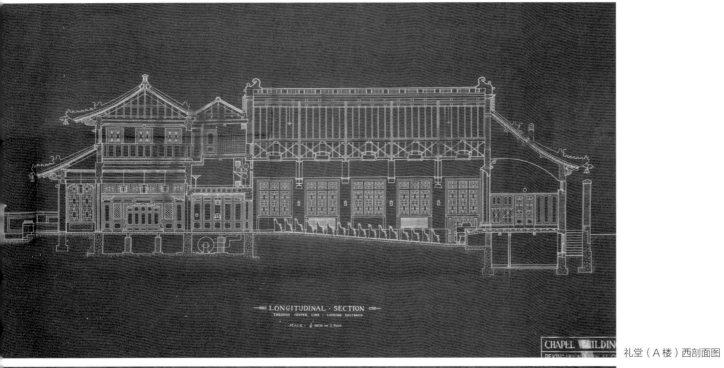

礼堂（A楼）西剖面图

礼堂（A楼）东剖面图

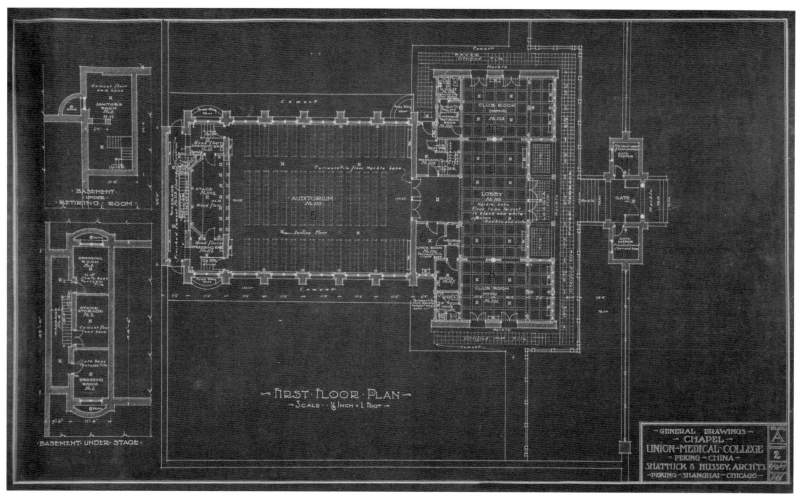

一层平面及局部地下平面图

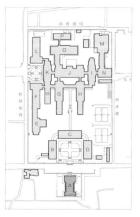

1	管理员室	7	办公室
2	更衣室	8	男士俱乐部
3	储物室	9	门厅
4	舞台	10	女士俱乐部
5	观众厅	11	门房（后改为大门）
6	寄存处		

建筑编号：A

图纸编号：2

绘制日期：1917 年 6 月 9 日

出图部门：沙特克赫西（Shattuck & Hussey）建筑师事务所

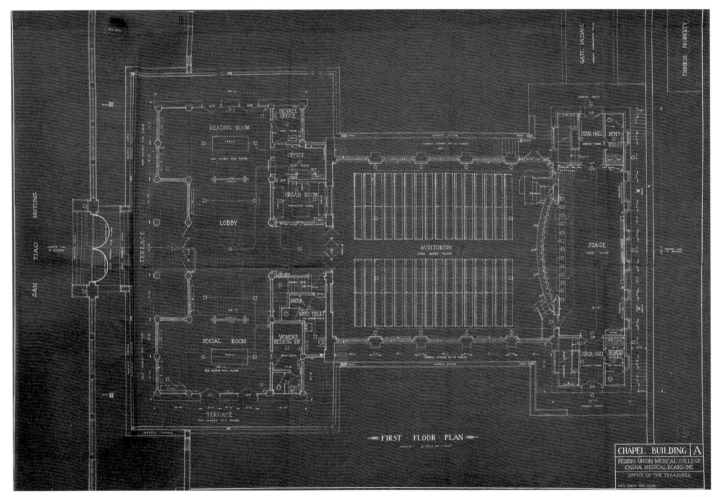

一层平面图

1	阅览室（原女士俱乐部）	6	社交室（原男士俱乐部）
2	私人办公室	7	观众厅
3	办公室	8	舞台
4	管风琴室	9	楼梯间
5	门厅		

建筑编号：A

绘制日期：1934 年 12 月

出图部门：协和医学院司库办公室

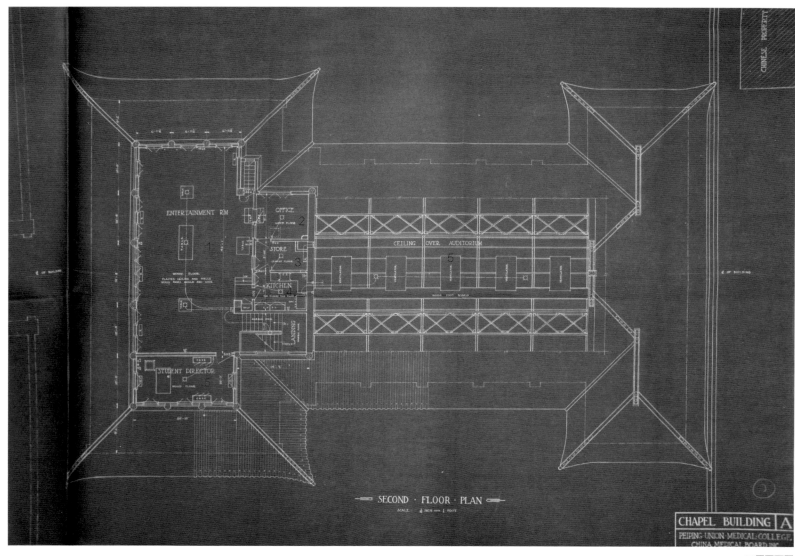

二层平面图

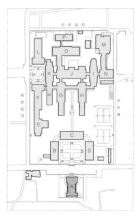

建筑编号：A

绘制日期：1934 年 12 月

出图部门：协和医学院司库办公室

1　娱乐室
2　办公室
3　储藏室
4　厨房
5　礼堂天花

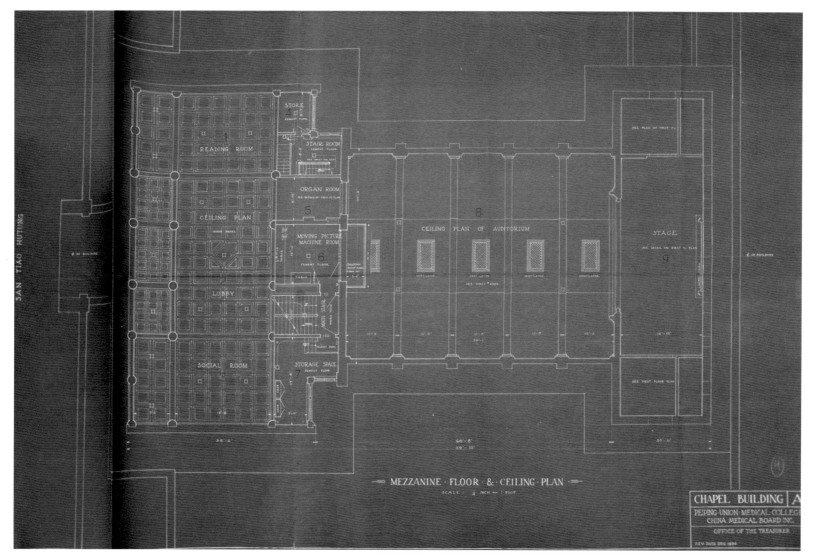

夹层及天花平面图

1	阅览室（原女士俱乐部）	6	影像器械室
2	门厅	7	库房
3	社交室（原男士俱乐部）	8	观众厅（天花平面）
4	储藏室	9	舞台
5	管风琴室		

建筑编号：A

绘制日期：1934 年 12 月

出图部门：协和医学院司库办公室

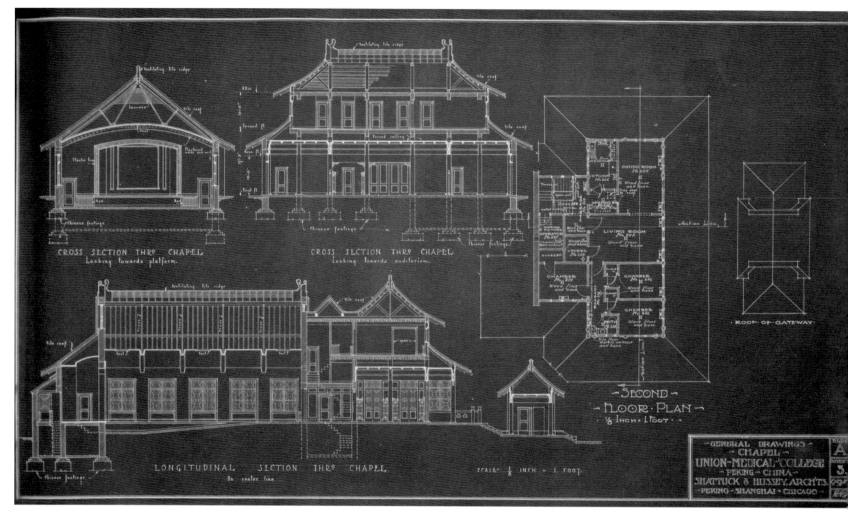

礼堂（A 楼）剖面及局部平面图

建筑编号：A

图纸编号：3

绘制日期：1917 年 6 月 9 日

出图部门：沙特克赫西（Shattuck & Hussey）建筑师事务所

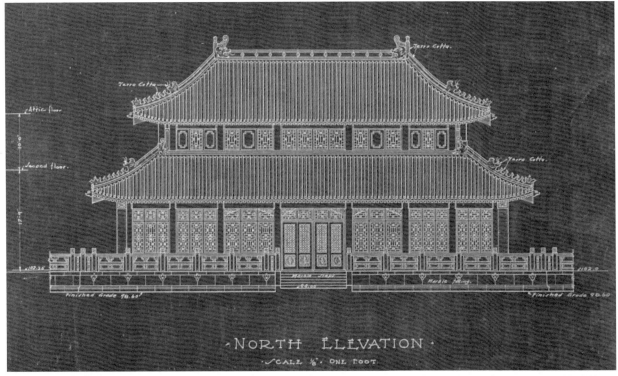

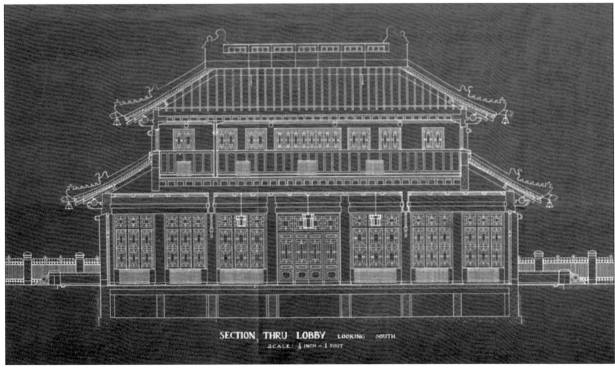

建筑编号：A

图纸编号：4

绘制日期：1917 年 6 月 9 日

出图部门：Shattuck & Hussey 建筑师事务所

礼堂（A 楼）北立面图

礼堂（A 楼）剖立面图

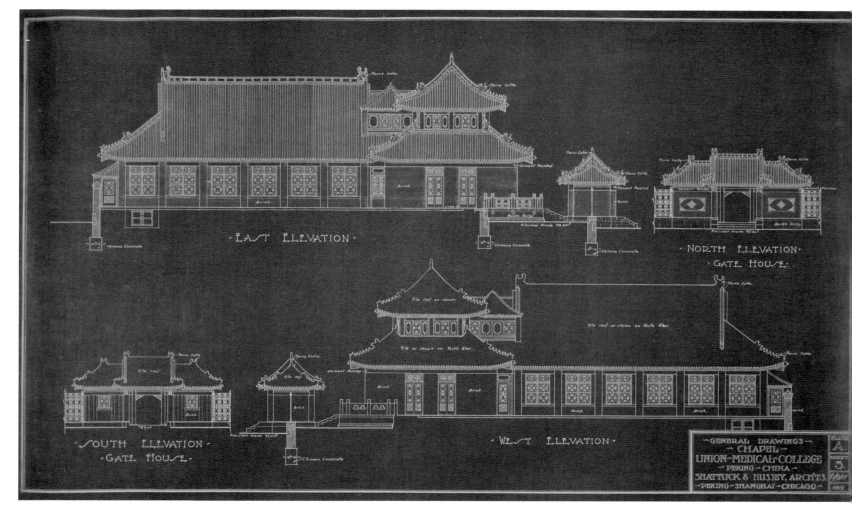

礼堂东、西立面及门窗、门房设计详图 （实际并没有按原设计进行，已大大简化）

建筑编号：A

图纸编号：5

绘制日期：1917 年 6 月 9 日

出图部门：沙特克赫西（Shattuck & Hussey）建筑师事务所

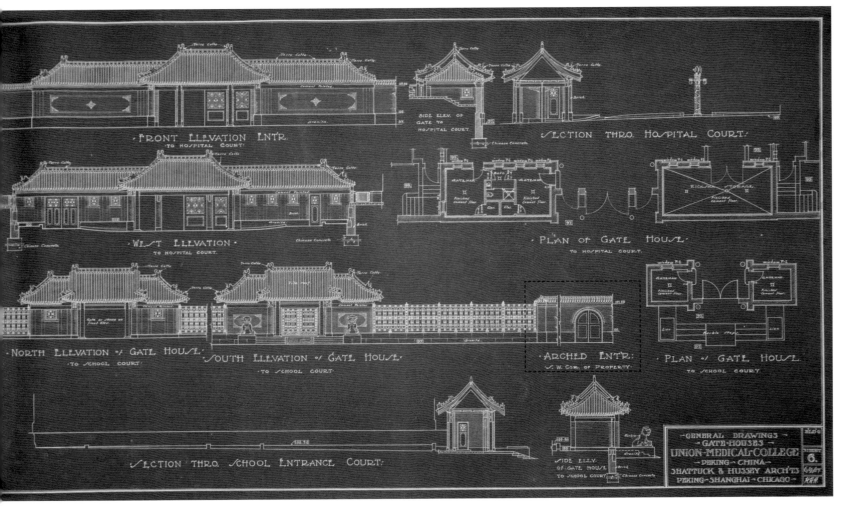

医学院及附属医院门房设计详图 （红线内为住宅北院区门房设计，标号为 W，平面位置见上卷 90 页）

建筑编号： −

图纸编号： 6

绘制日期： 1917 年 6 月 9 日

出图部门： 沙特克赫西（Shattuck & Hussey）建筑师事务所

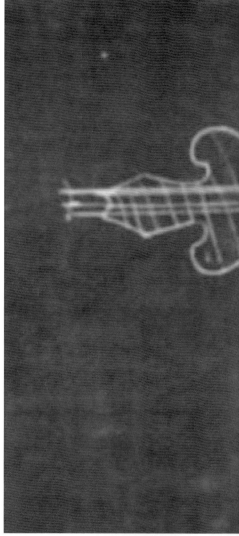

管风琴围栏细部大样图

礼堂门厅两侧屏风隔断设计详图

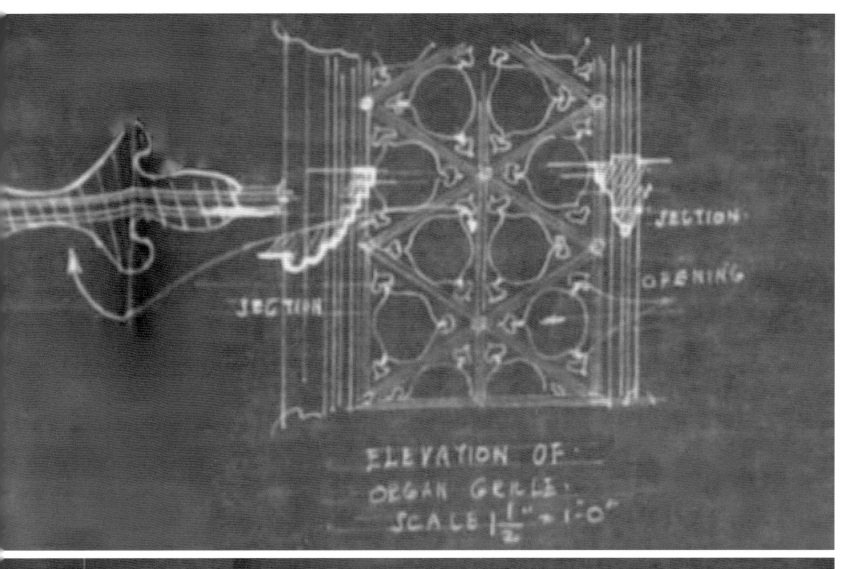

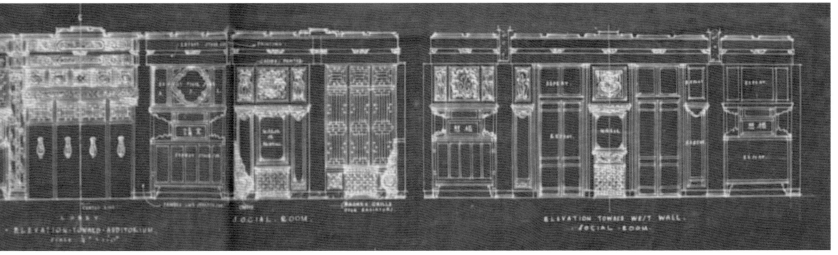

B 解剖教学楼

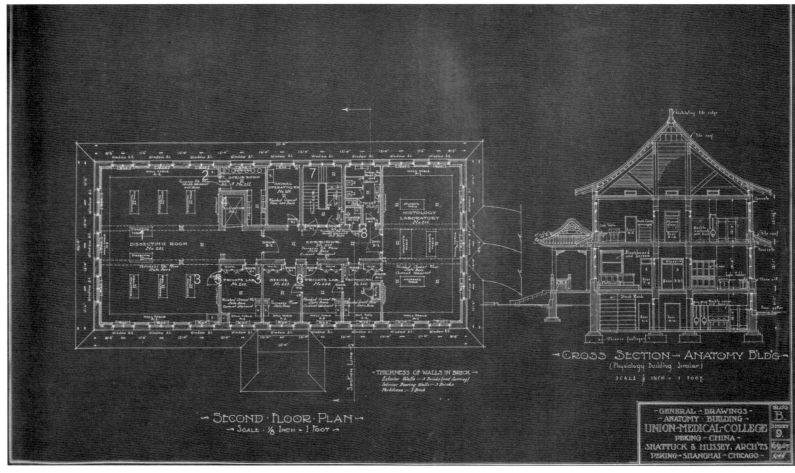

二层平面图

建筑编号：B

图纸编号：9

绘制日期：1917 年 6 月 9 日

出图部门：沙特克赫西（Shattuck & Hussey）建筑师事务所

1	解剖室	6	技师室
2	刷手间	7	清洁室
3	专用实验室	8	组织学实验室
4	动物房		
5	办公室		

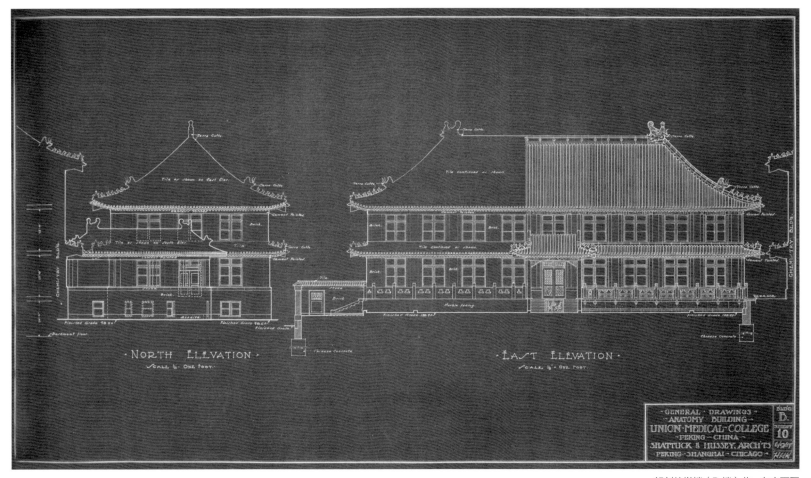

解剖教学楼（B楼）北、东立面图

建筑编号：B

图纸编号：10

绘制日期：1917 年 6 月 9 日

出图部门：沙特克赫西（Shattuck & Hussey）建筑师事务所

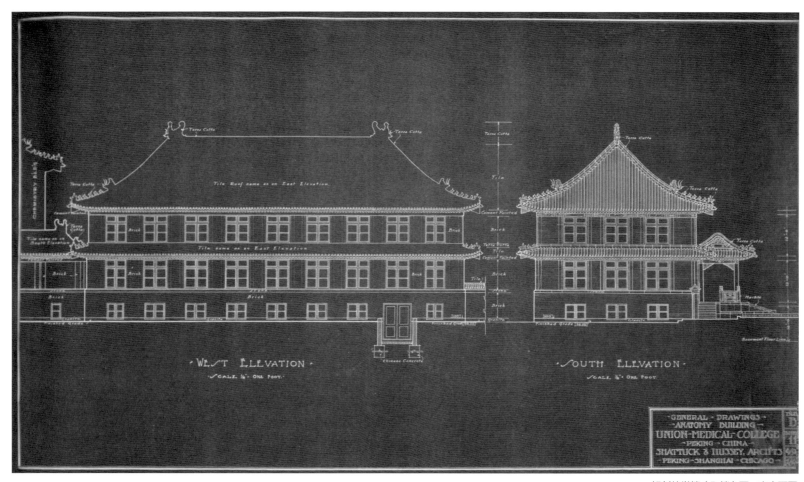

解剖教学楼（B楼）西、南立面图

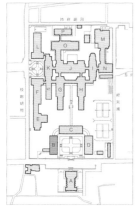

建筑编号：B

图纸编号：11

绘制日期：1917年6月9日

出图部门：沙特克赫西（Shattuck & Hussey）建筑师事务所

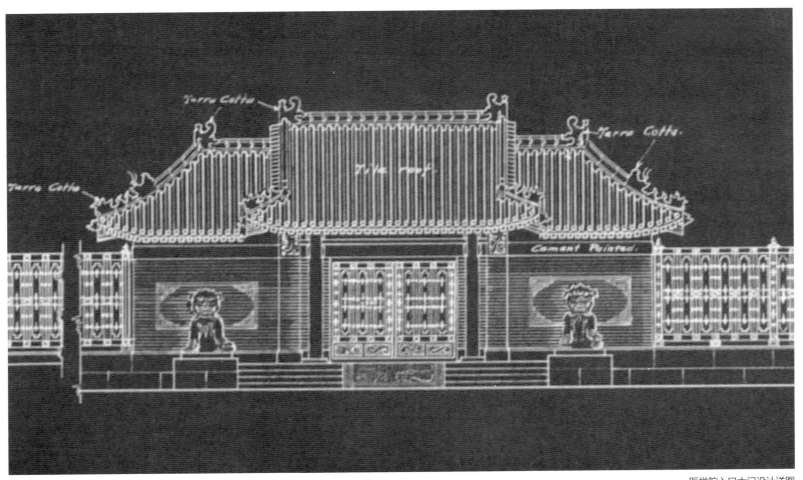

Terra Cotta

Terra Cotta

Terra Cotta

Tile roof

Cement Painted.

医学院入口大门设计详图

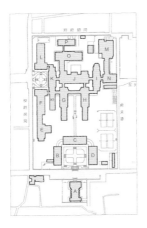

C 生物化学教学楼

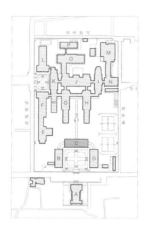

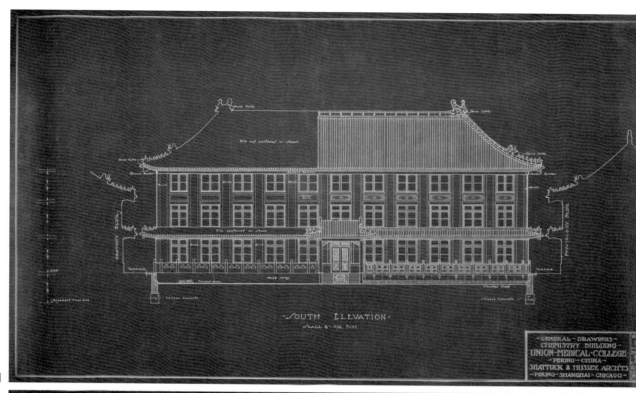

生物化学教学楼（C 楼）南立面图

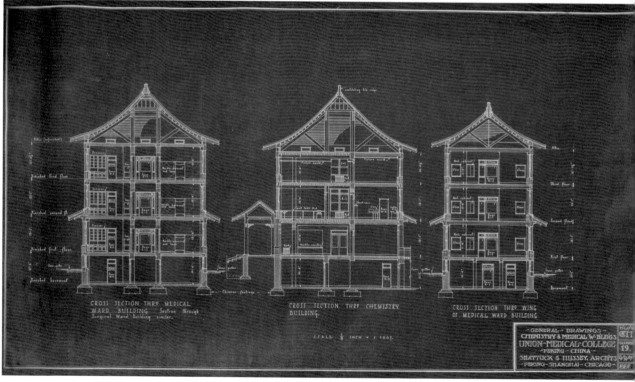

建筑编号：C/H

生物化学教学楼（C 楼）、病房楼剖面图
（从中间的剖面图中可以看出甬道与 C 楼的关系）

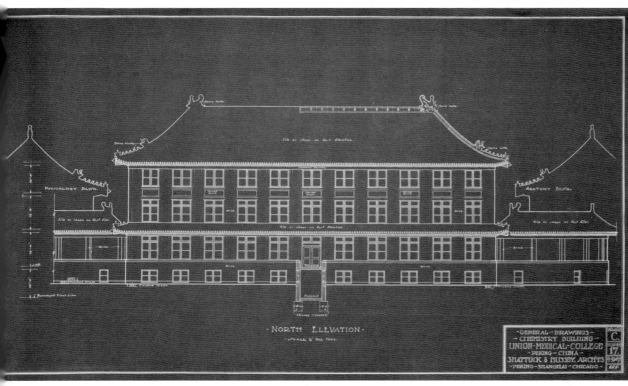

生物化学教学楼（C楼）北立面图

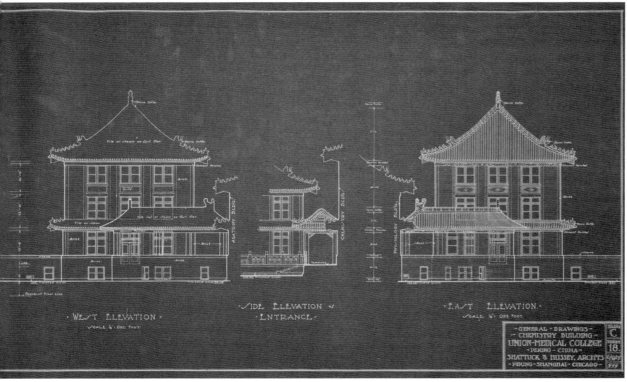

生物化学教学楼（C楼）东、西立面图

建筑编号：C

图纸编号：16-17

绘制日期：1917 年 6 月 9 日

出图部门：沙特克赫西（Shattuck & Hussey）
建筑师事务所

D 生理药理教学楼

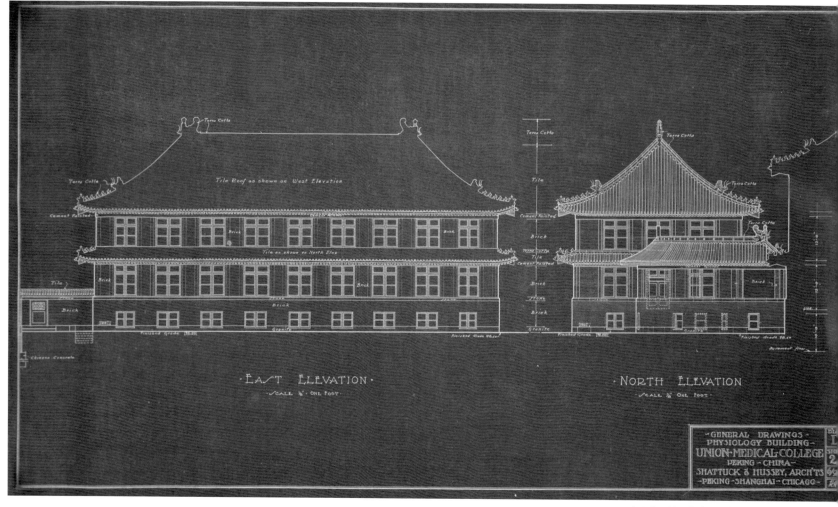

生理药理教学楼（D楼）东、北立面图

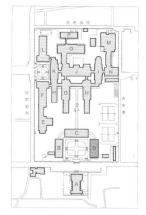

建筑编号：D

图纸编号：24

绘制日期：1917年6月9日

出图部门：沙特克赫西（Shattuck & Hussey）建筑师事务所

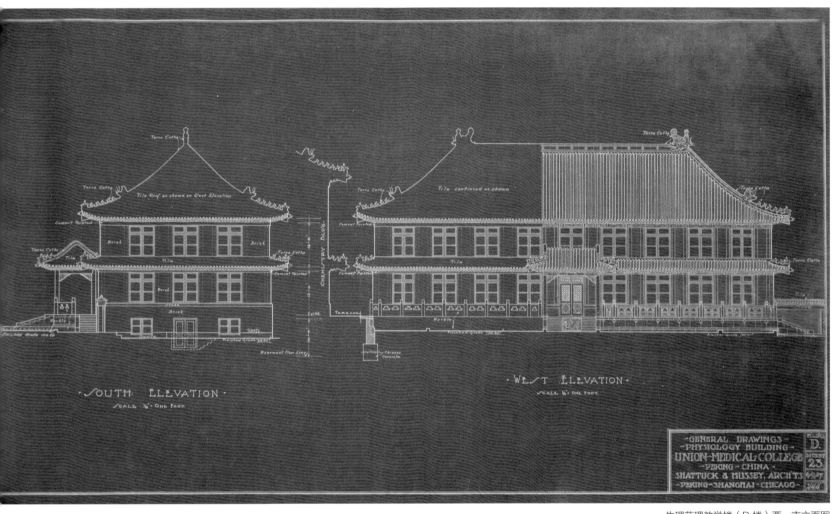

·SOUTH ELEVATION·
SCALE ⅛" ONE FOOT·

·WEST ELEVATION·
SCALE ⅛" ONE FOOT·

·GENERAL DRAWINGS·
·PHYSIOLOGY BUILDING·
UNION MEDICAL COLLEGE
·PEKING·CHINA·
SHATTUCK & HUSSEY, ARCH'TS
·PEKING·SHANGHAI·CHICAGO·

BLDG
D.
SHEET
23

生理药理教学楼（D 楼）西、南立面图

建筑编号：D

图纸编号：23

绘制日期：1917 年 6 月 9 日

出图部门：沙特克赫西（Shattuck & Hussey）建筑师事务所

E 特殊病房楼

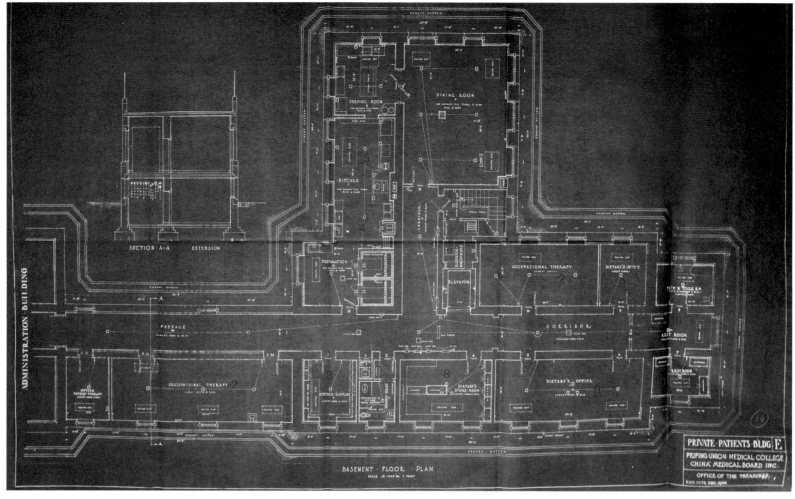

地下平面图

1	物理治疗室	6	备餐室
2	作业疗法室	7	餐厅
3	厨房供应室	8	冷库
4	准备间	9	膳食制备室
5	厨房	10	休憩室

建筑编号：E

绘制日期：1934 年 12 月

出图部门：协和医学院司库办公室

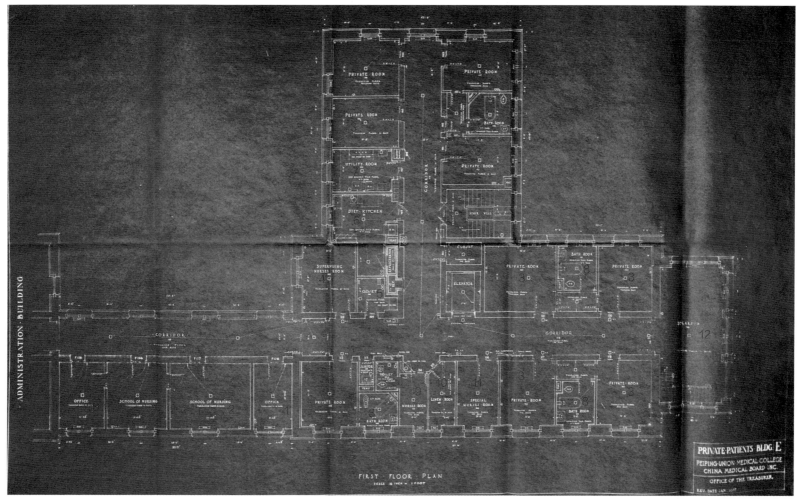

一层平面图

1	办公室	6	营养厨房	11	专用护士室
2	护理学校教室	7	杂物室	12	阳光室
3	私人病房	8	洗浴室		
4	护士长室	9	护士室		
5	贮藏室	10	被服室		

建筑编号：E

绘制日期：1935 年 1 月

出图部门：协和医学院司库办公室

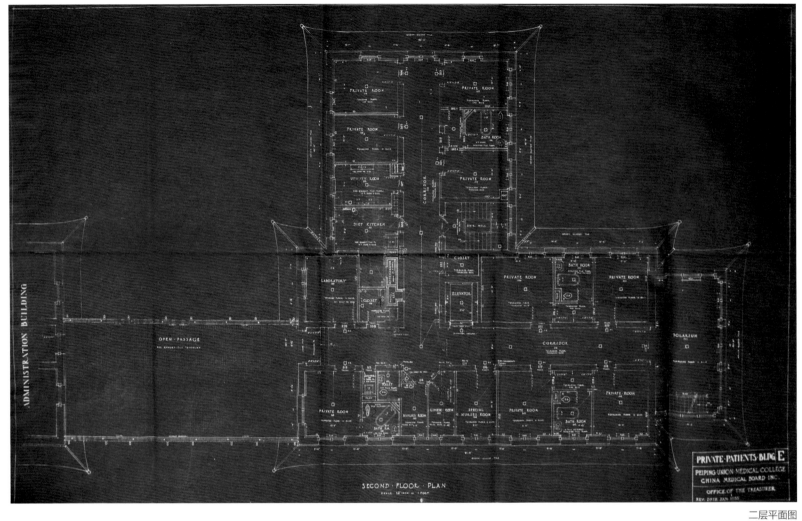

二层平面图

1	私人病房	6	杂物室
2	洗浴室	7	护士室
3	实验室	8	被服室
4	贮藏室	9	专用护士室
5	营养厨房	10	阳光室

建筑编号：E

绘制日期：1935 年 1 月

出图部门：协和医学院司库办公室

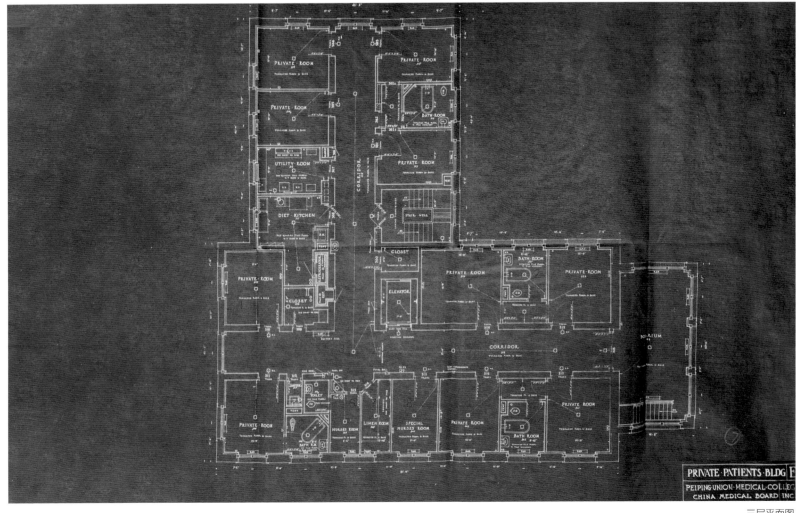

三层平面图

1	私人病房	6	护士室
2	洗浴室	7	被服室
3	贮藏室	8	专用护士室
4	营养厨房	9	阳光室
5	杂物室		

建筑编号：E

绘制日期：1935 年 1 月

出图部门：协和医学院司库办公室

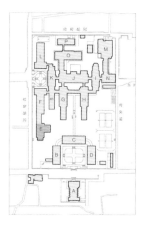

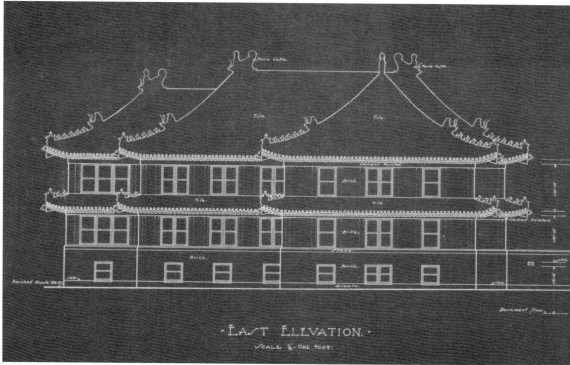

特殊病房楼（E 楼）东立面图

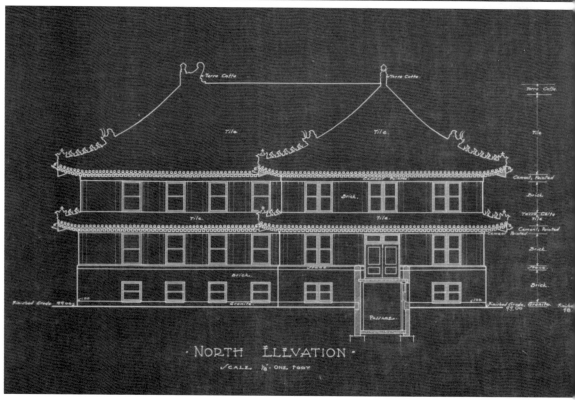

特殊病房楼（E 楼）北立面图

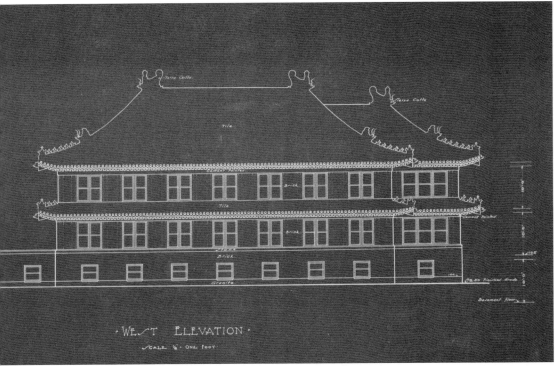

特殊病房楼（E楼）西立面图

建筑编号：E

图纸编号：27-29

绘制日期：1917年6月9日

出图部门：沙特克赫西（Shattuck & Hussey）建筑师事务所

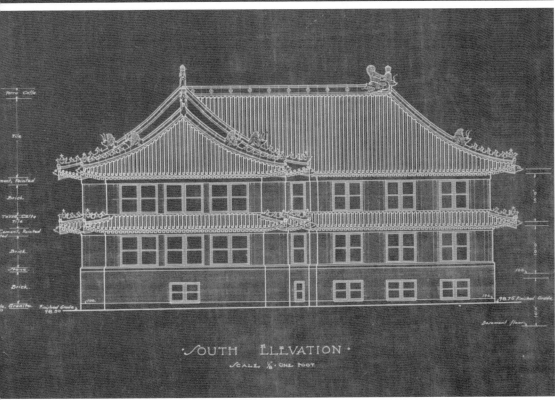

特殊病房楼（E楼）南立面图

F 行政楼

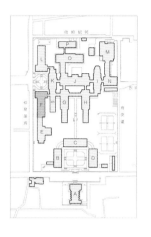

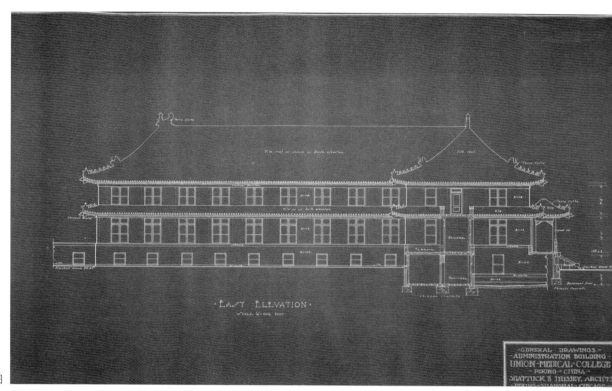

行政楼（F 楼）东立面图

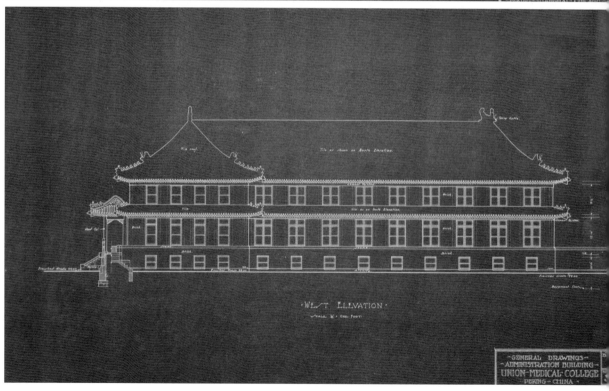

行政楼（F 楼）西立面图

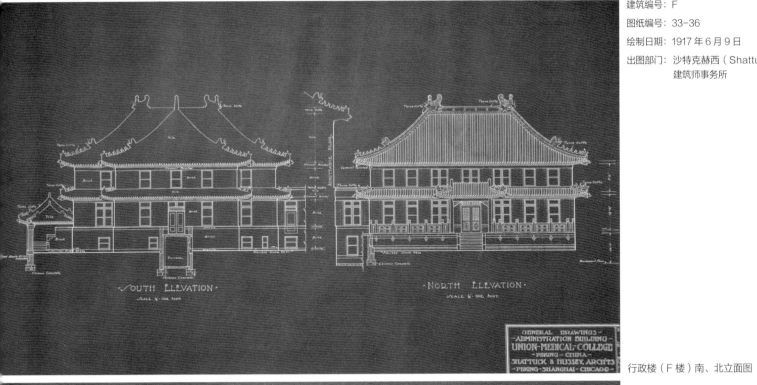

建筑编号：F

图纸编号：33-36

绘制日期：1917年6月9日

出图部门：沙特克赫西（Shattuck & Hussey）
建筑师事务所

行政楼（F楼）南、北立面图

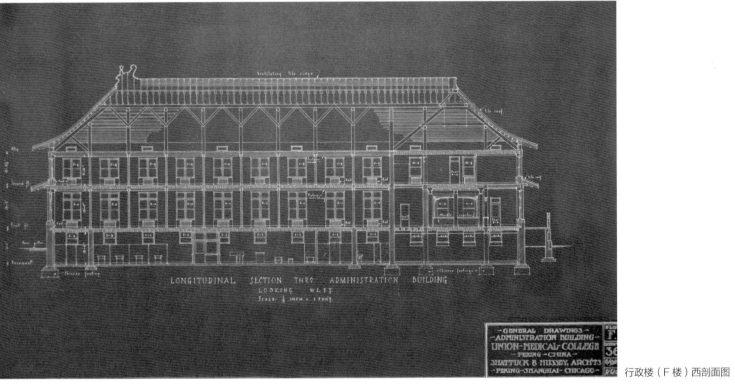

行政楼（F楼）西剖面图

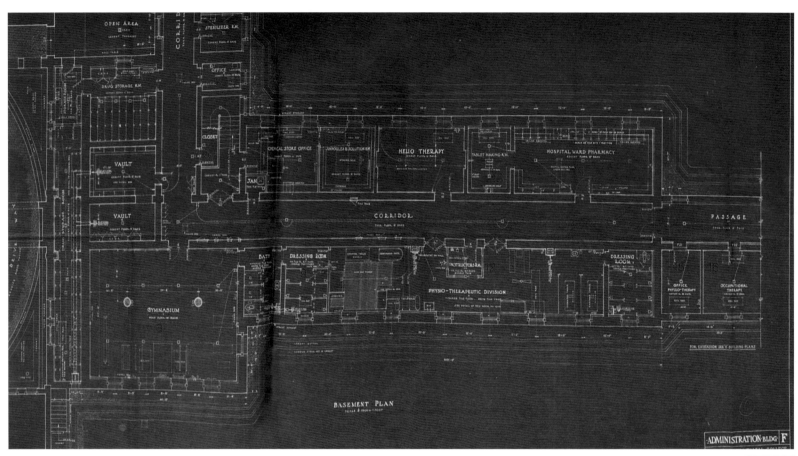

地下平面图

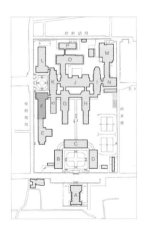

1	贵重物品库房	7	洗浴室	13	片剂制作间
2	药剂储藏室	8	化学品储藏处	14	住院药房
3	健身房	9	更衣室	15	物理治疗室
4	消毒室	10	安瓿及制剂室	16	作业治疗室
5	办公室	11	日光浴室		
6	贮藏室	12	水疗室		

建筑编号：F

绘制日期：1935 年 3 月

出图部门：协和医学院司库办公室

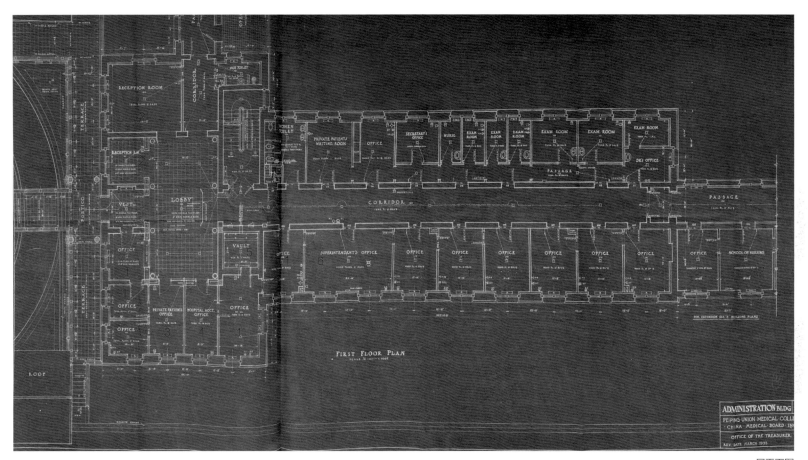

一层平面图

1	办公室	7	VIP 病人等待室
2	接待室	8	秘书处
3	VIP 病人办公室	9	护士办公室
4	会计室	10	诊室
5	贵重物品库房	11	主任办公室
6	院长办公室	12	护理学校教室

建筑编号：F

绘制日期：1935 年 3 月

出图部门：协和医学院司库办公室

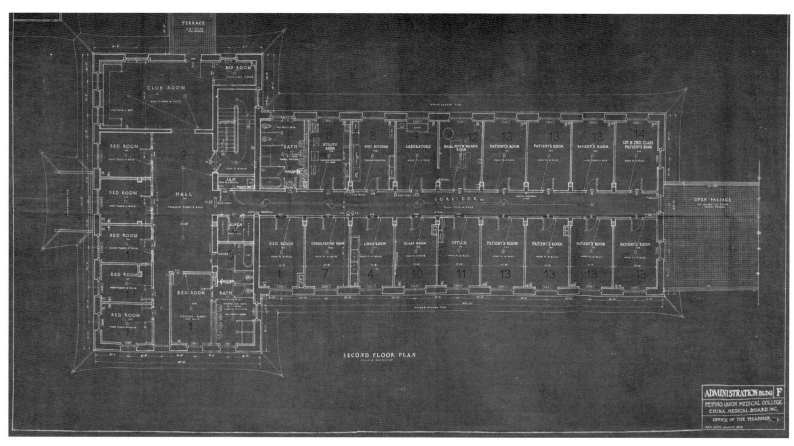

二层平面图

1	宿舍	7	诊室	13	病房
2	门厅	8	营养厨房	14	一等及二等病房
3	活动室	9	实验室		
4	被服室	10	教室		
5	洗浴室	11	办公室		
6	杂物室	12	基础代谢及天平室		

建筑编号：F

绘制日期：1935 年 3 月

出图部门：协和医学院司库办公室

N 动物房等

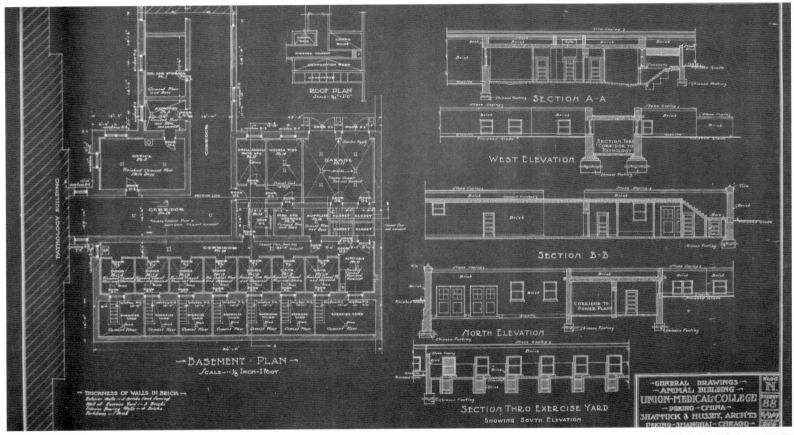

动物房（N楼）立面及平面图

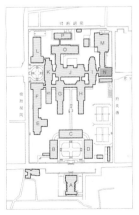

建筑编号：N

图纸编号：88

绘制日期：1917 年 6 月 9 日

出图部门：沙特克赫西（Shattuck & Hussey）建筑师事务所

G 外科病房楼

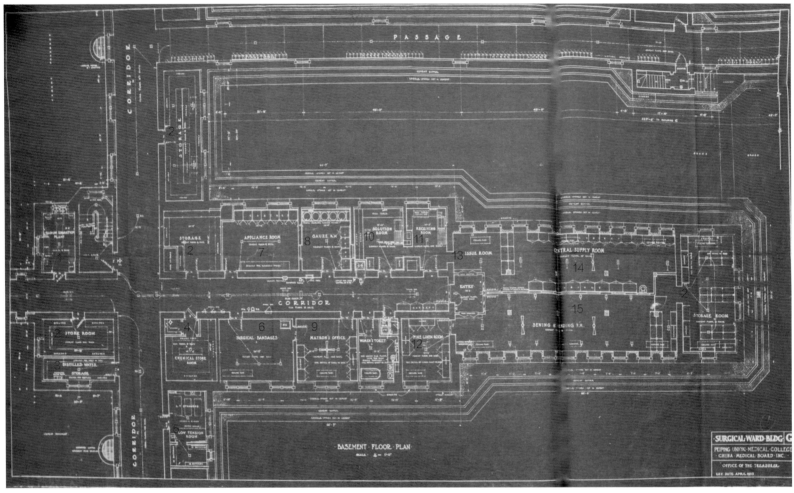

地下平面图

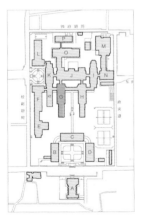

建筑编号：G

绘制日期：1935 年 4 月

出图部门：协和医学院司库办公室

1	镭射设备室	7	器械室	13	中心供应发件处
2	储藏室	8	滤尘间	14	中心供应消毒室
3	蒸馏水存放室	9	护士长办公室	15	缝纫间
4	化学品存放室	10	天平室		
5	低压室	11	中心供应收件处		
6	外科包扎室	12	敷料室		

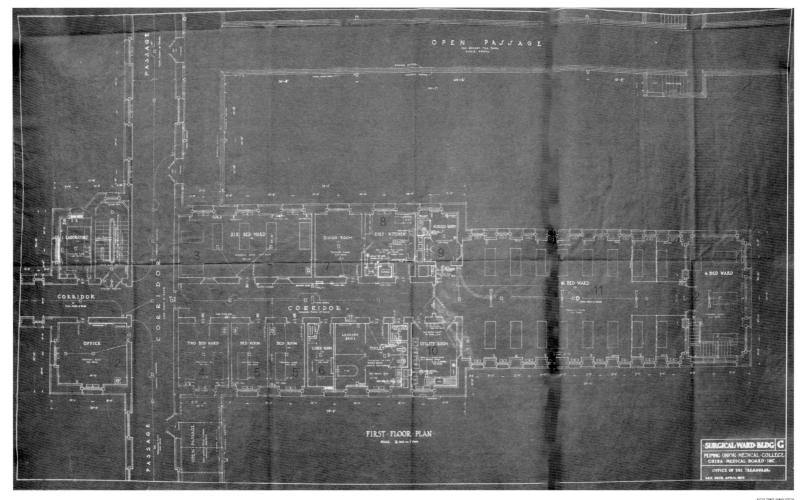

1	实验室	7	餐厅
2	办公室	8	营养厨房
3	六人间病房	9	护士办公室
4	双人间病房	10	杂物室
5	单人间病房	11	十六人间病房
6	被服室	12	四人间病房

建筑编号：G

绘制日期：1935 年 4 月

出图部门：协和医学院司库办公室

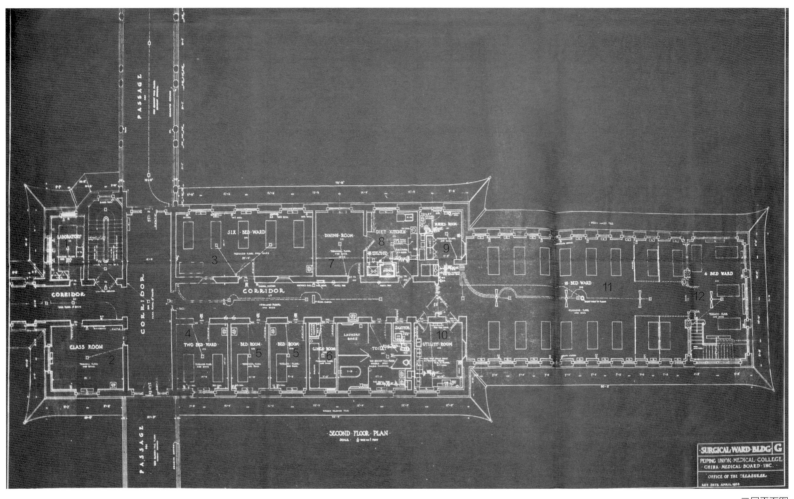

二层平面图

1	实验室	7	餐厅
2	办公室	8	营养厨房
3	六人间病房	9	护士办公室
4	双人间病房	10	杂物室
5	单人间病房	11	十六间病房
6	被服室	12	四人间病房

建筑编号：G

绘制日期：1935 年 4 月

出图部门：协和医学院司库办公室

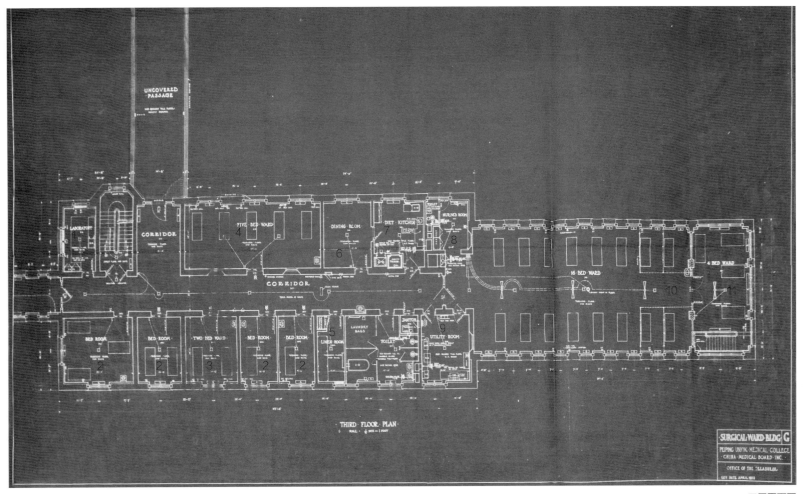

三层平面图

1	实验室	7	营养厨房
2	单人间病房	8	护士办公室
3	双人间病房	9	杂物室
4	五人间病房	10	十六人间病房
5	被服室	11	四人间病房
6	餐厅		

建筑编号：G

绘制日期：1935 年 4 月

出图部门：协和医学院司库办公室

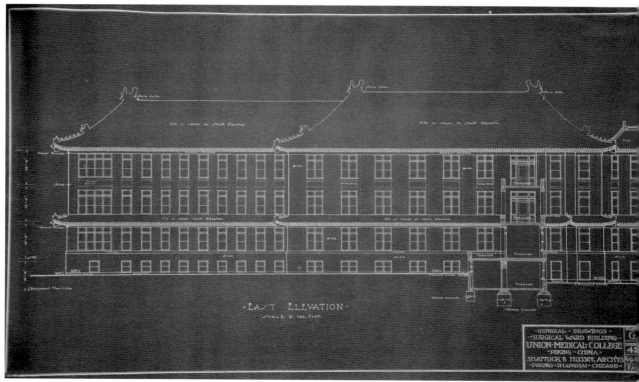

外科病房楼（G 楼）东立面图

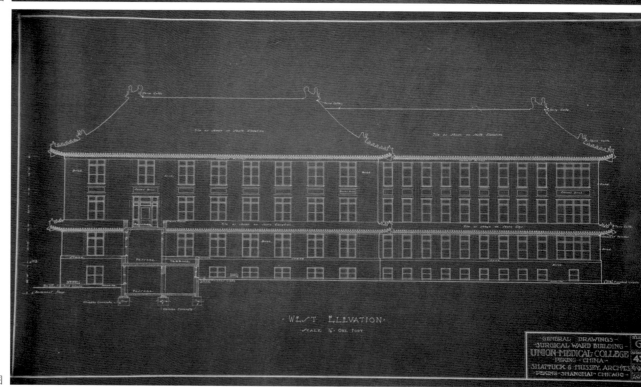

外科病房楼（G 楼）西立面图

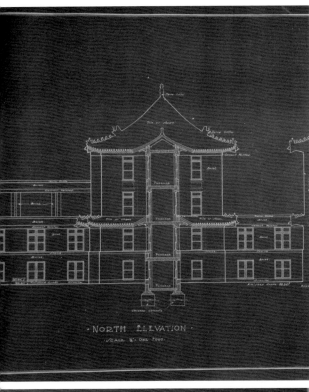

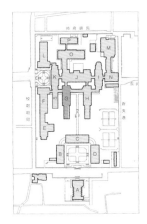

建筑编号：G

图纸编号：41、42

绘制日期：1917 年 6 月 9 日

出图部门：沙特克赫西（Shattuck & Hussey）建筑师事务所

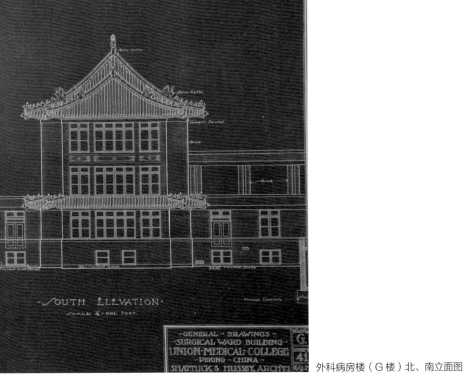

外科病房楼（G楼）北、南立面图

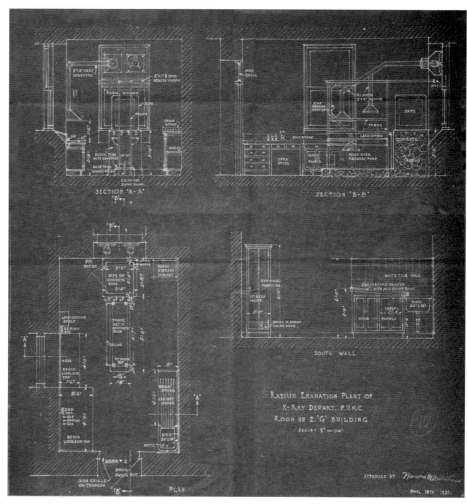

地下一层镭射设备室（左侧房间1）工艺详图

绘制日期：1931 年 11 月 18 日

H　内科病房楼

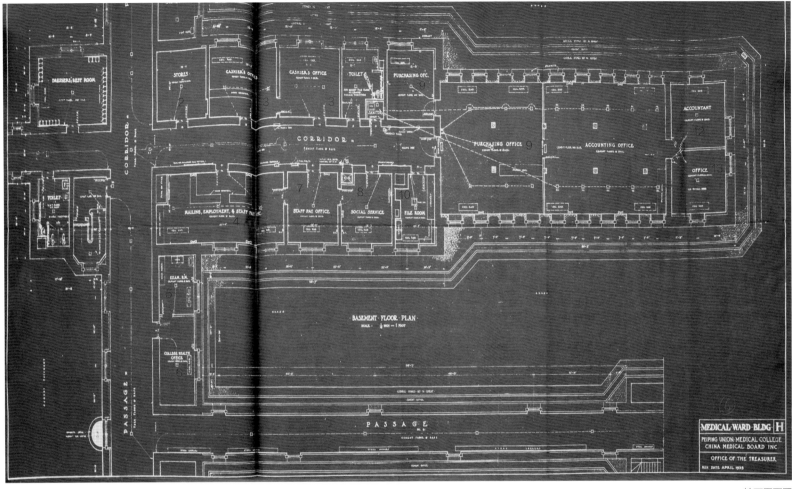

地下平面图

建筑编号：H

绘制日期：1935 年 4 月

出图部门：协和医学院司库办公室

1	更衣室	8	社会服务部
2	储藏室	9	采购处
3	出纳室	10	档案室
4	邮政代办所及人力资源办公室	11	财务室 1
5	诊室	12	财务室 2
6	职工健康管理处	13	办公室
7	职工薪酬处		

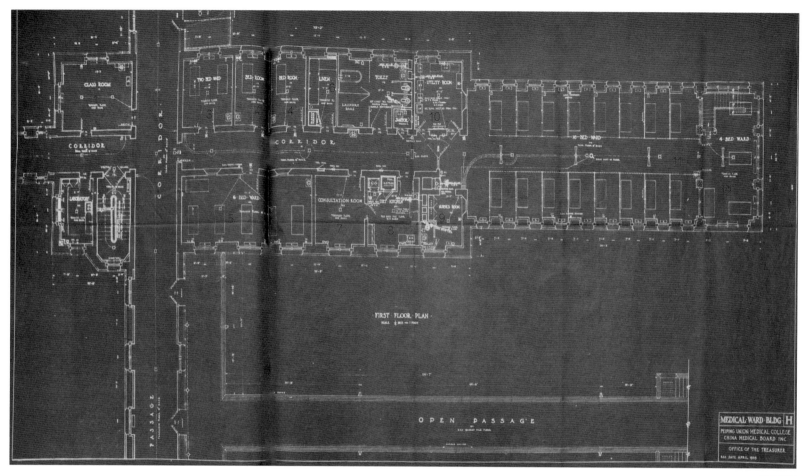

一层平面图

1	示教室	7	诊室
2	实验室	8	营养厨房
3	双人间病房	9	护士办公室
4	单人间病房	10	杂物室
5	六人间病房	11	十六人间病房
6	被服室	12	四人间病房

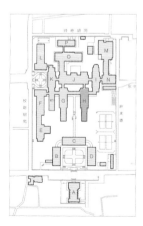

建筑编号：H

绘制日期：1935 年 4 月

出图部门：协和医学院司库办公室

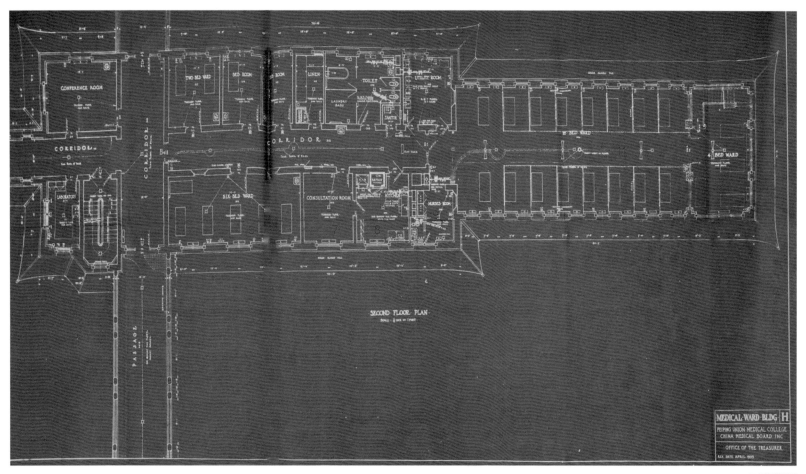

二层平面图

1	会议室	7	诊室
2	实验室	8	营养厨房
3	双人间病房	9	护士办公室
4	单人间病房	10	杂物室
5	六人间病房	11	十六人间病房
6	被服室	12	四人间病房

建筑编号：H

绘制日期：1935 年 4 月

出图部门：协和医学院司库办公室

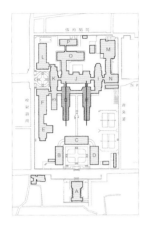

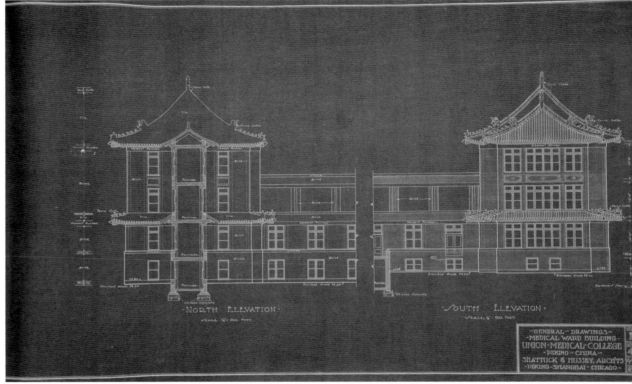

内科病房楼（H楼）北、南立面图

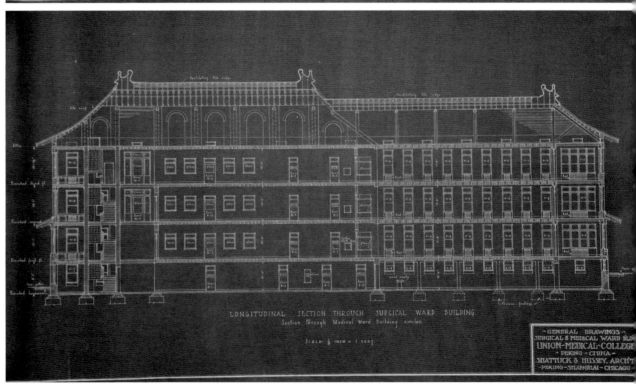

建筑编号：G/H

外、内科病房楼（G/H楼）剖面图

内科病房楼（H楼）东立面图

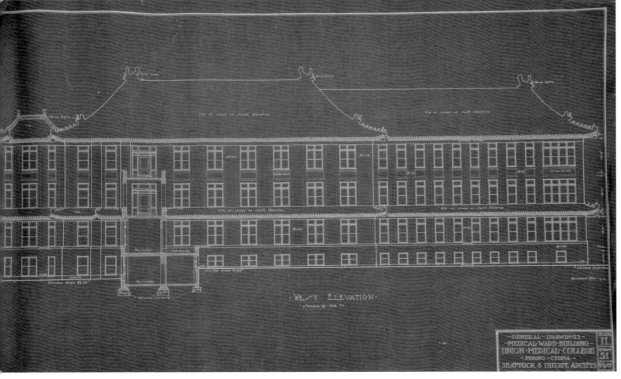

内科病房楼（H楼）西立面图

建筑编号：H

图纸编号：49-51

绘制日期：1917 年 6 月 9 日

出图部门：沙特克赫西（Shattuck & Hussey）
建筑师事务所

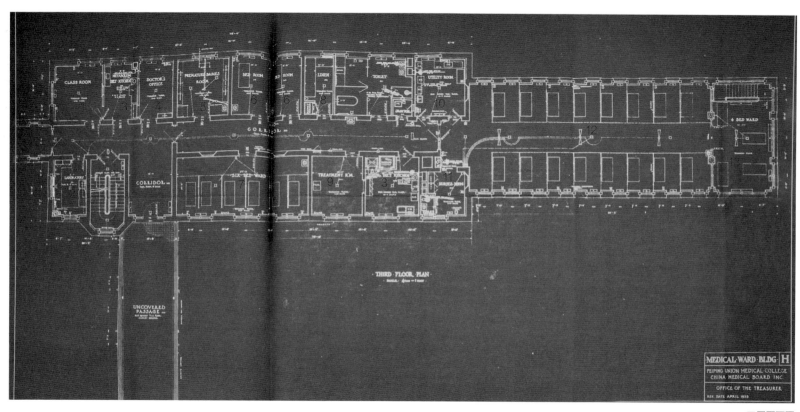

三层平面图

建筑编号：H

绘制日期：1935 年 4 月

出图部门：协和医学院司库办公室

1	教室	8	被服室
2	实验室	9	治疗室
3	营养厨房	10	杂物室
4	医生办公室	11	护士办公室
5	早产儿室	12	十六人间病房
6	单人间病房	13	四人间病房
7	六人间病房		

I　病理学楼

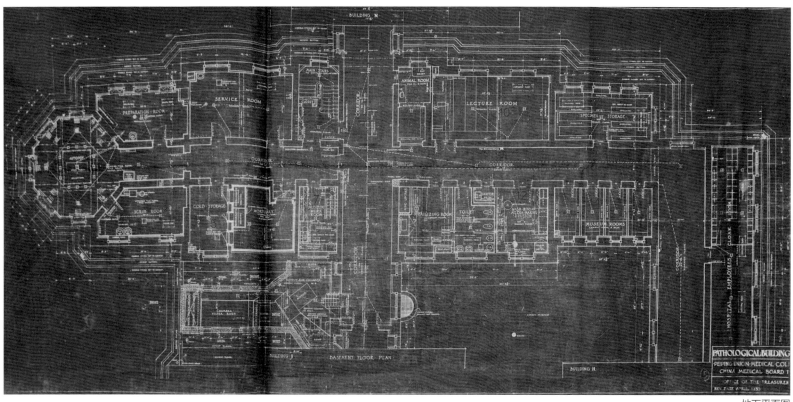

地下平面图

1	解剖室	7	切片室	13	标本储存室
2	准备间	8	过滤室	14	病理陈列室
3	刷手间	9	动物房	15	医护人员更衣室
4	处置室	10	示教室		
5	冷库	11	消毒室		
6	太平间	12	媒体事业部		

建筑编号：I

绘制日期：1935 年 4 月

出图部门：协和医学院司库办公室

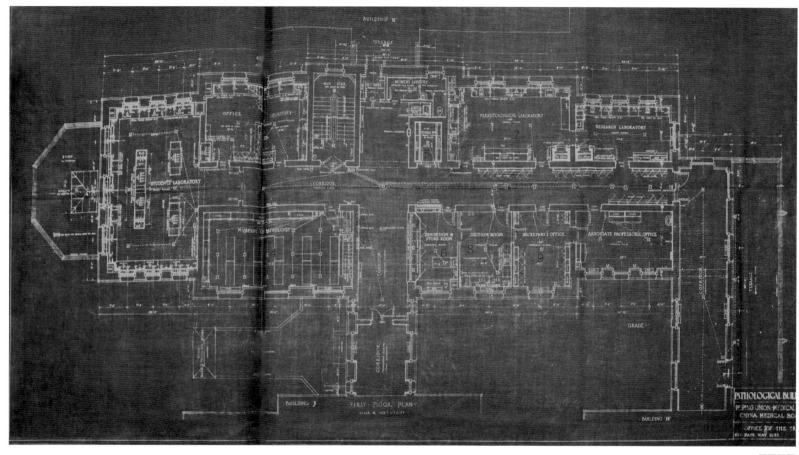

一层平面图

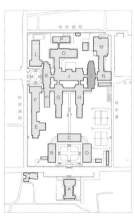

建筑编号：I

绘制日期：1935 年 5 月

出图部门：协和医学院司库办公室

1	学生实验室	8	切片室
2	办公室	9	秘书处
3	实验室	10	研究实验室
4	病理陈列室	11	副主任医师办公室
5	储藏室		
6	病理储藏室		
7	寄生虫学实验室		

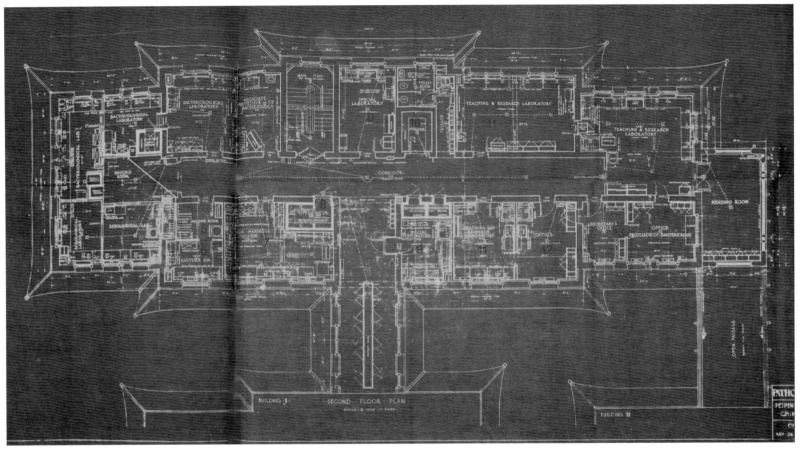

二层平面图

1	细菌学实验室	8	冷库
2	病案室	9	特殊实验室
3	血清学实验室	10	储藏室
4	细菌学副教授工作室	11	教学研究实验室
5	器械室	12	办公室
6	文化交流室	13	秘书办公室
7	媒体制作部	14	细菌学主任医师办公室
		15	阅览室
		16	开敞连廊（医疗次街）

建筑编号：I

绘制日期：1935 年 5 月

出图部门：协和医学院司库办公室

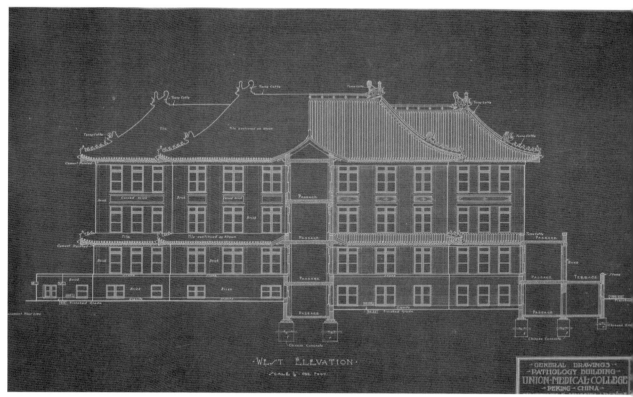

病理学楼（I楼）西立面图

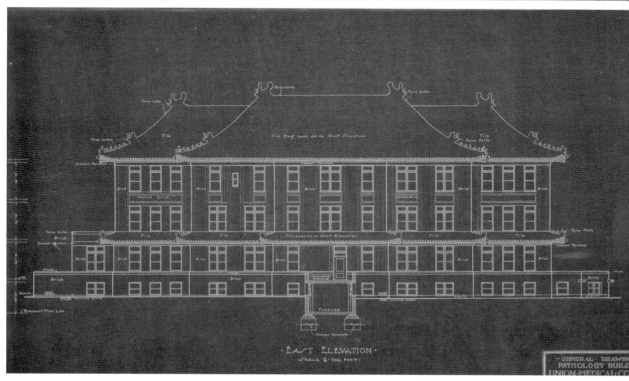

病理学楼（I楼）东立面图

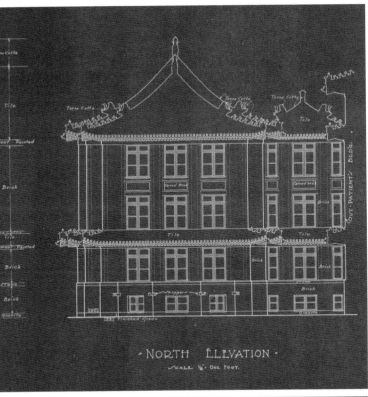

建筑编号：I

图纸编号：56-57

绘制日期：1917 年 6 月 9 日

出图部门：沙特克赫西（Shattuck & Hussey）建筑师事务所

病理学楼（I 楼）北立面图

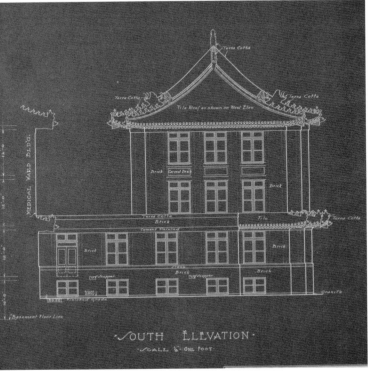

病理学楼（I 楼）南立面图

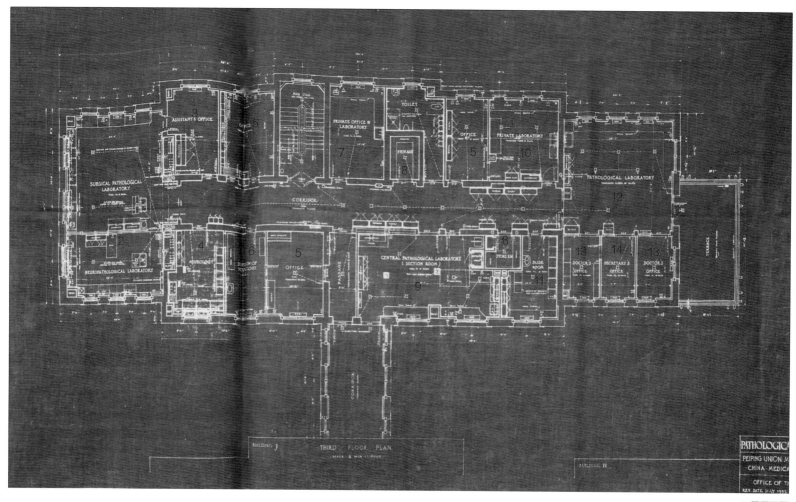

三层平面图

建筑编号：I

绘制日期：1935 年 5 月

出图部门：协和医学院司库办公室

1	外科病理学实验室	8	储藏室
2	神经病理学实验室	9	中心病理学实验室
3	助理办公室	10	专用实验室
4	神经学室	11	幻灯储藏室
5	办公室	12	病理实验室
6	神经科分支学科办公室	13	医生办公室
7	专用办公及实验室	14	秘书处

J 门诊医技楼

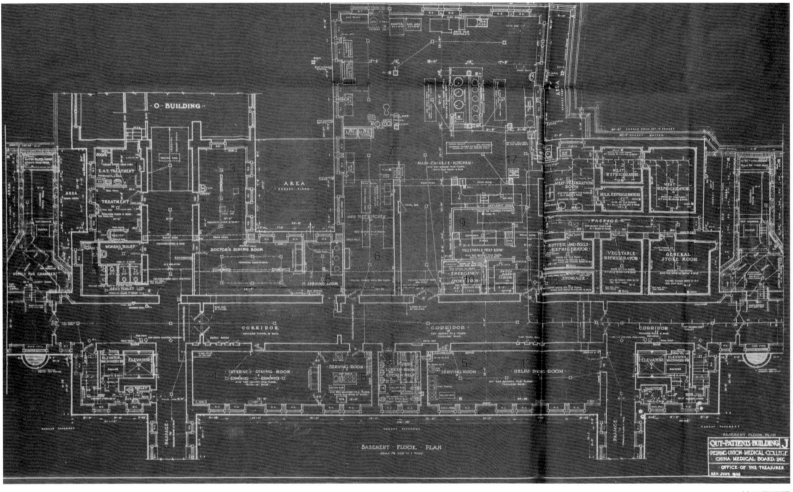

地下平面图

建筑编号：J

绘制日期：1935 年 6 月

出图部门：协和医学院司库办公室

1	耳鼻喉治疗室	8	更衣室	15	乳品冷藏库
2	治疗室	9	蔬菜准备间	16	黄油及蛋类冷藏库
3	医生餐厅	10	应急储藏室	17	蔬菜冷藏库
4	实习医生餐厅	11	肉类准备间	18	综合储藏库
5	备餐室	12	储藏室	19	过滤室
6	营养厨房	13	辅助人员餐厅	20	门房
7	中餐厨房	14	肉类冷藏库		

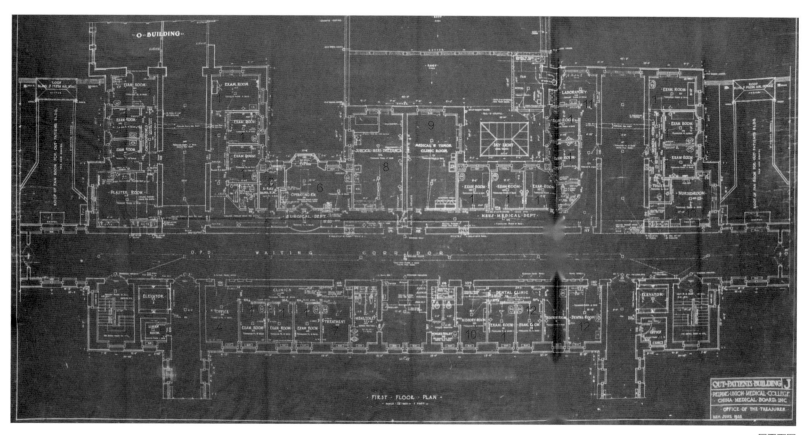

一层平面图

1	诊室	6	手术室	11	实验室
2	石膏室	7	治疗室	12	牙科诊室
3	X 光机房	8	外科男更衣室	13	护士办公室
4	办公室	9	肿瘤诊室		
5	被服室	10	病历室		

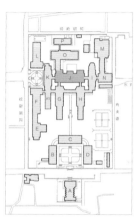

建筑编号：J

绘制日期：1935 年 6 月

出图部门：协和医学院司库办公室

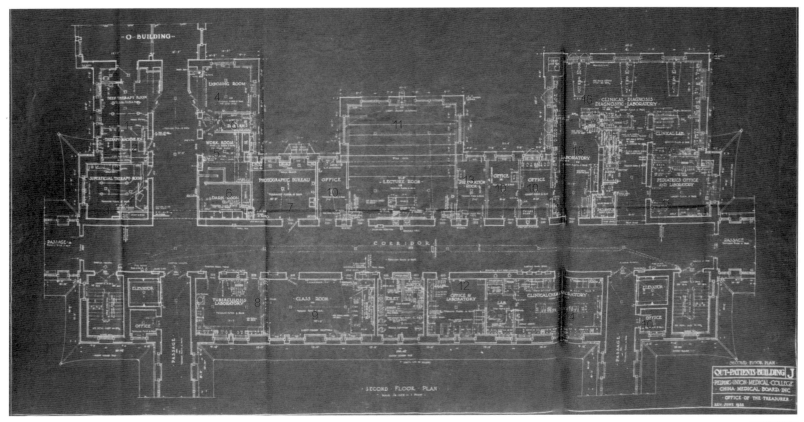

二层平面图

1	深度治疗室	7	影像科	13	准备室
2	治疗器械室	8	肺结核实验室	14	临床化学实验室
3	浅层治疗室	9	教室	15	实验室
4	曝光室	10	办公室	16	临床诊断实验室
5	工作间	11	报告厅	17	临床实验室
6	暗室	12	办公室兼实验室	18	儿科办公室及实验室

建筑编号：J

绘制日期：1935 年 6 月

出图部门：协和医学院司库办公室

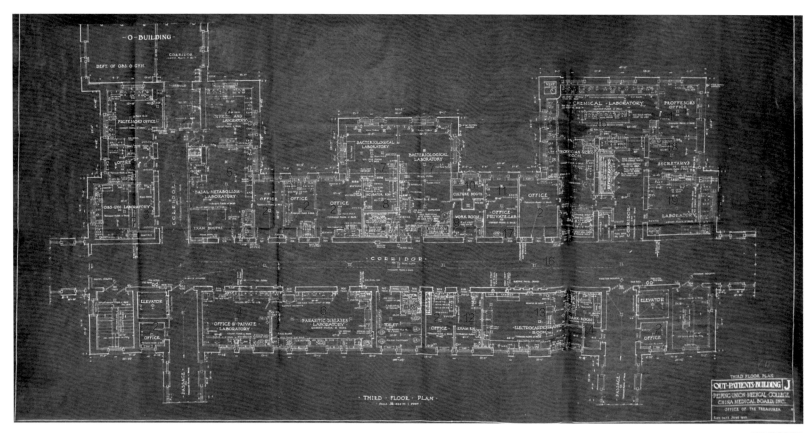

三层平面图

1	主任医师办公室	8	孵化室	15	技工室
2	办公室	9	工作间	16	化学实验室
3	妇产科实验室	10	文化展台	17	天平室
4	办公室兼实验室	11	办公室兼专用实验室	18	秘书处
5	基础代谢实验室	12	诊室	19	实验室
6	寄生虫病实验室	13	心电图室		
7	细菌学实验室	14	暗室		

建筑编号：J

绘制日期：1935 年 6 月

出图部门：协和医学院司库办公室

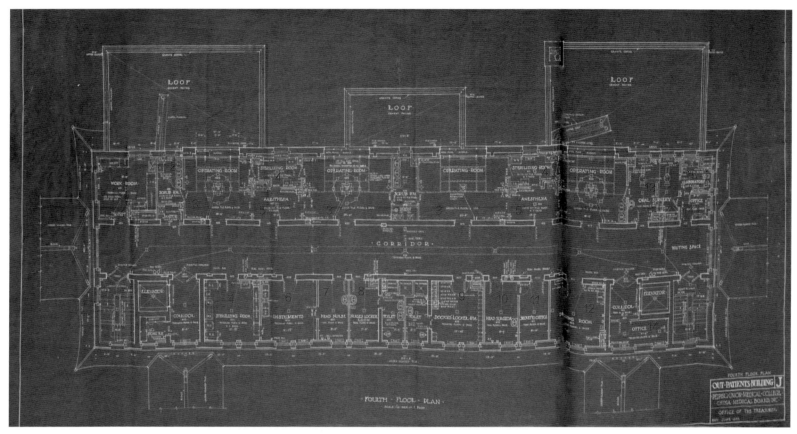

四层平面图

1	工作间	7	护士长办公室	13	口腔外科治疗室
2	刷手间	8	护士更衣室	14	办公室
3	手术室	9	医生更衣室	15	实验室
4	消毒室	10	外科医生办公室		
5	麻醉室	11	秘书处		
6	器械室	12	更衣室		

建筑编号：J

绘制日期：1935 年 6 月

出图部门：协和医学院司库办公室

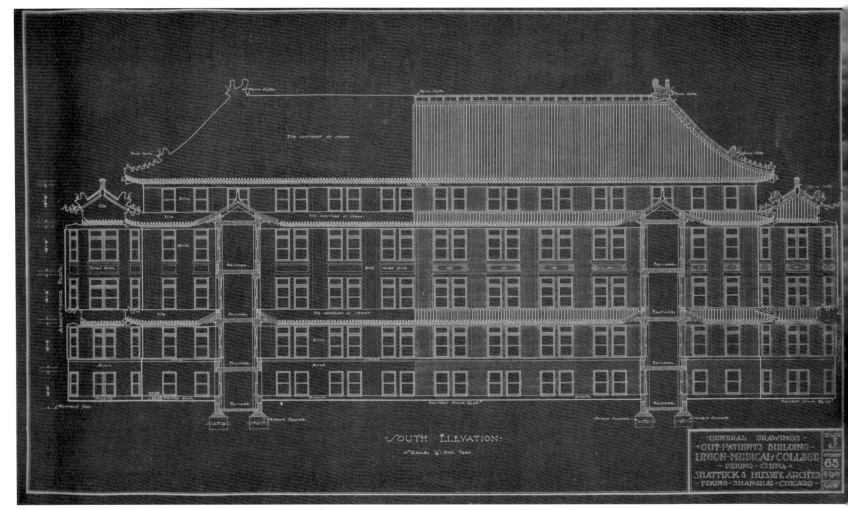

门诊医技楼（J楼）南立面图

建筑编号：J

图纸编号：65

绘制日期：1917年6月9日

出图部门：沙特克赫西（Shattuck & Hussey）建筑师事务所

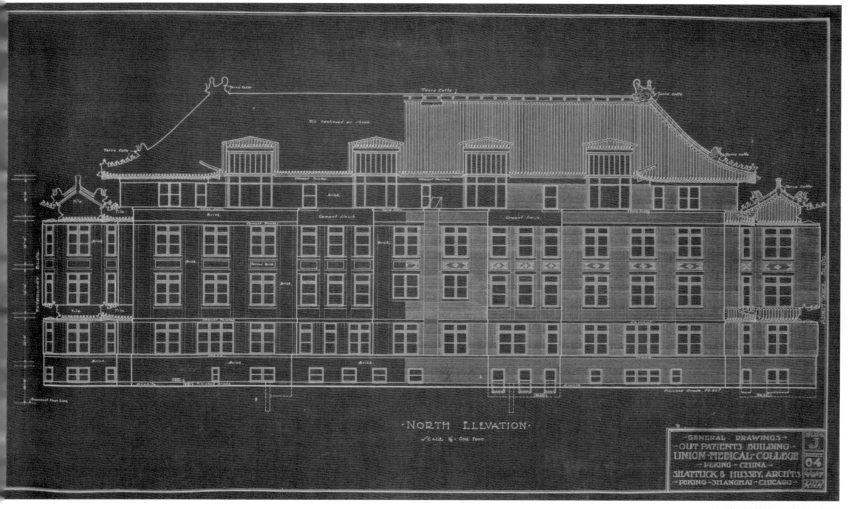

门诊医技楼（J楼）北立面图

建筑编号：J

图纸编号：64

绘制日期：1917 年 6 月 9 日

出图部门：沙特克赫西（Shattuck & Hussey）建筑师事务所

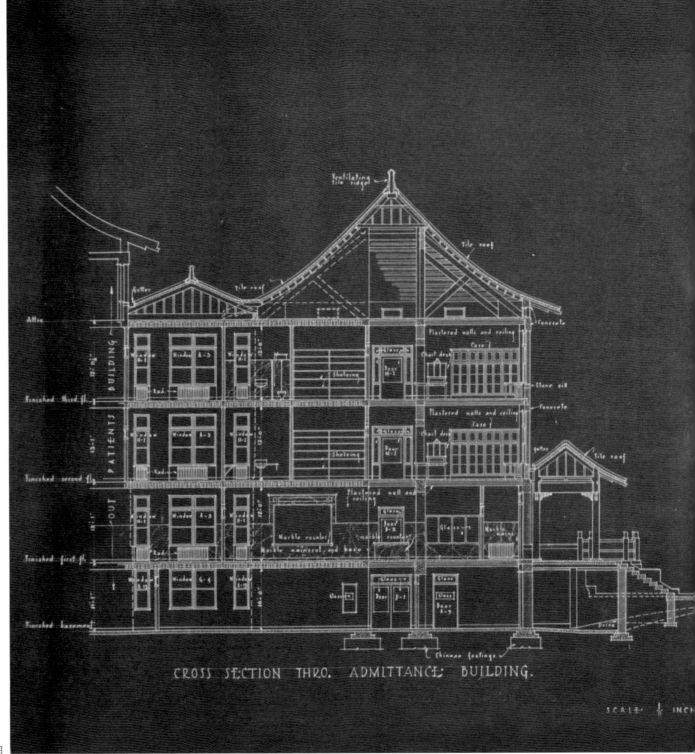

CROSS SECTION THRO. ADMITTANCE BUILDING.

门诊医技楼（J楼）剖面图

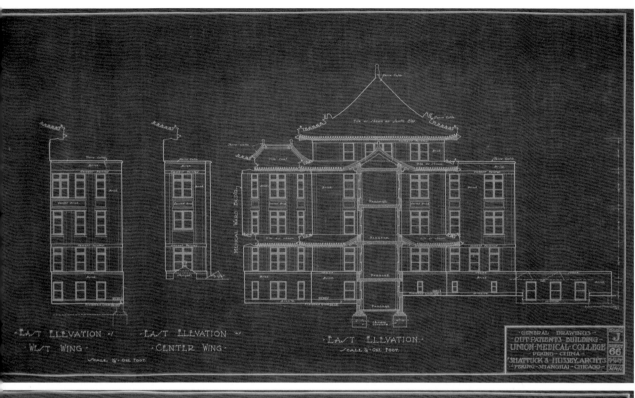

门诊医技楼（J楼）东立面图

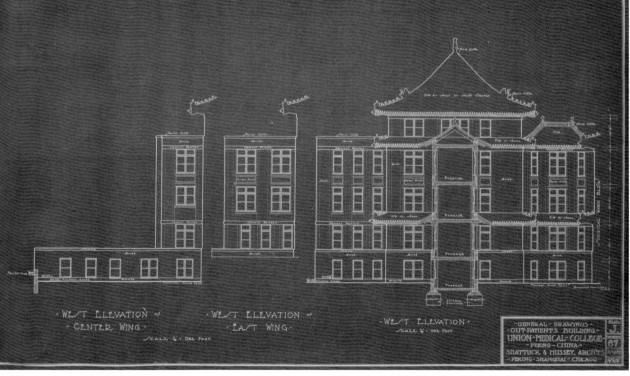

门诊医技楼（J楼）西立面图

建筑编号：J

图纸编号：66-68

绘制日期：1917 年 6 月 9 日

出图部门：沙特克赫西（Shattuck & Hussey）
建筑师事务所

K 综合楼

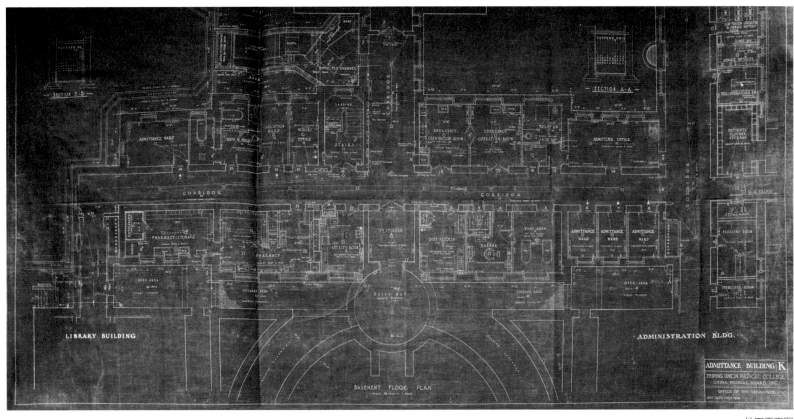

地下平面图

1	病房	7	过滤室	13	污洗间	19	被服间
2	药剂贮藏室	8	送风室	14	出入院登记处	20	库房
3	隔离病房	9	急诊检查室	15	病房	21	媒体接待室
4	护士办公室	10	急诊手术室	16	iDW 压力发生器	22	消毒室
5	药房	11	营养厨房	17	电池存放间		
6	杂物室	12	理发店	18	电话间		

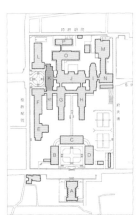

建筑编号：K

绘制日期：1936 年 7 月

出图部门：协和医学院司库办公室

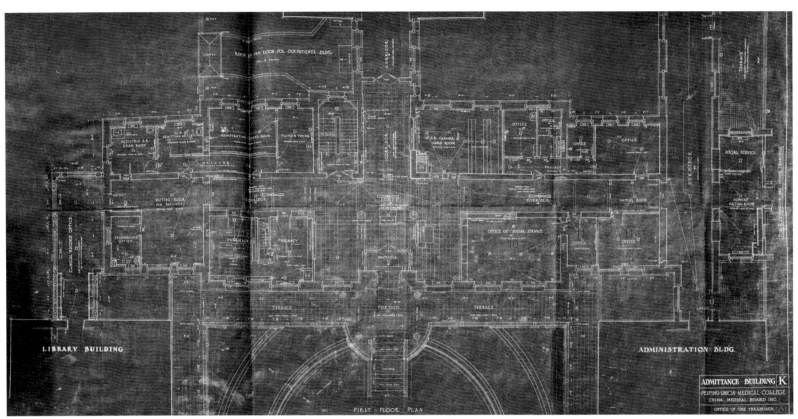

一层平面图

1	病历室	6	药房	11	办公室
2	儿科诊室	7	登记室	12	候诊
3	药剂师办公室	8	归档打印室	13	社会服务部
4	入院病人等候室	9	出纳室	14	女士等候室
5	住院处	10	社会服务部办公室		

建筑编号：K

绘制日期：1936 年 7 月

出图部门：协和医学院司库办公室

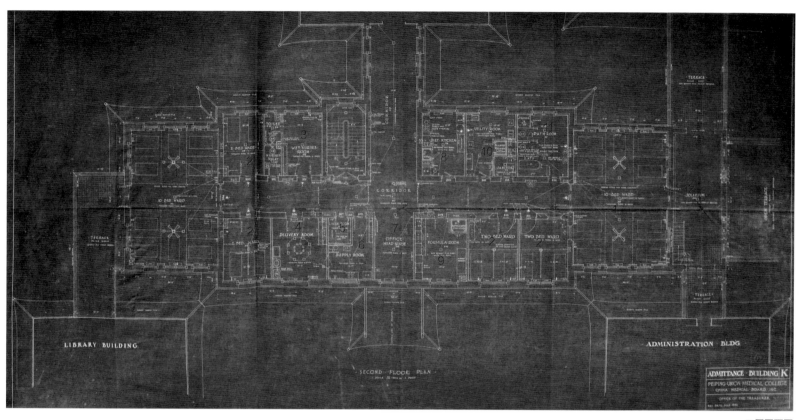

二层平面图

1	十人间病房	7	护士长办公室
2	双人间病房	8	营养厨房
3	母乳室	9	配方室
4	分娩室	10	杂物室
5	被服室	11	洗浴室
6	供应室	12	阳光室

建筑编号：K

绘制日期：1936 年 7 月

出图部门：协和医学院司库办公室

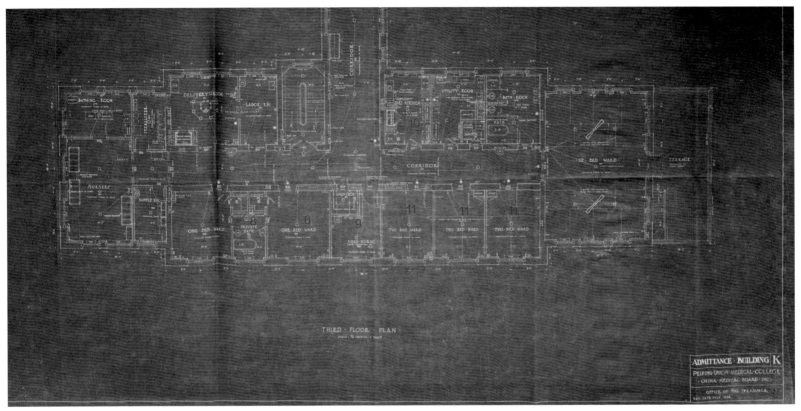

三层平面图

1	洗涤室	6	单人间病房	11	双人间病房
2	婴儿室	7	待产室	12	杂物室
3	消毒室	8	专用浴室	13	洗浴室
4	供应室	9	护士长办公室	14	十二人间病房
5	分娩室	10	营养厨房		

建筑编号：K

绘制日期：1936 年 7 月

出图部门：协和医学院司库办公室

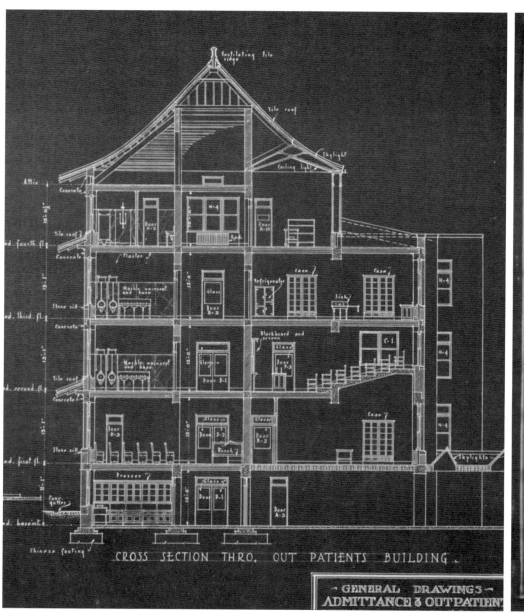

综合楼（K楼）剖面图

建筑编号：K

图纸编号：68

绘制日期：1917 年 6 月 9 日

出图部门：沙特克赫西（Shattuck & Hussey）建筑师事务所

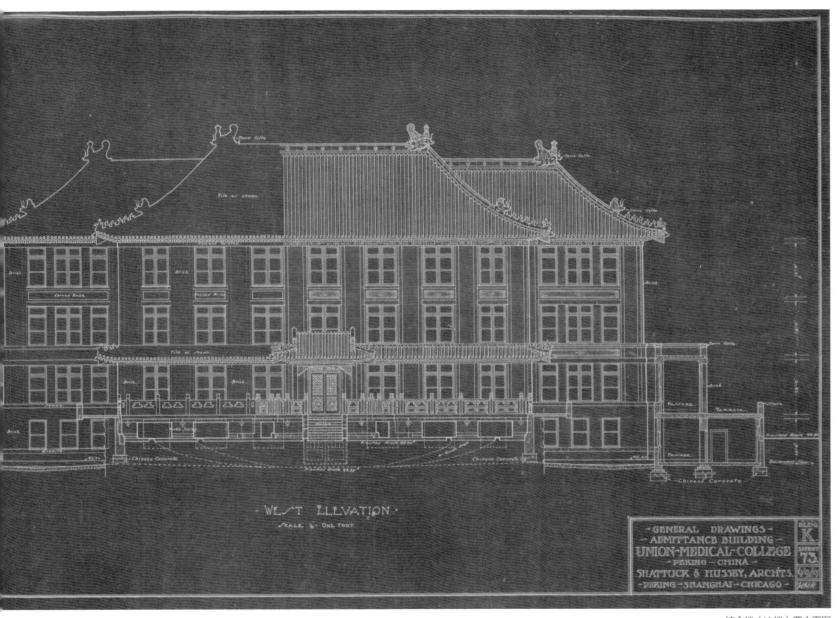

综合楼（K楼）西立面图

建筑编号：K

图纸编号：73

绘制日期：1917 年 6 月 9 日

出图部门：沙特克赫西（Shattuck & Hussey）建筑师事务所

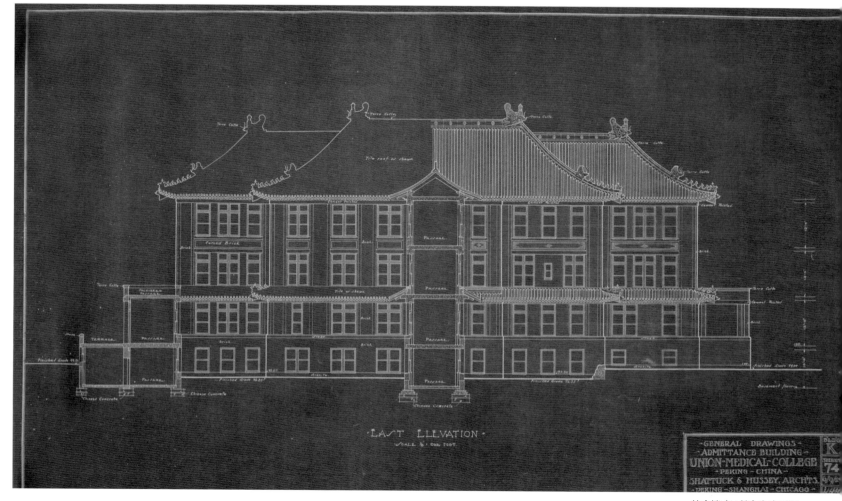

综合楼（K 楼）东立面图

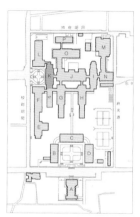

建筑编号：K

图纸编号：74

绘制日期：1917 年 6 月 9 日

出图部门：沙特克赫西（Shattuck & Hussey）建筑师事务所

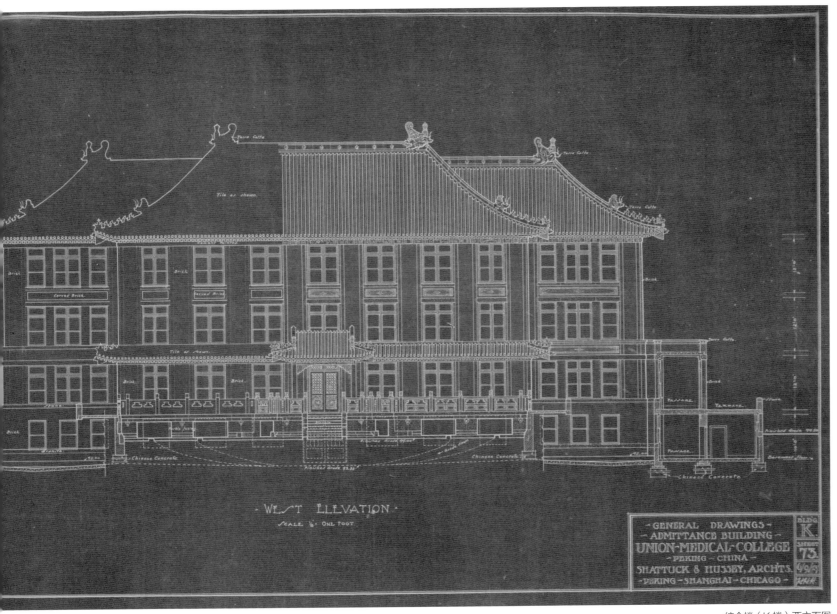

综合楼（K楼）西立面图

建筑编号：K

图纸编号：73

绘制日期：1917 年 6 月 9 日

出图部门：沙特克赫西（Shattuck & Hussey）建筑师事务所

综合楼（K楼）东立面图

建筑编号：K

图纸编号：74

绘制日期：1917 年 6 月 9 日

出图部门：沙特克赫西（Shattuck & Hussey）建筑师事务所

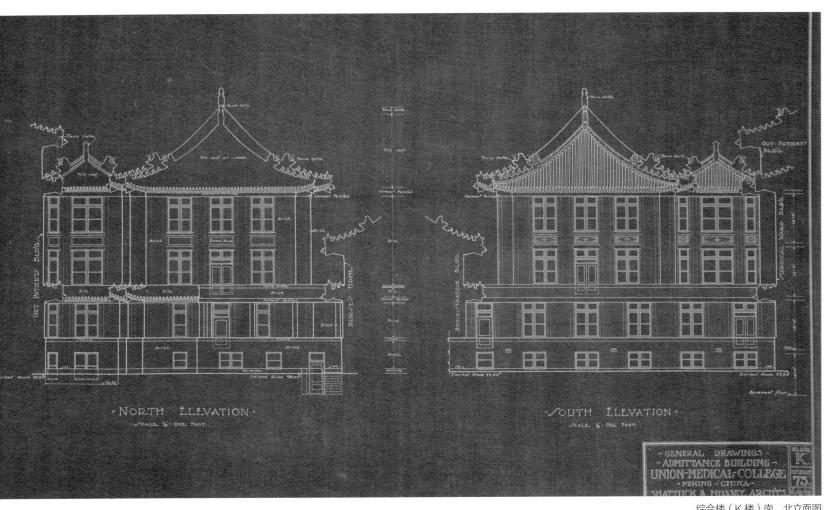

·NORTH ELEVATION·
·SCALE ⅛" ONE FOOT·

·SOUTH ELEVATION·
·SCALE ⅛" ONE FOOT·

综合楼（K 楼）南、北立面图

建筑编号：K

图纸编号：75

绘制日期：1917 年 6 月 9 日

出图部门：沙特克赫西（Shattuck & Hussey）建筑师事务所

O 综合楼

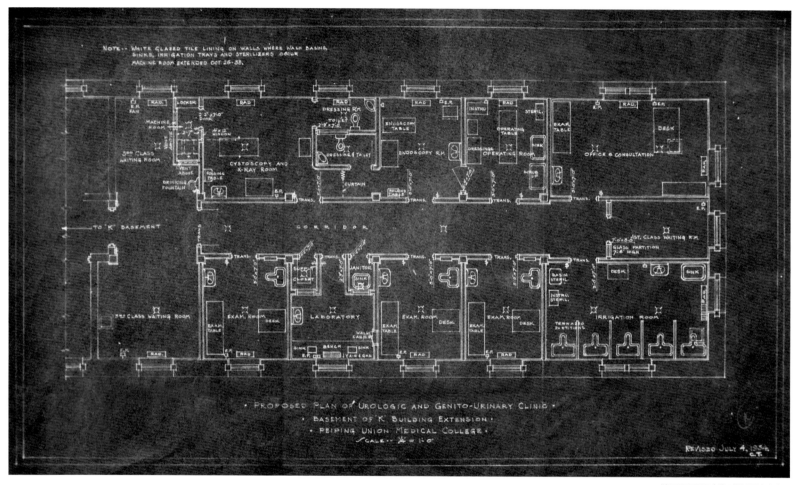

地下平面图（生殖泌尿诊所）

建筑编号：O

绘制日期：1934 年 7 月 4 日

1　三等病人等候室　　　　6　手术室
2　膀胱镜及 X 光检查室　　7　诊室
3　诊室　　　　　　　　　8　一等病人等候室
4　实验室　　　　　　　　9　洗消室
5　内窥镜室

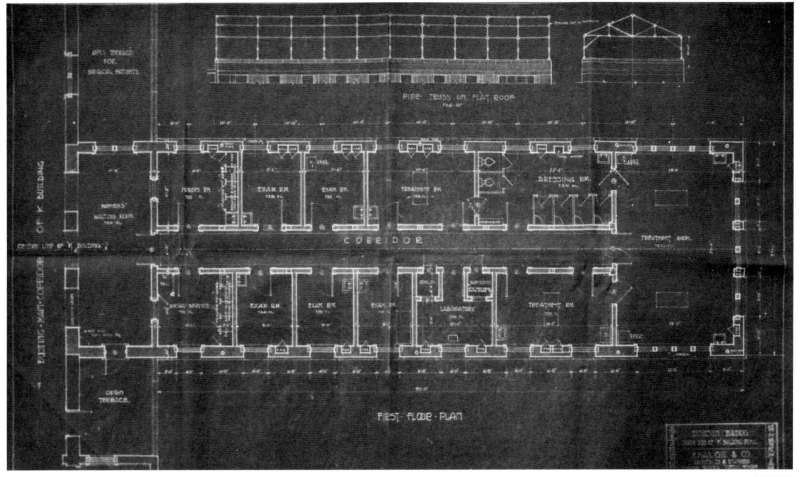

一层平面图

1	外科病人露天平台	6	诊室
2	女士等候间	7	治疗室
3	露天平台	8	实验室
4	护士办公室	9	更衣室
5	社会服务部		

建筑编号：O

绘制日期：1932 年 5 月

出图部门：基泰工程司

注：1925 年二期建成两栋新建筑，分别为 O 楼综合楼与 P 楼传染病楼，由建筑师安内尔（C.W. Anner）设计，基泰工程司绘制施工图纸。

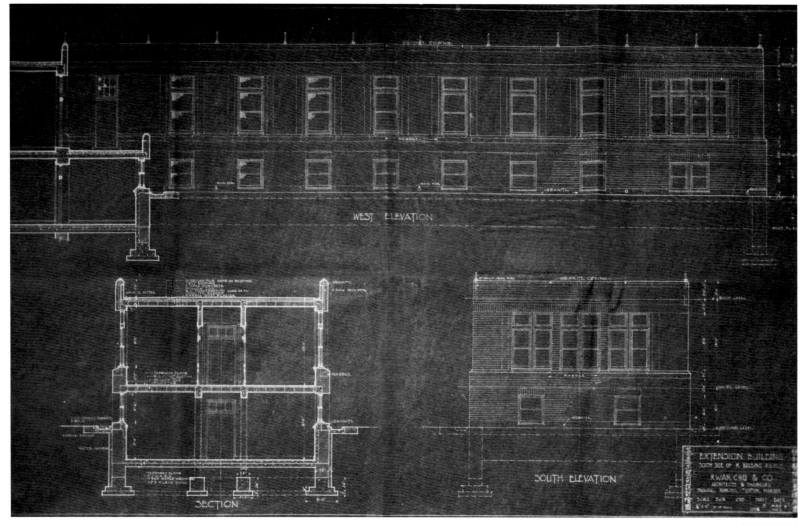

立面及剖面图

建筑编号：O

绘制日期：1932 年 5 月

出图部门：基泰工程司

1920 年在天津创办基泰工程司，是我国创办最早、规模最大的建筑设计事务所。基泰工程司的创建人为关颂声，广东番禺人，21 岁时清华大学毕业后，次年前往美国麻省理工学院读建筑学专业，25 岁时获学士学位后又入美国哈佛大学攻读市政管理一年，27 岁回国。

当时事务所里还有朱彬、杨廷宝等著名建筑师加盟，成立后的第二年，由基泰工程司设计的永利化学工业公司大楼建成，此举不但使长期把持我国建筑设计市场的洋人们为之震惊，也使中国建筑师从此扬眉吐气。天津基泰工程司在中国建筑行业声名鹊起，与上海华盖建筑事务所齐列行业顶尖，号称"南华盖北基泰"。

M 设备用房

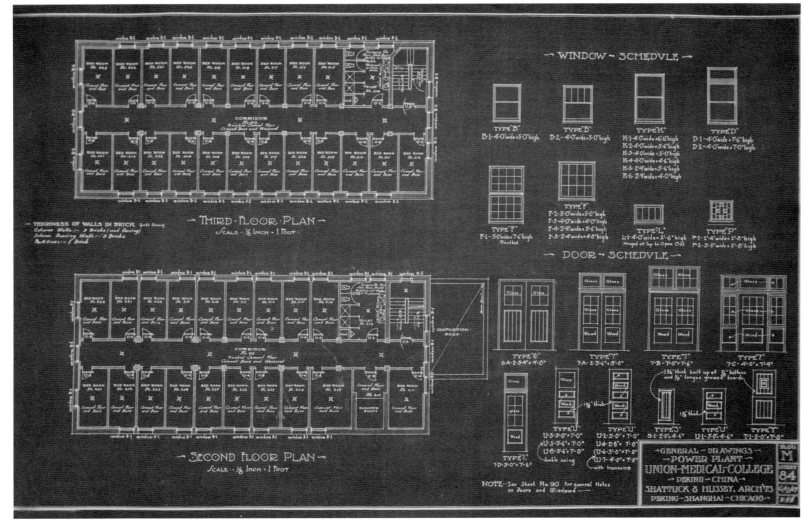

二、三层平面图及门窗表

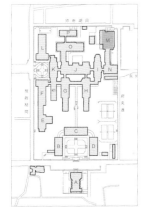

建筑编号：M

图纸编号：84

绘制日期：1917 年 6 月 9 日

出图部门：沙特克赫西（Shattuck & Hussey）建筑师事务所

设备用房区二、三层为员工宿舍。遗憾的是，由于年代久远一层设备用房图纸缺失。

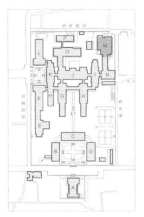

建筑编号：M

图纸编号：85-87

绘制日期：1917 年 6 月 9 日

出图部门：沙特克赫西（Shattuck & Hussey）建筑师事务所

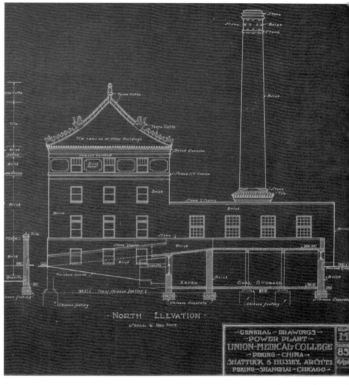

设备用房（M 楼）北立面图

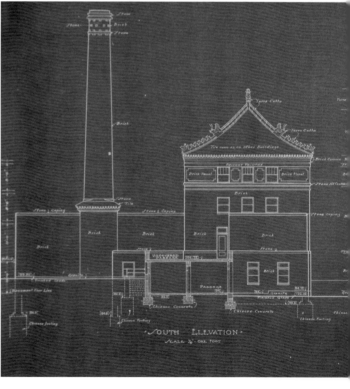

设备用房（M 楼）南立面图

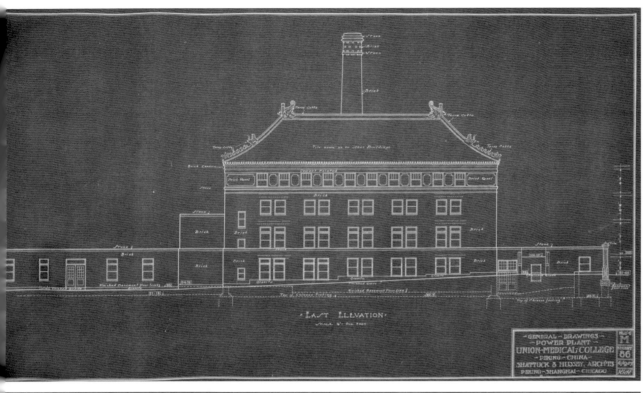

设备用房（M 楼）东立面图

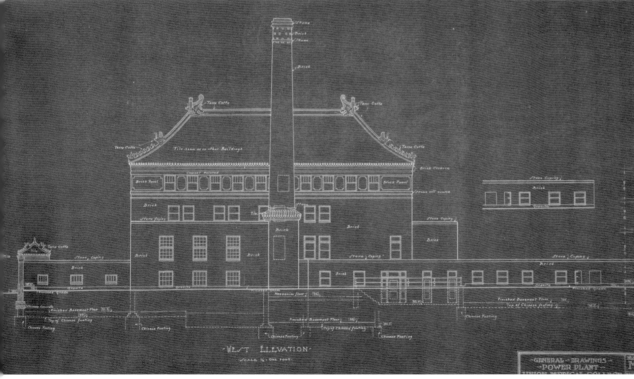

设备用房（M 楼）西立面图

L 护士楼

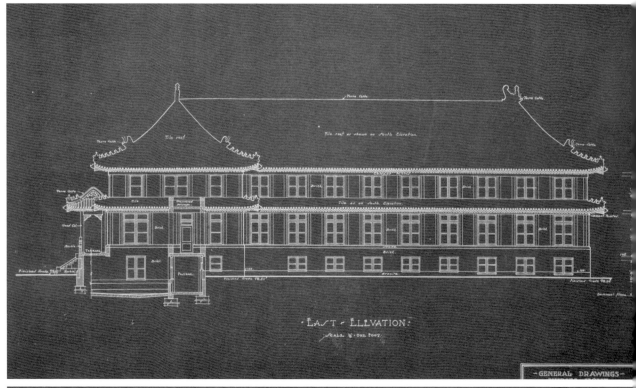

护士楼（L楼）东立面图

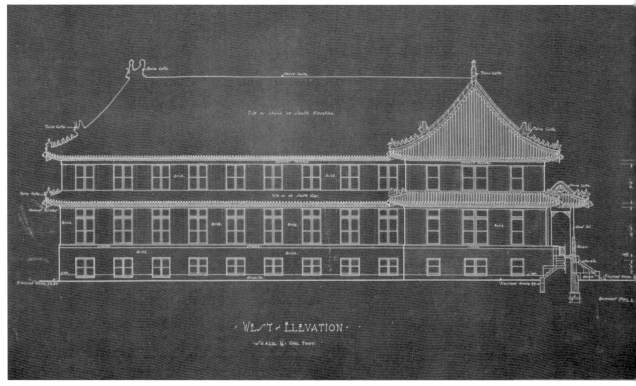

护士楼（L楼）西立面图

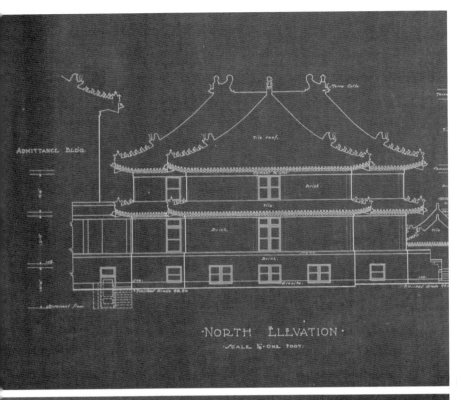

护士楼（L 楼）北立面图

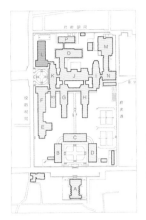

建筑编号：L

图纸编号：79-81

绘制日期：1917 年 6 月 9 日

出图部门：沙特克赫西（Shattuck & Hussey）
建筑师事务所

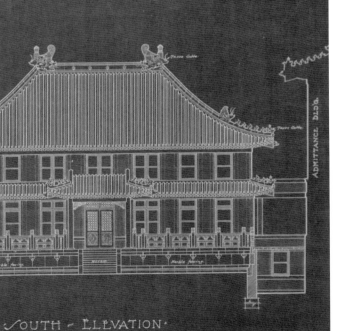

护士楼（L 楼）南立面图

O 综合楼 / P 传染病楼

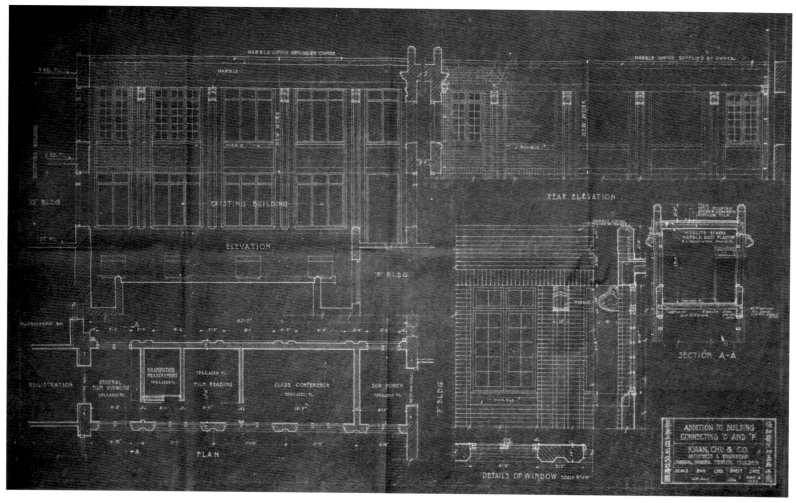

局部立面及平面图

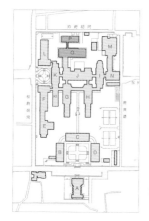

建筑编号：O & P

绘制日期：1932 年 5 月

出图部门：基泰工程司

放射科（一、二期建筑连接处）

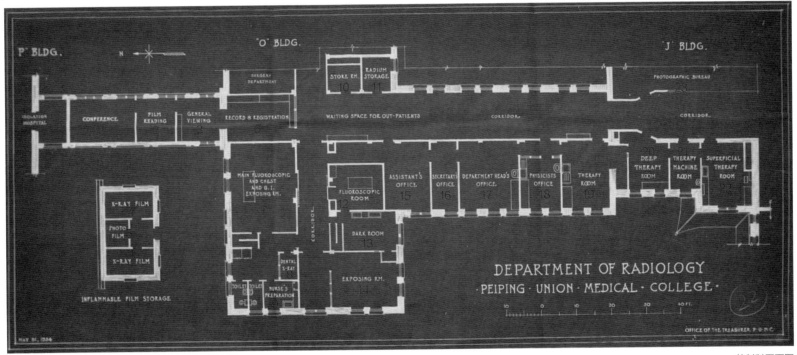

放射科平面图

1	会议室	13	暗室
2	胶片阅片室	14	曝光室
3	综合诊疗室	15	助理办公室
4	X光胶片室	16	秘书处
5	影像胶片室	17	部门主管办公室
6	登记室	18	医生办公室
7	胸透及荧光镜检查室	19	治疗室
8	牙科X光室	20	深度治疗室
9	护士准备室	21	治疗器械室
10	储藏室	22	浅层治疗室
11	镭射设备库	23	影像科
12	透视室		

J 楼建成后房间清单

著者感言:

从 J 楼的这 5 页文件内容中,可以看到主要表达的内容是 J 楼最终的各层各个房间的地面装饰材料清单,但是非常难得的是,我们从中获取了 J 楼的房间清单,J 楼的功能科室及房间组成一览无余。这份清单只是体现多如牛毛的诸多工作中非常小的一点儿工作。百年前的医疗建筑在建设过程中的工作做到如此之细,居然设有这么多类型的实验室,与本书之前章节中提及的"对学生实验课的重视程度"相吻合。从这个文件可以看到每个房间都有明确的功能,尤其是厨房居然冷藏柜都有这么细的划分,再一次让我们当今的医疗建筑师感慨,精品医疗建筑就应该是这样打造的。

协和医学院 J 楼地面最终使用的材料:没有特殊标注的都是水磨石地面。

地下室:

卫生间、实习生餐厅、备餐间(6"×6"红色方砖)、更衣间和卫生间、餐厅准备间、传达室;

冰柜储藏区:冰柜间过道(红色方砖)、储藏鱼冰柜、储藏肉冰柜 2 个、肉食准备间。眼科教学诊室、暗室、等候厅、办公室、手术室、普通实验室、耳鼻喉科诊室、候诊室、走廊、厨房走廊、服务走廊(坚固的混凝土地面)、厨房。

PEKING UNION MEDICAL COLLEGE

Floor finish, Building "J"

BASEMENT		
Room 1	Toilet Room	Hex. White Vit. Tile
" 2	Internes' Dining Room	Terrazzo
" 3	Serving Room	6" x 6" Red Quarry Tile (?)
" 4	Locker Room and Toilet	Hex. White Vit. Tile
" 5	Serving Room	6" x 6" Red Quarry Tile
" 6	Helps' Dining Room	Terrazzo
" 7	Janitor's Room	Terrazzo
" 8-9.10-11	Refrigerators	White Tile
" 12	Refrigerator Passage	Red Quarry Tile
" 14	Fish Refrigerator	
" 13	Meat Refrigerator	White Tile
" 15	Meat Refrigerator	
" 16	Preparation Meat Room	Red Quarry Tile
" 26	Eye Teaching Clinic	Terrazzo
" 27-28	Dark Room	?
" 29	Waiting Room	Terrazzo
" 30	Office	Terrazzo
" 31	Operating Room	Green Vitreous Tile
" 32	Laboratory	Terrazzo
" 33-4-5-6	Ear Outpatient Room	Terrazzo
" 29	Waiting Room	Terrazzo
" 37	Corridor	? Terrazzo
" 38	Corridor (Kitchen)	Terrazzo
" 39	Corridor - Service	Cement with Hardener
	Kitchens	Red Quarry Tile

一层：

　　传达室、病案室、检查室、治疗室、卫生间（白色上釉瓷砖）；

　　神经科、病案室、检查室、治疗室、过道；

　　牙科诊室、内科诊室、妇科治疗室、内科检查室、普通实验室、外科换药室、外科检查室、卫生间（白色上釉瓷砖）、手术室（绿色上釉瓷砖）、内部过道、骨科手术室、骨科室、等候厅、内科检查室、走廊。

二层：

　　传达室、教授专用办公室、教授专用实验室、教室、卫生间；

　　实验室：实习生实验室、皮肤病学实验室、教授专用血清学实验室、临床诊断实验室、神经病学实验室、普通实验室，除此之外还设有准备间、示教室、办公室、神经病学教授办公室；

　　X光诊断功能房间：暗室、治疗室、卫生间、机房、操作间2个、等候厅、办公室、阅片室、走廊、过道。

-2

FIRST FLOOR

Rooms 101-116	Janitor's Room	Terrazzo
" 102	History Room	
" 103-4-5	Exam. Rooms } G.U.	Terrazzo
" 107	Treatment Room	
" 108-109	Toilet Room	Vitreous Tile-White
" 110	History Room	" "
" 111-112	Exam. Room } Neurology	Terrazzo
" 113	Treatment Room	"
" 114	Passage	"
" 115	Dental Room	"
" 131	Clinic Rm. Medical	"
" 117	Women's Treatment Rm.	"
" 123-124-126-127 128-129-130-125 }	Exam. Rooms Medical	"
" 122-135-143	Laboratory	"
" 132-140	Surgical Dressing Rooms	"
" 132-A-37--38	Surgical Exam. Rooms	"
" 135-A	Toilet Room	White Vitreous Tile
" 133	Operating Room	Green Vitreous Tile (?)
" 120-125-134-139 144-106-114 }	Inner Passage	Terrazzo
" 141	Operating Room-Orthopedics	"
" 142-145	Orthopedic Rooms	"
" 146-7-8	Waiting Rooms	"
" 118-119-121	Exam. Rooms Medical	"
" 193 196 }	Corridors	"

-3

2nd. Floor

Rm. 201-6-10	Janitor's Rooms	Terrazzo
" 202	Private Office }	"
" 203	Private Laboratory }	"
" 204	Class Room	"
" 205	Toilet Room	White Vit. Tile
" 206	Janitor	Terrazzo
" 207	Class Room	"
" 208-209	Laboratory-Internes }	
" 211	Dermatology Lab.	
" 212	Serology-Private Lab.	
" 213	Clinical Diagnosis-Lab.	
" 214-215	Neurology Lab. }	Terrazzo
" 216	Office Prof. Neurology	
" 217-219	Preparation Room	
" 218	Lecture Room	
" 220	Laboratory	
" 221	Office }	
" 222	Dark Room X-ray	Terrazzo
" 223	Treatment Room X-ray	"
" 223-A	Toilet Room X-ray }	White Vit. Tile
" 224	Machine Room X-ray	Terrazzo
" 225	Operating Room X-ray	"
" 226	Waiting Room X-ray }	"
" 227	Operating Room X-ray	"
" 228	Office X-ray	"
" 229	Exhibition Room X-ray	
" 234	Corridor }	
" 285	Passage	
" 291	Passage }	Terrazzo
" 293	Passage	
" 296	Passage	

Metabolism Lab. Question - floor drains.

三层：

教学实验室、试验性的实验室、暗室、心电图室、检查室、更衣室、普通实验室、化学实验室；

主任室、主任秘书室、技工室、天平室、动物房、细菌实验室、动物解剖室（地面红色方砖）、消毒室、细菌培养室、教授专用实验室2个、外科学实验室、教学实验室。

四层：

传达室、走廊、消毒间、仪器室、护士长办公室、护士更衣间、卫浴间、医生更衣间、外科主任办公室、客座教授办公室、手术复苏室（绿色瓷砖）。

牙科办公室、牙科诊室、牙科手术室、等候厅、洗手间（白色瓷砖）、主要手术室、麻醉室、消毒室、主要通道。

3rd. Floor		
Rm. 301-11	Janitor's Room	Terrazzo
" 302-3	Teaching Laboratory Eye	"
" 305	Toilet Room	White Vit. Tile
" 307	Office	Terrazzo
" 308	Experimental Lab.	"
" 308-A	Dark Room	Cement painted
" 309	Electrocardiographic	Terrazzo
" 310	Examining Room	"
" 310-A	Dressing Room	"
" 312	Laboratory	"
" 313	Director's Secretary	"
" 314	Director's Office	"
" 315	Chemistry Lab.	"
" 316	Technician Work Room	"
" 317	Balance Room	"
" 318	Kkeldohls	"
" 319-28-31	Offices	"
" 320-33-26	Animal Rooms	Red Quarry Tile
" 321	Bact. Laboratory	Terrazzo
" 322	Animal Operating Room	Red Quarry Tile
" 323	Sterilization Room	Terrazzo
" 324	Incubator	"
" 327	Private Lab.	"
" 329	Surgical Laboratory	"
" 330	Private Laboratory	"
" 332	Laboratory Obstetrics	"
" 334	Teaching Laboratory	"
" 325,335,336	Corridor	"

4th. Floor.		-5
Rm. 401-14-30	Janitor's Room	Terrazzo
" 402-413	Corridor	"
" 403	Sterilizing Room	"
" 404	Instrument Room	"
" 405	Head Nurse's Room	"
" 406	Nurses' Locker Room	"
" 407-408	Toilet and Shower Rooms	White Vit. Tile
" 409	Doctors' Locker Room	Terrazzo
" 410	Head Surgeon's Office	"
" 411	Visiting Doctor	"
" 431-412	Recovery Room	Green Vit. Tile
" 415	Office Dental	Terrazzo
" 416	Work Room	"
" 417	Dental Operating Room	Green Vit. Tile floor No wainscoting
" 418	Waiting Room	Terrazzo
" 419-24-29	Scrub Rooms	White Vit. Tile
" 420-23-25-28	Main Operating Rooms	Green Vit. Tile and Wainscoting
" 422-27	Anaesthesia Rooms	Green Vit. Tile
" 421-26	Sterilizing Rooms	White Vit. Tile and Wainscoting
" 432	Main Corridor	Terrazzo

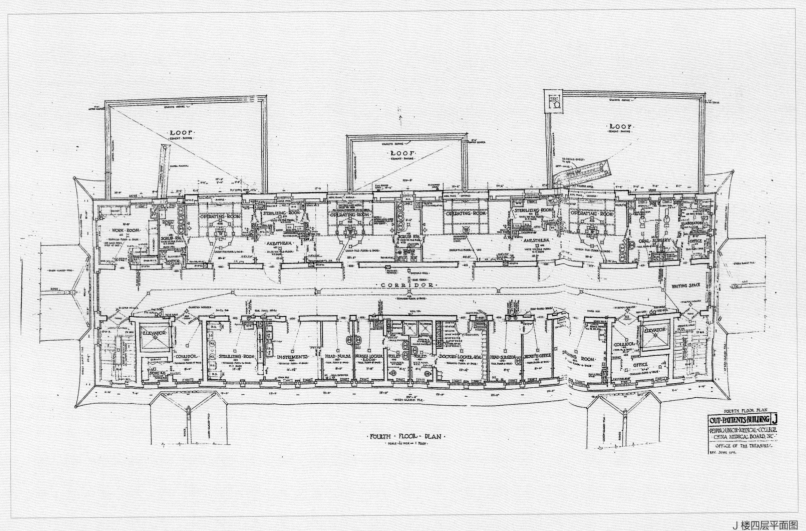

J 楼四层平面图

安内尔的报告

著者感言：

　　从安内尔（C.W. Anner）的报告中可以看出，1924年，即协和医学院已经开业四年后，洛克菲勒基金会不仅仅在资助协和医学院的运营方面的事宜，如设备用房、员工宿舍、一期建设后续设计等，还要资助北京和北京以外的五家教会医院，有关建筑方面的问题都是安内尔在负责。安内尔是协和医学院二期O和P楼的建筑师，据说，赫西的合同终止后，主要由安内尔负责有关建筑设计方面的所有问题。安内尔是柯立芝的得力助手，他熟悉柯立芝事务所的设计和施工流程。1919年4月，安内尔接受了绘图员的职位前往北京，直到1930年离开。之后安内尔也参加了北平国立图书馆（现国家图书馆）的建设。

　　1925年协和医学院二期建设开始时，安内尔为基建部门的负责人，负责洽商、购买设备和管理施工进度等方面工作，与赫西不同的是，他注重施工以及设备安装的各种细节，而非只关注建筑造型风格。

-COPY-

June 3, 1924.

REPORT OF ARCHITECTURAL BUREAU FOR THE MONTH OF MAY, 1924.

St. James Hospital, Anking.

In view of further developments with regard to the sewerage system of this hospital, new drawings for septic tank were made and further advice given.

Shantung Christian University, Tsinanfu.

Plans for complete new development were finished at the end of the month. Plans for Staff House were made according to sketches submitted by Dr. Heath.

Christ Hospital, Kachek, Hainan.

According to a wish expressed in a letter from Dr. Bercovitz, work was started on a door and window schedule.

Taylor Memorial Hospital, Paotingfu.

Plans for new hospital for both men and women were developed. Dr. Wylie visited the Bureau on the 22nd, and plans and approximate construction costs were submitted to him. As the cost proved to be much higher than the money which is available, a new scheme of development was decided upon and new sketches will be made shortly.

Central Epidemic Prevention Bureau, Temple of Heaven, Peking.

According to latest instructions received the development as planned by them was found to be much higher in cost than the money available would stand, therefore this work was held over until next year.

Yu Wang Fu.

Gas Plant.

North wall was completely removed and footing for new bench finished on May 31st. We are waiting now for instructions from the New York office to finish the building itself.

-1-

Water Softening Plant.

Drawings for installation were received on May 16th, and general construction drawings were made immediately. Since then the work has been in progress, the basement floor was removed and excavation made for tank footings, first floor and roof slabs were removed sufficiently to permit the erection of the water tank, outside face brick are being cut to size and polished. At present we are still hampered in our work of compiling all mechanical data, as complete shipping lists of materials have not arrived as yet.

Stokers.

Various tests were made with different grades of coal. May 15th and 16th I spent in Tientsin, and put the whole proposition of coal supply before Mr. McFeat, Chief Engineer of the K.M.A. He visited the railway yards in order to see the condition of No. 2 slack as it arrives from the mines, and carefully went through the analysis sheets as supplied daily by the mines.

Mr. McFeat promised to send one of his engineers from the Linsi Mines to Peking to investigate delivery of coal and the mechanical devices installed in our boilers. As the Linsi mines burn 200 tons of No. 2 slack per diem, he should be well qualified to give us some sound technical advice on this problem.

On May 30th, I visited with Mr. Redelsperger, Peking Agent of the K.M.A., the Peking-Mukden Railway yards to inspect No. 2 slack as it comes from the mines. I secured a sample and had it tested by Mr. Scott, in order to determine the exterior water contents of this coal. The test was made and revealed moisture contents of 9½%. In other words the coal was wet enough to be shaped into balls by pressure in the hand.

A Comprehensive report on the whole situation will be submitted as soon as further data is available.

Crematory

Plans for available space for placing of Crematory were submitted to Morse-Boulger Destructor Co. Their answer was forwarded through the Home Office. Judging from their letter it will be impossible to place the Crematory on the same chimney as the incinerator. Further discussions on the subject will take place early in June.

-2-

Staff Houses.

Houses at No. 4 Lao Chien Chu and No. 8 Pa Mien Tsao were given up at the end of the month, after equipment belonging to C.M.B. had been removed.

Zander Room in "F" Building.

During the month the question of placing the various apparati purchased by Dr. Baxter came up. As no instructions for setting up were available some difficulties were encountered. We are now working driven apparati, as well as the general placing scheme that should accommodate the routine work. A serious handicap in the proper planning presents itself inasmuch as the room is used for an indoor gymnasium for the nurses, and a comparatively large area of floor space has to be kept open, crowding the mechanical devices pretty close to the walls.

Survey Drawings.

Further lay-outs were made for various departments containing data required by Dr. Pearce.

Divers Work.

Charts and sketches of various kinds were made for several staff members of the college.

Housing of Architectural Bureau.

According to latest information received from Mr. Sigler it will not be possible for the Bureau to move into House No. 38, North Compound, before July 1st.

Additional Help.

During the month the services of Mr. Jheason Wai were required for the laying out of reinforced concrete work in connection with the Water Softening Plant.

As a lot of blueprinting has to be done from now on, an errand coolie was engaged at $8.00 per month.

Respectfully submitted,

(Signed) C.W.ANNER

-3-

1924 年 6 月 3 日 安内尔的报告

从安内尔的报告可以看到，当时洛克菲勒基金会不仅仅投资建设协和医学院，同时还资助其他的教会医院：

安庆的医院
St.James Hospital，Anking
　　有关污水处理系统的问题

济南府的医院
Shantung Christian University，Tsinanfu
　　有关新的扩建图纸和员工宿舍图纸设计时间计划

海南的医院
Christ Hospital，Kachek,Hainan
　　有关门和窗安装工作的计划

保定府医院
Taylor Memorial Hospital，Paotingfu
　　有关男、女患者的新医院，还有预算超出支付能力的讨论，以及新的计划和图纸尽快提交的协商

北京天坛中央传染防控局
Central Epidemic Prevention Bureau，Temple of Heaven，Peking
　　根据最近的审核意见，提交的发展计划超出了支付能力，这项工作只好明年启动

豫王府
（安内尔还是用了老名称，没有用北京协和医学院）

1. 煤气厂：北面墙已拆除，5 月 31 日已搭建了新的围墙。我们在等待纽约办公室有关这项工作的新指示。（煤气厂的介绍在下卷 605 页有详细描述）
2. 软化水厂：5 月 16 日，已经收到有关安装的图纸，最终施工图纸也会尽快提交。地下室已经移除，水箱的基坑已经完成。一层和屋面板已经全部移除，这样水箱可以直立起来。目前收集设备数据的工作依然受阻，全部清单的材料还没有到达。（软化水厂的介绍在下卷 601 页有详细描述）
3. 司炉：在工程师建议前，需要落实煤的供应问题，我们也对不同性能的煤都做了实验。5 月 15—16 日我去了天津，考察了几个铁道边的煤场，看了从矿山运来的 2 号煤，并仔细查看每天来自矿山的分析数据单。

　　麦克先生答应派他的工程师从林溪矿山来北京调查运送煤的情况，以及安装我们的锅炉设备等情况。因为林溪煤矿的 2 号煤每日燃烧 200 吨，他需要给我们非常信服的技术解决方案。

　　5 月 30 日，我们又去了北京铁道边上的煤场，我们对 2 号煤作了测试，主要是测试煤的含水量，这样可以保证人工制成煤球。

4. 焚烧炉：关于焚烧炉的空间尺寸需求已经提交了。委托公司已经给予答复了。从他们的答复可以看到在相同的烟囱放置焚烧炉装置是完全不可能的。进一步的讨论将在 6 月进行。（上卷 251 页展示了焚烧炉照片）
5. 员工宿舍：老椿树胡同（现柏树胡同）4 号和八面槽胡同（现王府井大街中段）8 号的住宅，本月月末即结束合约。（下卷 401 页，有这两处胡同的位置标注）
6. 在 F 楼的相关房间：鲍垂克购置的各种装置遇到了麻烦，由于没有具体明确的安装说明，我们在忙于日常工作的同时，还要一边研究如何启动这些设备。非常严重的问题是为医护提供的室内健身房需要大空间，要求设备尽可能靠墙设置，但设备又要求与墙不能太近。
7. 医疗工艺图：不同功能单元的详细工艺设计图纸在皮尔斯医生所提供的数据需求下已经完成。
8. 其他工作：所绘制的不同类型的图表已经完成。
9. 建筑房屋局：7 月 1 日之前，北院住宅 38 号是无法完工的。

　　额外的帮助：
　　这个月，需要浇灌钢筋混凝土工作与软化水厂相接。从今天开始，需要雇佣一个差使苦力印制大量蓝图，需要支付每月 8 美元。

从绘图员到建筑师：安内尔（C.W. Anner）

安内尔与顾临等人合作颇为愉快，得到洛克菲勒基金会上层的认可。他也与柯立芝一直保持友好联系。1930 年 1 月，协和医学院第二期工程全部竣工。安内尔在未超预算的情况下圆满完成二期项目，按合约结束了与罗氏驻华医社的合同，于次年初离开中国。（在下卷 540 页施工负责人贝恩特给工程总指挥巴克斯特的信中提到：由于我们没有同意安内尔想全面负责建筑部门的愿望，原因是他毕竟是绘图员出身，这也是让他失望之处）

注 释

1、5.　　　梁思成. 图像中国建筑史 [M]. 北京：生活·读书·新知三联书店，2011.

2 、9、10、12、13.　　　董黎. 教会大学建筑与中国传统建筑艺术的复兴 [J]. 南京大学学报（哲学. 人文科学. 社会科学），2005.

3、4.　　　李海清. 中国建筑现代转型 [M]. 南京：东南大学出版社，2004.

6.　　　玛丽·布朗·布洛克. 洛克菲勒基金会与协和模式 [M]. 张力军，魏柯玲，译. 北京：中国协和医科大学出版社，2014.

7.　　　梁思成. 清式营造则例 [M]. 北京：清华大学出版社，2006.

8.　　　梁思成. 建筑设计参考图集，序言 [M]. 北京：中国营造学社，1935.

11.　　　陶世杰. 协和医学院的建筑及其他. 文史资料选编. 第三十四辑 [M]. 北京：北京出版社，1988.

14、15.　　　冯晋. 北京协和医学院的设计与建造历史拾遗 [C]// 中国近代建筑史国际研讨会. 中国建筑学会，2006.

16.　　　马秋莎. 改变中国 —— 洛克菲勒基金会在华百年 [M]. 桂林：广西师范大学出版社，2013.

向百年协和致敬

1921-2021

特 别 感 谢

洛克菲勒档案馆

美国中华医学基金会

感谢筑医台对本书的支持与协助

感谢北京协和医学院蒋育红教授对本书协和史料的校对工作

1921-2021

百年協和老建築

格伦 著

下卷

中国建筑工业出版社

『总目录』

第六部分

协和建筑的前世今生

　　1917 年协和医学院新校园奠基之日起，随着时代的变迁曾有过多次易名、两度更改隶属关系；三次停办、三次复校；协和建筑历经四次变迁。2006 年，又改回到 1917 年的"北京协和医学院"，历经一个多世纪的"双旗杆"继续飘扬在东单三条协和医学院的门前。通过大量文献阅读和分析考证，本书首次展示协和建筑"前世今生"的全景图。

　　2021 协和百年华诞之际，协和医学院开启了百年协和"灵魂修缮"工作，协和老建筑进行全面修复而焕发昔日风采的同时，更赋予了"协和精神"新的含义。

"协和"几度易名

1915 年，洛克菲勒基金会以约 20 万美元收购协和医学堂全部校产。后来，由原来的名称"协和医学堂"（Union Medical College，UMC），更名为"北京协和医学校"（1916-1925），之后改"北京协和医学院（Peking Union Medical College，PUMC）"。

1928 年，由于国民政府所在地迁移南京，"北京"改为"北平"。根据国民政府教育部令，北京协和医学院改名为"北平协和医学院"（Peiping Union Medical College PUMC），后又更名为"私立北平协和医学院"。

1930 年 2 月，协和校董事会特别会议在上海召开。会议批准了相关决定，按要求修改了管理章程，并请求纽约大学管理部，将校名改为"北平协和医学院"，与所在城市的新名称保持一致。1930 年 5 月，教育部批准学校注册。

自 1942 年初，协和医学院被日本侵占直至 1945 年日军正式投降后，校董事会与罗氏驻华医社代表收回协和所有财产，并于 1947 年正式复校。

1947 年复校后，校董事会任命原本校襄教授李宗恩为校长，并恢复招生。在当时困难时期，李宗恩表现得令人敬仰，在鼓舞大家士气的同时，让每个人都觉得自己在工作上富有成效。复校

后医学院为医学本科五年制，设有解剖学系、生物化学系、生理学系、药物学系、病理学系、细菌学免疫学系、内科学系、外科学系、产科学系、眼科学系、放射学系、公共卫生学系及一个中文部[1]，同时增设小儿科、皮肤科、梅毒科、神经精神病科等。

1949 年 1 月，北平和平解放，将"北平"改回"北京"，中英文校名改回原名称，协和医学院的命运又一次改变。1950 年 10 月，志愿军首批作战部队进入朝鲜战场，11 月为接受治疗志愿军伤病员，军委卫生部向协和医院借用 250 张病床，成立"北京第二医院"，之后改为军委总后卫生部直属"中国医院"。除此之外，中央医院与协和医学院附属医院合作接收救治了大批志愿军伤员。

1951 年 1 月 20 日，中央人民政府教育部和卫生部共同接管了"私立北平协和医学院"，并收归国有。同年 2 月 24 日接管小组决定"中国医院"与"北京协和医院"合并，4 月 20 日起两校合并后统称为"中国协和医学院"，由此开启了在共产党的领导下，中国人自行管理和建设协和的 70 年历程。

1952 年 1 月 1 日，因抗美援朝的需要，"中国协和医学院"划归中央人民革命军事委员会建制，但是受军委和地方双重领导。因此，协和的主要任务改为：计划 4～5 年为全军培养高级师资、提高部队医务干部水平，并向医务干部进修学院过渡。1953 年春，协和

医学院宣布停办：停招本科医学生，高级护校结束全部课程。1953年以前招收的各班学生基本延续八年制医本科学生教育。1957年8月暑期期间，1947年第一次复校后招收的最后一班八年制医学生毕业，本科医学教育即全部结束，这期间的毕业生达到了高水平的培养标准。

1953年7月，抗美援朝结束后，国务院决定"中国协和医学院"结束军管时期，重归中央卫生部领导。由政府和军委卫生部共同拟定移交方案，经周总理批准后双方组成交接委员会进行具体交接，当年9月1日正式完成移交工作。

1957年5月，原协和医学院内科主任张孝骞等人特别针对"中国协和医学院"后辈力量的问题，上书中央有关部门，建议恢复原协和医学院长学制的医学教育模式，题目为"中国协和医学院应恢复医学生教育"[2]。

1957年11月，为加强医学科学研究，尽快改变国家医疗卫生落后状况，卫生部正式通知："中国协和医学院"与"中国医学科学院"合并，统称为"中国医学科学院"，其附属医院为"北京协和医院"，并直接受中国医学科学院领导。这样原协和医学院的性质与目标发生了巨大的变化。

1959年春，随着党中央"普及与提高相结合"等方针的提出，高等教育得到较大发展。中央宣传部陆定一部长主持会议与卫生部、北京市、中国医学科学院共同商讨决定：以原协和医学院为基础，恢复八年制的医学教育，并命名为"中国医科大学"，校长由中国医学科学院院长黄家驷兼任。

1966年"文化大革命"开始，学校又一次宣布停办，这是协和历史上第三次、新中国成立后第二次停办。同年9月29日将中国医学科学院的附属医院"北京协和医院"，更名为"北京反帝医院"。这也是历史上首次将"协和"二字彻底移除。

1972年，为迎接美国总统尼克松首次访华，"北京反帝医院"改名为"首都医院（反帝医院）"，一般就叫首都医院，文件上仍不取消括弧。自此，协和医院更名为"首都医院"，"中国医学科学院"更名为"中国首都医科大学"。

1976年，一举粉碎"四人帮"，"文化大革命"结束了。1977年上半年全国高等学校恢复统考招生，下半年恢复研究生培养制度，中国医学科学院要求招生240名学生，以解决技术队伍青黄不接问题。

1979年，经高等教育部教计字312号文件批示同意："中国首都医科大学"设医学专业，学制8年，医预科仍在北京大学（原燕京大学）。

1985 年，"中国首都医科大学"改名为"中国协和医科大学"，医院仍为"北京协和医院"。恢复高级护理教育，并成立护理系，1996 年改名为"护理学院"。

2006 年，又改回到 1917 年的名称"北京协和医学院"。

20 世纪 60 年代，曾任协和医学院副校长的董炳琨在《协和育才之路》前言中写道：

协和医学院历史悠久，几经沧桑，在大环境影响下有过很多变化，曾三次停办，三次复校。它在我国医学界和医学教育界作用最为突显的时期，是 20 世纪 30 年代和新中国成立前后一段时间，其教学风格和特色的形成，也是在这段时间。

新中国成立初期，政府主要把协和医学院作为国家宝贵的医疗资源和技术力量加以重视，但对其教学特点和优势尚未充分了解，这就导致了后来医学院的本科教育停办、性质任务改变等，直至 1957 年张孝骞为恢复协和医学院八年制医学教育上书中央，党和国家开始重新认识和审视协和育才的本质与优势。为了顺应国内外形势和新中国建设的需要，协和曾三度更名、两度更改隶属关系。

协和医学院至于三度易名还是几度易名并不重要，重要的是最终恢复了最初的名称"北京协和医学院"，并继续发扬和传承"协和精神"

北京协和医学院海外校友会曾写道：

曾经度过的协和校园时光难忘，九号院、小礼堂、玉兰花、五号院、东单三条……无论校名如何变：北京协和医学院、中国医科大学、中国协和医科大学、北京协和医学院——清华大学医学部……We are the same PUMC……

协和"九号院"

李伯天 摄

中国的历史文化上溯几千年，其中有许多时期因内战和纷争而四分五裂。中国人的身心都有一种活力和几乎是独一无二的再生能力，他们学会了如何克服灾难，如何在道德沦丧混乱的压力下保持他们的社会和审美的价值观。中国人民有超常的天赋，除非我们大家都毁于一场全球浩劫，他们注定要对人类的生活作出善果及不可估量的贡献。此时此刻他们需要我们的帮助……

洛克菲勒基金会主席　雷蒙德·福斯迪克

北京协和医学院	私立北平 协和医学院	北京协和医学院	中国协和医学院 （归国有）	中国医学科学院 （与协和医学院合并
1917 年	1929 年	1949 年	1951 年	1957 年
附属北京协和医院	附属私立北平协和医院	附属北京协和医院	附属中国协和医院	附属北京协和医院

北京协和医学校

北京协和医学院

私立北平协和医学院

中国医学科学院 中国协和医学院

中国医科大学 （恢复八年制）	中国医科大学 （停办）	中国首都医科大学	中国协和医科大学	北京协和医学院
1959 年	1966 年	1972 年	1985 年	2007 年
附属北京协和医院	北京反帝医院	首都医院（反帝医院）	中国医学科学院 北京协和医院	中国医学科学院 北京协和医院

资料来源：《协和百年纪念文集》《中国现代医院史话——北京协和医院》

中国医学科学院 北京反帝医院

首都医院（反帝医院）

中国医学科学院 北京协和医学院

中国医学科学院 北京协和医院

协和建筑四次变迁

1917 年 9 月 24 日，由美国建筑师哈里·赫西（Harry H. Hussey）承担规划设计，具有中国宫殿式外观的现代化医院在豫王府原址上破土动工，并于 1921 年 9 月 19 日举行落成典礼。

从 1921 年 9 月 19 日协和医学院落成典礼，到 2021 年 9 月 19 日整整是一百年的历史。在百年的历史长河中，一部协和发展史就是中国现代医学发展历程的缩影，而百年协和建筑的变迁就是协和历史的见证和延伸，包括局部拆除和翻新、几次改扩建和新建。

协和医学院建筑以旧协和：协和医学堂时期（1906–1915 年）建成的"三楼"：娄公楼、哲公楼、文海楼为主体；新协和：北京协和医学院时期建成的新校舍建筑群（1921 年，A–N 楼；1925 年，O 楼、P 楼）为代表。虽然新、旧协和的校园建筑都为外国建筑师所设计，但在建筑形式和风格上截然不同。

20 世纪 10 年代，旧协和较典型地体现出北京"洋风"的建筑特征（折中主义）；20 世纪 20 年代，新协和体现出"传统复兴式"建筑的特征。新中国成立后，随着需求的不断增长，协和一直处于不断的改扩建和新建中，当代的协和院区呈现了与时俱进的现代气息。

新中国成立后，旧协和的"洋风"三楼、新协和的"传统复兴式"建筑群以及当代的现代建筑群，使北京协和医学院校园建筑独具特色。

第一时期　施医院（双旗杆医院）
1861–1864 雒魏林；1864–1906 德贞

1861 年，英国传教士医生雒魏林（William Lockhart）来到北京，以英国伦敦会（London Missionary Society）的名义在英国公使馆（原淳亲王府）附近（东交民巷中御河桥西）开设了北京第一家西式医院，这家医院名为伦敦会北京施医院（Peking Hospital of the London Missionary Society）。

东交民巷是片方圆不到一平方英里的区域，离紫禁城不远，紧挨着北京内城的东南角。从 1900 年至 1949 年，它曾是外墙高筑、戒备森严的地方，坐落着使馆、兵营、教堂、银行、邮局、医院，居住着在北京的大部分外国人（详见下卷 399 页）。

在这些外国人中，大部分是外交人员，也有传教士、记者、医生、教师、艺术家和流亡者。他们延续着自己一贯的生活方式，自视高人一等，经常对墙外的中国评头论足。而在协和医学院不断变迁中，他们也成为亲历者与观察者。

1864 年，雒魏林回国，由同为传教士的英国医生德贞（John Hepburn Dudgon）接任施医院院长。德贞到北京后不久，由于公使馆规模扩大收回了施医院用地。德贞将哈德门大街（现东单北大街）东侧东堂子胡同西口南侧的火神庙改建为西式医院的门诊，并在南侧建设西式建筑"福音堂"。在原有寺庙东侧，德贞还修建了教堂、医务人员的住所、男孩女孩学校等建筑（目前还留存当时建造的其中一栋住宅，具有120年历史，上卷230页4、5号楼为该建筑具体位置）。北京施医院迁到新址后，原来的中文名字改为"北京京施医院"（也称"京施医院"或"施医院"），因德贞保留了寺庙门口原有两根20英尺高的旗杆，又俗称"双旗杆医院"。经考证，施医院在东堂子胡同北，外务部西侧又扩建了拥有30张床位的住院楼（下卷404-405页照片8可以看到刻有"施医院"字样的住院楼山墙），1895年还开设了妇女儿童诊室。

1900年，义和团运动中北京施医院遭到严重破坏，在熊熊烈火中化为灰烬。

1901年，英国传教士医生科龄（Thomas Cochrane）来到北京施医院原址，进行重建。施医院重建后的规模比原来大了很多，医院北起东堂子胡同，南至石大人胡同，西至哈德门大街，即今日协和医院北区住宅区域。同时科龄也在寻找机会创建医学院。（下卷634-644页关于施医院第一时期三位传教士医生的故事有更详细的介绍。）

1901年春，英国公使馆全景（左边）和御河

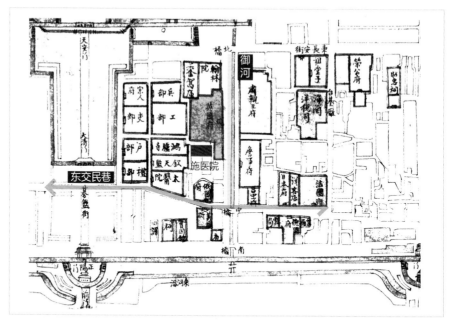

1861 年，东交民巷英国公使馆区域范围

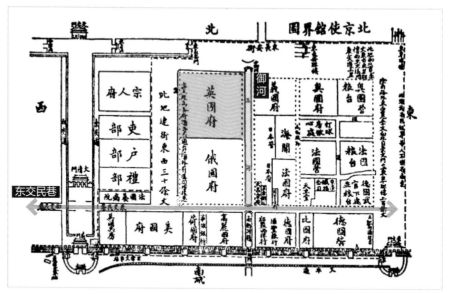

1900 年，东交民巷英国公使馆规模扩大后区域范围

图片来源于网络

1861-1900 年间英国公使馆规模扩大，收回了施医院用地。1864 年，德贞不得已将伦敦会北京施医院迁址到哈德门大街的火神庙处，这所医院的中文名字改为"北京京施医院"（也称"京施医院"或"施医院"），因德贞保留了寺庙门口原有两根 20 英尺高的旗杆，又俗称"双旗杆医院"。

1861 年，英国公使馆南侧施医院

20 世纪初，东交民巷的英国公使馆，现仍存在

在东交民巷鲁莽的骑自行车人

20 世纪初，重新修建的使馆区，左边是北京饭店，右边是老德国使馆

图片来源：《1900 年的北京》

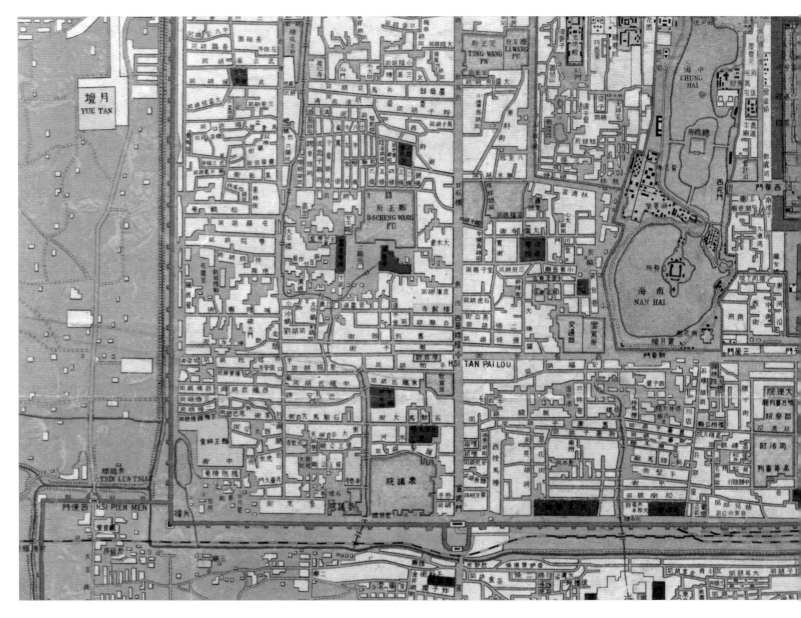

A 1861 年，英国传教士医生雒魏林（William Lockhart）来到北京，以英国伦敦会（London Missionary Society）的名义在英国公使馆（原淳亲王府）附近（东交民巷中御河桥西）开设了北京第一家西式医院，这家医院名为伦敦会北京施医院（Peking Hospital of the London Missionary Society）。

B 1864 年，德贞到北京后不久，由于公使馆规模不断扩大并收回了施医院用地。德贞将哈德门大街（现东单北大街）东侧东堂子胡同西口南侧的火神庙改建为西式医院，作为施医院的新址。

C 在火神庙周边，德贞还修建了教堂、医务人员的住所、男孩学校等建筑。

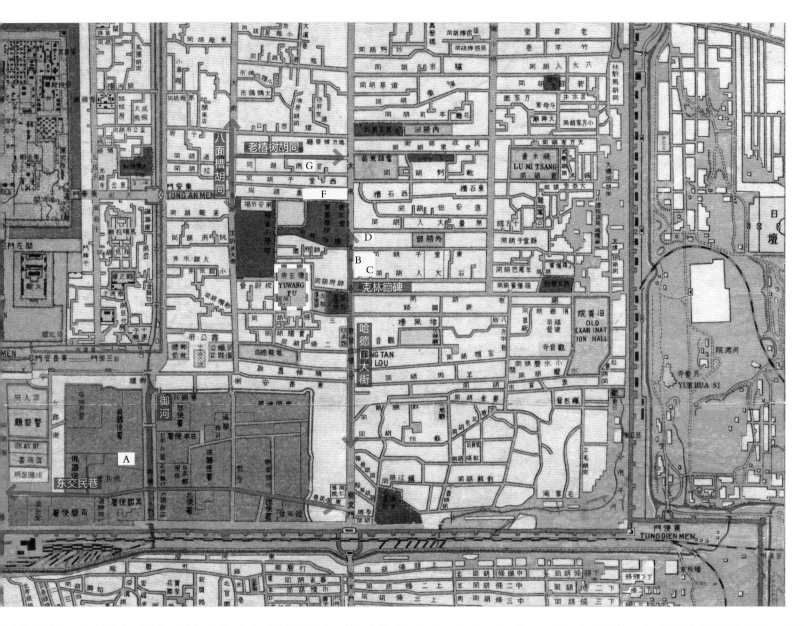

德贞扩建后的施医院还包括东堂子胡同北，外务部西侧的一部分建筑，主要是作为 30 张床位的病房。下卷 403 页照片 8 中可以看到当时扩建的西式建筑上刻有"施医院"字样。

E 紫禁城离施医院的距离并不算远（不足 2 公里），因此下卷 642 页有描述：在老佛爷睡觉的间隙，李莲英匆匆地跑进科龄的诊所问诊。

F 那桐故居占地 25 亩，这所宅院范围从金鱼胡同东口到现在台湾饭店的东墙，后在民国时期一度成为政治交际场所。

G 位于甘雨胡同有一所美国学校（Peking American School），由基督教青年会、卫理公会、北京协和医学校及母亲俱乐部共同主办，主要是为来自美国的孩子接受初等教育而创办。

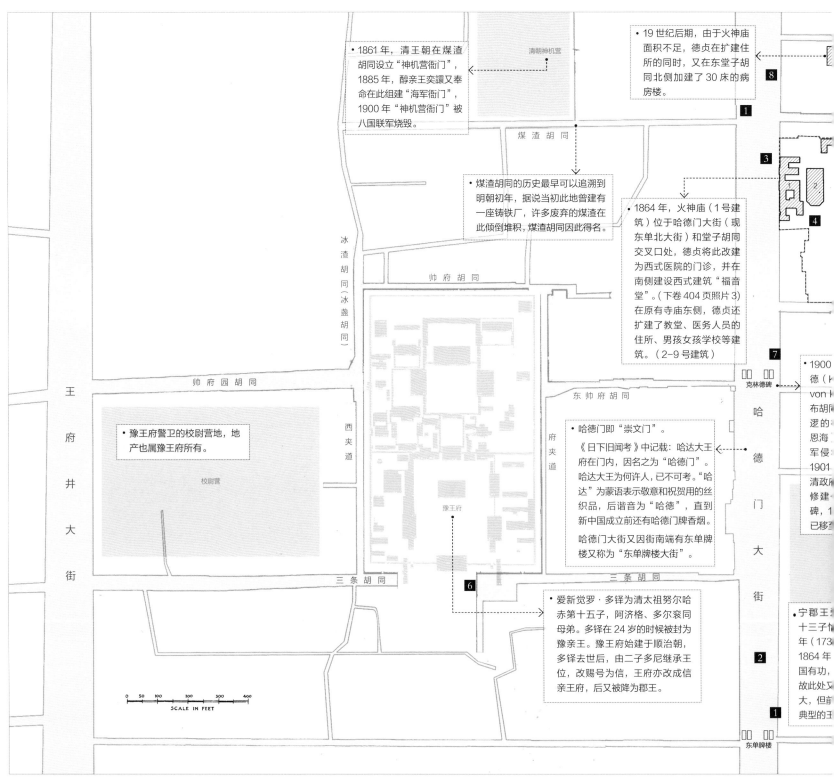

- 19 世纪后期，由于火神庙面积不足，德贞在扩建住所的同时，又在东堂子胡同北侧加建了 30 床的病房楼。

- 1861 年，清王朝在煤渣胡同设立"神机营衙门"，1885 年，醇亲王奕譞又奉命在此组建"海军衙门"，1900 年"神机营衙门"被八国联军烧毁。

- 煤渣胡同的历史最早可以追溯到明朝初年，据说当初此地曾建有一座铸铁厂，许多废弃的煤渣在此倾倒堆积，煤渣胡同因此得名。

- 1864 年，火神庙（1 号建筑）位于哈德门大街（现东单北大街）和堂子胡同交叉口处，德贞将此改建为西式医院的门诊，并在南侧建设西式建筑"福音堂"。（下卷 404 页照片 3）在原有寺庙东侧，德贞还扩建了教堂、医务人员的住所、男孩女孩学校等建筑。（2-9 号建筑）

清朝神机营

煤渣胡同

冰渣胡同（冰盏胡同）

帅府胡同

帅府园胡同

- 豫王府警卫的校尉营地，地产也属豫王府所有。

西夹道

东帅府胡同

府夹道

- 哈德门即"崇文门"。

《日下旧闻考》中记载：哈达大王府在门内，因名之为"哈德门"。哈达大王为何许人，已不可考。"哈达"为蒙语表示敬意和祝贺用的丝织品，后谐音为"哈德"，直到新中国成立前还有哈德门牌香烟。

哈德门大街又因街南端有东单牌楼又称为"东单牌楼大街"。

王府井大街

校尉营

豫王府

克林德碑

哈德门大街

三条胡同

三条胡同

- 爱新觉罗·多铎为清太祖努尔哈赤第十五子，阿济格、多尔衮同母弟。多铎在 24 岁的时候被封为豫亲王。豫王府始建于顺治朝，多铎去世后，由二子多尼继承王位，改赐号为信，王府亦改成信亲王府，后又被降为郡王。

- 1900 德（von 布胡逻的恩海军侵1901 清政修建碑，1已移至

- 宁郡王十三子年（173 1864 年国有功，故此处大，但前典型的王

东单牌楼

0 50 100 200 300 400
SCALE IN FEET

第一时期（1861-1906 年） 施医院（双旗杆医院）时期建筑分布图

无量大人胡同

• 1861 年，咸丰帝批准设立总理各国事务衙门。总理衙门不仅负责常规的外交事务，1862年开办的京师同文馆也在此授课。1901 年改称外务部。

子 胡 同　　外务部

石 亨 府

• 1457 年，武清侯石亨在此建成了宏大的府邸，约占整个胡同路北的四分之一。胡同的名字也因石宅的存在而称为"石大人胡同"。

1622 年，工部在石亨府建立宝源局，相当于今天的造币厂。历经明清两朝，直到 1905 年宝源局炉火才熄灭。

宣统末年，为了迎接访华的德国皇太子，外务部将已废的宝源局改建为迎宾馆，是当时北京城内最豪华的西洋建筑。

石 大 人 胡 同

总 布 胡 同

新 开 路 胡 同

• 黄兽医胡同，因胡同内有一位享有盛名的黄姓兽医得名。胡同南侧即为黄兽医住宅及医馆用地。

黄 兽 医 胡 同

是康熙第子。雍正八王并建府。镇压太平天的怡亲王，府规模并不，是清早期

黄兽医地产

北
极
阁
胡
同

北 极 阁 路

注：图中红色方块标码为 403-405 页照片拍摄站点位置

1 1900 年，东单牌楼

2 1900 年，哈德门大街俯视图　　　　　图片来源于网络

1　门诊部（施医院）

2　伦敦会教堂

3　学生宿舍

4　男孩学校

5-8　职工住宅（7 为目前唯一现存建筑，距今 150 余年）

9　女孩学校

10　施医院病房建筑

3 施医院在行医的同时进行基督教传教工作，可以看到南侧标有"福音堂"字样

4 施医院东侧为一座西式教堂，1918年迁至东堂子胡同北

5 宣统末年，外

7 克林德碑俯视哈德门大街及建设中的协和楼群

8 19世纪后期，德贞在东堂子胡同北侧扩建了30张床的病房，可以看到建筑

源局改建为迎宾馆，是当时北京城内最豪华的西洋建筑

6 豫王府入口，门前设有拴马桩

医院"字样，1918 年施医院教堂迁至东堂子胡同北，可以看到建筑上刻有"福音堂"字样

第二时期　协和医学堂

1906-1915 科龄

1904年，科龄提议由六个英美教会团体联合开办一所医学校，并命名为"协和医学堂"（Union Medical College，Peking）。1906年初在哈德门大街（现东单北大街）西侧、克林德牌坊西南角，一座引人注目的西式教学大楼落成，开启了协和医学堂的新时期。

北京协和医学堂时期由三座主体建筑组成。三座楼均以外国教会医生的姓氏音译命名，建筑均为砖木结构灰砖墙体。"三楼"均以模仿和照搬西洋建筑为特征，属西方古典折中主义风格，俗称"洋风"。哲公楼为建筑师库克（Cook）设计，其他两楼建筑师姓名不详，建筑形式属复古主义中的"折中主义[3]"风格。

除新建三座主体建筑之外，还有哈德门大街路东，外交部街西口的原施医院的全部建筑设施。因此，当时协和医学堂校园建筑分设三处。

娄公楼

1904年，娄公楼建设运输材料场景

1906年初建成娄公楼（Lockhart Hall），为纪念先驱雒魏林（William Lockhart）的首创之功，以他的名字命名。

1. 娄公楼与哲公楼

位于哈德门大街路西、东帅府胡同路南地段有两栋建筑：娄公楼和哲公楼。

1906年初建成的教学楼，被命名为娄公楼（Lockhart Hall），以纪念先驱雒魏林（William Lockhart）的首创之功。教学楼共2层，设有教室、实验室和图书室等功能；平面呈"山"字形，坐西朝东，主入口面向哈德门大街。1986年拆除。

1907年由美国人奥利弗·琼斯（Oliver W. Jones）资助建造的第二座建筑哲公楼（Oliver Jones Hall），为学校宿舍；哲公楼主体3层、局部4层；平面呈"一"字形，坐北朝南，北临东帅府胡同。哲公楼位于娄公楼的西北侧并楼体相连。1925年遭遇火灾后拆除重建，面积扩大二倍为护士楼，目前此楼仍在使用。

此外，20世纪初期，在哲公楼北建有2层双户型独立式住宅为女学生宿舍，坐北朝南，主入口临东帅府胡同。这栋小楼常常被忽视。

---

3 19世纪上半叶至20世纪初，折中主义建筑是欧美一些国家流行的一种建筑风格。折中主义建筑师任意模仿历史上各种建筑风格，或自由组合各种建筑形式，不讲求固定的法式，只讲求比例均衡，注重纯形式美。

1907–1908年协和医学堂年度报告

医学堂的建设在开办之初，主体建筑的空间（娄公楼）已经能够满足教学和学生宿舍的需求，甚至还能够容纳医院的部分床位。设有可以容纳350到400名学生的演讲堂和教学空间，每年招收70至80名学生，施医院成为医学堂的附属医院可以容纳40至50名病人，另外还有50名病人可以安排到门诊部东南处的妇婴医院。不过，随着医学堂的发展，仍然需要建更多的建筑。

1907年，新的宿舍（哲公楼）即将建成，宿舍的照片也附在这份年度报告中，希望能够在下学期开学时搬进去。新宿舍由医学堂的建筑师库克先生（Cook）设计，他来自天津的阿达幕、诺丽思＆库克（Adams, Knoeles & Cook）建筑公司。新宿舍提供了数量充足的床位，可供未来很长时间内医学堂所招收的学生使用。

这一年，我们还在学堂毗邻处获得了一块土地，打算在那块地上修建医学堂监督（院长）的寓所（据考证，这块地就是CMB在北京买的第一块地——英氏园）。

1908–1909年协和医学堂年度报告

自医学堂的主要建筑（娄公楼）竣工后，虽然又增建了一栋大型宿舍楼（哲公楼），但还需要修建更多供医院使用的建筑。我们目前暂时用医学堂的演讲堂来安置医院的病人，但明年五年制的课程中将有五个不同的班级需要在此授课，当下的情况是设施需要全部给医学堂学生使用而无法收治病人了。因此，当务之急是如何保证学生上课的情况下，同时确保医院能够正常接收病人。目前很大一部分基建资金已经到位，但还需要尽快筹集剩余的资金，同时也正在谈判购买一块合适的土地，希望尽快使临床及教学能够全面、高效地展开。

2. 文海楼

由于施医院病人越来越多，满足不了需求。1912年，来自英国伦敦会的代表赫伯特·文海（Herbert V. Wenham）在新开路路南捐助建造第三座建筑，为男子医院。文海先生是一位技艺精湛的外科医生，在北京度过两个春秋之后，不幸因患肺炎去世。1914年文海医生去世后，新医院改名为"文海楼"（Wenham Hall）以示纪念。文海楼主体2层，平面呈"L"形，坐北朝南，北临新开路胡同。关于文海楼的建设，协和医学堂历年报告有详细记载[4]。

文海楼作为协和医学堂的附属医院，设有内科、外科、五官科和眼科，共有床位30张，并分为三个等级，头等高级私人病房，华人和外国人病房；三等床位大多是提供给免费医治的贫穷患者，免费患者需签署协议，即同意病故后院方可以进行尸体解剖。此外，文海楼还设有厨房餐厅等相对完备的后勤保障用房。

医院的主治医生均为外籍医生，每日查房确定治疗方案，由住院医师和护士执行。医院接受中国各地病人的能力不断提高，医院在管理上的规章制度较为完备，病历保存完好，但也偶有误发药物等医疗事故的发生。医院的宗教氛围浓厚，每日由传教士在病区做礼拜，并向病人传教[5]。

3. 原施医院

位于哈德门大街路东、外交部街西口的原施医院（双旗杆医院），作为协和医学堂附属医院，有30张床位。1907年，科龄又在原施医院门诊东南侧，建造一栋妇婴医院（北京儿童医院的前身），学生可在施医院及妇婴医院实习。1918年，洛克菲勒基金会接管后，除保留其中一栋宿舍楼外，其余全部拆除并扩建为北院住宅，作为协和医学院的教师员工宿舍。

1911-1912年协和医学堂年度报告

多年来我们有一个愿望，就是希望修建一家新医院（文海楼），全部配置最现代设备。尽管困难重重，目前我们总共筹集了7千多英镑，其中包括英国各种渠道的捐赠。我们已在医学堂不远处（新开路南）找到了一块合适的土地，目前正在筹划当中。我们希望医院最终将会有四栋楼舍，每栋楼房都是两层。包括一栋办公楼，三栋病房楼，其中一栋楼一半房屋作为手术室。病房楼中设南丁格尔式病房，配有阳台、浴室、盥洗室、护士房、包扎室、诊室及储藏间。

但实际上只建了行政楼和一栋病房楼，第二栋病房并没有按原设计进行，而是根据新的需求建成一栋阶梯楼，并与北侧病房楼相连。（文海楼规划及建成平面图及照片见下卷410-411页）

在院区开掘了一个自流井，可以从井中把水打到东塔楼的水罐里，再从那里通过网状管道输送到楼房各处。整个医院由蒸汽供暖。我们还开设了私人病房及供外国患者入住的病房。建设工程进展顺利，希望能在秋季投入使用。

1912年协和医学堂年度报告

新医院（文海楼）的建筑实际上已经完工。行政楼背靠新开路，其南面是一栋完整的病房楼，内有餐厅、厨房和容纳50个华人及少数外国人的病房。再往南是阶梯楼，设置的是私人病房，上面是屋顶花园。整栋建筑的质量在李先生、孙继昌先生传教工作的影响下，以及承包商尽心尽力的工作而得到保障。医院的设备还没有运到，故还需要有几个月的时间，我们才能够在里面办公。除了设备之外，我们还需要负责内部管理的护士长，如果没有个护士长，想要保持此机构的一流教学医院的水平将会十分困难。

1912 年度报告中，列出了直隶临时高等教育委员会批准的协和医学堂建设所需的资金，如下所示：

协和医学堂的资金需求（北京）

新门诊楼（包括配药房）	2500 英镑
供暖机房、供水等	1000 英镑
配药房的设备	200 英镑
细菌实验室及化学实验室	500 英镑
拟建两栋病房楼	8000 英镑
六名员工的宿舍及用地	9000 英镑
公共卫生系	1000 英镑
肺结核疗养院及用地	3000 英镑
隔离医院及用地	3000 英镑
医学堂增加的设备	3000 英镑
附属医院增加的设备	2000 英镑
日常支出及各个系科主任的酬金	34000 英镑

资料来源：《协和医学堂》

妇婴医院走廊上的病人（女患者）

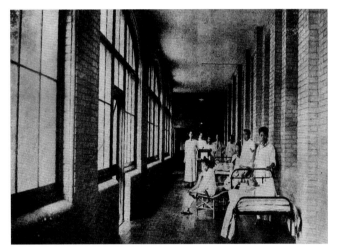

文海楼病房走廊上的病人（男患者）

文海楼（从院区西南方向看病房楼）

20 世纪初期，文海楼规划图

文海楼为西洋建筑形式，坐北朝南，北临新开路，地上两层，砖木结构。规划中有南北四排建筑，分别是行政楼和三栋病房楼，之间有连廊相通。

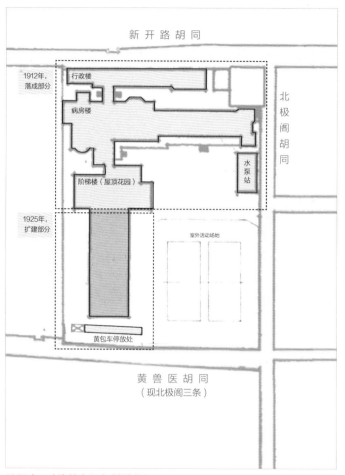

1925 年，文海楼实际建成规划图

1912 年新医院落成，作为协和医学堂附属男子医院。实际只建成最北面的行政楼和一栋病房楼，第二栋病房并没有按原设计进行，而是根据新的需求建成一栋阶梯楼，并与北侧病房楼相连。

1914 年文海医生去世后，新医院改名为"文海楼"（Wenham Hall）以示纪念。1925 年扩建并作为男生宿舍。

毕业于协和医学院的医学博士严镜清（新中国成立后任北京市卫生局局长）曾回忆入住文海楼宿舍的场景：

> 记得我第一晚进入文海楼宿舍的卧室与卫生间时，我的印象是远比我在上海中学时的条件好得多，其实相当于当时美国第一流医学院的物质设备水平。我当时即有身处"象牙宝塔"的感觉。

病房楼西南侧建设场景

病房楼南侧建设场景

工人正在锯木头

图片来源:《协和医学堂》

文海楼南侧

文海医院的男护士

文海楼住院病房（南丁格尔式）

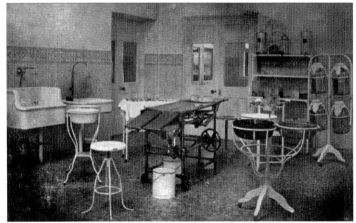

文海医院的手术室

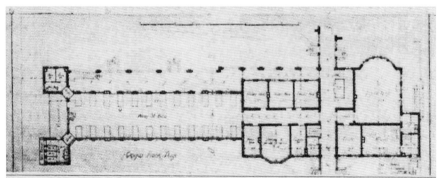

文海楼标准病房平面图

赫伯特·文海
（Herbert V. Wenham, 1877–1914）
图片来源：《协和医学堂》

1912 年，英国伦敦会赫伯特·文海来到北京协和医学堂任教师和医师，他为创建协和医学堂作出了很大贡献，是一位技艺精湛的外科医生，也是一位多才多艺的人，在北京度过两个春秋之后，于 1914 年不幸因患肺炎去世。

为了纪念文海医生对医学教育所做出的不可磨灭的贡献，协和医学院把他住过的楼，命名为文海楼。文海生前将自己资产捐赠协和，校方用其资产设立文海奖学金。

文海奖学金是协和医学院毕业生的最高荣誉奖。每年评选一次，授予本院本科学生在五年学习期间考试成绩累积分数最高者。按规定，每届毕业生中只有一人能够获得。协和医学院历届获得此奖的有刘绍光、刘士豪、李廷安、诸福棠、林巧稚、朱宪彝、范权、邓家栋、卢观全、周华康、张学德等人。

1913–1914 年协和医学堂年度报告

文海医生被任命为医务主管，承担组建新医院的任务。新医院于 4 月 16 日没有过多张扬地开业了，将病人从医学堂及老的华人医院搬迁过来。

目前的整体规划是一期已建行政楼和一栋病房楼，未来如果接收病人的数量加大，根据需要再建另外两栋病房楼。

新医院总体规划的优点是能够根据资金情况进行扩充及增补，而不会干扰目前医院的正常运行。关于二期建设，我们只能等待其他教会的帮助，改善并扩大联盟医院，有待增加接收病人的能力提高时再考虑，很快这将成为一件急需解决之事，因为目前我们每天都要拒绝很多想入院的病人。

应该清楚地认识到，尽管伦敦会和其他朋友一如既往地为扩大医院规模而努力，但也不能期望他们以牺牲联盟医院的利益为代价来增加医院接收病人的能力。只有当那些想要加入扩大联盟的教会投入资金时，我们才能考虑二期建设，增加更多病房，并实现扩大接收病人的能力。

我们一直试图努力达到英国国内的医院水准，尽管要达到这个目标还需要很长的时间。在我们的护士长哈瓦德（Haward）女士的领导下，一个招收了 20 位男护士的培训班开班了。哈瓦德曾是伦敦盖斯医院（Guy's Hospital）的护士，她现在主要负责手术室的护理工作，并有一位有着三年培训经验的华人护士长协助其工作。当然，目前虽最缺新的护士，但与以前相比，我们所能做的工作多了很多，在夜里也有护士在病房开始照顾病人了。

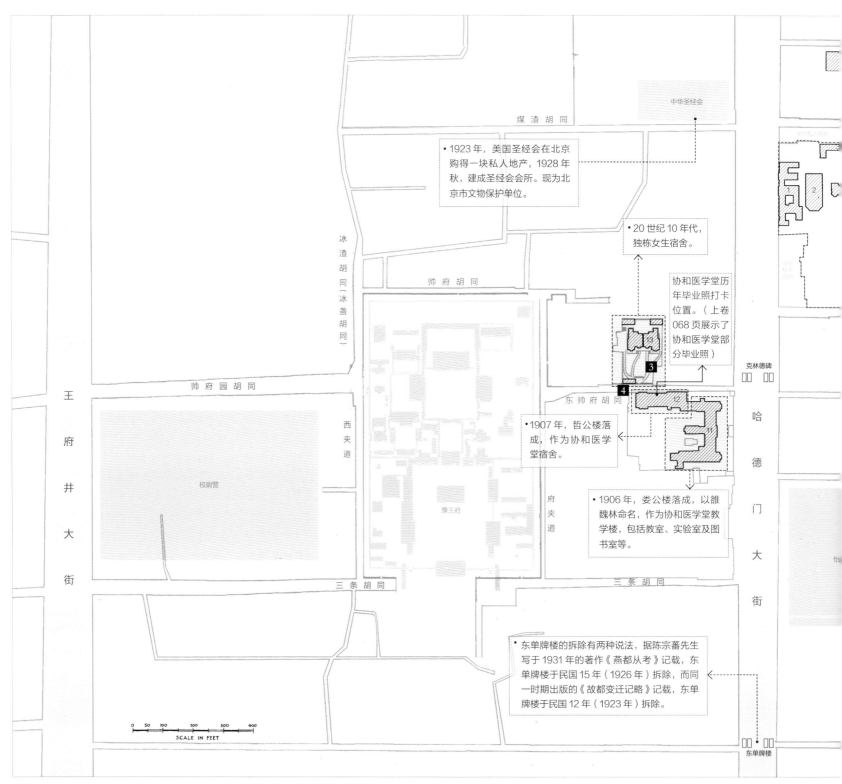

• 1923年，美国圣经会在北京购得一块私人地产，1928年秋，建成圣经会会所。现为北京市文物保护单位。

• 20世纪10年代，独栋女生宿舍。

协和医学堂历年毕业照打卡位置。（上卷068页展示了协和医学堂部分毕业照）

• 1907年，哲公楼落成，作为协和医学堂宿舍。

• 1906年，娄公楼落成，以雒魏林命名，作为协和医学堂教学楼，包括教室、实验室及图书室等。

• 东单牌楼的拆除有两种说法，据陈宗蕃先生写于1931年的著作《燕都丛考》记载，东单牌楼于民国15年（1926年）拆除，而同一时期出版的《故都变迁记略》记载，东单牌楼于民国12年（1923年）拆除。

第二时期（1906-1915年） 协和医学堂时期建筑分布图

- 灰色区域为原施医院（双旗杆医院）保留部分，包括门诊部、教堂、学校及住宅建筑等。

- 1907年，科龄在施医院东南侧新建妇婴医院。（下卷409展示了当时妇婴医院照片）

外交部

外交部街

- 1912年，袁世凯把东堂子胡同北侧的民国政府外交部迁到石大人胡同的迎宾馆，"石大人胡同"遂改称"外交部街"。

总布胡同

新开路胡同

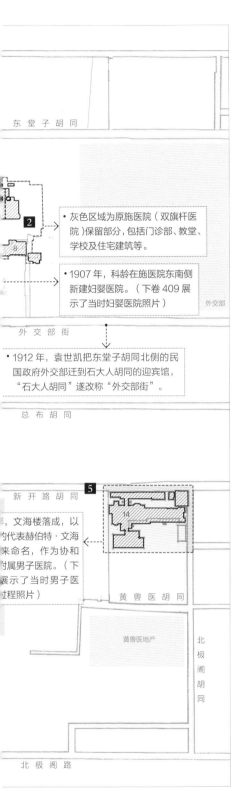

，文海楼落成，以
的代表赫伯特·文海
来命名，作为协和
付属男子医院。（下
展示了当时男子医
程照片）

黄兽医胡同

黄兽医地产

北极阁胡同

北极阁路

注：图中红色方块标码为415-417页照片拍摄站点位置

1　门诊部（施医院）

2　伦敦会教堂

3　学生宿舍

4　男孩学校

5-8　职工住宅（7为目前唯一现存建筑）

9　妇婴医院

10　女孩学校

11　娄公楼

12　哲公楼

13　女生宿舍

14　男子医院

1 妇婴医院（1907年落成，立面形式与北侧住宅相统一）

2 德贞时期唯一保留的建筑，距今已有150余年历史　　　　格伦　摄

3 1900年代初期，女生宿舍

哲公楼（东帅府胡同）

第三时期　洛克菲勒基金会 北京协和医学院

1915-1921，洛克菲勒改组扩建；1921-1951 北京协和医学院

　　1915 年，罗氏驻华医社正式接管协和医学堂后，协和医学堂、豫王府和伦敦会的其他地产后，对于目标"建设世界一流医学院"的洛克菲勒基金会来说，如何在总面积 22.6 英亩的土地上进行全面统筹、整体规划布局已成为头等大事了。

　　对于建立如此规模、先进完整和高标准的医学院，除了新校园的总体规划设计，如教学楼、附属医院和后勤保障用房等应如何布局是主要任务之外，还需要考虑的是：这么多的教师、学生和医生住在什么地方，住宿和教学条件能否让他们满意。校董事会责成房管委员会负责此事，将原协和医学堂所拥有的房子重新修缮和装修后作为一部分宿舍功能，暂时解了燃眉之急。因为在没有建设宿舍之前，每年为员工租房的支出费用的确很高。（具体支出见上卷 215 页）在安排住宿方面，学校不得不考虑国别、性别、婚姻状况、地位等情况，因此，合理安排和分配宿舍也是当务之急。

　　1925 年协和新校园一二期完成后，协和建筑房产共为 11 处。分别为原协和医学堂的 5 处房产、新建校园（豫王府原址）、英氏园、北区住宅（外交部街西口）、南区住宅（黄兽医胡同南侧）及其他 2 处。

1. 新校园

　　协和新校园规划设计分两期进行，第一期工程由建筑师赫西（Harry H. Hussey）设计，共建成 14 栋楼，按英文字母 A 到 N 编号，设有礼堂、教学楼用房、附属医院用房、宿舍等。除 A 楼礼堂外，其余各栋均由连廊相连，每楼多为 2 到 3 层。建筑均为砖木结构仿宫殿建筑，屋顶形式为庑殿顶铺绿琉璃筒瓦，上带脊兽，屋身为灰砖清水墙面。

　　1917 年，举行新校园开工奠基仪式。1921 年 9 月，协和新校园建筑完成之后，举行了隆重的落成典礼。

　　1925 年，第二期工程完成，由建筑师安内尔（C.W. Anner）设计，为 O 楼和 P 楼，外形为西式风格。虽然受到第一次世界大战的影响，但整体工程一直按原计划进行。

　　同年，在豫王府东北角东帅府胡同北侧，16.82 亩的原工业用地为协和后勤保障区，设有五厂、五房、三室及一处。（详细内容见下卷 604-607 页）

　　此后，一直到新中国成立，校园建筑基本保持 1925 年时的规模。

2. 北院和南院住宅

　　与新校园建设同时，1918 年拆除了哈德门大街路东原施医院的所有建筑（仅留一栋住宅），扩建为北院住宅，为独立式住宅 20 栋（含联排）；1917-1918 年在黄兽医胡同（新开路北极阁三条胡同）新建南院住宅，含独立式住宅 14 栋。目前，两院住宅保存完好，仍在使用。

3. 英氏园

洛克菲勒基金会在北京购置的第一块地产就是英氏园（Ying Compound），在娄公楼南、东单三条胡同东口，为西式"传统复兴式"建筑风格，这是一座美丽古老的中式庭院，砖木结构的建筑物，因采用红砖建造俗称"红楼"。1925 年改建后成为协和校长及部分外籍员工住所，当时顾临、胡恒德当时都住在这个院内，很遗憾，早已拆除，目前只能从老照片中欣赏了。（平面规划及相关照片详见上卷 216-219 页）

4. 原协和医学堂"三楼"

1925 年，娄公楼的预科学校迁至燕京大学后，娄公楼改为 X 光学校，为教学实验室等功能，直至 1986 年拆除。（下卷 538 页顾临的信中提及）

1925 年，由于缺少足够的宿舍影响到女生的录取，直到同年哲公楼遭遇火灾重建，面积约为原来的 2 倍后作为女生宿舍投入使用，学校才开始扩招女生。新建的哲公楼仍为西式风格，建筑结构由原来的砖木结构改为钢筋混凝土结构，地上 3 层地下 1 层。20 世纪中期曾加盖一层，平面由原来的"一"改为"门"形，坐西朝东，南北两侧翼同娄公楼西端两翼相接，围合成一个内院。主入口改为朝北，临东帅府胡同，称为"护士楼"并沿用至今。这是协和医疗院区可以看到的唯一过百年的老建筑。（平面规划及相关照片详见上卷 224-225 页）

1925 年文海楼扩建并成为男子宿舍。文海楼已拆除，目前在原址上重建为学生宿舍。

5. 其他房产

东单三条胡同 32 号地产（礼堂西侧）作为男子宿舍；外交部街裁缝店房产作为员工住宅。

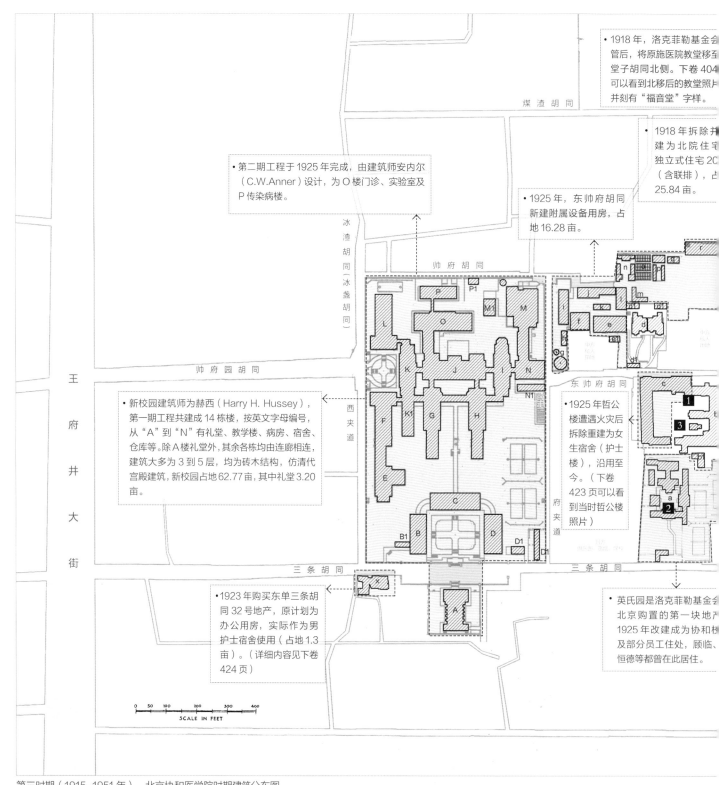

- 1918 年，洛克菲勒基金会□
  管后，将原施医院教堂移至□
  堂子胡同北侧。下卷 404 □
  可以看到北移后的教堂照片□
  并刻有"福音堂"字样。

- 1918 年拆除并□
  建为北院住宅□
  独立式住宅 2C□
  （含联排），占□
  25.84 亩。

- 第二期工程于 1925 年完成，由建筑师安内尔
  （C.W.Anner）设计，为 O 楼门诊、实验室及
  P 传染病楼。

- 1925 年，东帅府胡同
  新建附属设备用房，占
  地 16.28 亩。

- 新校园建筑师为赫西（Harry H. Hussey），
  第一期工程共建成 14 栋楼，按英文字母编号，
  从"A"到"N"有礼堂、教学楼、病房、宿舍、
  仓库等。除 A 楼礼堂外，其余各栋均由连廊相连，
  建筑大多为 3 到 5 层，均为砖木结构，仿清代
  宫殿建筑，新校园占地 62.77 亩，其中礼堂 3.20
  亩。

- 1925 年哲公
  楼遭遇火灾后
  拆除重建为女
  生宿舍（护士
  楼），沿用至
  今。（下卷
  423 页可以看
  到当时哲公楼
  照片）

- 1923 年购买东单三条胡
  同 32 号地产，原计划为
  办公用房，实际作为男
  护士宿舍使用（占地 1.3
  亩）。（详细内容见下卷
  424 页）

- 英氏园是洛克菲勒基金会□
  北京购置的第一块地产□
  1925 年改建成为协和□
  及部分员工住处，顾临、□
  恒德等都曾在此居住。

SCALE IN FEET

第三时期（1915-1951 年）　北京协和医学院时期建筑分布图

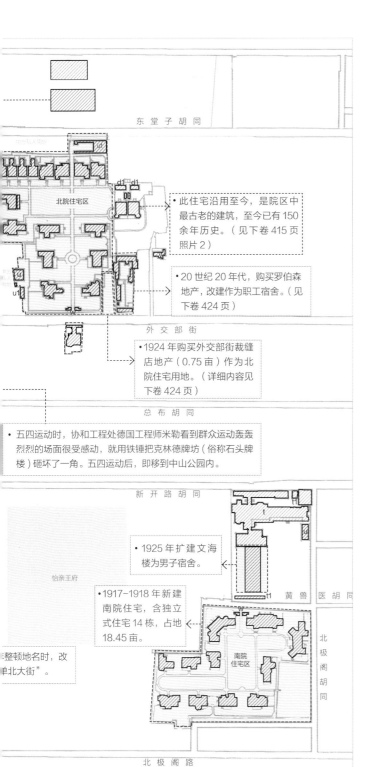

- 此住宅沿用至今，是院区中最古老的建筑，至今已有150余年历史。（见下卷415页照片2）

- 20世纪20年代，购买罗伯森地产，改建作为职工宿舍。（见下卷424页）

- 1924年购买外交部街裁缝店地产（0.75亩）作为北院住宅用地。（详细内容见下卷424页）

- 五四运动时，协和工程处德国工程师米勒看到群众运动轰轰烈烈的场面很受感动，就用铁锤把克林德牌坊（俗称石头牌楼）砸坏了一角。五四运动后，即移到中山公园内。

- 1925年扩建文海楼为男子宿舍。

- 1917–1918年新建南院住宅，含独立式住宅14栋，占地18.45亩。

- 整顿地名时，改单北大街"。

注：图中红色方块标码为422–423页照片拍摄站点位置

A	礼堂	a	英氏园（校长及高管层管理者住处）
B	解剖教学楼	b	娄公楼
B1	动物房	b1	X光学校
C	生物化学教学楼	c	哲公楼
D	生理药理教学楼	d	女生宿舍
D1	动物房	d1	工人宿舍
E	特殊病房楼	e	制冷厂
F	行政楼	e1	油工室
G	外科病房楼	f	车库及工程师办公室
H	内科病房楼	g	煤气罐
I	病理学楼	h	氧气站
J	门诊医技楼	i	煤气站
K	综合楼	j	机房及过磅处
K1	产科门诊	k	印字室及制图室
L	护士楼（后改为图书馆）	l	木工房
M	设备用房	m	泥瓦匠工具房
M1	软化水厂	n	斋务处办公室
N	动物房等	o	花房
N1	狗舍	p	动物房
O	门诊部和实验室	q	化学试剂储藏室
P	传染病楼	r	狗舍
P1	胶片储存室	s	车库及储藏室
		t	文海楼
		t1	黄包车停放处
		u	水泵站
		u1	储藏室
		v	民居（施医院时房产）
		w	门房（南北住宅区门房）
		x	男生宿舍

1 哲公楼失火前（1925年），从哲公楼南侧向西看，可以看到远处新校园的内科住院楼（H楼）及更远处的特殊病房楼（E楼）

2 英氏园（协和校长及部分员工住处，顾临、胡恒德等都曾在此居住）

3 哲公楼，女生宿舍（哲公楼火灾之后在旧址上重建，重建后与娄公楼形成"口"字形）

在短短的几年之内，协和医学院就完成了这一历史使命，实现了中国教育史上的一次超越。1919 年 9 月，细心的人们就会发现一道新景：涌向预科学校大门的学子当中，多了一些短发齐耳、旗袍罩身的女学生。她们是真正地踏入预科学校的第一批女学生。1921 年预科学校的学生又进入了协和医学院，从而成为中国有史以来第一所男女合校的医学院。

古德里奇写给顾临的信

著者感言：

1923 年，虽然协和医学院已经开业和运营三年了，但是相关辅助空间还是不足，这样洛克菲勒基金会计划买周边的地产。当时 8 000 美元买的这块地，目前成了消防站，地产不知是否仍归属协和医学院。另一块地的去向，目前也没有研究清楚。

1923 年 12 月 26 日
有关购买东单三条胡同 32 号地产事宜

孙先生周一来电话，说要与房主见面，有关计划购买东单三条胡同 32 号与礼堂之间的地产事宜。据目前的房主说：一年半前他买下了这块地，大约 4 000 至 5 600 美元交易成功，当时出售是 7 000 美元，上一个房主说当时卖给豫王府什么也不包括，还可以卖到小 10 000 美元呢。目前它可以包括修缮破败的建筑加固保证安全等，可以出售 8 000 美元。

威尔逊恰好来罗氏驻华医社办公室，我带他仔细调查了这个地产的周边情况等，他也同意胡恒德博士的意见：这个东单三条胡同 32 号约 1.3 亩的地产和房屋成交 21 000 美元是可以的，如果只是地产不包括建筑物，8 000 美金是可以的。

目前外交部胡同约 0.75 亩的裁缝店地产，以及威尔逊办公室西边约 1 亩的两块地产大都没有明确回复。陈先生建议，第一个地产可以成交 6 800 美元，西边两个地产，每一块各可

以成交 4 000 美元。

在胡恒德博士的批复下，我建议买东单三条胡同 32 号地产及房屋最多成交 21 000 美元，作为罗氏驻华医社永久地产。原因如下：
1. 离 PUMC 距离近的优势；
2. 基地上的原住宅可作为办公室（后改为宿舍），遗憾的是，建筑不是钢筋混凝土结构，防火性能差；
3. 罗氏驻华医社在北京的办公室可能还要等很长时间才能落实；这个位置作为管理机构也比较合适；
4. 这也是个很好的投资项目，周边的地产价格一直在稳定上升。

希望能够尽快采取行动，明年 1924 年 2 月 5 日就是中国的新年，这样对我们交易成功的可能性也是有利的。

1924 年 1 月 22 日
有关购买外交部街地产事宜

外交部街裁缝店房主通知陈先生准备卖全部地产为 0.75 亩，成交价 5 500 美元。由于这块地产紧邻北院住宅，所以胡恒德博士也同意这个价位，我们昨天通了电话，但罗氏驻华医社董事会会同意吗？

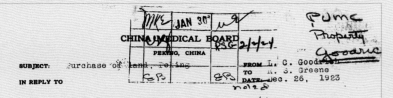

SUBJECT: Purchase of Land, Peking   FROM L. C. Goodrich
IN REPLY TO   CP   SB   TO R. S. Greene
     no12   DATE: Dec. 26, 1923

Mr. Fartsan T. Sung called Monday to say that he had an interview with the owners of the property between A building and 32 San T'iao Hutung recently. He learned from them that this piece of land was sold about a year and a half ago by the man who had offered it to him for something less than Mex. $4,000 for Mex. $5,600. The present owners told him that they had been offered as much as Mex. $7,000 for it but had refused the offer. They added that they would sell to the "Yu Wang Fu" for nothing less than Mex. $10,000. He did not tell them that we were interested, but assured me that he could secure the property, including the rather tumbledown buildings thereon, for Mex. $8,000 or less. He wishes no cash commission for taking care of this transaction, but requests that as his remuneration he be given the brick in the buildings. This I have promised him, provided the sale is concluded.

Mr. G. G. Wilson has just paid a visit at the China Medical Board offices at my request. I took him from top to bottom of this building and showed him also the grounds and location of the property to the east. He agrees with Dr. Houghton, Mr. Ch'ien, and myself that the figure of M.¥21,000 for the land and building at 32 San T'iao Hutung is a reasonable one. He also recommends purchase of the land between 32 San T'iao Hutung and A building, amounting to approximately 1 1/3 mou, at a price not more than Mex. $8,000.

There is as yet no word from the owners of the tailor shop land on Waichiaopu Chien (about 1/4 mou), nor from the owners of the two pieces of land west of Mr. G. G. Wilson's office (about 1 mou each). Mr. Ch'ien has suggested M.¥4,500 for the tailor shop property and was informed that Mex. $6,800 was the price. The price of the other two pieces is given as Mex. $4,000 each.

With Dr. Houghton's approval I recommend the purchase of the house and property at 32 San T'iao Hutung for Mex.$21,000 for the permanent use of the China Medical Board. Our reasons for this are:

1. Its advantageous location near the P. U. M. C.

2. The serviceability of the house as an office building. Mr. Wilson agrees that the house can be utilized for many years to come, tho it is not of concrete construction and therefore not fire-proof.

3. The likelihood that the C. M. B., Peking office, will need for a long time to come some space, outside the buildings of the Peking Union Medical College, for administrative purposes.

4. It is a good investment should the Board later wish to sell, as property prices are rising steadily in the immediate neighborhood.

We recommend also the purchase of the property between A building and 32 San T'iao Hutung at a price not more than Mex. $8,000. There is no immediate use for this land. We advise it in order that we may protect the property on both sides.

Kindly advise us by cable concerning the action taken on these recommendations. The next Chinese New Year's Day falls on February 5, 1924. It would be helpful in concluding these purchases to know as long before that day as possible.

L. C. Goodrich

S/M

SUBJECT: Purchase of property on Waichiao Pu Chieh   FROM L. C. Goodrich
IN REPLY TO   TO R. S. Greene
     DATE: Jan. 22, 1924

The owner of the tailor shop property on Waichiao Pu Chieh informed Mr. Ch'ien yesterday that he was willing to sell the entire piece for Mex. $5,500. This property totals 5004 square feet, which is practically 3/4 of a mou (1 mou equals 6612.871255 square feet). Because of its advantageous position by the north residence compound, Dr. Houghton recommends its purchase at the figure of Mex. $5,500. We wired yesterday, therefore, as follows:

Can now secure desired property adjoining north residence compound Mex. $5,500. Will Board authorise purchase?

第四时期　新中国 新协和

1951—2021

　　1951 年 1 月 20 日，新中国人民政府接办协和，开始续写北京协和发展史上的新篇章。随着医疗模式的转变和人民需求的不断提高，更重要的是协和的医疗技术已成为全国医疗疑难杂症治疗的最高领地，医疗技术名扬海内外。原有协和建筑的功能空间远远满足不了新的需求，为此协和院区进行多次改扩建。为便于研究，将协和院区的建设时间划分为 20 世纪 60-90 年代的第一批改扩建活动以及 2000 年之后的第二批改扩建活动。

---

6 吴宪是协和最早的一位中国籍学科主任，中央研究院第一届院士，他积极参与治校工作，为中国同仁和师生争取福利、改进教学，赢得了人们的尊敬和信赖。吴宪对国际生物化学和中国科学事业的贡献是卓著的，赢得了国际学术界的声望和在中国科学界的地位。

20 世纪 60-90 年代　第一批改扩建活动

　　20 世纪 60 年代，拆除原有院区东部的部分后勤用房，新建门急诊楼，1975 年 4 月门诊大楼奠基，1978 年 3 月竣工，同年 9 月 21 日正式开诊。建筑面积 13 170 平方米，日门诊量 2000 人次。2016 年 8 月，老门诊楼完成历史使命后拆除，原址上新建转化医学综合楼（下卷 430-431 页建筑的分布图中 24 号楼）。1986 年拆除娄公楼，新建明日楼，部分为教学用房。

　　20 世纪 80 年代，拆除原有院区东部的剩余后勤用房，并收回原日方用地新建门急诊楼与住院楼。1987 年 12 月，医院住院楼奠基，1994 年 9 月竣工，1996 年 9 月正式启用。建筑面积 63 733 平方米，现更名为内科楼。（下卷 430-431 页建筑的分布图中 23 号楼）

　　1998 年 10 月东单三条北侧的教学楼开工，2001 年 4 月竣工并正式启用，建筑面积 18 393 平方米。此大楼也称为"吴宪大楼"，以纪念吴宪[6]的卓越贡献。（下卷 430-431 页建筑的分布图中 22 号楼）

2000 年后　第二批改扩建活动

2002 年 3 月 25 日，中国医学科学院北京协和医院与信息产业部邮电总医院合并重组，同年 9 月 15 日开业。合并重组后的北京协和医院增加了位于西单地区的西院区，建筑面积共 60 186 平方米，600 张床位，现更名为协和西单院区。

2003 年 6 月，医院干部医疗保健基地项目批准立项，2005 年 12 月 28 日举行奠基典礼，建筑面积 80 501 平方米。2008 年 6 月 26 日，干部医疗保健基地主体工程封顶，2010 年 12 月投入使用。

2005 年 3 月，协和医院门急诊楼及外科楼改扩建工程批准立项，2007 年底正式启动协和原有院区的北部拆迁工作。在各级领导的大力支持下，协和举全院之力完成了拆迁工作，确保医院门急诊楼及手术科室楼改扩建工程完成。

2008 年 10 月 16 日举办奠基仪式，2012 年 9 月 28 日举办新楼启用仪式，2012 年 10 月 4 日投入使用。

门急诊楼及外科楼总建筑面积为 225 065 平方米，其中新建门急诊楼建筑面积 11.3 万平方米；外科楼 10.9 万平方米。建成使用后，医院建筑面积增至 53 万平方米，床位数增至 2000 张，综合门诊量日均增至 7800 人次，急诊量日均增至 400 人次，手术量日均增至 200 台。繁华的东单地区矗立起一座功能完善、布局合理、流程科学、设施先进、环境优美的现代化医疗建筑，使更多的中国老百姓享有便捷、优质、高水平的医疗服务。

随着医院规模的不断扩大，协和医院为患者的医疗服务能力显著提高。现协和医院有临床、医技科室 60 个，其中手术 12 个，非手术室 15 个，国家重点学科 20 个。目前医院开设 62 个专科和专病门诊、2 个特需门诊、30 多个临床诊疗研究中心、1 个急救中心和 1 个综合健康体检中心。

2011 年 9 月 16 日，在原中央美院美术馆旧址上建成的北京协和医院院史馆正式开馆，建筑面积为 11 580 平方米。

2016 年 7 月，协和转化医学综合楼工程建设项目经国家发展改革委批准立项，于 2017 年 6 月 8 日开工，2021 年建成并投入使用。该项目包括转化医学综合楼主体及地下通道，总建筑面积 69 084 平方米，其中主体建筑面积 56 173 平方米。

北京协和医院大兴院区是医学研究创新基地、疑难杂症及罕见病国家重点实验室及其配套平台。该院区位于大兴区榆垡镇政府南侧，北京大兴国际机场临空经济区、北京（大兴）自贸区、综合保税区内。项目占地近 20 亩，由 4 栋楼组成，总建筑面积 34 000 平方米，于 2020 年底验收部分试运行，2022 年正式投入使用。

历经百年发展，协和从创立之时日门急诊量几百人，250 张床位，到今天的日门诊量已突破 10 000 人次以上，高达 2 000 张床位的规模。尽管如此，目前到协和住院，还是一床难求。2021 年 11 月 20 日，复旦大学医院管理研究所发布了"2020 年度中国医院排行榜"，北京协和医院连续 12 年蝉联中国医院排行榜榜首，再次确立了协和作为中国最好医院的领先地位。

1921-2021 年，协和老建筑群作为具有百年历史的医学教育及医疗建筑，是中国医院建设史上无可争议的杰作。新中国成立后，尤其是近十年，新的协和医疗院区在保留老协和建筑群的基础上，用地有了非常大的扩展，建筑设施也历经多轮改扩建和新建过程。老协和建筑群基本保持原有风貌，但属于医疗区的内部功能空间布局为满足新的需求而发生几次变迁，局部建筑为适应与新建筑不断融合发展也有一些拆改，但老建筑群依然担负着医疗和教学的使命，见证协和百年的辉煌历史。

协和医疗新楼与老建筑群南北毗邻，形成了跨越时空的对话，印证了北京协和一百年的发展及变迁历史。新老建筑群形成蔚为壮观的协和医学城，东至东单北大街，北起煤渣胡同，南至帅府胡同和东单三条，协和医院占地总面积达到 13 余万平方米，总建筑面积达 60 余万平方米。北京协和经过了近百年的洗礼，在中国现代医学史和近代建筑史上已形成了"协和模式"。

百年老建筑群单体建筑编号及功能变化对照表

现编号	楼层	现功能	原功能	原编号
1		礼堂	礼堂	A
2		解剖教学楼	解剖教学楼	B
3	九号院	中国医学科学院和北京协和医学院办公楼	生物化学教学楼	C
4		生理和药理教学楼	生理药理教学楼	D
5	0层	变态反应科实验室、口腔科办公室、内分泌科办公室、肾内科	西餐厨房、西餐室	E
	1-3层	值班宿舍	特殊病房	
6	0层	体疗室、肾内科实验室、呼吸内科实验室	辅助用房、水疗室、健身房	F
	1层	办公用房	办公用房	
	2层	老年医学科病房	住院医师宿舍	
7	0层	生殖中心	辅助用房、库房	G
	1层	血透中心	病房	
	2-3层	办公用房	病房	
8	0层	PET中心	辅助用房、库房	H
	1层	儿科病房、儿科实验室、新生儿重症	病房	
	2-3层	监护室办公用房	病房	
9	0层	3T核磁共振室	尸体解剖室、尸体室	I
	1层	病理科实验室、分子病理研究中心	病理实验室、寄生虫实验室	
	2层	临床遗传学实验室、呼吸科实验室	微生物实验室	
	3层	医学研究中心	传染病实验室	
10	0层	营养科	中餐厨房、冷藏室、餐厅	J
	1层	器材处、心理医学科、儿科办公室、临床生物标本中心	门诊部	
	2层	感染科实验室、呼吸科实验室、血液科实验室	放射科、临床诊断室	
	3层	消化科实验室、感染科实验室、心内科实验室	研究室、各科办公室	
11	0层	泌尿外科办公室、房管科、复印室	住院处、急诊室、药房	K
	1层	皮肤科病房、医务处、保卫处	妇儿门诊、社会服务部、病案室	
	2-3层	内分泌科病房	病房	
12	0层	中心实验室	护士学校	L
	1-2层	审计处、工会、科研处、人力资源处、科研处、护理部	宿舍	
13		洗衣房	设备用房	M
14	0层	中医煎药室、放疗科	动物房、总务部门	N
	1层	护理服务中心、手术家属等候区	办公室、仓库	
15	0层	耳鼻喉办公室、眼科办公室	眼科门诊、耳鼻喉科门诊	O
	1层	呼吸睡眠中心、中医科办公室、超声心动、行为监听	神经科门诊、皮肤科门诊	
	2层	外科办公室、外科实验室	放射科、外科实验室	
	3层	妇科内分泌实验室、神经科实验室	宿舍	
16	0层	C14呼吸实验、甲状腺吸碘131功能测定	传染病门诊	P
	1层	核医学办公室	传染病房	
	2层	中医科病房	传染病房	

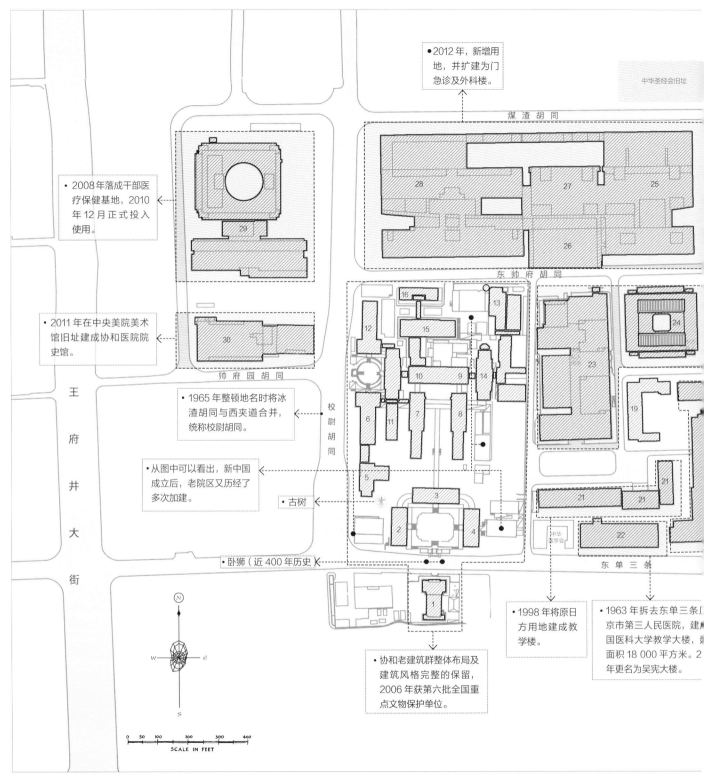

- 2012 年，新增用地，并扩建为门急诊及外科楼。

煤 渣 胡 同

- 2008 年落成干部医疗保健基地，2010年 12 月正式投入使用。

东 帅 府 胡 同

- 2011 年在中央美院美术馆旧址建成协和医院院史馆。

帅 府 园 胡 同

王府井大街

校尉胡同

- 1965 年整顿地名时将冰渣胡同与西夹道合并，统称校尉胡同。

- 从图中可以看出，新中国成立后，老院区又历经了多次加建。

• 古树

• 卧狮（近 400 年历史）

- 1998 年将原日方用地建成教学楼。

- 1963 年拆去东单三条原京市第三人民医院，建国医科大学教学大楼，建面积 18 000 平方米。2 年更名为吴宪大楼。

- 协和老建筑群整体布局及建筑风格完整的保留，2006 年获第六批全国重点文物保护单位。

东 单 三 条

N

W E

S

0 50 100   200   300   400
SCALE IN FEET

第四时期（1951—2021 年） 新中国北京协和医学院时期建筑分布图

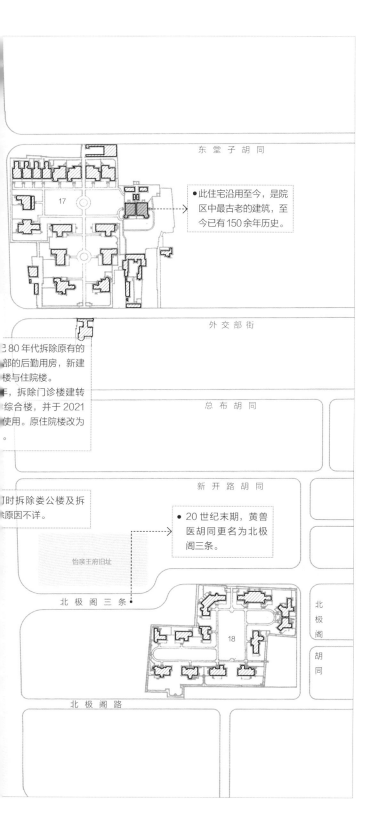

东 堂 子 胡 同

17

- 此住宅沿用至今，是院区中最古老的建筑，至今已有150余年历史。

外 交 部 街

□80年代拆除原有的□部的后勤用房，新建□楼与住院楼。

□，拆除门诊楼建转□综合楼，并于2021□使用。原住院楼改为

总 布 胡 同

新 开 路 胡 同

□时拆除娄公楼及拆□原因不详。

怡亲王府旧址

- 20世纪末期，黄兽医胡同更名为北极阁三条。

北 极 阁 三 条

北 极 阁 胡 同

18

北 极 阁 路

图中1-14号为协和老院区建筑历经百年，而北区住宅中的一栋洋楼已有150余年历史。原豫王府门前的一对卧狮及庭院中的果树，从豫王府建立时即存在，如今更历经数百春秋。

1	礼堂	21	教学老科研楼
2	解剖教学楼	22	协和医学院吴宪大楼
3	中国医学科学院和北京协和医学院行政办公楼	23	内科楼
4	生理和药理教学楼	24	转化医学综合楼
5	值班宿舍	25	门诊楼
6	内科实验室、老年医学科病房	26	教学楼
7	生殖中心、血透中心	27	急诊楼
8	儿科病房、儿科实验室	28	外科楼
9	病理科实验室、病理研究中心	29	干部医疗保健基地
10	实验室	30	院史馆
11	皮肤科、内分泌科病房		
12	行政办公		
13	洗衣车间		
14	放疗科、护理服务中心		
15	呼吸睡眠中心、实验室		
16	核医学科实验室、中医科病房		
17	北院住宅		
18	南院住宅		
19	护士楼		
20	明日楼		

百年协和 "灵魂" 修缮

1921-2021 年，协和老建筑群作为具有百年历史的医疗建筑，是中国医院建设史上无可争议的杰作。新中国成立后，尤其是近十年，新的协和院区在保留老协和建筑群的基础上，用地有了非常大的扩展，建筑设施也历经多轮改扩建和新建过程。协和老建筑基本保持原有风貌，但内部功能空间布局为满足新的需求而发生几次变迁，局部建筑为适应与新建筑不断融合发展也有一些拆改，但老建筑群依然担负着医疗和教学的使命，见证协和百年的辉煌历史。

作为近现代重要建筑及 "传统复兴式" 代表性建筑，协和医学院旧址建筑群于 2006 年 5 月成为第六批全国重点文物保护单位，开展实现其多元价值的最大化保留工作，建筑本身价值的认定工作也势在必行。2021 年 3 月为了迎接北京协和医学院百年华诞，医学院对礼堂及 "九号院" 开展了文物修缮保护工作，修缮原则是既要最大程度的恢复历史原貌，又要满足功能及现代化与信息化需求。

百年协和老建筑是中国近代中西文化交融的产物，它们反映了上世纪初期医疗、政治、经济与文化的发展变化，具有重要的历史文化价值。协和老建筑不仅是协和精神的物质体现，也是北京城市的印记，但随着时间的推移，屋面瓦件破损缺失、时常有滑落情况发生，存在安全隐患，亟待修缮，建筑彩画也失去了风采，为了更有利的保护及保存这座记载了近代社会形态演绎过程和医学发展的老建筑群，在协和百年之际，老建筑群迎来了 "灵魂" 修缮。

修缮原则

每一座城市中的历史建筑，是这座城市彰显个性与特征的重要载体，也是研究城市历史文化的重要信息来源。然而历史建筑总会受到来自各方面的破坏，或人为因素或自然因素，还有更多来自不合理的开发利用而造成的破坏，因此对于有重大历史意义的保护建筑，非常需要了解如何正确地在合理保护前提下进行合适的更新。

作为历史保护建筑的老协和建筑群，百年前美国建筑师赫西为了能够体现中国传统建筑的美和特征，尤其是在"墙面砖和传统瓦"的颜色和用料上没少花心思，没少请教民国时期内务部长朱启钤先生。当时洛克菲勒二世也一再强调"不惜工本，精雕细刻"。百年后我们绝不应该将当时的"不惜工本，精雕细刻"的用意误解、曲解，更不应该由于我们没有作深入的研究，没有提出和采取合理、完善的修缮技术和保护措施，而造成对历史保护建筑进一步的伤害。

在进行了一定量关文物修缮的文献阅读和思考的基础上，在深入分析百年协和老建筑历史文化传承的基础上，试图提出协和医学院建筑群保护与修缮应遵循以下主要原则：

不可改变原则：

任何优秀历史建筑的重要特征即在于它的唯一性与不可再生性，一旦破坏了就不可挽回。他们都是在当时的历史环境条件下产生的，反映了当时的科学技术水平、意识形态、社会生产生活方式以及风俗习惯。这些看似无形的内容也都会在历史建筑上留下痕迹，所以在修缮更新中改变其原状和固有特征，即失去了文物自身历史信息的真实性，也使文物丧失了其应有的价值。

例如，协和建筑的彩画历经几次重新描绘，但都未能恢复原貌，

其原有的文化价值也没有彰显。而这次修缮，经过专家多次反复研究后，甚至工匠将残存的最原始彩画的蛛丝马迹挖掘出来后进行分析，力争恢复彩画的原有风貌。返璞归真，这也是体现"灵魂修缮"的方面。

可逆性原则：

在这次加固或修复协和老建筑时，建议所采取的举措最好是可逆的。因为如同城市更新一样，我们修复技术也是在不断更新进步，未来肯定会发展出更先进的加固修复技术和措施。因此我们在解决当下问题的同时，也要为未来考虑，防止处置不当对建筑造成不可修复的损害。宁愿按原状搁置保护起来，也不要采取不当措施造成破坏，导致无法挽回的损失。

必须性原则：

每一次的加固或修复都对历史建筑造成一定的影响，并造成历史信息的损失。因此需要注重平时的基本维护工作，做好日常清洁管理。若真的需要加固修复应该以最少干预历史建筑的原有状态为最好，同时，一定要防止处置不当对历史建筑造成不可修复的损害。对于有破损的构件应及时修理或更换，如有许多窗框、雨篷构架有比较严重的锈迹，应及时除锈。

可识别性原则：

在历史建筑的修复中，我们应尽可能地采用传统工艺与材料，当传统技术无法解决问题时我们才采用现代技术，有的部位需要将传统技术与现代技术明显区分出来，同时将原有构件与更新构件均能够让人们明显识别。有的部位需要将原有构件与更新构件进行混杂，让人看不出来与原有风貌的明显不同。

The King ride on the hen 格伦 摄

例如，这次修复中，将屋面原有的琉璃瓦与新烧制的琉璃瓦混合，远看屋面没有造成特别大的视觉感观的影响。还有几种灯饰等，找到了可以生产出与原来造型和材料基本一样的厂家，这些都是营造原有室内气氛非常重要的元素。

适应性原则：

在关注当下社会发展动态的同时，推动协和老建筑群的功能更新，探索适合其运营的新方式，挖掘其可能的潜在价值，建议在条件允许下可以对其进行功能置换，改善自身造血功能，提升自身的价值；建议将过去因功能需要的加建部分拆除，并以上面提倡的原则为基础，对协和老建筑群进行更全面更精细化的考量，意在保护好历史建筑的同时，能够真正地提升老建筑自身价值，避免被城市发展的洪流所吞没。

百年协和物质传承

本次修缮目的旨在不改变文物原状、最小干预、修旧如旧、全面修缮为基本原则下，对文物进行修缮，保护为主、抢救第一、合理利用、加强管理，消除文物安全隐患，使文物恢复原貌并能够健康的得以存在，最大程度保护文物建筑历史信息的真实性、完整性。

修缮主要范围为建筑物及围墙修缮，包括屋面琉璃瓦揭瓦、糟朽木构件更换；重做椽望地杖、油饰、彩画；檩三件彩画修复；墙体打点清洗；石材清洗修复；室内装修、电气线路更新等。以下展示重要部位的修缮内容：

屋顶的修缮和维护

协和建筑从建成至今已有百年历史，大大小小有过多次修缮，但具体是多少次哪一年修的，历史记录并不甚详尽。

在这次修缮过程中，可以看到木构件有修缮过的痕迹。但这些痕迹究竟表明是一次性大规模的修缮，还是哪部分有问题修哪儿也不好分辨。幸运的是由于屋面瓦件上都保留着烧制年号，可以看出是不同年份更换的，这就说明了瓦件并没有经历一次性的大批量更换。

这次修缮所有更换的瓦件都是在山西窑厂烧制的，参与烧制的工人都是十几年的老工匠，老手艺，唯一更改的是现在的烧制由原来的用煤为燃料，目前变成了煤气。屋脊小跑兽有损毁的，同样按传统制式进行更新定制。

对于古建筑来说屋面最怕落叶，树叶落在瓦件里很容易堵塞窝角沟处，雨水流不出来，时间长就会腐蚀木制屋架，这也是故宫建筑群很少有大树的原因之一（御花园除外）。古建筑另一怕是怕鸟，由于这个原因协和礼堂的屋檐下就设有12个惊鸟铃。

百年前彩画探究

由于外檐木构件破损严重，导致彩画破损、开裂、脱落的现象也很严重。按照文物局批复意见，对外檐彩画启动重绘工作，但原则是恢复其历史原貌。这是此次彩画重绘与以往重绘最大的不同之处。那重新绘制的依据从何而来呢？

一方面是参照历史影像资料，另一方面的依据是从实际施工中而来。在工匠对原外檐木构件进行清理时，将上面几层的痕迹去掉之后，就露出了一些原始彩画的痕迹，隐约可以分辨出它的具体部位的纹饰和颜色，虽然不尽清晰，但也能通过传统工艺判断出来。

历次彩画修缮时，并没有完全参照老彩画，而在本次清理时发现，原始的彩画是有贴金工艺的。这样，以实际清理所展现的老彩画为参考，本次修缮重新绘制彩画，基本与始建时彩画的纹饰、用料和整体效果保持一致。正因如此，本次的清理工作十分重要，一块彩画就需要四五个工匠同时进行清理。

外檐彩画采用中国传统旋子彩画模式，但方心内和盒子内的纹饰偶尔可以见到西洋花卉的风格，包括部分欧式卷草也有体现，因此我们说协和建筑的彩画是中西合璧的风格，这在中国也是独一无二的。

关于罩光油处理问题，传统古建中，罩光油的做法在牌楼等建筑彩画处也多有体现，通过对弧形廊内檐彩画的分析当时也确实用了罩光油的做法，有可能是为了遮光避雨保持颜色的长久性。无论怎么样，我们期待中西合璧的彩画恢复原始风貌，让更多的人可以看到昔日的匠心之处。

盒子　　　　　找头　　　　　　方心　　　　　　找头　　　　　盒子

中式传统彩画样式

"九号院"彩画修缮前样式

"九号院"彩画修缮后实体样板

弧形廊彩画

　　协和建筑百年前的弧形廊内的彩画最为精彩，是中国传统苏式彩画模式的基础上，又加入了很多西方的元素、色彩和画法，即中国的彩画平面图案与西式透视画法相结合。这是非常具有创意的真正意义上的中西合璧的彩画，只是可惜没有找到当时对这部分相关内容的记载。新中国成立后修缮时由于功能需求，将弧形廊内部屋顶处增加了苇薄吊顶，并将弧形廊全部进行封闭成为室内空间作为他用。这次将所有增减的部位全部拆除，发现原有的彩画是如此精妙。如此令人震撼。同时也深感到，幸亏当时全部封闭起来，这也歪打正着将彩画完整保留，否则我们今天没有这个眼福了。目前所看到的彩画其精细和精美程度令人赞叹不绝，能够完整保留下来实属不易。

　　目前弧形廊彩画已明确采取成熟的科技保护方式，并设有病害检测系统，对有问题的位置针对性修复，尽最大可能保留原状，尽量不动原貌。

水电系统

　　本次修缮的初衷，除了本着修旧如旧，恢复原貌的原则进行修缮外，还有就是消除安全隐患。因此，本次修缮水电系统百分之百更换。其次为了避免剔凿墙体时对建筑的破坏，所有线路管道进行原路铺设并采取明线安装方式。从百年前的老照片中看到，实际上也有很多明线，这也算是遵循原做法了。

　　施工过程中发现，有些内墙使用了有 10 厘米的空心砖；楼板也很厚，采用板肋形式，这些都起到了保温隔声的作用，人在楼上走动，楼下是没有声音的。可以看到百年之前的协和建筑就考虑到隔声的问题。同时，这也是修缮过程中不走暗线的原因之一，如果要把所有管道都改成暗墙，这些空心砖就全废了。

屋顶及彩画传统工艺做法

屋顶修缮	屋面拆除清理	屋面瓦件拆除、木构件拆除； 对于可以继续使用的构件进行清理存放、对于腐朽损坏严重的构件，按照原尺寸原材质重新定制并替换。			
	屋面修复安装	椽望铺钉等：屋面木构件安装，包括挑檐檩、连檐瓦口、檐椽、飞椽、望板等。			
		屋面防水：两布五涂防水层，采用与瓦瓦泥相同的材质抹一层防水保护层。			
		冲垄瓦瓦：依照扯好的线铺设屋面中心的三趟底瓦和两趟筒瓦。			

外檐彩画重绘	彩画清理	檩三件砍活：檩三件是中国古建筑的承重构件（檩、垫板、枋子），在古建筑中，通常是彩画最丰富的部位；砍活包括砍除全部旧油灰皮，喷水挠净余灰、水锈、遇花活还包括剔挠秧、角，将木件表面清理干净。	
	彩画重绘	檩三件地仗："地仗"是指在未刷油之前，木质基层与油膜之间的部分由多层灰料组成，并钻进生油，是一层非常坚固的灰壳，这部分不仅包括各灰层，还包括麻层、布层。	
		制作彩画样板：依据现场清理过程中展现的老彩画及历史老照片绘制彩画小样，定稿后绘制彩画平面样板。最后选取九号院门廊入口内侧为样板，绘制实体彩画式样。实体彩画绘制步骤分为：拓谱子、起谱子、扎谱子、拍谱子、刷色、贴金六个步骤。	
		绘制彩画：绘制九号院外檐彩画。	

注：2021年初启动协和礼堂修缮工程，2021年9月完成协和礼堂修缮。2021年底启动"九号院"修缮工程，包括解剖教学楼（B楼）、生物化学教学楼（C楼）以及生理药理教学楼（D楼）三栋建筑，预计2022年底完工。

王辰　摄

九号院修缮工程既是对文物的修复，也是对"协和文化"的再次发掘。九号院等协和建筑群将作为物化的
存在，传承和彰显历久弥新的"协和精神"。

中国医学科学院 北京协和医学院院校长　王辰

新时代热火朝天的工地

任何声称中国人不是创造性民族的人，原因是都从未与五百或一千名工人一起工作过。我还没有看到中国工人采用很简单的方法不能解决各种问题或困难的例子，他们总是充满喜悦的心情工作⋯⋯

协和老建筑总建筑师　哈里·赫西

"九号院"弧廊内的苏式彩画

格伦 摄

百年协和精神传承

"灵魂"修缮

新中国成立后，由于经济条件受限以及对协和老建筑重视程度不够等因素，有年久失修导致的破损，也有改变功能进行建筑改造时导致的损害，这些都是作为保护建筑所不应该发生的情况。此次修缮不同于以往的任何修缮，是一次全面彻底的修缮。耗资大、多方专家进行充分论证、诊断分析，提出切实可行的修缮计划。但由于受疫情的影响，几次停工，但都没有影响协和整体修缮的计划和决心。此次修缮目标是恢复历史原貌和本真，体现出建筑师原有设计的初心和理念，让百年协和建筑焕发新的活力和再现协和精神文化内涵，所以称之为"灵魂"修缮。

王辰院校长在本书的序言中深情地写道：

无数医界人士在这里工作、奋斗过，无数患者在这里重焕新生。这组建筑是协和医学院"尊科学济人道，助众生求福祉"的物质承载地，是中国医学界、生命科学界、文化界的重要精神依附地。

协和建筑已历百年风雨春秋。为了承担历史的责任，目前，我们正在对其进行百年全面修缮：A楼，即协和医学院壹号礼堂已经完成；B、C、D楼正在进行。修缮中，当我们拆除过去年间额外搭建的部分，展露出百年前初始绘就的雕梁彩画时，其依稀可见的文化深意与极致精美令人震撼，使人陡增崇仰心、珍惜心和维护心。

苏式彩画

新中国成立后，九号院三栋楼相连处的是开敞的弧廊，非常可惜的是将开敞的弧廊用围墙封死，导致不仅丧失了弧廊原有的创意理念和功能，休闲、交流、观景、欣赏弧廊内屋顶的苏式彩画（不是纯粹的苏式彩画，融合了西式带有透视的西方绘画特性），这么美的空间小环境，很多人不知道协和建筑还有这样的引人入胜的空间环境，好在有之前的彩色照片，还可以看到与众不同的用意和匠心，今天的修缮就是拆除封闭的围墙，恢复原有的空间形态和意境。体会当时"不惜工本"的用意和用情。

百年协和礼堂及"西庭"和"东庭"

2021 年 4 月，协和礼堂开始了修缮工作，修缮的原则同样是"修旧如旧"，试图最大化还原建校时礼堂的原始面貌。礼堂修缮后，重新进行功能布局，二层空间作为中小型会议的功能，称为"协和厅"。原有的礼堂空间不仅保留原有风貌，还恢复了原有墙面的颜色，王辰院校长带领团队通过黑白老照片考证出西方室内常常采用的独特"绛红色"，目前礼堂彰显应有的气质：端庄、雍容和亮丽。

修缮后的礼堂将室外两侧的绿地景观区域赋予了新的内涵和意义：

一个是在礼堂的西侧庭院为"西庭"，是协和纪念先贤的地方，堪称协和"祖祠"。在百年协和医学院厚重的历史中，有着众多前辈先贤先哲，其中，九位已故的有着卓著成就的老院校长们就是他们的代表，他们身上承载着历史和文化。在协和医学院落成百年纪念之日，院校历史上的九位已故校长、院长（麦克林、顾临、胡恒德、刘瑞恒、李宗恩、黄家驷、沈其震、顾方舟、吴阶平），以这种特殊的方式重归协和，他们的雕像静静伫立在灰砖绿瓦间，默默讲述着协和的历史，传递着协和的精神。为拜谒他们，在塑像前修建了一条小路，称为"仰径"：景仰之路、培养之路、仰起之路。

协和礼堂西侧修缮前

协和礼堂西侧修缮后   王辰　摄

"西庭"是协和纪念先贤的地方，堪称协和"祖祠"。在百年协和医学院厚重的历史中，有着众多前辈先贤先哲，其中，九位
已故的有着卓著成就的老院校长们就是他们的代表，他们身上承载着历史和文化。

自 2021 年始，每年春节之前及每年开学或毕业典礼之际，院校将举行向代表着先辈先贤先哲的老院校长们之雕像敬系围巾、礼献鲜花的仪式，以此表达尊敬、崇仰和纪念。这不仅是仪式，更希望将"协和人文精神"融入血脉里，让年轻的莘莘学子不忘先人，传承并世世代代发扬协和的精神：尊科学济人道，寓高贵于朴实，以天下为己任，助众生求福祉。

自此，这里将成为一个有如此温情的，可以告慰先贤，寄托大家感情的地方。

另一个是在礼堂的东侧庭院为"东庭"，那是协和青年们的勃发之所。协和的一代又一代的学子们，意气勃发，在协和医学的最高学府完成学业之后，走出校园为社会为大众服务，深知和懂得"如何成为一个好医生"。

百年协和礼堂的管风琴

早在 2017 年，协和医学院就探索修复这架珍贵乐器的可能性，可惜因为任务的困难程度和资金缺乏没有得到落实。2021 年初，协和医学院教育基金会重新启动了这项修复工作。2021 年 4 月，在得到了胡应湘爵士及夫人郭秀萍[7]的慷慨捐赠后，这项修复工作终于得以启动，修复以"修旧如旧"为目标，就像王辰院校长所希望的那样：明年，管风琴的声音将再次在壹号礼堂响起，奏响协和百年复兴之音。（见上卷 144 页礼堂部分内容）

修复工作开启后，工作小组即着手联系落实出境事宜，经过综合考量，修复最终确定由拥有 180 年管风琴制造经验的加拿大卡萨翁兄弟琴厂（Casavant）负责。据悉，卡萨翁已采购到一个与协和管风琴同年生产且同型号的演奏台，并将对其进行修复。

2021 年 10 月 21 日，卡萨翁委托工程师张仕良（Ahchong Ernest）和刘恒汐来共同完成管风琴拆卸工作。为了防止管风琴在修缮过程中受到环境污染或其他损坏，张仕良首先为管风琴做了一次清理除尘的工作，当他见到这台带着斑驳印记 100 年的管风琴时，像对待珍贵文物一样心怀敬畏之情。

有关张仕良和刘恒汐两人的管风琴的拆卸工作还有这么一段有趣的介绍：

两人此前在全国的音乐厅、教堂、学校都有安装和维护管风琴的经历，但是见到如此"高龄"的管风琴，还是第一次。驻京数十年的法属波利尼西亚人张仕良，带着一点北京腔说：之前我维修过一台拥有七八十年历史的德国管风琴，但是上百年的琴我还是头一次见到，我真的很喜欢它。我要像对待一件文物一样去完成拆卸工作。在张仕良看来，这台琴记载着古老历史，"它有一种古老的精神在，如果修复了，还是历史的感觉，如果安一台新的琴，历史感就没有了，不是吗？"张仕良拿起一根音管吹了吹，和尘土一起飞扬的，还有轻灵悦耳的声音。"很棒哦，音还在。"在风铃竖琴机械部分，印有"513 和 1920"两组数字。刘恒汐推测，"1920 年"代表琴安装的年代，"513"则是 1920 年原厂家精博电子（Kimball）在当年生产安装的第 513 台管风琴。

由于管风琴的储藏空间大概只有 4 米 ×3 米 ×5 米，除去琴体之外，

7　胡应湘爵士及夫人胡郭秀萍是香港著名企业家及公益人士，长期致力于各种公益活动及社区建设，支持教育事业。
　　胡应湘爵士兄长胡应洲博士1994年在协和设立了"胡应洲教学基金"，资助了国内多位优秀医务工作者赴美深造，其中有赫赫有名的陈竺、赵玉沛、刘德培3位院士。协和对胡应洲博士慷慨捐赠和贡献给予了高度的认可。巴德年院士在谈到胡先生一家人时说道："从他们一家人身上，我们看到了血浓于水。"

只够两三个人同时容身，这也给拆除工作造成了不小的难度。拆除工作还是非常有技术含量的，拆除人员一定要经过培训，在拆除的过程中将损害降到最低，所以别人想要帮忙也都有点帮不上。刘恒汐举例说，有的木材经过多年后变软，需要用巧劲才能拆卸下来。在拆卸的同时，两人还要把管风琴的各个部件分门别类并且逐一编号，在图纸上进行标记。虽然已经预料到空间有限带来的拆卸难度，但是在过程中仍然有许多问题是不可预料的。比如，这台管风琴的风铃的机械装置足足有116公斤，最稳妥的方式是多找几个人来搬。但是，毕竟爬上爬下的空间有限，最终张仕良使用绳子利用杠杆的原理把风铃的机械装置平安运送到了地面上。到了装箱的环节，问题又出现了。卡萨翁传统的打包方式，是在纸箱里打木架和木托，上下放置音管，但这种内置木架和木托的制作，因中国与加拿大要求的区别以及疫情影响，无法实现。为保护这些柔软的音管和部件，张仕良将音管与部件用泡沫塑料包裹，配合以减震

材料，并以纸箱包装，以保证运输的过程中音管不会遭受二次伤害。最终，在张仕良、协和医学院各个部门、基金会和卡萨翁国内代理公司中国科学器材有限公司的共同努力下，包含近四百根音管和所有剩余部件，总重2.7吨的集装箱，终于登上了开往加拿大的轮船[8]。

中央音乐学院管风琴系副教授、管风琴演奏家沈媛女士如是说：中国的管风琴曾经有一段非常灿烂的历史，包括协和的管风琴和法国制琴名匠卡巴耶科尔设计的两台管风琴。遗憾的是，目前中国留存下来的老管风琴已近乎绝迹，如果不算上胡友义从波士顿购得并运抵鼓浪屿的卡萨翁700号，在中国原址原装的老管风琴就仅存协和礼堂这台了。这架管风琴无疑是"历史留下的瑰宝"，"这是中国现存最早的一架管风琴，也是中国现存唯一的剧院管风琴，此次修复之后定会成为亚洲最古老的剧院管风琴"。

中国医学科学院北京协和医学院院长王辰与工程师张仕良

协和管风琴内的鼓

要知道，剧院管风琴在世界上仅仅在 1887 年至 1942 年前后存在了半个世纪，鼎盛时期在北美建造的 7000 台剧院管风琴现在也仅存四十余台。

中国医学科学院北京协和医学院院校长王辰第一次来到管风琴所在的储藏室，轻抚一根根带着厚重历史感的银色音管时，即感到"岁月扑面"。那时刻起，王辰院校长便已设想着管风琴在协和医学院壹号礼堂重新奏响的那一刻，"保护好它，修护好它，我们责无旁贷。我们要想办法让它再现当年的辉煌。"之后即亲任管风琴修复工作小组组长，他带领学校各个部门和协和医学院教育基金会的同事们，克服了重重困难，终于在 2021 年 11 月 14 日，将这台亟待修复的管风琴送上开往加拿大的轮船。

据史料记载，协和管风琴也是当时北京最早的七台管风琴之一，且是唯一一台没有建在教堂的属于剧院管风琴。协和的这台剧院管风琴作为"传世孤品"被国家文物局认定为"文物"并允许出境修复的。

协和礼堂管风琴的确与众不同，不是一台普通的管风琴，而是一台近乎消失的剧院管风琴！

剧院管风琴堪称"时代的产物"，在半个世纪之内从诞生到辉煌，随即消亡。起初，剧院管风琴是为了默片而生的，相对钢琴配乐来说，管风琴配乐无疑是更加高端的选择和配置。而它打击乐的配器正是为了完成电影中的一些特殊声响，比如马蹄声、雷鸣、火车鸣笛、雪橇、海浪声等。

1927 年，由于第一部有声电影《爵士歌手》的诞生，以电影配乐为主的剧院管风琴受到了巨大冲击，随即几年之内二十多家剧院管风琴生产厂家倒闭。1935 年哈蒙德电子管风琴问世，许多学者认为哈蒙德电子管风琴标志着电子音乐元年的诞生。不用调琴并很少出现故障的电子管风琴的出现取代了大量教堂管风琴，以及剧院管风琴。1942 年最后一家剧院管风琴厂 Wurlitzer 倒闭。直至今天，世界上再也没有一家制造剧院管风琴乐器的厂家了，因此，20 世纪 60 年代左右剧院管风琴完全退出了历史舞台。跨越了 100 年的时光，世界范围内这些幸存的剧院管风琴还在使用中，或以不同的方式延续生命：如英国交际舞圣地黑池（Blackpool Tower Ballroom）依然保留用剧院管风琴伴奏的怀旧舞会；美国芝加哥的老体育馆曾拥有世界上最大的剧院管风琴（6 层键盘和超过 800 个音栓），虽然 1995 年体育馆被拆除，这台管风琴也不幸毁于大火，但是今天美国的篮球、冰球、棒球等体育赛事的倒计时音乐依然沿用剧院管风琴的声音。

为了传续协和人文传统，让这架珍贵的协和礼堂管风琴在修复之后得到最大化利用，协和医学院也在积极设计管风琴修复后使用计划。由于管风琴无论新老，都需要常常来弹奏，并且每年需要至少做一次维修保养。就像汽车一样，合理的利用才能让它保持在最好的状态。协和已在与中央音乐学院的两校信函中达成共识，就管风琴文化传承进行深度合作，通过跨校培训、合作演出和学生活动等方式，共同保护、使用协和医学院壹号礼堂及管风琴。中央音乐学院院长俞峰认为，管风琴修复完好之后，既可以为学生创造艺术实践的舞台，还能让历史文物发出动人的原声。

2021 年 9 月在协和医学院落成 100 周年的庆典上，协和医学院也邀请了管风琴演奏家沈媛，用便携式管风琴演奏了巴赫、莫扎特、门德尔松的多首名曲以及协和校歌《协和颂》。听到校歌再次以管风琴的形式在礼堂响起，在场师生无不为之动容。百年之前协和落成典礼，正是在同样的场所、在管风琴的伴奏下完成。在开学典礼、毕业典礼上，也是协和管风琴迎来送往，用音乐献上祝福。

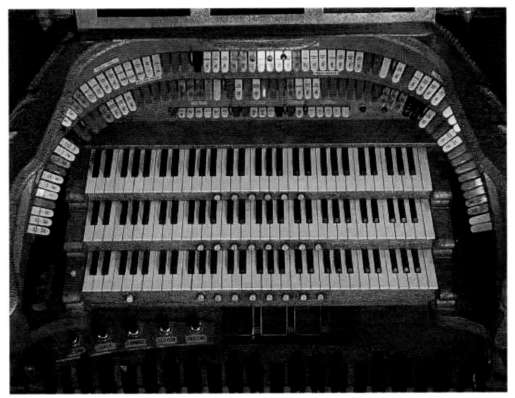

美国密歇根剧院内的剧院管风琴

剧院管风琴堪称"时代的产物"，在半个世纪之内从诞生到辉煌，随即消亡。起初，剧院管风琴是为了默片而生的，相对钢琴配乐来说，管风琴配乐无疑是更加高端的选择和配置。而它打击乐的配器正是为了完成电影中的一些特殊声响，比如马蹄声、雷鸣、火车鸣笛、雪橇、海浪声等。

原有的礼堂空间不仅保留原有风貌，还恢复了原有墙面的颜色，王辰院校长带领团队通过黑白老照片考证出西方室内常常采用的独特"酱红色"，目前礼堂彰显应有的气质：端庄、雍容和亮丽。

据悉，修复好的管风琴预计于 2022 年底送回协和医学院壹号礼堂。能够在同样的场所，奏响同一首乐曲，这无异于一次文化和历史的穿越，每一个音符都像虫洞一般跨越百年，连接起两个时空，讲述着协和的故事。

目前，协和医学院位于北京市东城区东单三条 9 号，是国家卫生健康委员会直属、与中国医学科学院实行院校合一管理体制的全国重点大学，国家"双一流"建设高校，入选卓越医生教育培养计划。据 2020 年 9 月学校官网显示，学校设有 6 所医院、7 个学院，含有国家重点一级学科 2 个、博士学术学位一级学科授权点 7 个、硕士学术学位一级学科授权点 3 个、本科专业 2 个；有在校生 6102 人，其中博士生 1629 人、硕士生 1920 人、本科生 906 人、专科生 236 人、成人教育 1411 人。

今天，再一次回顾百年前洛克菲勒二世在协和落成典礼上宣读其父的电报内容：

……我对即将开业的协和医学院寄予厚望。所有走进协和的人，无论是教师抑或学生，望你们心存服务与奉献之精神。也祝这所学院能够发挥更大的作用，促进中华民族的身体、心理和精神之健康[9]。

穿越百年后的今天，王辰院校长在协和医学院 2022 届毕业典礼上的致辞：

……协和的毕业生应该有正确的医生观、护士观，概而言之，医者观。你们要执守大医学观、大卫生观、大健康观，要深刻理解医学界的

使命和职责。在具体的病人面前时你们是临床医生，遵循临床医学的原理行医。但除关注个体以外，你们亦应、更应关注众人乃至众生和生态的健康，也就是要深谙群医学思想和原理，能够践行群医学，成为"普济众生"的医者。古来有训："上医医国，中医医人，下医医病"，大家要做"上医"，至少"中医"，不要仅做"下医"。换言之，大家既要做主要照护个体的"临床医生"，更要做既照护个体，也照护群体的"医生"，应当努力成为践行群医学理念、投身公共卫生事业的"上医"。*

协和医学院历经百年的沧桑，跨越了第一、第二次世界大战；走过了大革命、土地革命、抗日战争、解放战争；经历了"文革"的十年动乱，今天我们很万幸地还可以看到保存相对完整的"协和老式建筑群"，并且依旧可以感受到百年前的风采和光辉，但物是人非，时过境迁，不禁感慨万分！

协和的碧瓦、雕梁、飞檐、回廊都蕴藏着或耳熟能详，或鲜为人知的故事，行走于协和老楼，仿佛置身于历史的雾霭之中，虽不湿衣，时时有润[10]……

致谢：感谢北京协和医学院、北京房地集团有限公司对"协和"灵魂修缮章节内容的支持

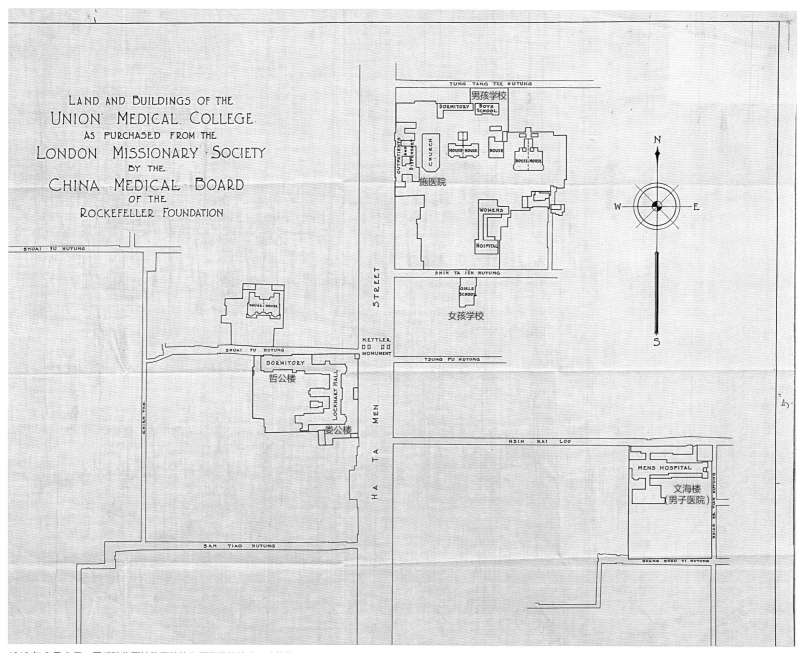

1918 年 8 月 8 日，罗氏驻华医社购买的协和医学堂的地产及建筑物

1915 年 6 月，洛克菲勒基金会与英国伦敦会等六家教会达成协议，以 20 万美金购买了协和医学堂的全部共五处房产，包括娄公楼、哲公楼、文海楼、施医院、男孩和女孩学校。

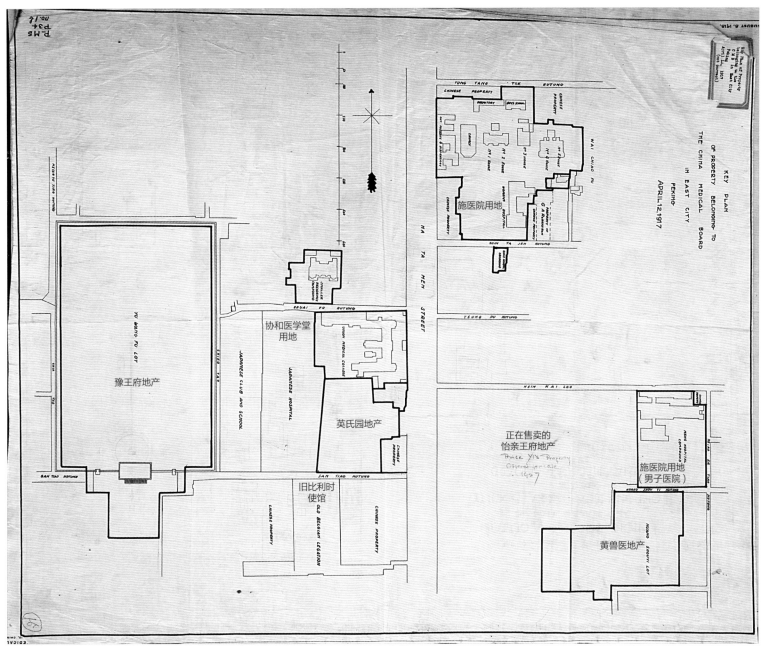

1917 年 4 月 12 日，罗氏驻华医社在北京的主要地产

1916 年，洛克菲勒基金会又以 12.5 万美元，购得东单三条胡同原"豫王府"的全部房产，总面积共 22.6 英亩，用于协和医学院的新校园建设。

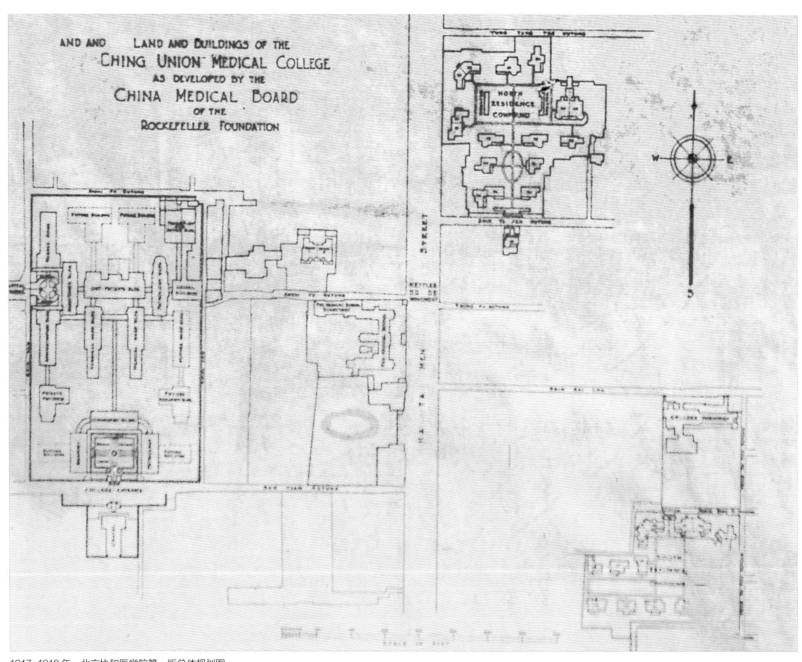

1917-1918 年，北京协和医学院第一版总体规划图

从图中看出，规划北院住宅 14 栋、南院住宅 11 栋，均为西式独立住宅，同时保留施医院时期建设的 1 栋独立住宅（目前仍在使用）。

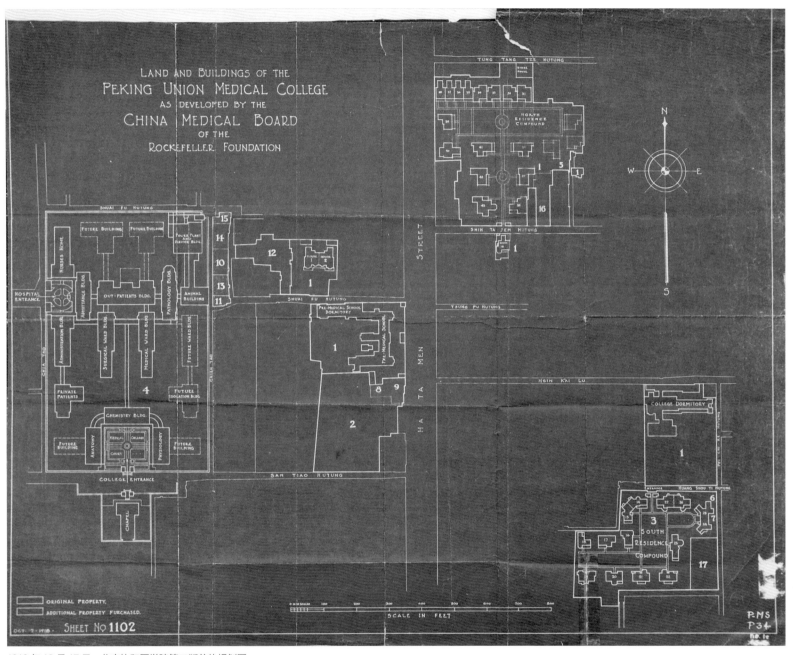

1918 年 10 月 17 日，北京协和医学院第二版总体规划图

为满足更多员工住宿需求，将北院住宅改为独立式 10 栋及联排式 2 栋，同时不保留施医院最东侧住宅。

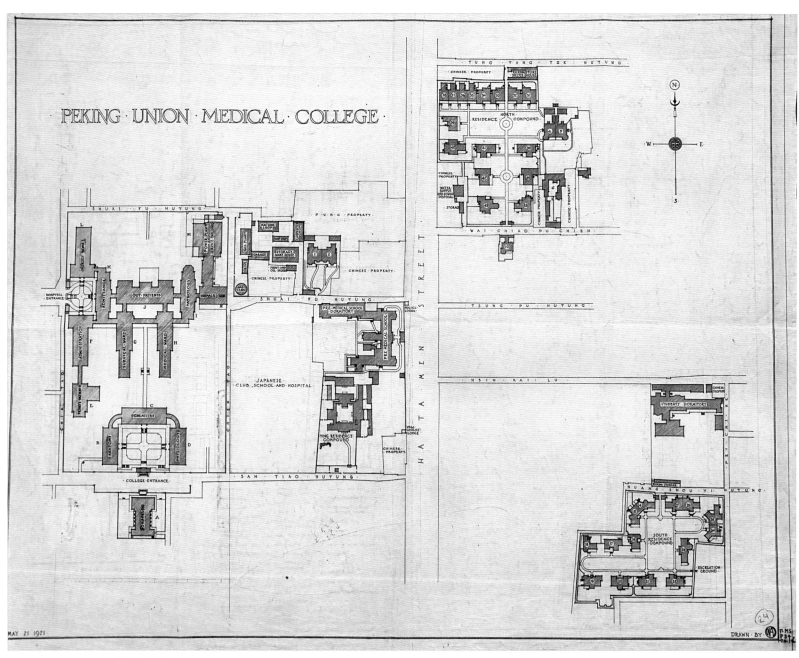

1921年5月21日，北京协和医学院建成总体规划图（哈里·赫西绘制）

从图中看出，北院住宅最终建成独立式 10 栋及联排式 2 栋，同时保留施医院时期建设的 1 栋独立住宅（目前仍在使用），同时购买外交部街地产 0.75 亩，也作为住宅使用。

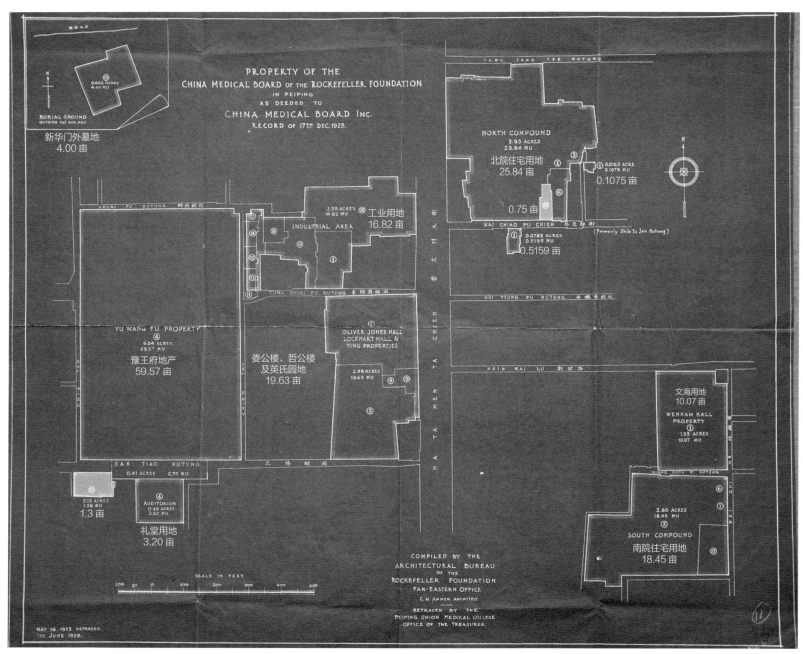

1928 年 12 月 17 日，洛克菲勒基金会北京地产测量图（原版绘制于 1929 年 6 月 1 日，1933 年由建筑师安内尔重新绘制）

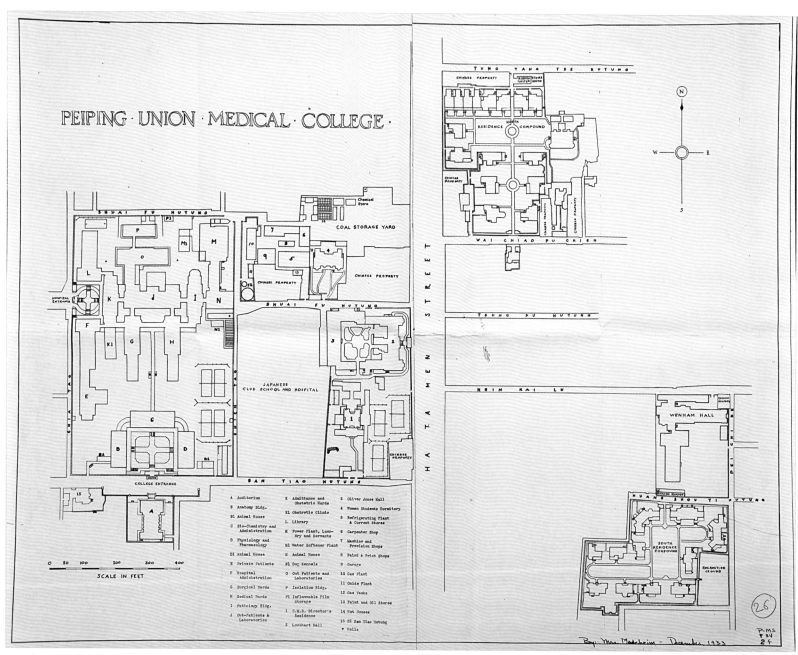

1933 年 12 月，北京协和医学院总体规划图（Madeheim 女士绘制）

第二期工程于 1925 年完成，为 O 楼和 P 楼。与此同时，由于哲公楼被烧毁，遂重建哲公楼，同期建附属设备用房、新建英氏园、接建文海楼南楼。

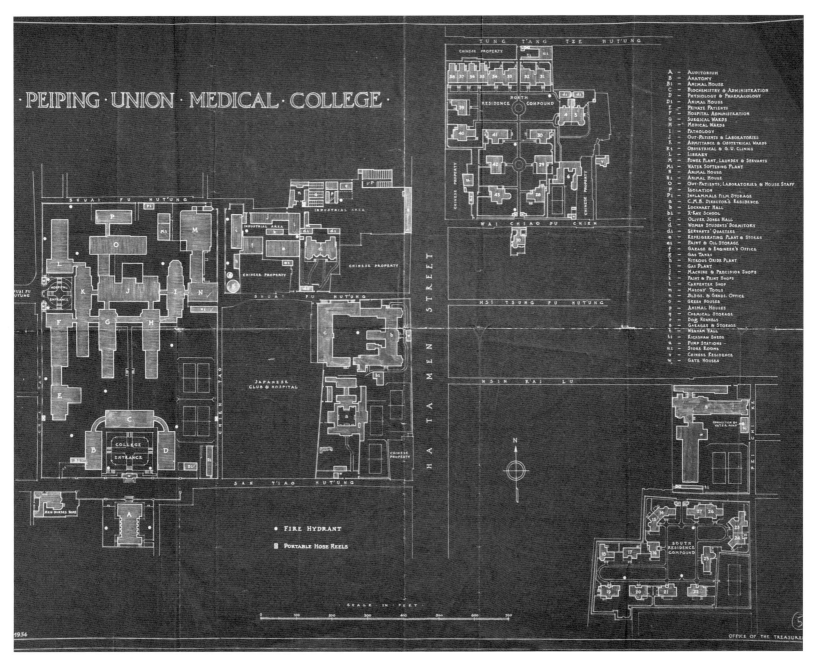

1934 年 3 月，北京协和医学院总体规划图（协和医学院司库办公室绘制）

注 释

1.　　姜玲. 校园建筑塑造的历史丰碑 —— 复古主义经典建筑协和医科大学 [J]. 中华民居（下旬刊），2011（11）.

2.　　北京协和医院. 张孝骞画传 [M]. 北京：中国协和医科大学出版社，2007.

4、9.　　约翰·齐默尔曼·鲍尔斯. 中国宫殿里的西方医学 [M]. 蒋育红，张麟，吴东译. 北京：中国协和医科大学出版社，2014.

5、10.　　蠡之. 协和医脉 1861-1951 [M]. 北京：中国协和医科大学出版社，2014.

8.　　微信公众号：音乐周报

本章节协和医学堂年度报告及相关图片均参考《协和医学堂》，根据对同期大量文献及图片的解读，已对原翻译进行了多处修正。

第七部分
百年协和老建筑背后的故事

通过大量文献阅读和相关史料考证，本书首次揭秘拆除豫王府时的真相并展示盛大的奠基典礼；首次点明建筑师赫西的三个贵人；首次全面展示热火朝天的工地细节；通过大量史料梳理，百年前协和人在繁忙的工作和学习之余，展示丰富多彩的日常生活和管理那些事儿；展示先进完整的现代化后勤保障系统；最后，展示协和功臣顾临的故事；展示鲜为人知的名医故事以及社会名流在协和就医的趣闻。

奠基仪式

神秘的"窖藏珍宝"

京城最热闹的地方可属东单牌楼往北，即由东单三条胡同至干面胡同这一带，豫王府就位于这个繁华地带。原清朝豫亲王的府邸虽比不上什刹海附近恭亲王和后海东侧醇亲王的府邸那样威名显赫，藏尽人间春色，可也别有洞天。这里环境优雅、设施齐全、特色鲜明。

在豫王府鼎盛时期，内有房屋五百余间，山石林木、亭榭游廊、曲桥花径、平畴如画的清泉池呈现出一派生机盎然的景象，并气度非凡。有文献记载，第一位主人豫王多铎是清太祖努尔哈赤的第十五子，也是摄政王多尔衮最宠信的亲王。1916 年，随着清王朝的覆灭，昔日的繁华终究化作历史的云烟，新主人名叫端镇，是老豫亲王的孙子。端镇生于 1909 年，当时只有 7 岁，卖地产事宜自然由其母佟佳氏做主。

非常难得的是，在建筑师赫西回忆录中居然有考察豫王府和与豫王妃佟佳氏晚餐的相关内容，有这样描述：

豫王妃终于允许我们进入和考察豫王府，我们几个月前从她那里购买的地产，作为我们医学院和医院的主要建筑用地。这里环境太美了，占地约十二英亩（实际为十英亩），四周是一堵二十英尺高的墙，与北京长城使用同样大小的砖砌成。我对王府的建筑设施感到意外：要拆除的豫王府宫殿有着精美雕刻的白色大理石栏杆和踏步、美丽的花园、湖面上横跨着白色大理石桥、大量的古树等，都处在一个引人注目的完好状态。

那天晚上，我请了豫王妃，还有她的弟弟和池先（Chi Shian）共进晚餐，当我问到为什么要卖掉豫王府并要拆除时，英语说得很好的豫王妃告诉我，家族经过几个星期的争论，她还是决定要卖掉它。对于卖掉豫王府的决定，她流下了很多眼泪。他们与满族王子和贵族的所有家庭一样，包括多尔衮摄政王和皇后的家庭，除了他们居住的房屋外，革命者剥夺了他们所拥有的一切。他们中的许多家庭真正要做的是赶紧卖掉这些珍宝和房产，并集中他们的财产，出售豫王府也是出于这样的想法。我尽快转换了这个不愉快话题的讨论，但后来我了解到，豫王妃那天晚上告诉我们的都是事实。

当豫王妃告诉我们一些豫家的历史时，她变得高兴起来。当时满族人住在长白山脚下的牡丹河（Mutan River）沿岸，豫家创始人与努尔哈赤在一起。豫王子与努尔哈赤一起成为第一旗手的领袖，当时努尔哈赤并未能征服中国。另一个是多尔衮，他是伟大的征服者。豫王妃和她的兄弟特别为豫王子感到骄傲，他是满族王子中第一个被一群中国刺客砍头的人，他们总是把受害者的头拿下。由于没有头，满族习俗是无法妥善埋葬的，皇帝为这个不幸的遗体提供了一个金子做的头盔。当满族进京后，豫氏家族后来被赠予这个被称为"豫王府"的房产，他们建造了中国最好的宫殿之一，紧挨着皇帝的皇宫。但是，这个"豫王府"就是我们即将要摧毁的建筑物。

赫西是一个狂热喜爱中国文化和中国传统建筑的人，曾经这样描述即将拆除的豫王府建筑：

这样的想法从来没有离开过我，在摧毁豫王府的时候，我们摧毁了比我们要建设得更伟大、更美丽、更重要的建筑，这是破坏公物；我们应该在别的地方建，这样可以保留美丽的豫王府，豫王府与皇城中的所有建筑价值相当，可以作为一处国家纪念碑。

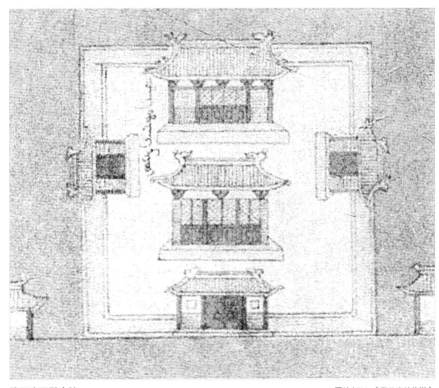

豫王府正殿合院

图片来源：《老北京的传说》

豫王府建筑宏伟，格局严整，是清朝最大的王府之一，也是京城为数不多的"铁帽子王"王府。1916 年，家道中落的豫王后代，为了维持生计，将豫王府卖给了美国石油大王洛克菲勒。

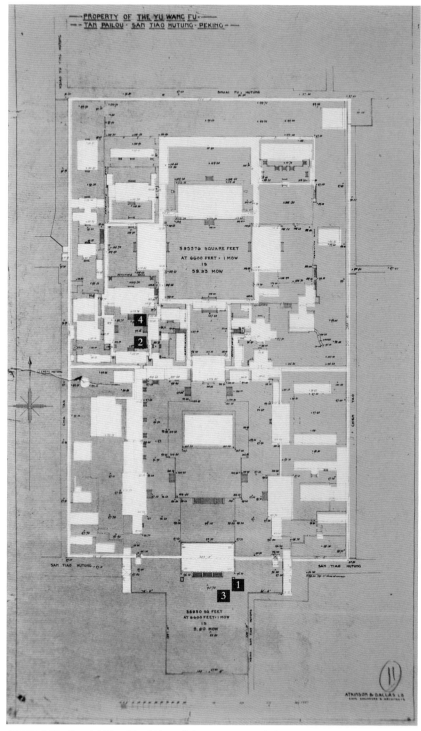

17 世纪中期，豫王府基地原图，占地 10 英亩　　注：图中数字标码为 467 页照片拍摄站点位置

1 豫王府入口的卧狮

北京的王府众多，但唯独豫王府门前的一对石狮为卧姿，这与豫亲王勇善战的经历有关。

豫亲王多铎常年征战，为清朝立下赫赫战功。顺治皇帝为嘉奖这位劳苦功勋卓著的豫王，特下旨赐豫王府门前的狮子为"卧狮"，寓意多铎征战劳苦，天下已定应安享清福。因此豫王府门前的石狮为清代王府唯一的"卧狮"。

2 豫王府内精美的彩画及游廊

3 豫王府大门（三条胡同）

4 豫王府内庭院

图片来源：《世纪协和》

1916 年 7 月，再次陷入困境的豫家不得不将豫王府转手出售给罗氏驻华医社，全部资产评估作价共计 24 万银元（12.5 万美金）。这样，罗氏驻华医社买下了东单三条胡同的豫王府全部地产。据《蠖公纪事》记载，美国投资收购的北京东单三条豫王府全部地产不过是豫王多铎府其中一部分，帅府园箭厂是王府卫队的操练场，亦属于豫王多铎府的一部分地产。

朱启钤生平纪实中写道：

清因明制，东西两城都有王府赐第，占地颇广。而东城在长安街北方，最大王府莫如豫王多铎府，规模至大。豫王府原址后来为协和医学院所改建，为世人所瞩目，崇楼碧瓦，周阃若干平方公尺，建筑家能测

量言之。但豫王府之外围，如帅府园、金鱼胡同、双旗杆、冰渣胡同、煤渣胡同，则帅府园之箭厂，为王府之卫队操场也，在清季为神机营。金鱼胡同南面是东安市场现址，北面为那桐所占有。煤渣、冰渣胡同为贵胄学堂及贤良寺所占用。据传说，都是豫王府内隙地分划之范围也[1]。（下卷 400页地图中可见当时豫王府周边胡同及相关位置）

据传，豫王府邸窑藏有二三十万两白银，万两黄金，这些是老王爷亲自埋下的金银财宝，加上其年代久远，后代子孙不知埋在何处，卖房时无从挖起。传说在卖房契约文书上，还有一条令人们感兴趣的附加条款：金银器件秘密窖中，藏于北屋房基地之内，倘若日后发现，无论多少仍归豫王所有，惟豫王不得任意派人入内开掘……

正在拆除中的豫王府

传说此言一出，罗氏驻华医社命令在拆除豫王府时，四面都用铁丝网圈起来，派荷枪实弹的警察守门。拆建的工人出入门岗时都要严格搜身，并规定工人出来时，身上只能穿一条单裤。由于封锁严密，是否在北房基地挖出金银玉器等财宝，外人无从知晓。

据说过了若干年之后，有个王姓劳工，在闲谈之时无意流露出，当时不仅找到了地窖，而且还在窖中挖出大量的珠宝、玉器和金银首饰，若将这些财宝拍卖，不但超过购买此府的房价，甚至还抵得上协和建筑群的造价。这个传说的可靠性究竟如何，至今仍是个尚未破解的谜。但协和建筑群基建的预算，却从 100 万美元一路攀升，最终耗资 750 万美元才大功告成，是否与豫王府挖出的"金子"相关，只有上帝知道了！

关于窖藏珍宝的传说，有最接近真相的记录。当时担任总工程师贝恩特（B.Frank Bennett）翻译的陶世杰有这样描述：在 L 楼地下室铺设从西门进入的施工通道（这是为了让汽车进入 K 楼地下室）时，忽然挖出一个"金盔"（在协和 L 楼处）。此盔有说是满清进关时的遗物，盔的正中镶着一块绿色宝石，四周镶有许多珍珠，盔壳已全部粉碎，在场工人都各自分到一块碎"金子"，把一块完整的宝石送给了外籍总务长霍尔（Hall）。次日，这些分得"金子"的工人都卖"金子"去了。第三天工人回来才知道这些"金子"并不值钱，只是一种铜多金少的合金。那个外籍工头把那颗宝石分割成了一对戒指据为己有。这就是传说中豫王府挖出"金子"的一段真相[2]。但根据赫西回忆录，却是这样的描述：

豫王妃对房子的每一寸空间都进行搜查过，当时还有说法将宝藏经常藏匿或放置于屋顶顶部空间，以求好运。当我问豫王妃这件事时，她告诉我，尽管她仔细寻找，但最终连一美元的宝藏都没有找到。她当时与我协商，在我们挖掘地基时，是否同意可以安置三个他们的人，每个门上放一个，我欣然同意。我还答应每个大门都设有一个警察也出于同样的目的，因为在拆除北京老城区时，经常有宝藏被发现的情况。这样我们就签了协议：不管任何一方发现任何财宝，双方将平均分配。

尽管有这些监督措施，我们寻找宝藏的结果与豫王妃所说的一样并没有获得什么。但这件事，北京全城都知道了。一个故事被传播，并很快发现它的传播方式如果进入以任务为导向的媒体，那就更夸张了。说我在豫王府发现了价值 200 万美元的银子，并为己所用。有一个北京的传教士常常重复这样的故事，我曾向他解释，价值 200 万美元的白银将装满中国铁路上的一辆货运车厢，同时还需要 12 至 15 辆中国汽车运出去。我还指出，这么多的银子还需要在至少 5 个不间断看守人的眼底下运出，这有可能吗？这个传教士最终认识到的确是这么回事，但他还是不断传播这个故事……有趣的是，中国报纸也传播这个故事，并为此展示了很多趣闻。在协和医学院群楼建成多年后，这个故事的传闻还在继续……

奠基典礼

1917 年 9 月 24 日，北京协和医学院奠基及开工典礼是一个庄严的仪式，在东单三条的豫王府举行。奠基仪式隆重盛大，美国海军乐队的精彩演奏使会场充满欢乐的气氛，新校园规划设计图的展示引发了人们浓厚的兴趣。大批中外人士出席了典礼，如美国大使瑞恩施（Paul S. Reinsch）、洛克菲勒基金会代表、北京协和医学院首任校长麦克林（Franklin C. Mclean）、美国舰队司令和美国驻俄红十字会代表毕林斯（Franklin Billings）、美国海军上将艾尔斯顿（Beilby Alston）、中华民国教育部长范源濂、华北教会主教诺瑞斯（Rt. Rev，F. L. Norris）、罗氏驻华医社主任顾临（Roger S. Greene）、北京协和医学院总建筑师赫西（Harry H. Hussey）等重要人士聚集在会场。

下午 4 点 30 分，协和医学院建筑群奠基仪式由美国驻中国公使瑞恩施主持，在大批中外人士的见证下，中国教育总长范源濂将刻着"民国六年"字样的奠基石放置在将要作为解剖楼的南墙地基处。奠基仪式之后四年，占地约 22.6 英亩的协和建筑群落成，项目资金投入 750 万美元。

协和医学院年轻的第一任校长麦克林在奠基仪式上致辞，重申了协和医学院校董事会的目标：

今天这个仪式标志着一个长期的理想变成了现实。三年前诞生了一个设想，建设一个规模巨大的机构，并把它奉献给推动西方医学在中国进程的伟大事业。奠基不仅标志着建筑的开始，更代表了机构建设工作的开始，建筑物只是建设这个机构的工具，更重要的是机构自身所代表的理念。北京协和医学院董事会的目的是建设一所致力于医学教育、研究以及医疗服务的机构；在建设每一个方面，都按照西方同类最好机构中已有的高标准执行。

中国学生将得到机会，不需要出国就能得到高水平的医学教育以及研究疾病的设备条件，这个国家将会发展出一个值得骄傲的医学职业，其从业者将会成为世界医学佼佼者中的一员。当这个国家被赋予学习和研究的机会时，她将会孕育出引以为傲的医学专业，轻松跻身于世界医学的前列……我们渴望给中国带来最好的现代医学，中国也能够从我们取得的最新进展中受益[3]。

在热烈的掌声中，美国瑞恩施大使应邀发言：

北京协和医学院的奠基是人类友爱的标志，它会帮助中国人民拥有健康的生活和与疾病作斗争的装备。这个学校对中国提供的不仅是装备

豫王府大殿前的平台上，美国海军乐团进行演奏

参加典礼的中外嘉宾

1917 年 9 月 24 日下午 4：30，中国教育总长范源濂将刻着"民国六年"字样的奠基石放置在将要作为解剖楼的南墙地基处

从左到右：北京协和医学院首任院长麦克林（Franklin C. Mclean）、中华民国教育部长范源濂、美国驻俄红十字会代表毕林斯（Franklin Billings）、美国大使瑞恩施（Paul S. Reinsch）、罗氏驻华医社主任顾临（Roger S. Greene）、美国海军上将艾尔斯顿（Beilby Alston）；最右边：CMB 建筑办公室负责人费兰克·贝宁（Frank Benny）。

更是一种精神。北京协和医学院的影响将不只是在中国，有一天它将回馈于美国和欧洲。

范源濂部长代表中国政府发表讲话说：

中国政府很希望提高中国的医学科学，很幸运有很多国外热忱之士来华建立医学院来满足社会的需要，协和医学堂具有杰出的地位和悠久的历史，现在这个学校将得到洛克菲勒基金会的支持，医学院的水准将得到提高。在此表达中国政府对罗氏驻华医社和支持中国医学的外国友人的感谢，更不能忘怀伟大的慈善家洛克菲勒先生。

当天拍摄的照片真实地再现了这一场景，中外来宾聚集一起，坐在秋日午后的暖阳下。豫王府庭院开阔，背景是镶嵌着琉璃瓦的高高的豫王府院墙。平台上站着发言者和其他显要人物，平台中间是奠基石底座，一名中国建筑工人骄傲地操作着起重设备，把巨大的方形大理石放到底座上，教育部长范源濂非常有仪式感的缓缓落下雪白的汉白玉奠基石，然后将其埋下。奠基石在建成后解剖教学楼（B楼）的西南角，当时是在豫王府的厢房汉白玉台阶上。华北地区英国主教诺瑞斯为此祷告祈福，协和新校园隆重的奠基典礼落幕。所有参加者站在豫王府的祠堂台阶上，拍下了正式的必定要拍的合影照片。

中华民国的五色旗在参会者身后飘扬，历史与未来在这短暂的一刻相遇了，回顾协和创办历程，从美国慈善家洛克菲勒最初对中国发生兴趣，到三次派出中国考察团，成立罗氏驻华医社，直至协和建筑群的奠基典礼，力争创办世界一流医学校的宗旨使所有工作如此独特而意义非凡。东西方的文化，过去的努力和将来的广阔前景，在这一刻汇合和交融。

诺瑞斯主教的祷告声在空气中飘荡，豫王府以及里面发生的所有故事将随风而逝。从此，豫王府精美的宫殿建筑被气势恢宏的具有浓郁东方艺术特色的协和医学院建筑群所取代了。

在协和解剖教学楼落地的这块刻着"民国六年"字样的奠基石，从此成为中国医学发展的里程碑。

参加奠基典礼的中外嘉宾家属

奠基石

华北教会主教诺瑞斯在奠基仪式上祷告祈福

在豫王府大殿门前，中外嘉宾合影

谁是最后的建筑师

建筑师柯立芝提交两版方案

协和医学堂与豫王府的地产买入后，随着北京协和医学院建设项目的计划逐步落实，对新校园的建设用地需要进行初期评估，同时规划设计也纳入日程。在协和医学院建设项目开始时，最困难的挑战就是找到一个合适的建筑师及相关专业设计团队，所选择的建筑师需要能完成具有很大挑战性的医疗建筑项目，并且需要是有经验和有资格的建筑师。

建筑师柯立芝曾师从美国19世纪最著名的折中主义建筑师理查森（Henry H. Richardson），理查森去世后，他与同事继续经营位于波士顿的事务所，在设计医院和校园领域造诣颇深，同时与洛克菲勒基金会也颇有渊源。柯立芝设计的当时非常有影响力的作品，包括波士顿的哈佛大学医学院、斯坦福大学校园和纽约的洛克菲勒医学研究所的新大楼。柯立芝的设计构图保持了古典主义韵味但剔除了繁复的细部，对复杂的建筑类型如医院、实验室等经验尤其丰富，是当时美国建筑业的领军人物之一，被公认为"美国当前建筑界最杰出的代表人物"。

在洛克菲勒研究所所长西蒙·弗莱克斯纳（Simon Flexner）举荐下，柯立芝被罗氏驻华医社聘任为"建筑顾问"，并说服其前来中国进行考察评估。

1916年，柯立芝作为建筑顾问，随北京协和医学院首任校长麦克林（Franklin C. Mclean）乘坐从波士顿出发至中国的轮船一起来北京。这次前往北京，柯立芝负责协和医学院建筑的初

1901年，柯立芝设计的洛克菲勒医学研究所

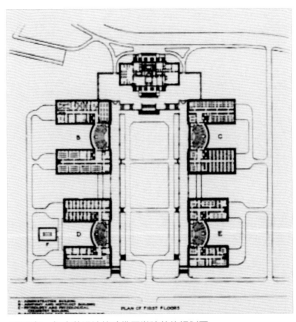

1906年，柯立芝设计的哈佛医学院总体规划图

图片来源：《美国进步主义思想之滥觞与北京协和医学校园规划及建设新探》

步规划设计。麦克林和柯立芝在上海停留期间，胡恒德[4]（Henry S. Houghton）和罗氏驻华医社的常驻代表顾临充当了非常称职的向导。8月20日两人抵达北京，在北上途中他们还顺道停留南京和济南。

在柯立芝离开纽约前，西蒙向他提出以下几点规划设计的原则性要求：

所有的建筑：医院、药房、实验室、宿舍和住宅区，都应该体现所在国家的特色，还要考虑这些建筑的用途；认真考虑施工费用和运转费用，既要考虑到眼下的，又要考虑到最终的维护成本[5]。

关于协和医学院新校区建筑风格，柯立芝在中国考察期间，对他所见到的中国专家作了关于建筑形式的意向调查，结果有两派意见，以清华学堂校长周诒春为代表的一些政府新成员倾向西式风格，他们认为新建校园要成为容纳最新的西式医学教育理念和最新的文明理念的建筑体；而当时古物陈列所（故宫博物院前身）所长金绍城为代表的一派，则认为北京协和医学院的建筑应采用中国传统建筑形式"渴望保留中国的意味，但是调整它适应现代需求"。协和的中式古典建筑风格遭到洛克菲勒基金会顾问盖茨的强烈反对，盖茨认为这样的做法是"奢侈而愚蠢的"，为此，盖茨辞去了在罗氏驻华医社的职务。

虽然柯立芝在报告中并没有表明究竟哪一派意见代表当时中国文化界的主流，但从当时的情形判断，传统派的意见更有分量，因为当时传统派的代表人物有金绍城、朱启钤、徐世昌等都担任过或正在担任政府要职，因而这些传统派的意见添加了某种官方色彩。

建筑师赫西回忆录曾有这样描述：

柯立芝先生访问了北京，实地考察了豫王府的房产，并会见了一些中国政府官员。这些官员告诉柯立芝先生，他们希望洛克菲勒基金会不要在北京再建一座外国城市，比如东交民巷的公使馆区，离美丽的紫禁城建筑这么近。美国新任驻华公使瑞恩施（Paul S. Reinsch）也强烈建议北京的医学院建筑应该采用"中西合璧"的建筑设计风格。

罗氏驻华医社则希望北京的医学院能采用独具自身特色的建筑风格，并与学院定位相匹配，作为医学院需要成为"发展中的中国文明有机组成部分"的象征物[6]。

柯立芝在中国停留的时间不足一个月，先后考察了北京、上海的医院及中国传统建筑，并提交了一份初步报告。罗氏驻华医

4　胡恒德毕业于约翰·霍普金斯大学医学院，到中国后首先在芜湖医院供职，1911–1917年任上海哈佛医学院院长，后来两任北京协和医学院的校长。

社希望柯立芝同意承担北京这所新校园的规划设计工作，但柯立芝的报告显示他对接受这个项目犹豫不决。柯立芝在报告中专门讨论了中国传统建筑形式问题，由此可见这一问题是柯立芝中国之行需要回答的主要问题之一。

柯立芝是一个谨慎细心又经验丰富的建筑师，从他的报告中，我们可以看出他对坚持采用中国传统建筑形式这一派的意见是认可的，但当他从各方面探讨了此方案的可行性与困难之处后，他本人还是比较倾向于西式建筑的，不赞成协和医学院设计融入中国传统式的建筑风格主要有两个原因：

一是技术和美学问题：在报告中柯立芝提到，中国建筑的最主要特征在于其屋顶，在现代医院建筑中采用中国式的大屋顶将会遇到许多有待解决的问题，例如屋顶通风，防火等功能性问题，现代医院建筑对防火、排风方面有着较高的要求。大屋顶沉重并高度密闭完全不透水，在上面铺设排水沟和排气孔也会是技术挑战，此外因大屋顶屋檐出挑深远，顶层房间难以有足够日照等相关问题。

从建筑审美的角度考虑，在多层的西方建筑主体上加中国式大屋顶的组合可能会造成比例失调。如采用大屋顶形式，墙身与屋顶的比例及外墙上的洞口数量和样式不能遵从传统，则整个建筑也失去了中国韵味，上海圣约翰大学和山东齐鲁医院都是失败的例子。他看到中国传统建筑中有大屋顶并在外墙上开窗的多层建筑仅有前门箭楼一例，效果不是很理想。因为柯立芝在中国所见到的传统建筑实例大都是单层的。

二是造价问题：从建筑造价上考虑，柯立芝认为采用中国宫殿式屋顶用材量大、额外成本增多，更需要强调的是，传统的屋顶在满足现代技术和功能要求的同时，造价也会相应增加。

当时正处于"一战"时期，虽然中国本地的工匠还比较便宜，但运费已经上涨了好多，很难对整个建筑造价进行一个比较明确的估算。还有当时急需聘用一个负责整个施工过程中的监工，对此柯立芝还提供了两个解决办法：一是聘用一个已经在北京居住多年有工程经验的外国建筑师；另一种是聘用一个美国建筑师在美国完成所有图纸的设计工作，在项目建设开始时派遣一个驻场建筑师与当地项目负责人共同完成施工管理工作。

从柯立芝的报告和概算可以看出，罗氏驻华医社对北京的医学院项目存有不切实际期望的情况下，他是不会冒险包揽这一项目的。综合这些考虑，要求采用中国传统建筑形式同时又有严格预算的情况下，对柯立芝来说是一件两难的事，这也是他之后没有继续承担规划设计任务的主要原因。从柯立芝报告中的字里行间，我们可以看到柯立芝对采用中国传统形式持保留态度，柯立芝之所以要详细表明这些观点一定不是无的放矢，而是针对罗氏驻华医社或洛克菲勒基金会决策人对在北京的医学院采用中国传统建筑形式的某种期待。柯立芝在报告中对困难的强调，可以说是在试图改变罗氏驻华医社在采用中国传统建筑形式上的意向，但之后的事实说明这种意向并没有因为柯立芝的意见而改变。

以上的考虑说明柯立芝是一名非常理性的建筑师，而不是简单地摒弃中式风格。正相反的是，他曾公开表达过对中国传统建筑的尊重。在北京考察时，中国传统建筑表现出的力量和美给柯立芝留下了极为深刻的印象。他第一次到豫王府考察后的日记中写道：

自从那时起……一想到所有那些有着雕梁画栋、绚丽色彩的建筑要被毁坏时，便感到痛心……[7]

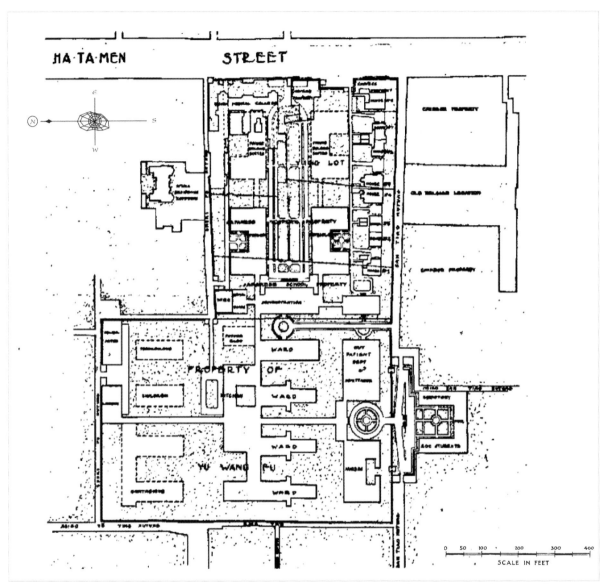

建筑师柯立芝第一版新校园总体规划方案

图片来源：《北京协和医学院的设计与建造历史拾遗》

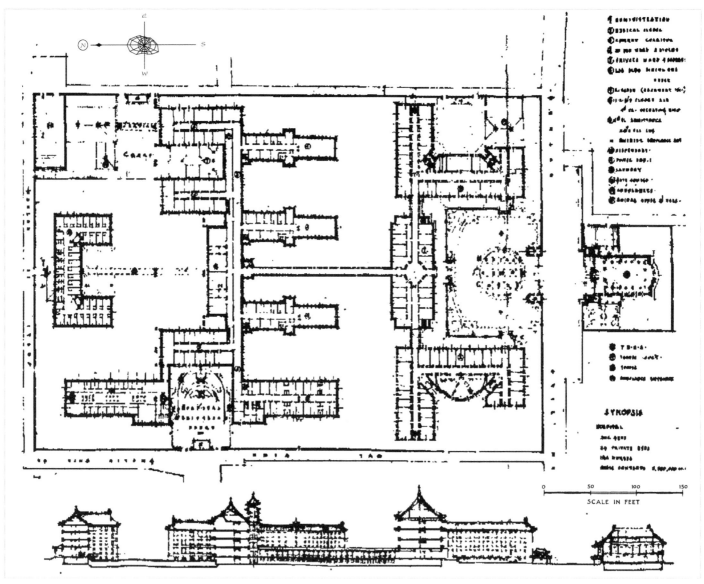

建筑师柯立芝第二版新校园总体规划及相关设计图

图片来源：《北京协和医学院的设计与建造历史拾遗》

1916 年 8 月柯立芝来考察中国前，他的第一版方案是在设想罗氏驻华医社能买下所谓的"日本人地产"的基础上完成的。当时柯立芝与顾临的想法一样，都希望罗氏驻华医社能买下"日本人地产"，因为日本这块地产将豫王府和英氏园分割开来。如果买下就能把整片地块连接在一起，那么新校园的规划可以东起哈德门大街（现东单北大街），西至校尉胡同，将来还能继续扩展。基于此，柯立芝提交的第一版规划设计图：医学院的大门开在哈德门大街上，只有附属医院建在豫王府。从医学院及附属医院所要求的功能高效联系和节约运营管理成本的角度出发，柯立芝认为这是"一份理想的规划方案"。

1916 年 10 月柯立芝中国考察结束，在返回纽约途中，听说罗氏驻华医社觉得已经投入太多的资金在地产上，决定不再购置相毗邻的日本地产了，这让柯立芝万分遗憾。接下来，柯立芝的方案也随之调整，仅限于豫王府这块用地。这样，柯立芝只好在第一版规划的基础上又做了第二版规划设计图。在向罗氏驻华医社最后提交的规划设计方案中，除了增加建筑功能空间布局平面图外，在建筑剖面图中，柯立芝将前门箭楼作为在多层建筑上冠以中国式大屋顶为样本，提出中国传统建筑的飞檐琉璃瓦的坡屋顶与二三层的现代建筑相结合的方案，以说明采用中国式大屋顶在设计上的可能性。柯立芝相信，不考虑成本能找出令人满意的解决方案。

从柯立芝规划图上可以看到建筑师对医院功能的理解非常到位，在医疗区中设有一横两竖三个交通主通道，三个交通主通道将相互关联的所有功能科室都串联起来，既做到功能科室间联系便捷，同时各个功能科室保持完全独立，做到各行其政，各司其职，并达到几乎所有的流线没有交叉和相互干扰的现象，这些都是医院建筑设计最基本也是最重要的原则。

柯立芝在中国进行考察时，发现中国建筑业非常薄弱，建议为

保证建筑质量，除石灰和石料外，各种五金件、管线设备、木地板等都需要从美国进口。柯立芝当时并没有估算出具体的成本，回国后汇总了所有可能影响费用的因素。考虑到当时中国的现状和"世界大战"带来的影响，如无法获得原材料的可能性以及进口这些原材料的费用问题；由于水运船只严重不足导致运费已经翻番，如结构钢材、管道装置，还有其他一些材料运到北京时，其价格可能还要翻番等因素，柯立芝向罗氏驻华医社提出了 321 万美元的建筑预算，这个预算大大超出了罗氏驻华医社的计划。

1916 年 12 月 22 日，罗氏驻华医社召开会议，柯立芝没有参加，但在随附的信中作了医学院项目总预算 321 万美元的说明，包括总预算至少需要额外增加战前正常价格三分之一以上的费用，才能应付目前价格的上涨。建设规模及造价是在 200 名本科生（但不包括第五年的实习生）以及 268 张医院床位的基础上估算的。柯立芝是个有经验的建筑师，在他的报告中就一再提醒罗氏驻华医社，总投资 100 万美元是远远不够的，柯立芝的预算代表了他对待项目客观和注重实际的态度。事实上，竣工后最终的造价是柯立芝当时预算的一倍还多。

建筑师赫西迎合 100 万美元的预算

对于一群脑子里想着 100 万美元就能办成事的罗氏驻华医社董事会来说，柯立芝的预算让他们感到万分震惊。针对柯立芝的报告，会议简单地记录着：参会人员进行了长时间的讨论，结论是不管出于哪种角度考虑，他们都想听听其他建筑师的想法。

柯立芝在北京考察时的另一项任务是物色熟悉北京建筑环境的建筑师，在约翰·穆德[8]（John R. Mott）的推荐下，他在北京约见了美国建筑师哈里·赫西（Harry H. Hussey）。关于这个细节，赫西在回忆录写道：

> 另一位访客是柯立芝先生，美国最著名的建筑师之一，委任纽约洛克菲勒基金会顾问建筑师，前来中国研究和评估洛克菲勒基金会投资医学院的建设条件。后来我发现这也是为了了解我，因为他们想找一位当地的建筑师来承担洛克菲勒基金会投资建设医学院的设计任务。发现我一定令他满意，因为我最终被任命为医学院项目的总建筑师，柯立芝被任命为顾问建筑师。对于我的这个任命，洛克菲勒二世帮了很大的忙，他总是这样介绍我说"作为一个建筑师，赫西先生从没有后悔来到中国"。

建筑师赫西 1881 年 1 月出生于加拿大安大略湖畔小镇都沃港（Port Dover）的一个贫穷的木工家庭。十六岁前往美国新墨西哥州的一个银矿做工谋生，当过矿工、护林员、冶金厂工人、火车站职员等多种职业。由于出身贫寒，赫西只能白天工作，在打工期间自学建筑函授课程后到密歇根州一家建筑事务所做绘图员，积蓄足够学费后进入芝加哥艺术学院（The Art Institute of Chicago）正式学习建筑学。

哈里·赫西
（Harry H. Hussey，1881–1967）
https://zh.wikipedia.org/wiki/Harry_H_Hussey

哈里·赫西出身贫寒，在芝加哥一所国际函授学校学习建筑基本原理及绘画，直到他在密歇根州首府兰辛开办了自己的事务所才有能力在芝加哥艺术学院成为一个全职学生并完成学业，最终成为一名职业建筑师。

赫西深具艺术家气质，并对中国建筑有着深深的热爱，最终成为协和医学院的总建筑师。

8　约翰·穆德 1865 年出生于美国纽约，后来任协和校理事会理事长。1946 年，因长期致力于建立和加强国际新教基督徒学生组织，推动和平发展荣获诺贝尔和平奖。

赫西在芝加哥大学的大四学年期间，与其导师沃尔特·沙特克（Walter F. Shatluck）合作，赢得了在美国田纳西州纳什维尔市青年基督协会两栋大楼的设计竞赛，该项目得到了业主的肯定并与其维持了良好的业务关系。同年赫西与导师沙特克成立了沙特克赫西（Shattuck & Hussey）建筑师事务所，并成为合伙人。

1895 年约翰·穆德组建了基督教青年协会（Young Men's Christian Association，YMCA），并担任总干事。"一战"期间，为了实现"在这一代将福音传遍天下"，发起"国外传教学生志愿者运动（Student Volunteer Movement for Foreign Missions）"，赫西通过招募参加在亚洲设计 YMCA 建筑的工作，后成为基督教青年协会 YMCA 建筑设计师，1911 受 YMCA 国际委员会委托到东亚国家并被派往日本及中国工作。

赫西于 1915 年 1 月到达中国，开始参与 YMCA 相关建筑设计。赫西用"沙特克赫西建筑师事务所"的名义在北京和上海相继设立了分部，1915-1917 年赫西担任北京中央医院建筑师，还在 1917 年协助美国红十字会设计建造了位于北京的天津水灾难民营。赫西主要负责这些项目的总体规划和建筑方案设计，然后将所设计的图纸寄送回芝加哥总部进行结构和设备施工图设计，最后由他根据当地情况调整并监造施工。显然这段经历对他能够在次年获得协和医学院工程委托至关重要。

赫西深具艺术家气质，还有与不同背景人士交朋友的高超能力，广泛结交中、美等国官员。赫西的这种上层路线为他在华早期的事业扩展提供了很大便利。根据赫西的回忆录中所描述的情况：

美国驻华公使瑞恩施也成了我最亲密的朋友，直到他多年后去世。他在中国和华盛顿时为我做了很多事情，我也试着为他做一些事情。他和我一样，很喜欢长距离的徒步。不久，我们就利用大部分周末和假期在一起爬山……为了有个过夜及厨师可以做饭的地方，我们租了一座美丽的小寺庙，坐落在低矮的山腰上，俯瞰着门头沟的村庄……

满洲的张作霖等人，山西省模范省长阎锡山，后来成为北洋军直隶督军的曹锟，江西督军李纯，渔夫的儿子，日后成为中国最好的将军之一，还有许多像其他国家一样诚实和爱国的官员。后来有几年，我认识所有这些人，但不是与所有人都保持亲密的关系，他们中的许多人我在经过他们所管辖的省份时，足以被邀请和约见，例如，我经常拜访曹锟总督的家，每当他庆祝一个新生婴儿的诞生时，我总是被邀请，因为他有很多妻子。后来他成为总统时，我们还是比较亲密的朋友。有一次，我与南昌总督李纯相处了一个多星期，李纯总督的生活和英国男爵的生活方式很像。在成都，有两个星期我几乎每天和四川省刘省长一起用早餐……

除设计广州等地的青年会会所外，1915 年赫西设计了北京和武昌的两所医院。北京的中央医院为钢筋混凝土结构的三层建筑，是北京最早由中国人管理的近代医院。其病房只有一面朝南且缺少阳光室和实验室，而且设计中没有考虑设备和管线，楼板上大量临时凿穿的孔洞，可见赫西尚不太熟悉当时最新的医院设计原则。但毕竟这是当时北京为数不多的重要公共建筑，加上赫西在华从事设计和建造的资历深获教会赞赏，也引起洛克菲勒基金会的注意。

赫西表示早在一年以前就对洛克菲勒基金会在中国的项目产生了浓厚的兴趣，这些正是北京的医学院项目所需要的条件，因此赫西给柯立芝留下了良好的印象，并自然将赫西推荐给罗氏驻华医社。这样，这个名不见经传的建筑师进入罗氏驻华医社董事会的视野。当时罗氏驻华医社还一致认为，最理想的方式是建筑师在承担规划设计任务的同时，还可以参与到整个建设过程中，这样施工过程中可以随时请教咨询，这些都是赫西当选总建筑师的优势条件。

之后，赫西专程从中国赶回美国纽约，与罗氏驻华医社进行面谈。赫西提出：除了承担规划设计工作外，如还能够在现场负责工程建造工作，他能用100万美元完成整个项目的建设。无疑，罗氏驻华医社动心了，面谈后罗氏驻华医社便立刻拨付给沙特克赫西建筑事务所1000美元预付款，让其先研究并规划医学院的两幢楼：一幢是医院，另一幢是实验室，并要求其在下次罗氏驻华医社会面时，即1917年1月前提交方案。

1917年1月23日，赫西没有按照12月份罗氏驻华医社会议上只提交规划设计两幢楼的要求，而是在柯立芝第二版规划设计方案的基础上只作了一定调整，向罗氏驻华医社提供了一系列颇具吸引力的完整建筑规划图及整体鸟瞰图，规划设计的一期为16栋纪念碑式建筑群。

与柯立芝不同之处，赫西一直主张在近代建筑上使用大屋顶形式。赫西的规划设计在校园内所有的建筑上都用了中国式的大屋顶，就连锅炉房也不例外。赫西反复推敲大屋顶形式应用在多层建筑上的处理手法，创造性地在楼房的下部加上腰檐，形成与箭楼完全不同的形象，比例也较为适合。赫西还向罗氏驻华医社保证了100万美元的工程预算，富有中国意境的建筑设计方案图

与低廉的项目预算打动了罗氏驻华医社的心，就这样赫西最终被任命为医学院项目的总建筑师。

可以看到，赫西为了拿到这个项目心切，并没有像柯立芝那样作过全面周全的考虑。作为具有丰富经验的建筑师柯立芝非常清楚的是，不仅100万美元拿不下这个项目，同时他也清楚在后期施工管理方面可能存在隐患，因此柯立芝建议把在美国负责做规划的建筑师与在北京负责工程监管的建筑师之间的责任需要加以区分。由于当时很难找到合适的项目承包商，最终在不得已的情况下，建筑师赫西被罗氏驻华医社同时聘任为总建筑师与项目承包人，这也符合赫西的愿望。事实上在后面的施工当中所出现的问题，证明柯立芝的担忧不是没有道理的。关于这段历史，赫西回忆录写道：

在我前往中国前一个月，柯立芝先生提出了一个问题，即是否可以找到有能力的中国施工承包商承担建造医学院建筑项目。柯立芝先生最近访问了中国，对我们能否确保在中国找到施工承包商，并愿意在当时已经发生战争的情况下，为如此庞大而复杂的建筑群楼签订施工承包合同一直存有疑问。之后，几十封电报证实了柯立芝先生的担忧：没有承包商会承担这项工作，因为他们都担心中国会很快卷入战争。

这对我们所有人来说都是一个意外和可怕的消息。经过长时间的辩论，洛克菲勒基金会的董事会决定：无论如何都要找到可行的方法，必须建造和完成这项工程。根据柯立芝先生的建议，董事会问我除了做建筑设计工作外，是否还会承诺完成施工建造工作。唉，当时我本应该咨询一位中国预言家，但我没有，这就埋下了不幸的种子，这成为我一生中最不如意和最不幸的心头之患。但回首往事，我知道，即使中国所有的预言家都警告过我，即承担这样的工程可能会给我带来毁灭性灾难，但我也会承担这项建造工作。

我知道，如果当时我不承担这项工作，这项建设工程不会按计划完

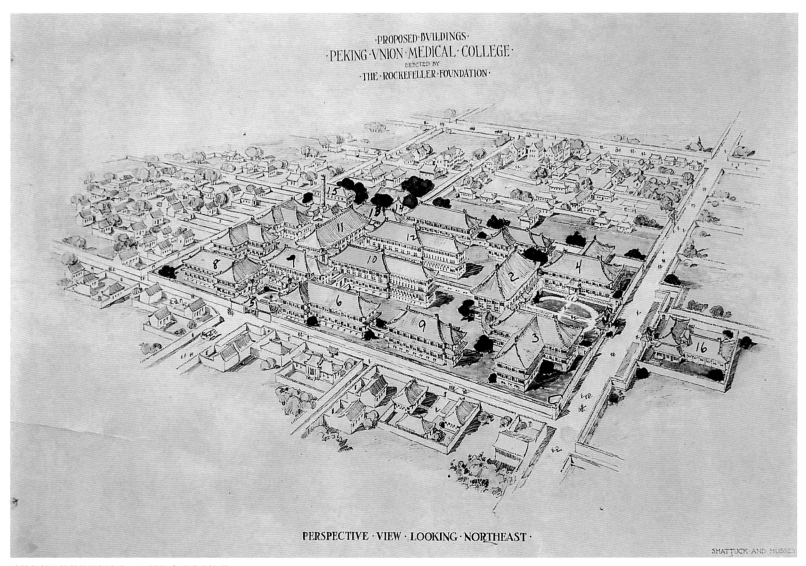

建筑师赫西的总体规划方案：16栋纪念碑式建筑群

1 医学院入口   5 医院入口   9 特别病房楼（E）   13 病理楼（I）

2 生物化学教学楼（C）   6 行政楼（F）   10 外科病房楼（G）   14 动物房（N）

3 解剖教学楼（B）   7 综合楼（K）   11 门诊医技楼（J）   15 设备用房（M）

4 生理药理教学楼（D）   8 护士楼（L）   12 内科病房楼（H）   16 礼堂（A）

建筑师赫西设计的新校园东南角鸟瞰图

成。因为战争的不可确定性，他们可能将项目搁置并且有可能永远就不建了。我的设计作品就像我的孩子一样，我不能置之不顾，所有的希望和梦想都建立在这项工程中，所以我与董事会签了协议，除了签署建筑设计合同外，董事会还授予我负责施工建设的权力。但是，正如中国预言家有可能说过的话，龙在那个协议签署没过多久就露出了丑陋的头。（在西方的文化中，"龙"所代表的是一种邪恶的力量，而中国的"龙"却是中华文化的精神象征）

1917年7月，我到北京的第二天会见了顾临先生和洛克菲勒基金会的其他成员和同事，他们很亲切友好，但不像我第一次来访时那么友好。直到几个星期后，当我得知他们在见我之前即收到了我在纽约与洛克菲勒基金会签订的合同副本，我才知道他们改变态度的原因。他们一直在关注这件事，并认为我得到了太多的报酬与我的工作不符。他们还反对"中西合璧"的建筑风格，正如盖茨所说：这些建筑不应该采用中国传统建筑风格，而应该像我们美国的医学院一样的设计风格，向中国人展示一些好的美国建筑的特色。

我第一次有机会向顾临先生和董事会解释：我与洛克菲勒基金会所签的合同是在波士顿由柯立芝先生起草的，他是洛克菲勒基金会的顾问建筑师，毫无疑问也是美国最好的建筑师之一，一起决定者还有洛克菲勒基金会的律师雷蒙德·福斯迪克先生（后担任洛克菲勒基金会主席）……

我向顾临先生和他的同事解释了这一切，但显然这并没有给他们留下丝毫的印象，我得到的钱比他们的主教得到的钱要多得多，因为主教是做一个更崇高的工作。不幸的是，我直到后来才知道这件事。我曾与许多政府、银行、医院和 YMCA 的董事会都合作过，但从未遇到过丝毫的困难或误解。这种背地的谣言和人身攻击对我来说还是首次，这就是我到达北京后不久出现的乌云，这朵云使本应是我生命中最快乐的时期结果变成最悲惨的时期。

赫西为医学院的项目作出巨大付出和牺牲的同时，也遭到了巨大的指责和非难。赫西在回忆录中对这方面情况也有描述：

当我与沙特克赫西公司的合伙人沙特克先生讨论合同时，他指出：如果要执行这样的协议，我必须退出公司，因为伊利诺伊州没有建筑师可以同时承担建筑师和建筑商两个角色的工作。他还指出，我可能会失去在伊利诺伊州的建筑师执照，并被要求辞去所有建筑协会的执照，我后来发现这一切都是事实。沙特克先生认为，我们在中国的办公室可能永远不能自食其力。他指出：你为了在中国非常不确定的未来，而放弃了在芝加哥最成功、最赚钱的建筑事务所而拥有的一半的利润，这是多么可惜的事啊！沙特克还告诉我，作为一个年长的过来人，即使这个项目全部遵循建筑师职业的道德规范，他也不会冒这样的风险。

但沙特克先生并不知道，我小时候在加拿大时，中国就成了我的梦想，不管多大的风险和牺牲，我不得不继续。我怀着悲伤的心情签署了一份协议，将沙特克赫西公司在中国的所有资产和责任交付给我，沙特克先生全部承接公司在美国的所有资产，沙特克先生为我离开而感到非常难过。虽然我应获得部分项目尾款，包括债务超过 5 万美元，还有办公设备和办公用具等也值一笔钱，但我还是将全部款项移交给沙特克先生。我们分开后一直是好朋友，直到他去世，但施工承包的这项协议日后证明对我们俩都是灾难，看样子那条龙不止一个头。

赫西来到北京后，就对北京的传统宫廷建筑产生了浓厚的兴趣。1917 年初定居北京时，他买了一套地段紧邻皇城墙的早期明代建筑风格住宅，并称自己为"满族帝国建筑档案的守护者"。这个房子使赫西对中国建筑的理解又进一步，在改造住宅的同时，赫西也试图将此建筑打造成为"传统建筑如何适应现代生活"的典范。赫西在回忆录有这样的描述：

没过多久，我发现命运又眷顾我们了，房子的品质大大地超出了我的期望。虽然不喜欢一些房间的布置，但我确实很喜欢大柱子和横梁、高高的天花板和敞开的大房间，即使是中国最大的家庭，你也很少看到这些。地理位置也更理想，在帝国城的红墙内，距离紫禁城的围墙只有一步之遥，步行五分钟即可抵达英美公使馆、北京俱乐部和两家外国酒店。直到时任财政部长的周先生告诉我这所房子的历史时，才意识到我真是幸运。

周先生告诉我，这个房子不是作为普通的中国民居建造的，而是满族皇帝手下的一位高级官员即帝国档案馆保管人的官邸，他的上司要求这个房子主要用于娱乐（相当于今天的会所），所以设计为大空间，高高的天花板、精致的厨房和仆人宿舍。卧室空间相对小一些，因为这位官员大多时间和家人住在景山附近的私人住宅里，那里可以提供给有十到十二个妃子的房子。这栋房子是明初时中国建筑一个很好的案例，显然这是出自在北京建造了许多宫殿和公共建筑的建筑师之手的设计。在近两年租约结束时，我买下了这处房产，并花了数年时间将其恢复为原来的样子。我努力使它成为中国最好的传统建筑如何适应现代生活要求的好案例，并使它成为东方和西方的聚会场所。

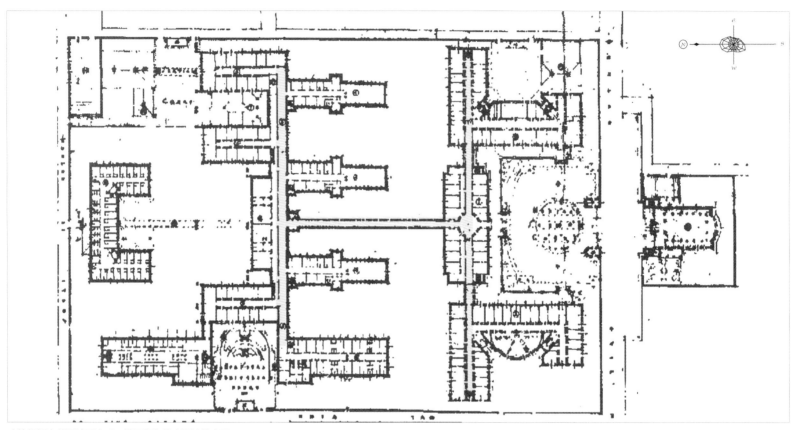

建筑师柯立芝设计图中"一横两竖"的交通流线布局

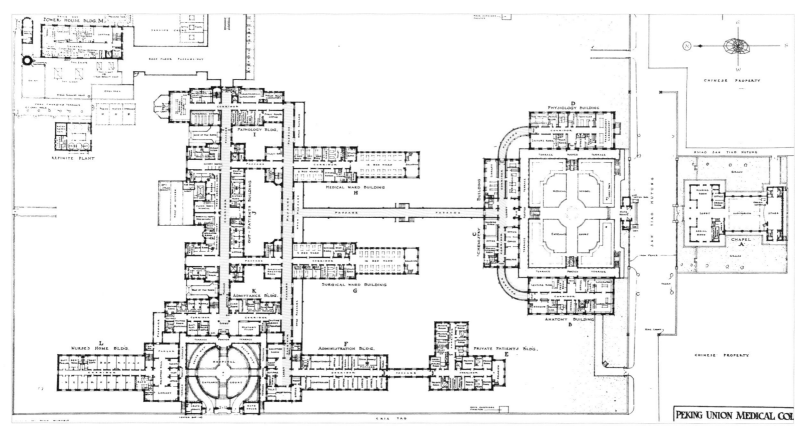

建筑师赫西设计图中"一横两竖"的交通流线布局

从最终的设计图纸上可以看出，赫西保留了柯立芝"一横两竖"的交通流线布局理念，只是将两个竖向通道全部置于门诊、医技和住院区域，强化了医疗区人流的区分力度。同时，将 U 形平面改为条形平面，与中国传统大屋面形式相配合形成更加地道的中国样式的建筑。赫西又将原方案中连接医学院与医院的一层连廊升起，改为底层可使用的二层甬道，其空间感受更让人联想在中国古代坛庙建筑中连接前后大殿、升起于地面的"丹陛桥"。

建筑师赫西的"三个贵人"

毋庸置疑，从赫西第一次提交的协和校园总体规划设计图上，可以看出赫西的建筑群体布局和室内空间的划分基本遵循了柯立芝向罗氏驻华医社提交的第二版草图中的校园总体规划设计理念。

作为建筑师都很清楚，建筑师最大的创造性是从 0 到 1 的突破，最初的构思和理念是最有价值的。

从赫西的图纸上可以看出，保留原来柯立芝的规划设计格局，一横两竖的规划结构，只是将两竖设置在医疗区，强化了患者的功能流线，并有意将门诊和住院两股人流相对分开，弱化教学楼部分的流线，同时将教学与医院的联系设置为类似天坛公园的二层室外甬道，丰富了庭院空间，也给予在甬道行走的人们更多的体验感。这些改变都是神来之笔，大大提升、优化和丰富了柯立芝原有的规划设计理念，符合医院设计的逻辑、符合中国传统建筑的比例和韵味、符合中国园林设计内外空间的丰富性和体验感。

在立面造型上，赫西在中国营造学社的创始人朱启钤的帮助下，反复推敲大屋顶形式如何应用在多层建筑上的处理手法，形成与箭楼完全不同的形象，形体比例也较为合适，既不呆板又不失传统韵味。为了与传统建筑屋顶形式相匹配，将医学院原有的 U 字形变为矩形平面，同时很巧妙地用弧形连廊将两个矩形平面相连接，这样既保持了楼与楼之间的联系功能，同时让从建筑走到连廊的人们有丰富的行走或驻足的景观体验和空间感受。建筑的整体组合有实有虚，活跃了中国传统严肃的建筑形式。（详见上卷 256-259 页中国传统园林营造）

在建筑布局上，赫西虽然是在柯立芝的设计图纸上进行改进和深化，但医疗功能达到如此精到的布局，离不开时任约翰·霍普金斯医院院长的温福德·史密斯（Winford H. Smith）的指导。

年仅 36 岁的赫西能够成为北京协和医学院项目的最终总建筑师无疑是非常幸运的，但是，使赫西成为获得盛赞的协和医学院项目总建筑师，协和医学院建筑群成为百年经典作品，不得不提这三个关键人物的重大帮助。

第一个贵人 柯立芝

赫西在完成北京协和医学院施工图的整个过程中，一直得到作为顾问建筑师柯立芝的指导与帮助。柯立芝当时也很高兴地看到赫西勇于接受这一挑战，并乐于帮助他来进一步发展完成自己已经初步完成的规划设计工作。有关这方面内容，赫西回忆录中写道[9]：

> 柯立芝先生在中国与我会面后回到纽约，由于我对中国建筑的了解以及我与中国政府官员的关系，建议我受雇于他在波士顿的公司，这是

9　本章节赫西回忆录全部翻译内容来自《My Pleasure and Palaces—An informal memories of forty years in modern China》。

我所认识的建筑师最不寻常的无私之处。柯立芝先生询问后发现我在芝加哥每月赚 2000 美元，完全有理由相信很快就要赚 3000 美元了。在所得税之前的那些日子里，这是一份高薪。除了做建筑设计工作之外，还要求我负责建造这些建筑时，柯立芝先生再次提议我可以得到额外的补偿。在决定支付这笔款项时，柯立芝先生考虑到了这样一个事实，即如果我承担了建筑建造施工工作，我将不得不退出工程项目鼎盛时期的沙特克赫西公司，这也是我职业生涯的巨大损失。

赫西在回忆录中将柯立芝给他的帮助形容为"在建筑师之间少有的无私"。在这无私的背后我们也许可以看到柯立芝作为资深建筑师的老练与智慧。柯立芝不但没有同赫西竞争这一项目，反而把赫西进一步推向了台前。

不仅如此，在后来的过程中，柯立芝给予赫西更多的帮助，赫西曾这样描述：

在柯立芝先生的协助下，我组织员工额外建立了一个小型但高效的建筑施工团队。我聘请巴尔的摩的工程师贝恩特（B. Frank Bennett）先生担任建筑工程的总负责人。还有来自柯立芝先生事务所的布斯（Booth）先生和肯德尔（Kendall）先生（下卷 522-523 页组织结构图中可以看到布斯先生在赫西事务所担任电器工程施工负责人，肯德尔先生在罗氏驻华医社担任副总建筑师），他们当时在柯立芝先生事务所承担的工作，是在雅典建筑项目中担任项目主管。在芝加哥我找到了一位优秀的机械工程师、一位钢筋混凝土工头、一位速记员和一位会计员。对于建筑设计部门，增加了赫尔曼（Herrmann）先生（下卷 522-523 页组织结构图中可以看到赫尔曼先生在赫西事务所担任建筑师）、来自芝加哥办公室的两个中国绘图员和来自巴尔的摩办公室的两个绘图员。我们认为如果还需要更多的人员，除了中国办公室的人员外，还可以在中国找到工程师和建筑师，直到我们可以让更多的人过来参与这项工程。这样，我又开始准备去东方了，这次是我一生中最重要的工作。

查尔斯·柯立芝
（Charles A. Coolidge, 1844-1926）
https://zh.wikipedia.org/wiki/Coolidge

柯立芝是美国 19 世纪中后期建筑行业的领军人物之一，当时被公认为：美国当前建筑界最杰出的代表人物，师从著名的折中主义建筑师里查德森。

第二个贵人　朱启钤

　　1911 年，赫西来到中国参与基督教青年会建筑设施的设计与建设，一年后返回美国，又于 1913 年再次来华工作直到 1916 年初结束。可以肯定赫西这几年在中国的工作经历，凭着他对中国传统建筑的兴趣和热情学到了不少关于中国建筑的知识，但要达到能应付北京协和医学院建筑设计的高标准要求并非易事，非有专家内行相助不可。对于赫西如何选择传统屋顶和其他传统构件细部形式，不得不提中国营造学社创始人朱启钤先生的帮助，这是赫西在设计过程中遇到的第二个贵人。

　　朱启钤[10] 字桂辛，号蠖公，对北京城市的改造建设有殊功。1914 - 1918 年在其主持下完成了开辟中央公园（现中山公园）、改造前门、棋盘街、千步廊等项目，同时负责天安门广场、修建环城铁路和建设香厂新市区等几项大工程[11]，再加上日常的道路铺设和沟渠清理，为北京城的面貌大为改观作出突出贡献。

　　朱启钤的"改变了用途，保持了风貌"的城市规划理念至今依然是行业的至理名言。朱启钤是中国古建筑研究工作的开拓者与奠基人，中国营造学社的创始人，梁思成等人也是在他的提携下成为中国传统建筑领军人物。抗战期间，朱启钤坚持民族气节，面对日寇种种威胁利诱的手段不屈服，不就伪职。

朱启钤（1872 - 1964）
图片来源：《协和医脉 1861-1951》

朱启钤是我国近代工艺美术家，中国营造学社创始人。1903 年任京师大学堂译书馆监督。历任北京城内警察总监、东三省蒙务局督办、津浦路北段总办等职，后任民国时期内务部长。

10　1912 - 1916 年，北洋政府五任交通总长、三任内务总长，并代理了一任国务总理。

The Original Look of Tian'anmen Square

1 千步廊

天安门金水桥以南，左右两侧列肆长廊，名为"千步廊"。是原来"五府六部七司三院"工作的地方，东西两侧分别有122间房屋（目前已拆除）。

2 棋盘街

大清门以南，前门箭楼以北的一片区域，常年驻扎有御林军。又因其方方正正，道路横直交错，状如棋盘，百姓俗称"棋盘街"。棋盘街是明清两朝天安门东西两侧主要交通要道，因此格外繁华。

朱启钤（居中者）视察北京城楼

在北京协和医学院的建筑设计过程中，时任中国内务总长的朱启钤先生给赫西提供了巨大的帮助，当赫西遇到问题的时候就去向朱启钤先生请教，尤其是对赫西的整个方案设计，朱启钤给予了肯定并提出指导性意见。赫西称朱启钤为"中国当代在世的中国传统建筑最伟大权威"。赫西在回忆录中写道：

许多外国人都知道朱启钤是三个非常有魅力女儿的父亲，但不知道他是中国在世的最伟大建筑师之一，也是中国建筑史方面最好的著书者之一，可惜是用中文写的。朱启钤先生对北京协和医学院的建筑非常感兴趣。当我给他看协和建筑方案设计图时，他拿走了这些图纸之后，一句话也没说就研究了一个多小时。然后他搂着我的肩膀，告诉我他对我的设计是多么高兴，告诉我他是多么的宽

慰，因为他担心这些建筑（如此靠近美丽的紫禁城）如果采用外国风格建造，就像在东交民巷外国人建造的许多丑陋风格的建筑一样遭到国人唾弃。

朱先生还告诉我，他是多么高兴地看到在豫王府这块风水宝地上，拥有这么好的建筑布置和建筑外观构图设计。他特别解释了中国建筑从小而低的外部结构的屋顶到宏大的中央建筑的不同屋顶的建造方式，这样的建筑建在紫禁城，只有建筑师才能从规划设计中发现细节。当我告诉他这些建筑将由钢筋混凝土、具有永久性和防火性能的建筑技术材料营造时，朱先生说这些建筑将会成为北京一个世纪以来最重要的建筑。朱先生告诉我，他对这个项目非常感兴趣，我可以随时请他提供任何帮助，包括可能需要他帮助我对中国的传统屋顶和建筑物的外观制定一些

细节等。因此，我经常拜访他，总是发现他愿意花费很多时间给我讲解中国屋顶设计的原则，包括适当倾斜度、屋顶角部的悬垂量、屋顶山脊上巨大的装饰物的细节等，如屋檐上的小人物（仙人走兽）的正确设计方法，以及中国传统建筑设计的其他奥秘。（上卷230-233页老照片展示了当时精美的细部设计）

赫西希望协和医学院的设计能够展现地道的中国传统建筑形式，不仅在建筑体量和对称性方面都符合中国风格，更重要的是选择庑殿屋顶形式，同时对材料的选择需要进一步强化中国传统建筑风格，如何选择灰砖和琉璃瓦等。他在回忆录中写道：

我开始意识到，美国承包商有这样的优势：他们通常可以把他们的麻烦归咎于建筑师，但我不能这样做，因为我既是承包商又是建筑师。下一个困难，我发现是让我更担心和更致命的问题，这个问题比所有其他困难加起来还要严重，并且最终只有一个人应该为这种困境负责：那个人就是我本人哈里·赫西。正如我所说，我已经着手完成了协和医学院建筑的规划和设计，并向洛克菲勒基金会的负责人解释，这些建筑建成后应该与紫禁城一样的美丽。开始时，我并没有意识到这种传统建筑风格特别需要确保与所使用材料相匹配，即屋顶材料选择应该是美丽的皇家彩色釉面琉璃瓦，如果没有这样的材料，这是在中国传统建筑设计中犯下的几乎是不可饶恕的过错。在美国我们可以很容易地选择其他几个材料替换，但在中国不能。

对于中国建筑，即使是像紫禁城这样的重要建筑，檐角下的墙壁也比较平淡，但所有的装饰都应在美丽弯曲的屋顶上体现。几个世纪以来，没想到中国建筑师一直在实践路易斯·沙利文在1900年试图教给我们的口号"建筑物上的装饰品可以是饰面材料，也可以不是饰面材料"。中国传统建筑屋顶的屋脊上丰富的装饰物和从屋檐上跑下来的小人，都与屋顶瓦片有着相同的材料和颜色。当我听到这样的说法，发现协和建筑物的屋顶可能很难找到类似的釉面琉璃瓦。随后，朱启钤先生介绍的大黑刘和我走访了门头沟，找到了在西山的小煤矿村曾经生产过釉面琉璃瓦的地方。当我们得知皇室用的这种釉面琉璃瓦已经停产有五十年

了，可以想象我们是多么的失望啊！当我们参观旧厂房和矿场时，窑洞被摧毁，矿井关闭。更糟的是，我们发现以前制作琉璃瓦的老人都过世了，或者都已经搬走了。

我们回到北京，马上与我们的朋友朱启钤讨论这个问题，看看我们能否从这个国家的其他地方找到这种材料。朱启钤告诉我，这个瓦片的黏土是一种特殊等级的火黏土，在中国是罕见的材料，没有其他地方能成功制造这种琉璃瓦。他还强调说，如果我们不能以某种方式获得这种釉面琉璃瓦的话，他反对屋顶使用任何其他材料，他宁愿最终建筑不是中国传统建筑形式。我知道他的意思，并同意他的观点，那天晚上我一夜没有合眼。

第二天早上，我和大黑刘又到了门头沟。我们之前曾经去过的消息，一夜之间就传到了小镇的各个角落，这样我们就不难找到一位姓王的老人，他可能是王姓家族的儿子或孙子，他的祖辈曾经是皇家生产琉璃瓦的原主人和经营者。这样的事情在中国是不能着急的，在讨论了半天多之后，王先生同意了开矿，并建议如果重建窑炉，需要提供足够的资金来启动工厂。王先生提到，如开窑，琉璃瓦生产总量至少保证整个工厂经营五年。如果我们同意，他可以召集必要的人工作，来满足我们所有建筑需要的所有琉璃瓦。由于这对双方都是公平的，因此当场起草并签署了一份合同，这样就可以开启建造窑炉的工作了。五个星期内，工人们在门头沟里开始做皇家釉面琉璃瓦片了。终于，我可以在北京睡安稳觉了。

朱启钤高度赞同我们所做的一切，他还建议我们保密协议内容的细节，直到我们确切拿到琉璃瓦之后，因为他熟悉外国人的做事原则。事实上，关于建筑物屋顶使用琉璃瓦费用的谣言很多，一些人声称，仅釉面琉璃瓦就花费了100万美元，事实上这个数字是实际成本的20倍左右，包括大尺度动物和屋顶上的其他装饰物。我发现我们设计的屋顶每平方英尺的成本比普通防火屋顶的成本在美国要低得多。王先生所聚集起来在一起制作琉璃瓦的工人都是一些很风趣的人，这么短时间他到底在哪里找到这些工人实在是一个谜。

大黑刘声称他一定是在什么地方挖过来了一些老工人。每当我带一个重要的访客，去看看他们的工作情况，像洛克菲勒先生，工人们会立刻根据访问者的形象做一个同样颜色的小雕像，之后两到三天会送给访客。我知道洛克菲勒先生很多年一直把这个雕像放在他的办公桌上。

需要说明的是，赫西应用中国传统建筑风格的目的与传教士的关注点是不一样的，传教士所关注的是让患者有宾至如归的感觉，消除陌生感；而赫西由于对中国传统建筑的迷恋，考虑更多的是建筑美学，他希望"将中国传统工艺、建筑美学精华与现代建筑功能结合起来，目标是建造一个现代化的医院"。从1921年落成典礼时拍摄的照片可以清楚地看出，协和医学院建筑群与土生土长的北京当地人非常熟悉的建筑风格基本一样，并与周边的环境达到有机的融合，感觉不出有很多不一样的地方。在《中央纪事报》上有描述：

由特有的绿色产生的美妙色彩效果，瓦片的屋檐部分是中国艺术家几百年前使用的精美的许多颜色组合的彩画。

此外，赫西还与朱启钤先生有着其他建筑项目合作，究竟他们在哪些建筑项目中有过合作，还有待于进一步的考证。从这些史料上看，朱启钤先生是协和医学院规划设计过程中非常重要的参与者，北京协和医学院建筑中所采用地道的中国传统建筑做法应归功于朱启钤先生的指导与参与。就像赫西在回忆录说道：

我们欠这位内务总长朱启钤先生很多……

第三个贵人　温福德·史密斯

由于协和医学院项目所要求的医疗建筑的专业性与建筑质量的高标准是空前的，当时只有35岁的赫西先生就接受了这么大规模且专业性极高的项目，是极具挑战性的。赫西过去的设计经验也仅局限于基督教青年会的设计，完全缺乏医院设计的经验。赫西除了需要时时获得柯立芝的帮助外，更需要医学专家的帮助。

赫西的第三个贵人是当时任约翰·霍普金斯医院院长的温福德·史密斯（Winford H. Smith）。

罗氏驻华医社在任命赫西为总建筑师的同时，还聘任了当时约翰·霍普金斯医院院长史密斯为医疗顾问。史密斯院长本人是医学专家，同时对医院管理有着丰富的经验。赫西在回忆录中写道：

1915年下半年，我接到若干个紧急电话要求返回美国。我于1月初离开北京，再次乘坐亚洲皇后号，1月中旬抵达芝加哥。在这里，我发现有很多工作要做，沙特克赫西事务所已受委托需要完成一些重要建筑设计项目。项目分布在美国和加拿大的几个较大的城市，因此我需要走访这些城市。同时，我还要去洛克菲勒基金会面谈，他们想再与我谈几次，我以为他们只打算委托我做设计咨询工作，没有想到后来他们决定任命我作为他们在中国所有建筑的总建筑师。

6月份我已与来自堪萨斯城的内莉·巴伯小姐订婚，我们是在第一次访问中国时在天洋九轮船上认识的。洛克菲勒基金会叫我来纽约，为北京协和医学院项目进行规划计划草图时，我们还没有度完蜜月。

由于洛克菲勒基金会项目的规划设计工作，需要与巴尔的摩的约翰·霍普金斯医院院长温福德·史密斯医生和波士顿的建筑师柯立芝先生共同协商制定，显然我在芝加哥的办公室里做这个项目是不切实际的，我最好是在巴尔的摩有个工作场所。为了解决这个问题，史密斯医生给我找到了约翰·霍普金斯医院新儿童住院楼的顶层。在开始工作

温福德·史密斯

（Colonel Winford H. Smith, 1877–1961）

https://zh.wikipedia.org/wiki/Winford_H_Smith

1903年，温福德·史密斯在约翰·霍普金斯医学院获医学博士学位，1911年，接任约翰·霍普金斯医院院长。史密斯一直担任该职位直到1946年成为名誉董事，在职期间对美国医院管理事务产生了深远的影响。

之前，我参观了美国所有新建的医院和医学院，后来我还参观了欧洲的几所医学院。幸运的是，我可以直接打电话给史密斯医生或约翰·霍普金斯医院的任何工作人员寻求他们对设计方案的意见。在设计图纸过程中，为了让我了解不同部门的需求，给予我可以参加在医院举行的所有讲座、手术和验尸的特权，我也充分利用了这些难得的机会。当时我发现洛克菲勒的名字在约翰·霍普金斯大学是个神话。

我相信，我在巴尔的摩为北京协和医学院的规划设计工作所度过的6个月是我一生中最快乐的时光。那时我还年轻，不到35岁并新婚，从事我认为是我职业生涯中最重要的建筑设计项目。此外，我还有机会与柯立芝先生合作，在美国他是我最尊敬的建筑师之一，一个我从未想过能够有机会认识的建筑师，同时在这个项目上我们平等地工作。我同样尊重温福德·史密斯博士和韦尔奇博士以及约翰·霍普金斯医学院的其他教职员工，他们就我的设计方案提出了很多建设性的建议。洛克菲勒基金会的董事会看起来对我所做的工作感到满意，批准我用中国传统形式来完成这个项目，让我对这个领域的文化背景有进一步研究和学习的机会。

这段时间是我平生第一次有一点点的闲暇时间，特意组织了一些社会交流活动。我有一辆二手皮尔斯箭车，这是我见过的最大的汽车之一，它可以容纳六到八个人。每逢周末，我们的车上都挤满了年轻的医生和护士，我们花一天时间游览巴尔的摩几百英里范围内很有趣的地方。我在北京认识了顾维钧博士，当时他担任中国驻华盛顿的大使。当我们搬到离巴尔的摩几英里远的一座大农舍之后，很多周末我们都是与他和他的漂亮妻子一起度过的。当时我最大的快乐和满足来自我的工作，我可以在没有任何人干涉的情况下完成我的全部设计工作。

我在当地找到的5位建筑绘图员素质不高，他们认为他们比老板更牛，这是大多数建筑绘图员的失败。我们的芝加哥办公室规模较大，专家也多，我在那里的工作仅限于建筑方案设计阶段，之后，我的方案设计图需要交给其他专业工程师完成建筑细节和施工图纸设计。在巴尔的摩，我完成了所有建筑师都应该做的阶段性设计工作，我相信洛克菲勒基金会的项目是我设计过的最好的作品。

协和医学院规划设计图纸终于完成了，除了一些细节，剩下的内容我会在北京完成，同时还需要咨询中国内务总长朱启钤先生—中国建筑住房方面的最权威者。

约翰·霍普金斯医院是美国当时医疗水平最高的医院，其建筑设计也是代表了当时国际最新的医院设计理念。因此史密斯的参与对北京协和医学院的医疗功能和空间的设计质量把控是非常重要的。从这种意义上讲，史密斯是一位不可忽略的设计参与者。

从上述内容中，我们可以看到北京协和医学院建筑的规划设计和建造并不是一个简单的过程，所有参与者们在设计的不同阶段扮演了不同的角色从而作出了各自的贡献。柯立芝对整个建设项目有着最全面的认识和最清醒而准确的判断。柯立芝的初步设计为之后的设计定了基调和方向，这是不可忽略的贡献。赫西勇敢地使罗氏驻华医社的决策人相信"中西合璧"方案的可行性，并承担了建筑营造的重任，这是今天的北京协和建筑群能得以实现的关键。在设计中，赫西在柯立芝初步设计方案的基础上发展完成了"中西合璧"的设计，成功地解决了新建筑与北京城市建筑肌理文脉的关系。

在朱启钤的帮助下，赫西在设计中体现了地道的中国传统建筑形式。在史密斯的帮助下，赫西在设计中应用了美国最先进的医院建筑功能设计理念和医疗核心技术。赫西将柯立芝的设计品质、朱启钤中国传统建筑知识、史密斯医疗专业的经验在协和建筑群设计过程中融会贯通，并发扬光大。

在施工建造过程中，是赫西的群众路线使得几千人的工地能够顺理成章并红红火火地进行，充分利用本地劳力、技术和材料，并使工匠的技艺得以发挥；当"中西合璧"设计理念受到质疑与挑战的时候，能够坚持原设计并使其得以最后实现，这些都是赫西不可忽略的贡献。

北京协和医学院建筑的设计和建造是一次成功的多层次的中西文化相融合的过程，同时也是建筑师的创意、中国工匠的技艺智慧、中国文化精英的支持相融合的过程，其结果无疑是一个伟大而又精彩的医学教育和临床医学相结合的建筑精品。

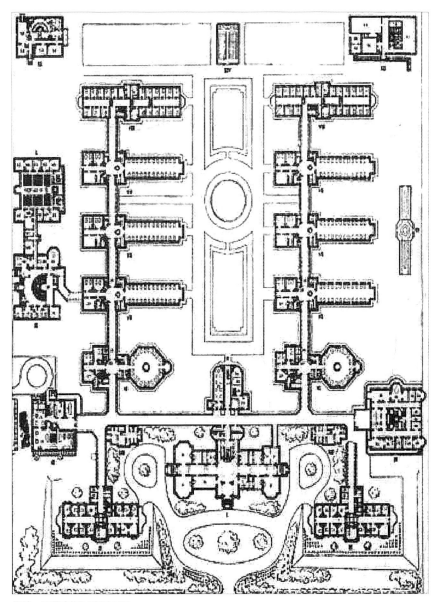

约翰·霍普金斯医院平面图

图片来源：《美国进步主义思想之滥觞与北京协和医学校校园规划及建设新探》

小结

北京协和医学院项目四年的建设过程中，赶上"一战"进行正酣，同时对中国会被卷入战乱的担心，社会环境充满未知与不确定性。北京协和医学院坚持以"世界一流医学院的标准"为建设目标，面对高标准难度大并非常具有挑战性的项目，当时在中国没有一个施工团队敢于承包这个项目。于是在柯立芝的建议下，罗氏驻华医社希望赫西能同时承担建筑师与项目承包商的双重角色，这一安排赋予了赫西很大的支配权和自由度。当时芝加哥建筑师事务所合伙人沙特克先生对于其中风险给予赫西一定的警告，但出于对中国与协和项目的喜爱与热情，赫西并没有将这样的忠告真正放到心里，但在后来给他带来了灾难性的结局。

1917 年 7 月赫西到达北京后，逐步开展协和医学院的建设营造工作。由于战争等不利因素的影响，原材料价格、货运费用递增等均使项目的建造成本飞速上涨，整个工程的造价最终达到了当初赫西概算的 6 倍。施工管理中也出现了一些失误并造成了一定经济损失，其中包括赫西在朱启钤的帮助下，将原来为皇家制作琉璃瓦的窑厂恢复生产，赫西为传统工艺得到延续而感到高兴的同时，也为恢复生产所带来的较高的价格而付出了代价，这也成为赫西在控制材料成本上失职的"罪状"之一。

在施工管理的队伍中也出现了不和与涣散。针对这种情形，罗氏驻华医社驻华代表顾临对赫西身兼设计和施工双重角色的安排表示了异议，认为设计方和施工方缺乏互相监督与改正的机制。根据顾临的回忆：

赫西所提供的施工图缺少应有的细部，而在补做的细部图中又有许多错误。按照合同赫西应该在工地维持一定人数的设计力量来解决施工中的设计问题，而赫西没有做到这一点，并因而造成了工期的延误与返工。

此外董事会发现赫西说话夸张，与实际情况多有不符，因此使得甲乙双方的关系变得十分紧张，董事会立即派遣洛克菲勒基金会财务负责人亲自到工地调查处理。1918 年底，罗氏驻华医社更改了与赫西的合同，取消了赫西作为项目承包的工作，让他只负责建筑设计中的相关工作。施工管理改由贝恩特（B. Frank Bennett）负责，查尔斯·兰尼（Charles E. Lane）为建筑顾问，负责各方面的技术和协调问题。（柯立芝与巴克斯特的来往信件中提及了兰尼先生作为建筑顾问制定工作计划及视察北京的内容，详见下卷 542–543 页）

不久以后，罗氏驻华医社又终止了与赫西作为建筑师的合同。赫西从此结束了他在北京协和医学院设计建造过程中的历史使命。虽然赫西没有能够善始善终地完成北京协和医学院的建造，但他对这一重要建筑所作的贡献是巨大的。按赫西的回忆，他的麻烦多是由于在北京的教会代表造成的，那些人反对他在设计中采用中国形式，因而制造了各种不利于他的谣言。赫西在回忆录中写道：

在这一点上，我的规划设计再次受到一些传教士的攻击，他们提出了和以前一样的论点：扔掉中国传统建筑的设计吧，应该向当地人展示一些好的美国建筑形式。所有的规划设计已经得到纽约董事会柯立芝先生和北京朱启钤总长的批准，但是所有这样的解释也没有给他们带来任何改变。他们还这样说：柯立芝对中国的建筑和建设条件一无所知，朱启钤总长对美国的建筑和建设条件一无所知。争论最后把所有的责难都推到了我身上，好像这些问题就理应属于我。这些人不仅是我身边的刺，还是我背上的一捆刀，然而尽管如此，建设工作一直被迅速推进。11 月 19 日之前，医学院的主要两栋楼已经打好基础。

罗氏驻华医社与赫西解约以后，柯立芝的设计事务所承担了余下的补充设计工作。1921 年北京协和医学院建筑施工结束，建筑设施交由北京协和医学院管理使用。在北京协和医学院设施管理部门建筑师安内尔（C.W. Anner）的主持下，1925 年二期工程正式完工。二期工程对一期建筑群进行了局部加建，但这些加建对北京协和医学院建筑的总体并没有产生实质性的影响。（建筑师安内尔的报告内容详见上卷308-311页）事实上，当时确定赫西为协和医学院总建筑师时，协和医学院第一任院长麦克林对赫西的资格就有所怀疑：

我找不到他们（赫西和他的同事）在美国设计实验室和医院建筑的业绩，除非他们有这方面建设的经验，我认为没有专家的监督就把项目托付给他们是不明智的。

为此，北京方面官员要求美国方面对赫西的资历进行调查，但是盖茨和鲍垂克完全无视顾临和麦克林的担心以及他们对赫西调查的结果，他们的最后决定任用赫西完全是为了省钱。柯立芝对协和的预算是321万美元，而赫西的预算是100万美元，恰好这是董事会的计划。罗伯特·皮尔斯指出：董事会没有人请柯立芝来审查一下赫西的设计是否完整，技术上是否正确。对这件事，柯立芝因为自己曾希望设计这个项目而难以毛遂自荐。麦克林还批评道：

基金会的董事会极大地低估了在北京建设和维持一个如此庞大机构的费用，没有任何建筑师能够帮他们这个大忙。

胡恒德对赫西持有同样的看法，并表示聘用赫西是一个不幸。他在给顾临的信中表达对赫西的百般不信任：

赫西到纽约后一定会想方设法破坏你我的信誉，他一定会争辩说我们不断打扰他的工作，屡屡让他作出变动，而他还得承担指责……对于那些不了解情况的人，他可算是巧舌如簧。对他可要密切注意，因为他绝对是一个不管不顾的人。

更糟糕的是，有关罗氏驻华医社选择建筑师的最后决定，北京方面一直被蒙在鼓里，直到建筑师团队到达北京。这是一个严重的错误，针对赫西及其团队的规划设计工作，没有任何专家的评估和监督，在建设过程中，全部的监督工作都落在了顾临的头上，这样给顾临带来了巨大的压力。（有关顾临的故事，详细内容见下卷562-567页）对此，胡恒德直言不讳地说：

让顾临为建设中的混乱和后果负责是荒谬的。祸根完全在美国方面，这是对建设无知的结果，且不说聘用时对人的品格和能力的错误判断。

在下卷540页施工负责人贝恩特给工程总指挥巴克斯特的信中提到：赫西很少光顾工地，仅仅展示一些效果图，更多是为了个人的宣传。对此贝恩特很是不满。

赫西后来在中国经商，一度充当民国第一外交家顾维钧的外交秘书，1932年担任国联李顿调查团中国代表团外交顾问。赫西后来著有回忆录《我的快乐与宫殿：1968年，现代中国四十年非正式回忆录（My pleasure and Palaces: an informal Memoir of Forty Years in Modern China, 1968）》，本书中对回忆录中的相关内容都有翻译，这些内容都是非常珍贵的一手资料。遗憾的是，赫西对中国建筑的热爱、如火的热情和充沛的精力使他扮演了最为抢眼和悲壮的角色。

不管过程如何曲折，但建筑落成后依旧能够成为百年的精品，可以毫不夸张地说，协和的美观与典雅，在世界上也难有与之媲美者，其意义远非一般意义的医院。著名学者冯晋教授曾有这样的评论：

协和医学院校园建筑群与北京城原有的城市肌理的结合非常自然，以至于不易识别，赫西在北京协和医学院的设计中所表现的文化敏感和对城市原有肌理的慎重态度非常值得当今建筑师借鉴[12]。

有关合作单位选择清单

著者感言：

　　从这项工作可以看出，虽然总建筑师确定为赫西，但洛克菲勒基金会还需要找到有信誉、有能力、有医院设计经验的建筑事务所与建筑设计专业相匹配。难怪当时确定赫西为协和医学院总建筑师时，协和医学院第一任校长麦克林对赫西的资格有所怀疑：我找不到他们（赫西和他的同事）在美国设计实验室和医院建筑的业绩，除非他们有这方面建设的经验，我认为没有专家的监督就把项目托付给他们是不明智的。

　　但不管怎样，赫西犹如一个中间代表，只有他可以承担将中国传统建筑形式与西方医院功能完美地结合起来，才得以呈现给世人如此伟大的建筑作品。前提体条件是，协和建筑的质量保障来自于建筑师柯立芝的全过程技术支持。

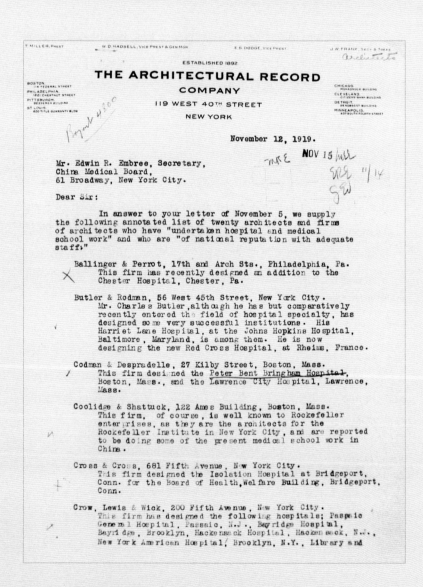

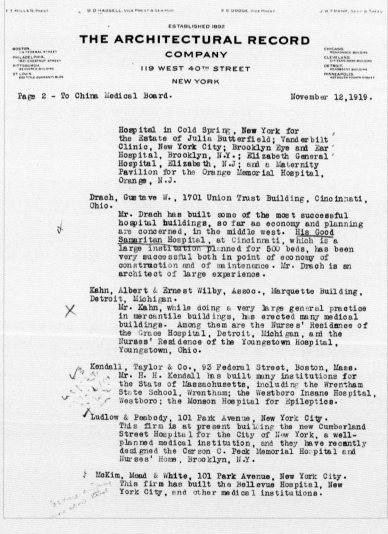

1919 年 11 月 12 日

《现代美国医院建筑》一书出版编辑给

CMB 校董事会秘书恩卜瑞的回复

　　根据你 11 月 5 日的信，我们回复如下，提供 20 家有注释的建筑和建筑设备公司，这些公司都具有设计一定规模医院和医学院的经验，并且在各个州都有很好的声誉。

　　以上是我们目前已经知道的所有公司，所有注释也基本全的，也是我们已知的全部内容。爱德华·斯蒂文作为《美国 20 世纪现代医院》的作者，自 1907 年后，其中有 53 家医院都是由他的事务所设计的，我们赠送这本书，或许能达到你们的期许。

Page 3 - To China Medical Board.　　　　November 12, 1919.

Murphy & Dana, 331 Madison Avenue, New York City.
This firm recently designed some buildings for the Loomis Institute in Winsor, Conn. They designed Saint Paul's College and Academic Quadrangle at Tokio, Japan.

Schmidt, Garden & Martin, 104 So. Michigan Avenue, Chicago, Illinois.
Mr. Richard E. Schmidt has built some of the best hospitals in the United States, among which are the Michael Reese Hospital, Chicago, the greater part of the Cook County Hospital, Chicago, and many other hospitals throughout the west.

Scopes & Feustman, 64 Main Street, Saranac Lake, N.Y.
This firm devote their entire practice to the designing of hospitals and santoria for the treatment of tuberculosis, and have built successfully many institutions of this nature.

Stevens, Edward F., 9 Park Street, Boston, Mass.
(Stevens & Lee, Toronto, Canada.)
Mr. Edward F. Stevens has designed fifty-three medical institutions since 1907 and has recently been awarded the new Civic Hospital at Ottawa, Canada, the Harrisburg City Hospital, Harrisburg, Pa. and the new development of the Grace Hospital, Detroit, Michigan.

Stratton & Schneider, 1110 Union Trust Building, Detroit, Michigan.
Mr. Stratton built the earlier buildings for the Detroit City Hospital, now the Ford Hospital, and is at present doing more or less medical institution work.

Sturm, Meyer J., 116 South Michigan Avenue, Chicago, Illinois.
Mr. Sturm devotes his entire practice to the designing of medical institutions, and has erected many fine hospitals through the west and in Canada. Among them are the Jackson City Hospital, Jackson, Michigan, and the Winnepeg General Hospital, Winnepeg, Manitoba.

Page 4 - To China Medical Board.　　　　November 12, 1919.

Voorhis, Calvin, New York City, was connected with the planning of hospitals for the Government during the war.

York & Sawyer, 50 East 41st Street, New York City.
Mr. Franklin of this firm has specialized in hospital work, and many fine medical institutions have been built under his direction. The Hospital for Crippled Children, New York City, and the Blodgett Memorial Hospital, Grand Rapids, Michigan, are two of this firms important institutions.

Hannaford, Samuel & Sons, 46 Hulbert Block, Cincinnati, Ohio.
This firm designed the Cincinnati General Hospital, and a large hospital in Nashville, Tennessee.

We have included all architects who, so far as we know, specialize in hospital work; in such cases, the "national reputation" does not necessarily extend beyond hospital authorities.

The annotations are far from complete, representing merely such data as happen to be available to us.

As to Edward F. Stevens, our data are rather full, because he is a contributor to the Architectural Record, as well as to "The Modern Hospital;" we are the publishers of his book entitled "The American Hospital of the Twentieth Century" in which are illustrated many of the fifty-three hospitals which he has designed since 1907. We are sending you a complimentary copy of this book, from which you may obtain your own impression of his work.

Very truly yours,

THE ARCHITECTURAL RECORD.

M. A. Mikkelsen
EDITOR.

MAM/MM.

热火朝天的工地

协和医学院项目在洛克菲勒基金会充足的资金投入与高标准的要求下，建筑师赫西是在美国完成了除部分建筑细部之外的主要建筑图纸，出于实际功能与实用的考虑，在建设过程中采用了许多西方现代建造技术，包括建筑结构设计及钢筋混凝土的应用。此外，供热系统、照明系统、设备系统基本上是根据当时美国医院建设的标准及相关医疗工艺而设计的，但在建设具体实施时，发现中国的建筑施工技术并不能完全实现原有的图纸设计要求。由于当时中国政局混乱不稳定、工业基础薄弱、许多建筑材料都需要从美国进口等因素，最终导致其建筑技术与建造方式上存在诸多的矛盾和挑战。

年仅 36 岁的赫西，实际工程项目经验并不是非常丰富，到达中国后，由于缺乏中国传统建筑的设计和建造经验，只好求助于时任中国内务总长的朱启钤先生，并在他的建议下聘用了曾经经常参与皇家建筑建设及修复工作的王师傅与刘师傅。当时，工地上组织招募的建设队伍，是几乎没有参与过如此庞大复杂的西方公共建筑项目的传统工匠，因此，美国建筑师赫西在与中国传统工匠相互学习磨合的过程中，创造性地处理了许多技术难题。除了建筑局部完全采用中国传统工匠做法外，其他部分创造性地将西方现代建造技术与中国传统建造工艺进行结合，最终呈现出高质量、高标准的建筑精品。

西式钢筋混凝土技术

赫西当时在朱启钤先生的指导下，参考了中国传统宫殿式建筑，将大屋顶单从形态上已经模仿得惟妙惟肖，但出于对防火与造价的考虑，需要采用钢筋混凝土建造的屋顶构架取代传统屋顶构架做法，如在屋檐下用钢筋混凝土建造额枋、椽子等，实际上已经失去了结构上的作用，只是在造型上完全摹仿中国传统建筑。协和医学院建筑群的建设过程，通过西方建筑师的参与并间接将西方钢筋混凝土[13]等技术带入中国，促进了国内建造技术方面的发展。

为了符合防水、防火等要求，赫西将大屋顶主体结构设为钢桁架，但用苫背和局部木构件呈现中国屋顶举折的曲折形态，同时在檐下的各种混凝土和木构件上施以彩画，加强中国韵味。中国传统工匠在此项目之前基本没有接触过钢筋混凝土技术，也没有相同的案例可以学习，应用钢筋混凝土建造椽子完全是在尝试中实施的。后期由于对应用混凝土技术的缺乏，中间布置钢筋用来支撑中空的特制黏土板材，并铺设所有建筑的楼板，这样的做法可以取代本应采用的混凝土板材。有关这方面的内容，赫西回忆录写道：

我的下一个麻烦，当时感觉看起来像是其中最严重的问题，并且悄悄地压在我的心头。与美国的价格相比，中国的钢铁和水泥都很贵。为了节

13　1872 年，世界第一座钢筋混凝土结构的建筑在美国纽约落成，人类建筑史上一个崭新的纪元从此开始，钢筋混凝土结构在 1900 年之后在工程界方得到了大规模的使用。

中国传统材料"三合土"

省两者的花费，我设计了一个轻量级的钢筋混凝土板，当时在中国设计的所有建筑我都使用这个板材。这个板需要一个空心黏土砖，我们放在加固杆之间，它可以使地板的重量减轻、与普通全水泥地板相比成本降低了约三分之一。我曾向柯立芝先生解释过这个解决方案，他也非常认可，之后我们决定所有的北京建筑都使用这种类型的板材。

在赫西的回忆录中有着许多如何依靠中国"工匠"的经验与智慧解决施工中难题的故事。如在清理豫王府地基所用的中国传统三合土时，常规工具在"中国混凝土"（三合土）面前无能为力的情况下，最终由中国工人的木工锯轻而易举地解决了问题。赫西同时认识到了中国传统三合土铺设地基的优良性能，在新建筑的地基施工中，赫西更改原来设计并采用中国传统的工艺，即采用"中国混凝土"。中国传统建筑样式设计加上传统工匠多种砌筑方式，最终的整体形象能够良好地与周围环境相衔接，使地处于北京紫禁城不远处敏感地带的建筑群丝毫不显得突兀。

建设中的北京协和医学院建筑及室外甬道

赫西回忆录中写道：

任何声称中国人不是创造性民族的人，原因是都从未与五百或一千名工人一起工作过。我还没有看到中国工人采用很简单的方法不能解决各种问题或困难的例子。遗憾的是，他们有时表现出同样的能力让我们陷入困境，但他们总是充满喜悦的心情工作，我们在北京建造协和项目过程中，所遇到的困难没有一个是来自中国人。

中国传统工艺

协和医学院建筑群总体由中国传统工匠团队施工，许多工匠还曾在皇家宫廷服务过，掌握着传统的手工工艺。中国传统建筑的许多装饰艺术及细部设计需要的正是工匠的这种个人艺术创造与技艺，而并非是西方现代建造方式所能创造的，协和医学院建筑的这些细部设计是中国正宗传统文化的体现。赫西在传统工匠与朱启钤先生的帮助下，不得不承认细部设计得惟妙惟肖，如檐角最前端装饰以脊兽，"骑凤仙人"领头，其后坐姿排列着3～7个小动物，内外檐和走廊采用"屋不呈材，墙不露形"的中国特色的建筑装饰风格，以雍容华贵、金碧辉煌的旋子彩画[14]进行装饰，教学楼弧形连廊内部绘有内容丰富的苏式彩画[15]。

屋顶的琉璃瓦也并非按照传统建构方式布置在木质椽子上，而是先将钢筋网置于混凝土屋面上，再在其上布置琉璃瓦。作为中国传统建筑标志性的琉璃瓦，当时因清朝没落，专为皇家烧制服务的京西窑厂已停产50多年了，最终在朱启钤与中国工头刘先生的帮助下重新恢复生产，协和各楼房顶所铺的琉璃瓦、琉璃筒瓦、绘制精美图案的瓦当与筒瓦滴水、装饰正吻和脊兽都是原原本本按照传统工艺烧制出来的[16]。（上卷230-237页详细介绍了建筑细部与构件细节并有大量图片展示）

协和医学院最终选用的琉璃瓦标准是极高的。据说当时在京西窑厂琉璃瓦制好后用马车陆续送来，一来就是几十辆。由原豫王府西门，一直排到王府井大街，再拐弯到长安街。验收琉璃瓦的负责人是中国工程师邝锦朝，他带着几个工头逐块敲击检查，声音清脆的就通过，不合格的琉璃瓦予以退货。这样一来，就有大批的琉璃

---

14 古建彩画风格的一种，等级次于和玺彩画，可广泛见于宫廷、公卿府邸；旋子彩画因藻头绘有旋花图案而得名。

15 苏式彩画比和玺彩画和旋子彩画等级要低，常用山水、人物、翎毛、花卉等入画，给人以活泼、优雅、情趣与无限遐想。

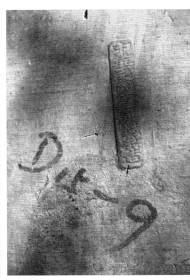

当时建造协和医学院时用的京西窑厂琉璃瓦

瓦退货，以致烧瓦商人因赔钱过多而倾家荡产。然而，正由于这样的严格把关，这批琉璃瓦的质量才得到了保证，以后的烧瓦商有了前车之鉴，对琉璃瓦的质量再也不敢马虎。楼房建成后，除 F 楼二层楼顶东北角有一片因琉璃瓦质量差而渗水之外，其余各处完全合乎要求[17]。

的确，建成后可以看到深绿色的琉璃瓦使得协和医学院建筑群显得端庄典雅，与不远处紫禁城金黄色琉璃瓦相对比显得谦逊而不张扬。

1919 年，曾任明尼苏达大学前任校长的罗氏驻华医社主席乔治·文森特（George Vincent）来中国考察教会及中国的医院，筹划协和招聘教职员工及课程设置等事宜时，连续查看了北京协和医学院 50 多座建筑物的建造进程。（在施工负责人贝恩特写给工程总指挥巴克斯特的信中也提及了文森特博士来北京施工现场考察的事项，见下卷 540−541 页）

顾临在日记中如此描述：

文森特先生和我检查了屋檐油漆的种种设计。决定把镶板漆成红色，后移到装饰梁上面，在镶板两墙各加一条装饰带，并在中间布置一个大奖章似的圆形图案，就像之前漆在支撑椽子的圆木梁上的图案，圆木梁则是纯绿色。所有这些努力，用当时基金会负责人文森特的话形容就是：所有这些复杂且稍显昂贵的设计只是一个表征，表示基金会并不想把协和医学院建造成舶来品，让协和自然和谐地融入正在演变的中国文化，而不是让人感到它来自一个异己的文化。

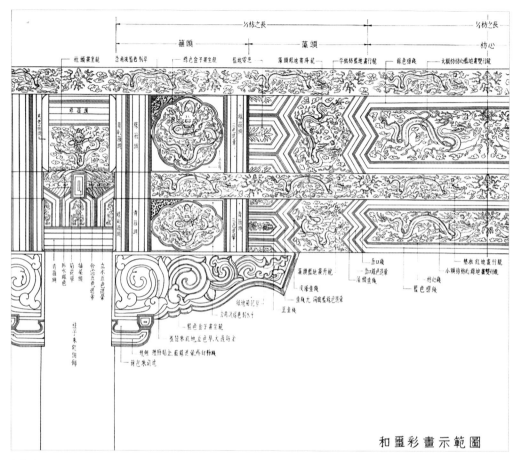

和璽彩畫示範圖

和玺彩画

　　和玺彩画是最高等级的中国古建筑彩画，它的基本工艺大都使用沥粉与贴金的制作方法，它包括龙和玺彩画、凤和玺彩画、龙凤和玺彩画、龙草和玺彩画、龙凤枋心西番莲灵芝找头彩画这几种彩画绘画方式。比如说故宫中的主体宫殿，皇家祭庙等皇室建筑，都是使用和玺彩画作为建筑装饰。

旋子彩画

　　旋子彩画的图案花和纹理大都使用旋转花样和花纹的绘画手法。中国明朝时期官宦家的建筑彩画都是使用旋子彩画的绘制方式，随着社会发展，它的图案完整美观程度逐步提高，华丽而又素雅。旋子彩画应用范围广泛，如官府、寺庙等建筑。

旋子彩畫示範圖

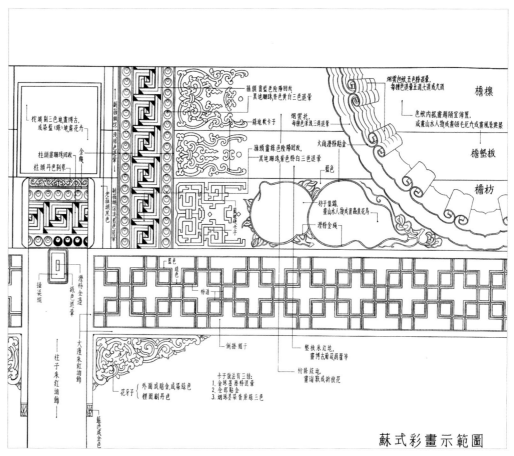

蘇式彩畫示範圖

图片来源：《中国建筑彩画合集》

苏式彩画

　　苏式彩画源于江南苏杭地区民间传统作法，故名，俗称"苏州片"。明永乐年间营修北京宫殿，大量征用江南工匠，苏式彩画因之传入北方，成为与和玺彩画、旋子彩画风格各异的一种彩画形式，它常常使用在园林建筑上，给人以活泼、优雅、情趣与无限遐想。

利用豫王府拆下来的材料

因为很难烧制高质量的新砖，只好利用从豫王府拆下来的传统北京灰砖墙来建造校园的围墙和新建筑的墙身外立面，采用传统的青砖水泥对缝技术。当时材料因边角料多有损伤，赫西是在中国工匠的指导下才知道这些砖持久耐用，却也有一个质地柔软的特点。最终工匠们都顺着长边切割成两半，因此拥有了等同于紫禁城皇宫品质的墙身建材。这样的处理方法使得协和医学院建筑群拥有了中国传统建筑最地道的韵味了，也使整个建筑群与周边青灰色砖砌的胡同建筑能够自然地融合起来。赫西在回忆录中写道：

不久后，我们又回到医学院的工地，我发现面临着几个相当严重的问题。首先是如何找到合适的砖块，当时在中国制造的砖块体积小、柔软、制作不当，不符合我们的要求。我们也不能在附近的其他国家找到合适的砖。之后，我转向围护项目基地的围墙上的砖：非常美丽的灰色，约 16 英寸长，4 英寸宽，0.5 英寸厚，这正是我想要的大小。我很久以前就被灌输了中国建筑师的想法，即建筑物中使用的砖块应与建筑物的大小成正比，小建筑用的是小砖，大建筑物用的是大砖。

但是仔细观察墙上的这些砖块，我发现有堵墙显然是用二手砖建成的，而不是上乘质量的砖块。它们和前者一样耐用，但是它们的角部和边缘被严重地折断了，砌墙足够好，但是它们不适合我们的建筑墙面。当我正为这件事发愁时，一位中国砖瓦匠给我展示了意想不到的事实。他告诉我，虽然这些砖块是耐用的（它们在墙上站了两百多年，类似的砖块在北京的城墙里使用有四百多年），而且这种砖坚固到足以抵御华北几个世纪的恶劣天气，但它们的质地很柔软，可以用刀子雕刻。

这给了我一个灵感：为什么不可以利用墙上的大砖，将大砖从中间一分为二，这样两块砖都完好无损，还保持完美的灰色。王师傅和

刘师傅即刻将这些处理过的砖码上，码出来的墙身效果与紫禁城的墙身效果几乎一样。这样，原豫王府围墙的砖算是帮上了我们大忙。我们发现在世界任何国家也找不到这种又合适和漂亮的灰砖，同时这也给洛克菲勒基金会省了很多钱，远远高于我在这项工程中所有工作的报酬。（豫王府的院墙远远高于其他王府，其原因见下卷 525 页）

磨洋工的由来

协和医学院建筑群的立面墙身全部采用严格的传统青砖水磨对缝的技术，抹墙工人是由上海请来的，因"上海帮"的抹墙工艺在国内久负盛名，工资也比本地工人要高。上海工人不但技术好，而且非常团结，有一次因要求增加工资而集体罢工，最后终于获胜[18]。

"磨工"原本是建筑工程中的一道特有工序，工匠用水磨的方式对砖墙表面进行细致的打磨抛光，最终达到无缝衔接的完美境界。然而协和医学院的楼群众多，打磨完所有的楼面费时费人，当时的人们称其为"磨洋工"，之后"磨洋工"这个词传遍了大江南北，但与原有含义已不同了。

豫王府拆下来的墙砖，虽然柔软可以用刀子雕刻，但是坚固耐用可以抵御华北的恶劣天气

老北京常说的一句话："礼王府的房，豫王府的墙，肃王府的银子用斗量。"豫王府的墙远远高于京城内其他王府，这就可以获得更多的墙砖来建造新的建筑。

施工负责人贝恩特

协和工程处的施工负责人是贝恩特（B. Frank Bennett），他手下的工程师很多，主要是绘图员与施工工程师，各有数十人之多。绘图员只管绘图，施工工程师则按图施工。施工中的各个工种如水泥工、木工、电工、油漆工和瓦工等，各由一位外籍工程师负责，而其助手中只有少数是中国人。上文中提到过的那位广东人邝锦朝工程师负责打水泥，此人才学渊博，工作认真负责，在外籍工程师掌权的环境里，他为中国人争得了莫大的荣誉。邝锦朝之后来了一位德国工程师米勒（Miller）是位打水泥专家，并引进了一些工程机械如水泥搅拌机等，为我国机械化施工开创了先例。打水泥是土建工程中的一个重要环节，在水泥地面里埋设有无数管道，如水管、电线管等，其走向和数目需要做到精准无误，万一有失误，水泥一经浇注就再也无法补救。因而在浇注之前，各有关工程师都亲临现场监督指导并按图核对，如核对无误才下令浇注。为了使各层楼之间隔声良好，水泥厚度高达 8 英寸，并在上面做地板或水磨石，水泥层下面用石膏、粉浆之类加以磨平，最后再粉刷。

曾在协和工作 11 年，作为贝恩特翻译的陶世杰[19]还曾回忆道：

五四运动时，协和工程处负责打水泥的德国工程师米勒，看到群众运动轰轰烈烈的场面很受感动，就用铁锤把克林德牌坊（俗称石头牌楼）砸坏了一角。当时我也在场，其实石头牌坊十分坚固，铁锤砸几下并没有受到多大损坏。五四运动后，克林德牌坊即移到今中山公园里面[20]。（克林德牌坊位置及照片见下卷 420 页）

---

19 陶世杰在募用处（专管招收中国职工的部门）中国人的档案里是第一号，作为协和的正式员工其资历很老。也正是由于这一点，之后他还当选为同仁会（中国职工的一个组织）主席。在协和工作了11年后，陶世杰随院长刘瑞恒一起离开协和，去南京建立南京中央医院。

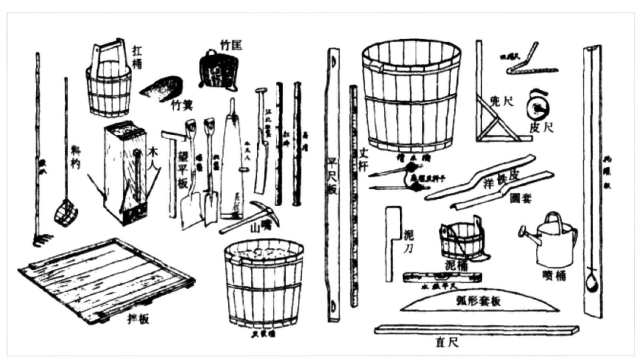

泥瓦工常用工具

资料来源：《建筑月刊》1936，4

清代晚期营造业形成了八大作：瓦作、木作、石作、搭材（彩）作、土作、油漆作、彩画作和裱糊作，简称为"瓦木扎石十、油漆彩画糊"，这种类似公种的分类直沿用至今；

其中，木作有大木、小木之分，大木即构架，小木包括门窗装修。瓦作工艺主要体现在古建筑的地面、墙面、屋顶这三个部分。在八大作中，一切都服从于木作，所谓"服从"，就是在营造中的各种尺寸都要以木工所用的"丈杆"为准。

在新建筑的夯实地基施工中，赫西采用中国传统的工艺，即"中国混凝土"

木工房前工人劳动场景

木工房着火前的劳动场景

工人拆除豫王府场景

中国劳工搬运石头场景

工人在工地厨房前合影

工头在工地合影

在北京协和医学院施工的开始阶段，工地上参与建设的人数达 3000 名之多，场面之大颇为壮观。

民工们都是使用着自己的传统工具。如果不是施工组织者充分利用当地劳工技艺，走激发民工劳动积极性的群众路线，这种情景是不可能发生的。在协和工地和罗氏驻华医社的往来信件档案中可以看到，工地来访者对民工们高涨的热情和整个工地热火朝天的景象赞叹不已。

建筑师赫西走群众路线

　　建筑师赫西出生于加拿大安大略湖畔的一个贫穷的木工家庭，16 岁到美国新墨西哥州谋生。当过矿工、护林员、冶金厂工人和火车站职员等，他的贫苦出身和在社会下层的生活经历使他对中国下层劳工有着一种天然的同情和信任。赫西在回忆录写道：

　　我到北京后最重要的问题是急需近千名劳工：木匠、砖瓦匠、水泥工人、水管工、电工和其他各工种工人。我怎样才能以合理的成本确保这些人力持久地工作呢？我与内务总长朱启钤先生（我前

两次访问北京的朋友）一起解决了这个问题。

　　在北京协和医学院施工的开始阶段，工地上参与建设的人数达3000 名之多，场面之大颇为壮观。很难想象，一个建造当时世界一流医学院的工地竟是如此"乡土"，民工们都是使用着自己的传统工具。如果不是施工组织者充分利用当地劳工技艺，走激发民工劳动积极性的群众路线，这种情景是不可能发生的。在协和工地和罗氏驻华医社的往来信件档案中可以看到，工地来访者对民工们高涨的

热情和整个工地热火朝天的景象赞叹不已。

　　在众多的民工当中，有许多人是几代相传的工匠，曾参与过清代宫廷建筑的建造与维修，他们为能参与北京协和医学院的建造而感到骄傲，甚至他们将工程的成就作为自己的纪念碑。1921 年 8 月美国记者迪恩（Sam Dean）在《The Issue of Asia》发表的"欢唱的北京工匠们"的文章，有如下一段文字：

　　一些中国工艺师傅在评论洛克菲勒在北京的项目时，他们告诉我，在过去的百年间，在中国盖的楼没有一个像这个建筑那么让中国工匠振奋。不错，他们不喜欢那些窗框，觉得支柱没有产生出那种厚重的、深凹的阴影，觉得没有支撑的墙与楼顶相比显得太单薄。但是，因为这是一个民族能够表达其灵魂的建筑，所以他们长途跋涉来到这里，希望有幸略尽绵薄之力。那些本地的石雕师傅甘心在这里当苦力，只为以后可以说自己为这些楼的建筑出过力。祖上建造过皇宫的西山农民来这儿推独轮车也心甘情愿，只要能参加这个杰作就行。我见过一位老工匠，从小就是庙宇的画工，他给建筑屋檐

画的人物彩绘，站在下边几乎看不出来，但他还是那么全神贯注，把一辈子的技艺都放在上边了。"那是我的纪念碑。"他说[21]。

像北京协和医学院这样一个属于洋人的工程能得到中国民工们的如此热情支持，应该说与赫西所走的群众路线不无关系。

走群众路线也是运用中国传统建筑形式和传统工艺所必需的条件，因为中国建筑传统在当时仍然是一种传承在工匠中的古老技艺，特别是建筑装饰艺术的完成要靠工匠的技艺和个人艺术创造性。要造出真正具有中国传统特色的建筑，设计和施工组织者必须获得工匠的支持。

从文化保护的层面上看，赫西的群众路线在利用本地工匠技艺的同时也是对中国建筑文化传统的保护，这种对本地建筑文化的保护还体现在对地方传统材料的利用上，这也正符合了洛克菲勒基金会援华项目的宗旨；从文化交流的层面上看，中国老百姓的参与有助于北京协和医学院被中国大众所接受。

作为罗氏驻华医社的代表顾临在建设之初的一封信中这样写道：

赫西先生对工作全心全意地投入，热情极高。所有到工地参观的人对工作的人群和中国劳工高昂的士气留下了深刻的印象，我觉得这主要归功于赫西先生。

在历史档案中，还可以看到赫西与北京协和医学院管理代表为是否应该为给民工做饭的厨师发薪而引起争执的记录，这也许可以作为赫西走群众路线的间接证据。

协和医学院整体建筑既反映了西方最先进的医院设计理念、又展示中国建筑的传统民族形式；既应用了西方先进的钢筋混凝土技术、又采用了中国建筑的传统材料和工艺。通过中西文化多方位、多角度的多重融合，一个世界一流的建筑群就这样自然地走进了北京城和北京人的生活。

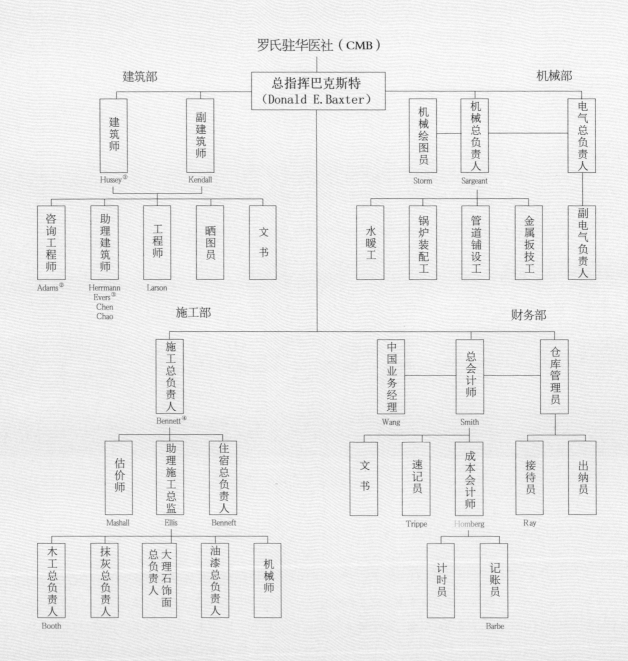

罗氏驻华医社（CMB）

建筑部

总指挥巴克斯特
（Donald E. Baxter）

机械部

建筑师
Hussey①

副建筑师
Kendall

机械绘图员
Storm

机械总负责人
Sargeant

电气总负责人

咨询工程师
Adams②

助理建筑师
Herrmann
Evers③
Chen
Chao

工程师
Larson

晒图员

文书

水暖工

锅炉装配工

管道铺设工

金属扳技工

副电气负责人

施工部

财务部

施工总负责人
Bennett④

中国业务经理
Wang

总会计师
Smith

仓库管理员

估价师
Mashall

助理施工总监
Ellis

住宿总负责人
Benneft

文书

速记员
Trippe

成本会计师
Homberg

接待员
Ray

出纳员

木工总负责人
Booth

抹灰总负责人

大理石饰面总负责人

油漆总负责人

机械师

计时员

记账员
Barbe

1918 年 7 月 24 日，罗氏驻华医社人员组织结构图

建筑师赫西事务所（SHATTUCK&HUSSEY Architects）

建筑师赫西事务所人员组织结构图

注：

① 赫西（Harry H. Hussey），沙特克赫西建筑师事务所创始人之一，协和医学院总建筑师，主要负责协和医学院14栋主体建筑的设计及施工管理工作。

② 亚当（Adams），设备咨询公司工程师，作为设备顾问全程指导了协和老建筑的设备和电器方面的图纸设计，书中往来信件中大量提及亚当先生，可以看出他对协和建设做出的重大贡献。

③ 埃弗斯（Evers），柯立芝事务所工程师，埃弗斯作为柯立芝的助手参与了大量的协和老建筑设计及协调工作。

④ 贝恩特（B. Frank Bennett），巴尔的摩的工程师，担任协和医学院建筑工程施工的总负责人。

中国业务经理 Wang

文书 Hopkins — 助理文书 Wang

建筑师负责人 F.L.Chow
- 助理建筑师 Evers Strom Dales
- 中国建筑师 Shau
- 制图员 Chow Sah Hwang Keng Chi

施工总负责人 Bennett④
- 负责住宅施工 Ellis
- 机械主管（电气工程）Crockford — 施工负责人 Booth
- 估价师 Larson
- 机械主管（水暖工程）Sargeant — 施工负责人 Marshall

计时员 Smith
- 记账员 Barbe Yang Homberg
- 速记员 Trippe

机械工程师 Storms
- 工程师 Evers
- 建筑师 Herrmann

建设工地上堆满了豫王府拆下来的墙砖

清朝的等级尊卑制度非常严格，院墙的高低也有限制。然而为什么唯独豫王府的墙高于其他王府呢？

豫亲王爵位传到第四代已被降为信郡王，传说大意是信郡王喜好下棋，与乾隆的棋艺旗鼓相当，因此乾隆皇帝经常到信郡王府找信郡王下棋玩。一日君臣会棋，打算一比高低。结果是 5：5，胜负对等。于是乾隆说："朕也不赏你，也不抠你门钉。这样吧，朕准你府墙加高三尺！"府墙高低也是级别的表示，准加高府墙实际也是赏给荣耀。豫王很高兴地接旨加墙。由此北京城就留下了"礼王府的房，豫王府的墙"的谚语。

站在外交部街向北看，可以看到在施医院旧址建设北院住宅的场景，同时还可以看到远处未拆除的施医院教堂（图中红色标注）

精雕细刻传统建筑装饰

各地的工匠都长途跋涉来到这里，希望为协和的建设尽绵薄之力。我见过一位老工匠，从小就是庙宇的画工，他给医院建筑屋檐画的人物彩绘，站在下边几乎看不出来，但他还是那么全神贯注，把一辈子的技艺都放在上边了。"那是我的纪念碑。"他说。

美国记者　迪恩（Sam Dean）

工棚

木工劳动场景

教学区门房建设场景（解剖楼 B 和生化楼 C 的东南侧）

在赫西的回忆录中有着许多如何依靠中国"工匠"的经验与智慧解决施工中难题的故事。如在清理豫王府地基所用的中国传统三合土时，常规工具在"中国混凝土"（三合土）面前无能为力的情况下，最终由中国工人的木工锯轻而易举地解决了问题。

协和老建筑设计图纸及照片解读（三）

建设中的协和医学院场景

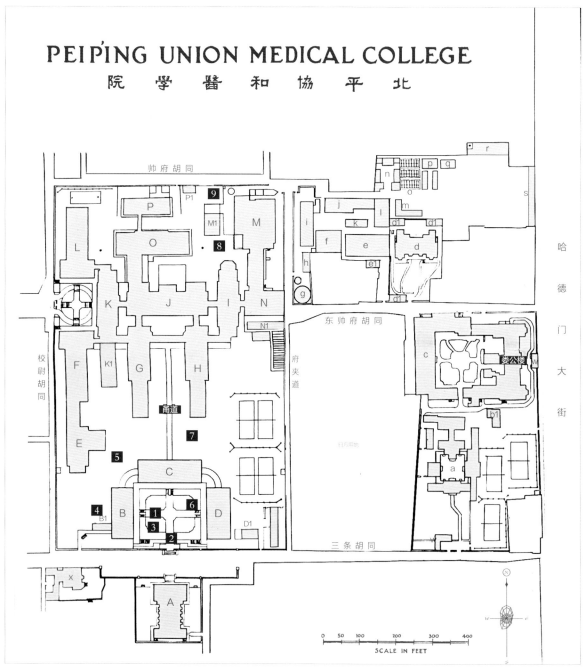

PEIPING UNION MEDICAL COLLEGE

院 學 醫 和 協 平 北

SCALE IN FEET
0 50 100 200 300 400

1 从教学区庭院

2 解剖楼（B楼

3 解剖楼（B楼

看到建设中的礼堂

4 解剖楼（B楼）西侧

7 建设中的甬道东南侧

楼（C楼）东南侧

5 解剖楼（B楼）和生物化学楼（C楼）间连廊西北侧

8 往西南方向俯视看建设中的J楼及周边环境

6 从西面看生理药理教学楼（D楼）

9 建筑中的烟囱

在 1921 年的协和落成典礼上，洛克菲勒二世把协和比喻为"婴儿"，回顾了从父亲最初对中国产生兴趣、派考察团到中国、设立基金会直至筹建协和的历程。无疑，北京协和医学院是洛克菲勒基金会皇冠上最璀璨的一颗明珠。他在落成典礼后致信其父亲时说：

这个医学院的影响力将大大超出我们的想象。她已在给中国设定标准，仅就眼下而言其影响力就已超越了中国的国界。

从北侧看教学楼组团，这张照片展示了屋顶的细节

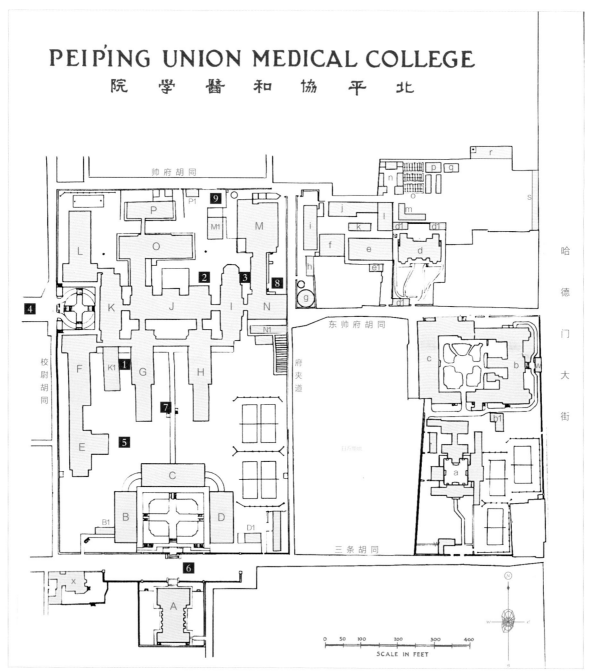

PEI'PING UNION MEDICAL COLLEGE
院 學 醫 和 協 平 北

帅府胡同

东帅府胡同

哈德门大街

校尉胡同

府夹道

三条胡同

SCALE IN FEET
0 50 100 200 300 400

1 外科病房楼（

2 门诊楼（J楼

3 从病理楼（I楼

注：图中数字标码为拍摄站点位置

4　建设中的 K 楼

7　从外科病房楼（G 楼）东侧向西看

可以看到远处的护士楼（L 楼）

5　综合楼（K 楼）南侧，当时 K1 楼还未建设

8　化粪池，烟囱东南侧

看，可以看到远处的 C、D 楼连廊

6　建设中的医学院门房

9　后勤楼（M 楼）周边建设

在过去的百年间，在中国盖的楼没有一个像协和医学院那么让中国工匠振奋。不错，他们不喜欢那些窗框，觉得支柱没有产生出那种厚重的、深凹的阴影，觉得没有支撑的墙与楼顶相比显得太单薄。但是，因为这是一个民族能够表达其灵魂的建筑，所以他们长途跋涉来到这里，希望有幸略尽绵薄之力。

那些本地的石雕师傅甘心在这里当苦力，只为以后可以说自己为这些楼的建筑出过力。祖上建造过皇宫的西山农民来这儿推独轮车也心甘情愿，只要能参加这个杰作就行。

顾临给CMB兼校董事会秘书恩卜瑞（Edwin R. Embree）的信

著者感言：

顾临（Roger S. Greene）是老协和历史上的一个重要人物。在老协和任职的 25 年中，掌权达 20 年之久。在学校建设以及在制订和实施教育方针、人事和经济制度等方面，都曾经是一个核心领导人物。（详见下卷 562–567 页协和功臣·顾临章节）

顾临和恩卜瑞都承担着非常重要的角色，日常往来的信件会很多，翻译这封信是为说明他们两位为协和医学院的建设投入了巨大的努力和付出。

1921 年 5 月 27 日

主要内容：
1. 建筑及设备安装费用
2. 有关 J 楼：逐层讨论建设进展的具体内容，以及相互之间的协调关系。如设备安装，空间的周转等都作了详细的讨论。（由于 J 楼是功能最为复杂的楼，包括主要医疗设备的安装、地下室设有厨房等，所以这部分内容也是讨论最多的内容）
3. 有关移动设备的讨论：有关家具等购买和进场的时间。
4. 零部件：在本地买的价位等内容讨论。
5. 现存房屋的改扩建：娄公楼改为 X 光教学实验室费用。
6. 图书馆以本地货币花费的相关情况。
7. 我们还没有计算道路、街道等方面修建的费用。

我们正在尽最大努力尽早竣工并如期开业。我很满意布什先生的协调工作，我也很满意我们没有犯任何错误支持贝恩特先生的工作，也正因此，才会有这样满意的预算内容。

May 27, 1921.

Mr. E. R. Embree,
The Rockefeller Foundation,
61 Broadway,
New York City.

<u>Capital Expenditures for Peking
Union Medical College
April, 1921.</u>

Dear Mr. Embree:

I enclose herewith summary of expenditures under capital appropriations for the Peking Union Medical College for April, 1921, including New York charges to March 31, 1921.

1.- <u>Buildings and fixed equipment.</u> The gross local expenditures were much heavier than in March, amounting to $61,391.59, as compared with $42,877.30 in March. The difference is mainly accounted for by the settlements made with Mr. Bennett, Mr. M. E. Lane, and other members of the construction force who left at that time, and the payment of their travelling expenses. There were considerable credits from sale of materials, so that the net expenditure came to $41,801.22 in April, as against $38.329.45 in March. Including New York charges to March 31st, we had a balance of $206,651.77 on the appropriations for buildings and fixed equipment at close of business on April 30.

<u>J Building.</u> The workmen are now out of the first, second third and fourth floors of this building, with the exception of occasional odd jobs. Dr. McLean, Dr. Robertson, Dr. Woods and Dr. Howard are now working in their laboratories and offices on the third floor. The lecture room on the second floor has been in use for Dr. Macallum's lectures, twice a week, and the college is about to move into the other rooms on this floor as well as into the operating suite on the fourth floor. In the basement the kitchen tiling is to be finished to-day, and the painting in the kitchen needs storehouse is finished, so far as the shell of the building is concerned, and the lower floor is now in use as a temporary workshop for the maintenance department of the college. Shelves from the construction warehouse are being set up on the second floor. They are of rough wood but will serve their purpose. I was unwilling to go to the expense of new

shelving for this room. The garage and precision shop are in much the same state. Some hardware is lacking, and the fixed equipment for the precision shop has not yet been installed.

2.- <u>Movable Equipment.</u> Local expenditures under this head came to $13,042.94 in April, as against $4,903.08 in March, the increase being due to the large deliveries of furniture and other equipment during the month. Expenditures will probably be large for May and June also. There is a balance of $167,293.58 on this appropriation after charging New York items to March 31st.

3. <u>Accessories.</u> Local expenditures for accessories came to $10,376.46 in April as against $19,401.99 in March. It is extremely difficult to estimate the further requirements with our large and active staff of workers, especially since we are constantly finding that articles which they supposed had been ordered in the United States before they left, have never been purchased, doubtless owing to misunderstanding between them and Dr. Baxter. We have now a balance of $39,925.14 from which must be deducted New York charges for April. I am again endeavoring to get from Mr. Hogg an estimate of the requirements to complete the initial stocks of the departments, and shall report again as soon as I receive it.

4. <u>Alterations and repairs to existing property.</u>
We are now making some changes in the small building to the south of Lockhart Hall to fit it up for an X-ray teaching laboratory.

using the cheapest possible construction, and the total cost should not be high.

5. Local expenditures for the library amounted to $242.94 in April. There appears to be a balance of $11,141.85 under this head.

6. We have not yet made any street improvements, but the municipality is now preparing estimates of the cost of the work which we wish done.

We are making every effort to push operations to a conclusion. I am much pleased with the way in which Mr. Booth is handling the work and am satisfied that we made no mistake in letting Mr. Bennett go, thus relieving our accounts of an expensive item.

Yours sincerely,

ROGER S. GREENE

施工负责人贝恩特写给工程总指挥巴克斯特的信

著者感言：

贝恩特（B. Frank Bennett）属于项目经理，常驻北京施工现场，所以来自他的报告基本都是一手信息。巴克斯特作为总指挥，但身在纽约，对于万里之遥的异国联络和指挥，来自贝恩特的信息至关重要，因此他们二位的交流比较频繁。来自贝恩特的报告会是巴克斯特进行多方协调和部署下一步工作的重要依据。这里提及文森特博士来北京工地进行现场调研，文森特博士作为罗氏驻华医社的主席，进行现场调研走访，这也是非常重要的事件。

1919 年 7 月 10 日

非常感谢你 7 月 1 日的信，抱歉迟复，原因是我需要将所有的内容搞清楚之后回复你。想必你已经收到文森特博士发给你的正式信件或电报了，他们到达这周会很忙。

主要内容：

1. 有关新来的人克罗克福德的安排。

2. 克罗克福德和奥赫恩代表 Hixon 电器公司负责安装所有电器设备系统。有关安排助手和合约问题。

3. 有关其他员工或多或少有不满意的想法，我没有与安内尔直接对话，原因是他想全面负责建筑部门，由于他是绘图员出身，所以让他失望的是没有如愿以偿。还有斯文德曼和克瑞格对现状很是不满，但是目前他们还是很好的帮手。兰尼有很广的视野，对我们帮助很大，我非常喜欢他。我很感激你能够派这些人在这里工作。

4. 文森特博士、麦克林和顾临先生一起开了长时间的会，结果是文森特博士由于他的性格，事无巨细地审阅了所有的工作细节。他明确表示，所有建筑一定在明年的 9 月竣工完成，并且非常坦诚提出完成这个目标的具体困难所在。

5. 事实上，只有两项内容会影响明年的竣工，一是北住宅区需要柯立芝先生确认，还有校园低压系统的变更。根据克松的建议需要更新安装这个系统，但是需要等到从美国海运过来的这些线路设备，E、F、G、H 和 I 楼需要等待这个系统安装完成后才能使用。

6. 报警系统可以变更，不会影响很大。

7. 一定量的变更决策来自美国，包括与纽约方和波士顿顾同方的反复讨论和对接，自然会导致时间严重的延误。

8. 针对以上问题，可以肯定的是，每个人都遇到了前所未有的挑战，但是每个人经过艰苦的努力又获得了巨大的成就。事实上，对于你的团队、柯立芝团队、埃弗斯等，我们都深深怀有感激之情，我们克服了无数的困难才会有今天的结果。我个人非常感激来自你的支持还有罗氏驻华医社的支持。我也相信文森特博士此次视察也不会失望。

9. 赫西先生很少光顾，仅仅展示一些效果图，更多的是为了个人的宣传。

替我转达对你夫人的问候，我相信她会很高兴你们又相会啦，北京不是一个让人孤独的地方。我也希望我的夫人每年夏天能够过来一次。我们都很期待工程的最后冲刺阶段。

July tenth
1919

My dear Doctor Baxter:

I appreciate very much your letter of June first, and have delayed answering it until I could write more fully upon conditions here. By this time you have received official communications, both cables and letters, from Doctor Vincent, which will show you the results of the very busy week at this end immediately after their arrival.

Before I comment upon that, however, I should like to refer to my personal letter to you of June twenty-first, in which I spoke of Crockford and his position. I had dictated an official letter in which this matter was discussed before the arrival of the new men, but this letter was never sent, as I thought it better to confer with the new men before making any comment as to their status.

The situation in regard to Crockford and O'Hearn was a rather delicate one, inasmuch as Mr. O'Hearn not only expected to take full charge of the electrical installation, but was to have full authority in regard to acting as he was, as a representative of the Hixon Electrical Company. Had he assumed charge of the electrical department, it would have meant Crockford's resignation at the expiration of his two years contract, which is in September of this year, and we would have lost a very valuable man. On the other hand, too, Crockford has demonstrated his ability to handle this job, and needs only an assistant. We have temporarily solved this problem, by transferring Mr. O'Hearn to Mr. Kendall, acting as engineer, representing the home engineers. I believe that this will work out, if he is willing to adapt himself to that condition.

In regard to the other men, they are all more or less dissatisfied with the conditions here. I have had no direct conservation with Mr. Anner, but understand that he expected to take full charge of the Architectural Department, and is somewhat disappointed when he finds himself to be a draftsman. Swinderman and Craig were both laboring under the impression that this would be a big money saving venture for them, and that on their salaries they could lay aside over half of their salaries. I have not been able to definitely locate how it was they received this impression, but the fact remains that they are both terribly disappointed and dissatisfied with their arrangement and are starting their work in an unfortunate frame of mind. With these exceptions, all of the men seem to be exceptionally well fitted for the work in hand. They are enthusiastic about the extent of the job, and I am sure will prove to be just the kind of men we want. Lane is undoubtedly a man of broad experience, and will be of tremendous assistance to us. I like him very much.

I want to express my greatest appreciation of your efforts towards getting these men out here. It is a thankless job at the best, but as you say, it is too bad that they cannot be candidates for a trip across the "hot sands".

In reference to the many long hours of conference with Doctor Vincent, Doctor McLane and Mr. Greene, and the results of these conferences, which you have now heard of. Doctor Vincent went into the whole of this proposition with his characteristic thoroughness and eagerness for detail. He expressed an absolute desire that these buildings be turned over for occupancy not later than a year from next September, and put the question up frankly as to what would be necessary to be done in order to insure this date. The date of delivery seemed uppermost and paramount in his mind, and he kept repeating that time should be a prime factor of all deliberations and decisions.

In all the work that you have done in America, there were only two items which we felt would seriously delay us for completion. The first was the referring back of the North Compound houses to Mr. Coolidge for approval, and the second was the universal change in the low tension system. I know very well, Doctor, how much this low tension question appeals to you, and I voice no opinion as to the relative merits of one system over another. Frankly, I am not in a position to voice such an opinion. But here was the point: To follow Hixon's revised plans for all of this work meant an entirely new conduit installation, and we have not the conduit on hand, and would have to wait in all of the buildings, except "B", "C" and "D" for the purchasing and arrival of new conduit from America. This would mean that Buildings "E", "F", "G", "H" and "I" would have to remain for an indefinite period in just the position that they are now. It was for this reason, and this reason only, that I wished a reconsideration of this change on the part of the Building Committee and yourself, especially as Mr. O'Hearn said that he was sure that if Mr. Hixon had fully appreciated that so much of the preliminary conduit work had already been installed, he would not have advised this scheme.

I heartily endorse the change in the fire alarm system, and can make it with no serious trouble or inconvenience. The plans of "J" and "K" buildings, as laid out by Mr. Coolidge and the Boston Engineers, will be strictly adhered to in every respect. This can be done without any serious inconvenience.

Although I am sure that you will agree with us that certain modifications of all information coming from America may have to be made in order to adjust things to local conditions, and that the power or authority for making these minor changes should be vested in someone on the ground in order to expedite the progress of the buildings - To refer details of this kind back to New York and to the Architects and Engineers there for their decisions, would undoubtedly cause serious delays.

Let me assure you that through all the deliberations concerning all these matters, there was a warm appreciation on the part of everyone of the tremendous difficulties that you and Mr. Evers have encountered, and what great results you have accomplished. In fact, all of you men, Mr. Coolidge, the Engineers, Mr. Evers, as well as yourself, have placed us here in a position of deepest gratitude for the manner in which you handled the difficult and trying situation.

I appreciate very much your assurance of my personal standing with the members of the China Medical Board, and I sincerely trust that Doctor Vincent will have no cause to be disappointed after his visit to Peking.

Mr. Hussey very seldom comes to the job - never, in fact, unless he has some prospective plans which he wishes to show for advertising purposes.

Give my very kindest regards to Mrs. Baxter; I am sure that she is happy to be with you again, as Peking is no place to be alone in. I appreciate that every summer when Mrs. Bennett is away in Peitaiho.

We are all well and looking forward to the home stretch on this, our unusual China experience.

With kindest personal regards to your good self - I am,

Very truly yours,

(Signed) B. Frank Bennett

柯立芝写给工程总指挥巴克斯特的信及回复

著者感言：

柯立芝作为总设计顾问，他起着举足轻重的作用。可以看出，最终的设计方案，建筑师赫西是在柯立芝的设计基础上完成的。在整个建设过程中，柯立芝也是起到了非常重要的作用。从他与巴克斯特的通信，包括与他人的通信，可以确信，没有柯立芝全过程的、自始至终的倾心贡献，就没有伟大的协和医学院建筑的今天，也不会有从伟大的协和医学院建筑里走出来的伟大的医学科学家……

1919 年 4 月 14 日

柯立芝给巴克斯特的信

昨天我与麦克林先生通话，看起来他对你的电报内容，有关 B、C 和 D 楼作为教学功能无法变更的意见有些困惑，这些建筑除非中心电力设备能够供电和热才可以使用。

麦克林又把电镀供应热水铁管的问题提出来，因为这些管道已经铺设好了，并且也都封上顶棚了，最好不要变动换成可以暴露的铜管。

关于 B、C 和 D 楼的用途，我的理解是，这些建筑的使用还需要明确，如果超过五个学生使用，那就有必要给他们提供临时的供热和供电，这个可以从城市的系统中引进来使用，并且要承担可观的安装费。

昨天与麦克林通话时，他的特别需求是他目前没有地方可以进行解剖学课程的教学。

请问你是否能够提供一个临时建筑，最好与预科学校的建筑紧邻，这样电、煤气和热全都有了，不会是像战时用的医院吧？

与麦克林通话中，有关热水管问题，我们认为有必要去掉老的管道，全部换新的，这样可以使用很长时间，但是花费可观。今天上午我们例行会议时，我发现老的管道还是非常完好，没有必要换新的了。这样我建议没必要变更成暴露的铜管，这是最好的决定。我不知道麦克林先生的地址，但请你写信告知他，根据咨询现场的工人，有关变更电镀铁管为铜管的问题，我已经改变想法了。

使用电镀铁管真正的问题是，铁管虽然是用可靠的材料铸成的，但会突然崩裂落下来，同时还会堵住弯头部位，这样水也过不来了，并且这样的事情会随时发生。麦克林先生的意见是，先暂时使用电镀铁管，一旦出问题，在假期时替换为铜管。关键是问题出现时不一定会是在假期时段。不管怎样，在正式使用前替换是明智之举，你可以安排人员工作就行。

这个周四，我们会将你要变更的内容完成，我会安排伯克先生在图纸上印出白线，来显示管线布置系统。我们有兰尼先生的计划表，这样你可以拿到设备团队绘制的管道图，与供热、通风和电力图纸类似。这些图纸与楼体墙身图结合，这部分内容与亚当设计的总设计图纸汇总一起，与我们所设计的办公楼的管线图与城市的管线图汇总是一个道理。

我已经责成克松先生派一个代表去巴尔的摩，去取亚当先生所需要的有关 J 楼设计电力系统的全部资料，这样会省很多时间。

COOLIDGE & SHATTUCK
ARCHITECTS
Ames Building, Boston.

April 14th., 1919.

Dr. Donald F. Baxter,
China Medical Board,
61 Broadway, New York.

Dear Dr. Baxter:-

In the conversation I had with Dr. McLean yesterday he seemed considerably disturbed by your telegram relative to the inadvisability of using Buildings B, C and D for teaching purposes until the light and power could be supplied from the central plant. He also seemed inclined to bring up again the question as to leaving the galvanized iron hot water pipes in the buildings in which they have already been installed and covered up, instead of putting in the new exposed brass pipe.

Relative to using Buildings B. C and D, I understand that a decision is necessary as to whether these buildings are to be occupied by the five students who are ready to enter the Medical School, as it would be necessary to supply them with temporary heat and temporary light which will be taken from the city plants and will entail a considerable expense to install. In talking with Dr. McLean it seemed that what he particularly needed that he could not get was a place to teach Anatomy. Could you not put up a temporary building in connection with the Pre-Medical School buildings which you already have, where light and gas and heat are already installed, a building similar to a war field hospital?

In talking with Dr. McLean in regard to the hot water piping we supposed that it would be necessary to discard the old fittings and have new ones made, which would take a long time and considerable expense. This morning after a general conference in this office I find that the old fittings can be used perfectly well on the exposed brass pipe and it will not be necessary to have new fittings made. I therefore recommend that no change be made from the final decision to use the exposed brass pipe, as last ordered. I do not know what Dr. McLean's address is, but I would suggest that you write to him telling him that

in consultation with the actual working men here in regard to leaving in the galvanized iron pipes, I have changed my mind from what I talked with him and have decided we should use the exposed brass pipe. The real difficulty with the galvanized iron pipes is that they are liable to fill up with decomposed iron matter and with any sudden blow this may fall down and fill up the opening at some elbow and it is not possible to get any water at all, and this might happen at any time. Dr. McLean's idea was that the galvanized iron pipes could be used and when trouble arose the brass pipes could be installed during the summer vacation. The difficulty would be that the pipes might not be stopped up at a time when the summer vacation could be used to fix them, and as we have said all along, it is much wiser to make the change when the buildings are not occupied and you have an expert organized force on the work.

It will take until Thursday to put on the plans of "J" the changes you made in New York, and I have arranged with Mr. Buerkel to take a white linen print from these and show all the runs of pipe and connections which we will have Mr. Lane schedule, so that you will have drawings for the plumbing which will be actual contractors' working drawings similar to those arranged for the heating and ventilating and electrical work. These plans will run to the wall of the building so that they will hitch on to the main drawings as prepared by Mr. Adams, exactly in the same way as would an office building set of drawings in connection with the main city supply in a city.

I have authorized Mr. Hixon to send a representative to Baltimore to get from Mr. Adams the information he needs for the electrical layout in J Building. This is something of which we have no record here and I feel that it will be a saving of time to send someone to Baltimore to get the data which Mr. Hixon needs.

Very truly yours,

(Signed)   Charles A. Coolidge.

1919 年 4 月 16 日

巴克斯特回复柯立芝的信

你的 14 号信已收到。知悉你和麦克林有关 B、C、D 楼教学功能讨论的内容。我最近收到了亚当的信，他告知，锅炉 5 月 2 日之前不能海运到现场，有可能会在 6 月 2 号左右到达，这样安装肯定需要在秋天或是冬季了，结论是，在可观的支出下我们需要安装临时的电和热。

如你所知，麦克林先生在接近既定的开幕日期的情况下，反对北京的员工去做这个变更。我认为麦克林先生和文森特博士既然在北京最好到现场考察一下。

我不明白为什么这个问题现在才提出，贝恩特先生也没有作特殊的准备，如购买额外的供热设备或改变电力设备，因为只剩下六个月的时间了。

关于热水管道，我写信给亚当先生了，是否可以在所有的暴露的管道盖上保温毯子，他给我的回复如下：

我诚恳地建议，对这个问题我已经作了周密的考虑，当处理四分之一比例的图纸时，我可以下这样的结论，最好将一些管道作隐蔽处理，利用已经买好的配件作安装处理就行。这样我在设计新的安装管道图纸，将主要的透气孔和接口尽可能露在外面，但是隐蔽管道支线还是有必要的。

埃弗斯的想法非常好，我也表示同意。为暴露的管道用毯子进行包裹，将会是没有必要的费事工作，完成后也许还会是很难看的样子。我认为贝恩特尽管手头已经有了完成的图纸，但还会或多或少有一定余地，并且根据他的经验来判断这个安装问题。

我认为这个不会是个大问题，兰尼先生很快就要去中国了，并且将接替这个工作的监督任务。以上所讨论的内容都是关于管道，有关热水铜管，结合你的决定一定是暴露在外的，并且日后铜管将替换所有的热水铁管。

April 16, 1919.

Mr. C. A. Coolidge
120 Ames Building,
Boston, Mass.

Dear Mr. Coolidge:

Your letter of April 14, regarding your conversation with Dr. McLean in connection with the preparation of B, C and D for teaching purposes, has been received. I have recently received a letter from Mr. Adams stating that the boilers would not be shipped prior to May 2, and this in all probability means June 2. Such being the case, the installation could not be accomplished before late in the fall or during the winter months. In consequence, it would be necessary to supply them with temporary heat and light at considerable expense. As you know, Dr. McLean was opposed to notifying the people in Peking of any change in the proposed date set for the opening of this group, and under the circumstances, I believe it would be well for Dr. McLean and Dr. Vincent to look into this matter while they are in China. I can see no reason why the matter should be brought up at the present time, inasmuch as Mr. Bennett will make no special preparations, such as the purchase of an additional heating unit, or changes in the electrical equipment, for some six months.

In reference to the hot water piping, I wrote to Mr. Adams questioning the advisability of a blanket order to expose all plumbing, and received the following communication from him:

Mr. C. A. Coolidge,
April 16, 1919.   2.

"In reply to yours of the 11th regarding the question of exposing all plumbing lines, I beg to advise that I had already given this matter careful consideration. When detailing the fixtures on the 1/4" scale plans, I came to the conclusion that it would make a great deal better installation to conceal some of the plumbing lines, to utilize the fittings which have been purchased. I am therefore preparing the new plans along these lines, leaving main risers and connections as much as possible exposed, but concealing branches where necessary."

Mr. Evers was under the impression, and I agreed with him, that a blanket order for exposing the pipes might work unnecessary hardships, giving the work an unsightly appearance when completed. I feel that Mr. Bennett, unless the completed plans are in his hands, should have more or less leeway, and use his own judgment concerning the installation. I do not anticipate much difficulty in this, inasmuch as Mr. Lane will soon be on his way to China and will take over the supervision of this work.

The above only applies to plumbing other than hot water brass pipes, which in accordance with your decision must be exposed; also that brass pipes should be substituted for all iron pipes used for hot water.

Yours very truly,

(Signed)   Donald E. Baxter.

DEB:BB

1919 年 4 月 16 日

柯立芝回复巴克斯特的信

你 15 日的来信收到，非常高兴你认可我推动设计进度的相关工作。我没有给亚当写信因为一直在等你的回复。并且也没有必要了，你说你们很快就要在纽约见面了。

有关兰尼先生去北京的时间，我之后告知，因为我要询问克松和奥克斯，最好他们的工作完成之后过去。

我正在非常详细检查北部住宅区的设计方案，并且在蓝图上标注了我的修改内容，之后我会交给你。他们基本都是按着这些住宅设施在炎热的季节时如何更舒适来设计，去掉封闭的楼梯间和大厅的壁炉，这些都是没有必要的支出。我认为特别有必要的是，去除墙面的花岗岩，替换成水泥和砖，这是长久之计。

22 号和 29 号住宅一层有两个外部门廊，我认为这是非常夸张的，最好你来决定去掉一个是否有必要。我没有表明砖的颜色，或者是红色或灰色与局部的木材和红瓦相适应就可以。（住宅区域建成照片见上卷 216-225 页）

随信附上我们应该完成的设计方案图纸清单，这样其他部门可以配合画施工图和设计说明书。

COOLIDGE & SHATTUCK
ARCHITECKS
Ames Building, Boston.

April 16th., 1919.

Dr. Donald E. Baxter,
China Medical Board,
61 Broadway, New York.

Dear Dr. Baxter:-

Your letter of the 15th. was received today and I am
glad that you approve of the action I have taken to push the drawings.
I have not written to Mr. Adams as I was waiting to hear from you,
and will not do so as you say you will see him in New York soon.

In regard to the time Mr. Lane should leave for Peking,
I will write you later, as I wish to consult with Mr. Hixon and Mr.
Oakes, as their part of the work will be the last to be finished.

I have gone over the sketches of the North Compound
quite carefully and have marked the changes on the blue prints which
will be returned to you. They are mostly in the direction of making
the houses more comfortable in hot weather, and in cutting out enclosed
staircases and fireplaces in the halls, which I think are an unnecessary
expense. I also have taken out granite except where it is absolutely
necessary for a permanent job and replaced it with cement and brick.

Houses 22 and 29 have two outside porches on the first floor.
I should think that was extravagant. I will leave it to you which one
had better be omitted.

I enclose a list of notes which should go with the sketches
so that they can be incorporated in the working drawings and specifica-
tions. I did not mention the color of the brick, as either gray or red
will go with the half timber and red tile.

Very truly yours,

(Signed) Charles A. Coolidge.

(Enclosure)

1919 年 4 月 18 日

柯立芝给巴克斯特的信

如你所知，我正在等协和医学院有关设备和电器工作内容。这些内容没有拿到，这样上个星期我让克松先生派一个人去巴尔的摩取克松先生设计 J 楼电器系统所需的文件。

克松派去他手下的工程师瑞格过去，我随他的报告附上你的意见。

提供这个报告是正确的，这样亚当先生清楚该做什么和不该做什么，非常明确的是，我们必须采取适当工作路径，让各自为政的各个方面集结并达到完工的程度。就像我早上给你打电话时所说，我希望你好好想想，就是结束此项工程所采取的可行的路径，我列出如下所有建议：

1. 我们准备完成 J 楼和 A 楼的电器和设备相关工作、图纸、细节和时间计划。
2. 我们准备有关所有建筑的电子钟表，包括铺设管道等完整的设计图纸，设计说明和施工细节。
3. 我们准备有关所有建筑的低电压实验系统，包括返回电力机房的管道等完整的设计图纸，设计说明和施工细节。

4. 我们准备有关火警系统完整的设计图纸，设计说明和计划、施工细节。
5. 与 2、3、4 条相同，有关电话和信号装置系统。

根据以上内容，2、3、4、5 项内容可以在一个设计图纸中展示，这些内容可以与亚当设计的总的电器系统图分开，否则图纸内容会太密了。

我非常期待你的尽早回复，下个星期我要离开几天。希望我的时间能够适应你的安排，如果你认为我们需要开个会。请让亚当先生带来最近修改的电力机房布置图，或许我们开会时需要，因为只有他手中的一份。

COOLIDGE & SHATTUCK
ARCHITECTS
Ames Building, Boston.

April 18th., 1919.

Dr. Donald E. Baxter,
China Medical Board,
61 Broadway, New York.

Dear Dr. Baxter:-

As you know, I have been waiting for some time for certain information pertaining to mechanical and electrical work on the Peking Medical College. This information has not been forthcoming and last week I directed Mr. Hixon to send a man to Baltimore to obtain what information he could so that Mr. Hixon could proceed with the layout for electric work on Building J. Mr. Hixon accordingly sent one of his engineers, Mr. Ringer, and I am enclosing his report to Mr. Hixon for your consideration.

Providing this report is correct as to what Mr. Adams intends to do and not to do, it is evident that we must at once adopt some course of action to pull the loose ends together, and as I wired you this morning, I think a conference with you and Mr. Adams at this office would be highly desirable sometime next week on any day that you may set. I should like to have you think over meanwhile the following suggestions which seem to me to provide a suitable course which we might pursue:-

(1) We to prepare complete electrical and mechanical working

Dr. Baxter - 2.

drawings, details and schedules on Buildings J and A.

(2) We to prepare complete plans, specifications and details for Electric Time Clock System in all buildings, including conduit lines in tunnels, etc.

(3) We to prepare complete plans, specifications and details for low voltage experimental systems in all buildings including conduit in tunnels back to the Power House.

(4) We to prepare complete plans, specifications, details and schedule for Fire Alarm System.

(5) The same as 2-3-4 for telephone and annunciator systems.

Regarding the above, items 2-3-4-5 can all be shown on one set of drawings which would be entirely separate from the general electric layout drawings prepared by Mr. Adams, which are already greatly crowded.

I should greatly appreciate an early reply from you as I should like to be away some days next week but desire to accommodate myself to the date you may select for a conference if you think it desirable to have one. Please have Mr. Adams bring on the latest revised plan of the layout for the Power House so that we may have it here at the meeting, as he has the only copy.

Very truly yours,

(Signed)   Charles A. Coolidge.

单独项目最大的一笔投入

32.5 万美元　购置地产

1915 年，伦敦和纽约之间开展了无数次的磋商，最终，伦敦会与罗氏驻华医社达成了历史性的协议，即以约 20 万美元购得协和医学堂在北京的地产。1915 年 7 月 1 日，罗氏驻华医社开始全面接管协和医学堂，并担负该校的一切开支，每年的预算额为 5.3 万美元。

1916 年，虽然洛克菲勒基金会从伦敦会购买了协和医学堂的土地和资产，但还达不到罗氏驻华医社所期望的发展规模，因此又以 12.5 万美元购买协和医学堂附近豫王府的地产，这成了后来的北京协和医学院新校园用地。

100 万 ~ 750 万美元　购置地产、建筑以及设备

1916 年 4 月 11 日，洛克菲勒基金会批复了 100 万美元的预算，作为北京协和医学院购置地产、建筑以及设备资金。

建筑师柯立芝针对罗氏驻华医社坚持采用中国传统建筑形式意向进行了概念方案设计，但在说明中强调了中国传统建筑大屋顶会使建筑造价增加的问题。同时根据当时中国的状况和世界大战的特殊形势，柯立芝向罗氏驻华医社提出了 321 万美元的建筑概算。

最终选择建筑师赫西承担协和医学院规划设计任务，选择赫西最重要的原因是赫西提出了可以实现包括已经支出的置地费在内的 136 万美元的建筑概算。

1917 年 6 月，由于实际开支一直在上涨，原材料成本的增加和不利的汇率是主要因素，费用已经比原来预估的 136 万美元超出了 25 万美元 [22]。7 月份，超支的估算费用达到 50 万美元。12 月份施工建设委员会建议，暂停对 5 个单位的施工工程（详见上卷 308–311 页安内尔的报告），同时仔细研究将来的行动方案。针对协和医学院项目，罗氏驻华医社发现停工会进一步增加最终成本，遂决定整个建筑工程应该进行到底并中间不能停工。

在协和医学院项目建造过程中，由于战争等不利因素的影响，工程造价远远超出预算，整个工程的造价最终达到了当初 100 万美元概算的六倍，即使如此，费用继续猛涨。1918 年 12 月，地产、建筑和固定设备、可移动设备、附属设备以及图书馆第一批书在内的费用总额达到了 595 万美元。1919 年 12 月，整个费用估算增加到 688 万美元。这一预算支出的决定经历了冗长的讨论和许多的煎熬，不管怎么样，既然已经开始了这项事业，罗氏驻华医社就别无选择了，只有继续往前走，洛克菲勒基金会也只好继续满足如此超额预算的现状。

赫西回忆录中写道：

洛克菲勒基金会和我一样无论战争或没有战争，都渴望完成这项工程。董事会采取了很公正的立场，他们表示：如果开工后，在建造阶段又停工将损害中国人的士气，这是他们不应该做的事情。董事会主席约翰·洛克菲勒二世先生告诉我：无论成本如何，都要建造最好的建筑，即"不惜工本"。他后来已经不记得这件事了，好在我当时有详细的记录。董事会的说法对我来说是个好消息，当时我唯一担心的是，现在美国即将参战，这些建筑继续完成可能要付出高昂的代价。施工期间曾与柯立芝先生协商：项目继续进行，估计还将耗资 200 万至 250 万美元。

当我们在纽约与洛克菲勒基金会董事会讨论这个问题时，2 美元能买到 2.5 银元。中国战争期间银币价格上升，而我们大部分材料和支出都需要银元支付，当时我们只能做到 1 美元兑换 1 银元；在某些情况下，我们还能

够做到 1 美元兑换 75 分银元。这几乎不需要什么想象力，就可以看到这将大大增加了我们的建筑成本。但这只是由于战争而带来的问题，此外，钢筋混凝土所用的钢材、各种设备机房、管道固定装置以及从美国进口的许多其他产品的成本同时也增加了 50%，原因是远洋运费和其他成本也增加了 50%。

因此，由于战争导致的物价飞涨、汇率波动、海运价格上涨等因素，使协和的预算严重超支，精通预算的洛克菲勒董事会秘书恩卜瑞（Edwin R. Embree）临危受命，接到指示：在不导致个人或机构之间关系破裂的前提下，尽所能减少预算。经过数月的调查、核算，以及无休止的讨论、辩解乃至争吵，灵活变通的恩卜瑞凭借其超人的沟通协调能力，使北京和纽约之间的畅通交流并最终达成共识，即维持现有的财政预算，保证协和的高标准，并如期举行开院典礼。恩卜瑞不仅赢得了协和院方胡恒德及顾临的友谊，也赢得了纽约董事会的信任。1921 年 9 月，协和举行了为期 8 天的开院典礼，嘉宾如云，协和的高标准得到与会各国科学家的一致赞誉，"中国的约翰·霍普金斯"目标已崭露头角，高额的财政预算得到了回报，恩卜瑞未辱使命。

1921 年 9 月，在北京协和医学院的开业仪式上，文森特[23]接受一家报纸采访时，对高品质的建筑所投入的费用作出如下解释：

汇率本身的变化就花掉我们 175 万美元。我们是在战争期间以战时价格进行采购的，远洋货运从来没有过这么高的价格。原材料在运至中国途中被报丢失，因而我们需重新下订单，结果两批货最终都出现了。董事会只有两种选择，要么停工让大批已经在工地上无所事事的工人解散等待和平到来，而这并不能确定；要么尽管遇到了非同寻常的困难，但也要继续施工，我们必须作出选择[24]。

协和医学院工程一期使用后不久，在北京协和医学院设备管理部门的建筑师安内尔（C.W. Anner）主持下，又在医院的北部加建了二期两栋西式建筑，1925 年正式完工。二期建筑均为现代主义风格的平屋顶建筑，这反映出基金会汲取了先前第一期工程的教训，非常注意投资经费的限度，不再迁就艺术形象为主要考量，而要求建筑师将注意力集中在解决实用和经济性问题。这样一、二期建筑共耗资 750 万美元。最终的北京协和医学院造价，由原来预计 100 万美元的预算最终成了 750 万美元的大工程，导致洛克菲勒基金会不得不忍痛割爱，取消在 1914 年《中国的医学》报告中提到的在上海建一所同等规模医学院的计划，尽管上海新校区的地产已经买好。

在洛克菲勒基金会的账簿里，记录着最后的数据，包括协和的地产、建筑以及设备在内，总费用为 7 552 836 美元[25]。

1928 年 11 月 9 日，基金会又再一次拨款 1200 万美元，将其交给了罗氏驻华医社[26]。

4500 万美元 单独项目中最大的一笔投入

1932-1933 年度预算得到校董事会的批准。1932 年 4 月底顾临将预算带到纽约，总额是 709 329 美元，这恰好是 1931-1932 年度实际拨款总额。总开支实际上增加了约 15 000 美元，这部分花销被医院收入抵消。尽管政治上不太平、商业大萧条，但医院收入一直在稳定地增长，罗氏驻华医社对此颇感欣慰[27]。

1933-1934 年度预算全额如数按要求拨付。

1934-1935 年度拨款总额 788 083 美元。

从 1939 年起，洛克菲勒二世就不再担任基金会主席一职，但

23 1917-1928年及1931-1936年间任罗氏驻华医社主席。

在与中国相关的事情上，他的观点总是占上风。1947 年，在协和复校预算讨论会上，洛克菲勒二世表示支持拨款，并将数额增加到 1000 万美元用以保留并扩大北京协和医学院。这最后一笔的 1000 万美元捐赠，完全是一个意外决定，它几乎是洛克菲勒基金会 1947 年度所有预算的一半，也是其历史上最大的一笔支出，远远高于美国约翰·霍普金斯大学医学院 700 万美元的支出。抗战后，为重建协和医学院基金会又临时拨款 300 万美元，作为第一个五年的经费（每年 60 万美元）。

当时洛克菲勒基金会记载：

洛克菲勒基金会今天捐赠了 1000 万美元给罗氏驻华医社用以支持北京协和医学院。这一数目使得基金会自 1915 年以来对罗氏驻华医社的捐赠总数达到 44 652 490 美元。其中，9 804 999 美元用于支付地产、建筑及设备等；12 849 491 美元用于维持学校每年的开支，2200 万美元给罗氏驻华医社作为本金。这笔约为 4500 万美元是洛克菲勒基金会有史以来给单独慈善事业项目的最大一笔捐赠[28]。

以上的说法针对资助协和医学院的总投入还是比较模糊。非常感谢的是协和医学院前任校长巴德年通过查询档案发现，根据洛克菲勒基金会的指示及罗氏驻华医社董事会决议，这最后的 2200 万成为罗氏驻华医社的本金部分，本来应该用于协和的支出，1947—1951 年由于战争爆发，协和只接到了运转维持费用：2 402 803.39 美元 其中：265 166.67 美元（1947 年），336 620.72 美元（1948 年），601 016.00 美元（1949 年），600 000.00 美元（1950 年），600 000.00 美元（1951 年）。1951 年美国政府冻结了账户，不许罗氏驻华医社再向协和投资。

在基金会看来，它已经完成了 1915 年筹划在中国创办一个医学院的任务，未来协和医学院开办新科系或支持现有项目的经费，将另寻其他途径了，洛克菲勒基金会的资助到此为止。

小结

1917—1937 年，北京协和医学院仅在最初的 20 年间，就发展成为全亚洲最权威、最受尊敬的医学院。洛克菲勒基金会的第一项"商业计划"只是花费 60 万美元，每年的补贴也不会超过 20 万美元。但是，在 20 世纪初的中国建设这样一个世界级的医学院及附属医院，并配备一流水准的师资，其挑战之大、成本远超预期之大都是难以想象的。事实上，北京协和医学院的资金支出远远超过 750 万美元，1921 年度预算是 50 万美元，但 1920 年代末实际成本支出近 90 万美元。1927 年所有罗氏驻华医社董事会成员，包括顾临都会这么说：我为协和建设及运营的过分投入而感到内疚。1916 年美国全年对中国全部传教工作的总花费也只不过 300 万美元。（协和医学院支出清单详见下卷 560—561 页）

造成协和建筑天价的因素有很多，由于建筑工程是在第一次世界大战中进行的，通货膨胀和不利的汇率造成费用高涨，这是主要原因；管理不善而造成的浪费也是一个原因。

无论是罗氏驻华医社的驻华代表顾临，还是协和医学院的校长麦克林，都没有被授予足够的权力全权管理罗氏驻华医社和北京协和医学院在北京的事务。建筑过高成本问题，部分原因就是缺乏当地的监督。文森特在 1919 年赴华调查频发的建筑和管理问题时，他在给纽约的一份电报中说：远程控制目前是个严重的障碍。

1920 年 10 月，洛克菲勒基金会派医学普通教育委员会主任到协和作了一年的全面调查：

当地这些在其位谋其政的负责人是忠诚的，他们一心想出色并及早完成这项工作。然而没有人回答他们的请示，这等于让他们自以为：不必削减开支和材料支出，按原计划实施。5 个月以后，纽约方面的直接或暗示的批评才到[29]。

还有，在当时中国的社会条件下，建造一所"世界一流水准的现代化医学院"在施工中所面临的种种问题和挑战也是难以想象的，有记载写道：

由于要和语言不通的工人们和不熟悉的习俗打交道，还要在贫之的市场上购买材料，就连那些勤恳尽职的建筑主管们也被弄得束手无策。此前在北京没有盖过类似的建筑，那些技术工人也需要学习新的工作程序，但一旦培养出来，就很难因一些小过失而将其解雇，虽然是为了维持纪律，解雇可能是比较理想的处理方法。控制中国工头也是一件难事，有些人为了避免丢面子不辞而别，或者提出他们无法满足的要求。总之，这期间一直是问题不断[30]。

自从接管协和医学堂及开始建设新校园的四年中，需要面临老机构过渡和新机构建立，这期间问题及烦恼不断，可以说经历了任何一个新机构都会遇到的问题与发展壮大的烦恼，同时北京和纽约之间的距离又让问题加重一百倍，即便毫无延误，发出的信也要两个月后才能收到答复，而电报的简约语言也会常常造成误会。像胡恒德给纽约的有关经费超支的信件，就一直没有得到答复，即便有回复，基金会的不同官员在不同时间对北京的工作给予了很多详细却不合时宜、甚至前后矛盾的指示，为此也都付出了很大代价。

玛丽·布朗·布洛克在《洛克菲勒基金会与协和模式》中写道：

当然，如果这个事业已变得太过沉重，问题只能在基金会本身。1921年，在为一次秘密评估北京协和医学院所准备的讨论文章中，皮尔斯直言不讳：有哪一位或哪一组董事，会像对待北京协和医学院一样随意处理一个几近千万开销的生意？尽管对财务计划大加指责，但皮尔斯同时肯定了协和的扩张和花费：他们（董事们）是否一直珍视这一点，

即他们所制定的计划不仅仅是一个医学院，而是供给中国和外国人的一所大学和一所医院？这一论调在那段时期很有说服力，导致基金会持续增加每年给协和的资助。可以预料的是，在北京的人们更加依赖基金会持续变鼓的钱包。

在洛克菲勒基金会、罗氏驻华医社和协和医学院的三家机构之间，管理层行使的权责很容易纠缠不清，三家机构成员和管理人员之间你中有我，我中有你；每家机构都有自己的管理层、董事会，而财务是其中最为关切的方面[31]。协和医学院首任校长麦克林离开协和去服兵役，即使他还在积极地参与协和事务，但也是另当别论了。另外，顾临任北京协和医学院的代理校长，同时也是罗氏驻华医社的驻华代表；作为驻华代表，顾临不仅常在中国出差，还要隔一段时间就要回到美国。

长期任协和医学院校董事会秘书的福梅龄[32]（Mary E. Ferguson）女士一直将这种管理关系看作是"纠缠不清的"、甚至是"可悲的"。几乎从北京协和医学院建校伊始，她就认为"很难区分谁是最终的权威决策者"。不得不说这是造成项目投入如此之高的主要原因之一。福梅龄在书中写道：

有段时间，这三家机构的成员明显是彼此重叠，谁拥有最终的决定权有时很难说清楚，这也就不足为奇了。此外，罗氏驻华医社和协和校董事会的工作最初是在鲍垂克的办公室开展起来的，他当时任职于洛克菲勒基金会普通教育委员会，大约只有30%时间用于新成立的罗氏驻华医社和协和校董事会的工作[33]。

虽然洛克菲勒基金会在启动中国项目之前，已经有过建立世界一流医学院的经验，它也在相当大的规模上介入了美国的医学教育改革。然而，将霍普金斯医学院的经验移植到中国，而且将

32　1928年到协和，受聘为注册登记人，1932年担任北京协和医学院校董事会秘书。1897年出生于南京，她的父亲福开森创立了金陵大学，曾在上海 Miss Jewel's School 接受中学教育，后到美国 Wellesley College 深造。福梅龄中文流利聪颖过人，有良好的文学修养，是甘愿为协和奉献一生的人。

其扩展为以协和医学院为中心来发展"中国现代医学教育体系"这样一个庞大的计划，不要说在中国社会、文化及政治上可能出现的困难和问题，仅就管理这样一个跨国、多文化冲突博弈的国际项目而言，洛克菲勒人是完全没有经验的。这种从纽约到北京的多层管理机制经实践证明是难以操作的，因此纽约和北京之间在管理和责权上的争论从来就没有停止过，不过与后来两者间复杂而困难的关系相比，建校时期的摩擦只是刚刚拉开序幕而已。

北京协和医学院整个创建过程中的各种纷繁和复杂的表象，体现出该机构具有立意高远，目标多维的属性，如同万花筒中的景致不停地聚合分散，从无私到伪善，从参与到孤立，从利他主义到家长作风等，所有的表象完全取决于观察者的视角，正因为有这样的矛盾和坚持，才会有协和医学院一直以来受世人瞩目的地位。

北京协和医学院董事会主席

马特　　　　　　　　孟农　　　　　　　　施肇基

周贻春　　　　　　　金叔初　　　　　　　胡适

资料来源：《美国中华医学基金会和北京协和医学院》

洛克菲勒基金会及罗氏驻华医社历届主席及校长名单

[纽约]　　　　　　　　　　　　[北京]

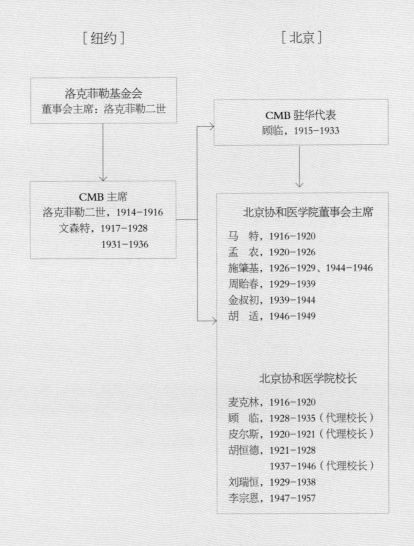

洛克菲勒基金会
董事会主席：洛克菲勒二世

CMB 驻华代表
顾临，1915-1933

CMB 主席
洛克菲勒二世，1914-1916
文森特，1917-1928
　　　　　1931-1936

北京协和医学院董事会主席

马　特，1916-1920
孟　农，1920-1926
施肇基，1926-1929、1944-1946
周贻春，1929-1939
金叔初，1939-1944
胡　适，1946-1949

北京协和医学院校长

麦克林，1916-1920
顾　临，1928-1935（代理校长）
皮尔斯，1920-1921（代理校长）
胡恒德，1921-1928
　　　　　1937-1946（代理校长）
刘瑞恒，1929-1938
李宗恩，1947-1957

洛克菲勒基金会、罗氏驻华医社（CMB）和协和医学院管理架构图　　　　（本图表由几个版本的文献分析考证而来，如有疏漏或错误之处，敬请读者指正）

柯立芝写给洛克菲勒基金会审计官柯克的信

著者感言：

　　从这封信可以看出，柯立芝作为顾问建筑师具有丰富的经验，在各个环节他都可以协调工作，监督进度，审核质量。协和医学院建筑按时按质地完成，离不开柯立芝善始善终、尽心尽职地投入。建筑设计方案仅仅是开始，在建设过程中的各个工种的配合，各个团队的配和，还要经过大量的书信讨论和确认工作。百年后的今天，在资讯如此发达的互联网时代，我们更有充分理由打造精品建筑！

1919 年 4 月 11 日

　　很明显，亚当先生关于 J 楼可以做更多的事情，亚当先生答应 25 日之前给我完整的有关设备和电器方面的图纸，在交给我 J 楼图纸后，尽快完成剩下的图纸，这些内容我在 3 月 31 日的信中也提及。自从上次在这里开会之后，已经有三个星期多了，我还没有收到任何文件。是否可以这样，在原有安排的基础上作些变动，在我没有得到任何楼的图纸和说明之前，奥克斯先生和克松先生无法开始他们针对不同插座的细部设计。

　　可以像巴克斯特所安排的那样，把最复杂的 J 楼做一个特例，将 J 楼作为独立的单元提前工作。我们让奥克斯和克松先生开始设计采暖和通风的图纸，并在图纸上进行细节设计，这样先不用等亚当先生的设计了。换句话说，

将 J 楼工作先从亚当的手中脱离开，这样设备和电力系统在这里直接可以让这两位工程师设计，之后将相关信息发给亚当先生。

　　据我所知，亚当先生的薪资是根据他的工作时间来支付，这样如果有些工作我们在这里完成，可以节省一些支出。我肯定，他可以尽可能完成其他建筑的设计图纸。

　　我认为这是唯一可以让进度加快的方法，我已经告诉了克松先生与奥克斯先生联手提前设计平面和细节内容。我今天已经与麦克林先生通话了，但我知道他也没有这方面的话语权。我希望你能够完全清楚目前的状况并且希望你确认我的这个安排。

　　（J 楼的最终平面图见上卷 289–293 页）

P.U.M.
Coolie

April 11th., 1919.

Mr. Robert H. Kirk,
The Rockefeller Foundation,
61 Broadway, New York, N.Y.

Dear Mr. Kirk:-

It is evident to me that Mr. Adams has more than he can
do on the drawings for the Peking Union Medical College, and that
it will be necessary to make some different arrangement in regard
to Building J if we are to get the plans completed anywhere near
the time we have set. It is now more than three weeks since the
conference in this office when Mr. Adams promised to send me com-
plete plans for the mechanical and electrical equipment of one build-
ing by March 25th. and the remaining buildings as rapidly as possible
after that, and as I wrote you on March 31st., I have not been able
to get from him the drawings and information on any of the buildings
necessary for Mr. Oakes and Mr. Hixon to start their details for the
various outlets.

This being the case, and considering the intricate detail in
Building J, as laid out by Dr. Baxter, the only way I can see of getting
ahead on the work is to treat Building J as a unit by itself, and take
the drawings as we have them here and have Mr. Oakes and Mr. Hixon lay
out the heating and ventilating and electrical work complete and put the
details on the drawings, without waiting for Mr. Adams on that building;
in other words, take Building J out of Mr. Adams' hands and have the

R.H.K - 2.

mechanical and electrical layouts taken care of here direct with Mr. Oakes
and Mr. Hixon, sending the drawings later to Mr. Adams for his information.
As I understand it, Mr. Adams is paid according to the amount of time he
puts on the work, so that there will be some saving on his expense if these
layouts are made here, and I am sure he will have all he can do to get his
drawings completed on the other buildings.

I have decided that this is the only way to make the necessary
progress on the drawings, and I have told Mr. Hixon to go ahead in conjunc-
tion with Mr. Oakes and make layouts and details here. I have talked this
over with Dr. McLean today but I understand of course that he has no author-
ity in the matter. I want you to understand exactly what the situation is
and I hope you will approve of the action I have taken.

Very truly yours,

(Signed)   Charles A. Coolidge.

贝恩特写给洛克菲勒基金会审计官柯克的信

著者感言:

贝恩特作为项目经理,柯克是财务审计,他们之间的交流也不会少,尤其是在采购材料方面,更需要柯克的审批和认可。

1919 年 9 月 20 日

我已经有好几个星期没有找到时间给你写信了,据我所知,你也非常忙碌,忙于与项目建设相关的事务。埃弗斯先生昨天抵达北京,我们都非常高兴见到他,并得到了他在美国期间所做的大量工作第一手图纸和报告,因此我感觉到,我们在北京的人员对过去六个月期间对来自纽约的一些变更决定表示反对,是相当不合理和固执的表现。但我相信,如果究其原因,可能主要是长距离交流的原因,自然我们双方的观点也有些不同。

我们在北京所有人员,不论医生、行政人员、建筑师还是其他小人物,都被上级最真诚的愿望所推动,即渴望早日完成这个建筑项目,而任何有碍进度的事情,都会让我们以最猛烈的方式进行抵抗,如咬指甲,揪头发等。一再声称,这项工程必须在明年 9 月之前移交使用,这一要求使我们加快了步伐。文森特博士还向我们提出,要求我们确保完工日期并对此负责。

我本不打算写这样的信,而只是想说我们正在进步,虽然没有我想的那么快。我们这里每个人都很好,有快乐和满足的心态。我还没有机会与埃弗斯先生直接交流,但从偶然的谈话中了解到,目前还没有开始订购材料来弥补变更后的设计所造成的材料短缺,这将涉及某些类型的管道配件、阀门、导管和电箱等。我们将立即统计必要的数量,你会很快收到我们急需材料的明细,以覆盖这些短缺。

我感到非常难为情还要麻烦你做这些事情,但也是迫不得已的事情。你已经为我们做太多事情了,我和夫人向你及你夫人问好,并转达我对纽约百老汇朋友们的问候。

TELEGRAPHIC ADDRESS
CONSTRUCT, PEKING.

CONSTRUCTION DEPARTMENT
6 SAN TIAO HUTUNG.
TELEPHONE 2680 EAST.

ADDRESS YOUR REPLY TO
CONSTRUCTION DEPARTMENT

THE ROCKEFELLER FOUNDATION
CHINA MEDICAL BOARD
PEKING, CHINA.

September twenty-sixth,
1919.

Dear Mr. Kirk:

It has been some weeks since I have found the opportunity
to write you a personal letter, and from all I can understand, you
too have been extremely busy and occupied on matters pertaining to
the construction of these buildings.

Mr. Evers arrived in Peking yesterday, and we were all
mighty glad to see him, and get a first-hand expression of the
opinion and a report on the large volume of work done while he was
in America.

I am very much afraid that the impression prevails in
New York that we fellows out here in Peking have been pretty unreason-
able and stubborn in protesting against some of the changes made
during the last six months, but I believe if such is the case, the
cause could be charged to long distance communications, and then, too,
our perspective is somewhat different. The whole of the Peking organiza-
tion, Doctors, Administrators, Architects and lesser lights have been
actuated by a most earnest desire for an early completion of these build-
ings, and anything which has tended to delay the progress, has caused us
to chew our nails and tear our hair in the most violent manner. We were
accelerated in this viewpoint by Doctor Vincent's repeated assertion
that these buildings must be turned over for occupancy by September of
next year, and he charged us that he would hold us responsible for that
date of completion.

I did not intend to write a letter of this kind, but just a
note to say that we are progressing, although not as rapidly as I wish
for. Everybody is well and in a happy and contented frames of mind. -
I have not had the opportunity to talk with Mr. Evers at any length,
but from casual conversation have learned that in some instances there
has been no material ordered to cover shortages caused by revised plans:
This has reference to certain kinds of pipe and fittings, valves, conduit
and electric boxes, etc., We will immediately take off the necessary
quantities, and you will be receiving from us in the near future requisi-
tions covering these shortages.

-2-

I regret the necessity of adding any more to what you
have already done for us out here, but there seems no other way
out of it.

Mrs. Bennett joins me in warmest, personal regards to
Mrs. Kirk as well as yourself, and I trust that you will convey
my regards to all my other friends at 61 Broadway.

Very sincerely yours,

B. Frank Bennett.

Mr. Robert H. Kirk.
The Rockefeller Foundation,
New York City.

BFB:MT

赫西事务所清单

建筑师赫西的事务所有中英文标签，也正因为这个标签，很多地方称呼建筑师赫西为"何士"。

1918 年 8 月 9 日，赫西事务所给协和医学堂购置通风机及风扇等清单，包括楼号、具体房间名称、面积及购买风扇的型号等内容。

协和医学院支出清单

1921 年协和医学院基本建设支出

```
上海黄浦滩第四院  北京东单三条胡同  何士工程司

SHATTUCK & HUSSEY Architects
Peking China Five San Tiao Hutung East
Shanghai China Union Building The Bund
Chicago Ill. U.S.A. Nineteen S. La Salle St.

                                    Pek ing,
                                    August ninth,
                                    1918.

Mr. Robert H. Kirk,
Union Medical College,
Peking.

My dear Mr. Kirk:-

        The following ventilating flues have been provided in the Union
Medical College buildings, Peking.  Only the fans listed below have been
purchased up to date:

Building          No. Room          Flue area      Fans purchased:
                                    in inches.

A. Chapel         108 Toilet room      75          No fans purchased.
                  104 Toilet room      61          Building not started.
                  210 Bath room        30
                  201 Kitchen         137

B. Anatomy Bldg.   14 Embalming room
                   15 Ante room                    1 - #2 Troy Sirocco fan.
                      Vat. room
                  * 1 Refrig. room     960         1 - #2½  "     "     "
                  * 8 Toilet room      230         1 - #2 1/3 (12½" dia)Ventu
                 *108 Janitor's room 408½ 52                          fa
                  *12 Animal room      270
                  106 Lecture room     403
                  201 Dissecting room  600
                                       784
                  * 211 Scrub room     150
                  * 207 Toilet room    214

C. Chemistry Bldg. *13 Toilet room     235         1 - #2½ Sirocco fan.
                    1 Locker room      435
                    8 Toilet room       62
                  * 113 Toilet room     95
                  * 114 Toilet room    141
                    201 Preparatory room 95
                    202 Animal room     142
                    203 Operating room  254
                    204 Lecture room    403
                  * 320 Toilet room     276
```

```
Capital Expenditure to April 30, 1921.

            Peking Union Medical College.
            Buildings and Fixed Equipment.

C. M. App. 2196, 2228, 2267, 2312, 2337,
           2354, 2401, 2406, 2491, 2492,
           2495,                              G.$6,984,234.96

Total Expenditures to
  March 31,              6,713,030.74
Expenditures for the
  month of April,          61,391.59
New York charges
  Jan. 1 to Mar. 31,       22,751.23
                           84,142.82
Less credits,              19,590.37    64,552.45    6,777,583.19

        Balance available,    Gold $    206,651.77


            Peking Union Medical College.
                  Movable Equipment.

C. M. App. 2197, 2339, 2355, 2409,      Gold $    474,000.00

Total Expenditures to March 31,   273,895.82
Expenditures for the month of
  April,                           13,042.94
New York charges Jan. 1 to Mar.31, 19,767.66      306,706.42

        Balance available,    Gold $    167,293.58


            Peking Union Medical College.
                    Accessories.

C. M. App. 2198, 2340, 2356, 2410, 2496, 2516,  G. $  366,000.00

Total Expenditures to
  March 31,                 295,737.67
Expenditures for the month of
  April                      10,376.46
New York charges Jan.1
  to March 31,               20,243.08
                             30,619.54
Less credits,                   282.35    30,337.19    326,074.86

        Balance available,    Gold $    39,925.14


            Peking Union Medical College.
         Alterations and Repairs to existing Property.

C. M. App. 2214, 2338, 2404, 2407,      Gold $    120,846.08
Total Expenditures to March 31,   104,333.50
Expenditures for the month of April,  3,171.07    107,504.57

        Balance available,    Gold $    13,341.51
```

1921 年 4 月支出清单

1921 年 6 月支出清单

FORM 104

	GEV		EWW	
			ERE	

THE ROCKEFELLER FOUNDATION
INTER-OFFICE CORRESPONDENCE

April 9, 1921.

Dear Mr. Vincent:

For your information, there is given below a statement show-
ing the Foundation's appropriations to the China Medical Board together
with the Board's appropriations.

You will note that in connection with the Peking Union Medical
College buildings and equipment, all funds provided by the Foundation
have been re-appropriated by the Board, and that in connection with the
general budget there remains a balance of $337,721.75 which is available
for appropriation by the China Medical Board.

Peking Union Medical College:
  Asset Accounts
    R.F. Appropriations $ 400,000.00
  C.M.   "
    Buildings and Fixed Equipment $ 350,000.00
    Accessories   50,000.00
                                  400,000.00

General Budget:
  R.F. Appropriations   1,415,787.00
  C.M.   "
    Missionary Societies - Hospitals 361,062.25
    Pre-medical Education   43,400.00
    Translation   600.00
    P.U.M.C. Operation   350,000.00
    "   Expenses in America   5,000.00
    "   Travel of Trustees   50,000.00
    "   Insurance   17,000.00
    Fellowships and Scholarships 44,150.00
    Miscellaneous   108,500.00
    Administration:
      Peking Office   33,267.00
      Home Office   65,086.00
                            1,078,065.25

Unappropriated balance, $ 337,721.75

Very truly,

Mr. George E. Vincent,
Office,
RHK:WxH:H

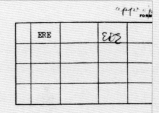

FORM

	ERE		313	

THE ROCKEFELLER FOUNDATION
INTER-OFFICE CORRESPONDENCE

June 16, 1921.

Dear Mr. Embree:

The last financial report received from the China
Medical Board's Peking Office, covering disbursements through
the period ending April 30, 1921, indicates that the unexpend-
ed balances remaining on appropriations covering construction
and outfitting of the Peking Union Medical College are running
dangerously low.

We have added to the figures given by the Peking
report the Home Office Charges to May 31st, also the amounts
of outstanding orders and drafts drawn on the Home Office since
March 31st, and give below for your information, the estimated
balances remaining on the various appropriations:

C.M. 2495 - Buildings and Fixed Equipment .... $ 163,613.11
C.M. 2409 - Movable Equipment 144,518.80
C.M. 2496 - Accessories 3,761.06
C.M. 2407 - Alterations to Original Buildings ... 3,922.97
C.M. 2440 - Library 4,550.08

Very truly,

Mr. E. R. Embree,
Office.

RHK:WxH

协和功臣 顾临

顾临（Roger S. Greene）是老协和历史上的一个重要人物。顾临自从 32 岁便来到了协和，在老协和创建和最初发展的 25 年中，掌权达 20 年之久，在学校建设以及在制订和实施教育方针、人事和经济制度等等方面，他都曾经是一个领导层的核心人物。

顾临是唯一一位同时参加两次中国医学考察团的成员，他和考察团其他成员共同提出建议，最终创建了北京协和医学院。

顾临作为罗氏驻华医社的驻华代表，他的贡献首先是在学校早期夯实基础阶段，他运用自己的人脉，成功购买了豫王府的地产，之后全心投入到协和的建筑工程项目整个过程中，监督建造了协和中式宫殿风格的建筑，同时协调和解决了行政管理与财务上的许多问题；在协和的黄金时代，顾临是协和最有影响力的关键人物，作为协和的副校长和代理校长，他的工作重心在于保障人员素质，掌管罗氏驻华医社的所有资金，并将之有效地应用于中国的医学教育事业，使之成为远东独一无二的医学中心。顾临协助建立了协和最知名的三个学系：公共卫生系、人类学系和护理学院。

顾临（右）在协和医学院　　　　图片来源：《改变中国》

出身名门

顾临出身于政治世家，是美国国父之一的罗杰·谢尔曼（Roger Sherman）的后代。罗杰·谢尔曼是一位律师、政治家，负责起草独立宣言的 5 人小组成员之一，他是唯一一位同时签署美国四项最重要法案文件，《大陆盟约》《独立宣言》《邦联条例》及《美国宪法》的建国元勋。舅祖父曾任美国国务卿的威廉·埃瓦茨（William M.Evarts），父亲丹尼尔·格林（Daniel Crosby Greene）是传教士，在日本传教数十年，顾临跟随父母在日本度过童年，之后回美国就读于哈佛大学，1902 年获硕士学位。此后 5 年间他在巴西、日本、西伯利亚等地从事领事职务。

中国经历

1907 年，顾临任美国的外交官，曾在驻日本使馆工作。来到中国后，先后担任美国驻哈尔滨领事、驻汉口总领事。

1911 年，时任美国驻哈尔滨领事的顾临给予伍连德很多帮助，为迅速扑灭肺鼠疫作出了很大贡献。顾临在汉口亲历了辛亥革命，向美国务院客观报告了辛亥革命的情况。

1913 年，洛克菲勒基金会成立，在顾临的倡导下，决定了新成立的基金会的医学方向。顾临在董事会的首次会议上说：

如果科学和教育是文明的大脑和神经，健康就是文明的心脏。它推

动生命之液流向社会机体各部，使各个器官得以运转……疾病是人类生命的大恶，也是人类所有的恶之源之一——贫穷、犯罪、无知、邪恶、无能、遗传疾病以及其他许多罪恶[34]。

1914 年顾临辞去外交方面职务，被邀参加洛克菲勒基金会组织的第一次中国医学教育考察团，以及 1915 年第二次考察团的工作。

1915-1935 年，顾临一直担任罗氏驻华医社的驻华代表，同时兼任协和的副校长和代理校长，负责创建北京协和医学院。

1916 年，顾临与麦克林、胡恒德联名提交了《北京协和医学堂现状及其发展规划》的报告，确立协和的办学目标：

按照西方一流标准，建立一个致力于医学教育、科研、服务病人的中心，以提供现代教育和研究的机会，使中国的医学事业跻身全世界前列。把最好的现代医学引入中国，使之受益。

1922 年任协和医学院校董事会董事；
1928-1935 年任协和医学院代理校长。
1935 年辞职回美国。

东方头脑

1915 年接管协和医学堂后即协和初建时期，顾临的东方头脑发挥了至关重要的作用。基金会最初将新建的学校命名为洛克菲勒医学院，但顾临表示反对，他指出由于美孚石油公司在华家喻户晓，会使中国人怀疑医学院不仅仅是慈善事业，而具有商业的色彩。而协和对中国人而言蕴含有慈善的意义，同时洛克菲勒这个名字对中国人来说冗长而拗口，顾临建议保留"协和"两个字，将新医学院定名为北京协和医学院。

顾临在北京十分活跃，与传教士、外交官接触广泛。顾临精通中文，常被国内知名大学邀请作演讲。他曾在信中写道：

我现在参加了北京俱乐部，同时在国际俱乐部滑冰，那里不但是传教士的聚集地，而且常有回国的中国留学生光顾。

当时的中国处于军阀割据时期，顾临与频繁更迭的中央政府以及南方的国民政府都建立了良好的关系，其出色的外交才华使协和得以顺利地创建和发展。美国驻华公使经常邀请顾临参加使馆区晚宴，以结交各界人士，比如在协和地产的麻烦上就是这些人帮了大忙。顾临帮助基金会了解中国文化，处理与政府的关系，以多年在远东的经验，顾临比任何洛克菲勒人都更加了解微妙而复杂的政局变化，对中国人的情绪也更敏感。

在 1919 年基金会主席文森特访华后，给洛克菲勒二世写信谈到顾临：

我看到他与周围人的关系，同时对我们工作的处理次数越多，对他的印象就越深刻。他是一位绅士，有智慧、高尚、机敏有分寸、他了解东方，具有"东方头脑"。

显然，他得到那里的传教士、外交官和商业圈子人们的信任。我毫不怀疑，我们有他作为罗氏驻华医社的驻华代表，是我们的幸运[35]。

杰出贡献

早在 1916 年协和筹建时期，顾临、麦克林及胡恒德倡议在协和建立高水准的护理学院，宗旨是培养中国护理骨干、师资及领袖，此时美国也只有不足 10 所新建的护士高等学校。顾临首先资助 3 名中国护士赴美国约翰·霍普金斯护校进修，为学院及医院培养师资，为挽留优秀的护理人才，顾临不吝资金。协和护理学院最终成为中国护理界的旗帜，为中国培养了大量的高等护理人才。

招聘职员时，顾临注重的是其才能和教育背景，更倾向于华裔。顾临在北京建立办公室后，立即写信邀请他在哈尔滨的前任秘书钱先生（Archibald P.Chien），钱先生为顾临书写了大量的文书。

林可胜能够成为协和第一位华裔客座教授，顾临居功至伟。顾临曾表示，若林可胜不被协和聘任，他将设法申请特殊资金资助他在中国的事业。以后的事实表明，林可胜是罗氏驻华医社在中国获得的最大一笔财富。另一位杰出的华裔医生刘瑞恒也是顾临聘任的。1916 年，刘瑞恒的一次演讲及教育背景引起了顾临的关注。1918 年经伍连德推荐，顾临聘任了刘瑞恒，数年后刘瑞恒先后担任协和医院院长及医学院的校长。

1918 年，顾临领导罗氏驻华医社致力于中国的公共卫生事业，他利用自己的政治影响力，敦促北京地方政府与安兰生合作，开展公共卫生试点工作，并提供了人力、物力及资金，启动了中国医学国家化的进程。

1920 年代，在顾临的斡旋下，北京协和医学院和中国地质调查会签订了《中国地质调查所新生代研究室组织章程》，中国第一个从事新生代地质、古生物学特别是古人类学研究的专门机构，即新生代研究室成立。位于协和医学院解剖教学楼（B 楼）的新生代研究室，发现了第一个完整的北京人头盖骨，培养和造就了中国古人类学、古脊椎动物学、地质学等学科的第一和二代科学家。

1931 年，顾临在担任中华教育文化基金会董事期间，对北京

大学的革新极为热心。顾临提议自民国 20 年起，由基金会每年资助 20 万银元赠与国立北京大学，以 5 年为期，为讲座及教授研究课题专款之用。为中国近现代著名教育家蒋梦麟先生改革北大教育体制提供了充足的资金。顾临毕生为中国的教育、医学、慈善等事业作出了卓越的贡献。

莫须有的罪名

1930 年代中期，洛克菲勒基金会对华资助政策开始转变，协和的高额预算饱受指责，顾临与洛克菲勒基金会之间的关系出现裂痕，与洛克菲勒三世的关系也日趋紧张。其中美方的记录中只提到过一次严重的争议，为了减小汇率变动的影响，董事会于 1930 年决定向西方教员支付黄金取代中国货币，但中国教授的工资继续以本地货币支付。这一安排令外国人的实际收入翻了一倍，中国教员大为不满。顾临承认了这一政策的不公：

我们的中国员工对支付外国员工黄金极为不满，我大概要经历一段难过的日子，虽然我希望中国董事们帮助我平息事态。事实上，中国员工的生活成本也在上升，特别是那些愿意选择外国生活方式的人。

但是抗议被置之不理，这一政策继续执行。

1934 年，科龄重返中国视察协和医学院后，向老洛克菲勒父子抱怨协和的宗教氛围日趋淡薄；而顾临太中国化，过快地把协和交到中国人的手中，损害了学院的利益。科龄的不满成为压折驼背的最后一根稻草，顾临与小洛克菲勒父子之间的矛盾激化，导致了顾临被解聘，由胡恒德接任罗氏驻华医社驻华代表。

得知消息后，协和的中国董事们为此感到极为不平，指责小洛克菲勒父子越俎代庖，无视协和董事会的权力，并致函基金会留任

顾临（前排右一）与协和医学院师生在礼堂路口处合影

资料来源：《世纪协和》

顾临。顾临返京后，协和董事会要求顾临收回副院长的辞呈。洛克菲勒基金会为安抚协和的中方董事，最终应允顾临留任副院长一职，但这只是权宜之计，数月后依然解除了顾临的所有职务。为纪念顾临，协和员工从工资中捐献 4%，成立顾临奖学金 [36]。

心系中国

1937 年，张伯苓的胞弟张彭春接受政府的聘任，赴英、美等国宣传中国抗战形势，以争取国际舆论的援助。在美国华盛顿发起组织了不参加日本侵略委员会（American Committee For Nonparticipation In Japanese Ag-gression），顾临出任会长。委员会联络了美国 30 个和平团体，以便争取他们对中国抗日救国战争的支持。1939 年 7 月，在不参加日本侵略委员会的大力游说下，美国国会通过了对日经济制裁法案，废除美日商约。

1940-1941 年间顾临又任威廉·艾伦·怀特（William Allen White）成立的援助盟军保卫美国委员会（Committee to Defend America by Aiding the Allies）副主席，在此期间，顾临一直游说美国政府需要援助中国的抗日战争。珍珠港事件后，顾临因健康原因减少了公开活动，但仍兼任美国国务院文化关系部顾问。

关于顾临，还有一件事值得一提。他在辞职返国之后，曾在美国人民中间宣传我国人民抗日救亡的正义事业。1937 年日寇发动全面侵华战争后，顾临曾作为一个反对"助日侵略"（Nonparticipation of Japanese Aggression of China）的民间组织总干事（美国前国务卿史汀生〔Stimson〕任会长），在美国朝野中广泛宣传反对美国继续将各种战略物资卖给日本。顾临的这一行动，应该说是同情和支持中国人民正义斗争的友好行动 [37]。

1947 年，他因心力衰竭与慢性肾炎在佛罗里达州西棕榈滩逝世，终年 66 岁。

小结

1934 年 10 月 15 日，顾临抵达北平后，立即履行要求他做的事。第一步就是向协和校董事会主席周贻春汇报并递交辞呈，接着与教授委员会成员会面。这件事让周贻春和教授们都感到震惊、疑惑，直接反应就是退回辞呈。从严格意义上来讲，顾临不是被免职的，罗氏驻华医社是以一定的条件授意他从协和副校长的职位上退下来的，这些条件包括对他的经济补偿。

顾临辞职报告写的都是简单的事实，没有表述任何个人情感，副本发给了在欧洲的文森特。顾临表示：

辞职报告是以学校最大利益为考量写下的，我知道这种精神是我们所能依赖的基础。

一直以来，教授委员会对顾临治校的方针政策和措施一致表示满意并充满信心。为证明这一点，他们采取了非常举措，每位成员都签下了自己的名字，直接把这件事报告给四位董事，当时他们正在隔壁房间进行非正式会谈。一周后，校董事会的执行委员会举行正式会议，会上大家对顾临的辞职再次表达悲伤之情，并一致认为：

学校掌权的资深行政领导辞职，事关重大并涉及学校眼前和未来的利益；应该推迟该决定性行动，校董事会全体成员要尽快召集会议商议此事。

与此同时，校董事会发电报给罗氏驻华医社主席文森特，大家一致用深表遗憾来表达对顾临辞职的感受：

在长期的交往中，我们发现：他是位有良知、高效率的管理者，勇于进取、机智灵敏、思想开明、公平公正，这是中国知识界和政界对他的普遍评价。在所有重大事情上，行动前他都会征询校董事会执行委员会的意见。顾临把学校管理得很成功，稳步地提升了学校在科学界的地位。我们认为，顾临的离开对协和来说将是无法弥补的损失……

校董事会特别会议将于 10 月 30 日召开；执行委员会将提议顾临重新考虑他的决定；并且希望该建议能够得到你们的支持与配合[38]。

在整个让人不悦的事件中，所牵扯到的人或许没有谁比文森特更能意识到这件事对人性的考验，正是他负责把这件事处理完毕。结尾处，文森特以辛酸的口吻写道：

在你启航前，我不见你了。送上我最美好的祝愿，请尽量把我看作是个仁慈的人吧！

在顾临于 9 月中旬离开纽约前，胡恒德向罗氏驻华医社以及顾临清楚地表明他个人的态度：

他并不喜欢有关方面劝说教授委员会和校董事会聘任自己接替顾临担任学校副校长的做法。他不仅对发生在他老朋友兼同事身上的遭遇感到不满，而且他也不想把纽约的命令强加给协和[39]。

1935 年 7 月 1 日，顾临把学校的管理权移交给校管理委员会，但还是校董事会的成员。顾临是在 1935 年 3 月 13 日二次递交辞呈的会议上再次当选的，并任期三年，这充分体现了校董事会对他的信任。接下来的三年，从校董事会日程及其会议记录看，顾临和学校保持着正式的接触，尽管这段时期他从没参加过任何一次校董事会的会议。

1935 年顾临辞职回美国，协和的未来转交他人之手。对于他的朋友和同事来讲，这是一个令人悲伤的时刻；对顾临本人，也一定是一个痛苦的时刻；但是当顾临回顾起过去在协和的成长和取得的成就时，也是一个荣耀的时刻。

如果说柯立芝是医院建筑营造的幕后英雄，没有柯立芝的参与和指导，就没有协和建筑高质量的保障，那么我们不得不提顾临是协和从初创、筹划、营造到运营参与始终的管理者，没有顾临的全程参与、协调与坚持，就没有协和管理和运营顺利进行的保障，顾临是协和从创建到实施全过程的名副其实的功臣。但顾临最后的结局，不得不让人惋惜和落泪。

百年后的今天，我们再一次向这位协和前辈致以崇高的敬意！

日常生活和管理那些事儿

1921 年协和医学院建筑落成典礼之时，曾有这样的报道：这里有冷热水及软化水厂、独立的电话交换机、500 台电风扇、完备的洗衣房。而且，按照记者的猜测计算，有 530 654 平方英尺的瓷砖墙面、亚麻地面和木地板需要清洁[40]。

协和医学院管理的有序和高效给中外人士留下了极深的印象，开业不久，一份美国军情报告记录北京协和医学院：

一个西方组织和高效率管理的案例，可以令外来者充满骄傲……穿过病房和门诊部，很少看到外国面孔。一眼望去，医院的运转顺畅安静……中国的医生和护士出诊频繁干练，显然是一个出色的管理系统[41]。

洛克菲勒基金会"不惜工本"打造了如此高标准的医学教育最高殿堂，一个世纪以来从这里走出了群星璀璨的医学大家，当年他们工作、学习与生活的场景也是本书一部分内容，想必也更是读者感兴趣的内容。

场景一 医生及学生的工作、学习和生活

协和医学院对医生的学习以及日常的衣食住行要求非常严格，但课余时间轻松愉快，生活有条不紊。

1. 制度方面

年轻医生平均每天工作时间在 12 个小时以上，如实习生负责 20 名住院病人的基础医疗工作，助理住院医生要管理 30-40 名住院病人，主治医生每天既要早晚两次巡诊，还要有事随叫随到，此外，主治医师每周上午参加 3-4 次手术，每周下午 5 次门诊，还要挤出时间去图书馆查阅文献和期刊。

宿舍每层楼道里有电话及 24 小时值班服务员，不分昼夜可以接电话找人。每层有放个人信函、通知单的格架，有关病人住院、出院、病危和死亡、会诊的通知单及个人信件，都分别放进小格以便及时拿到。协和的工作紧张任务繁重，不折不扣的 24 小时负责制，行踪要便于找到，外出请假要找人代理，有事通过电话或叫号灯找，如半小时找不到，第二天就会被院长问话，这样的事发生一两次还可以，太多了之后就有解聘的危险[42]。

2. 大查房

在协和有一个很有特色的传统，就是内科大查房。协和医院内科大查房早在 20 世纪 20 年代就已实行，协和内科对大查房历来都是很重视的。首先，总住院医师要从各专业组，如内科包括儿科、神经科和皮肤科、各病室选出具有某些特点的病例，经主治医师同意及内科主任认可之后再公布。所选的常是较复杂的疑难或是罕见病例，或在诊断和治疗中有不易解决的问题，或有某种新的经验教训值得学习和讨论的案例。

内科大查房漫画（林俊卿绘）

图片来源：《中国现代医院史话——北京协和医院》

① 朱宪彝（内科）

② 刘士豪（内科）

③ 李洪迥（皮肤科）

④ Chester North Frazier（切斯特·傅瑞思）（皮肤科）

⑤ 郁采蘩（内科）

⑥ lsidore Snapper（斯乃博）（内科）

⑦ 诸福棠（儿科）

⑧ Irvine McQuarrie（麦考里）（儿科）

⑨ 谢志光（放射科）

⑩ Theron S. Hill（希尔）（神经精神科）

⑪ 许雨阶（寄生虫科）

⑫ 董承琅（内科）

⑬ 钟惠澜（内科）

⑭ 张光璧（内科）

⑮ 美籍护士长

⑯ 魏毓麟（神经精神科）

⑰ 许建良（放射科）

⑱ 王叔咸（内科）

⑲ 范权（儿科）

⑳ 王季午（内科）

㉑ W. H. Graham Aspland
（格雷厄姆·阿斯布兰德）（英国医师）

㉒ 卞万年（内科）

㉓ 邓家栋（内科）

㉔ 秦光煜（病理科）

㉕ 黄祯祥（病毒科）

大查房于每个星期三上午举行，每次有二三个病例，时间仅 2 小时左右，参加的人如有门诊或其他任务可先退去。大查房教学与学术讨论用英文进行，经常参加的有全科医生，包括各专业组的主任、主治医师、住院和实习医师，进修人员和高年级学生；本院其他科，如放射科、寄生虫科、微生物科等及少数外院的医生，各病室的护士长和部分护士有时也来参加。

每次大查房，常常给每个参加者都留下难忘的印象，它实际上也是一个学习的机会。这种制度无疑对不断提高医疗质量起到了重要的作用。各级医生通过参加大查房也增加了彼此的了解，因为各自的发言都可反映各自的学术水平。

20 世纪 30 年代在协和经历过实习医生、助理住院医生、总住院医生三个阶段的内科学及血液学家邓家栋回忆说：

据我了解，大巡诊（大查房）这一制度不限于在协和内科，在国外一些大学的医学院里也有。我还记得，1939 年我在美国学习时，曾参加过哈佛、约翰·霍普金斯、芝加哥和斯坦福等大学医院的内科大巡诊，虽然做法和风格不尽相同，但热烈的场面都是差不多的。在我们国内，有些大医院同样也曾实行过类似的大巡诊。可见，这是一个受欢迎的制度[43]。

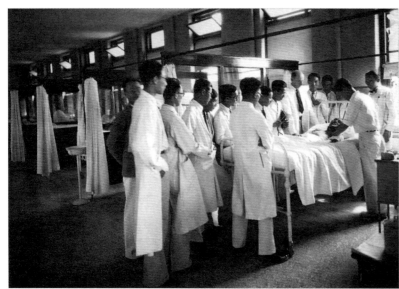
内科教授带领团队医生及学生进行大查房

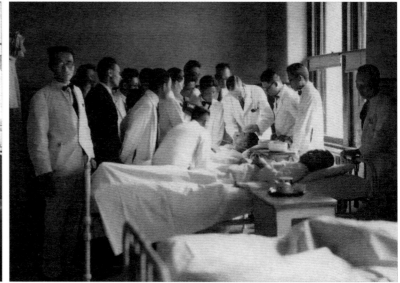
眼科学教授带领团队医生及学生进行大查房

3.学习方面

　　每年学校安排一系列的讲座，主题广泛，教员就自己感兴趣的领域进行讨论。主题有威尔斯（H.G. Wells）的"历史大纲"（An Outline of History）讲座；生物学家派卡尔德（Charles Packard）的"我们的世界从何而来"讲座；人类学家步达生（Davison Black）的"人类的起源"讲座等。

　　杰出的访问学者也应邀给教师和学生做一系列讲座。来自哥伦比亚大学杰出的研究中国学者孟农（曾是协和董事会的董事）于1922年来京，给学生做了一场气势恢宏的讲座，题为"中国需要什么"。他说：

当今的中国需要一代高素质的年轻领袖……他们最需要拥有的是当代科学知识……

而科学知识使人民更健康，使经济状况得到改善，促使国民卫生发展，他们需要知道如何获得并且传播这些知识[44]。

在协和建筑里培养和走出了各个领域的医学大家，成为中国近现代西医学的发源地，并左右了现代医学的走向。

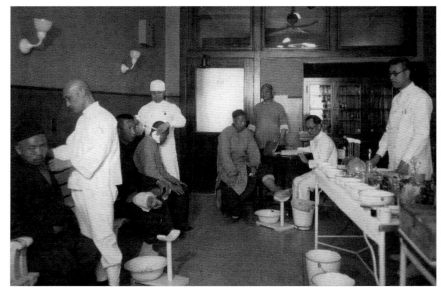

1929 年，学生们在协和附属医院实习

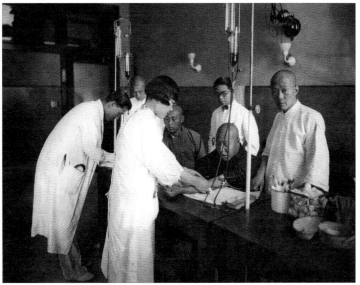

1930 年，许文生（Paul H. Stevenson，1890-1971）
—— 来自华盛顿大学（Washington University）医学院，正在给协和医学院学生讲授解剖课程

（上卷 178 页展示了解剖课场景）

图片来源：伯纳德·贝克医学图书馆（The Bernard Becker Medical Library）

外科学系各专科主任

解剖学系著名教授 （左起：步达生、福泰恩、史蒂文森、潘铭紫、马文昭）

图片来源：《世纪协和》

1926 年，协和网球队

1927 年，协和篮球队

图片来源：《世纪协和》

4. 生活方面

协和医师和实习医师工作虽非常辛苦，但生活条件却很好。被录取的住院医生接到通知后，在规定的日期内来医院院长室报到后，当即给安排食宿，领取房间钥匙和服装等。住院医生的服装与主治医生的有所区别，主治医生穿白长褂，住院医生则穿白短褂。住院医生宿舍在南院住宅 16 号楼（上卷 222 页可以看到 16 号楼的具体位置）。实习医生宿舍则安排在医院内，男生宿舍在 O 楼（二期综合楼），女生宿舍在 F 楼（行政楼）二层。一般为双人间，住院总医生则为单人间，室中央摆着一把躺椅；每人一张写字台，一盏台灯；屋内有一个五屉柜，上面放有盛凉开水的凉杯和水杯；设有壁橱，橱内挂着洗衣袋。每人发 4 件制服，7 条裤子，包括内衣及手帕，统一由医院洗衣房浆洗；夜间将皮鞋放在门外，第二天早晨上班时已有专人将鞋上油打光。

每日三餐，伙食丰盛，下午 4 点和晚 11 点还有 2 次茶点，夏天常常供应冰激凌。宿舍设有文娱室可以打桥牌，有英文的书籍报刊，一台大收音机，院内设有 4 个网球场，冬天有溜冰场，生活条件可称高矣。

管被服的人并不用亲自到每个病房或宿舍，却对使用情况和供应情况了如指掌。学生楼、护士楼都有专人管理，除负责打扫卫生外，哪一个人何时外出及何时进入都有人记录，来访人留下的字条、信件或打来的电话也有专人负责传达；哪位同学病了，马上就有人给他找医生、送饭并安排专人护理。下夜班的医生护士，都有很好的地方休息，熟睡时厨房给留饭。全院的房屋水电管理和清洁卫生工作更是出色，从没有过"长流水"和"长明灯"的情况，校舍和病房总是显得那么清新和干净整洁。

内科病房楼（H 楼）东南侧设有 4 个网球场

总之，在协和学习和工作的年月里，一切都给你安排好了，让你学习和工作无后顾之忧。除了学习医学技术外，脑子里还深深刻下了各种各样的规定。正因为有这么多人按制度办事，协和的老师、学生和医生们才能把全部精力放到教学、科研和医疗工作中去。

5. 课余活动方面

学校提倡体育活动并设有课间操，缺席的或出操不认真的学生要被低声问姓名，但事实上，由于学习压力大，大多数学生平时很少参加体育活动。卢沟桥事变之前的二三十年代，到了周末假日学校还派车送学生去郊外风景区郊游，以增强体质。

1921 年 9 月在协和医学院落成典礼的音乐会上，协和礼堂的管风琴第一次亮相，音乐演奏家在这架管风琴上奏响了门德尔松的《第一管风琴奏鸣曲》、拉赫玛尼诺夫的《c 小调前奏曲》，以此来庆祝这家全国顶级医学院的诞生。1921 年协和礼堂正式启用之后，协和礼堂成为学生及各界人士做礼拜、聚会活动以及艺术活动之地，协和的管风琴自然就像史料所描述的那样："在那些重要的时刻，礼堂中的管风琴作为镇堂之宝，是肯定会被奏响的"。在众多的文化事件中，协和管风琴不仅仅是见证者，同时可以让活动本身变得更加庄严、有仪式感。由于协和礼堂是当时北平硬件设施最好的文化演出和活动场所，因此，协和礼堂成为当时北平重要的文化活动中心，并成为当时很少有的西式演出场所。

协和医学院学生在西山八大处秋游

医学生戏剧团　左起：程玉麟、聂毓禅、荣独山、钟惠澜、朱章赓

图片来源：《世纪协和》

《何丽娜的丈夫》（Helena's Husband）节目正在礼堂彩排

当时北平在协和礼堂定期举办管风琴演奏，多次举办音乐、戏剧、舞蹈活动，其中很多都是对外售票的演出。在杨周怀所著的《基督教音乐》一书中，作者提及日本发动太平洋战争前，中外人士组成的"北平艺术研究院"（Peking Institute of Fine Arts）合唱团在礼堂进行排练并时常在此开交响乐音乐会，其中担任管风琴伴奏的是协和医院的医生张光璧。在节假日，北平合唱团和交响乐团（Peking Choral Society and Orchestra）会在此表演清唱剧，例如弥赛亚（The Messiah）。北平合唱团和交响乐团的首席指挥是奥拉·赛弗灵浩斯（Aura Severinghaus），曾组建一个男声合唱团，并在礼堂为诸多场合表演，例如在协和礼堂举行的孙中山先生葬礼上，合唱团演唱了逝者生前最喜爱的圣歌"禾捆收回家"[45]（Bring in the Sheaves）。

协和的老剧院管风琴

协和这台剧院管风琴的打击乐不仅有鼓、镲、铃，还有一个用钢片琴原理发声的打击乐音栓，证明这台琴
还可以模拟竖琴般空灵的声音。

1939 年，协和医院大夫张光璧演奏管风琴　　　　　　图片来源：《世纪协和》

2022 年初壬寅虎年春节之际，已将协和管风琴运送至加拿大原生产厂修理，百年管风琴
也即将迎来辞旧迎新的蜕变。（详见下卷 446-451 页第六部分百年协和"灵魂"修缮章节）

场景二 护士及护士生的工作、学习和生活

1919 年 6 月 1 日，沃安娜[46]女士接受了协和的邀请，同年 8 月 1 日即到达北京。

据说沃安娜仅在一个月内就招募了美国、英国的护理人才和在美国培训过的中国护理人才，可见中国的诱惑力。这些优秀的护理人才组建了中国历史上第一个具有高等教育水平的护士学校。医学教育的一个重要部分是护理教育。护士学校于 1920 年开办，学制为四年，同年又有 8 名护士由美国来到协和，并开始学习汉语。与沃安娜一起来到北京的是办医院的专家西姆（Dr. Seem），后来他也担任过协和附属医院的院长。

沃安娜女士及其他管理者到位后，就开始制定各种规章制度，包括各部门的成立，各部门之间的关系，以及各部门的权限等。各种制度一旦建立，所有人都要遵守，连校长也不例外。全院所有的人事调动及有关行政上的小变动等内容，每星期都要由校长室出一份书面通知，称为每周简报"Weekly Bulletin"，由专人负责编辑。此通知发至各科室及两院各负责人。

1. 制度方面

协和医院对护士的要求很高，一般护士都必须是护士专科学校毕业；高级护士则必须高中毕业后，在指定的燕京大学预科修业二年，然后入协和医学院护士学校学习、毕业后才能任用。非本院护校出身的护士，须经 3 个月的试用期，试用期满并考查合格者留用为正式护士，不合格的退回原单位或辞退。高级护士工作几年后，成绩优异者能提升为护士长[47]。

协和医院护理工作有一套严格的规章制度。每天 24 小时分三次倒班，这样互相交错衔接保证全天有人当班，以早晚交接时人数较多。夜间除有值班护士外还有"总值班"，随时到全院各病室巡查、指导并协助解决具体问题。工作时间规定为 8 小时，实际超过 9 小时，因为要提前 20 分钟上班做准备工作；下班时要向接班护士交代每一个病人的病情、用药、饮食、睡眠、治疗计划等情况，还要和她们逐一查看一下病人，看看是否与交代的情况相符，交接完毕后离开岗位。

早 7 点接班后，护士要先给病人换床单、枕套、衣服，清洗茶具，工友需拖洗地板、擦抹桌椅等。8 点半病房已整理一新，这时大夫们开始查房，查看每一个病人并开出医嘱，由护士长分派护士照办。护士上班后除按医嘱为病人量体温、打针、给药，并不断观察病人的病情变化，将饮食、睡眠等信息逐一作出记录外，还要及时应答病人的按铃呼叫，为病人做各种服务，如饮水、大小便、洗澡和翻身等，往返走动片刻不停。病房消毒要求十分严格，病人用过的脸盆、茶具、便盆等，使用后必须立即用蒸汽消毒，或更换新的清洁用具。护理完一个病人必须马上洗手，再护理其他病人。护士上班时间一律穿白工作服、白鞋、白袜、戴白帽；衣服每天洗涤更换，保持整洁大方；护士走路要轻，不许大声说话，以保持病房的安静；不许闲谈和打私人电话；不许串病房，所以护士只了解本病房的情况。禁止吃有气味的食品，如葱、蒜等，如有违犯者将给予警告，工友停工三天并扣除工资，屡教不改者除名。

---

46 1920-1925 年，任协和护士学校首任校长。来协和之前，沃安娜是约翰·霍普金斯医院护理部副主任。1924 年，在她的倡导下，协和医学院护校与燕京大学建立了协作关系。1925 年，沃安娜辞职回国后，盈路德（出生于中国的美国护士）接替沃安娜任第二任校长。

北京协和医学院护士学校开办计划出台后，下一步就是任命护理部负责人。当时人选初步划定为约翰·霍普金斯大学的沃安娜（Anna Dryden Wolf），她独特的经历使其很适合这一职位。

沃安娜出生于印度马德拉斯（Madras）省昆特尔（Guntur）市的一个路德派传教士家庭。1912年，从约翰·霍普金斯大学毕业后，沃安娜获得了哥伦比亚大学教师学院的硕士学位，然后被任命为约翰·霍普金斯大学护理部负责人助理，同时担任护理指导教师。

沃安娜（右一）与协和护校的师生及护士合影

住院病人也有一套规矩，入院后先在地下室洗澡更衣，病人的衣物由家属带走之后才能进病房，外面物品一概不许入病房，以免带菌。家属不许陪住，探视家属须遵守医院规定的时间，并穿上医院的白大褂。

2. 学习方面

在护士楼（L楼）地下室设有教室、示教室及部分教师的办公室。这些地方整齐清洁安静，上课时学生聚精会神听教师讲课，从没有在讲台下小声说话的情况。

3. 生活方面

学校规定无论护士或护士生都须住在宿舍里。一年级学生住在北院住宅4号楼（当时施医院时期保留下来的唯一建筑，距今120年历史）。除了一年级学生外，舍监和部分老师也住在北院宿舍楼里，负责管理一年级学生。当时管理较严，为学生养成良好的生活习惯打下基础。

二、三年级学生住在东帅府胡同南侧的哲公楼。哲公楼内除护士生外，单身护士也住在这里。舍监管理白天三人夜间一人，负责看管宿舍及打扫卫生。哲公楼共4层，建筑标准较高，内部功能设备完善，设有电梯、文化娱乐厅、大小会客室、淋浴室、卫生间、大小餐厅、体育活动室、缝纫室、保健、休养室等。宿舍供应有床上用品及沐浴梳洗用品，如枕头、单被、毛毯、大小毛巾、肥皂、卫生纸等。大客厅内有钢琴、沙发、地毯；小客厅内有书报杂志，可供护士休息、娱乐，亦可会客，护士宿舍室内有钢丝床、桌椅、柜子等家具。盥洗室昼夜供应热水十分方便，每天早晨有专人打扫卫生和整理床铺，晚间还替学生刷白鞋。为了保证夜班护士的睡眠，四楼顶层设有安静、舒适、具有遮光设备的夜班休息室，四楼平台夏天可乘凉看夜景。这些周到而又全面的生活服务，解除了学生后顾之忧，学生可以把全部精力用在学习和工作上。

哲公楼南面大院种植花草树木，环境优美；还有大桑树，桑葚落地却无人捡拾，因协和的人比较讲究卫生，认为落在地上的东西受到污染，不能入口。

北院4号楼、哲公楼和示教室等处都设有大镜子，让学生经常对镜检查，矫正自己的仪容。尤其去医院实习时，必须头发整齐、帽子戴正、衣扣扣齐、制服平整无褶子，这样走起路来头正、腰直、脚步轻快。如果不符合要求，老师见到则随时指出或叫到办公室加以具体指导。宿舍房间内有工人打扫、收拾，但是学生自己也必须保持整洁。有一次，胡智敏[48]校长检查学生宿舍，发现有两位高年级同学的房间较凌乱，没有收拾就离开了房间。胡校长即通知舍监，停止工人给她们打扫房间，一星期若有改正才能够恢复工人打扫，这样的惩罚果然生效。

协和护校的伙食营养丰富，受到人们的称道。在北院住宅宿舍楼里，每餐都有四种菜肴加水果，哪一盘菜吃光了还可再添，吃够为止。在哲公楼住宿的学生则在小食堂就餐，每餐每人四碟菜加黄油，饭菜质量很高。每张桌子上都放有一个呼叫佣人的按铃，每四张桌子安排一位专门负责添饭的"茶役"（table boy），若吃完敲一下碟子，马上有人负责添饭[49]。

每天除了三餐以外，上午10时可到地下室的营养部喝一杯冰牛奶或可可半磅；下午4时还供应牛奶、点心；夏天午后5点下班时，宿舍已有备好冷饮让大家消暑；晚间11时为值班护士备有可口的夜餐。

48　1930-1940年，任协和医学院护士学校第三任校长，1915年毕业于约翰·霍普金斯医院护校。

护士楼（L楼）护士卧室

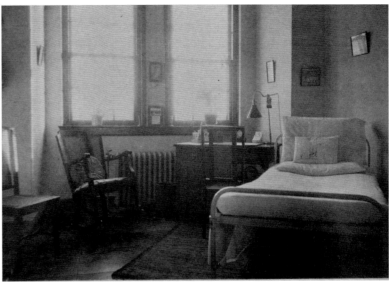

哲公楼中国护士长卧室

哲公楼外籍护士长卧室

哲公楼护士生卧室

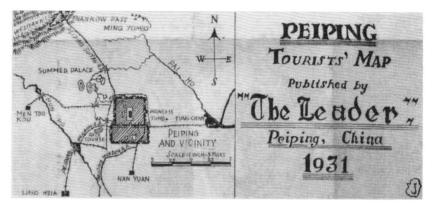

1931年，北京及周边区域旅游景点地图 图片来源：《消逝在东交民巷的那些日子》

协和医学院护士学校学生踏青时合影 图片来源：《中国现代医院史话 —— 北京协和医院》

4. 课余活动方面

护校学生娱乐活动较多，宿舍楼里除了卧室，还有会客室、保健室、休养室和文娱厅。文娱厅备有钢琴、画报，学生回宿舍后可以充分休息，还可以进行文娱活动调节情绪。冬天设有人造滑冰场，每星期还有一次体育课，由一位护士长在室内健身房教柔软体操并伴以轻音乐，使学生紧张的身心得到松弛。可以说，丰富多彩的课余活动在当时的高校中是不多见的。（上卷137页可以看到当时健身房内场景）

1938年从天津到协和护校学习的黄爱廉曾有这样有趣的回忆：

虽然护理工作非常繁忙辛苦，但我们的业余生活一点也不枯燥，也常常开展文娱活动，如联欢会上师生都来表演节目，有些老师表演的节目颇有艺术水平，如谢蕴华、左汉颜、佘蕴珠、王琇瑛等老师表演的《白雪公主》《婴儿室》等小话剧。在过年过节时，往往有老师请我们去家中做客，并一起做游戏等。我们去过胡智敏校长、聂毓禅[50]校长、谢蕴华老师等人的家。在聂校长家里，聂校长和我们一起唱歌，表演口技；王琇瑛老师还表演徒手弹奏吉他。我们的节目也很多，同学们中林菊英会唱京剧，赵美德会讲故事，常常逗得老师们笑得前仰后合[51]。

除此上述方面之外，协和的后勤保障服务还包括以下几点。

协和医学院每个人衣服上都有一个号码，按时送洗衣房洗涤。衣服洗完以后还要先送被服处检查，扣子掉了给补上，有小破处补好，破得太大的就换新的，从来没有破破烂烂的衣服回到医务人员手中。地下室有编号的衣柜每人一格，下班后将衣、鞋放入自己格

内，次日上班前去取时，已洗净、烘干、烫平并折叠整齐地放在柜内，此外，每人每月给发肥皂两块洗澡用。到换季时，所有病人和医务人员的被服自然要按时换上。

学生患病时可请保健医师诊治。小病由保健护士按时到宿舍内测温、送药、治疗和护理；大病则被护送到医院诊治。优裕的生活条件保障了学生们的身体健康，使学生能够胜任紧张的学习和工作，因此学生们很少因病缺勤。

抗日战争爆发以后，许多来自南方的同学由于当时汇兑不通并失去了经济来源，学校知道后就借给每人每年100银元。

场景三　特殊病房楼（E楼）

E楼为特别病房，专供特殊病人使用。所谓特殊病人，是指当时社会上的知名人士。据1932–1936年在协和做了四年护理工作的吴志端回忆：

我初到协和时分配在E楼一层工作，这里是二等病房，病人全是妇女，多为美国、英国和中国上层社会妇女，也有少数白俄妇女。她们都很娇气并很难伺候，有些病人不懂或半懂中国话，我就用英语同她们交谈。她们简单的话我能理解，可以满足她们的需求，但我稍有不理解之处，她们就会不高兴，说你是"笨人"。护理制度要求护士对病人态度要和蔼、礼貌、细心、周到。护士在试用期时，护士长常躲在屏风后观察她们的工作。一次，我给一位外国老姑娘换床单时，主动用英语同她交谈，她很高兴并夸奖了我几句，护士长看在眼里，见面时就对我点头微笑。我在E楼一层病房工作时，

50　1940–1953年，任协和医学院护士学校第四任校长；1927年毕业于协和医学院护士学校；1929–1931年，到美国和加拿大进修获理学学士学位。

住院病人中有一些知名人士，如1933年秋教育部部长蒋梦麟的夫人陶增谷女士曾住院治妇科病，北京大学校长胡适的夫人也曾在这住过院。

1934年我被调到小儿科病房。这里收治从几个月大到12岁的病儿，全科住院病儿共三四十人，分普通病房和单间病房。护理病儿更须细心、耐心。小孩服药、治疗、护理都与大人不同，他们中小的不会说话，不能自述感觉，一切病情变化和生活需要，全凭护士仔细观察体会，特别操心。婴儿要勤换尿布和擦身并保持清洁，玩具掉在地上，要立即消毒或更换。对患肺炎、气管炎的病儿要放在小格子里并盖上床单，将药放在电炉上，利用烘出的蒸汽进行治疗，既要保持一定温度又不能烘干。住单间的病儿要多请两位特护人员，分昼夜两班护理，每班护理费5银元。当时小《实报》社长管翼贤的小孩，几乎每年秋天都来治肺炎或气管炎，都是住单间病房，管夫人邵芬几乎每天都来探视。平汉铁路局局长何竞武的孩子也曾因肺炎住院，也是住单间病房。协和医院对本院和其他医院的医护人员来院治病给以特殊照顾，可住一、二等病房并收费优惠[52]。

场景四　戴白手套的海丝典女士

协和有一个工作效率很高的部门是家政科，主要任务就是管理全院的清洁卫生工作。家政科的主任海丝典女士（协和附属医院院长助理）和她的一位男护士长助手，把医院家务管理得井井有条。各办公室的文具用品，甚至一个镇纸或一个饮水杯都列有清单并照单配备。她领导一个数十人的清洁班，规定在每日上班前清扫全院走廊、楼梯等处，擦拭各办公室桌椅，真正做到了一尘不染。

当时扫地的方法，是在地面上撒好煤油锯末，然后用一种长刷子把锯末连同垃圾往前推，使地面光洁如镜。由于清洁工具耗费惊人，后来成立了一个专门小组，由专职工人自行制作刷子、手刷子及墩布等。如星期日没有门诊时，一批清洁工把门诊部所有房间的内外地面都用肥皂水洗得一干二净；每星期六下午门诊停诊后，所有厕所内都倒入去污剂刷洗干净，很少有异味。海丝典和男护士长共同订出排班表，给每个工友定时、定点、定任务，并经常抽查清洁工是真干，还是在聊天或旷工。

负责监督环境卫生的"美国女管家"海丝典，常常戴着一副白手套，随手抹一下，如果手套上发现了尘土就要重新打扫，当班工人就会受到批评。同时还要检查桌椅摆得是否整齐，废弃物品是否处理掉了，等等。为了消灭蟑螂，海丝典让工人们每年同一时间，统一沿室内墙根及全院各角落撒杀虫剂消灭害虫。

病房的清洁工受护士长的领导，也可随时向海丝典汇报工作情况和反映意见。如果工作表现不合要求的清洁工，随时有被辞退或开除的可能。海丝典经常带一个笔记本，把各处发现不卫生的情况记下来，以便及时处理。在这样的严格制度之下，协和医院的清洁卫生工作闻名四方。海丝典曾专门写过一本有关清洁管理的书，至今仍有参考价值。

海丝典女士与同事们在英氏园寓所 （从左向右依次为 L. Meeoy、Harviet Barchet、Marion Halsey）

场景五　门卫制度

当时，协和工人的工资明显高于社会上的其他工人，职工和家属都可以提供免费医疗，假期还有差旅费，因此谁也不会对工作怠慢和大意。规定几点上班工人就几点来，早一点大门不开，晚了就算迟到，迟到三次就可能被开除。没有表的工人只好早去，所以不管刮风下雨，清晨的协和铁门外总有一些人在那里等着开门，每个人都很珍惜这份在"油王府"的工作。

当时协和后勤管理之严，从门禁管理制度可见一斑。协和门卫多达 20 余人，由斋务处负责管理。整个协和医学院的病房、科室、宿舍、库房以及外交部街、新开路、北极阁外国专家宿舍等地，都要求夜间值勤人员携带巡更表巡逻。该表内放有一片特别印制的记录纸，在外面还附有十几把不同印记的钥匙，用这些钥匙插入表孔内就可以在纸上记录不同的钥匙印记和插入的时间。负责监督门卫工作的人员，每天晚间可将这些钥匙分别锁在大院围墙内比较安全和往来人员相对稀少的角落里，夜间值勤的门卫身配此表，按照监工人员安放的钥匙位置路线进行巡逻，每到一处就用该处的钥匙插入表孔内打印一次，时间就自动记录在纸盘上，同时还印有该钥匙的印记。如果夜间巡逻人员少到一处，表内记录纸上就会少一处的印记，监工人员如果发现夜间巡逻人员没有按计划路线巡逻，斋务处的负责人有权扣其薪金或开除。

由于这一制度相当严格，所有值勤巡逻人员都非常认真负责地执行，绝对不敢投机犯懒。斋务处的各项工作既繁重琐碎，又非常重要，因为整个协和医学院能否正常运行，各部门能否相互协调配合，都与斋务处的有序管理和缜密组织直接相关。

1947 年入职担任协和附属医院院长秘书的陈厚珩回忆：

1947 年，我初到协和时第一件事，是到东院器材处领取钥匙。当时玉文亮先生保管全院所有的钥匙，钥匙被他整齐地挂在一大排木板上，每把钥匙都附有一张编号的卡片，领取的人要在卡片上签

老协和钥匙柜
图片来源：《中国现代医院史话 —— 北京协和医院》

每一栋楼有一把"总钥匙"，由专人保管，它可以打开这栋楼里的任意一把门锁，但在其他楼则不能用；每个楼层又有"分总钥匙"，可以打开本楼层的任意一把门锁，但在其他楼层则不能用，这样既方便管理，又保障了安全与秩序。

名并协商领用日期。玉文亮先生还有一个小小的车间，可以临时制配钥匙。据说协和附属医院院长有一把总钥匙（实际是总总钥匙），必要时可以开启医院范围内任何一间房屋的门[53]。

协和每栋楼都有一把"总钥匙"，可以打开这栋楼里的任意一把门锁，但在其他楼则不能用；全院16幢楼又有一把"总总钥匙"，它可以打开全院每一个房间。"总总钥匙"共有三把，校长保存一把，总务长有一把，另一把由相关的工程机械总工程师保存[54]（详见上卷251页图片）。

场景六 洋教授的北平生活

当时，来自海外的洋教授在北京租一套装备有电灯、热水、抽水马桶的房子每个月大约要花100~200美元。不过，也有许多美国人和欧洲人更喜欢生活在按照中国传统布置的房子里，这些家庭里有的还饮用井水，点煤油灯，用采暖炉取暖，设备相对简陋，但更让外国教授头疼的是卫生设施的缺乏。尽管如此，这样的房子价格也很诱人，幸运的话50美元就可以租到。20世纪20年代初，南院的部分房间的月租费用：15人合居房，120美元／月；17人合居房，100美元／月；22人集体宿舍，75美元／月。

有文献记载北平当时的物价如下：

最普通的交通工具，花上18~20美分就可以在一月内包租一辆人力车。煤10~12美分／吨，在冬季，起居室用煤平均每月使用4吨，厨房用1吨，电费每月8~12美分。食品可用北平1919年2月的价格为代表，各大城市的价格可能有所不同，但也大体差不多。牛肉14~20美分／斤，嫩牛肉25~30美分／斤，野兔35~40美分／只，鹅1~1.2美元／只，鸡蛋18~24美分／个，苹果6~7美分／斤，松子8~10美分／斤，竹笋10~12美分／斤，花椰菜20~30美分／斤，洋葱6~8美分／斤。

20世纪20年代，穿毛皮大衣的洋教授夫人

不用说，我们生活在天堂里。因为我们来之前，没有想过在北京会有自己的房子，对能够拥有花园和围墙之类的也不抱希望……在这里，管家召集并管理其他的侍者，我们不用操心这类事情。

皮博迪夫人

在北平的生活费用是因各人的嗜好、生活经历以及收入水平而定的，这里没有所谓的最低消费水平。不过，对于一对美国夫妇来讲，一年有 5000 美元的薪水再加上数量可观的住房津贴，那么他们在北平的生活将会很舒适，不比美国的中产阶级差。对于刚来北平的洋教授来说，他们可以选择住在旅店里，一般来说一套很像样的房间价格不会超过每天 8 美元。一个月花上 150 美元就可以包下一套较为宽敞和设施齐全的公寓，而且几乎没有小费。那时的自来水还很少见，即使是较高级的宾馆也是使用井水。

洋教授们生活在北平，他们交往的人中有一些是商人、海军、军官、政府驻华代表，更多的是从事教学和传教活动的人员。他们的生活已经相当的中国化了，并且不仅不单调，可以称得上丰富多彩，如一个月交上 10 美元就可以加入北平俱乐部，这个国际娱乐活动中心提供网球场地和溜冰场等。在北平还有许多教堂，如罗马天主教、联合教堂、主教派教会和基督教会等。每次迈出校园，都可能会是一次新的艺术探险之旅。在学校半英里外，就是举世无双的紫禁城，坐火车向北行驶一小时就到达了长城。外国人还可以坐火车、人力车或汽车，花上一天或半天的时间到西郊进行一次愉快的远足。在炎热的夏天，坐火车顺着北京至天津的奉天铁路，一天时间就可以达到北戴河，很多家庭在这里的海边租赁或者购置房屋，以消夏避暑[55]。

皮博迪夫人（皮博迪夫妇是第一次中国医学考察团成员）觉得在协和的生活很快乐：

不用说，我们生活在天堂里。因为我们来之前，没有想过在北京会有自己的房子，对能够拥有花园和围墙之类的也不抱希望……在这里，管家召集并管理其他的侍者，我们不用操心这类事情[56]。

协和很关心长期住在北京的外籍子女教育。在协和有一所美国学校（Peking American School），由基督教青年会、卫理公会、北京协和医学院及母亲俱乐部共同主办，这所学校位于甘雨胡同（位置详见下卷 401 页），主要是为来自美国的孩子接受初等教育

而创办，到 20 世纪 20 年代初这所学校还开设了高中课程，共有学生 150 名。作为交换条件，医学院向这所学校提供了四万美元的捐款用于改善教学条件，如果洋教授的子女要进入这所学校读书也要交一定的费用，来自协和的教工子女学杂费减半。托儿所每年交 70 美元，一二年级每年交 90 美元，其他年级每年交 125 美元[57]。学校还专门设有教汉语的课程，为外国人学汉语创造了条件。

北平的主要大街两侧排满了各式各样的商店，商品琳琅满目，大街上熙熙攘攘、人头攒动，呈现出一片欣欣向荣的景象，在任意一条大街上都可以找到许多卖瓷器的商店。在德胜门大街上可以找到许多毛皮店，能发现黑貂皮、水獭、貂皮、北极狐狸皮、蒙古犬、俄国羔皮、海豹皮、狼皮、熊皮和鹿皮等各类服装。当然，在买这些皮衣时须仔细挑选，以避免这些皮毛由于潮湿和不合理清洗而腐烂。许多廉价的赝品也汇集其中，由丝绸、布料做成的现代装饰很精美。哈德门大街附近可找到地毯，其中如有旧地毯，通过毛的光泽、颜色等很容易看出。

哈佛医学院微生物学的辛瑟尔（Hans Zinsser）教授被尊为伤寒领域的世界权威。1938 年 3 月 2 日，辛瑟尔来到北平，促使他来此的原因是可以获得学习中国文化的机会。他在艺术方面造诣很深，曾研习并喜爱欧洲文化，如今为神秘的东方文化所吸引。辛瑟尔被北平的生活环境深深地迷住了，他的自传中绘声绘色地介绍这座城市的街景与喧闹：

如果我能够向皮埃尔·洛蒂（Loti，法国作家）或者纪德（Gide）借支笔，我会忍不住描述北京的声音、味道和哈德门大街夜晚拥挤的人群，驮着煤的长毛驼队在汽车、三轮车、孩子们和乞丐们之间穿行。街道如同巴黎大道一样宽阔，黄昏后纵横交错的胡同中会感到神秘的静谧，穿过污秽的胡同小路，推开大门进入安静怡人庭院时的惊喜，以及宫殿的雄伟庄严。

北京协和医学院最初的洋教授主要是从美国和欧洲招来的年轻科学家。当时签约合同是四年，但由于研究和临床环境富有活力，生活环境也非常满意，许多人延迟合同继续待在北京远不止五年。

学龄前儿童

学龄前儿童

一年级学生

二年级学生

高中班级

操场

注：以上照片均摄于 1923 年。

民国时期北平街景漫画

尽管以前的人们不如现代人生活舒适，但是他们自有一种随遇而安的自由和快乐。没有治安规章强迫他们必须要生活得整洁有序。下等人把街道当卧室，他们不习惯、也不需要隐私；店老板要是觉着自己的店面太小，就会把货搬出来占着路边卖；住户乐意把垃圾扔在门口就会把垃圾扔在门口；小贩要是还价还得兴起，可以撂下挑子堵着胡同，几个钟点也雷打不动。

《北京街巷话旧》

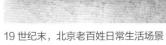

19 世纪末，北京老百姓日常生活场景

图片来源：《1900 年的北京》

场景七　协和员工的工资 [58]

通常，从发达国家来到落后国家开展工作常被视为畏途，协和采取的措施使人们改变这种看法，协和的教职员工的待遇是比较高的，特别是高级医教人员和职工的待遇与其他院校相比，相当明显。

协和工资分两种：一种是外籍职工的，一种是华籍职工的。外籍人员不论是专家、教授、院长等高级人物，还是汽车司机、电话接线生等普通职工，工资都是发美金。华籍职工则不论级别高低一律都拿中国钱。因而就发生了这样反常的现象，汽车司机比医院院长的工资高，原因是院长为中国人而汽车司机是外国人。外国人拿的美金，一折合成中国钱就超过了院长。为此，中国职工进行了一次工资斗争，结果答应中国职员的工资中发一半美金一半银元（仅限于高级职员）。当时1美元折合中国钱3元5角，因此中国高级职员的生活得到了很大程度的改善。

当时协和工资情况大致如下：

专家、主任、教授级年工资12 000美元（这一级的基本都是外国人）；教授级或相当此级别者年工资8 000银元（如是中国人，则其中发一半美元）；高级职员月工资100~120银元，更高的也可拿到200银元；如会计主任毛鉴衡拿到200银元，一般办事员月工资40~60银元。

顾临、胡恒德等高级人员的工资，则由美国直接寄来，数目不详；还有某些外国人的工资数也不公开。外国专家教授来协和工作，都要与罗氏驻华医社签合同，合同中包括任职期限、年薪等，还负担期满后到外地旅行的费用，并实报实销。外国人很讲究旅行，所以协和不但用高薪来聘请各国医学界的名流来工作、讲学，而且还负担其旅行费用，以增加协和的吸引力。

协和的教职员工每年有一个月的休假，工作满六年后可有一年休假，休假期间可赴美进修学习。当时还设有健康保险制度，每月扣除薪金5%，再由院方补加5%，折合美元存于美国银行。高级在职

外籍职工员工年薪和住房津贴（1928-1949年间）

单位：美元

类别	年薪	住房津贴（已婚）	住房津贴（未婚）	类别	年薪	住房津贴（已婚）	住房津贴（未婚）
院长	12 000	1 600	1 200	机械工程师	8 000	1 200	600
教授兼系主任	10 000	1 500	900	总务长	8 000	1 200	600
教授	8 000	1 200	600	图书管理员	2 800	900	360
襄教授	5 200~6 000	1 200	600	宿舍管理员	2 400	900	360
副教授	6 000	1 200	600	护士长	4 000	900	360
宗教事务负责人	5 000	1 200	600	护士	1 600	900	360

注：医学院和医学预科的系主任每年有额外的补助各1 000美元，协和
教师职称等级严明，分教授、襄教授、副教授、讲师、教员、助教六级

员工病残或退休时发还，普通职员则不能享受此待遇，但所有教职员工及其配偶、子女都有享受免费医疗的权利。协和的高待遇，吸引了不少外单位的人来工作，而且很少有不安心工作的情况。

即使工资级别不同，大部分协和中国教授的工资依然比当地类似的中国机构高出许多。例如，1935 年协和医学院襄教授的工资范围是 5 200～6 000 银元，而在 4 个国立医学院校类似职位的工资标准只有 3 600～4 800 银元。况且，人们都知道中国机构的实际工资要远低于政府的目标。

场景八 入学报到和学费

宋鸿钊是协和医学院的毕业生，在校时完成了绒毛膜上皮癌药物根治研究。宋鸿钊入学时是 1937 年，从苏州东吴大学医预科毕业考上协和。当时正值抗日战争，南北交通中断，直到 1938 年他才上了路，但也是绕道上海，坐船到天津塘沽再去北京。船到塘沽，第一次出远门的宋鸿钊正忐忑时，有人上船来告诉他岸上有人接，一见才知是协和派来的，怕他上岸遇到困难，并帮他办理登岸手续。宋鸿钊被送上了去北京的火车，报到注册后即安排宿舍，工友组长接他到学生宿舍，房间里的物品一应俱全。第二天校医通知他检查身体，还准他休息一天以缓解旅途的劳累。

1943 届学生叶惠芳曾回忆：

记得我们入学报到后便拿到一张表，按图索骥就可以找到相关的办事人员。例如先去营房处拿宿舍住房的钥匙；再到被服处量试自己衣服的尺寸，定出衣服的号码；再到图书馆领借书证。每到一处都要签字，不到一天工夫一切与学习和生活有关的手续就全办好了。离开协和到别处工作时，又拿着一张相似的表到各处签字，证明你并没损坏公物、欠款或丢失图书，然后才可以离开协和大门。总之，在协和什么事情都有人管，既管就管得很严。为了保证新生质量，入学前要对新生进行一次全面的体格检查，凡身体有重大缺陷（如四肢残缺、高度近视者）者不得入学。患传染病者，根据情况给以治疗或延期录取[59]。

不仅入学时，上学期间都有定期健康检查、X 光透视检查等，诊断治疗及住院都免费，身体瘦弱者可吃免费供应的鱼肝油。

协和入学时需交注册费 10 银元。经过试读被正式录取者，注册费在第一学期学费内扣除，未被正式录取或录取后不报到者，不予退还。开学时交付学费：第一学年为 70 银元，第二学年的第一学期交 35 银元，以后不再交学费。书籍费约 40～50 银元，书籍大多于一年级时由学校代从国外购买。制服费第一年第一学期交 80 银元，第二、三年各交 10 银元。交制服费后由学校供应蓝制服、白领头、白袖头 5 套，白围裙 7 套，白鞋 3 双，早期还供应毛呢披肩一条，可以改为呢大衣。学生须自备带秒针的手表，其他费用有赔偿费押金 10 银元，显微镜租用费 4 银元。

场景九 住院收费

协和医院病房收费分为三等：一等每天 16 银元，二等每天 3 银元，三等每天 1.5 银元[60]。一般情况下穷人是住不起的。但医院 E 楼一层有个社会服务部，是专对贫苦病人做慈善性服务的。凡住院病人先在此登记，医生认为需要住院治疗但无力负担住院或医疗费用时，社会服务部即派人到该病人家中调查，根据实情确有困难者予以免费，或减收一部分费用；但是有负担能力却故意谎称困难的，仍责令交全费。

住院处主任也是社会服务部的监督员，根据社工人员的申请给病人办理住院手续。有时监督员也简单地了解一下病人的情况，提出自己的决定意见。同时社会服务部也为病人解决各种生活问题，例如代不识字的病人给家人写信，报告治病情况，迎接出院回家，等等。

社会上有些无依无靠的赤贫者或乞丐身患不治之症来求医时，如果符合医院某种研究课题需要，社会服务部即让他们免费住院，连饭费也不收。如果他们死亡，尸体即供医学院学生做解剖用。这是对双方都有利的事，不过在旧社会人们囿于旧习俗，往往对此加以责难。

1920 年，浦爱德（Ida Pruitt）被基金会选送至麻省总医院社会服务部（成立于 1905 年），师从凯恩农（Ida Cannon）学习医学社会工作。颇有天赋的浦爱德在此学习如鱼得水，很快掌握了凯恩农有关医学社会工作的精髓。1921 年 5 月，浦爱德来到协和创立社会服务部，就任协和社会服务部主任，于汝麒任副主任。此时的北京仅有数位基督教女青年会的成员接受过社会服务工作的培训，因此只有几个工作人员，如周励秋、邹觉之、王子明，还有栾淑范女士协助搞筹备工作，人手极度匮乏。

1922 年，步济时（John Stewart Burgess）在燕京大学倡议成立了社会学系。步济时任系主任，6 名教师均是美国人，浦爱德任兼职教师。此后，燕京大学社会学系为协和社会服务部提供了大量的干部人才，每年至少要送一名毕业生到协和医学院社会服务部工作，如任社会服务部副主任和主任的于汝麒及张中堂即毕业于燕大社会学系。在浦爱德的领导下还先后开办了职工社会服务部、怀幼会、救济部及调养院等机构。浦爱德曾派最好的社工人员朱宣慈去南京鼓楼医院辅导社会服务工作，派钱且华去山东齐鲁医学院附属医院建立社会服务部。上海仁济医院、中山医院的社会服务部，也是由浦爱德派人帮助建立的。

浦爱德
（Ida Pruitt，1888-1985）
https://zh.wikipedia.org/wiki/Ida Pruitt

长期生活在中国的浦爱德是中美文化的"混血儿"，她深知中国底层人民的现状和中国传统文化。与其他传教士不同，浦爱德来中国的目的不是拯救"异教徒"的灵魂，而是改善他们的生活状况，并和谐地融入社会。她了解中国传统文化的整合力，社会工作需凭借这种文化背景才能得以推进。

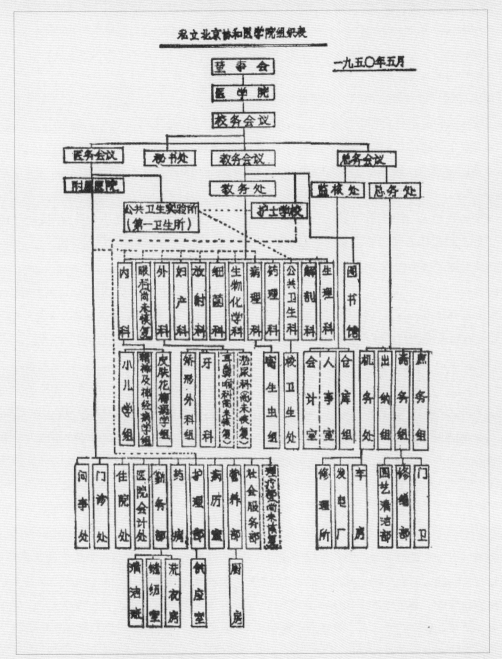

1950 年，私立北京协和医学院组织架构图

资料来源：《老协和》

先进完整的后勤动力保障系统

20 世纪初，中国工业比较落后，北京缺少完善的市政基础设施，协和医学院建设过程中需铺设饮用水、污水、供暖等管线，此外为进行"最高标准和最有效的医学教育和治疗服务"安装了诸多设备，这些设置的确需要丰富的设计和施工组织经验。柯立芝在 1917 年审查赫西的方案时就指出：如无丰富经验的工程师协助，施工中将会碰到很多问题。（协和施工过程中有关后勤设备讨论的来往信件见下卷 608—609 页）。接任赫西的建筑师安内尔曾长期在柯立芝事务所工作，积累了有关设备安装的丰富经验，在制定预算和组织施工方面发挥了很大作用，这也是协和二期工程成功的关键。

由于协和医学院的定位是高标准，这个原则不仅体现在教学体系方面，还体现在后勤保障和设备动力系统方面。

动力系统

20 世纪初，我国工业比较落后，北京市内水电供应不稳定，夜间照明 60 瓦灯泡发的光，只有一支蜡烛那么亮。协和医学院刚刚运营没多久，由于水压太低，水经常上不到三楼，停电停水的现象时有发生。这种状况对协和医学院的医疗、教学和科研都很不利，因此协和医学院自备有深达一千英尺的自流井提供净水。

为了保证医疗、教学和科研正常进行，当初设备工程师在设计之初，就已经考虑到备有一套独立的为全院正常运行的动力系统，全校设有统一而独立的发电厂、高压锅炉房和煤气供应，可供全校所需的蒸汽、暖气以及软化和净化水设备，这部分设施位于新校园东北角处。（详细平面布局见下卷 604 页）

发电机房

在设备用房（M 楼）的地下室，设有动力发电供热的设备供全院照明、取暖及冷热水，还有压缩空气、中低压蒸汽等。为了减少振动和噪声，这个机房建在地下 3 米深处，并设有 3 台 375 千瓦的发电机、4 台蒸汽动力直流发电机组，总发电量为 735 千瓦。输出的电压有两种，供照明和小型马达用的是 110 伏，供大型马达用的是 220 伏。使用这种独立的发电设备，做手术时用电有保证，不受电力公司停电的影响。

除供院内 110 伏特及 220 伏特直流电外，还有为实验用的 4 伏特的用电，同时还有输送到外交部街、新开路，供外籍教授宿舍、护士宿舍和学生宿舍等处用电。

到冬季取暖时，启动 4 台 100 马力的蒸汽锅炉。高压锅炉房也建在地下 3 米深处的 M 楼地下室，其蒸发量为每小时 5 吨水，所以就购置了每平方英寸可承受 125 磅压力的英制拔柏葛水管式的高压锅炉 5 台。它除了供发电机组、各种水泵和气泵用蒸汽外，还向全院输出每平方英寸 60 磅、40 磅和 30 磅压力不同的蒸汽，以供院内进行消毒、化验、炊事、洗衣和冬季取暖之用。

协和从未因停电、停气而影响各科室、病房、手术室等处工作的顺利进行。负责动力系统的职工们日夜坚守岗位，默默无闻地为全院正常运行作出贡献。每年 10 月初开始供暖确保病房、手术室、产房、婴儿室、急诊室的温度都在 20℃以上，所有热水管道都有专人负责，工程师会定期检查及时维修。

发电机房

发电机房

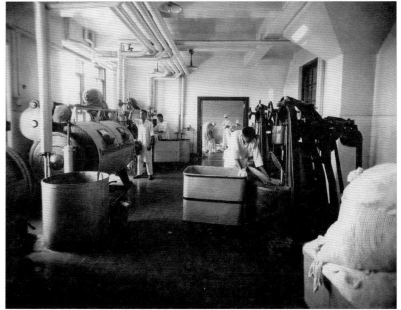

洗衣房的动力及洗衣设备

蒸馏水制备机房

老协和的烟囱

一般情况下，每台锅炉使用三个月就会停下进行维护并除垢，大约需三周检修完。平时只使用3台锅炉，冬季取暖时用4台锅炉供热。4台发电机组除运行时要随时加添润滑油，检查各转动部件的温度、声响等是否正常外，小组还需轮流每周一小检、三年一中检，并更换活塞环等，十年就要大修一次做换洗汽缸、更换活塞等工作。至于各种泵类，每年都必须检修一次，电机、马达每天都要检查一次油、炭精刷子和轴瓦的温度，以确保整个协和医学院的水、电、汽的安全供应。这种严格的管理及固定的规章制度，大大提高了安全系数，数十年不出重大差错，为医疗、科研和教学提供了强有力的保障。

自来水、软化和净化设备

在M楼西侧M1楼还有供全院使用的冷水泵、热水泵、深水井取水的空气压缩机等，抽出的水皆能软化处理，同时开设有提供直饮水的制冷罐和供水泵。各种管道（冷水、热水、软化水、煤气、压缩空气、真空、消毒蒸汽、暖气、污水等几十种）都由电厂经地下管沟通往各楼。

直饮水由深水井抽出，水经过过滤消毒软化处理后，水质清洁可直接饮用，每天都需化验水质。各通道都设有自来水龙头，均标有"可以饮用"字样；全院各处楼道的墙壁上都设有专供饮用的水管，用拇指食指一捏就可出水，病房内的水龙头采用脚踏出水方式，还有一种用肘一碰龙头即可开关，避免用手接触以防污染[61]。（有关软化水厂的建设在上卷308—311页安内尔的报告中也有提及）

除此之外，病房及宿舍一年四季供应热水，供水系统畅通从没有发生断水、漏水和失修的现象。夜间病房如发生漏水问题，夜班护士长及时打电话联系管道工人，随叫随到并立即修好。

由于医院用水、排水量极大，还设有一套自动抽水设备，水位升到一定高度就会自动抽水。当时人们都把这套设备当作神秘的玩意呢。

全院各处均有冷热水、饮用水及压缩空气，各楼实验室均有冷藏室及温室，各病房均有冷藏室。全院各处还设有通风管道及抽风机，可使室内空气每小时交换三至五次，换进来的新鲜空气经过调温处理，室内空气新鲜一年四季可以达到恒温，非常舒适。

由于发电机房的标高低于市内污水沟，只好设有气动、电动排水泵各2台，昼夜轮流不停地工作。污水入化粪池，设有自动控制的抽吸机将净化的水排入下水道。设在地下的火井用燃烧办法处理医院污物及实验动物尸体等，以避免交叉感染。在楼群的东北角，矗立着当年东单一带最高的烟囱。

以上发电机房、锅炉房和自来水净化机房是由3名监工领导19名工人，分三组（每组工作8小时），每日24小时昼夜轮流不停地工作。另外，还配有机修工、锅炉修理工等每日进行检修工作。工人们经常要加班加点，人手不够时还要雇一些临时工。

协和医学院东侧煤气罐

（有关煤气罐的描述详见下卷 604 页）

洗衣设备

动力机房内各种设备

协和医学院后勤保障区包括发电机房、锅炉房和自来水净化机房及管道系统等。这些先进设施成为体现协医"现代性"的重要标志，反复见诸中外媒体的报道中。

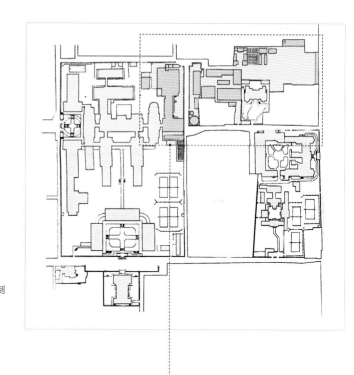

原工业用地 16.82 亩，1925 年建设成为协和后勤保障区，设有"五厂"（制冷厂、氧气厂、煤气厂、机修厂和电工厂）、汽车房、印字室、制图室、斋务处等。

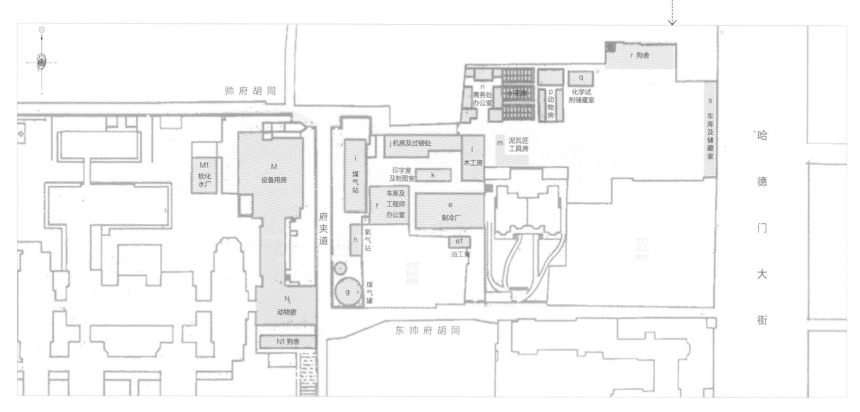

帅 府 胡 同

东 帅 府 胡 同

府 夹 道

哈 德 门 大 街

M1 软化水厂

M 设备用房

N 动物房

N1 狗舍

i 煤气站

h 氧气站

g 煤气罐

j 机房及过磅处

印字室及制图室

f 车库及工程师办公室

k

e 制冷厂

e1 油工室

l 木工房

m 泥瓦匠工具房

n 斋务处办公室

o 花房

p 动物房

q 化学试剂储藏室

r 狗舍

s 车库及储藏室

中方私人用地

"五厂""五房"

当时协和动力设备的配置分为常规配置、自来水等净化设备，还有"五厂"（制冷厂、氧气厂、煤气厂、修理厂及电工厂）——当时"五厂"只在美国少数高标准的医院才设置，可见协和全面而先进的配置在当时的中国已经是绝无仅有的了。

1. 制冷厂（e 楼）

在制冷厂设有氨压机 4 台，共 160 马力。盐水池 2 个，制冰池 1 个，日产 300 磅重的冰块 15 块，可满足病房、厨房、化验室及冷库等的冷冻之用。

2. 氧气厂（h 楼）

氧气厂设有氧气发生罐 2 个，50 立方英尺存气罐 1 个，所制出的氧气专门供院内临床之用。

3. 煤气厂（g 楼）

煤气厂的设备主要有干馏式煤气发生炉 3 台，此外还有总容量为 2500 立方英尺的储气罐 2 个，除了供给医疗、实验和餐饮用气外，还需提供外交部街和新开路的外国教授宿舍餐饮使用。（关于煤气厂的建设上卷 308-311 页安内尔报告中也有提及）

4. 修理厂及电工厂（n 楼）

为了减少噪声，在远离医院的对面设立机械修理工厂，如医疗器械、病房轮椅、推车、担架等均可送去检修，十分方便。主要对院内各个病房、各科化验室、各厂房的设备、仪器、机器和手术器械等进行维修、保养和存放。同时这两个工厂还备有车床、铣床、钻床等机器设备，并配有各种不同机床的技工师傅，如钳工、车工、铣工、锻工、白铁工、管道工、电工、电镀工、修电话工、电梯司机等，总共 60 多名工人师傅。同时，两名技术监管人员负责指挥两厂全部工人的技术工作，总的领导工作由斋务处直接负责。

制度规定，每天都必须派两名管工和一名电工夜间值勤，以防夜间楼内病房发生管道跑水、跑气，或电灯、电器发生故障等。一旦出现问题，电话通知电厂的值班室，工人接到电话后立即前往检修，非常及时。"五厂"均设在东帅府胡同北侧后勤保障区内。

当时协和工人们都很敬业，没有什么奖励之说。如果生病或有事情请假都要扣工资，如工作中不听指挥、违反操作规程出现失误，轻者要受训斥，重者立即开除。协和医学院的工人一般是由监工负责雇佣或解雇，只要本部门负责人批准即可。因为那时工人就业相当困难，为了养家糊口工作必须老老实实、认认真真，才能保住饭碗，而且当时协和工人的工资明显高于社会其他部门，谁也不敢对工作怠慢和大意，这也是很少出差错的主要原因之一。

"五房"（电话房、洗衣房、过磅房、花房、汽车房）的功能也是参照美国的高标准设置，尤其是洗衣房的现代化配置程度之高远远超出想象，甚至有些设备目前仍在使用。

1. 电话房（F 楼）

全校对外联系有 10 条电话专线，对内交换台有 200 条线，总电话机设有 2 台，配备有电话工及电话修理工若干名。电话房负责全院信号灯的管理和维修工作。

美国人很重视电话交换台，他们害怕泄密。开始时一律录用外籍姑娘，但电话交换台要昼夜工作，而外籍姑娘不肯值夜班，所以大约两年以后，就开始改用会说英语的中国人了。

2. 洗衣房（M 楼一层）

在医学院东北角设有先进完善的洗衣房，有洗衣机、甩干机、熨衣机、毛毯干燥架等，全部半自动化承担全院病房、科室及男女宿舍被服的清洗工作。洗衣房每日可处理 3 000 件衣服、被单等，还包括洗涤、烘干、烫平等工序。

洗衣房有一套科学的管理制度，污染的和洗净熨干的被服，分别从不同的通道取送。除了负责全院各科病房衣、帽、床单、地毯等清洗外，还要清洗医护人员和职员的工作服。病人每天换下来的衣被服绝不允许在地上抖开清点，而是装进污衣袋中，由洗衣房派人到病房收取污衣袋，回到污衣室清点并记录。这些衣物被服都要洗净、熨平和补好后才能发出，绝不允许带有破绽、缺扣少带、起皱不平或未洗干净的衣物发到使用单位。洗衣房每日需要洗衣机洗涤和熨烫的成千件各种被服，熨烫得平整洁白令人目眩。

3. 过磅房（j 楼）

协和高质量的保障运行导致用煤量非常惊人，所以还设有专门过磅的磅房，有专人司磅。当时已装有地磅，司磅人坐在屋内可查看记录磅数。

4. 花房（o 楼）

为美化全院环境，后勤保障区设有花房，聘请花匠管理保证一年四季有鲜花。各种花卉、绿草陈放在走廊、病房、宿舍的客厅、会议室、礼堂、庭院里，庭院里还有不少绿草坪、丁香、松柏树等，将这所宫殿式的建筑群装点得更加温馨怡人。

5. 汽车房（s 楼）

汽车房备有供医生出诊用的小汽车 4 辆，运送货物、倒运垃圾和杂物等大小卡车共 4 辆，接送职员上下班的大轿车 1 辆以及洒水车 1 辆，接送病人的专用救护车 1 辆，总共大约有十余辆各种不同型号的汽车。

除此之外，还设有木工房（l 楼）、泥瓦匠工具房（m 楼）、动物房（p 楼）、油工房（e1 楼）。

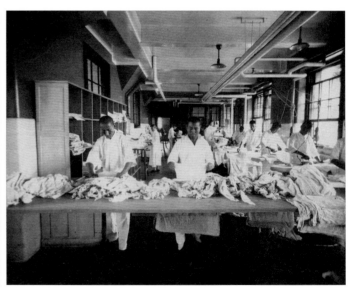

设备用房（M 楼）一层的洗衣房，当时备有自动熨烫设备

"三室、一处"

为了保障后勤工作按制度有序进行及建筑的维护和管理,"三室、一处"的设置也是必不可少的。

1. 缝纫室（G 楼地下一层）

这个部门由家政科的主任海丝典女士和她的助手负责。缝纫室设有缝纫机 20 台,相应地配有 20 余名裁缝,负责缝制及供给全院医师、护士及其他工作人员的工作服,以及病房所用的袋、床单、枕套、被罩、病人的衣裤等。如遇有破旧的被服,则由缝纫室修补或改制他用。即使是大小便失禁病人使用的褥垫、丁字带、尿布等也绝不随意浪费。所有工作都制定有操作规章,照章办事并井然有序。

2. 印字室（k 楼）

印字室备有印刷机 3 台,负责印制病房、科室所用的各种表格、单据以及协和医学院的各种教材、资料、报表等。

3. 制图室（k 楼）

制图员 3 人由斋务处直接领导,专门负责全院的房屋、桌椅板凳及各种需用家具的设计,绘制出图纸交给斋务处进行制作。同时,制图室还负责保管各种绘制的图纸等各项工作。

除此之外,还设有工程师办公室（f 楼）、化学试剂储藏室（q 楼）。

4.斋务处（n 楼）

负责全院房屋、门窗、桌椅及各种家具、衣柜等的保管和维修工作。由中外籍人员各一名共同负责管理和指导各工种的工作,包括木工、油工、瓦工、园艺工等;除了对医学院内的房屋设施及家具进行制作和维修以外,还担负着外交部街、新开路、北极阁等外国专家宿舍同样的工作。全院的门窗、桌子配备的钥匙均由指定的两位中外负责人保管,不允许有任何差错。

当时协和医学院整体管理水平不但在国内是首屈一指的,在国际上也算是第一流的。校董胡适在第一届毕业生的毕业典礼时讲道:

协和的一切设备都是极其先进的,因此大家一旦毕业后,到中国各地去行医时,将会感到棘手,希望大家能克服各种困难,完善工作[62]。

花房（o 楼）

助手罗伯特·瑞格写给柯立芝事务所工程师克松的信

著者感言：

    罗伯特·瑞格是柯立芝事务所工程师克松的助手，可以看出柯立芝虽然不是总建筑师，但是柯立芝团队包括他本人一直作为顾问参与整个项目。由于他们经验丰富、尽心尽责，使得协和医学院的建筑使用性能质量，包括水、暖、电等设备系统也达到了高质量的标准。

1919 年 4 月 17 日

罗伯特·瑞格给克松的信：

主要内容：

1. 在克松先生的指导下，主要讨论电器方面的问题。
2. 关于建筑 J 楼的隐蔽线路的安装。
3. 电话系统的设计图，有从接线盒引出的管道和电线的铺设。
4. 消防报警系统规格和制造商的图纸。
5. 亚当先生没有提供进一步的详细图纸，B、C 和 D 楼的安装计划，考虑到销售地点，修改图在中国完成。
6. 各类设备厂家图纸清单。
7. 电话系统、报警器和护士呼叫系统，消防报警系统，医生叫号系统，低压蓄电池系统，试验性电力系统，目前在亚当先生的设计图纸中没有深入考虑进一步的细节。

Boston, Mass., April 17, 1919.

Mr. Alfred J. Hixon,
246 Summer Street,
Boston, Mass.

My dear Mr. Hixon:-

    In accordance with your instructions, I went to Baltimore and saw Mr. Henry Adams and his assistant, Mr. Glacier, in reference to the Electric Work for the Union Medical College, Peking, China; and I secured the following information.

    First refer to your letter of April 14th. addressed to Coolidge & Shattuck, a copy of which is attached hereto.

    Item #1. Feeders for Building J are as shown on the old plans. Mr. Evers has plans which show the amount of Construction Work accomplished to date. Mr. Adams is not in a position to give any information beyond what is at present in our possession.

    Item #2. All the information in regard to the Telephone System is indicated on the original drawings of the Plot Plans, and as specified in the Specifications, and Manufacturers' Drawings referred to hereafter. No other drawings have been gotten out showing the method of running of conduits and wires from the Junction Boxes, which are shown on the Plot Plans. It is my understanding that Mr. Adams does not contemplate getting out any further information in regard to this system.

    Item #3. Mr. Adams has not drawn any plans nor written any specifications for any Electric Time Clock System, and does not contemplate doing so.

    Item #4. Mr. Adams has not drawn up any plans nor made any specifications for any experimental purposes in Building J, or in any of the other buildings of the group.

    Item #5. Mr. Adams has not made revised drawings for the electric work in Building J.

    Item #6. The only information which is available in reference to the Fire Alarm System is that called for in the specifications, and the Manufacturers drawings referred to hereafter.

    It is my understanding that Mr. Adams does not propose making any further detailed drawings in connection with this system. He informs me that as yet no revised drawings have been completed which take into consideration the changes which were made upon the site in China.

    The Fixture Schedule which was forwarded to us for Buildings B, C and D, Mr. Adams advises me was gotten out by Mr. Evers, and takes into consideration the Outlets in accordance with revisions which were made in China.

The only drawings at present available, showing the existing conditions of the electric work, are those which Mr. Evers is in possesseion of, dated March 19th., 1919.

The following is a list of drawings prepared by the Manufacturers of the various apparatus which has been ordered. Mr. Adams has one copy of each of these manufacturers and send us prints of these drawings, immediately.

ENGINES AND GENERATORS.

Engines by the Ball Engine Co., H.E.Crook, Agent.
Generators by the General Electric Co., Baltimore Office.

Ball Engine Co. Drawing #K-3692 for 150 K.W.
Ball Engine Co. Drawing #K-3747 for 75 K.W.
General Electric Drawing #M-1930025 for 75 K.W.Set.
General Electric Drawing #P-1884341 for 150 K.W.Generator.

MAIN SWITCHBOARD, POWER AND LIGHT PANELS & CABINETS.

Metropolitan Drawing #109-11, Back of Board.
Metropolitan Drawing #109-10, Front of Board.
Metropolitan Drawing #109-14, Power Panels & Cabinets.
Metropolitan Drawing #109-12, Light Panels & Cabinets.

TELEPHONE SYSTEM.

Kellogg Switchboard & Supply Company, Chicago.
Apparatus ordered through the Holtzer-Cabot Co., Baltimore. Specifications for Board, #11383, and Drawings #20145, #22081, #20108, #20111, #20110, and #20109.

ANNUNCIATORS AND NURSES SIGNAL SYSTEM.

Holtzer-Cabot Drawings, #B-54, B-68, B-65, B-67, B-90 B-99, B-69, #45315 and #45316.

MOTOR GENERATOR SETS.

Holtzer-Cabot Drawing #3263 and #13486.

FIRE ALARM SYSTEM.

Holtzer-Cabot Drawing #45313.

DOCTORS CALLING SYSTEM.

Holtzer-Cabot Drawing #45317.

LOW TENSION STORAGE BATTERY SET.

Ordered from Holtzer-Cabot Company, Electric Storage Battery Co.'s Drawings #B-31652.

LOW TENSION CONTROL PANEL.

Holtzer-Cabot Drawings #27074, and #25039.

LOW TENSION CONNECTING STRIPS & CABINETS.

Ordered from Holtzer-Cabot Company, Metropolitan Drawings #109-61 and #109-28.

The following is a list of additional information which Mr. Adams has, and which we have not, but which Mr. Adams has agreed to send us.

Requisition #35230, Given to H. E. Crook Company, for the engines. Also copy of the Specifications prepared by the H. E. Crook Company.

Holtzer-Cabot's proposal on Requisition #35218.

Requisition #35225. Addenda to Specifications stating the method of drawing Low Tension Cable, and legend of outlets. In reference to above requisition numbers, we would say that they are Mr. Adams requisition numbers for material which has been ordered.

The following is information which we have, but which Mr. Adams has not got, and which he has requested us to send him copies of:

Order #46256, #45451, #43089, #42990, Schedule giving location of Terminals, Schedule giving location of heart Stations.

Order #45451, for Electric Clocks, was ordered without Mr. Adams' knowledge, but he understands they are for Lockhart Hall.

No specifications are available other than those called for on the order.

Order #44402 is for material ordered by Mr. Crockford, the Electrician on the job.

Order #44372 and #44371 are for fifteen Magneto Wall Telephones which were ordered for temporary construction work. Order #43089 is for material which was ordered by Mr. Bennett or Mr. Hussey, and order #42990 was ordered by Mr. Hussey or Mr. Bennett, without Mr. Adams' knowledge.

Order #44417 is for material ordered by Mr. Adams for the Faculty Residence.

Mr. Donald E. Baxter's letter of April 4th., copy of which is attached hereto, is an entirely new proposition as far as Mr. Adams is concerned, and he has made no plans in reference to same.

In general, in reference to Telephone System, Annunciator and Nurses Signal Systems, Fire Alarm System, Doctors Calling System, Low Tension Storage Battery System, and Experimental Power System, Mr. Adams gives me to understand that he did not contemplate making any further details, other than has already been shown on his plans, and called for in the specifications, and as shown on the Manufacturers Drawings referred to above.

Very truly yours,

Robert R. Ringer
By G.L.E.

RRR:GB

有关 PUMC 建筑和设备方面的会议报告

会议时间：1919 年 2 月 8 日

会议地点：华盛顿，D.C.

参会人员：

柯立芝（建筑顾问）　　　　　亚当（设备咨询公司工程师）

麦克林（协和首任校长）　　　巴克斯特（工程总指挥）

柯克（洛克菲勒基金会审计官）　史密斯（约翰·霍普金斯医学院院长）

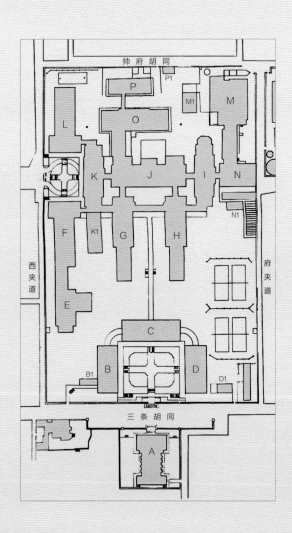

1. 机电设备（M 楼）

由于北京市政电力系统很不稳定，大家都一致同意没有必要和北京市政电力系统相连。亚当建议应设置备用系统来应对动力系统出现意外的情况，柯立芝将会审阅亚当提供的所有动力系统图纸和设计说明，进一步确认亚当提出的计划是否可行。

2. 独立电话系统（F 楼）

建议所有独立办公室的电话系统都分散至各个办公用房里，行政系统的工作人员之间需要设置有效的连接方法。为满足以上需求，亚当需要扩大相关房间的电缆承载量。

3. 集中设置次要的电力系统单元（所有建筑）

为了减少运营的成本，并保证其时效性，建议使用交换器来供应目前的母钟系统、心脏检查平台、水疗系统、护理单元的呼叫系统及物流分发服务系统，这些都应放在总控下的同一个单元中，即动力机房内。

4. 照明（B、C、D 楼）

会议商定请两家或两家以上的电器公司提供电器的样品，包括医学院和附属医院及住宅区的建议预算值。

5. 照明（住宅区）

住宅区的照明系统从主照明系统提供，不再单独设置。提出主电力系统扩大容量还可服务于预科学校和南北住宅区及宿舍。但麦克林认为我们的主发动机不太可能像北京市政一样跨越公共街道。胡恒德认为针对此建议应再做一个论证，确认方案可行性及成本金额。

6. 压缩空气（所有建筑）

　　压缩空气主要供应实验室、设备用房、物流发放系统等。亚当指出由于压缩空气需要额外的电力系统，但目前没有可靠的数据支撑所需压缩空气的量，也不能确定压缩空气管道的位置及管道的尺寸。巴克斯特说可以提供每个部门压缩空气的需求信息给亚当，这样亚当就可以在设计说明中详细说明压缩空气储存罐数量、压力值等数据。

7. ANDERSON JR.STEAM TRAPS（供应蒸汽汽水阀公司）

　　亚当说，购买这个公司的配件主要用在电力机房里，选择这个品牌并不是因为其外表，而是其质量上乘。配件已经购买完成，正在运输的路上。

8. 燃气系统（M 楼）

　　在设计中除了实验室使用了煤气系统，其他均使用燃气系统，但这样煤气系统需要一个供应量小的设备，市面上只有一种。巴克斯特认为煤气的系统也足够为这样的目的使用，最终决定由柯立芝和亚当再进一步落实该问题。

9. 集中供热系统（北院住宅）

　　独立安装中心供热系统，优点是高效并减少所造成的烟和灰尘的污染，但柯立芝有不同的意见，认为不足 100 家设置集中供热并不经济，建议分散式供热，最终采纳柯立芝的建议。

10. 厨房排烟管道（J 楼地下室）

　　讨论烟道的设计是内置还是外置，同时要考虑未来与煤气和燃气的匹配性，这些问题都需要进一步落实。也同意柯立芝和亚当进一步研究同时适用于煤气和燃气的烟道设计。

11. 进一步研究厨房相关问题（E、J、K 楼）

　　已经有两个厨房供应商（Albert Pick & Co. and Branhall Deane & Co.）给提供了厨房详细布置图及估算，我们需要进行对比，并考证是否能与我们用煤气和用燃气的需求相匹配。

12. 计量表（所有建筑）

　　动力机房应安装总计量表，其他大用量部门如厨房、洗衣服、医学院等均应安装分计量表，这样就很容易测量出每个部门的用电用气量。巴克斯特要求亚当在购买之前需提供仪表清单，包括各计量表的位置和价格。

13. 水系统铜管

　　考虑到战争期间运输和成本问题应尽可能少运输铜管。胡恒德、贝恩特、赫西和亚当等进行了详细的论证，最终综合经济性、使用长久性等多方面因素决定铜管仅用在医学院热水系统中。

14. 饰面砖的化学处理（所有建筑）

　　由于饰面砖很软容易风化，需要进行表面处理。Nicholson 和 Galloway 公司提供了处理方案，花费 3600 美金。需要柯立芝进一步调查这两家公司的满意度及其他信息，并关注是否有其他合适的公司。同时进一步分析砖的成分，找到合适处理方法。

15-18. 位置变化（泌尿生殖科，儿科，五官科，皮肤性病科，J 楼）

　　将儿科移走。泌尿生殖科移到二楼的原儿科区，皮肤性病科与泌尿生殖部设同一层，这样所有的外科部门可以集中放置并便于管理，提高效率，也没有增加额外投入。五官科移到原来皮肤性病科的位置，这样五官科可以有更多的空间并具有可扩展性。

19. 取消楼梯（J楼，地下室）

J楼五官科等候厅通向外科等候厅的楼梯取消，目的是提供更多的等候空间。

20. 位置变化（社会服务部，K楼，地下室）

根据行政的需求，这个部门移动到8号房间。这样也可以扩大12号房间和13号房间，这两间房用作衣物消毒空间。14号房间是清洗修补患者衣物用房。

21. 有关加床（特殊病房E楼）

三层将18床加到25床，原因有以下几点：

（1）南方VIP患者的需求；

（2）床性价比较高；

（3）增加病房未来发展性。

史密斯指出增加床位可以满足CMB强调VIP护理的想法，麦克林也认为增加至25张床位符合最早设定10%VIP床位的目标。增加床位也并没有增加成本，此建议获得大家一致同意。

22. 建筑设计图纸变更（特殊病房E楼）

由于尺寸问题，建议用坡道代替原楼电梯，但三楼还保留电梯，因为若使用坡道就太陡了。这一决定获得了大家一致通过。

23. 屋顶和雨棚的建设（F楼和E楼之间）

建议F楼和E楼之间的连廊设置屋顶，原因是希望增加进入E楼的通道，供患者和员工使用，因为地下室通道常设有管道，使用起来很不方便。柯立芝提出由于墙面交接问题，实施起来会有难度，但由于这样做在管理和使用上都有好处，最终决定采纳此建议。

24. 建筑大样图（G、H楼）

建议在大样图中将固定的安装设备、其他设备及家具等内容细化，将图纸尽快给北京发过去。亚当说大部分工作已经完成，史密斯在图纸上提出了更落地的建议。亚当还可以增加一些额外的图纸，特别是特殊设备用房，完成后请发给巴克斯特。

25. 制冷设备空间（E、J、L楼）

制冷系统需要重新研究，如果确实必要可以做一定调整，因为这部分从第一版图纸完成后做了很多修改，同时尽可能在中心控制室（J楼中心厨房内）放置制冷设备，亚当需要调整图纸时考虑与已经完成的空间相匹配。护士房间的制冷空间和E楼的制冷空间可以尽量大一些，因为需要有一些实际的操作空间，也可以当作储存等其他用途。

26. 烹饪学校的建设和选址（L楼地下室）

将2号和3号房间的隔墙打通并成为大房间，作为烹饪学校使用。

27. 进一步研究X光功能单元（J楼二层）

由于在过去两年中，技术和设备都发展很快，需要和部门领导及设备供应商一起重新研究X光的相关问题，修改图纸后需要移交给建设委员会并进一步确认。

28. 需进一步研究手术室（J楼4层）

增加设备的设计细节并明确空间的划分，修改后需要移交给建设委员会并进一步确认。

29. 手术室天花和墙面的材料（J 楼 4 层）

史密斯、巴克斯特和柯立芝选择了天花和墙面的瓷砖。柯立芝负责提供瓷砖市场上的样品和价格，需交给史密斯和巴克斯特进一步确认。

30. 家具（所有护理单元）

根据史密斯和柯立芝的建议，最终决定用木制椅子代替原来不锈钢椅子作为护士椅。

31. 洗衣房的分拣室

建议进一步研究洗衣房的功能以满足需求，提供污物室及分拣室设计细节。

32. 提供蒸馏水

讨论决定在动力机房安装提供蒸馏水的设备，此设备需要产生足够的量供应所有部门。可以考虑先用大的容器制备再进行分发，亚当需要落实所有可用的设备信息，修改后移交给建设委员会。

33. 净化水的供应

在机房设置无菌水管道是不明智的。史密斯认为根据约翰·霍普金斯的经验设置无菌水管道成本非常高。经过讨论，大家一致认为性价比不高，不予采用。（净化水设备在下卷 603 页提及）

34. 中心消毒室与手术室同层

全院的消毒物品都是集中在中心消毒室进行消毒。史密斯指出主要的消毒设备应该放在建筑的其他部分，但是所有的消毒物品需要保证清洁度标准。最终结论为消毒设备要么放在手术室同层，要么单独建立空间，但一定要达到消毒要求。

35. 防火疏散

柯立芝认为需要增加疏散楼梯，但史密斯持不同意见，认为一旦出现火灾会有能力及时扑灭。最终讨论结果遵从柯立芝建议，在病房楼出入口北端增加一个额外的疏散楼梯。

36. 在生化实验室里设置喷淋

史密斯希望在实验室显眼的地方设置喷淋，这样有险情的时候可以快速使用。他表示跟赫西提及过此事，但赫西在设计图中并没有体现。

37. 暴露的水管和供暖管

巴克斯特提醒大家在赫西提供的动力机房的图纸中可以看到，一些管道埋在了墙里。巴克斯特认为一些管道需要暴露在外，方便维修。

38. 扩大的员工宿舍

巴克斯特指出应当扩大员工宿舍，这样可以让员工都在医院外面居住，以保证医院的医疗洁净环境。但由于现在无法确定具体员工人数，需要柯立芝进一步确定后再更改图纸。

（建成后图纸见上卷 264-303 页）

名人轶事

名教授

　　协和的名教授是协和三宝之一，协和名教授之多就像星空中闪耀的星星，有关报道协和名教授的文章书籍很多。由于篇幅有限，这里仅列举几个非常感人和鲜为人知的故事。

邓家栋教授

　　1936 年春夏之交，邓家栋收治了一位患急性脊髓灰质炎（小儿麻痹）的 25 岁美国青年，名字为斯奈特。他是美国一个富翁的儿子，随父到中国旅游，在上海感染上这个病。当从上海转到北京协和附属医院时，斯奈特高热不退且下肢已瘫痪。更可怕的是，病情已经开始波及上肢，幸好神志尚清晰。邓家栋诊断，该患者麻痹病变尚在发展之中但仍可治愈。夜间邓家栋去查房，意外发现病人呼吸时只见腹部运动而胸部则完全停止运动，呼吸短促并出现紫绀。邓家栋当即判断出，患者的病变已波及呼吸肌神经，如果不及时采取措施将很快就会因呼吸麻痹而死亡。经与总住院医师协商决定将患者立即放入人工呼吸机，然后向主治医师报告。多亏邓家栋的及时救治，病人的紫绀随后消失了，情绪也安定下来。斯奈特当时住在 P 楼二层传染病病房，被装入"铁肺"（人工呼吸器）机器箱内用电力压肺呼吸，没电时就得用四个工友轮换压动帮他呼吸。从此该病人生活在呼吸器中，当时被称为"铁肺"人，是中国唯一的一个病例。值得庆贺的是，治疗后他的病变亦未再进一步发展，直至 1937 年 6 月斯奈特乘海轮返回美国。

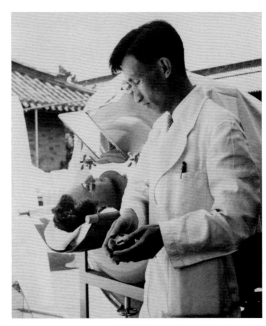

邓家栋教授治疗"铁肺"病人场景
图片来源：《中国现代医院史话 —— 北京协和医院》

斯奈特在协和住院 13 个月，没有发生并发症和褥疮，情况一直良好。患者回国后戴上了轻便的呼吸器，竟能外出看足球赛，后来还结婚并生育了孩子。为感谢邓家栋的救命之恩，患者的父亲曾主动提出资助邓家栋到美国留学两年，被邓家栋婉言谢绝了。不过一直到 1949 年前，邓家栋都与患者家属保持着联系，这也从一个侧面体现了邓家栋的高尚品德和正直为人，反映了他对病人认真负责，对临床工作兢兢业业、一丝不苟的作风。

刘瑞恒教授

刘瑞恒教授是协和外科创始人之一，曾在美国哈佛大学医学院学习肿瘤外科，学成后在协和继续从事肿瘤的研究。

由于受到传统社会旧习俗的影响，当时中国的尸体检验工作面临很多困难。为了增加尸检的数量，刘瑞恒提议由医院对病危的患者赠给一口棺材，如果患者对这口棺材满意，患者及家属才会同意患者死后进行尸检，刘瑞恒在提倡尸体解剖上曾做过不少努力。

1924 年直奉战争时期，他应冯玉祥之邀，在北京南苑旧营房成立一个后方急救医院，组织协和的医护人员和学生去救死扶伤，手术治疗 3 000 余人，死亡率极低，危重伤员则转送到协和附属医院病房进行必要的医治。

1925 年，刘瑞恒与兰安生共同在北京建立了第一卫生事务所，是我国近代公共卫生工作之始。

1929 年，教育部规定高等学校必须由中国人担任校长，于是同年春天他被任命为协和医学院校长，不久又被南京国民政府任命为

刘瑞恒（1890-1961）

刘瑞恒，字月如，出生于天津市，是中国近代医学及公共卫生开拓及发展先驱。刘瑞恒于 1913 年获得哈佛医学院医学博士学位，是旧中国首位在哈佛医学院毕业的学生。

1919 年，刘瑞恒在协和外科任讲师，后到美国洛克菲勒研究所进行肿瘤移植的研究，两年之后又回到协和外科，1922 年提升为外科襄教授。他曾是孙中山、梁启超的主刀医生。1929 年晋升为协和医学院校长，不久又被南京国民政府任命为中央卫生署署长。

中央卫生署署长。刘瑞恒在1929-1938年的9年任期中始终不在任，所以名义上是中国人任院长，实际上行政领导权仍在美国人手中。

1932年，刘瑞恒任军医总监部总监，兼任陆军军医学校校长，身兼卫生行政、技术及医疗三个最高机构之首长。刘瑞恒创建了中国军事医学，直奉战争期间曾组织学校三、四年级学生到冯玉祥将军的战地医院做实地诊疗工作，为中国军事医学储备了人才。刘瑞恒担任军医署长后，利用北京协和医学院的人才资源，建立了军事医学雏形，在抗日战争中发挥了巨大作用。刘瑞恒是中国近代医学史上的一位风云人物，对中国近代医学的建设作出了重要贡献，他的学生诸福棠评价其为：医界硕彦，闻名于时。

钟惠澜教授

钟惠澜是一位成就卓著的医学科学家，精通六国语言并可以阅读八种外文资料。他曾发表过近400篇学术论文，有过近200项发现和发明。这样一位对人类医学事业作出过杰出贡献的科学家，在他生命的弥留之际提出的唯一请求，是将自己的遗体献给医学事业。新中国成立以后，钟惠澜先后担任了中央人民医院院长、北京友谊医院院长、全国政协常委、中国科学院学部委员、中华医学会副会长、北京热带医学研究所所长等职。《人民日报》曾用"半世纪奋斗，热带医学奠基人；一辈子认真，高尚品德爱国者"来评价钟惠澜的一生。

钟教授的夫人李懿征医生1929年于广东夏葛医学院毕业后，来到北京协和医学院的内科进修，与当时在协和内科做住院医生的钟惠澜相识，并于1933年结婚。李懿征医生曾回忆两件事：

在旧中国，黑热病流行蔓延，死亡率很高。当时还年轻的钟惠澜决心找到防治这种疫病的有效方法。疫病似虎狼，钟教授却要虎口夺人。在20世纪30年代至40年代初，惠澜通过大量科学调查，首先证明了我国中华白蛉是犬黑热病的传染媒介，并首次证明了犬、人、白蛉三者之间黑热病流行环节的关系，从而推翻了当时国际上认为人、犬、利什曼原虫（病原体）属于不同种别的学说。

为了证明犬与人黑热病的一致性，惠澜曾和我商量需要对我进行试验，即在我皮下及皮内注射犬黑热病的病原体（惠澜自己因患过黑热病，体内已产生抗体，再在自己身上进行这类试验已无效），注射后5个月，我便出现了黑热病的典型症状，经胸骨穿刺检查，骨髓内出现有黑热病病原体。这就完全证明了犬、人、白蛉三者之间的黑热病传染环节的关系，这一实验具有重大的理论和实践意义。随后，惠澜还发明了一种特异的普查黑热病的诊断方法，即"钟氏黑热病补体结合试验"。钟教授在黑热病理论、预防、临床等方面进行了大量研究，作出了卓越贡献。

旧中国的劳动人民衣不蔽体，食不果腹，身上一般都带有大量虱子。病虱这一传染中间宿主，导致穷苦人民之中回归热经常流行。惠澜为了解除贫苦病人的病痛，决心对回归热进行研究。1936年至1942年，惠澜经常出入于贫苦大众（包括乞丐）的聚集地，进行流行病学调查，也为他们免费治疗。有时他回到家里身上也带有虱子，衣服脱下来后我得为他烫洗。当时西方学者认为，人类患有回归热是由病虱吮吸所致。回归热患者体内存在一种螺旋体，在缓解期（即无热期）螺旋体变为人们所看不见的超显微颗粒，热症复发期（回归期）超显微颗粒又变为螺旋体。惠澜在冯兰洲教授的协助下，经过对大量病虱的解剖，发现

林可胜（1897-1969）

林可胜出生于新加坡的豪门望族。先后毕业于爱丁堡大学、芝加哥大学，获博士学位，是中国近代最杰出的科学家之一，中国现代生理学的主要奠基人，美国国家科学院第一位华人院士、中央研究院首届院士。林可胜对中国的贡献超出科学范围。

1925-1935年，林可胜任协和医学院生理系主任；1935-1937年，担任协和医学院三人领导小组成员，执行院长职务。林可胜在协和工作的十年是协和医学院的黄金时代，被中外誉为中国现代医学的摇篮。

病虱的腮腺、唾液和口部并不存在螺旋体。他还用自己的身体做试验，在身上养了很多病虱，使病虱在7天内咬他1000多次，但他并未因此而致病，从而证明了回归热不是由病虱吮吸所致。

惠澜进一步研究发现，在病虱体腔内确实存有大量螺旋体，只有当病虱的皮肤或黏膜被擦破时，大量螺旋体从体腔内溢出，才能使人感染致病。同时他还证明了根本不存在螺旋体变为超显微颗粒的情况，只是在缓解期绝大部分螺旋体被人体自身的免疫力所消灭，但因免疫形成得不完全，螺旋体消灭得不彻底，残存的螺旋体用一般方法不易发现。惠澜的这些研究成果，推翻了西方学者关于这方面的错误学说，得到了国际医学界的公认，并被各国医学教科书所采用[63]。

林可胜教授

林可胜教授是一位爱国的医学家、生理学家和医学教育家。林可胜教授出生于1897年，原籍福建厦门，侨居印尼。其父林文庆曾留学英国、是首位获维多利亚女王奖学金的华人。林文庆为同盟会成员，1911年被孙中山任命为南京临时政府内务部第一任卫生司司长，翌年任孙中山的私人医生和机要秘书，代表中国参加巴黎及罗马的会议。1919年在陈嘉庚资助下，他创办厦门大学，任首任校长。

林可胜在苏格兰爱丁堡大学杰出的生理学家沙佛尔（Edward A. Sharpey-Schafer）的实验室工作，医学院毕业后即从事生理学研究。当时他年轻有为，曾师从俄国著名的生理学家巴甫洛夫，在消化系统特别是胃的生理学和神经生理学方面获得卓越的成就，不久即成为有国际名望的学者。

1934 年，林可胜与生理学家在实验室合影（位置详见上卷 118 页）

从左至右：林可胜、侯祥川、侯宗濂、沈淇、Necheles H.

1924 年末，他被协和医学院聘任为生理学襄教授，不久又晋升为正教授和科主任。1924—1938 年，林可胜在协和任教达 14 年。在 1920—1930 年期间，协和医学院的各科主任和副教授以上的教师中大都为外籍人员，仅林可胜和吴宪两位中国教师，分别担任生理学和生化学教授兼主任。林可胜教授学识渊博，教学和科研成绩卓著。虽然他受的是西方教育，从小在西式的生活环境中长大，但他具有高度正义感和爱国豪情，既关心我国的医学教育事业和广大人民的卫生和健康，亦关心中国教师在协和医学院应有的地位和权益。林可胜是协和第一位华裔客座教授，有这样的评论：林可胜是罗氏驻华医社在中国获得的"最大一笔财富"。林可胜风趣幽默，任侠豁达，他与胡适性格相投，相交甚密。在台湾"中研院"开院士会议的记录中，经常可以看到胡适和林可胜同时出席，胡适日记中也常常提到林可胜，胡适对林可胜的评价是：林先生是第一流的生理学者。有文献记载：

医护人员对职业的忠诚和执着，使他们有为科学献身的精神。生理学系主任林可胜，为研究阿司匹林的镇痛作用，先把缓激肽注入自己的动脉血管，使身体产生剧烈疼痛，然后再用阿司匹林镇痛。从留存至今的实验纪录影片中，可见其痛苦扭动状。著名的组织胺刺激胃分泌的实验也是在他自己身上完成的。

来自哈佛大学生理学教授的协和客座教授凯恩农（Walter Cannon）将林可胜视为睿智的前辈，如此评论林可胜教授：

充满魅力、举止优雅、彬彬有礼、知识渊博，是一位典型的中国学者，与林教授的友谊是我最珍贵的个人收获[64]。

林可胜具有高度正义感和爱国豪情。1925 年"五卅"惨案发生后，林可胜义愤填膺，手执"颠覆英帝国主义"标语，与协和学生一道上街参加示威游行，同时还积极策划、支持学生成立救护队，以援救在示威活动中受伤的学生和市民。

在林可胜的英文传记中，作者戴文鲍特（Horace W. Davenport）写道：林可胜有两个人生，第一个是生理学家，在协和教学期间建立了中国生理学体系；第二个是为抗战创建救护总队，培训医生、护士和技工，成为中国的外科将军。七·七事变后，他愤然投笔从戎，转入他的另一个人生，被誉为最伟大的中国人之一。

1969 年 7 月 8 日，一代宗师林可胜在异国他乡走完人生的最后历程，因患食管癌在牙买加的京士敦逝世，终年 72 岁。

为了纪念林可胜的杰出贡献和不朽功勋，2021 年 9 月 10 日，以他的名字命名的大楼"可胜大楼"在北京协和医学院揭牌。在揭牌仪式上，王辰院校长高度评价林可胜先生：

他不仅是中国学界的旗帜，更是民族的脊梁、全球华人的典范。他的学术成就和精神以及爱国热情，是我国医学界一笔珍贵的财富，永远激励着后来者为医学事业发展、为实现祖国"两个一百年"奋斗目标作出贡献。

张轲教授

协和医学院落成第一年的人体解剖是重点课，学时多且要求严。当学生们刚刚迈进协和医学院大门时，初遇人体解剖既紧张又兴奋，解剖课常常成为学生们难以忘怀的课程。1947 年复校后，张轲教授主持人体解剖课，对培养学生基本功的要求非常严格。人体解剖的实习课是以四位同学为一组，解剖一具尸体标本，两人负责一边。在实验前，首先要求学生要尊重尸体，对每个部位如何下刀都有规定，不允许随便作切口。人体解剖课程需要对血管、神经和邻近的肌肉、骨骼沟脊之间的关系都要熟记。张轲教授上课很有特色，他从不使用课堂上已有的挂图，而是自己在黑板上随讲随画，清楚地展现出有关部位神经、血管的走向以及和邻近肌肉、骨骼间的关系，而且分毫不差。遇到有双侧对称情况他还会露出绝活，两手同时握笔左右开弓，真是把解剖课程教活了，让人叹为观止，学生非常敬佩他。有些上过张教授课的学生也练就一手画人体结构剖线图的基本功，只可惜本书没能够展示张轲教授的手绘图。

1953 届毕业生张铁梁回忆说：

> 张轲教授的课讲得非常快，一面在黑板上画着解剖图，一边用英文讲，快得你无法记住，其实他并不要你死记只要你听，课后马上进解剖室去观察尸体，特别让学生注意发现每个尸体的变异。他要求学生一丝不苟地解剖、仔细地观察，如果做不完，晚饭后继续做，并可一直做到深夜，而陪伴学生的只有尸体。还记得有一次我正要切断一条类似肌肉纤维的部分，谁知张轲教授正在我的身后瞧着呢！张轲教授拿手中的解剖刀打了我一下，真把我吓了一跳，教授骂道：你是一个屠夫（You are a butcher）。他告诉我：你切的是神经，说完这句话转身就走了，并不告诉你为什么是神经[65]。

人体解剖这门课的考试，更是常常侧重于启发学生们独立思考的能力，有一次考题是：足球运动员一脚射门时有哪些肌肉起作用，这些肌肉的"origin"（起点）和"insertion"（着点）在何处？当时学生们都被问傻了，大家都把解剖学背得烂熟，但不知怎么派上用场。张轲教授的教学方式不正是训练同学们独立思考的性格吗，而解剖实验不正是培养学生们一丝不苟的学习态度吗？

冯应琨教授

1936 年冯应琨毕业于北平协和医学院，留校任神经精神科住院医师。1948 年赴美国进修，学习脑电图学和电休克治疗。1949 年冯应琨返回北京，在北京协和医院神经科供职。

协和的老师都是德高望重的大学问家，他们爱学生并和年轻人打成一片。所以有人说协和的学生不是教出来的，而是熏出来的，很多小事都能说明这一点。一天，冯应琨教授在黑板上写出"癫痫"两个字，问学生们是否见过癫痫大发作，学生们回答没有，只见冯教授突然倒地四肢抽动，口角还吐出白沫，吓得同学们都站起来，不知道出了什么事，老师站起来笑着说：这就是癫痫发作。全班这才松了一口气，受过这情景"熏陶"的人大约是一辈子也不会忘记的。

冯应琨不遗余力培养人才，利用个人声望、海外关系、往来学术交流各种机会，将郭玉璞、吴立文、刘兴洲、李正林等 18 位学子送出国去深造，是协和送学生出国培养最多的科室，为协和神经精神科储备了大量人才。

刘瑞华副教授

协和当时的医疗水平、仪器设备等都执全国之牛耳。某年有一福建富翁，其小男孩食管里卡住一小硬币（当时称毛钱）。他带着小孩乘飞机到上海、汉口各大医院求医，结果都没取出。最后由上海的眼科专家李清茂副教授（原协和眼科医师）推荐，患儿随父乘飞机到了北京。在协和挂急症后，由耳鼻喉科主任刘瑞华副教授施行门诊手术，轻而易举地就取了出来。富翁花的飞机票钱已不计其数，5 角钱挂号费救儿一命，富翁大喜连忙道谢不已。当然，从今天的水平来看，食管异物不难取出，而当时则颇不寻常[66]。

刘瑞华于 1920 年以助教身份进入协和，1922 年提升为讲师，1928 年升为副教授，1930 年升为教授。

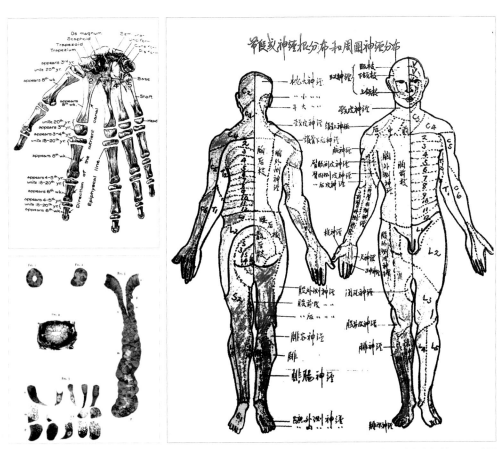

林可胜手绘的胃黏膜示意图

协和教授手绘人体解剖图及骨骼图

图片来源：《协和医脉 1861-1951》

名患者

由于协和的医疗条件和医疗质量声名远扬，自然社会上名流、达官贵人等都会不远万里选择到协和就诊治疗，如果连协和都治不好了，那也就到头了，亲朋好友乃至患者都会有仁至义尽的感慨。

的确，到协和治病的名人非常多，如孙中山、蒋介石、溥仪、溥杰、梁启超、冯玉祥、宋美龄、埃德加·斯诺等，由于篇幅有限，这里仅列举几例。

孙中山

孙中山先生是中国革命的先行者，在他的一生中，曾经先后三次来到北京。第二次来京时他的行迹并不为大众所知，第三次是他抱病到京。1925 年 1 月 26 日至 2 月 18 日，孙中山先生在协和度过生命的最后时光，这也算是协和所发生最轰动的事件。

孙中山先生　　　　图片来源：《老北京的传说》

1925 年 1 月 26 日孙先生病情恶化，入住协和的 E 楼特别病房，当时北京协和医院代院长刘瑞恒、美国医生施美路德士、德国医生克礼、狄博尔、协和医院医生及俄国医生等 7 人为孙先生会诊病情。临床诊断为肝癌，伴有腹膜转移。经孙先生同意，当日下午即由外科主任泰勒（上卷 158 页展示了泰勒医生为病人换药的场景）主刀，刘瑞恒、王逸慧和德国克礼医生等参加手术。经常来探望的人有汪精卫、宋霭龄、宋庆龄、孔祥熙等及其他政府要人，蒋介石、宋美龄从未来过。

术后以镭锭治疗，经八九天治疗无效。在协和医院《致孔庸之转孙中山家族暨国民党党员诸君的信》中说：

> 孙先生之生存已无希望，因为镭锭其用 48 小时为限，而先生今用已 40 余小时仍无效果，故断为绝望。

2 月 14 日，医生宣布生命临危，至多不过 7 日。孙中山听后淡然一笑，既然医生表示无能为力，即提出要求立即出院进行中医治疗调养。当时协和医生签名进行劝阻，孙中山先生坚决要求出院，院方只好根据他的意见准予出院，并书面声明：出院后如发生不测，彼不负责。2 月 18 日正午 12 时，由克礼医生和刘瑞恒院长诊治后，协和医院特备汽车将孙先生送到铁狮子胡同顾维钧的住所休养，期间请京城名中医葛廉夫和陆仲安医治。

1925 年 3 月 12 日 9 时 25 分，孙中山先生医治无效溘然长逝，终年 59 岁。

病故后，协和医师给遗体注射防腐剂，在协和大礼堂举行了基督教式追悼仪式，后来转至中山公园，再送西山碧云寺停放供人凭吊。1929 年南京中山陵落成后，按照孙中山先生的遗愿移葬。

为孙中山先生扶灵的家属与国民党人士

孙中山先生追思大会身穿白袍的唱诗班走在孙中山扶灵队伍前

礼堂门口为孙中山先生送葬的群众

1925 年 3 月 19 日上午 10 时，孙中山的追思仪式在协和医学院礼堂举行，当时的《大公报》对此进行了报道：

因礼堂不能多容人众，故得入内观礼者仅为二百人。主礼者为刘廷芳，赞礼者为朱友渔。先奏乐行开会礼，次由刘主礼宣训，次唱歌，次祈祷，次念圣经，次又唱歌，歌毕，礼成，逐由汪兆铭、于右任等，行举柩出院之礼。

中外嘉宾在礼堂内吊唁孙中山先生

1925 年，在北平为孙中山先生送葬的群众

1929 年，孙中山去世后的第四年，其遗体经过处理后被迁入南京城外的陵墓。虽然大使们都从北京赶往南京参加葬礼，但是依旧有许多人由于地方管理混乱错过了最后的典礼。

冯玉祥

1923年3月5日，冯玉祥将军住进了协和医院。冯将军身材高大，由于协和的床不够他的身长，医院就专门给定做了一个加长的床，据说这张床至今仍保存在医院楼上的仓库内。

当时经诊断，冯将军患的是腹股沟疝，对于协和的大夫来讲，这是一个小手术，只要将脱落的小肠送回腹腔，再层层缝合好就可以了。为了保证手术的成功还必须对病人进行局部麻醉，但冯将军说：我是一名军人绝不怕疼，坚决不用麻药！大夫没有办法，只好在未用麻药的情况下给他做了手术并且效果良好，于是冯将军于3月14日出院了。这样，冯玉祥将军也就成为协和医院史上不用麻药开刀的第一人，这不由得使人们想起了三国时期名医华佗为关云长刮骨疗伤的千古佳话。

蒋介石

1934年10月26-31日期间，蒋介石在协和住院，被诊断为慢性阑尾炎、龋齿。从住协和医院起，从帅府园胡同到王府井大街，每隔几步就是一个岗，戒备森严。医院的会客厅都挤满了守卫人员，本院护士不允入内。蒋委员长出院后，协和医院上上下下都松了一口气，一切才恢复了正常。

据老协和人讲，这位蒋委员长的派头是前无古人后无来者。我们仅仅从蒋介石在协和看病的这不到十天的时间，就足以给他画一幅生动的"肖像"，飞扬跋扈、独断专行、唯我独尊。

张学良

1931年5月31日张学良将军患伤寒重症，随后住进了北平协和医院传染病隔离病房（P楼）疗养，医生诊断张将军为肠热症伤寒，为有一个安静的休息环境他包用了P楼两层。住院期间，除大夫和护士以外，他谢绝会晤一切客人，任何人不得入内。为张学良治病的是协和医院内科襄教授谢和平、内科第一助理住院医师朱宪彝等。在进行伤寒病细菌检验期间，张学良还结识了一位东北同乡张在吉医师，当时这位沈阳南满医学堂的毕业生正在协和医学院微生物学系进修，之后他即负责张将军与外界的联络。

1931年9月18日，张学良将军已经在协和疗养有两三个月了，当晚，他突然来了雅兴，就和夫人于凤至一道去位于前门外大栅栏的中和剧场看京剧。当他看戏兴致正浓之时，卫兵突然来到面前报告说：有来自沈阳的长途电话。张学良将军大吃一惊，不知发生了什么事情，因为在他养病期间，与外界几乎没有什么联系。来自沈阳的消息的确让他有不祥的预感，沈阳方面的报告说：9月18日晚10点20分，日本在东北的关东军，突然对东北军驻地北大营和沈阳城发动了疯狂的进攻，制造了震惊中外的"九·一八"事变。

宋美龄

1928年7月7-9日期间，宋美龄在协和住院，诊断为便秘、皮炎。1934年10月26日第二次陪同蒋介石入院，同年10月31日出院，诊断为鼻中隔偏曲，龋齿。

张学良夫人于凤至

1934年8月25日，于凤至患妇科疾病第一次入院治疗，1934年8月29日痊愈出院。1935年3月7日，第二次住院，住在E楼病房，有三班特护护理，1935年4月6日痊愈出院。1935年9月22日，于凤至第三次入院，因扁桃腺发炎而发烧，住在内科头等E楼三层病房，经大夫治疗病情好转，于1935年10月5日出院。

梁启超

　　1926年3月，梁启超因尿血症入住协和医院，经X光透视，医生发现右肾中有一黑点，并诊断为瘤。手术解剖此肾，的确发现有如樱桃的黑点，但却不是癌症。术后尿中依然带血且检查不出病源所在，于是复诊为"无理由之出血症"，之后梁启超于4月12日出院。

　　主刀医生是当时著名的协和外科专家，也是协和医学院第一个中国人做校长的刘瑞恒，副手是一位美国医生，就手术本身而言是成功的。当时梁启超的弟弟刊登了一篇文章"病院笔记"表达了对西医的质疑和不满，此文发表后，"梁启超被西医割错腰子"的说法在坊间流传，并对西医的责难声风起云涌，引发了诸多知识分子的又一场"中医西医"之争。在中国处于起步阶段的西医，因为这次事件而成为众矢之的。

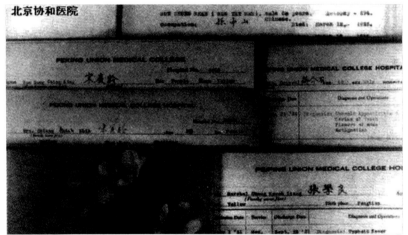

北京协和医院部分名人病案

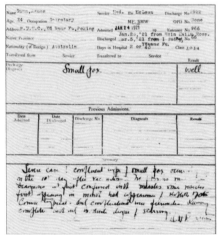

1921年，开业后第一例住院病案，来自澳大利亚的患者Agues

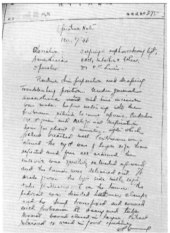

图片来源：《协和医脉 1861-1951》

林可胜

（1897-1969）

中国现代生理学奠基人、医学教育家

冯应琨

（1908-1992）

中国神经精神病学家

邓家栋

（1906-2004）

中国著名医学科学家、医学教育家

钟惠澜

（1901-1987）

中国热带医学研究奠基人之一

孙中山

（1866-1925）

中国民主革命的伟大先驱

冯玉祥

（1882-1948）

中国国民革命军陆军一级上将

张学良

（1901-2001）

国民革命军著名爱国将领

梁启超

（1873-1929）

戊戌变法领袖之一

注 释

1、11.　　北京市政协文史资料研究委员会. 蠖公纪事 —— 朱启钤先生生平纪实 [M]. 北京：中国文史出版社，1991.

2、16、17、18、20、54、58、66.　　陶世杰. 协和医学院的建筑及其他 [M]// 文史资料选编. 第三十四辑. 北京：北京出版社，1988.

3、7、24、27、33.　　福梅龄. 美国中华医学基金会和北京协和医学院 [M]. 闫海英，蒋育红译. 北京：中国协和医科大学出版社，2014.

6.　　郭伟杰. 谱写一首和谐的乐章 —— 外国传教士和"中国风格"的建筑，1911-1949年 [J]. 中国学术，2003，4（1）：68-118.

12.　　冯晋. 北京协和医学院的设计与建造历史拾遗 [C]. 中国近代建筑史国际研讨会. 中国建筑学会，2006.

5、21、28、29、30、34、36、38、39、62.　　马秋莎. 改变中国 —— 洛克菲勒基金会在华百年 [M]. 桂林：广西师范大学出版社，2013.

26、40、41.　　玛丽·布朗·布洛克. 洛克菲勒基金会与协和模式 [M]. 张力军，魏柯玲译. 北京：中国协和医科大学出版社，2014.

42、49、55、56.　　吴英恺. 医务生活六十年（1927-1987）—— 吴英恺回忆录 [M]. 上海:上海科学技术出版社，1990.

22、25、31、44、45.　　约翰·齐默尔曼·鲍尔斯. 中国宫殿里的西方医学 [M]. 蒋育红，张麟，吴东译. 北京：中国协和医科大学出版社，2014.

60.　　协和医学校参观记 [N]. 民国日报，1921.09.18.

47、52、61、64.　　吴志端. 四年护理工作忆往 [M]// 文史资料选编. 第三十四辑. 北京：北京出版社，1988.

37.　　邓家栋. 我所知道的协和校长顾临 [M]// 文史资料选编. 第三十四辑. 北京：北京出版社，1988.

35.　　蠡之. 协和医脉 1861-1951 [M]. 北京：中国协和大学出版社，2014.

43、51、53、59、65.　　政协北京市委员会文史资料研究委员会. 话说老协和 [M]. 北京：中国文史出版社，1987.

63.　　吴葆. 热带医学家钟惠澜的一生 [M]// 文史资料选编. 第三十四辑. 北京：北京出版社，1988.

57.　　The Mothers' Club of Peking，the Peking Friday Study Club，the Peking American College Women's Club，Peking Utility Book,Peking,1921.

注：

"热火朝天的工地"内容主要直接或间接引用洛克菲勒档案馆资料：

Greene to Buttrick，March 2，1918，folder 310，box 19 series 1，RG4 China Medical Board，Rockefeller Foundation archives，RAC.

"日常生活和管理那些事儿""先进完整的后勤动力保障系统"内容主要参考：

[1]　　董炳坤，杜慧群，张新庆. 老协和 [M]. 保定：河北大学出版社，2004.

[2]　　中国人民政治协商会议北京市委员会文史资料研究委员会 [M]// 文史资料选编. 第三十四辑. 北京：北京出版社，1988.

[3]　　胡传揆. 北京协和医学校的创办概况 [J]. 中国科技史杂志，1983（3）.

第八部分

协和精神

坚守初心，即坚守"创建世界一流医学院"的教育目标，坚守建设营造"中西合璧"高标准的目标。

纵观整个世纪，对于被称为"约翰·霍普金斯"的坚持，是协和最独特的属性之一。这是一所前所未有的医学院，不仅在中国，即使在整个世界也是独一无二的。

协和医学院校训—— 尊科学济人道（Science for Humanity），是百年协和传承的巨大精神内涵和生命基因，在历经多次巨大的冲突和混乱之下，一切都可以被连根拔起，但"协和"的生命力，仍在不断延续。

老子在《道德经》里有句名言，"埏（shān）埴以为器，当其无，有器之用。凿户牖（yǒu）以为室，当其无，有室之用。故有之以为利，无之以为用"。建筑业人士常常用这句话来解释空间的本质属性，即人们建房、立围墙、盖屋顶时，真正实用的却是"空"的部分；围墙、屋顶为"有"，而真正有价值的却是"无"的空间；"有"是手段，"无"才是目的。"无"代表真正的场所精神。

我们常常比喻建筑空间是承载人类活动的容器，那么对医院来说这真是一个非常特殊的空间容器：因为它承载的是"经历生老病死生命全过程及维护健康、抵抗疾病"这类特殊人类活动的容器或载体。医院里应当是"处处有温情，处处流淌着人性光芒"这种情感集中体现的空间场所：即承载着人世间，人与人之间最动人最感人的故事的容器。医院不再是传统意义上的医院，即治病的机器，而是充满情感、让人难以忘怀的场所和人生经历。

"协和模式""协和标准""协和建筑"都是在不同的层面表达和体现"协和精神"，而"协和建筑"所要体现的不仅是墙身和形式，更多体现的是场所精神，体现的是在建筑空间场所中从事各种工作人群的价值观。正如协和医学院年轻的校长麦可林在协和医学院奠基典礼致辞中说：

三年前诞生了一个设想，建设一个规模巨大的机构，并把它奉献给推动西方医学在中国进程的伟大事业。奠基不仅标志着建筑的开始，更代表了机构建设工作的开始，建筑物只是建设这个机构的工具，更重要的是机构自身所代表的理念……

有关"协和精神"方面的文章和著书很多，但是从"协和基因"和"坚守初心"这两个与之前完全不同的角度来阐释"协和精神"，或许更有让人信服的力度。

协和基因

没有一位临床医师能像加拿大临床医学家、医学教育家奥斯勒（William Osler）那样受到同事和学生的热烈拥护，他是一个真正的人道主义者，他将医学视为生活不可或缺的一部分。他热爱医学，从不忘却病人。奥斯勒那细心精确观察的能力，对一切美好高尚事业所抱的浓厚兴趣和热爱，使他成为一位最具有感召力、最受人爱戴的医学引领者。奥斯勒与约翰·霍普金斯的病理学家韦尔奇、外科学家霍尔斯特德和妇科学家凯利在美国有"四巨人"之称。

1903 年，任约翰·霍普金斯医学院内科学教授的奥斯勒在演讲《行医的金科玉律》时说道：

> 对于生命，我们只加一分自己之所能，绝不取一分自己之所欲；行医是艺术而非商品，是使命而非生意，是一种必须心脑并用的使命；唯有和谐修养的人，才能使医学发挥到极致[1]。

这就是协和医学院校训 —— 尊科学济人道（Science for Humanity）的由来，是百年协和传承的巨大精神内涵和生命基因，在历经多次巨大的冲突和混乱之下，一切都可以被连根拔起，但"协和"的生命力仍在不断延续，究其缘由，是协和拥有强大的基因。"协和"的生命血脉基因还需要从源头说起……

雒魏林（1861-1864）
北京施医院　北京协和医学院的第一块"基石"

1811 年 10 月 3 日，雒魏林（William Lockhart）出生在英国的利物浦，从小就立志做名医生，少年时跟随药剂师帕克先生做学徒。22 岁时，雒魏林进入都柏林大学米斯医院（Meath Hospital of the University of Dublin），在威廉·斯多克斯医生（Dr.William Stokes）的指导下学习。斯多克斯当时是国际上最杰出的医学教育家和内科医师之一，撰写了首部听诊器使用条例。结业后雒魏林又去了伦敦盖斯医院（Guy's Hospital），以优异成绩考入外科医师学院，期间获得了 Mr.Key's 外科奖[2]。

雒魏林取得医生执照后不久，遇到了伦敦会传教士麦都思（Walter Medhurst），在其感召下立志成为医学传教士。麦都思是著名汉学家，著有《中国的现状与展望》（*China: Its State and Prospects*）一书，在书中与另一伦敦会传教士艾约瑟（Joseph Edkins）共同介绍中国的四大发明——航海罗盘、印刷术、火药、造纸术。

1838 年 7 月 31 日，雒魏林同麦都思及其家人搭乘乔治四世号轮船启程前往中国，成为伦敦会委派的第一位入华的医学传教士，是医学传教的先驱者。

1843 年，雒魏林抵达上海，成为最早进入上海并生活在那里的外国人。1844 年雒魏林在上海开办了一家西式医院，由开始的雒氏诊所，到中国医院，到仁济医馆，后改名为仁济医院。这所医院是上海最早的西医医院，其宗旨是：为受难的人们服务。1844-1856 年期间，仁济医院医治病人总数为 15 万人次[3]。作为晚清时期的一家教会医院，仁济的责任不仅仅是简单的行医治病、传道授教，同时承担了大量的社会救济与人道主义的援助工作。

雏魏林

（William lockhart, 1811-1896）

雏魏林是伦敦会最早在北京开展传教事业的传教士，同时也是第一位进入北京的基督教传教医生。

曾有评论说：雏魏林不但是一位仁慈的医疗大家，普惠众生，对一个组织机构的机制而言，他也是一个创业典范。当时的情景有记录：

医院一设立，建院宗旨就广为人知，每日都有大批人群涌向医院。人们喧闹着，急切地要求就诊。病人不仅有上海人，还有许多来自苏州、松江和周边其他地区，远至崇明岛[4]。

一位病人写给雏魏林的感谢信中说：

他随时准备帮助那些有困难的人，对于贫困的人总能给予慷慨的援助……雏魏林医生是个有崇高精神的人，他的医学才能值得我们自豪。他习惯于容忍别人，一直乐于做好事，他做的每一件事都带着善意……他从不讲空话，做事很有条理，他超常的忍耐心赢得了大家的拥护……他把药分给穷人，但从来没有瞧不起他们……

他的门永远对病人开放，医院经常挤满看病的人，而他从未觉得麻烦。他给病人建立了舒适的病房，还雇人照顾他们，却从不收费……当他坐船回国时，我们一直远远望着，希望他能够快乐。也许明年春暖花开时，他还会回来[5]。

1857 年，雏魏林返回英国。在屈指可数的医学传教先驱中，雏魏林是最具特色的"拓荒者"。

1861 年，当雏魏林听说北京向外国人开放的消息后，立即启程，并于当年 9 月 13 日到达北京，这样雏魏林成为伦敦会最早在北京开展传教事业的传教士，同时也是第一位进入北京的基督教传教医生[6]。

当时雏魏林来北京的情形有这样的描写：在马车里摇摇晃晃地进了皇城，这绝对是一个历史性的时刻。有谁能够想到，当时的这一行动，成就了百年后誉满全球的"北京协和医学院"。

来北京后，雏魏林开始陶醉于新的生活之中，其兴奋之情溢于信笺，他在给家里的信中说道：

我在地球的终点给你们写信，如果我再往前进，我应该离家更近……我喜欢北京，这是一个非常好的地方。尽管街道上到处都是飞扬的尘土，但我却不想回避，因为这个地方处处吸引着我。通往宫殿的道路上堆满了污秽、尘土和垃圾，乞丐们坐在宫殿的石栏杆上。街道十分宽阔，在六月的时候总是飞尘扑面，雨天则泥泞不堪[7]。

1861 年 10 月（咸丰十一年），雒魏林以英国伦敦会（London Missionary Society）的名义在英国公使馆（原淳亲王府）附近（东交民巷中御河桥西）开设了北京第一家西式医院，这家医院名为伦敦会北京施医院（Peking Hospital of the London Missionary Society），这是雒魏林在中国创办的第四所医院。（下卷 398 页标明了施医院的位置）

开诊第一年，这里就接待了 3 千余位病人，到第二年年底，多达 2 万余名患者先后来此就诊，之后每年接诊 3 万余名患者，尽管这些患者的社会背景多种多样，雒魏林对所有患者一视同仁并留下了深刻的印象，他曾写道：

开始每天只有两三个病人，但不久施医院的名声传开了，前来就医的人越来越多……各阶层的民众来到这里，各级别的官员也将他们的母亲、妻子、孩子和其他家属送来就医。三教九流、贩夫走卒、各色人等都来到医院，众多贵妇名媛也都出现到这里。他们十分乐于就医，不仅为解除自身的病痛，有的还带来了自己患病的孩子，实在令人吃惊[8]。

在两年多的时间内，雒魏林建立了一个完整的医疗单位，开展了内科、眼科及外科等多学科的诊疗工作，并引进了乙醚、氯仿等最新的麻醉剂，同时还创建了病案资料的管理制度。之后的北京施医院、协和医学堂均依此建立完备的病案资料，半个世纪后，北京协和医院将此传统发扬光大，协和病案最终成为"协和三宝"之一。

1864 年，雒魏林在英国积极推进反鸦片运动，力主禁止英国对华进行鸦片贸易，并对根除吸食鸦片这一痼疾作出了重要贡献。作为医学传教士，雒魏林在华 20 年，他是唯一一位行医贯彻始终的全职医生，诊治人次 20 万[9]之多，雒魏林用他的手术刀打开了北京的城门，近代西方医学第一次植入了中华帝国的政治中心，潜移默化地影响和改变了古老中国的医疗体系，正式开启了行医传教的序幕。

同年，不知疲倦的医学先驱雒魏林结束了在中国六座城市行医的历程，回到了伦敦。之后，毕业于英国爱丁堡大学的伦敦会传教医生德贞（John H. Dudgon）来华接管北京施医院。

雒魏林是 19 世纪最伟大的医学传教士之一，最大的贡献是把西式医院植入中国的经济、政治与文化中心——上海和北京，被誉为中国医学传教的先驱圣哲。雒魏林于 1896 年去世，享年 85 岁。

1861 年 9 月 13 日，雒魏林来北京的情形有这样的描写：在马车里摇摇晃晃地进了皇城，这绝对是一个历史性的时刻。有谁能够想到，当时的这一行动，成就了百年后誉满全球的"北京协和医学院"。

德贞（1864-1906）
施医院（双旗杆医院） 19 世纪末中国最成功的医院

　　德贞（John H. Dudgon），字子固，1837 年生于苏格兰爱尔郡。1856-1862 年求学于爱丁堡和格拉斯哥大学（University of Glasgow），1862 年获外科学硕士学位。德贞求学期间正是西方医学教育近代模式逐渐完善的时期，而他又身处医学教育改革的重要场所，充分享受到了医学进步作为知识传授带来的种种好处[10]。

　　德贞的医术特别是手术技术精湛，被国人视为具有接近神迹的力量，有这样的说法"德君专精医术，求诊者接踵于门，刀圭所投，嘘枯起废"。荣禄和内阁大学士等官员都接受过德贞成功的外科治疗，这几例病案使德贞誉满京城，国人将之比喻为中国古代名医"医和"和"医缓"，称之为"西来和缓"。教会将之作为医学传教的成功典范广为宣传，极大地鼓舞了在华传教士。

　　德贞是中国新式医学教育的先行者，同时也是同文馆[11]聘任的第一位医学与生理学教师，任教长达 23 年。德贞在同文馆传授医学思想和科学精神的同时，鼓励中医求变发展，试图将中国医学引入世界医学发展的舞台。德贞翻译了清代名医王清任的著作《医林改错》，还用英文撰写了《中国的疾病：起因、状况和流行，同欧洲情况对比》一书[12]。

　　1864 年，德贞到北京后不久，由于公使馆规模扩大即收回施医院，但德贞毫不气馁决心继续自己的事业。之后，德贞相中了内城主干道哈德门大街（现东单北大街）路东、外交部街西口处的一座寺庙，计划将其作为施医院永久的地址。根据乾隆年间的《京城全图》来看，施医院占用了东堂子胡同西口南侧的火神庙旧址。德贞买下这座寺庙后，负责拆除工作的还是原来的住持，这项工作对住持来说是一个前所未有的难题，有这样描述：

德贞
（John Hepburn Dudgon, 1837-1901）

德贞是中国新式医学教育的先行者，他在华 40 余年，主要贡献是将施医院发扬光大，创立了正规的医院管理制度，倡导了新医学教育并使中国的上层精英由衷地接纳西方医学。德贞所展示的"心存仁义、不炫虚名、起死回生、不谋其利"的明医形象，以及"慈悲、专注、奉献"的人文精神，已成为"协和精神"内核并绵延至今。

---

11 清末最早设立的洋务学堂，丁韪良（William A. P. Martin）任总教习。（位置见下卷403页）

拆除神像、焚香炉和其他供品阻力甚大，或许是畏惧神灵，或许是担心触犯众怒，抑或是害怕开罪官府，住持不敢冒险承担这项工作。他担心官员们会罗织罪名从他身上敲诈钱财，于是，拆除只能在深夜秘密进行。对这位住持来说，这件事总算是平安度过，但神像在拆除中却受了损伤。眼看神灵受辱，附近居民都议论纷纷，他们盼望神灵降灾，让住持得一场大病。但神灵并没有应验，这位住持一直很健康，还掌管了附近胡同的另一座寺庙[13]。

哈德门大街上的古庙经过翻修和改造，寺庙建筑摇身一变，成为一座装饰华美、宽敞明亮、功能齐备的医院：

医院有五进院落，房间高大宽敞通风良好。门廊正对着哈德门大街，门前矗立着两根 20 英尺高的旗杆，最靠外的院子有候诊室，接待女性患者和中国社会的上层人士。大厅位于院子西侧，面向大街，屋宇轩朗，雕梁画栋。在整个东亚，这应该是最精致、最气派的东方式医院建筑了。原来摆放灶王爷像的台座被用作桌子，院子里有一座石碑，打算用来记录医院建院的日期以及新教传入北京的历史。南边有一个小院和一个房间，专门收治流浪患者。小院在晚上锁起来，早上打开，以策安全……紧接大厅后面的院子里有一座房子，包括三个房间均用作病房。这个院子的北边是诊室，诊室西侧的小院是医院的厨房和宿舍；东侧也有两个院子，可以用作病房。医院按照原先的中国古典风格粉刷一新，寺庙的建筑样式足以展示原有气度与修葺效果[14]。

德贞在雒魏林施医院的基础上进行扩大规模并注入了活力，将古庙改扩建成为真正意义上的西式医院。这所北京施医院因保留了寺庙门口原有一对 20 英尺（6 余米，有些文献记载为 70 英尺，经考证 70 英尺的说法并不准确）的双旗杆，又俗称为"双旗杆医院"。

从传统寺庙转化为西式医院的做法，显示德贞深谙中华文化，借助寺庙所蕴含的慈悲为怀，为医院增添了慈善医疗的色彩。医院中文名称依然保留"施"字，也同样传达慈悲乐施的含义。将西医院建在寺庙里，为之披上中华文化的外衣，德贞成功地消除了中国

病人对外来陌生人和外来文化的怀疑和敌意，成为协和后来者所效仿的典范。

德贞北京施医院的空间布局按医疗专业功能设计，设有候诊室、诊室、住院病房、女宾室、贵宾室、药房、学生和助手宿舍、厨房等。病房可住 30~50 位病人，医院规模和标准在中国的教会医院中都是一流的，与同时代欧洲的医院相比也毫不逊色。德贞对所有患者都一视同仁，在京城建立了良好的信誉。与雒魏林一样，德贞也惊诧于西医在中国受欢迎的程度：

诊室一开门很多人就到了，多数都患有眼部的顽疾……患者们对西医治疗毫无畏惧。如果说他们有什么不对，那就是对我们的能力期许过高[15]。

1910 年，北京施医院开业不到 4 年，总计有 1.8 万住院病人，4.5 万门诊病人[16]。病人来自各阶层，地域辐射至全国及朝鲜、蒙古东亚地区。有这样描述德贞医生：

即使这个城市处于正常的健康状态，这个医院也有众多的病人，德贞医生如何能完成他的日常工作对我来讲是个奇迹。首先他必须亲自为 120 名病人开处方，同时还有繁重的出诊任务，包括为几个其他国家的公使馆服务，需要在酷暑中坐着没有弹簧减震的马车长途跋涉[17]。

德贞每天还要抽出两个小时的时间和他的学生们专心致志将一些有价值的书翻译为中文，当然他还要为政府学校准备讲义或者讲课。有这样写道：

医院便是他的中心，他的治疗基地，他投入自己的热情、灵魂和精神，日复一日永不间断地工作，他没有假期、没有休息日，安息日总是最忙碌的日子[18]。

德贞常常骄傲地说：施医院是中国最成功的医院。德贞对医院的管理办法也颇为先进，由雒魏林开始的病历记录，逐渐形成了正规的体系。医院使用专门的记录簿，记录和观察病人的病史及体征，通过表格详细描述病人的基本情况。医院所做的病案记录已成为现代医院标准化的重要指标，并在以后的协和医院发扬光大。

1880 年，德贞研制戒烟丸，并出资购买哈德门附近的一座小庙，建立戒烟所帮助病人戒烟，德贞始终站在反鸦片运动的第一线并锲而不舍。

1900 年 6 月 13 日庚子民变，北京施医院焚毁殆尽，仅剩下双旗杆的残骸。德贞避入英国公使馆，次年德贞去世，葬于北京。

德贞在华 40 余年，主要贡献是发扬光大了雒魏林的施医院，创立了正规的医院管理制度，倡导了新医学教育并使中国的上层精英由衷地接纳西方医学。德贞所展示的"心存仁义、不炫虚名、起死回生、不谋其利"的明医形象，以及"慈悲、专注、奉献"的人文精神，已成为"协和精神"内核并绵延至今。

当时也有对德贞这样的评价：

德贞是 19 世纪后半叶北京城内知名度仅次于担任大清海关总税务司的英国人赫德（Robert Hart）[19] 的外国人。德贞是北京最著名的一位开业医生，是为贫苦人民而工作的。他访问穷人的陋室，也出入帝王的殿堂。

如今，双旗杆上的旗帜依然飘扬在中国最高医学学府——北京协和医学院的门前，德贞的明医风范成为协和人永远效仿的楷模，在协和人的血脉里传承着德贞不灭的精神。

科龄（1906–1915）
协和医学堂　北京第一所高等西医学校

科龄（Thomas Cochrane），字祝九，1866 年出生于苏格兰。少年丧父，身为长子的科龄不得不在 13 岁辍学，开始工作养家糊口。1882 年偶然听到美国著名布道家莱曼·穆迪（Dwight Lyman Moody）的演讲后，科龄决定终生献身于基督教传教事业。在克服了重重困难之后，30 岁的科龄于 1896 年毕业于英国格拉斯哥大学，取得了医师资格，并成为伦敦会的医学传教士。当伦敦会问及科龄的志向时，他回答道"到最需要的地方"（To the neediest place there is!）[20]。

1897 年，科龄偕妻子到达中国内蒙古朝阳地区（现属辽宁省）开设诊所。当时的朝阳地区疟疾、麻风等传染病肆虐，鸦片成瘾者众多。科龄夫妇历尽艰辛建立一所仅有 3 间病房的小型西式医院，成为方圆 1 000 公里范围内唯一的西医院。

生活在异国他乡的科龄夫妇，生活环境不仅艰难，而且充满风险。不少当地人对之怀有戒备之心甚至敌意，加之当地土匪横行，每次外出科龄都需乔装改扮，戴假辫、穿中式长袍以策安全。土匪曾经闯入家中，持刀勒索钱财，但是科龄夫妇没有退缩，仍坚持行医。

由于当地缺医少药，很多患者蜂拥而至，医院每天的就诊患者超过 100 人，大多是因贫困而无钱医治的农民和乞丐，所患疾病多

19　在中国最具影响力的西方人——赫德爵士，执掌大清海关总税务司四十年的外国人。

为伤寒、麻疹、麻风病及鸦片成瘾症，而后者正是中国人对外国人，尤其是对英国人怀有敌意的原因。有人曾指责科龄：你们外国人来这里，左手带耶稣，右手带鸦片。也有人怀疑科龄夫妇是间谍，随着科龄夫妇免费治愈了大量穷困患者，许多人对其怀有感激之情，逐渐接纳了他们并成了朋友。

科龄是个虔诚的基督徒，行医的目的是荣耀上帝，他对伦敦会倡议：我们的工作应专注于那些愿意并渴望聆听上帝福音的人。在行医的同时，科龄和其他传教士发展了许多中国基督徒。

1901 年 11 月 20 日，在义和团动乱中科龄逃到北京，眼前是施医院的满目疮痍。虽然深感震惊，但科龄下定决心从头再来，他利用一家残破不堪的粮店开设了诊所，一块木板成了手术台，而马厩则成了病房。科龄曾记录：

我刚到就开始做各种手术，而且大多效果很好；将骡子从马厩中移走，并将马厩粉刷一新，住院病人就可以安置在这里了[21]。

随着诊治病人的增多，科龄的医术广为人知，以此结识清民政大臣肃亲王爱新觉罗·善耆，并得到担任大清海关总税务司的英国人赫德的关注。1902 年夏秋季节交替间，北京爆发真性霍乱，其传染之广、经时之久为历年所未有。科龄向赫德毛遂自荐，在赫德及善耆的支持下，科龄发起并领导了中国第一次官方组织的突发公共卫生事件应急行动，短短时间内即有效抑制了霍乱的蔓延，挽救了大量患者的生命。科龄由此声名鹊起，享誉京城，成为继德贞之后的"西来和缓"。

亲王、端王等皇室成员竞相聘请科龄为家庭医生，此外科龄还担任海关医务官、英国公使馆医生等诸多职位。科龄不仅重新恢复了西方医学的权威，使北京施医院成为中国最好的医院，像德贞一样成为名声仅次于赫德的西方人，而且完成了雒魏林、德贞梦寐以求的目标——进入中国宫廷。

科龄
（Thomas Cochrane, 1866–1953）
图片来源：《世纪协和》

科龄不仅重新恢复了西方医学的权威，而且使北京施医院成为中国最好的医院。

关于科龄行医有这么两个有趣的记录。身份显赫的皇室成员德福晋（Duchess Te）嫁给了慈禧太后的侄子光绪，在听闻科龄高超的医术后，请科龄看病。经过诊断后，德福晋需要做一个手术，这在当时的社会条件下是绝对不能接受的，德福晋担心一个男医生给自己做手术后，自己回宫无法交代，但协和医学堂实在又派不出女医生，于是科龄想了一个两全其美的办法：

德福晋急切地希望我为其做一个复杂精细的手术，但是又感到害怕，因为如果让男性为自己做手术，日后恐有麻烦……为此德福晋举行了一项仪式，我们二人结为异性兄妹，这样我为她做手术就不为失礼了[22]。

另外一位皇室的病人是总管太监李莲英，他随时待命伺候老佛爷的起居。有一次李莲英急匆匆地跑进科龄的诊所，上气不接下气地说：我的时间很紧，只有老佛爷睡着了，我才能出来办自己的事。据说他当时患有疑难杂症，后来科龄成为李莲英的私人医生和朋友。

随着患者的增多，医疗成本不断增加，教会资金不足的问题日趋严重。因此，在1902年北京传教会会议上，科龄首先倡议所有在华传教会建立"联合委员会"（a Committee on Union），这是"协和"（Union）理念的首次提出，主要是集中资金联合办医院和医科学校。倡议提出后，在清政府大力的支持下，成立"北京协和医学堂"。1906年，科龄用所筹款项在哈德门大街（现东单北大街）西侧、克林德牌坊西南角，建造了一座引人注目的西式教学大楼，为纪念雒魏林（William Lockhart）首创之功，并将大楼命名为"娄公楼"（Lockhart Hall）。

1906年，协和医学堂开办，并成为晚清政府唯一承认的教会医学校。作为唯一在清政府立案的教会医学院，协和医学堂的师生参与了1910-1911年东北肺鼠疫的防疫工作。清政府在协和医学堂召集北京所有医生召开抗击鼠疫大会，商讨相关事宜，并指定协和医学堂为鼠疫防治中心。在当时疫情严重的局势下，不到4个月就成功扑灭了这场死亡人数6万之多、震惊世界的烈性传染病，指挥这次防疫的伍连德也因此名扬世界[23]。伍连德时任天津北洋陆军医学院副校长，1935年被提名为诺贝尔生理或医学奖候选人，是迄今为止唯一的中国籍诺贝尔奖自然科学候选人。

1910年12月，外务部派遣伍连德及协和医学堂教师吉义布赴哈尔滨，伍连德为全权总医官，开始了大规模的鼠疫防疫工作。协和医学堂教师文海率领十名协和毕业生开始抗击北京鼠疫，分地段检疫隔离，调查每一例死亡患者。防疫工作成效显著，三周后即扑灭了北京鼠疫，当时协和师生抗击鼠疫的英雄事迹传遍中国。

1911年伍连德（左）和协和医学堂教师吉义布参加东北肺鼠疫的防疫工作
图片来源：《协和医脉 1861-1951》

"协和精神"就是长期附着在学院上的文化的结果，在那里协和人……认真细致、尽职尽责、无私奉献，热爱科学、追求卓越、坚持真理、敢于直言、蔑视随波逐流……

协和1957届学生陈元芳在协和九十周年庆典上的报告

德福晋与科龄歇茶为盟结为异性兄妹

图片来源：《协和医脉 1861–1951》

科龄（后排右二）及夫人（前排右一）

协和医学堂的创办无疑是非常成功的，科龄希望协和医学堂的学生将来能够做到"迨学医者果有成就，于以散诸四方。不惟通都大邑广设医馆，即僻壤穷乡到处林立。则抱病者，既不受庸医之害，又不至有耽误之虞"[24]。科龄也希望医学堂能够发展成为中国皇家外科学院，并将西方医学传播到大清帝国的每一个角落。

1910年（宣统二年），当时作为宣传品、募捐书的《协和医学堂征信录》，虽仅数十页但却记录了"协和"的早期历史，将其作为老"协和"的佐证当不为过，其中开场白云：

天以生物为心，人尤以养生为重。然暑湿风寒，时多感触，喜怒哀乐，易失中和，是以疾病之来，最为生人之苦，此医疗之术，不可不精益求精也。昔黄帝尝百草以疗病，和缓制方剂以活人，其法古矣。后世失其传，国家亦未尝注重，学者又不克研究以几其深，降至于今，仅存精粕，遇疑难杂症，每至束手无策，而听其自为死生，良为憾事。自海禁大起，西医输入中国，其疗治之精奇，见之者莫不惊而讶之，以为华扁无以过也。但西医之至中土者无几，散处于一乡一隅，以吾国幅员之广，诚难遍及。英医士科君，有见于是，以拯疾为怀，独具热诚，首先提倡，创设医科大学，以补吾国之所缺，专授华人子弟，供多士之研求，拯通国之疾苦，谚云；诚可格天。因而上达宸（chén）聪，仰蒙孝钦显皇后，赏银万两，俾立始基。继而京师各部院王大臣，各省督抚州县，以及贵绅巨商，亦皆相率欢迎，慨然捐助，于是宏楼蔚起，志士远来。

举凡有心济世诸志士，莫不远离乡井，负笈面来。自开学至今，已几四载，师生授受，同志观摩，医术日进精深，济济一堂，足令人喜而不寐。观夫此，定卜吾国医道，必将坚立其基，而根于此堂也。兹特将堂中梗概，撮举数端，俾众咸知。本学堂之所以成就，几费经营，更望仁人君子随时解囊，源源资助，俾堂中规模日益宏大，造就多士，以供国家器使。而拯济斯人，尤所冀幸[25]。

洛克菲勒基金会
北京协和医学院　21世纪中国"医学圣殿"

辛亥革命后，协和医学堂失去了政府的资助，资金进一步短缺，几经努力未有起色。科龄虽然对协和怀有难以割舍之情，但为了学校能够继续维持生存，被迫忍痛割爱变卖所有权。

1915年罗氏驻华医社正式接管协和医学堂，并改组和扩建协和医学堂。在洛克菲勒医学基金会的办学理念下，协和医学堂在原有基础上继续发扬光大，从较低层面的"教会慈善"转化为"科学慈善"。

从19世纪初开始，西医在中国得到认同的进程艰难而曲折，在这种情况下传教医师个人的努力非常关键。雒魏林的坚定执着、德贞的聪慧好学、科龄的灵活变通对"协和"的发展缺一不可，他们凭借其一己之力，将西方医学永久性地植入古老中华的心脏。当"协和"后继乏力之际，千里之外的洛克菲勒基金会把协和作为"造福中国人"的最佳场所，凭借其雄厚的经济实力和高标准的办学宗旨，将刚刚成型的美国先进的医学教育模式移植到中国，打造出"中国的约翰·霍普金斯"，在短短20年间，"中国式宫殿里的西方医学学府"成为旷世经典。

洛克菲勒基金会在1947年宣布对北京协和医学院捐赠最后一笔赠款时对医学院的工作如是评价：

洛克菲勒基金会退出协和医学院的舞台时，董事会要再次表达他们对这所机构及其远大前程的坚信不疑。它留下了卓越的纪录，它的毕业生将现代医学传播到了中国的各个角落。北京协和医学院和中华医学基金会的董事们的服务充满了自我牺牲、献身和忠诚。协和医学院为自己在远东许多国家赢得了独一无二的名声。洛克菲勒基金会董事会为自己与这所机构的建立有关而感到骄傲。协和已经作出了如此重大的贡献，它的延续对未来将更加意义非凡。基金会在此重新将北京协和医学院献给中国新的一代，坚信由它为现代医学所点燃的光明将生息不灭[26]。

时至今日，协和医学院已经历了一个世纪的风风雨雨。回过头来看，协和在中国医学发展中的地位及其对中国当代文化发展的贡献，这段评价可以说是客观的、恰如其分的。

1951 年 1 月 20 日，新中国人民政府接办协和，开始续写北京协和医院发展史上的新篇章。随着医疗模式的转变和人民需求的不断提高，更重要的是协和的医疗技术已成为全国医疗疑难杂症治疗的最高领地，医疗技术名扬海内外。"协和"已成为"医学圣殿"，是"中国最好医院最佳医疗质量"的代名词。"全国人民奔协和"，全国人民只要有条件都要来协和看病，即使治疗无效，也是心甘情愿。

本着"尊科学、济人道"，协和人具有感天动地的情怀，创造了人类医学史上独具特色的"协和模式"，沿着这样的目标和模式，协和的先辈们恪守科学精神、矢志不渝，在国难当头、民生凋敝的时代，是协和人拿着手术刀医治国民的伤痛并站在了医学巅峰；是在"协和建筑"里培养和走出了各个领域的医学大家，成为中国近现代西医学的发源地，并左右了现代医学的走向。不仅仅如此，更重要的是协和从开创以来形成了一种"精神内核"，不论在哪个时代，不论遇到什么样的挫折和磨难，协和人这个"精神内核"从来没有变过，也永远不会改变。协和的影响力不仅体现在培养人才、制定规范和标准上，更重要的是协和历经百年积淀并形成了一种精神风范和内在品质，概括地讲就是"科学精神和人文精神"，这是支撑协和在中国乃至世界口口相传的"好口碑、好技术"的永远不灭的精神之魂。

在北京协和医学院 2021 届毕业典礼暨学位授予仪式上，中国医学科学院北京协和医学院王辰院校长饱含深情地为学生上了毕业前的最后一课：

医学、卫生、健康三者有什么不同？……深入浅出讲解三者相互密切联系而又有不同的概念和内涵、本质属性与深层理念……在医学卫生实践中，不仅要重视对自然科学的深入研究，更不可忽视社会科学与人文对于人类健康的重要意义。

协和学子应当有"尊科学济人道，寓高贵于朴实，以天下为己任，助众生求福祉"的精神，在毕业后的工作、社会实践中要去私唯公，弃虚唯实，用心力照护患者、人群、大众、国家与民族，以至全人类之健康。

正如百年前协和医学堂的《协和医学堂征信录》中所说：

夫诊察病者，得其病实，固为至要，而对待之周至，询语之温和，察法之灵敏，必期启其欢忻，慰其心神，灭其痛苦，尤为至要。凡此为医师者，莫不身体力行，以己作则，冀学医诸生，皆能存仁心，施仁术，以副良医之实[27]。

纵观历史，"协和"历经磨难和坎坷，几度沉浮又几度崛起，历经百年而不衰，究其原因是因为协和一直传承着初创者的"悲悯"之心、流淌着"救世"的血、恪守着"尊科学济人道"的理念，它最终体现的是"协和人"的气质——自省、专注和慈悲，这就是协和的内涵、精神、理念和文化传统，这就是协和的强大基因和生命力。

站在教学区连廊可以看到三条胡同南侧的礼堂

协和老楼历经百年风雨，每一方空间都
承载着协和的历史，记录着协和的故事，
守望着协和的发展，孕育着协和的精神。

坚守初心

1920 年 4 月 11 日，距离协和落成典礼还有一年多的时间，在纽约附近的盖内农庄（Gedney Farms）度假村，洛克菲勒基金会召开会议并最终决策：在中国办一所"世界一流的医学院"，以培养一流的人才，即临床医学家、教育学家、科学家和卫生行政专家，为中国的卫生事业和世界医学作出贡献，这是一个十分重要的根本性方针，也是学校的一贯方针。

让协和办学理念得以成立和坚持办学标准的一群人中，洛克菲勒二世是最突出的一位，他一直是"协和事业"忠实的倡导者，像一名家长般疼爱、偏爱协和。

在 1921 年的协和落成典礼上，洛克菲勒二世把协和比喻为"婴儿"，回顾了从父亲最初对中国产生兴趣、派考察团到中国、设立基金会直至筹建协和的历程。无疑，北京协和医学院是洛克菲勒基金会皇冠上最璀璨的一颗明珠[28]。洛克菲勒二世在落成典礼后致信其父亲时说：

这个医学院的影响力将大大超出我们的想象。她已在给中国设定标准，仅就眼下而言其影响力就已超越了中国的国界[29]。

重质量还是重数量

协和从立项到开办，就面对一个重大问题需要抉择：是为解决和实现"全国约 4.5 亿人口的医疗问题，并达到每千人就有一名医生指标"的目标添砖加瓦，通过他们普及更多的医学人群，还是培养少数精英医学人才。简言之，焦点问题是"重质量还是重数量"。

但是，这样的目标绝不能单纯依靠各医学院校培养的毕业生来达到，还需要依靠一整套良好的行之有效的基层卫生组织，在城市和广大农村开展公共卫生工作。以当时中国的现状，即便全国医学院校扩大招生名额，大大增加每年毕业生的人数，也不能在几十年以至百年内达到所需医生人数的目标。

1932 年协和吴宪教授估计，千人一名医生的目标需 80 年；1946 年国民政府卫生署副署长沈克非，估计千人一名医生的目标可能需要 100 年。不管怎样，要培养理论上所需要的医生数量都是一个艰巨的任务，必须经过大半个世纪的努力。然而，培养出大量低素质的医生会阻碍现代医学的进步，医学事业需要最好的领导者，他们与技师不可同日而语。

1946 年第二次世界大战结束后，在洛克菲勒基金会的报告中，也提到中国至少需要一个世纪才能达到 2000 人有一名医生，即医生人数需要一个世纪才能达到 22.5 万。医学院校的任务应是培养各级的骨干人才，这也是协和一直坚持每年招学生，"重质量而不是重数量"的缘由。

正如长期任协和医学院校董事会秘书的福梅龄（Mary E. Ferguson）所言：

一所机构不可能培养中国所需的海量医生，建立协和的目的是制定标准、培养医界领袖、充当中国未来医学院的领导者和教育者，从而影响整个国家。这是一所前所未有的医学院，不仅在中国，即使在整个远东也是独一无二的。随着岁月的流逝，现代医学的种子将遍布古老中华[30]。

1921 年，洛克菲勒基金会主要成员在协和医学院落成典礼时合影

（从左至右：毕宝德、胡恒德、艾格莱斯顿、恩卜瑞、孟农、巴顿、韦尔奇、皮尔斯、文森特、洛克菲勒二世、顾临、郝金斯、瑞尔森、瑞德）

"重质量还是重数量"，从创建之初甚至到今天，历经一个世纪，可以说一直都是协和争论的焦点话题。协和在创建之初设定高标准需要的是雄心、恒心和视野；之后所有的事实证明，坚持高标准更需要的是勇气。早期洛克菲勒的医学教育家们所关注的"标准"问题，在中国并非轻易就能解决，也并没有一个非黑即白的明确答案。协和一直执着地坚持了"重质量而非数量"，但在这样坚持的路上，面临了预想不到的诸多困难和挑战。

自 1910 年以来，在中国一共有新教教会医校 55 所，207 家医院[31]，当时在传教士们看来，洛克菲勒基金会再建立一两所医学院和医院似乎并不重要。但洛克菲勒基金会的专家们认为：科学是西方文明最根本的基础，教育的真正价值在于能够改变人的思维方式。为实现这些目的，教育重点应放在关注如何培养学生的科学精神，以及使用科学方法进行研究的能力上。由于中国学生长期缺乏通过自然现象进行准确观察并得出正确结论的归纳能力，那么如何才能更好地帮助他们，又遇到了同样的问题：是办精英教育，还是办大众教育？很显然，在质量与数量的对比中，与传教士相反，洛克菲勒人选择了前者。

洛克菲勒二世曾明确表达并强调：

罗氏驻华医社为中国建造的这个医学院和医院必须具有西方一流机构的同等标准……

罗马不是一天建成的，因此，曾激励了新协和创办人的那些理想也不会在一天、一年或者十年内实现。最稳定而持久的结构是建立在深厚而广阔的基础上的……雨后春笋式的发展是不会长久的，因此一个要小心避免的危险就是被快速成长和片面发展所诱惑。

"最高水平"的教育目标

1917 年 9 月 24 日，首任麦克林校长在协和奠基仪式上致开幕词，表明了办学目标：北京协和医学院董事会的目的是建设一所致力于医学教育、研究以及医疗服务的机构；在每一个方面，都按照西方同类最好机构中已有的高标准执行。

1920 年初，此时距离协和落成典礼还有一年多的时间，但校园建设所需的高昂费用已经远远超出预期，这让董事会开始担心远在纽约 9000 多公里之外协和医学院的管理问题。的确，对于协和财务上的过分关注，可能会导致降低建校标准，不会再是当初设定的"世界一流"，而是一个强调数量重于质量、根本不重视科研的平庸医学院。

1920 年 4 月 11 日，在纽约附近的盖内农庄（Gedney Farms）度假村，洛克菲勒基金会召开一次非正式会议，这是基金会的定期战略会议。这次会议详细讨论协和发展目标、存在问题和中国社会发展趋势等，然后在正式的董事会上加以审议并最终决策。

参加这次会议的有文森特、弗莱克斯纳、盖茨兄弟二人、贾德森、麦克林、顾临、理查德·皮尔斯（Richard M.Pearce）、韦尔奇以及协和校董事会的秘书。这次会上，针对协和医学院的教育方针，参会众人提出了如下几个尖锐的问题[32]：

1. 在中国追求"最高水平"的教育目标，是否可行；
2. 医学院应该培养一批优秀的医学教育者，还是培养更多的高质量医学从业者；
3. 学院能否招募并留住高水平的教员；
4. 在教学和科研之间如何保持适当的平衡；

5. 为实现"最高水平"，洛克菲勒基金会的财力能否承受；

6. 这一项目未来是否会成为基金会沉重的经济负担。

对于所有这些议题，在北京和纽约方面都有各种不同的见解，尤其是首任校长麦克林已经开始担心，财务上的考虑会让罗氏驻华医社有可能会妥协，如果真的建一所教学水平平庸的院校，看重数量而不是质量，根本不重视科研，当时麦克林的态度非常强硬并明确表示：这样的学校对我没有任何吸引力 [33]。

在非正式会议讨论的基础上，又开了一次扩大会议目的是：进一步强调坚持高标准的重要性，并讨论如何具体落实的问题。通过并确立建设协和医学院的科学宗旨是：

1. 首要目标是医学教育，并能够与美国或欧洲最好的医学院相媲美，并通过以下方式达到：
   （1）大学医学教育；
   （2）实验室工作人员、教员和临床专科医师的毕业后教育；
   （3）医师短期进修教育。
2. 提供研究的机会，特别是专门针对远东问题的研究。
3. 传播现代医学和公共卫生知识 [34]。

会议最终董事会成员通过投票少数服从多数，确定以"最高标准"建设协和并通过了预算提案，协和也赢得了更多自治权。这对协和校方来说，是维护"世界一流"标准的一大胜利。

1921 年，尽管在美国有关预算的问题还在争论，但在北京，第一批男性患者于 6 月 24 日从旧协和医学堂医院被转移到了新医院病房，一周后几名女患者被 K 楼接收。当建筑施工队离开时，一间病房接着一间病房、一栋楼接着一栋楼地开始配备设备和人员，人们已经迫不及待地等待着这一天的到来。当校董事会成员和其他贵宾于 9 月初陆续到达北京时，他们看到了一幅由一所蒸蒸日上的学校、积极向上的教职员工和朝气蓬勃的学生所展现出的令人振奋的画面。

八年制学习 实行"淘汰制"

协和医学院开业并步入正轨后，由于受当时美国医学教育改革潮流的影响，其办学模式基本上是以美国著名的约翰·霍普金斯医学院为样板。为培养高水平的医学人才，实行八年长学制，包括三年医预科。在培养医本科人才的同时，还开办了高级护士学校。

在老协和八年制学习中，实行的是一种残酷的"淘汰制"。尽管学校的建筑规模和设备是按每班学生不超过 30 人而设计的，可实际上两年招生的学生人数都不满 30 人。最明显的淘汰有两次：第一次是报考协和的学生，先读完三年医预科，经过考试结合医预科的各门功课成绩和老师评语，来决定是否能够录取进协和本部成为医学生；第二次是进入本部后，第一年和第二年因成绩差、身体差等被淘汰的学生占入学时总人数的四分之一。这期间，也有因兴趣转移、健康、经济状况和学习情况而退出医学领域的。惊人的淘汰率，优中选优，伴随的是学习紧张和无形的竞争压力，许多毕业生在后来回忆时都有描述，甚至有一些人用了"磨难"这个词。

协和设置课程的核心是长学制教育，即三年医学预科再加五年临床教学及研究。虽然学制的长短并不一定与临床能力或研究能力成正比，但协和对维持其顶尖地位的"八年制"教育极为珍视，并抵制一切改变。即便在政治敏感时期，协和领导层仍尽最大可能，希望坚持一贯的"协和标准"，即基础学科建立在扎实的预科基础上，充分重视临床指导和临床研究。

巨大的"投入"只有极少数的"产出"，而这"极少数"后来却成了中国乃至世界医学界的精英和当代中国的医学领袖，可以看出在遵循"协和标准"的课程安排的目的，绝不仅仅是为了培养合格的医生，这是协和办学的最大特色。

1927 年毕业于北京协和医学院的老协和人胡传揆回忆道：

我们班 1919 年考入预科一年级的是 21 名学生，到 1921 年毕业的共 10 名。其中仅有 4 名是原来 21 名中的成员，而其他 6 名则为插班生或上年级降下来的[35]。

1936 年毕业于北京协和医学院的熊汝成回忆道：

我于 1931 年从燕京大学医预科考入协和医学院，同班生有 24 人，1936 年毕业时仅剩 15 人（包括上一班因病休学一年的一位同学）。这种择优选才的淘汰制，也体现在住院医师制上。助理住院医师是每年聘任一次，在 4 月初由科主任召见谈话确定去留，被留者再聘任一年，年年如此。因此，助理住院医师人数逐年有所递减，如同"宝塔尖"。淘汰制，是为培养高素质的人才服务的[36]。

1921 年，麦克林在写给洛克菲勒基金会的考恩（Alfred Cohn）的信中提到：

我们有七名三年级学生，毕宝德和我都觉得他们可以和美国医学院三年级生相媲美。他们可以不费力地用英语读、说和写，语言上没有障碍。他们在这所学院里接受了四年的教育[37]。

纵观整个世纪，对于被称为"约翰·霍普金斯"的坚持，是协和最独特的属性之一。因为在洛克菲勒基金会看来，在中国建立一所约翰·霍普金斯式的医学院，将为中国所有的医学院和医院做示范——什么是真正的西方科学和西方医学。不仅如此，协和医学院在多方面比约翰·霍普金斯大学医学院更接近早期洛克菲勒基金会专家们的理想，这里将成为中国科学医学的新起点和新高度。

建设营造标准：不惜工本

从 1917 年协和建筑群正式奠基之日起，洛克菲勒二世对新校园有关中国传统建筑的细节非常感兴趣，对建筑师说"不惜工本"。

"不惜工本，精打细磨、精雕细刻"，打造了最后建成的"协和建筑"标准，实现了从一开始就希望的"中西合璧"的建筑，这也实现了洛克菲勒基金会的心愿：将协和医学院作为送给中国人民的最大礼物。

协和工程所用的建筑材料都很讲究。比如木材，一律是从菲律宾买来的 Teak 木（麻栗树木材）；各楼房顶所铺的琉璃瓦，是在北京近郊定制的；考虑到现代医学教育、医疗和科研的需要，从病房、

协和医学院首届毕业生仅有三名

至 1920 年已有两班学生共 13 人，其中第一班于 1921 年进入临床
见习，1924 年毕业仅有 3 人：刘绍光、侯祥川和梁宝华。

教室到实验室，均配有当时最考究的设备和最先进的配置；医院引进的医学器材也是世界领先的，许多设备在当时的中国都是绝无仅有的；协和医学院还有自己独立而完整的水、电、动力系统，保证医疗救治功能不受外界影响。这些精细化设计，无不体现着协和建设的"高标准和严要求"的原则。

在协和医学院建设四年期间，由于第一次世界大战而导致的物价飞涨、海运价格上涨、运往中国工地的材料丢失而需重新购买、汇率大幅降低等因素影响，当时，董事会只有两个选择：要么工地立即停工，等到战争结束后启动；要么顶着困难，按原计划原标准继续进行。由于当时不知战争何时结束，闲置的工地启动后会有更大的损失。董事会只好决定按照原计划进行，即按建设"高标准"进行。最终协和医学院的建筑和设备的花费从 1915 年估算的 100 万美元增至 1925 年为止的实际开支约 750 万美元，这些预算远超出了洛克菲勒基金会最初的估算，已经令人有些错愕。罗氏驻华医社主席文森特表示了关切：

我曾经并依然对北京的预算感到困惑不解……我禁不住要反问自己，在中国如此惊人的开支是否必要，能否有所交代，他们是否会成为中国人自己所期待的进程中的阻碍。

洛克菲勒在一封信中与父亲辩解说：

相比一个类似的美国机构，这项开支是温和的……在其发展过程中，已经力求减少奢侈浪费 [38]。

值得称赞的是，创建者并没有沮丧绝望，没有放弃项目另辟蹊径。相反，他们以绝无仅有的信念，印证和坚守了最初的目标和决心，那就是"在中华大地上，永久地建立起世界上最好的医学院"。1928 年 11 月 9 日，基金会又再一次拨款将 1200 万美元交给了罗氏驻华医社。

为什么要在遥远的中国办一所如此昂贵而又尖端的医学院呢？1936-1948 年期间担任洛克菲勒基金会主席的雷蒙德·福斯迪克（Raymond B. Fosdick），曾参与过北京协和医学院的管理工作。多年后，他把北京协和医学院描述为：

一个故事、一个理想：激动人心的故事 —— 人与命运搏斗，失败催不毁的理想 [39]。

"协和标准"是否还在坚持和维护

在 1914 年考察团的报告《中国的医学》中，反复权衡"求质还是求量"的问题后，定下了北京协和医学院建成美国霍普金斯医学院标准后，从理想萌发开始到落成百年的时间打磨中，历经社会局势动荡、历经资金投入的争执、历经建设的变迁、历经校领导的更换，但协和现象、协和模式、协和标准像一面闪光的旗帜一样，永不褪色：坚守初心，永葆初心。

1929 年，罗氏驻华医社的驻华代表顾临没有医学经验，作为一个门外汉，在政策方面他常常向教授委员会全体成员和教职员工征求集体以及个人的意见或建议，这让他备受尊重。尽管中国政府施压，要求"数量"，但是学校仍朝着"质量"稳步发展。各学系在人员、设备和设施上有什么需求，顾临都会不断地寻求各种办法满足这些需求。为争取对协和持续办学的预算投入，而不是预算紧缩，顾临近乎固执地为协和辩护"没有哪个美国机构像协和医学院一样承载着未来的重托"，为了能在中国维持高标准的医学教育和研究，他几乎在孤军奋战，也因此之后他被迫辞职。（有关顾临详细内容见下卷 562-567 页）

1930 年，在全国医学学会会议上，协和医学院生理学系教授林可胜提出了如何向几乎全部为农村人口的中国大众提供有效的医疗服务的具体想法：

我们必须目标高远，保持不低于西方最高标准，但却不必完全照搬西方的所有细节……有多种可能修改课程和学系设置，而仍然维持令人满意的学术标准。

中国仍然需要一所像协和一样的医学院。以其卓越的水准，协和理应屹立在一个囊括不同技术等级专科学校的国家体系的顶端。但他们认为协和需要进行一次彻底的改造，他们的目标不是牺牲其卓越的水准，而是要确保一个国家体系可以更始终如一地得到医学院的服务[40]。

1937 年初，教育部提出给北京协和医学院的运营预算提供 5 万银元，出于学院政治独立性的考虑，当时任校长的胡恒德拒绝了，他讲述了拒绝教育部部长提议的原因：

教育部想把 5 万银元投入学校的运转资金中。我的答复是，我不同意拿协和的自由及科学和教育标准来换取这笔不到我们年运转费用 2% 的资助。如果政府成为出资方之一，那么它会立即按照自己特定的模式左右学校的政策和做法。在所有其他接受政府资助的私立大学中，我已经看到这一结果，因而坚决反对。校董事会主席完全赞同我的看法，不愿意让政府的资助介入学校运转预算里[41]。

1942 年，第二次世界大战期间，协和被迫关闭。

在抗日战争的艰苦年代，任协和内科总住院医师的张孝骞教授负责将协和迁到贵阳湘雅医学院，但教学标准从未含糊。那时人才缺乏，张孝骞千方百计地聘请高水平的教师，反复强调一点：不能因条件不好而放弃严谨作风，一切医疗须按照从前的常规程序进行。

1947 年，协和医学院复校，这个时期教师团队已逐渐由协和自己培养的人才组成。他们经过多年的临床学习、海外留学、回校担任初级教员，此时逐渐成为各系领导，如内科的张孝骞、妇产科的林巧稚、儿科的诸福棠、病理学的胡正祥、生理学的张锡钧、外科的吴英恺等。无论经历多少苦难和挑战，无论在什么样的严酷和艰难环境中，曾经熏陶同时也滋养了他们的协和文化，在他们的内心灵魂深处一直在传承和体现"协和精神"。半个世纪后，那时的学生百感交集并回忆说：

协和不仅仅教我们如何学习、如何思考、如何想象，更重要的是协和赋予我们巨大的精神财富——如何做一个好医生！

1947 年内战方酣时，洛克菲勒基金会仍一如既往地对协和未来抱乐观态度，基金会主席雷蒙德·福斯迪克（Raymond B. Fosdick）在会议总结中说：

中国此刻正处于悲剧中，内争似乎不可调和。不过从长远看，前景不一定那么黑暗，时间总是在中国一边。中国的历史文化上溯几千年，其中有许多时期因内战和纷争而四分五裂。中国人的身心都有一种活力和几乎独一无二的再生能力，他们学会了如何克服灾难，如何在道德沦丧混乱的压力下保持他们的社会和审美的价值观。中国人民有超常的天赋，除非我们大家都毁于一场全球浩劫，他们注定要对人类的生活作出善果及不可估量的贡献。此时此刻他们需要我们的帮助……[42]

同年，在协和复校预算讨论会上，此时已经 70 多岁的洛克菲勒二世的参与相当引人注目。会议上洛克菲勒基金会又决定出资 1 000 万美元给协和及有关的项目[43]。这是最后一笔捐赠，同时洛克菲勒基金会对协和的工作如是评价：

当基金会退出协和医学院的画面时，董事会和罗氏驻华医社再次表达他们对这所机构及其远大前程的坚信不疑。它留下了卓越的记录，他的毕业生将现代医学传播到了中国的各个角落。北京协和医学院和罗氏驻华医社董事们的服务充满了自我牺牲、献身和忠诚。协和医学院为自己在远东许多国家赢得了独一无二的名声，洛克菲勒董事会为自己与这所机构的建立的努力与付出而感到骄傲。协和已经作出了如此巨大的贡献，它的延续对未来将更加意义非凡。基金会在此重新将北京协和医学院献给中国新的一代，并坚定地相信，学校点燃的现代医学之灯将生生不息[44]。

1949 年，新中国成立后，协和医学院校长李宗恩依旧在领导职位上，他向罗氏驻华医社表示：

目前学校和医院的工作都没有受到干扰，正常进行，但对未来的规划还要等新部委制定政策；不过，新部委还没有成立。然而"协和的贡献在于其重质而不是数量"，很多证据都表明这样的。办学模式受到很多人的赞赏和鼓励，也将其作为规划"医学教育和全民健康服务"这个目标的一个重要因素……我们迈步向前，深感肩头责任重大，当不负协和缔造者之期望与志向 [45]……

1951 年 1 月 23 日清晨，罗氏驻华医社收到了时任协和医学院校长李宗恩的电报：

参照 51001 号电报，协和国有化，1 月 20 日 [46]。

这是直接来自协和最后的信息。罗氏驻华医社与协和之间长期的、卓有成效的合作就此结束了。1951 年 4 月 4 日洛克菲勒二世写给福梅龄女士的信中写道：

但是有谁敢说，这不是上帝的旨意，以这样的方式，达成其创建者最初的目的。尽管这种方式与我们心中所想的完全不同。让我们希望、祈祷并相信：最终一切都能达到最好 [47]。

新中国成立以来，中国人口有 5 亿之多，80% 在农村，面对如此巨大的需求，协和医学院每年培养的毕业生确实微不足道。对"八年制医学教育"的批评变成了对协和医学院的变相批评。由于国家的迫切需求，医学教育不得不考虑数量，缩短年限因而降低了质量，这也是迫不得已的权宜之计。

1957 年李宗恩在"反右"时被罢免。之后，1933 届协和毕业生黄家驷被任命为中国医学科学院院长，1984 年去世。他在协和第二次复校后担任校长近 30 年，可谓目睹了各个时代的变化，他曾表示宁可终结这一教育项目，也不降低标准。在黄家驷之后，由 1942 届的协和毕业生吴阶平短暂接手校长一职，无论政治压力多么巨大，他始终尽最大可能维护着"协和标准"。近 25 年，协和医学院一直拒绝扩大招生，并拒绝实行三至五年的课程设置。在长达半个世纪的时间里，国家多次计划"扩大机构规模、降低学业标准"，均被协和领导拒绝，并表示宁可终结这一教育项目也不降低标准，这同时也付出了巨大代价：

1954-1959 年，没有招收新的班级；
1966-1979 年，没有招收新的班级；
1968-1987 年，没有毕业生 [48]。

1957 年，一行英国医生来中国访问，其中有一位是《柳叶刀》杂志主编，他的报告中有对当时协和的评论：

虽然历经变迁兴衰，协和仍被认为是"中国的约翰·霍普金斯"。尽管世异时移，国际教员也已离去，但协和依旧保持了一流的水准，执中国医学界之牛耳。

1957 年 5 月，张孝骞撰文《中国协和医学院应该恢复医学生教育》，上书中央建议恢复协和长学制的医学教育。其中写道：

我认为这些顾虑是多余的，因为协和经过了改造，它是祖国的具有某些条件的一个医学学府，只要这些条件对某一具体任务有为祖国服务的必要与可能，就应当充分地加以利用。我们应当从整体出发，而不应单纯为协和考虑。今天的关键是，国家应不应该开办这样的医学院，次要的问题才是利用哪些医学院来办。

这个谏言体现了张孝骞高瞻远瞩的大局观，实事求是、坚持真理的科学态度，敢讲真话、不畏挫折的大家风范。正因如此，他对中国医学教育作出了不可估量的贡献，也因此受到了党和人民的高度评价[49]。

1957 年 6 月，协和教务处召集全院会议，讨论了张孝骞的这份报告。他的意见虽得到了临床科室的一致赞成，但终因基础科室的大部分同志反对而被否决。直到 1959 年，中央提出了"普及与提高相结合"的教育方针，张孝骞的思想才逐渐为大家所理解，同时张孝骞的建议得到了周恩来总理、中共中央宣传部部长陆定一和北京市委书记彭真的支持。

1958 年，为恢复协和医学教育，陆定一部长和中国医学科学院党委书记张之强就"培养了世界一流医学人才、为我国作出过重要贡献的老协和要不要恢复"进行了长时间的商谈。

1959 年 5 月 6 日，医科院在吉祥剧院召开党员大会，陆定一部长在这次会议讲话说：

中宣部和卫生部一致认为协和医学院多年来培养了一批有真才实学的人才，有一套医学教育的经验，只要有党的领导，可按老协和医学院的办法办学。

这段话表明了新政府对原协和医学院的评价和复校后的办学方针，这就是"党的领导加旧协和"的来历。

1959 年 6 月，中国医学科学院受命筹建八年制医学院，周恩来总理亲自定名为"中国医科大学"，并组成了以黄家驷为主任的 30 人筹委会。经过 3 个月的紧张筹备，9 月 5 日在礼堂举办中国医科大学成立大会及开学典礼，黄家驷被任命为中国医科大学校长[50]。1960 年 5 月，陆定一同志在全国文教书记会议上再次强调：

基础理论知识只许提高，不许降低，只许广，不许窄，"中国医大八年制不许动"。

1976 年协和再次恢复八年制，黄家驷、张孝骞和吴阶平是"协和标准"的积极推动者，离不开他们长期的不懈努力。吴英恺院士最看好的是老协和的育才之道。晚年时，他曾几次将协和的领导请到家中，探讨老协和的淘汰制、24 小时住院医生制和住院总医生制。他说：

过去协和培养 10 个人，准能出两三个名医、名教授，中国需要"五星级"的名医，需要像协和那样培养高质量人才的土壤。

1979 年之后，中国医学科学院的一些机构已经消失或被工业侵占，所以直到 1981 年才完成了重组工作，并决定恢复八年制课程设置。反思这些精英医学机构的幸存，黄家驷、吴阶平和邓家栋深信，正是他们所要求的科学能力、强烈的专业共同体意识，还有近乎神秘的对"老协和"的信仰，挽救了协和医学院的精英模式免于灭绝。协和医学院的校友对医学和医学教育所作的贡献足以说明精英模式在"人民至上"的中国是可以成功的。"协和人"又一次的努力令人想起并概括为洛克菲勒最初的目标：专业自主性和科学标准[51]。

1980 年，美国中华医学基金会（CMB）拨给协和 55 万美元用于协和老建筑房屋修缮。1980 年代初，在黄家驷和吴阶平的努力下，恢复了与约翰·霍普金斯大学的关系。

2016 年 9 月 10 日，美国中华医学基金会中国代表处新址在北京协和医院 L 楼落成并投入使用。102 岁的美国中华医学基金会再次回到了她魂牵梦萦的地方，重启跨越太平洋两岸的医学梦想。回望百年，协和与美国中华医学基金会联合书写了中国现代医学的璀璨篇章，期间虽经历了无数次坎坷曲折，但在几代人的努力下，百年协和又焕发出新的生机。

2018 年，协和医院院长赵玉沛在百年协和倒计时 1000 天启动仪式上发表讲话，首先明确回答了"三个如何看待"的问题：

协和医院的核心使命是治病救人，医院好不好，病人说了算，这才是评价医院的金标准。医院提倡的加强科研是以临床为基础，做出真正有价值的科研成果并推动临床问题的解决。不拼规模拼能力，不拼数量拼质量，看别人看不了的病，这才是协和各学科的发展道路。

精英教育 人才辈出

1929 年，美国《时代》周刊曾特别提到：

协和办得如此成功，以致后来"这里的骨干大部分都是中国人"，该校毕业生"成了中国医界的大半精华，他们每一位都撑起了中国医学半个世纪的天空"。

1940 年，协和教职队伍中只有 10 名西方人，而中国人为 109 名。1951 年，当美国撤回其资助时，协和已经成为一所机构设置完整、专业自主和自我存续的机构。其每个特征都对协和的永久存续非常重要。"黄金时代"的协和天才喷涌、大家不绝，成为中国近现代西医学的发源地，并左右了中国现代医学的走向。其影响力不仅体现在输出人才、制定规范和标准上，更重要的是积淀形成了一种精神风范和内在品质，概括地讲就是科学精神和人文精神，让协和后辈深深受益至今。

我们可以从以下三个层面展示"在协和"和"从协和"走出来的医学精英。

第一层面，协和"志在世界一流"，践行着严格的精英教育，聚集了精英师资。在该校长期工作的中、外籍教授都是洛克菲勒基金会高薪聘请的世界一流科学家。同时，这些大家在协和工作的经历又成全了他们日后发展轨迹：

1. 协和解剖系第一任系主任考德里，回美国后分别任华盛顿大学、圣路易斯大学的细胞系和解剖系主任；
2. 外科的韦伯斯特，回美国后担任了哥伦比亚大学医学院的整形外科主任；
3. 生理系主任林可胜，后来当选为美国科学院外籍院士，他是最早为世界科学界所推崇的中国科学家之一；
4. 协和生物系的两位教授，一位回美国后的职务是海洋生物实

了解了协和背后的故事，我们就会明白为何协和能够取得如此卓越非凡的成绩，对中国和整个东亚的医学教育与实践产生了如此深远的影响。作为我，一个深入参与协和二十多年管理的人，对协和有着特殊的感情。对于其他的史学家来说，评估协和的成就也是很有意义的一个课题。

协和医学院校董事会秘书　福梅龄

验室主任，一位是哥伦比亚大学医学院内科副主任；

5. 协和寄生虫系的两位教授，一位回美国后任图兰大学的热带医学教授，另一位回美国后成了纽约大学的预防医学教授；

6. 第一任协和校长麦克林回美国，担任的职务是美国芝加哥大学医学院校长和内科教授。

第二层面，一个世纪以来，协和医学院培养了中国医学界的一大批巨匠泰斗，而关键即在于"精英教育"，协和已成为令世界医学界瞩目的医学基地。

加拿大人步达生是 1927 年"中国猿人北京种"的命名者，美国人豪慈教授被誉为儿科泰斗，新加坡华侨林可胜因发现"肠抑胃素"而著称于国际医学界，谢元甫是中国泌尿外科的奠基人，陈克恢在任药理系助教期间完成了世界瞩目的"麻黄素研究"，李宗恩是中国热带病学研究的创始人，宋鸿钊完成了的绒毛膜上皮癌药物根治研究，吴宪被美国学者誉为"中国化学的巨人"。

20 世纪 50 年代，中国 12 个主要医学院的领导都是协和毕业生或前教员，40% 以上的协和毕业生都是医院的管理者。

1. 1929 届钟惠澜，中国热带医学奠基人，建立了北京友谊医院，并在这所医院建立了北京热带医学研究所。

2. 1927 届诸福堂和 1933 届吴瑞萍创办了新中国成立时北京唯一的儿童医院。诸福堂不仅仅是一名院长，并著述颇丰，还培养了下一代中国儿科医师，赢得了"中国儿科之父"的美誉。

3. 第二次世界大战期间协和被关闭，一群毕业生迁到了附近的天津，由他们领导的几个机构，被称为"小协和"。1930 届朱宪彝是天津医学院院长；1931 届金显宅是天津肿瘤医院创始人及院长；1929 届施锡恩创办了天津第一家泌尿学实验室，包括中国首批血液透析实验室。

4. 在上海，协和毕业生大多汇集在上海第一医学院（原国立上海医学院）。1929 届放射学的荣独山、1932 届微生物学的林飞卿、1936 届外科的熊汝成都先后在上海中山医院当了很长时间的院长。

5. 广州是最早有西医的城市，今天中山大学附属第二医院就坐落在当年伯驾的眼科诊所所在地。协和有一大批学生来自广东，在 20 世纪 30-40 年代，这些毕业生被鼓励回到了华南，其中在广东，1926 届李延安曾任岭南医学院院长，1929 届汤泽光曾任夏葛医学院院长，这些机构组合起来成了 20 世纪 50 年代的中山医学院，1933 届陈国桢曾多年担任副院长和教务长。

6. 在北京，许多医学院、大医院的负责人都来自协和，如阜外医院的吴英恺、儿童医院的诸福棠、皮肤病研究所的胡传揆、妇产医院的林巧稚、积水潭医院的孟继懋。

7. 1949 年之后，有四分之一的协和毕业生来到了宝岛台湾。曾在国民政府国家卫生署工作的数位医生创建了"国防医学院"。1970 年初，大约有 20 名协和毕业生，包括几名护士活跃在台湾地区的医学机构，其他则加入了世界卫生组织，或在美国继续从事医学工作。

第三层面，1956 年成立中国医学科学院时，8 个研究所中的 6 个都由协和毕业生担任领导。中华医学会的许多专家也来自协和，中国的主要医学杂志多由协和毕业生创办、主编。1962 年出版的《中华医学杂志》，26 名编委中有 19 名是老协和的教师及毕业生。1955 年当选的 9 名生物医学院士中，有 7 名是老协和的教师及毕业生。

1955 年当选为新中国第一批中国科学院院士吴英恺，经历过中国知识分子的诸多艰辛和悲伤，虽多有坎坷，但对医学矢志不渝，一生主持创建了 3 所医院、2 个研究所、5 个胸外科。他曾说：学医不难，学成良医则不易。

1997 年当选为中国科学院院士的韩启德，2004 年非常感慨地说起协和模式及其毕业生的历史：

协和的意义在于，她为中国现代医学教育树立了榜样。她的许多学系的领导都是现代中国医学学科的创建人；她的许多毕业生成为学术领头人和其他主要医学机构的骨干。协和医学院是医学领袖的摇篮，也为中国培养了第一代医学领袖[52]。

以下几组数字进一步说明"协和模式"及其成果：国家重点实验室 5 个；获国家级科技成果一等奖 11 项；在协和系统工作的两院院士 55 位（其中已故 21 位），协和校友（有协和"血缘"的）不在协和系统工作的两院院士 25 位；外国科学院院士 10 位。

1950-1980 年，尽管在"反右""文革"时期遭受迫害，协和毕业生仍在中国的医学教育与研究领域起着主导作用，他们担任着中国主要医学院的校长、医院院长、系主任以及医学专业期刊的创办人。

1992-2001 年任协和医学院校长的巴德年曾说过：

25 年间的协和职业生涯，陶冶了我，锤炼了我，甚至一直加工到"切削""打磨""熏蒸""热处理"，让人饱尝了酸甜苦辣，但使人坚定了信念，铸就了修养，提高了本事。不知过了多久，我终于悟出个道理，其实所有协和人都和我相似，在协和这座"熔炉"，这个"加工厂"，这所"大学校"里，情愿或不情愿地接受协和的洗礼，自觉不自觉地传承协和的文化。令人欣喜的是协和的人才薪火相传，协和的人才五湖四海，协和的人才兴旺发达[53]。

1949 年，中国各地医学院校长的教育背景[54]

医学院	校长	教育背景	医学院	校长	教育背景
北京协和医学院	李宗恩	协和医学教授	岭南大学医学院	周寿恺	协和毕业生（1933 届）
上海医学院	P. H. Chu	协和药理学教授	国立国防医学院	卢致德	协和毕业生（1929 届）
北京医学院	胡传揆	协和毕业生（1927 届）	华中大学医学院	Cheer Shoe-nan	协和医学教授
湘雅医学院	凌敏猷	协和精神病学进修生	武汉医学院	范乐成	协和毕业生（1936 届）
贵阳医学院	朱懋根	协和毕业生（1932 届）	青岛医学院	穆瑞五	协和毕业生（1925 届）
浙江医学院	王季午	协和毕业生（1934 届）	重庆大学医学院	陈志潜	协和毕业生（1929 届）

小结

当年协和初创时，是一个可以树立标杆的年代。那时的中国大地散落着一些医学院，他们大多由教会办学，有的没有足够的资金、有的没有先进的办学理念、有的没有顶级人才、有的没有优秀生源；协和从矗立在北京东单三条的那一刻起，这四个条件一一具备。

社会背景的不断变幻、日本侵占国难当头，北京方和纽约方的不断冲突，在这四分之一世纪里，太平洋两岸能够持续不断地顶住各种压力并一直坚守信念，是需要何等的勇气和魄力：坚守初心、不惜工本、坚持原则、造就精英。不容置疑，这样的坚持，显示了这个机构的强大精神动力，显示了高标准办学的巨大力量和人格的品质。

但是从客观上分析，北京协和医学院是根据当时美国医学教育的"实际可行的最高标准"而建立的具有世界水平的医学院，洛克菲勒基金会的期望是使之成为"中国的约翰·霍普金斯"。这种理想化的移植（Transplant）带来的却是医学院与当时中国实际需求之间的断层；基金会所研究的高端医学课题无法帮助当时的中国解决最基本也是最严峻的基本医疗保障问题。为了维持协和的高标准，洛克菲勒基金会不仅要为医学院本身投入巨资，还需资助其他十余所中国高等院校的自然科学专业，以提高其教学质量，确保协和具有受过充分基础科学训练的稳定学生来源。因此，基金会后来或多或少为维持这所"约翰·霍普金斯"标准的重负缠住而难于脱身。

作为协和医学院校董的胡适先生曾言协和是：

一所独轮手推车式的国家里的飞机式的学院
（an airplane college in a wheelbarrow country）[55]。

抚今追昔，洛克菲勒人在中国的脚步已经走进了百年。从历史的角度来看，洛克菲勒基金会改变中国的努力，实际上是近代以来西方宗教与文化势力力图将中国纳入所谓世界主流文化之思潮的一部分。与此同时，这一百多年也正是中国历史上风云变幻、改天换地的一个时期。在西方列强与日本帝国主义的侵略与压迫下，虽经历了种种屈辱与失败，但中国人民自强不息，前赴后继，终于使自己的国家重新屹立于世界。

协和校董事会的秘书福梅龄（Mary E. Ferguson）在书中写道[56]：

毫无疑问，这是中西方在政治、经济与军事上冲突与博弈的百年，同时也是中西文化碰撞、交流与相互融合的百年。无数中国有识之士，从改革派到革命家，在争取国家独立富强和追求现代化的斗争中，都在思考并探索着如何吸取西方文明的精华，同时传承和发展本国文化，具体地说，就是中国在面临西方文化的挑战甚至威胁时，如何在自身文明与西方文明的冲突和博弈中求生存、求平衡、求发展。

在过去的一百年中，中国在医疗卫生方面取得了巨大进步，中国人的平均寿命延长了将近一倍，过去经常发生的灾难性的疾病也得到了良好控制。中国之所以取得如此巨大的进步应得益于现代医学科学的进步及医学教育的发展，中国的科学家及有关机构也在这百年中逐步成长起来。在此科学道路上孜孜以求的最杰出代表即是有名的北京协和医学院。

协和医学院从开创到如今，一种不可言说的科学探索精神弥漫在整个校园。协和的先辈们恪守科学精神，矢志不渝，协和人"可以平凡，但决不平庸"，这可能是协和先辈给予我们最宝贵的遗产。

1920-1950 年协和的老校歌《为我们亲爱的古老的中华尽职》，仍被年轻的一代所传唱，这道出了协和精英模式和协和精神存在的意义[57]：

协和，协和啊，我们梦寐以求的校园。
在此我们止于至善，正是我们发乎本愿，
我们求索科学本源，探究人体奥秘……
恪守天职，健康所系，
效忠祖国，富贵不移……

协和，协和永存啊，
我们梦寐以求的校园，
让我们从今后，永不会啊，永不会
忘记母校的训勉。

注：协和老校歌词曲作者为美国人韦乐林（Lorin Webster，1857-1923）。他在协和任教匆匆一载，却留下了传唱百年的校歌。

患者为医生赠送感谢牌匾

为什么要在遥远的中国办一所如此昂贵而又尖端的医学院呢？

1936—1948 年期间担任洛克菲勒基金会主席的雷蒙德·福斯迪克（Raymond B. Fosdick），曾参与过北京协和医学院的管理工作。多年后，他把北京协和医学院描述为：

一个故事、一个理想：激动人心的故事——人与命运搏斗，失败催不毁的理想。

注 释

1、2、4、5、9、12、16、17、18、20、48、55. 　　　晶之. 协和医脉 1861-1951 [M]. 北京：中国协和大学出版社，2014.

3、31、41、26. 　　马秋莎. 改变中国 —— 洛克菲勒基金会在华百年 [M]. 桂林：广西师范大学出版社，2013.

6、32、37、54. 　　常青. 协和医事 [M]. 北京：北京联合出版公司，2017.

7、35. 　　胡传揆. 北京协和医学校的创办概况 [J]. 中国科技史杂志，1983（3）.

8、10、13、14、15、21、22、28、29、38、39. 　　　约翰·齐默尔曼·鲍尔斯. 中国宫殿里的西方医学 [M]. 蒋育红，张麟，吴东译. 北京：中国协和医科大学出版社，2014.

24、25、27. 　　沈津. 老蠹鱼 —— 读书随笔 [M]. 桂林：广西师范大学出版社，2009.

36. 　　政协北京市委员会文史资料研究委员会. 话说老协和 [M]. 北京：中国文史出版社，1987.

30、33、34、44、56. 　　福梅龄. 美国中华医学基金会和北京协和医学院 [M]. 闫海英，蒋育红译. 北京：中国协和医科大学出版社，2014.

46、47、23. 　　资中筠. 洛克菲勒基金会与中国 [J]. 美国研究，1996（1）.

40、42. 　　玛丽·布朗·布洛克. 洛克菲勒基金会与协和模式 [M]. 张力军，魏柯玲译. 北京：中国协和医科大学出版社，2014.

43、45、51、52、57. 　　玛丽·布朗·布洛克. 油王：洛克菲勒在中国 [M]. 韩邦凯，魏柯玲译. 北京：商务印书馆，2014.

49、50. 　　北京协和医院. 张孝骞画传 [M]. 北京：中国协和医科大学出版社，2007.

53. 　　蒋育红，玛丽·布朗·布洛克主编. 协和百年纪念文集 [M]. 北京：中国协和医科大学出版社，2017.

附　录

百年协和老照片
百年协和当代照片
1919–1924 年　协和建设过程中往来信件清单

百年协和老照片

系列一 热火朝天的工地

1919 年，洛克菲勒基金会文森特主席与全体建筑设计及施工管理人员合影

系列二　1921 年，协和医学院落成典礼

参加落成典礼的全体人员在协和医学院医疗区入口庭院合影

1921年9月16日，参加协和医学院落成典礼的有600余人，包括中外嘉宾及家属、
协和医学院教师、学生、行政人员、护士、进修学员、住院医师、后勤人员等。

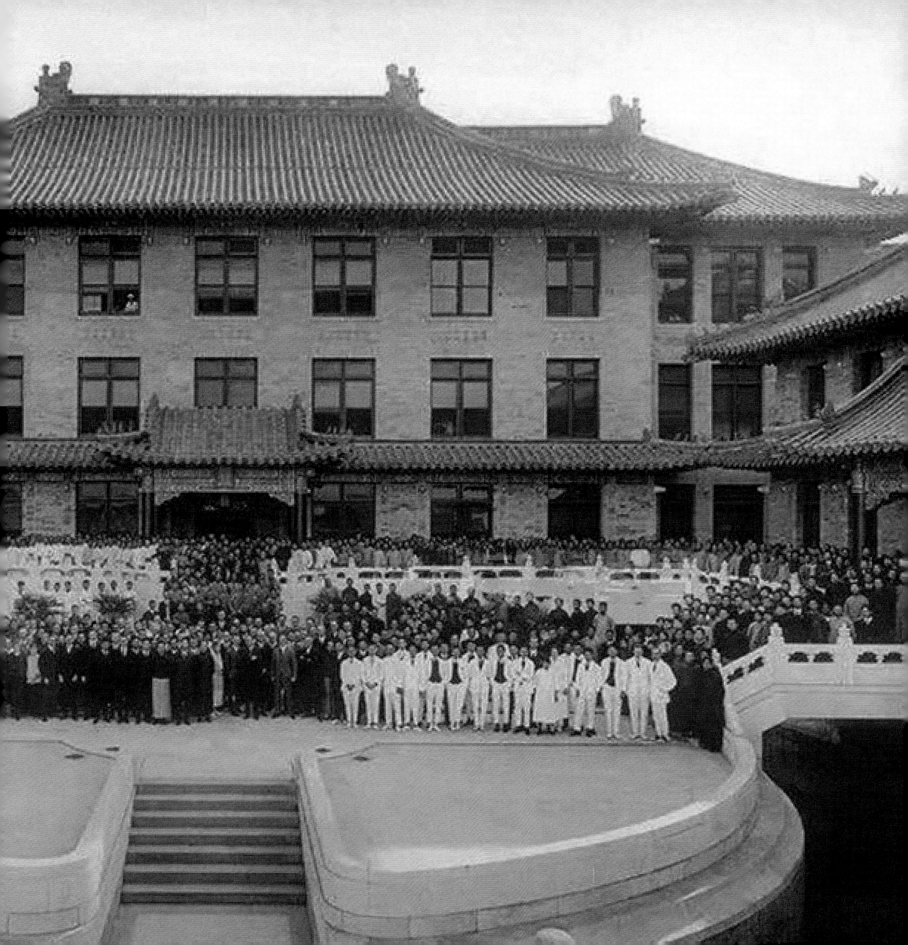

陪同丈夫参加典礼的皮博迪夫人从女性细腻的角度记载了典礼的盛况，在其日记中写道：

学位制服的色彩令人眩目，使周围的女士们黯然失色。巴黎的 Tuffier 博士无疑是最靓丽的，因为他戴着一顶真正的王冠，缠绕着红色的貂皮，胸前佩戴着无数的勋章……都柏林的 William Smyly 爵士穿戴着鲜红的外袍和博士帽。即使那些身着黑袍的人们也毫不逊色，因为他们披着红色或绿色的天鹅绒勋带。少量的主教们增添了异样的情调，只有身着深色燕尾服的英美大使才让我们回归现实。

典礼之后，皮博迪教授成为协和第一位客座教授，夫妇二人将在北京度过一年的时光。

《协和医脉 1861-1951》

落成典礼时教授团队进入礼堂（右二为伍连德博士）

医学院学生、护校学生纷纷从教学楼走向礼堂

9月19日，这些杰出的嘉宾组成了令人瞩目的学术阵容。东西方的科学家们身着西式学位制服，在碧瓦飞檐之下，列队缓缓前进，途经现代化的实验室和古老的水车，穿过列队的西医学生、好奇的苦力和无时不在的乞丐们。最终在街头艺人叫唱和管风琴进行曲的合奏中，怡然步入宫殿式的现代化礼堂。

1921 年，洛克菲勒二世参加协和医学院落成典礼，走在通往生物化学教学楼（C 楼）的十三级御路踏跺上

协和这所学校的主要任务是培养有前途的男女学生，成为高质量的、将来可做领跑者的医生、教师和科学家……

希望有朝一日将这所学校交给中国人：显而易见的是，无论西方医学能为中国提供什么援助，对中国人民来说用处不大，除非它被中国人接管，并成为中国国民生活的组成部分……让我们携手朝这一目标向前迈进，西方所能提供的这所最佳医学殿堂，永远扎根在中国的土壤。

1921 年北京协和医学院落成典礼 洛克菲勒二世致辞

洛克菲勒二世在协和医学院教学区入口

1921年9月，洛克菲勒二世在参加建筑落成典礼后，在给其父亲的一封信中表达了他对建筑和设备的高度认可：

我们对北京协和医学院的喜爱无法言说，完美的建筑各尽其用，这不只是对科学而且也是对建筑的贡献。

坐黄包车来参加典礼的中外嘉宾

在那个北京的九月天，没有谁的讲话像洛克菲勒二世本人的诚恳致辞一样，如此清晰地揭示了北京协和医学院内在的冲突。聆听他的讲话，我们无法不心怀敬意，因为他比任何演讲者都更直接地讨论了北京协和医学院在中国的作用问题。他认识到了用美国方法解决中国教育问题的局限：CMB 从一开始就认识到，只有中国自己能够处理应对在全国建立现代科学医学教育这样巨大的难题，西方文明所能做的一切就是指明方向。

北京协和医学院校董事会秘书　福梅龄

在这个迷人的秋季，来自日本、英国、苏格兰、爱尔兰、爪哇、韩国、菲律宾、加拿大、法国、美国以及中国各重要省份的科学家和代表们，齐聚协和，庆祝开院。

参加协和医学院落成典礼的人群

韦尔奇（左一）、洛克菲勒二世（前排左三）和 CMB 其他成员

这个医学院的影响力将大大超出我们的想象。她已在给中国设定标准，仅就眼下而言，其影响力就已超越了中国的国界。

洛克菲勒二世致洛克菲勒一世

1921 年 9 月 19 日于北京

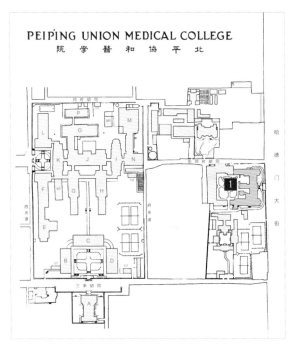

1 预科学校

协和医学院预科学校于 1917 年开办，招收一年级学生及二年级插班生。9 月第一批预科生入学（一年级 2 人，二年级插班生 5 人）。所有教学活动在娄公楼进行，包括生物、化学、物理、语文（中文、英文之外，还需要选修德文和法文）所需的教室和实验室，另外还有图书馆，医预科学制为 3 年。1919 年从医预科直升入本科 5 人（当时医预科三年级 5 名、二年级 3 名、一年级 21 名）。

1925 年预科学校迁至燕园新址，学生来源则为燕京、东吴、沪江、岭南、金陵、金陵女大、清华、南开、辅仁等大学。除 1942-1945 年间日寇侵华时期燕大和协和关闭外，燕大与协和的关系持续到 1951 年。

预科学校物理实验室

预科学校生物实验室

预科学校组织学实验室

预科学校学生在英氏园的毕业典礼

1923年，预科学校毕业生合影

系列四　X光学校

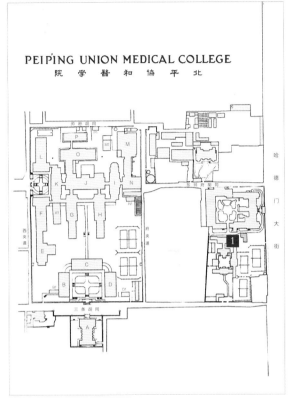

1 X光学校

X光学校位于娄公楼南侧，是一座2层独立建筑。

郝智思（Paul C. Hodges）教授于1919年在协和医学院成立放射科，开班正式训练放射学专业人才，充实了人员和设备，建立了正规的制度，是我国放射学专业的创始人。

郝智思教授对X线机件的装置、修配和X线投照技术非常重视，在科内设有X线机修配车间，聘有工程师和技工，当时有王和善工程师和一个胡师傅，不但能自己装置和修理X光机件，还可自制各种附件。新中国成立后，王和善工程师到了上海精密医疗器械厂负责设计，1952年制造了我国第一台200毫安X线机。在抗日战争时期，郝智思教授还在美国设计制造了适合战争需要，坚固耐用，附带有发电机的轻便X线机送来我国。

郝智思教授工作场景

1918 年北京协和医学院聘任 26 岁的郝智思为放射学讲师，正式成立协和放射科，这也是中国最早的放射专科。郝智思在创建协和放射科的同时，还指导其他医院购买、维修 X 光机。

在罗氏驻华医社资助下，他撰写了放射学系列书籍，作为其他医院的指导手册。郝智思将影像诊断学引入了中国，并于 1922 年研发制造了中国第一台适应电压大幅波动的简单、廉价的 X 光机。1923 年郝智思在协和举办放射研究生班，为期 6 周，培养了 25 位中国学员，为中国放射学的发展起了重要作用。在郝智思任职期间培养了谢志光、吴静两位中国医生。1997 年郝智思去世，享年 103 岁。

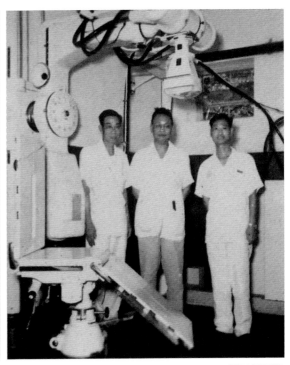

教授正在指导学生使用设备的场景　　　　　　　王和善工程师操作自动转换器场景　　　　　　谢志光教授（居中者）与同事合影　　　　图片来源于网络

谢志光教授于 1923 年入职协和放射科，工作到 1942 年，达 19 年之久。自 1927 年郝智思教授回国后，谢志光教授就担任主任职务。在他的辛勤努力下，将协和放射科发展成为兼有诊断和治疗，设备、人员齐全，医教科研富有成果，人才辈出的科室。

谢教授不但自己对我国放射学的创立、奠基和发展有着重大的贡献，而且还培养了许多学生，其中有些已经成为著名的专家，例如汪绍训、荣独山和胡懋华等。他们大多数具有充实的学识和严谨的作风，能继承协和放射科好的传统，对我国放射学事业的奠基和开拓亦各有重要的贡献，并继续为我国培养了一代又一代经过严格训练的放射学专家和领导骨干。

X 光学校教学与研究场景

1926 年，郝智思（左一）教授与 X 光学校师生合影

系列五　护士学校

护校校徽

协和医学院护士学校与医学院同为美国洛克菲勒基金会所创办，是我国独一无二的先进护士学校。在 CMB 精英和追求卓越的思想主导下，护理学院努力吸引最高能力和素质的年轻女性到护理专业学习。

学院决定只在中学毕业生中招生，因为罗氏驻华医社认为将来的护士要肩负重要的责任、他们要尽可能的具有全面的教育背景。自 1920 年招收第一班学生（3 名）开始，到 1951 年停办，历届毕业生总数仅有 263 人。学校除招收护士生外，还为其他医疗单位的护士开办各种培训班和进修班，其中包括医院护理行政管理、护理教育和公共卫生护理等科目。在培训班毕业的约计数百人之多。

护士学校初期的学制分为两类：一为三年制，第一年在协和预科学校学习，其后学习临床护理，毕业后获护理文凭；二为五年制，1922 年设立，前两年在燕京大学学习基础课，第三年在协和医学院学习医学基础，毕业后获燕京大学学士学位和护理文凭。

协和医学院护士学校的办学宗旨是：培养有良好文化教育、自然科学、社会科学、预防保健、医疗和护理科学水平的护理骨干、师资和领导人才。"勤、慎、警、护"是学校的校训。

护士学校历任校长

图片来源：《美国中华医学基金会和北京协和医院》

第一任：沃安娜 Anna D. Wolf

（1920-1925）

第二任：盈路德 Ying Luther

（1925-1930）

第三任：胡志敏 Gertrude E. Hodgman

（1930-1940）

第四任：聂毓禅

（1940-1953）

在海外学习并获得资格的护士和校长沃安娜在护士楼（L楼）前合影

1921 年，在中国学习并获得资格的护士在护士楼（L 楼）前合影

1921年，在海外学习并获得资格的中国护士在护士楼（L楼）前合影　护校学生在新建后的哲公楼门前（东帅府胡同）合影

护校全体员工合影

1931 届协和护校毕业生合影 （右三为 1983 年国际南丁格尔奖章获得者王琇瑛，右四为盈路德，右五为顾临）

系列六　1921-1949 年，洋教授的北平生活

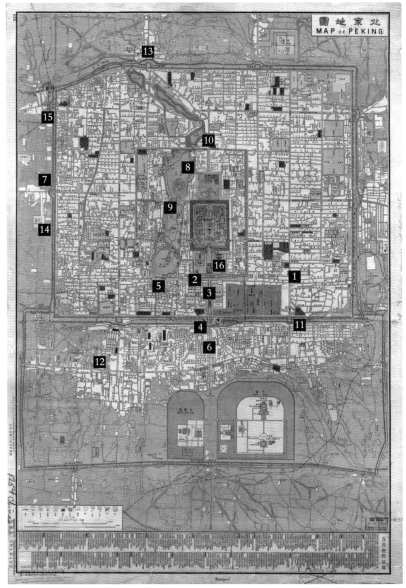

注：图中数字为 721-724 页老照片拍摄站点位置

从 1900-1928 年的近三十年对于北京而言，是一段在新与旧之间挣扎的时间。所有旧的事物仍旧拒绝完全投降，但不得不开始谨慎地接受一些新事物。这就像硬把一件新衣服穿在一具旧骨架上一样，新衣服本身也不是一流的，老的骨架也开始变形。

民国时期杰出的历史学家　瞿宣颖（笔名：铢庵）

1	3
2	4

1 从哈德门大街可以看到远处的克林德碑

2 紫禁城

3 大清门（民国后期改名为中华门，在北京中轴线上）

4 正阳门

5	7	9	
6	8	10	11

5　新华门

6　前门大街由南向北看

7　长毛骆驼运送门头沟煤厂的煤到北京

8　俯瞰北海

9　团城西侧道路及金鳌牌坊

10　地安门

11　哈德门（崇文门）

12 铁狮子胡同（顾维钧住处）

13 德胜门外

14 北平城西城墙

15 西直门火车站

16 1901 年 11 月 1 日，第一辆驶入位于前门附近的火车站的蒸汽机车

12		15
13	14	16

1920 年的北京共有 15 个沿城墙设置的火车站、15 个出租车站、19 个人力车店铺、21 个马车公司，及租赁手推车和毛驴的商店等，不一而足。这些交通方式大大方便了货物流通。除此之外，有 24 家店面可以出租自行车，邮政服务系统可以达到全国及世界很多地方。

1934 年，洋教授在天坛"飞翔"

1932 年，明十三陵的石雕骆驼上的洋教授

洋教授与

1901 年，北京大街上多姿多彩、生气勃勃的场景

哈佛医学院微生物学的辛瑟尔将北平与他热爱的巴黎相比较：

实际上，雄伟而对称的故宫比凡尔赛宫更令人惊叹……北平有一种特殊的魅力，巴黎以外的城市从未让我有这样的感受……我忽然间感到如归故里，非常能够理解为什么我的很多西方朋友在这里生活了一两年之后，并没有要离开的打算……

1900 年 12 月，八国联军总司令阿尔弗雷德·瓦德西，穿着冬装与两个德国卫兵在天安门前留影

资料来源：《义和团 1900 的北京》

1938 年 3 月 2 日，辛瑟尔来到北平，促使辛瑟尔来到北平的原因是可以获得学习中国文化的机会。他在艺术方面造诣很深，曾研习并喜爱欧洲文化，如今为神秘的东方文化所吸引。辛瑟尔被北平的生活环境深深地迷住了，他的自传中绘声绘色地介绍这座城市的街景与喧闹：

如果我能够向皮埃尔·洛蒂（Loti，法国作家）或者纪德（Gide）借支笔，我会忍不住描述北京的声音、味道和哈德门大街夜晚拥挤的人群，驮着煤的长毛驼队在汽车、三轮车、孩子们和乞丐们之间穿行。街道如同巴黎大道一样宽阔，黄昏后纵横交错的胡同中会感到神秘的静谧，穿过污秽的胡同小路，推开大门进入安静怡人庭院时的惊喜，以及宫殿的雄伟庄严。

民国时期在京欧美人士经常光顾的洋行、店铺

英文名	洋行商铺名	地址	主营商铺
Anglo-Chinese Trading Co.	中英洋行	总布胡同	保险、代理、杂货
Aux Elegantes	法商新衣庄	北京饭店内	时装衣帽
British American Tobacco	英美烟公司	崇文门内	烟
Caldbeck, Macgregor & Co.Ltd.	正广和	东交民巷	酒、汽水
Chic De Paris	万隆	东交民巷	时装衣帽
Chin Shung & Co.	晋生洋行	崇文门内	服装、棉、毛布料
China Trading Company	华贸商行	南池子	地毯、发网、景泰蓝瓷器等
E. Clemann	克喊洋行	东交民巷	珠宝、首饰、手表等
E-Lee's General Store	义利洋行	东交民巷	杂货
Forbes & Co.	仁记洋行	石大人胡同	进出口商品
Fu Chu Shang	福聚洋行货店	苏州胡同	布料等
Hirsbrunner & Co.	增茂洋行	东交民巷	裁缝、服装
J. Sullivan & Co.	恒顺洋行	王府井大街	拍卖、家具
Jardine Matheson & Co. Ltd.	怡和洋行	东交民巷	保险、船票代理、杂货等
Jen Li Co.	仁立公司	王府井大街	地毯
Jui Kee Diary	瑞记乳房	王府井大街	牛奶
Jui Ming	瑞明	打磨厂	电灯配件
Lao Tien Li	老天利	王府井大街	瓷器等
Levy. M.	利喊洋行	王府井大街	珠宝、首饰、手表等
Mitsui Bussan Kaisha	三井洋行	东单二条	进出口商品
Moutrie & Co. Ltd.	谋得利	东交民巷	乐器
Moyler, Powell &. Co.	福隆洋行	王府井大街	杂货
Nicolas G.	理格洋行	东交民巷	杂货
Painter & Co.	品德洋行	王府井大街	拍卖、家具
Pinyamall L.	力古洋行	王府井大街	绸缎
Q. S. Saito & Co.	信昌洋行	霞公府	药店、杂货
Salon de Coiffure	理发馆	北京饭店内	理发
Sanitary Fur Company	卫生皮货公司	六国饭店内	皮货
Siemssen & Co.	禅臣洋行	西观音寺	进出口商品、杂货
The European Normal Dairy	西洋卫生牛奶房	东直门内	牛奶
The French Bakery & Confectionery	法国面包点心铺	崇文门内	面包点心
Ullmann & Co., J.	乌利文洋行	东交民巷	珠宝、首饰、手表等
Yar Wen Cleaning	雅文洗衣店	王府井大街	洗衣

资料来源：《北京的洋市民》

英文名称	医院名称	建立时间	地址	床位数量
Sleeper Davis Memorial	妇婴医院	1895 年	崇文门内	6（一等）+20（二等）+36（三等）+6（免费）=68
The Methodist Hospital/ Hopkins Memorial Hospital	同仁医院	1902 年	东交民 巷东口	3（一等）+9（二等）+52（三等）=64
Douw Hospital	道济医院	1889 年	北新桥 长老会	4（一等）+4（二等）+6（三等）+4（四等）+6（免费）+2（儿童）=26
St. Michel Hospital	法国医院	1901 年	东交民巷	13（一等）+14（二等）+29（三等 + 妇产）=56
St. Vincent Hospital	西什库医院	不详	西什库教堂大院	不详
Peking British Charitable Hospital	英国普仁医院	1902 年	崇文门外	8（一二等）+32（其他）=40
German Hospital	德国医院	约 1906 年	东交民巷	40（20 个房间）
Peking Union Medical College Hospital	北京协和医院	1915 年	帅府园	29（一等）+30（二等）+199（三等）=258
Government Isolation Hospital	传染病医院	1915 年	东四牌楼	不详
The Central Hospital	中央医院	1918 年	阜成门大街	12（一等）+8（二等）+48（三等）+48（四等）=116
East City Nursing Home	东城疗院	1921 年	金鱼胡同	5（只限外国人）
Japanese Hospital	日华同仁医院	不详	东单三条胡同	不详

国医院

用	接收传染病	管理组织	为外国人咨询或诊断时间
人病房 7 元每天；教会人员 5 元每天	否	美以美会（美国）	周四上午 9：30—10：30 或另外预约
人病房 8—12 元每天	否	美以美会（美国）	上午 9：00—11：00 或下午 2：00—4：00
人头等病房，3 元每天；二等，3 元每天；外国食物费用另算	是	长老会（美国）	上午 11：00—12：00 或下午 2：00—3：00 或另外预约
产科病房：头等，8 元每天；二等，6 元每天；三等，3 元每天	否	天主教会（法国）	上午 9：00—12：00
详	不详	天主教会（法国）	不详
详	是	英国使馆 Douglas Grey 医生	无特别时间
详	是	（德国）	上午 10：00—12：00
人病房 10—15 元每天	否	罗氏驻华医社（美国）	无特别时间
详	不详	公务局（中国）	无特别时间
房 3.5—8 元每天	否	董事会（中国）	无特别时间
详	否	不详	上午 9：00—10：00 或下午 4：00—6：00
详	不详	（日本）	不详

资料来源：《北京的洋市民》

系列七　人物篇

　　协和的另一重要制度为客座教授制度。每年从欧美各国聘请几位国际上有威望的权威学者来校担任客座教授，一般为期一年。从开办之日起直至 1940 年太平洋战争爆发之前，这一制度一直连续执行。

　　这些学者所讲授的内容包括临床前期基础各科和临床各科。他们不仅加强了教学力量，同时也介绍各科的新进展，传授新技术，培养青年教师并开展新领域的科学研究。这对于提高和保持学校的学术水平起到重要作用。

1921-1937 年客座教授名单

1921-1922	
A. B. Macallum (McGill Univ.)	生理学、药理学
Francis W. Peabody (Harvard Med. Sch.)	内科学

1922-1923	
Donald D. Van Siyke (Rockef. Inst)	生物化学
Ernst Fuchs (Univ, Vienna)	眼科学
Harry R. Slack, Jr, (Johns Hopkins)	耳鼻喉科学
Emelius C. Dudley (Northwest Univ.)	妇科学
Reid Hunt (Harvars Med. Sch.)	药理学
Elliott Cray Brackett (Mass. Cen. Hosp.)	骨科学

1923-1924	
Wm. Thomas Councilman (Harvard Med. Sch.)	病理学
Wm. Walter Cort (Johns Hopkins)	寄生虫病
L. Emmett Holt (Columbia Univ.)	儿科学
Adelbert Fuchs (Univ.Vionna)	眼科学
C. U. Ariens Kappers (Central Dutch Inst. Brain Research)	神经解剖学

1924-1925	
Alfrod E. Cohn (Rockef. Inst.)	生物化学
Robert K. S. Lim (Univ. Edinberg)	生理学

1925-1926	
Mont Reid (Univ. Cincinnati)	外科学

1926-1927	
David L. Edsal1 (Harvard Med. Sch.)	内科学

1928-1929	
Hilding Berglund	内科学

1930-1931	
Emil F. Holman (Stanford Univ.)	外科学
A. Blaird Hastings (Harvard Med. Soh.)	生物化学

1931-1932	
Harold L.Amoss (Duke Univ.)	内科学
Louise Pearce (Rockef, Inst.)	花柳病学

1932-1933	
F. Wood Jones (Univ. Melbourne)	解剖学

1934-1935	
Anton J. Carlso	生理学

1935-1936	
Charles F. Mckhann (Harvard Med. Sch.)	儿科学
Walter B. Cannon (Harvard Med. Seh.)	生理学
G. Canby Robinson (Johns Hopkins)	内科学

1936-1937	
Max Cutler (Michael Reese Hosp., Chicago)	外科学

注：红色标注表示下一页有人物照片及介绍

1	2	3
4	5	6

1 1919年，步达生（Davidson Black）教授任北京协和医学院任解剖学科主任，在北京周口店发现"北京人"头盖骨，1933年因心脏病突发在实验室去世

2 兰安生（John Grant）教授，公共卫生学家。创立了北京协和医学院公共卫生学系，他主导建立的全球第一个社区卫生机构——北平第一卫生事务所，成为中国公共卫生事业的起点。这种在城市中建立三级保健网的模式，被称为"兰安生模式"

3 曾任协和外科主任的娄克斯（Harold H. Loucks）1922年到协和任内科助理住院医师，1923-1924年任外科住院总医师，1928年任襄教授，1930年任教授兼主任。

4 来自维也纳大学的眼科客座教授阿德尔伯特·福克斯（Adelbert Fuchs）

5 来自维也纳大学的眼科客座教授恩斯特·福克斯（Ernst Fuchs）

6 药理科专家伊伯恩教授（B·E Read）

曾任协和客座教授的神经解剖学之父荷兰人卡佩斯

C. U. Ariens Kappers

来自哈佛医学院的病理学客座教授托马斯

Wm. Thomas Councilman

来自哈佛医学院的病理学客座教授瑞德汉特

Reid Hunt

来自荷兰阿姆斯特丹脑神经研究院任院长的卡佩斯，后被誉为神经解剖学之父。卡佩斯教授亲手绘制神经经络图，用不同的颜色表示不同的神经分布，让复杂的神经系统有了清晰的呈现，因此他讲授的神经解剖学很受学生的欢迎。他爱穿中国的传统服装，长袍马褂上还配着带银链的怀表。灰色的眼睛，淡黄色的头发，戴一顶瓜皮小帽。他任职协和解剖系达十余年，致力于小鼠遗传研究，建立小鼠动物实验室，培养的纯系小鼠繁殖达 70 多代。

细菌学教授田百禄
Carl Ten Broeck

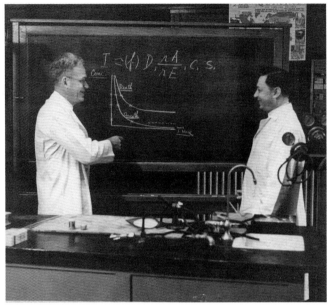

注：以上人物图片选自洛克菲勒档案馆资料，根据所获得的几幅珍贵图片只是展示而已，其中客座教授仅有 720 页标红部分，没有对此领域做过研究，不能窥一斑而知全貌。

20 世纪 20 年代—30 年代　协和培养了一批推动中国医学发展的领袖

1921 年，伍连德博士（前排右一）和基金会理事杰尔姆·格林（Jerome Greene）（前排右二）与中国毕业生在 C 楼前合影

协和第一届学生在 20 世纪 20 年代毕业，30、40 年代成长，到了 50 年代成为中国医学界管理和教育的领军人物、成为了中国医学界的精英、成为了中国引领医学进步和医学教育现代化的领袖。

20 世纪 20 年代来自美国、英国、加拿大和中国的著名学者、学术权威组成了一支具有强大师资阵容的"多国部队"

到 1921 年时，学院全职教员超过了 50 人，大部分来自美国。国际认可的教员队伍，超过 800 万美元的惊人资本支出，加上洛克菲勒远扬的名声，把北京协和医学院笼罩在期待和承诺的光环中。

1922 年

内科学系教授与教职员工合影

1922 年，内科学系研究生课程结业时合影

1923 年

1925 年

1923 年，内科学系研究生课程结业时合影

1926 年

药房全体职员合影

1927 年

1927 年，病理科员工在解剖室合影

药剂科设备

1924 年，内科学系人员与来自哥伦比亚大学儿科疾病学的客座教授艾米特（前排正中）合影 （一排左一为顾临，二排右一为福梅龄，二排左一为海丝典）

1929 年

毕业生合影

1932 年

1933 年

1933 届协和医学院学生合影

1927 年，协和医学院所有住院医师合影，前排左五为刘瑞恒

1924–1932 年任协和生理学副教授，尼古拉斯（Heinrich Necheles）如此评价学生们：

他们绝大多数来自相对富裕的家庭，许多家庭思想西化。几乎所有学生都是在现代化的中式或西式学校（还有
一些教会学校）受到了现代教育。只有少数有过出国的经历。

1935 年

1936 年

1937 年

1938 年

1929 年，协和医学院毕业生留影

我们身在协和深感荣幸，为其荣耀深深陶醉，我们所说所写的一切因而都带有强烈的倾向性，对此我们有理由，我们自己的理由！

1929 届学生　卢致德

1930 年

协和管理者在弧形连廊处合影

从左至右：附属医院负责人 T. Dwight Sloan、校长胡恒德及会计

图片来源：《世纪协和》

1930 年

1946 年

1946 年，协和医学院成为军事调处执行部，美方代表在 C 楼门口合影

日本侵华战争期间，协和医学院附属医院被华北日军司令部改为日军总指挥部办公大楼。日本投降后未及时改为医院，设为军事调处执行部。1946 年 7 月内战全面爆发，"军调部"也都随之解散，参加各地军调部执行小组的中共代表也相继撤回。

年代不详

考德里教授与协和医生合影（很有趣的是印度门卫也加入其中，见上卷 096 页）　　北京协和医学院中国解剖学与人类学学会会员合影

注：人物篇中所有图片均选自洛克菲勒档案馆，由于没有对协和的人物进行深入研究，有很多图片无法详细注释，期待未来协和史学家或读者给予填补，如有出入或疏漏，请给予指正，不胜感激。联系方式：GMARS_SHAPE@163.com。

系列八　冬天里的协和老建筑

通过弧形廊看到的雪景

中式的设计风格、先进的医疗设备、完善的后勤系统、严格的管理制度、负有盛名的"协和三宝"……
北京协和医学院成为医学史及建筑史上一颗璀璨的明珠。

现代医学的观念从这里源源不断地进入中国，
这里没有理念上的冲突，因为健康是所有人渴
求之事，并不受限是何者提供健康的保障。现
代医学是无须考虑观念差异和国界，而是考虑
能否成为将人类联系在一起的纽带，成为构建
社会和谐的基石。

协和医学院校董事会秘书　福梅龄

站在教学区东侧弧形廊向南可以看到门房和礼堂（1926 年摄，后绘制上色）

我们对北京协和医学院的喜爱无法言说，完美的建筑各尽其用，这不只是对科学而且也是对建筑的贡献。

—— 1921 年，洛克菲勒二世给父亲的信

百年协和当代照片

2022 年早春，完成修缮后的协和医学院壹号礼堂雪景

摄影　高乐

后期处理　王辰

2021 年暮秋，协和医学院修缮中适逢降雪

李伯天　摄

李伯天 摄

李伯天　摄

这组建筑是协和医学院"尊科学济人道，助众生求福祉"的物质承载地，是中国医学界、生命科学界、文化界的重要精神依附地。

秋冬春夏，岁岁年年，是凝固的历史，更是宝贵的财富。

近年毕业典礼所在的壹号礼堂是协和百年历史上发生过无数重要事件的地方。中国医学界大部分学科宗师级的人物几乎都从这里走出。你们现在坐的椅子上，很可能当年坐着的是步达生，吴宪，诸福棠，兰安生，陈克恢，林可胜，钟惠澜，林巧稚，黄家驷，很可能是蔡元培、翁文灏、胡适，也很可能坐的是林徽因、梁思成、徐志摩、泰戈尔……

中国医学科学院 北京协和医学院院校长　王辰

2022 年早春，中国医学科学院 北京协和医院西入口

李伯天　摄

1921年，从王府井方向看北京协和医学院附属医院西入口

协和老楼历经百年风雨，每一方空间都承载着协和的历史，记录着协和的故事，守望着协和的发展，孕育着协和的精神……

1919-1924 年　协和建设过程中往来信件清单

时间	寄信人	收信人	收信地址
1919 年 03 月 24 日	埃弗斯（柯立芝事务所设备工程师）	贝恩特（施工总负责人）	中国，北京
1919 年 03 月 24 日	埃弗斯（柯立芝事务所设备工程师）	顾临（CMB 驻华代表）	美国，纽约
1919 年 03 月 25 日	埃弗斯（柯立芝事务所设备工程师）	巴克斯特（工程总指挥）	美国，纽约
1919 年 03 月 31 日	埃弗斯（柯立芝事务所设备工程师）	巴克斯特（工程总指挥）	美国，纽约
1919 年 04 月 02 日	埃弗斯（柯立芝事务所设备工程师）	巴克斯特（工程总指挥）	美国，纽约
1919 年 04 月 03 日	巴克斯特（工程总指挥）	埃弗斯（柯立芝事务所设备工程师）	美国，波士顿
1919 年 04 月 04 日	巴克斯特（工程总指挥）	顾临（CMB 驻华代表）	美国，纽约
1919 年 04 月 05 日	巴克斯特（工程总指挥）	埃弗斯（柯立芝事务所设备工程师）	美国，波士顿
1919 年 04 月 05 日	埃弗斯（柯立芝事务所设备工程师）	巴克斯特（工程总指挥）	美国，纽约
1919 年 04 月 06 日	埃弗斯（柯立芝事务所设备工程师）	亚当（设备咨询公司工程师）	美国，巴尔的摩
1919 年 04 月 06 日	埃弗斯（柯立芝事务所设备工程师）	巴克斯特（工程总指挥）	美国，纽约

信件内容	收录本书页码
关于后勤设备等辅助用房问题的讨论： 　1. M 楼增加一层，解决员工宿舍的空间不足问题； 　2. L 楼附近安装一个大储水罐，同时安装一台独立的发电机来提供校舍的用电。	
1. 需要在 M 楼三楼到四层增加电缆； 　2. 需要在 F 和 E 楼之间增加消防逃生线路。	
关于厨房配件问题的探讨： 　1. 水龙头软管材质选择问题需要探讨； 　2. 冰箱门锁问题需要重新考虑。	
1. 提供 J 楼的最终平面布置图，以供审核； 　2. 亚当计划将最终完整的设计图纸和设计说明提交给不同的厨房厂商； 　3. 计划三四天内打印最终 J 楼图纸。	
提供 J 楼厨房设备详细清单，包括各个设备的型号、尺寸、数量、安装与摆放方式等细节。	
回复巴克斯特 4 月 2 日来信，针对收到的厨房设备清单做了详细的批注。	
由于紧急需求，我们迫切需要雇佣设备工程师兰尼。合同约定工资为每年 5000 美金，年底有相应的奖金，直到北京工程竣工，同时 CMB 还将担负他和家属北京到波士顿之间的往返费用。	
厨具问题回复： 　1. 不购置中国国产的蒸锅，换成固定面包烘箱； 　2. 不购置常规的煤气炉，换成煤气灶及配件等； 　3. 希望埃弗斯 4 月 9 日前提供草图设计。	
1. 根据亚当的决定修改洗衣房排水道的设计； 　2. 柯立芝认为 5 月 1 日很难完成所有专业的合图工作。	
1. 探讨了洗衣房混凝土楼板、地面材料及排水沟的详细问题，希望尽快确定这些问题，并及时告知贝恩特及巴克斯特； 　2. 已经收到了两份 B、C、D 楼的通风系统图纸，一份给了奥赫恩。心电图设备将结合通风系统图纸进行深化设计。	
1. 讨论手术室地面材料的问题，盥洗室里已经有样板可供参考； 　2. 柯立芝和布朗正在审核 K 楼的图纸，并且想知道移到地下室的儿科放在了什么地方，是否处理恰当，柯立芝认为改变儿科的决定是正确的； 　3. 下周二三会把不同部门的最终图纸寄给巴克斯特，随图附上现有的问题清单。	

时间	寄信人	收信人	收信地址
1919 年 04 月 07 日	埃弗斯（柯立芝事务所设备工程师）	巴克斯特（工程总指挥）	美国，纽约
1919 年 04 月 09 日	亚当（设备咨询公司工程师）	柯克（洛克菲勒基金会审计官）	美国，纽约
1919 年 04 月 11 日	柯立芝（建筑顾问）	柯克（洛克菲勒基金会审计官）	美国，纽约
1919 年 04 月 12 日	恩卜瑞（CMB 兼校董事会秘书）	罗氏驻华医社	美国，纽约
1919 年 04 月 14 日	柯立芝（建筑顾问）	巴克斯特（工程总指挥）	美国，纽约
1919 年 04 月 14 日	克松（柯立芝事务所工程师）	柯立芝（建筑顾问）	美国，波士顿
1919 年 04 月 14 日	柯立芝（建筑顾问）	恩卜瑞（CMB 兼校董事会秘书）	美国，纽约
1919 年 04 月 15 日	麦克林（协和首任校长）	埃弗斯（柯立芝事务所设备工程师）	美国，波士顿
1919 年 04 月 16 日	巴克斯特（工程总指挥）	柯立芝（建筑顾问）	美国，波士顿
1919 年 04 月 16 日	柯立芝（建筑顾问）	巴克斯特（工程总指挥）	美国，纽约
1919 年 04 月 16 日	埃弗斯（柯立芝事务所设备工程师）	巴克斯特（工程总指挥）	美国，纽约

时间	寄信人	收信人	收信地址
1919 年 04 月 17 日	罗伯特·瑞格（柯立芝事务所工程师克松的助手）	克松（柯立芝事务所工程师）	美国，波士顿
1919 年 04 月 18 日	柯立芝（建筑顾问）	巴克斯特（工程总指挥）	美国，纽约
1919 年 06 月 10 日	柯立芝（建筑顾问）	巴克斯特（工程总指挥）	美国，纽约
1919 年 06 月 10 日	埃弗斯（柯立芝事务所设备工程师）	巴克斯特（工程总指挥）	美国，纽约
1919 年 06 月 12 日	柯立芝事务所	巴克斯特（工程总指挥）	美国，纽约
1919 年 06 月 13 日	柯立芝（建筑顾问）	巴克斯特（工程总指挥）	美国，纽约
1919 年 06 月 19 日	柯立芝（建筑顾问）	埃弗斯（柯立芝事务所设备工程师）	美国，波士顿
1919 年 06 月 23 日	埃弗斯（柯立芝事务所设备工程师）	柯立芝（建筑顾问）	美国，波士顿
1919 年 06 月 26 日	埃弗斯（柯立芝事务所设备工程师）	柯立芝（建筑顾问）	美国，波士顿
1919 年 06 月 30 日	埃弗斯（柯立芝事务所设备工程师）	柯立芝（建筑顾问）	美国，波士顿
1919 年 07 月 10 日	贝恩特（施工总负责人）	巴克斯特（工程总指挥）	美国，纽约
1919 年 07 月 17 日	文森特（洛克菲勒基金会主席）	柯立芝（建筑顾问）	美国，波士顿
1919 年 07 月 24 日	巴克斯特（工程总指挥）	柯立芝（建筑顾问）	美国，波士顿

时间	寄信人	收信人	收信地址
1919 年 07 月 24 日	埃弗斯（柯立芝事务所设备工程师）	柯立芝（建筑顾问）	美国，波士顿
1919 年 07 月 24 日	巴克斯特（工程总指挥）	柯立芝（建筑顾问）	美国，波士顿
1919 年 08 月 06 日	奥赫恩（电气工程师）	文森特（洛克菲勒基金会主席）	美国，纽约
1919 年 08 月 11 日	巴克斯特（工程总指挥）	贝恩特（施工总负责人）	中国，北京
1919 年 08 月 12 日	柯立芝事务所	奥赫恩（电气工程师）	美国，波士顿
1919 年 08 月 15 日	贝恩特（施工总负责人）	巴克斯特（工程总指挥）	美国，纽约
1919 年 08 月 23 日	巴克斯特（工程总指挥）	亚当（设备咨询公司工程师）	美国，巴尔的摩
1919 年 08 月 26 日	亚当（设备咨询公司工程师）	巴克斯特（工程总指挥）	美国，纽约
1919 年 08 月 26 日	亚当（设备咨询公司工程师）	巴克斯特（工程总指挥）	美国，纽约
1919 年 09 月 12 日	Buerkel 公司	柯立芝事务所	美国，波士顿
1919 年 09 月 20 日	贝恩特（施工总负责人）	柯克（洛克菲勒基金会审计官）	美国，纽约
1919 年 10 月 01 日	柯立芝（建筑顾问）	巴克斯特（工程总指挥）	美国，纽约
1919 年 10 月 20 日	文森特（洛克菲勒基金会主席）	柯立芝（建筑顾问）	美国，波士顿
1919 年 10 月 27 日	柯克（洛克菲勒基金会审计官）	贝恩特（施工总负责人）	中国，北京
1919 年 11 月 03 日	巴克斯特（工程总指挥）	亚当（设备咨询公司工程师）	美国，巴尔的摩
1919 年 11 月 12 日	《现代美国医院建筑》一书出版编辑	恩卜瑞（CMB 兼校董事会秘书）	美国，纽约

提出工程进度安排、A楼玻璃窗等相关问题。

1. 为避免工程反复，建议仔细审查北区住宅的相关图纸，并确定设备系统类型；
2. 提出北住宅区所有细节设计完成后才会启动施工。

有关护士呼叫系统及消防报警系统问题讨论。

1. 施工部雇佣的两名新工程师的相关情况已经发给了胡恒德博士及柯克审查官；
2. 由于时间问题造成了电气设备等问题的变更，引起了柯克的不满；
3. 贝恩特表示同情巴克斯特的感受，但也对未来工期表示担忧。

1. 整体院区的电气设计图纸分不同的册子已经发送给奥赫恩，所有的设计数据与变更都在图纸上有详尽的表示；
2. 信中详尽介绍了心电图设备、低压接线装置、电话系统、消防报警系统、呼叫系统、变电室、配电室等的安装细节、方法、要点及原则，所有的细节均按美国标准设置；
3. 信件希望奥赫恩尽快推进工作，并回复时间进度表。

施工部还需增加四名雇员，包括电气工程师助理一名、木工工头一名、室内瓷砖及水磨石的监工一名以及油漆工一名，信内详细提出了他们的工作内容及工资数额。

讨论文森特对工期的想法，建议部分工作地点可以改为美国，以保证工作按时完成，同时希望按照文森特的要求校对设备与图纸，并尽快发送设备清单。

有关已经完成建筑的通风问题。

1. 为保证工程顺利进行，强调各个设备的细节设计一定要到位；
2. 附上Buerkel公司通风系统、消防泵等各种尺寸管道和配件的说明。

指出消防泵问题需要进一步讨论。

表达自己对工程进度的担忧。　　　　　　　　　　　　　　　　　　　　　　

1. 柯立芝、巴克斯特、Buerkel公司之间的往来信件记录；
2. 柯立芝希望尽快收到消防泵的有关信息回复，以决定是否要安装额外的消防泵。

约定10月24日电话沟通协和建筑设计计划和进度问题。

1. 认可埃弗斯及文森特的工作；
2. 对北京项目表示期待。

1. 目前来看，厨房的工作需要加强重视，提出期望看到厨房设备清单；
2. 希望下次信件可以附上A楼的设备设计图纸。

提供20家有注释的建筑和建筑设备公司的详细资料。

时间	寄信人	收信人	收信地址
1921 年 05 月 27 日	顾临（CMB 驻华代表）	恩卜瑞（CMB 兼校董事会秘书）	美国，纽约
1923 年 12 月 26 日	古德里奇	顾临（CMB 驻华代表）	美国，纽约
1924 年 01 月 22 日	古德里奇	顾临（CMB 驻华代表）	美国，纽约
1924 年 06 月 03 日	安内尔（建筑设计师）		

信件内容	收录本书页码
有关北京协和医学院 1921 年 4 月的成本投入。	下卷 538–539 页
建议购买东单三条胡同 32 号地产事宜，详细介绍了地产面积及价格及优势。主要优势如下： 　1. 离 PUMC 距离近的优势； 　2. 原住宅可作为办公室； 　3. 罗氏驻华医社在北京的办公室可能还要等很长时间才能落实，这个位置作为管理机构也比较合适； 　4. 这也是个很好的投资项目，周边的地产价格一直在稳定上升。	下卷 424–425 页
购买外交部街地产以获得胡恒德博士认可，寻求罗氏驻华医社意见。	下卷 424–425 页
安内尔的报告： 　1. 当时洛克菲勒基金会不是仅仅投资建设协和医学院，同时还有资助其他的教会医院； 　2. 详细汇报了协和医学院各栋建筑的施工进程及遇到的问题。	上卷 382–384 页

参考文献

1　张复合. 北京近代建筑史 [M]. 北京：清华大学出版社，2004.

2　北京市政协文史资料委员会. 北京文史资料. 第61辑 [M]. 北京：北京出版社，1998.

3　协和医学堂. 协和医学堂 [M]. 蒋育红译. 北京：中国协和医科大学出版社，2018.

4　常青. 协和医事 [M]. 北京：北京联合出版公司，2017.

5　政协北京市委员会文史资料研究委员会. 话说老协和 [M]. 北京：中国文史出版社，1987.

6　中国协和医科大学. 中国协和医科大学校史 [M]. 北京：北京科学技术出版社，1987.

7　唐克扬. 从废园到燕园 [M]. 北京：生活·读书·新知三联书店，2009.

8　张复合. 中国近代建筑研究与保护（五）[M]. 北京：清华大学出版社，2006.

9　矗（róng）之. 协和医脉 1861–1951 [M]. 北京：中国协和大学出版社，2014.

10　马秋莎. 改变中国——洛克菲勒基金会在华百年 [M]. 桂林：广西师范大学出版社，2013.

11　玛丽·布朗·布洛克. 洛克菲勒基金会与协和模式 [M]. 张力军，魏柯玲译. 北京：中国协和医科大学出版社，2014.

12　福梅龄. 美国中华医学基金会和北京协和医学院 [M]. 闫海英，蒋育红译. 北京：中国协和医科大学出版社，2014.

13　董炳坤，杜慧群，张新庆. 老协和 [M]. 保定：河北大学出版社，2004.

14　中国人民政治协商会议北京市委员会文史资料研究委员会. 文史资料选编. 第三十四辑. 北京：北京出版社，1988.

15　北京协和医院. 张孝骞画传 [M]. 北京：中国协和医科大学出版社，2007.

16　黄爱廉. 协和护校的严格教育 [M]// 文史资料选编. 第三十四辑. 北京：北京出版社，1988.

17　陶世杰. 协和医学院的建筑及其他 [M]// 文史资料选编. 第三十四辑. 北京：北京出版社，1988.

18　熊汝成. 我对住院医师制的片段回忆 [M]// 文史资料选编. 第三十四辑. 北京：北京出版社，1988.

19　吴志端. 四年护理工作忆往 [M]// 文史资料选编. 第三十四辑. 北京：北京出版社，1988.

20　约翰·齐默尔曼·鲍尔斯. 中国宫殿里的西方医学 [M]. 蒋育红，张麟，吴东译. 北京：中国协和医科大学出版社，2014.

21　蒋育红，玛丽·布朗·布洛克主编. 协和百年纪念文集 [M]. 北京：中国协和医科大学出版社，2017.

22　李鹏翥. 澳门古今 [M]. 三联书店（香港）有限公司，澳门星光出版社，1988.

23　顾长声. 从马礼逊到司徒雷登 [M]. 上海：上海人民出版社，1985.

24　李路珂. 北京古建筑地图 [M]. 北京：清华大学出版社，2009.

25　玛丽·布朗·布洛克. 油王：洛克菲勒在中国 [M]. 韩邦凯，魏柯玲译. 北京：商务印书馆，2014.

26　杨念群. 再造"病人"：中西医冲突下的空间政治 [M]. 北京：中国人民大学出版社，2006.

27　顾长声. 传教士与近代中国 [M]. 上海：上海人民出版社，2004.

28 顾卫民. 基督教与中国近代社会 [M]. 上海：上海人民出版社，1996.

29 汤清. 中国基督教百年史 [M]. 香港：道声出版社，2001.

30 沈津. 老蠹（dù）鱼——读书随笔 [M]. 桂林：广西师范大学出版社，2009.

31 北京协和医学院校史研究室. 世纪协和 [M]. 北京：中国协和医科大学出版社，2017.

32 北京市政协文史资料研究委员会. 蠖（huò）公纪事——朱启钤先生生平纪实 [M]. 北京：中国文史出版社，1991.

33 中国协和医科大学. 中国协和医科大学校史（1917–1987）[M]. 北京：北京科学技术出版社，1987.

34 乔治·马戛尔尼，约翰·巴罗. 马戛尔尼使团使华观感 [M]. 何高济，何毓宁译. 北京：商务印书馆出版社，2019.

35 梁思成. 图像中国建筑史 [M]. 北京：生活·读书·新知三联书店，2011.

36 李海清. 中国建筑现代转型 [M]. 南京：东南大学出版社，2004.

37 梁思成. 清式营造则例 [M]. 北京：清华大学出版社，2006.

38 梁思成. 建筑设计参考图集，序言 [M]. 北京：中国营造学社，1935.

39 朱莉娅·博伊德. 消逝在东交民巷的那些日子 [M]. 向丽娟译. 北京：商务印书馆出版社，2016.

40 张卉妍. 老北京的传说 [M]. 北京：中国华侨出版社，2015.

41 （意大利）阿德里亚诺·马达罗. 1900年的北京 [M]. 项佳谷译. 北京：东方出版社，2006.

42 李少兵，齐小林，蔡蕾薇. 北京的洋市民——欧美人士与民国北京 [M]. 北京：北京师范大学出版社，2016.

43 陈涌. 旧中国掠影档案 [M]. 北京：中国画报出版社，2016.

44 曹汛. 林徽音先生年谱 [M]. 北京：北京出版集团文津出版社，2022.

45 （美）郭伟杰. 筑业中国：1914–1935亨利·茂飞在华二十年 [M]. 卢伟，冷天译. 北京：文化发展出版社，2022.

46 资中筠. 洛克菲勒基金会与中国 [J]. 美国研究，1996（1）.

47 王铁群. 洛克菲勒与北京协和医学院 [J]. 同舟共进，2017（7）.

48 张大庆. 中国现代医学初建时期的布局：洛克菲勒基金会的影响 [J]. 自然科学史研究，2009，28（2）：137–155.

49 姜玲. 校园建筑塑造的历史丰碑——复古主义经典建筑协和医科大学 [J]. 中华民居（下旬刊），2011（11）.

50　马中文，柴建军，格伦，等．"协和模式"医疗建筑群的总体规划[J]．协和医学杂志，2016，7（1）：74-77．

51　刘亦师．美国进步主义思想之滥觞与北京协和医学校校园规划及建设新探[J]．建筑学报，2020（9）：9．

52　冯晋．东方主义与西方主义：二十世纪中国建筑的悖论[J]．建筑师，1994：10-18．

53　王玲．北京协和医学堂的创建[J]．历史档案．2004（03）．

54　胡传揆．北京协和医学校的创办概况[J]．中国科技史杂志，1983（3）．

55　张大庆．中国现代医学初建时期的布局：洛克菲勒基金会的影响[J]．自然科学史研究，2009，28（2）：137-155．

56　郭伟杰．谱写一首和谐的乐章——外国传教士和"中国风格"的建筑，1911-1949年[J]．中国学术，2003，4（1）．

57　王勇，王影．北京协和医学院创办时期社会历史背景分析[J]．医学与哲学：人文社会医学版，2011（11）：74-76．

58　柴建军，马中文，格伦．协和老式建筑群的发展历程[J]．协和医学杂志，2013，4（4）：350-353．

59　董黎．教会大学建筑与中国传统建筑艺术的复兴[J]．南京大学学报：哲学．人文科学．社会科学，2005．

60　侯幼彬．文化碰撞与"中西建筑交融"[J]．华中建筑，1988（03）：7-10．

61　王勇．略论"协和模式"的形成及其社会影响[J]．医学与哲学，2008，29（10）：75-76．

62　蒋育红，张霞．1917年协和医学院奠基及开工典礼[J]．中华医史杂志，2011，40（6）．

63　蒋育红．近代不凡的医学传教士科龄[J]．中华医史杂志，2018，48（1）：40．

64　汪坦主编．第三次中国近代建筑史研究讨论会论文集[C]．北京：中国建筑工业出版社，1991：62-71．

65　冯晋．北京协和医学院的设计与建造历史拾遗[C]．中国近代建筑史国际研讨会．中国建筑学会，2006．

66　董黎．中西建筑文化的交汇与建筑形态的构成——中国教会大学建筑研究[D]．东南大学．

67　黄凯．北京协和医学院老建筑群研究[D]．北京建筑大学．

68　Michelle Campbell Renshaw. Accommodating the Chinese: the American Hospital in China, 1880–1920 [M]. New York: Routledge, 2005.

69　Jeffrey W. Cody. Building in China: Henry K. Murphy's Adaptive Architecture 1914–1935 [M]. Chinese University of Hong Kong Press; Seattle: the University of Washington Press, 2001.

70　Hussey, Harry. My Pleasures and Palaces: An Informal Memoir of Forty Years in Modern China [M]. Garden City N.Y: Doubleday & Co., 1968.

71   Mary Brown Bullock. An American Transplant [M]. University of California Press, 1980.

72   Jeffrey W. Cody, Building Peking Union Medical College [M]. Rockefeller Archive Center Research Reports 1990.

73   Jeffrey W. Cody, Building in China: Henry K. Murphy's "adaptive architecture,"1914–1935 [M]. Hong Kong: Chinese University Press; Seattle: University of Washington Press, 2001.

74   Harry Hussey, My Pleasures and Palaces: an informal memoir of forty years in modem China [M]. New York Doubleday, 1968.

75   Coolidge's report to the China Medical Board [A]. folder 124, box 14, Rockefeller Boards Series Record Group (RG) 2 Office of Messrs. Rockefeller (OMR), Rockefeller Family Archives, Rockefeller Archive Center, Sleepy Hollow, New York (here after designated as RAC).

76   Hussey to Sage, April 3, 1915, folder307, box 18 series 1, RG 4 China Medical Board, Rockefeller Foundation Archives, RAC.

77   Report to the China Medical Board and the Board of Trustees of the Union Medical College by Franklin C. McLean, October 23, 1917 [A]. folder 126, box 14, Rockefeller Boards Series, RG 2 OMR, Rockefeller Family Archives, RAC.

78   John D. Thompson and Grace Goldin, Hospital: a social and architectural history [M]. New Haven: Yale University Press, 1975.

79   Research notes of M. E. Ferguson [A]. folder 8, box 1 series 1, RG M2A23 China Medical Board of New York Inc. Archives, RAC.

80   Greene to Buttrick, March 2,1918 [A]. folder 310, box 19 series 1,RG 4 China Medical Board, Rockefeller Foundation Archives, RAC.

81   Sam Dean. Singing Craftsmen of Peking [J]. Asia, vol.21 (August 1921).

82   Reinsch to the Secretary of State, March 10, 1919 [A]. folder 94, box 11 Rockefeller Board Series, RG 2 OMR, Rockefeller Family Archives, RAC.

83   Greene to McLean, Dec 11, 1917 [A]. folder 309, box 18 series 1, RG 4.Rockefeller Foundation Archives, RAC.

84   The Mothers' Club of Peking，the Peking Friday Study Club，the Peking American College Women's Club，Peking Utility Book,Peking,1921.

本书所有没有标明出处的照片均来自于洛克菲勒档案馆（已获得授权）

本书中全部"来往书信"以及《赫西回忆录》的内容均由格伦教授翻译

后 记

2012 年烈日炎炎的盛夏，我和朋友 Raymond Lu 一同开着他的手动挡老旧二手车，日行千里从伊利诺伊州赶往纽约。傍晚时到达，感受到了纽约曼哈顿的夜色阑珊，完全不同于伊利诺伊州的乡村宁静。第二天一早驱车沿着哈德逊河来到了纽约近郊 Sleep Hollow——洛克菲勒档案馆的坐落地点。

由于档案馆原来是洛克菲勒家族的住宅，改做档案馆后只有十几个座位，一般需要提前预约，还好，资深管理员汤姆得知我从遥远的北京专门过来收集有关协和建设的相关资料，特意给我批了一个座席。汤姆从档案馆库房的深处先是拿出了近百年的设计蓝图，作为建筑师，眼前大量的 1 号蓝图令我十分震撼，图纸所表达的内容之详尽、手绘之精美深深地吸引了我。由于只给我们一天的时间，所以只好尽可能多拍照，我带上白手套小心翼翼地在桌面摆图纸，朋友站在凳子上拍照。为了节省时间，午饭都没有吃，闭馆的时候感觉眼冒金星，真是快晕倒了。但是还有很多资料没来得及收集，这样就有了 2014 年第二次前往纽约洛克菲勒档案馆收集余下的资料。

目前从洛克菲勒档案馆所收集的资料包括室内外照片（约 300 张），总平面，平、立、剖方案设计及各类施工图（约 110 份）以及当时建设时沟通的往来信件（约 50 封），非常感谢的是洛克菲勒档案馆已经授权在本书中可以使用上述相关资料。这些资料已经全部提交北京协和医学院校史研究室刘静老师及协和医院百年协和院史馆留存（如在任何公开发行的书籍或杂志上使用时，应当获得洛克菲勒档案馆授权）。

这些承载百年历史沉甸甸的珍贵资料，是协和初创者在协和创办过程中付出努力的真实写照，是描绘协和营造历程的历史画卷，作为从事医疗建筑研究的学者，内心深处产生了一种无以言表的使命感，深感有义务和责任通过对这些史料的分析，将百年经典医疗建筑的营造过程展示给同行，将其中所体现的协和精神传递给读者。

自从拥有了这些宝贵的资料，就像一块石头压在了心上，总想写点什么，但是迟迟没有启动，内心深处时不时地掀起波澜并常有愧疚的感觉。一晃近十年过去了，今年恰逢协和百年，已经没有再推迟的任何借口，下决心那天的确需要点破釜沉舟的勇气。眼前无法推卸的大量工作，时间的问题，能力的问题，助手的问题……除了这些问题，手头只有"老协和建筑营造"的提纲，其他内容一片空白。

我深知无论如何都要完成这项不可推卸的艰巨任务，于是开始阅读相关资料，直到今年"五一"劳动节那天才开始动笔。没有想到，整个写作过程是非常享受和愉悦的。本来计划从建筑营造开始写起，这是我的专业和优势，但是在大量快速阅读了能够找到的全部有关协和的资料后，原有的提纲内容已经无法囊括我的思绪了，头脑中慢慢形成了这样的逻辑思维导图：

探寻百年协和老建筑的缘起。这里需要从源头说起，洛克菲勒基金会的创立，开始进行系统的慈善事业，为什么选择中国北京？为什么选择医学教育？在当时中国社会背景下做医学教育项目有多大难处？

在洛克菲勒基金会真正开展中国慈善项目前，对中国社会一知半解的情况下，才有了"三次考察之后的决策"。洛克菲勒基金会的中国分支机构罗氏驻华医社（CMB）定位在中国建立一所高标准的医学院，并将美国霍普金斯医学院的模式"移植"到中国，霍普金斯医学院的模式当时是什么样的？为什么要坚持高标准？

项目定位确定之后，具体的实施步骤是在协和医学堂基础上，进一步扩展用地（原豫王府）营造新的校园。协和医学院与协和医学堂是什么关系？与豫王府又是什么关系？

在以上内容铺垫的基础上，医疗建筑的专业内容开始上场，这是我的初衷，也是本书的核心内容，即对百年协和老建筑的内部功能和外部风格做了一次全面的"解剖"工作。这部分内容首次揭秘了百年协和老建筑的建设过程和营造细节，让医疗建设领域的同行和热爱协和的人们，有机会了解和学习百年的精品医疗建筑是如何打造的。

在百年协和老建筑营造的背后，还有诸多非常吸引人的故事，如协和老建筑的建筑师到底是谁？当时是如何设计的？由于建设中正处于"一战"期间，又是在中国落后的社会条件下，如此高标准"中西合璧"的医疗建筑是如何营造的？最终的预算到底是多少？医疗建筑的设施设备到底有多先进？医疗建筑的后勤系统是如何考虑和管理的？当时相关人员讨论和关注了哪些问题？

　　回答以上问题之后，大量的工作是将百年图纸、书信和相关史料进行链接和考证，理清了协和建筑"前世今生"的发展脉络；厘清了建筑师赫西的三个贵人；厘清了豫王府拆除时发现"珍宝"的事实；理清了协和建造时医疗工艺的关键细节等。完成这些工作后，我的内心无比的激动和喜悦。

　　在翻译书信过程中，为我们的同行前辈柯立芝先生诚恳和敬业的职业精神和情怀所感动！可以说，没有柯立芝先生从头到尾地参与指导，就没有协和老建筑的高品质呈现。在此，向前辈柯立芝先生致以崇高的敬意！

　　三个月的时间完成了初稿，没有想到的是内容如此之多，无法取舍，只好划分为上下两卷。可以说是协和精神一直在心底燃烧并支撑我完成了几乎是不可能完成的任务，"第八部分'协和'精神"是最后做出的决定，看似与本书核心内容无关，但是这一章节内容成为我之所以完成这部书的精神支柱，我必须要表达这部分内容：1921–2021 年，一百年的时间长河，洛克菲勒人与协和人共同谱写了一部激荡人心的史书，到底是什么样的精神支撑协和永远成为医学殿堂的"明珠"，并永远立于不败之地……

　　前天恰逢感恩节，无尽的感恩之情涌上心头……

　　首先非常感谢洛克菲勒档案馆的汤姆先生，听说老人家前两年过世。每每想到汤姆瘦小驼背的身影，那么耐心地帮我寻找资料，总是隔一段时间走过来低声询问这些资料是否就是我想要的内容……现在回忆起那一幕，总是感到那么温暖……

　　感谢定居美国的朋友 Raymond Lu，没有想到在伊利诺伊的那天晚上说出我的心愿后，第二天即刻出发去纽约。十年前在洛克菲勒档案馆他站在凳子上专注拍照时的样子，还恍如昨日。

　　感谢尤红教授（白求恩医科大学北京校友会会长、清华大学万科公共卫生与健康学院卓越访问教授），在工作繁忙之余，利用茶余饭后，甚至坐飞机的时间帮我审稿，并提出了一些非常中肯的建议。那时刚刚完成初稿，她的建议对后来的修订工作有很大帮助。

感谢北京建筑大学丛小密教授，在关键的内容节点上提出了非常中肯并有见地的建议。

感谢协和医院李乃适医生和景泉医生，他们对协和历史颇有研究，在繁忙的医疗工作之余对本书也提出了宝贵的建议。

感谢格伦工作室边颖老师，为了让我集中精力写书，承担了很多额外的工作。感谢中国建筑工业出版社的封毅主任和毕凤鸣编辑，为了本书高质量完成并如期出版发行，不辞辛苦，献计献策。

感谢北建大建筑设计研究院的李伯天，还有清华同衡规划设计研究院的城市规划师郑强，在百忙之中欣然应允前来协和拍照，以专业摄影师独到的视角为我们展示协和之美的饕餮大餐。本书中展示的两位摄影高手的作品，一定会使读者大饱眼福，在此一并感谢。

在利用各种能够利用的时间、日夜兼程的写作过程中，从封面设计、版式设计、建筑各类分析图内容及表达形式（线条的粗细、箭头的大小和画法）、室外照片选择及组合形式、室内照片和医疗工艺图纸组合形式、老照片的颜色及清晰度的调整等，完全由我独自确定并逐一把关；所有的翻译工作，完全由我独立完成。主要原因是使这些内容完全符合我的要求并能够在自己的掌控之下：就像呵护自己的孩子一样，完全做到了精心和尽心。非常感谢格伦工作室的同事们全力以赴协助我完成全书的所有分析图绘制和排版工作。

衷心感谢中国医学科学院北京协和医学院院校长王辰、中国医学科学院北京协和医院院长张抒扬和医疗建筑大师孟建民院士对本书的认可并欣然作序。

特别感谢的是，当我拿着书稿拜访原卫生部多年分管基本建设工作的陈啸宏副部长，并请他为封面题写书名时，他欣然应允。当时正巧赶上他编著的《三生有幸，我用大字抄论语》第一批新书刚刚运到，我也很幸运获得了啸宏副部长亲笔题字的新书。更令我感动的是，那本书中居然讲到了我参与"经典传承·榜书论语"公益项目的事。为了与本书设计封面风格相匹配，啸宏副部长以不同格式书写了若干幅样稿供我们选择。最终我们看到的封面所呈现的效果是协和礼堂中式建筑与银色文雅内敛题字的完美结合。

2021 年是如此不平凡的一年，是中国共产党建党一百周年，是我们伟大祖国战胜疫情的一年，也是决胜脱贫攻坚迈向全面小康的第一年，还是我的父亲色旺扎布诞辰一百周年。作为 1960 年代出生的我，能够经历我们国家从站起来、富起来到强起来的光辉历程，能够见证中华民族实现伟大复兴的未来，满怀感恩之情，三生有幸！

东单三条协和医学院门前的一对卧狮，历经三百多年风风雨雨，它们无疑是协和过去百年风华的历史见证者，也将是协和未来百年辉煌的见证者。在开启未来一百年之际，让我们希望、祈祷并相信，协和的明天会更好……

封稿之际，内心无比激动和欣慰，深埋近十年的一块石头终于落地了，希望本书能给读者带来更多的思考和启发，也期待协和读者批评指正！

2023 年 3 月

2012 年 8 月，格伦教授在纽约洛克菲勒档案馆收集资料

PEKING, CHINA
1917

让我们希望、祈祷并相信：最终一切都能达到最好……

——洛克菲勒二世

图书在版编目（CIP）数据

百年协和老建筑：1921-2021：上下卷 / 格伦著
. —北京：中国建筑工业出版社，2021.12
ISBN 978-7-112-26770-5

Ⅰ.①百…　Ⅱ.①格…　Ⅲ.①北京协和医院—建筑史
—介绍　Ⅳ.① K928.71

中国版本图书馆 CIP 数据核字（2021）第 211092 号

封　面　题　字：陈啸宏
封面及版式设计：格　伦
版　式　制　作：格伦医疗建筑研究工作室
责　任　编　辑：封　毅　毕凤鸣
责　任　校　对：王　烨

- -

特别声明

本书从洛克菲勒档案馆所收集的图片、图纸及往来书信等相关
资料，已获洛克菲勒档案馆授权在本书中使用。未经洛克菲勒
档案馆授权，不得在其他地方使用。

- -

百年协和老建筑 1921-2021（上下卷）

格伦　著
＊
中国建筑工业出版社出版、发行（北京海淀三里河路 9 号）
各地新华书店、建筑书店经销
北京建筑工业印刷厂制版
北京雅昌艺术印刷有限公司印刷
＊
开本：787 毫米×1092 毫米　1/12　印张：67¾　插页：2　字数：1406 千字
2023 年 3 月第一版　　2023 年 3 月第一次印刷
定价：**398.00** 元（上、下卷）
ISBN 978-7-112-26770-5
　　　（38590）